U0785596

中华现代学术名著丛书

罗马法原论

下册

周枏 著

商务印书馆
创于1897 The Commercial Press

2014年·北京

图书在版编目(CIP)数据

罗马法原论/周枏著.—北京:商务印书馆,2014
(中华现代学术名著丛书)
ISBN 978-7-100-09913-4

Ⅰ.①罗… Ⅱ.①周… Ⅲ.①罗马法-研究 Ⅳ.①D904.1

中国版本图书馆CIP数据核字(2013)第072630号

所有权利保留。
未经许可,不得以任何方式使用。

中华现代学术名著丛书
罗马法原论
(上、下册)
周 枏 著

商 务 印 书 馆 出 版
(北京王府井大街36号 邮政编码 100710)
商 务 印 书 馆 发 行
北京瑞古冠中印刷厂印刷
ISBN 978-7-100-09913-4

2014年6月第1版 开本880×1240 1/32
2014年6月北京第1次印刷 印张35¾ 插页1

定价:106.00元

下册目录

第四编　继承法

第五编　债法

第六编　诉讼法

第四编　继承法

在罗马法的体系中，继承法与物权法和债权法都属于物法。优帝《法学纲要》的第二编物法就包括物法、继承法、债法三部分。后世研究罗马法者，大多采用这一体系。也有些学者采用德国民法典的体系，将继承法从物法中分出，且放在债法之后。本书为了保持罗马法之原貌，从多数学者将继承法放在债法之前叙述。

第一章　罗马继承法的主要原则及其演变

现代民法一般认为，继承，就是将死者遗留的财产以及其他可以继承的权利，移转给死者之继承人的法律制度。但是，罗马法中的继承制度，同现代民法的继承制度不尽相同，有它自己的基本原则和特点，而这些原则和特点又有一个发展的过程。

一、由身份继承演变为财产继承

"继承"一词的拉丁文是 successio，其原来的意思是指继承人在法律上取得被继承人的地位，即继承被继承人的人格，使之得以延续。古代的罗马，是以家长奴隶制经济为基础的宗法社会。绵延家祀，乃是发展家长奴隶制经济的基本前提。因为家长死亡之后，其人格是否延续，直接决定着当时最基本的生产单位——奴隶制大家庭的前途和命运。古代罗马的身份继承制度，就是当时家长奴隶制经济的这种客观要求在法律制度上的反映。另外，当时宗教观念很浓，生产力发展水平极低，人们能够创造的物质财富，除了维持自己和家庭成员的基本生活之外，很少有所剩余；而且当时的财产占有是以家庭为基本单位，一个家庭的财产由家长独自掌握和所有。所以，当时罗马的继承，主要是继承被继承人的人格，以绵延家祀于不绝。故无子者，应予立后，以免祖先祭祀中断。若死者的财产无人继承，便成为无主财产，任何人都可以按“先占”的原则占有该项财产，而自处于继承人的地位，供奉死者的家祀，称“时效继承人”（usucapio pro herede），后大祭司也规定家祀的祭奉，依原则由继承人任之，无继承人的，由取得死者大部分遗产的人为之，或由受遗赠人中接受大部分遗产的人为之。

共和国末叶，罗马通过长期对外掠夺战争，既夺取了大量土地，又俘获了大批战俘充作奴隶。随着土地的兼并和奴隶的增加，罗马的奴隶制大庄园经济逐步发展，取代了原来的家长奴隶制经济，原来的宗法社会也逐渐进入了商业社会。经济关系的这种变化，既使原来的身份继承制度丧失了客观基础，又使人们的宗族观念日渐淡薄，终于促成了身份继承为财产继承逐步取代的变革。此后，财产便成为继承的主要对象，身份继承则降到附属的地位。公元 2 世纪的大法学家优利亚努斯说：“继承是指继承死者所有的财产。”由此可见，到了法律昌明时期后期，罗马的继承，已经由身份继承演变成为财产继承了。当然，即使在这时，继承被继承人的人格以绵延家祀的传统观念仍然存在，只不过继承的主要对象已经是被继承人的遗产，而不再是被继承人的人格了。

二、由概括继承发展为限定继承

罗马的继承制度最初是采取概括继承主义（successio per universita），即除了与被继承人之人身相联系的债权、债务或其他权利义务之外，继承人要总括地继承被继承人的一切财物和财产上的一切权利义务，而不问资产、负债的多少，纵使死者遗产中的负债远远超过资产，继承人仍然要全部继承下来，替死者还清负债。这是因为，在罗马古代的身份继承制度下，继承主要是继承被继承人的人格，继承人被当作被继承人人格的延续。因此，对于被继承人的一切财物、权利和义务，除了像用益权、接受他人抚养的权利和抚养他人的义务、因侵权行为所负担的债务、因委任所产生的权利义务等专属于被继承人的权利义务不能继承以外，继承人都要继承下来，而不得在遗产中加以选择。

概括继承制度与罗马古代的身份继承制度相联系。随着身份继承逐步演变为财产继承，概括继承制度便失去了它的前提和根据，而显得对继承人过分苛刻。于是大法官为了保护继承人的利益，适应继承制度变革的需要，通过司法实践，逐步废除了概括继承制度，赋予继承人对被继承人的债务仅以其遗产为限负清偿责任的权利。其具体办法，一是授予那些有权拒绝继承的继承人以"不参与遗产权"(jus abstinendi)，即继承人在被继承人的遗产状况不好，资产可能不足以抵偿负债时，可以声明不参与处理遗产，而同意由被继承人的债权人以被继承人的名义出卖遗产，就遗产中的资产来清偿遗产中的负债，不足清偿时，继承人不负责代替被继承人清偿；偿债有余时，剩余部分仍旧归继承人继承；继承人自己所有的财产，则与被继承人的遗产不发生关系。二是授予继承人享有"财产分别利益"(separatio bonorum)，即奴隶被主人立为继承人时，虽不能申请不参与继承，但对家主资产不足抵偿负债的"有损遗产"(damnosa heriditas)可以申请以自己的名义把它出卖，以清偿被继承人的债务。不足之数，不另负责。通过这些办法，大法官法在事实上确立了限定继承制度。公元531年，优帝一世又规定继承人(包括当然继承人)有权就其继承的财产偿还被继承人的债务,但应依法对被继承人的遗产造具清册,称“财产清册利益”(beneficium inventarii),于是限定继承制度正式确立,并为后世各国继承法所采用。

三、以遗嘱继承(successio secundum tabulas)为主,法定继承(successio ab intesta)为辅

罗马王政时代,继承方式就分遗嘱继承和法定继承,前者允许被继承人用遗嘱处分他死后的财产,作为他处分权利的延续;后者则按照法律所规定的继承人的范围、继承顺序、遗产分配原则来继承,以保护宗族的利益。《十二表法》确认以遗嘱继承为主,法定继承为辅。两种继承的关系可具体归纳如下:

第一,法定继承不得和遗嘱继承并用。凡遗嘱有效时,就不适用法定继承。对同一项遗产,除军人遗嘱之外,亦不得以遗嘱处理其一部分,而按法定继承处理其另一部分。因此在一般情况下,若被继承人用遗嘱的方式指定继承人,但只给他一部分遗产,而对其余遗产的处理没有表示意见,或者明确表示其余的财产按照法定继承处理,在这种情况下,就视为被继承人用遗嘱处分了他的全部遗产,他的全部遗产就由他指定的继承其一部分遗产的继承人继承。至于被继承人将自己的特定财产遗赠给受遗赠人,其余财产按照法定继承的方式处理,则为法律所许可,因为遗赠和遗嘱继承是不相同的,在长时期内,罗马的继承是继承被继承人的人格,而遗赠则仅仅是涉及特定的财产,同继承被继承人的人格没有关系。

第二,遗嘱继承优先于法定继承。就是说,只要死者生前立有有效遗嘱,就要按照遗嘱来办理。只有在死者生前没有立遗嘱,或

者所立遗嘱不合法律规定，不能发生法律效力，或者遗嘱上所指定的继承人已经先于遗嘱人死亡或拒绝继承时，才可按法定继承办理。故法定继承一词的拉丁文原意即是“无遗嘱继承”。

第三，法定继承最初是由宗亲来继承，而宗亲继承是为了宗族的利益，原以家产共有为基础。而遗嘱继承则是以被继承人与继承人之间的情感为基础，被继承人立遗嘱时总是乐于把自己的遗产指定由他所喜爱的人继承。所以，在共和国的前期，法定继承与遗嘱继承完全是按着不同的基础来确定继承人的范围。到了公元前2世纪时，由于在家长奴隶制经济解体以后，宗族观念已日趋淡薄，血亲间的感情自然要比宗亲间的感情更为密切，于是，大法官遂允许在一定的条件下，如被继承人没有遗嘱时，其血亲得申请遗产的占有（bonorum possessio），此项新的规则后来得到皇帝们的确认和补充。这样，法定继承便由宗亲继承演变为以血亲继承为主的继承。到了优帝一世时更明定法定继承也以血亲为基础。这样，法定继承和遗嘱继承的基础就一致起来了。不过遗嘱继承是被继承人明白表示把自己的财产交由他选定的人继承，而法定继承则是按照一般被继承人的意思来规定继承人的范围。由此可见，这时的法定继承也可以说是一种法律推定的默示的遗嘱继承。

四、两种法定继承长期并存

从共和国末叶起至公元6世纪中叶，罗马并存着两种法定继承制度，一种是市民法的法定继承制度，一种是大法官法的法定继承制度。市民法的法定继承以宗亲为基础，不是宗亲即不得继承，子女一旦脱离了家长权，离开了原来的宗族，不再存在宗亲关系，就丧失了对家长遗产的继承权。大法官法的法定继承则是以血亲为基础，只要是血亲，不管是不是宗亲，一律享有继承权。优帝一世于公元 543 年和 548 年以第 118 号和第 127 号新敕，把罗马法的继承制度作了彻底修改，完全以血亲作为继承的基础，宗亲继承制度从此废止。

五、罗马法的法定继承人分当然继承人（heres suus）、必然继承人（heres necessarii）和任意继承人（heres voluntarius）

当然继承人是指直接在家长权下而在家长死亡后便成为自权人的家属，他们由于古代继承家祀和家产共有的关系，即理所当然地继承家长的遗产，所以也称当然和必然继承人（heres suus et necessarius）；必然继承人是指奴隶被家主解放，同时被立为继承人的，他们和当然继承人一样，不得拒绝继承，因而在家主死亡时也直接取得遗产；任意继承人亦称外来继承人（heres extraneus），是指那些在被继承人死亡前不处于家长权下的法定继承人，他们有接受或拒绝继承的自由。

六、法定继承是均分继承

当继承人有数人时，按照他们同被继承人之间亲等的亲疏顺序，依次继承。同一亲等的，不分男女长幼，按人计算，一律平均分配遗产。这与有些国家只由男子继承，女子无份，或长子、幼子继承，或可以多分等情况不一样。子女的后裔，则按支计算，共同继承其直系尊长应继承的份额。但是，对均分继承，家长也可以运用解放、出养、收养、遗嘱等办法，加以调剂，对不喜欢或不能保护家庭利益的子嗣，可以改变其继承份额。

七、一为继承人，永为继承人（semel heres semper heres）

继承人接受继承后，一般不得中途反悔。共和国时期，指定继承人也须严格遵守"一为继承人，永为继承人"的原则。因此，以遗嘱指定继承人时不能附加期限或条件，因为继承人要继承被继承人的人格，而人格是不能由个人意志而使其因时间的经过而终止的。其后，法学家们认为，在不违背"一为继承人，永为继承人"这一原理的前提下，应当允许在指定继承人时附加期限或条件。因此，虽然不得附加终期和解除条件，但可以附加始期和停止条件。至于遗嘱附有不能条件或不法条件的，应由继承人申请法院裁决，查明该条件是否真正属于不能或不法。至公元 3 世纪时则规定，如果遗嘱附有不能条件或不法条件的，即以不附条件论。

八、罗马法适用代位继承（successio in locum）

在罗马早期生产力还是很低的时候，家庭成员在一起共同劳动，共同生活，家长死后留下的一些微薄的财物，就由家庭成员继续享用或分配，因而不发生代位继承的问题。在生产力有所提高，大家庭的所有制被小家庭的私有制取代之后，血亲继承渐占主要地位，被继承人遗留的财产即按照感情疏密、亲等远近而定其继承的顺序，先由第一亲等的亲属继承，如果第一亲等的亲属中有先于被继承人死亡，或丧失继承权的，第二亲等的亲属代位他们来继承,但以第一亲等的亲属生前没有放弃继承权为条件,因为应推定被继承人对其直系卑亲属有同等的感情,特别在子女中有先死亡的,其所遗留的年幼尚不能自行谋生的儿童,更有予以照顾的必要。根据罗马法,不仅限于直系血亲卑亲属可以代位继承,兄弟姐妹的子女(被继承人的侄儿侄女等)也享有代位继承权。但这最初仅限于同父的兄弟姐妹的子女,至优帝时才取消此限制。

第二章　遗嘱继承(successio secundum tabulas)

第一节　遗嘱继承的意义

罗马法中的遗嘱(testamentum),是被继承人以设立继承人为主要目的而表示其最后意思的要式法律行为。遗嘱具有下列基本法律特征:

(1) 遗嘱是遗嘱人一人的意思表示,属于单方法律行为,所以与“死因赠予”不同,遗嘱人立遗嘱无需征得其继承人的同意。正因为如此,如果遗嘱人同他人(即被继承人与继承人)缔结一项关于继承的契约,则该契约无效。但是,遗嘱既是遗嘱人一方的意思表示,对继承人来说,只是一项要约,须经继承人承诺,继承始能发生效力。

(2) 遗嘱是遗嘱人的最后的意思表示。所谓最后的意思表示,并不一定是遗嘱人临终时的意思表示,而是指遗嘱人自立遗嘱以后直至死亡时对该遗嘱所反映的他的意志未再表示相反的意思。如果遗嘱人立遗嘱后又对该遗嘱加以变更,甚或重立新遗嘱,则应以其最后所更改或重立的新遗嘱为“最后的意思表示”。

(3) 遗嘱虽不以设定继承人为限,却是以设立继承人为主要目的的法律行为。因此,指定继承人是遗嘱的基础。这也是罗马遗嘱的特点，它要求遗嘱与继承人不可分离，遗嘱为形式，继承人乃实质。要使遗嘱发生法律效力，遗嘱人就必须在遗嘱中指定其认为最适当的人为继承人。如果没有指定继承人，或者所作的指定不符合法律规定，或者被指定的人先于被继承人死亡，或者被指定的人拒绝继承等，则该遗嘱便因无有效的继承人而完全失效，从而该遗嘱中所规定的其他事项也不能发生法律效力。这是因为，罗马的继承最初主要是继承被继承人的人格，既然遗嘱中没有指定继承人，那就意味着被继承人的人格尚无人继承，其权利义务无所依附，这样的遗嘱当然无效，因而遗嘱中所确定的遗赠、解放奴隶，为继承人指定监护人等项内容，也同样归于无效，法定继承即行开始。

（4）遗嘱是要式法律行为，因此，遗嘱人必须按照法律所规定的方式订立遗嘱，否则，所立遗嘱无效。这是因为遗嘱是在遗嘱人死亡后才发生效力，为了避免篡改伪造而在利害关系人之间发生争执，就必须郑重其事，有可靠的证明。

第二节 遗嘱的方式

罗马法上所规定的遗嘱方式，按照时代的变迁，可分为市民法时期的遗嘱方式、大法官法时期的遗嘱方式和帝政后期的遗嘱方式。现分述如下：

一、市民法时期的遗嘱方式

市民法的遗嘱方式，即罗马古代法的遗嘱方式，主要有以下几种：

1．贵族大会遗嘱（testamentum calatis comitiis）

在罗马古代，遗嘱中所指定的继承人要继承被继承人的人格，继承其家祀，继承其财产，这关系到家长地位的更替，涉及家族财产的外流与否，和宗教、社会亦有密切关系。特别是废除某子孙而立某子孙，甚或在自己子孙外另行指定他人为继承人，以及解放奴隶等都是重大事件，须经贵族大会审查通过，大会由大祭司（pontifix maximus）主持，由遗嘱人当众宣读其所立遗嘱的内容，指定谁在其死后继承家祀，谁为其未达适婚年龄的人的监护人等，然后由到会者公评议决。自《十二表法》确立遗嘱自由的原则后，贵族大会遗嘱方式虽仍存在，但到会者仅处于类似见证人之地位。

贵族大会遗嘱的优点在于使遗嘱明确，效力强，在遗嘱人亡故后能够较好地处理宗族内部事务和各宗族之间的关系。但是它也存在着缺点：第一，贵族大会只限于贵族才能参加，因此只有贵族才能采用此种遗嘱方式，平民不能采用；第二，在罗马古代，贵族大会每年召开两次特别会议办理遗嘱和收养事项，其他时间都不讨论遗嘱，因此时间相隔较远；第三，贵族大会是在罗马市召开，罗马以外的人如要立遗嘱，则很不方便。因此，到共和末叶，贵族大会遗嘱即不再通行。

2．出征遗嘱（testamentum in procinctu）

这种遗嘱，是军队于出征时，在统帅占卜后，队伍出发前，由未立贵族大会遗嘱而需要临时立遗嘱的士兵①在队列前以口头方式宣示自己的遗嘱内容，由同伴做见证人。罗马人以无遗嘱为终身

① 最初仅限于未满46岁并参加前线主力部队的士兵才能为之，后有所放宽。

的最大耻辱，而家长出征作战随时有阵亡的危险，所以就特许他们于出征前立下遗嘱，对其阵亡后的继承人和遗产处分明白表示其意思。如要采取由贵族大会通过的方式，则在战争爆发时显然是不可能的。因此，允许他们采用这种简便方式是一项特殊规定，只有士兵在出征时才能使用，其他人或士兵在其他时候都不能援用。这种遗嘱在士兵退伍一年后失去效力，因为经过较长时间后，情况发生变化，出征时仓促表示的遗言，仍应通过贵族大会进行正式评议。到公元前1世纪中叶，出征遗嘱即被废止，而为军人遗嘱所取代。

3．信托遗嘱（testamentum fiduciaria）或家产买卖（mancipatio familiae）

由于贵族大会遗嘱一年只有两次机会，出征遗嘱又不能在和平时为之，也多限于贵族，不适用于平民，故一般家长一旦病危，就有死无遗嘱的危险，而任其遗产由与其没有感情的宗亲继承。当然这个缺点最初并不显著，因为，有子嗣的固不成问题，无子嗣的，也早已进行收养，预先补救。至于平民，其时并不重视家祀，又没有多少财产可供继承。但到了共和国末叶，由于商品经济的发展，导致社会财富增加，人口流动频繁，而战争又使居民流离失所，加之平民经过几个世纪的奋斗，在经济上和政治上的地位已大大提高，受地域和时间限制的贵族遗嘱，不再能适应新环境的需要。因之，罗马的法学家乃创造了“家产买卖”的办法，以补充法律的不完备。

信托遗嘱，是家长在病危时用“要式买卖”的方式，把自己的全部家产“卖”给自己所信任的“家产买受人”（familiae emptor），并附加一项信托契约。“买受人”接受这项财产后便成了该项财产的所有人，同时，根据所附的信托契约，他应当在该家长（遗嘱人）死亡后，将这项财产全部移转给所指定的继承人所有。此项附约并不是在要式买卖的见证人面前公开宣示。这种“家产买受人”又被称为“准继承人”（quasi heres），实际上他只担负遗嘱执行人的职务。这样的遗嘱方式，平时和非贵族都随时可以采用，适用的范围比较广泛，使用起来也比较方便。但是这种遗嘱也存在着缺点，即受托人对遗嘱人的信托，只受道义上的约束，并不负法律上的义务。所以，如果遗嘱人死亡后，受托人背信弃义，不把财产移转给遗嘱人所指定的继承人，则继承人在法律上并无有效的补救办法。不过，实际上遗嘱人把财产“卖”给受托人时，并不放弃财产的占有，财产仍然由遗嘱人占有。一旦遗嘱人恢复健康，则可因“取得时效”而恢复所有权，或与“家产买受人”再经过“要式买卖”的手续买回来。如果遗嘱人不幸亡故，则由其继承人经过时效期限取得遗产的所有权。尽管如此，这种遗嘱继承的方式所存在的缺点，仍然是显而易见的，因此，后来被要式买卖的遗嘱方式所代替。

4．要式买卖遗嘱（testamentum per as et libram）

这种遗嘱的订立，是采取要式买卖和宣告（nuncupatio）两相结合的方式，吸取了“贵族大会遗嘱”和“信托遗嘱”之长。因为“大会遗嘱”与“出征遗嘱”很不便，且此类遗嘱不得任意撤销，也不能保守秘密。至于“信托遗嘱”，第一，遗嘱人不得设定继承人；第二，根据家属所得利益尽归家长所有的原则，遗嘱人不能将其财产转让给自己的子孙；第三，此项信托全靠“家产买卖人”的守信，若遗嘱人事后要改变遗嘱内容，也无诉权要求家产买受人交还其财产，在其死后，继承人、受遗赠人以及死者的债权人等，也都无法对家产买受人提起任何诉讼，要求他们应获得的利益。公元前 2 世纪中叶遂有“要式买卖遗嘱”的产生，以补救前三种遗嘱方式的缺陷。

要式买卖遗嘱的订立分要式买卖和宣告两项程序。其第一个程序完全采用要式买卖的方式，由 5 个证人和 1 个司秤人在场见证，由遗嘱人将自己的全部家产“卖”给买受人。与信托遗嘱不同的是由遗嘱人和家产买受人在证人和司秤前公开声明，一方声称，“我把财产卖给你，但你将来要把这财产移交给某某人……”。另一方声称，“我同意在你死后照办”。第二个程序是宣告，据一般学者的意见，是仿照贵族大会遗嘱的办法，由遗嘱人当众宣告其遗嘱的内容，与在大会中的宣告一样，声称立某某为继承人等。因为是双方当着见证人作的正式声明，故效力比信托遗嘱要强，因而比它前进了一步。然而这种遗嘱方式的缺陷也是显而易见的。首先，这种遗嘱与贵族大会遗嘱和出征遗嘱一样，要由遗嘱人当着见证人公开宣示自己所立遗嘱的内容，这样，难免遭到在遗嘱中没有被指定为继承人的其他亲属的不满和怨恨，容易引起纠纷和不利。其次，由于遗嘱不能保密，使遗嘱人不无顾虑，就不能尽按自己的意愿自由地处理自己的后事。再次，遗嘱的时间一长，其内容又包括遗赠和解放奴隶等，见证人的记忆易于模糊，或者其中有的见证人已经死亡，故其证据力不强。因此后来遗嘱改用书面，具体做法是，遗嘱人预先将遗嘱的内容用拉丁文分别写在几块大小相同的小木板上（tabulae testamenti），然后在见证人和司秤前声明，这就是自己所立的遗嘱。由各见证人在最后的木板上署名盖章，然后用细绳系牢并密封，再由见证人在上面署名盖章，以昭郑重，从而加强了证据力。若遗嘱人事后改变意见，只要毁了旧板，另写新板，重新进行上述程序即可。但上述两项程序，必须于见证人前接连为之，不得间断，若在程序进行中中断，再去做其他事情，不是一气呵成,则遗嘱无效。要式买卖遗嘱经过改进后,虽形式仍比较烦琐,但可使遗嘱的内容保守秘密而且明确,又可随时更改,补救了上述几种遗嘱的缺陷。所以在共和国末叶,上述的三种遗嘱已先后废止,帝政以后,要式买卖遗嘱遂成为唯一通行的市民法遗嘱了。

二、大法官法时期的遗嘱方式(testamentum praetorium)

这种遗嘱方式,是对书面要式买卖遗嘱的变通办法。要式买卖遗嘱的实质是遗嘱人宣告的内容,至于要式买卖的仪式仅是形式,5 个证人、1 个司秤、连同家产买受人实际上都是见证人。共和国末叶,大法官乃在谕令中规定不论是否举行了要式买卖的仪式,只要继承人能够呈交盖有 7 个证人印章的密封遗嘱,就授予遗嘱中所指定的继承人以申请占有遗产的权利,此称"遵照遗嘱的遗产占有"(bonorum possessio secundum tabulas),这是"不发生完全效力的遗产占有"(bonorum possessio sine re),不能取得遗产的所有权。在这种情况下,如果被继承人还有法定继承人,他对该项遗产仍然享有市民法的继承权,由于市民法的所有权优于大法官法的占有,他仍可向遗产占有人诉请交还遗产,这样,遗嘱继承人的权利并无可靠的保障。有鉴于此,安托尼努斯·皮乌斯帝时便规定,在这种情况下,遗产占有人可以提出抗辩,以遗产已由被继承人指定他来继承为理由,拒绝法定继承人的请求。于是大法官法的遗嘱遂发生完全的效力。

三、帝政后期的遗嘱方式

帝政后期的遗嘱力求简化，以适应时代的需要。此时期的遗嘱分普通方式和特别方式，前者又分为私式遗嘱和公式遗嘱。

（一）私式遗嘱

是指不需要官厅协助办理而由遗嘱人自行制作即可发生效力的遗嘱。私式遗嘱有三种形式：

1. 口述遗嘱（testmentum nuncupativum）

这是要式买卖遗嘱的简化方式，即遗嘱人于证人前口述遗嘱内容而成立的遗嘱。大法官法承认具备 7 人印章的密封遗嘱的效力。帝政后期进而规定，即使不用书面而用口述的也生效力，且证人也由 7 名恢复到 5 名，即省去司秤和买受人，证人也可将遗嘱人的意旨予以笔录，以助记忆，但记录不发生证据的效力。

2. 三合遗嘱（testmentum tripartitum）

这种遗嘱方式是公元 439 年由特奥多西乌斯二世和瓦伦体尼亚努斯三世钦定的。之所以叫“三合遗嘱”，是因为它是综合大法官法、市民法、皇帝敕令三者的规定而制定的一种新的遗嘱形式。这种方式的具体做法是，它必须是书面遗嘱，而不能是口述遗嘱，由遗嘱人召集 7 个证人到场，当着证人在羊皮纸上书写好遗嘱并签名，再由证人在遗嘱上签名。但通常是由遗嘱人事先写好遗嘱，然后再向证人宣读遗嘱内容，再由证人签名。以后，为了保守遗嘱的秘密，便把写好的遗嘱卷起来，不再向证人宣读其内容，只向证人声明，“这是我的遗嘱”，然后将此项声明当众记录于遗嘱所露的末尾，由遗嘱人和证人依次签名于其后；如果遗嘱人不能写字，应另加代书人并签名。遗嘱经签名后进行密封，再由证人在密封好的遗嘱外盖章并署名于其旁，以示郑重。由于这种遗嘱是经过 7 个人盖章证明，这是采用大法官法的遗嘱方式；由遗嘱人和证人都在遗嘱上签名，这是皇帝敕令的规定；立遗嘱的全部手续要一气呵成，不能中断，这是市民法“要式买卖遗嘱”的要求。所以此种遗嘱称作“三合遗嘱”。

3. 自书遗嘱(testamentum holographa)

这种遗嘱仅由遗嘱人自己书写遗嘱全文，无须证人在场加以证明，即能产生法律效力。因此这是一种最简单、最方便的遗嘱方式。君士坦丁一世时规定，对处在家长权下的子女，家长可用自书遗嘱对他们预作遗产的分配，而不需邀请证人证明，特奥多西乌斯二世把这一规定扩充适用于不在家长权下的子女。瓦伦体尼亚努斯三世时曾承认自书遗嘱的效力，优帝一世又规定仅限于父母对子女分析遗产时用之，且以第 107 号新敕规定，这种遗嘱的遗嘱人必须亲自书写遗嘱全文和日期，并将各继承人的继承份额书写清楚。因此，如果遗嘱人要把遗产移转给其他人，则其遗嘱仍然需要有一定的证人证明，才能产生法律效力。

(二) 公式遗嘱

公式遗嘱是指由遗嘱人向官署登记备案的遗嘱。公式遗嘱有两种：

1. 公证遗嘱(testmentum apud acta conditum)

这种遗嘱是遗嘱人到法官或地方官处口述遗嘱的内容，由负责人把它记录在特定的簿册中。这原是希腊人的习惯，霍诺里乌斯帝于公元 413 年肯定了它的法律效力。

2. 御存遗嘱(testmentum principi oblatum)

这种遗嘱是遗嘱人将自己的书面遗嘱呈请皇帝保存,由皇帝将它交给司法部门保管,登记备案,这是一种特别慎重的遗嘱。

公式遗嘱必须由遗嘱人本人亲自进行,不许由他人代替。这种遗嘱不需要证人证明,遗嘱人也有撤销的权利。

(三) 特别遗嘱

所谓特别遗嘱是指在某种特殊情况下,遗嘱人可以采用不同于私式遗嘱或公式遗嘱的某种特别方式所立的遗嘱,有的比较简单,有的则较复杂,以便既方便遗嘱人,又避免伪造篡改等弊端的发生。特别遗嘱有以下五种:

1. 盲人遗嘱

罗马法起初无对盲人遗嘱的特别规定,优斯体努斯一世为了维护盲人遗嘱的真实性,防止诈欺,规定盲人要立遗嘱,应邀请 7 个证人一同到地方议会,请地方议会的秘书,据实记录,作成书面,并当场宣读,经遗嘱人认为与其口述无讹后,再由该秘书和在场的 7 个证人署名盖章,遗嘱方告成立。若遗嘱已由他人代为书写,则由秘书将遗嘱内容当众宣读后,再由他和 7 个证人署名盖章。如果地方议会的秘书因故不能出席办理时,也可由另一证人代理之。

2. 聋哑人遗嘱

根据盲人的生理特点,盲人只能口述遗嘱,请他人代书。同样,聋哑人的生理特点也决定了聋哑人遗嘱的特别方式。聋哑人既不能讲,又不能听,不能履行一般遗嘱所要求的方式,故不能立遗嘱。自书遗嘱产生后,优帝一世遂规定,如聋哑人脑筋清楚,会写字的,应亲自书写遗嘱全文,并经 7 个证人署名盖章,则该遗嘱有效。

3. 军人遗嘱

前述罗马古代的出征遗嘱，只能在战士出征时于队列前设立。帝政后的军人遗嘱，只要是现役军人，不论在什么时间，什么地点，也不论采用何种方式，都可以设立遗嘱，故聋哑军人只要神志清楚，同样可以设立有效的军人遗嘱，同时也可不受市民法关于一般继承原则的限制，如可以在遗嘱中只处分一部分遗产，而另一部分遗产则按照法定继承来继承；或设定无继承能力的人为继承人；或在遗嘱中附加解除条件或终期；为子女设定补充继承人时，也不必遵守法律所规定的条件；可以立一新遗嘱而不撤销旧遗嘱；有意遗漏或任意废除直系血亲卑亲属为继承人或把全部财产作为遗赠，而其遗嘱可不受利害关系人的攻击等。之所以对军人遗嘱如此优待，是因为罗马当时的战争频繁，任何军人都有可能参加战斗，因而就有死亡的危险，他们实际上是处于阵亡的前夜，故对他们设立的遗嘱给予了特殊的照顾。但这种遗嘱仅在遗嘱人退伍后一年内有效，且其退伍须非因过失而被开除的。优帝一世更补充规定只限出征作战的军人能享受此项特权，其驻守边防的，仍适用一般的遗嘱规定，其随军服役或者在敌军阵地死亡的市民，则可援用此项优待。

4. 传染病流行时的遗嘱

帝政后期，意大利半岛一度鼠疫蔓延，一旦发现病情，往往把整个村庄封锁起来。在这种情况下，遗嘱人如果还采取一般订立遗嘱的办法，把 7 个证人全部邀集到一起，就很容易传染疾病。为此罗马法特别规定，如若在传染病流行时立遗嘱，可以分别邀请证人办理见证手续（署名盖章），如若遗嘱人已经患有传染病症，被指定的证人可以不与遗嘱人接近，仅于已经作成的书面遗嘱上署名盖章。这是对传染病发生时立遗嘱的特殊处理，也是罗马法注重实际的一个表现。

5. 乡村遗嘱

乡村遗嘱是指在乡村作成的遗嘱。由于乡村人口稀少，识字的人不多，如若按照普通的遗嘱方式，必须有7个能书写的证人到场证明，这在文化落后的乡村显然是件不容易办到的事情。为此，罗马法规定，乡村遗嘱只要有5个证人证明即可；证人中如有不识字的，也可由其他识字的证人代为署名，但该不识字的证人应了解遗嘱的内容，在遗嘱人死亡后，必要时可用宣誓来证明。这是对乡村遗嘱的一种例外处理，也是罗马法注重实际的又一表现。

第三节　遗嘱能力(testamenti factio)

从广义上讲，罗马法上的遗嘱能力包括以下三种能力：一是立遗嘱能力，二是继承的能力，三是为遗嘱作证的能力。但从狭义来讲则专指立遗嘱能力。现分别说明如下：

一、立遗嘱的能力(testamenti factio activa)

立遗嘱能力，或称主动遗嘱能力，亦称积极遗嘱能力，指遗嘱人应当具有的能力或资格。遗嘱要处分遗嘱人的全部财产，是一项极为重大的法律行为，而其效力又须在遗嘱人死亡后始能发生。故法律对遗嘱人能力的规定，不得不从严掌握。遗嘱人要作成具有法律效力的遗嘱，必须同时具有以下五个方面的条件。

1. 须有财产

自从财产成为继承的主要对象之后,遗嘱便是遗嘱人处分自己死后财产的行为。因此之故,凡是没有财产的人,就不得立遗嘱。依照罗马法的规定,奴隶没有人格,他们没有自己的财产,故不能立遗嘱。但是,公奴受到特殊的优待,他们对自己的特有财产享有1/2的遗嘱处分权。在夫权之下的妻和在家长权之下的家属等他权人起初都没有私蓄,因此也不能立遗嘱。但是自帝政以后,出现了特有产制度,他权人逐渐拥有用益特有产(父授特有产)、军役特有产、准军役特有产和外来特有产,但他们得以遗嘱处分的,起初也仅作为一种特例。在哈德里安努斯帝以前,对军役特有产,只有现役军人才有遗嘱处分的权利,他一旦退伍,遗嘱权即随之丧失。哈帝取消了这一限制。准军役特有产则至优帝一世时才有用遗嘱加以处分的权利;而对于用益特有产,他权人只享有用益权,所有权仍属于家长,因此他权人对之无遗嘱权。至于外来特有产,所有权虽然属于家属,但家长对之享有用益权,如果家属用遗嘱处分自己的特有产,势必影响家长对这项特有产的用益权,因此,家属对之也不能用遗嘱加以处分。

2. 须是罗马市民

因遗嘱是市民法的制度,立遗嘱是市民权中的私权之一,所以,只有罗马市民才拥有立遗嘱的能力,非罗马市民就没有。奴隶没有人格,除公奴外,当然不能立遗嘱。在罗马的外国人,如果没有取得"财产权"(commercium),只能依照他们的本国法律或万民法处理。但降服外国人和蛮民被视为无国籍的公民或无文化的野蛮人,罗马法根本不承认他们可以立遗嘱。原来是罗马市民,经人格大变更或中变更后,丧失了自由权和市民权的,也就丧失了遗嘱权。至于优尼亚拉丁人，他们“生而自由，死为奴隶”，故他们活着的时候虽享有法律所规定的财产所有权，但死亡之后，其财产应归恩主所有，这样也就无权用遗嘱处分自己的遗产。直到优帝一世废除了各种解放自由人的区别之后，此项限制才消灭。

3．须有行为能力

遗嘱是遗嘱人对自己死后财产进行处分的意思表示。这就要求遗嘱人必须具有完全的行为能力，能够在立遗嘱时真实地表示自己的意志，因此，未适婚人、精神病人、浪费人等都不得立遗嘱。未适婚人纵使得到监护人的同意，也不得为之，因遗嘱是专属于本人的行为，不能由监护人补充其能力，若已届适婚年龄，即可独自处分其遗产，毋需征得保佐人的同意。精神病人如为间歇性的，则在其神志清醒时所立的遗嘱有效。至于女子，因处在家长权、夫权或监护权之下，她们原没有立遗嘱的能力。共和国末叶，宗族解体，要式买卖遗嘱产生后，女子可经监护人的同意而处分其遗产。如果监护人是为遗嘱或官厅指定的，则此项同意一般不难获得。如若为法定继承人，则因涉及继承利益，常为监护人所拒绝，女子仅可用信托监护的办法摆脱宗亲关系，消除遗嘱自由的障碍。当然，伪装买卖的信托夫权，仍须经监护人的同意，但女子可申请大法官的干预，强迫法定监护人转让其监护权于他人。哈德里亚努斯帝时，元老院作出决议，女子不论有无法亲，均可因监护人的同意而立遗嘱。其继任的安托尼努斯·披乌斯帝时，对自权女子的监护逐渐松弛。大法官对未经监护人同意所立的遗嘱，也允许继承人可以申请遗产占有。公元 5 世纪初，女子监护的制度已正式废止，于是女子的遗嘱权遂与男子相同。

4．须能履行遗嘱仪式

遗嘱是一种要式行为，必须履行一定的方式，才能够成立。因此,凡是不能履行法律所规定的遗嘱方式的人,就不能立遗嘱。罗马法上所规定的遗嘱方式,随着历史的发展,社会的进步,曾经多次改变,因此遗嘱人的遗嘱能力受到遗嘱方式的限制也屡经变化。最初,只有贵族大会遗嘱和出征遗嘱两种方式,而平民、女子、不满17岁、外国人等因不能参加贵族大会或加入军伍,故都不能立遗嘱。其后,要式买卖遗嘱产生后,凡聋人、哑人、无财产权的外国人、未适婚人等都不能进行要式买卖,所以都不能以要式买卖的方式立遗嘱。上述人员中,聋人、哑人是基于事实上的不能,因为进行要式买卖,双方当事人是需要对话的,而聋人听不到对方讲话,哑人自己不会讲话,所以他们不能用这种方式立遗嘱;而无财产权的外国人、未适婚人,则是基于法律上的不能,也就是法律规定他们不能进行要式买卖。自出现书面遗嘱后,凡识字的聋哑人,便可以用眼来代替耳和嘴,用书面遗嘱处分他们的遗产。但生来既聋又哑的人,还是没有立遗嘱的能力。

5. 须遗嘱权未被剥夺

在罗马,犯叛逆等重罪被判刑的人,应作证而拒绝作证的人,作伪证的人,不忠于监护职守被撤职而受丧廉耻宣告的人,或者在基督教成为国教后信奉异教的人等,依法都被剥夺了立遗嘱的能力。优斯体尼亚一世时,凡教士和修女一入寺院后,也就丧失了遗嘱权。

遗嘱人不仅须具备遗嘱能力,且须确信其有遗嘱能力。优帝《学说汇编》曾举了一个例子:有一个奴隶已被其主人以遗嘱解放,奴隶在其主人死亡后立了一个遗嘱,由于立遗嘱时他还不知道其主人已经死去、自己已是解放自由人,所以他的遗嘱仍属无效。也就是说,遗嘱人的遗嘱能力有疑问时,足以使其遗嘱无效。

遗嘱能力应于立遗嘱时具备。但这项能力是否须一直保持到他死亡时,则应分自然遗嘱能力和法定遗嘱能力来说明。所谓自然遗嘱能力,就是根据遗嘱人的自然状况(如年龄或精神状态)所具有的遗嘱能力。遗嘱人只要在立遗嘱时具有自然遗嘱能力,即使在立遗嘱后又丧失了这种能力,也不影响遗嘱效力。因为人在临终时,大都神志昏迷,如果要求遗嘱人于死亡时保持清醒的头脑,仍能明确表示其意思,则所有遗嘱便很少能有效。故如遗嘱人在立遗嘱时精神正常,有完全的行为能力,纵然在立了遗嘱之后患了精神病,丧失了行为能力,其所立遗嘱仍然发生效力。

所谓法定遗嘱能力,是根据法律的规定所具有的遗嘱能力。遗嘱人立遗嘱时依法具有遗嘱能力,如果在遗嘱完成之后又丧失了法定遗嘱能力,则其效果就与丧失自然遗嘱能力不同,原先所立遗嘱即随之归于无效。例如,遗嘱人订立了遗嘱之后因人格大变更而成为外国人,或其遗嘱权被剥夺了,都依法丧失了立遗嘱的能力,在这种情况下,他原先立的遗嘱也就丧失了法律效力。纵使以后又恢复了立遗嘱的能力,如又取得市民权、自由权和遗嘱权,其已经依法无效的遗嘱也不能因遗嘱人恢复了立遗嘱能力而又恢复其效力。但后来大法官也允许这些遗嘱中所设定的继承人可申请“遗产的占有”。至于罗马市民在战时被俘虏的,则在逃回罗马后,即因“复境权”而视为从未丧失其自由,故其俘虏前所立的遗嘱仍保持其效力。若不幸身死敌国,则因《科尔涅利亚法》(*Lex Cornelie*)的规定,其死亡时仍被视为保留市民的身份,这样,其生前所立遗嘱仍然有效。

二、遗嘱继承的能力(testamenti factio passiva)

遗嘱继承的能力,亦译被动遗嘱能力,又称消极遗嘱能力,是指被指定的遗嘱继承人或遗赠受赠人所应当具有的能力或资格。罗马法关于遗嘱继承能力的规定,远较立遗嘱能力的规定为宽。依原则,凡享有财产权而其继承权未被剥夺并能确定的人,都有此项能力,故遗嘱继承人或遗赠受赠人,仅需同时具有以下三种能力:

1. 须有财产权

依照市民法的规定享有财产权而未被剥夺或受限制的人,都有接受继承和接受遗赠的能力。如果是没有市民法上的财产权,就没有依照市民法接受遗产和遗赠的能力。因此,外国人无财产权的只能按照本国的法律或者万民法的规定接受继承或遗赠,而不能依照市民法的规定接受继承或遗赠。降服外国人和蛮民无继承的能力。依罗马法的原则,奴隶和家属所得到的财产,完全归主人或家长所有,他们虽可接受遗产,但归其主人或家长享有。关于家属,我们已在家属财产中谈及,现专就奴隶作进一步的说明。奴隶只是主人的工具,无所谓有无继承能力,他能否接受继承,完全以其主人的能力为标准。假如他的主人有接受继承的能力,他就可以接受继承,反之,若其主人被剥夺了继承遗产的能力,或者他是一个没有主人的奴隶,他就不能接受继承。如果主人立自己的奴隶为继承人,依照罗马古代法,必须在遗嘱中有解放该奴隶的记载,否则,其解放无效。后来对解放奴隶的方式要求愈来愈宽,凡是主人在遗嘱中指定自己的奴隶作为继承人的,即使该遗嘱没有明确表示解放该奴隶的,也视为默示解放。奴隶既然被解放了,即成为解放自由人,就具有接受遗嘱继承的资格。如果主人无权解放该奴隶,则其继承的设定仍属无效。立他人的奴隶为继承人的,根据前述,遗产就归继承开始时该奴隶的主人所得。当然,如果在继承开始时该奴隶已被解放,则遗产归该被解放的奴隶本人所有。在古代法,接受遗产为要式行为,不得由他人代替,幼孩或痴癫者等虽享有继承权,但由于他们不能履行接受继承的仪式,故凡立他们为继承人或受赠人的,就应改立他们的奴隶。这样,在接受遗产时,就由奴隶履行接受的仪式,而由幼孩、痴癫获继承的实益。

2. 须继承权未被剥夺或限制

最初,罗马法规定,凡是被判叛逆罪的和丧失作证能力的人,即被剥夺继承权。

(1) 公元前169年制定的《沃科利亚法》(*Lex Vocolia*)规定,女子不能被第一级市民(即拥有资产10万万阿司以上的人)立为继承人,其受遗赠的数额则不得超过任何与其同时被立为继承人的继承份额。因此,富有的遗嘱人的妻子和女儿就被取消了被立为继承人的资格,只是修女例外。但这种限制只限于遗嘱继承,女子并不因此丧失法定继承的权利。一些女子之所以不得被遗嘱立为继承人,是因为罗马人认为,豪富家庭的女子习于奢侈,又不会管理财产,故古代家长很少有立女子做继承人的。基于这种考虑,共和国末叶,此风有所改变,《沃科利亚法》乃对女子的继承权加以限制。但人们多用回避的办法,如信托,寄存,伪造负债,立女子的奴隶为继承人而假装与其友人共有该奴隶等。特别是罗马于公元前167年征服了马赛多涅(Macédoine)之后,免除了罗马市民纳税的义务,于是市民就不再去登记其财产,而官厅也不认真办理,因此,豪富之家立女子为继承人就根本不受该法的拘束，该法没有实行多久便废除了。

（2）奥古斯都时，为了军事上的需要，奖励多生子女，繁殖人口，规定如果到了适婚年龄（男14岁，女12岁）而不结婚，或者结婚后不生育子女的，继承权就要受到限制，一般都不得由遗嘱指定为继承人。

（3）此外，通奸者不得继承其共犯的遗产，帝政后期生母怠于为其未适婚子女申请任命监护人的，不得继承其子女的遗产。在基督教成为罗马国教后，凡亵渎基督教或信奉异教的，以及妇女不守禁婚期的，也被剥夺继承权。继承权被剥夺，当然也就没有接受继承的能力。

3. 须为确定的人

依照罗马古代法，遗嘱人用遗嘱指定继承人时，都要用直接命令式，遗嘱人必须明确指定继承人是谁，只有能呼其名的方可，例如"我的儿子某某为我的继承人"（titius filius meus heres）。所以，那时被指定的继承人必须是确定的、具体的人，如果说"有娶我的女儿为妻的，或被选为大法官的……，就是我的继承人"等都不能生效。到了法律昌明的前期，对所谓"确定的人"的解释就不那么严格了，遗嘱人只要在遗嘱中对所指定的继承人有个范围，而这个范围内的人又都是他所熟悉的，也就可以了。例如，遗嘱人在自己的遗嘱中表明，"在我的表侄中，或是在我们的文艺社中有愿意与我的女儿结婚的，我就立他作为我的继承人"。这个遗嘱中所指定的继承人虽然并没有具体地指定是哪一个人，但已经是那些可以确定的人中的人。因此，这个遗嘱就是有效遗嘱。优帝一世时，对"确定的人"的解释更为宽泛，只要遗嘱人在遗嘱中所指定的继承人是可能确定的,即为有效指定。例如,遗嘱人在其遗嘱中表示,“凡是愿意与我的女儿结婚的,我就立他做我的继承人”。这个遗嘱中所指定的继承人,虽然没有限定任何范围,但是被指定的继承人是可以确定的,那就是愿意与遗嘱人的女儿结婚的那个人,故这个遗嘱就是有效遗嘱。至于在立遗嘱时尚未出生的婴儿,在古代法上是不得被立为继承人的。公元前 2 世纪时,遗嘱人死亡后出生的子女已被作为例外可以被立为继承人,以免遗嘱因遗漏直系血亲卑亲属而失效。其后大法官又允许遗嘱人立其子将来出生的婴儿为继承人,以免其子先遗嘱人死亡时,其未来的孙子因可代位继承而影响遗嘱的效力。优帝一世时,被立的继承人,只要在继承开始时已受胎的,其继承权即受到保护。

关于法人,在帝政初年本未发生有无继承能力的问题。到了公元 1 世纪末,罗马的法学家们认为,法人既无实体的存在,不能继承死者的家祀,为被继承人传宗接代,故法人没有继承能力。后来,继承由继承被继承人的人格变成为主要是继承被继承人的财产,元老院根据实际需要,决议地方政府得被其所解放的奴隶立为继承人,因该奴隶在被解放前本为地方政府所有。帝政后期,基督教盛行,此项限制遂被取消,于是寺院、慈善团体和其他法人,也都可以被立为继承人而继承被继承人的遗产。

以上三个方面的遗嘱继承能力,继承人必须在立遗嘱时、继承开始时(亦即遗嘱人死亡时)或条件成就时及受领遗产时这三个时候都要具有,不能欠缺,才有资格接受遗产。如继承人在立遗嘱时没有继承能力,则遗嘱即自始无效,即使他以后又具有继承能力,也不能取得继承权。在立遗嘱后到继承开始或条件成就前这一段时间,继承能力是否继续地存在,则无关紧要,但在继承开始后或条件成就后，则继承能力应继续存在，直至取得遗产时为止。如果这期间一度丧失了继承能力，他便无权继承遗嘱人的遗产。

三、遗嘱作证能力（testamenti factio relative）

遗嘱作证能力是指证明遗嘱是否依法成立的能力，涉及证人、司秤和代书人。罗马法认为，作证是一种公务，因此，有几种人没有作遗嘱证人的能力。奴隶因为没有人格，没有权利能力和行为能力，当然不能作证；妇女没有公权，不能从事公务，也不能作证；未适婚人、精神病人、聋哑人等没有鉴别能力，或者听不见当事人说的是什么，或自己无法正常表达思想，故不能作证；受过丧廉耻宣告或某些刑事处分的人，属于不守信用、品德有严重缺陷的人，故依法丧失作证的能力。此外，与继承有利害关系的人，应当回避，理所当然不能做遗嘱的证人，如继承人、继承人的家长、与继承人处于同一家长权下的家属以及家产买受人的家属等。但一般他权人和优尼亚拉丁人，则有作证的能力。

第四节　继承人的指定

《十二表法》规定，遗嘱包括指定继承人、委派监护人、解放奴隶、遗赠等项内容。但是按罗马法的传统，指定继承人是遗嘱的基础，如果遗嘱没有指定继承人，或者继承人的指定无效，则整个遗嘱都不能发生效力，遗嘱所载的其他内容，如委派监护人、解放奴隶、遗赠等都归于无效，只是军人遗嘱例外。

遗嘱所指定的继承人并不限于法定继承人。遗嘱人可以指定法定继承人继承，也可以指定法定继承人以外的人继承；可以指定自己的子女做继承人，也可以不指定他们做继承人；可以指定所有的子女为继承人，也可以只指定其中某一个或某几个人为继承人；还可以把法定继承人中顺序较远的人立为继承人，而不让顺序较近的人继承。总之，在《十二表法》时期，遗嘱继承是绝对自由的，不受任何限制。但是，在指定继承人的方式上，罗马法要求很严格。现从四个方面说明如下：

一、指定继承人的位置

遗嘱人在遗嘱中指定继承人时，应当把他写在什么位置？最初，罗马法规定，继承人的指定，应当写在遗嘱的首端，就是说，遗嘱人在写遗嘱时，一开始就应当写上指定某某人做继承人，然后再写其他事项。如果遗嘱人违反这一规定，而在遗嘱中首先写指定监护人等内容，尔后再写指定继承人，则写在继承人指定之前的内容一律无效。这是因为，指定继承人的目的，是要继承被继承人的人格，以代替被继承人行使权利，履行义务。所以，只有先指定了继承人，然后才谈得上让继承人代替被继承人享受权利，承担义务。在没有指定继承人之前，其他事项都无从谈起。到帝政以后，这种限制就放宽了一些。特拉雅努斯帝（Trajanus，公元98—117年在位）时，允许在指定继承人之前先废除当然继承人。普罗库鲁斯派还主张在指定继承人之前可以为继承人设定监护人。因为给继承人设定监护人的目的在于保护继承人，而不是给继承人增加负担，故这种遗嘱应当发生效力。萨比努斯派则认为应该仍照传统的规矩办事,遗嘱人既然违反规定,则写在指定继承人之前的事项,就不应当发生效力。两派之争,终以前说占了优势。至优帝时,着眼于尊重遗嘱人的意思,废除了位置的限制,只要遗嘱中指定了继承人,则在指定继承人之前所设立的所有合法事项,都有效力。

二、指定继承人的用语

罗马古代法规定,指定继承人时只限于用直接命令式。例如,遗嘱只能用"某某作为我的继承人"(titius heres meus esto)。这种形式的语句,稍有出入,即视为遗嘱无效。这是因为,罗马最早的遗嘱,只有贵族大会遗嘱一种方式,而在贵族大会上立遗嘱,等于是立一项法律,必须要采用法律用语的口气,即用命令式的语句,而用其他句式指定继承人的遗嘱,就不能生效。至盖尤斯时,这种限制稍有放宽,已可用与命令式相类似的语句来指定继承人,比如用"我命令某某为我的继承人"(titius heredemmeum esse jubeo),但如用"我愿意某某为继承人,立某某为继承人,使某某为继承人"(titium heredem esse volo,instituo,facio)等,仍不能生效。君士坦丁二世于公元339年废除了指定继承人用语的限制,从此用任何形式的语句来指定继承人都可以,只要在遗嘱中指定了继承人并且把指定某某人为继承人的意思表示清楚,就可以发生效力。但是遗嘱人只能用拉丁文作遗嘱,不能用其他文字来代替。东帝特奥多西乌斯二世和西帝瓦伦体尼亚努斯三世于公元439年规定,遗嘱人采用希腊文作遗嘱,指定继承人,也发生法律效力。

三、指定继承人的人数

遗嘱人在一份遗嘱中可以指定一个继承人，也可以指定几个继承人，罗马法对此没有人数上的限制。

1. 遗嘱人在遗嘱中只指定一个继承人时，可能会出现三种情况：

（1）遗嘱人指明由这一个继承人继承他的全部财产。在这种情况下，遗嘱人的全部遗产当然就由遗嘱人在遗嘱中所指定的该继承人独自继承。

（2）遗嘱人在遗嘱中只指明由他所指定的继承人继承他的一部分财产，其余财产没有说明由谁来继承，或说明由他的法定继承人继承。在这种情况下，遗嘱人的全部财产仍然要由他所指定的遗嘱继承人继承。因为依照罗马法，除军人遗嘱外，法定继承不得和遗嘱继承同时并用，它只能在没有遗嘱，或遗嘱无效的情况下才能开始。现在遗嘱人既然在遗嘱中指定了一个继承人，不论他指明该继承人继承的财产数额是多少，他都有权继承遗嘱人的全部财产。

（3）遗嘱人在遗嘱中只对他的某一项特定财产（如遗产中的某一所房子等）指定其继承人，而对其他财产未予处理，这在最初不发生遗嘱的效力。因为，在罗马古代，继承人要继承被继承人格，故继承是概括继承，这样，遗嘱人不得对特定财产指定继承人，否则视为遗赠。但这样一来，遗嘱中就等于没有继承人，只有受遗赠人，遗嘱便失去了基础，于是遗嘱无效。由于罗马人以没有遗嘱为耻辱，故萨比努斯为了尽可能地使遗嘱生效，避免出现无遗嘱情况，视特有财产指定为赘文，等于没有这个记载，推定遗嘱人所指定的特定财产的继承人为他的概括继承人，由该继承人继承遗嘱人的全部财产。

2. 遗嘱人在遗嘱中指定了数个继承人时，则可能出现四种情况：

（1）遗嘱人没有指定各继承人的应继份，在这种情况下，所有被指定的继承人不分男女，平均分配遗产。但遗嘱人有相反的意思表示的，应照办，如遗嘱人指定数人为联合继承人等。

（2）遗嘱指定了各继承人的应继份。依照罗马人的习俗，把遗产的全部作为一个整数，称为一阿司，把各继承人的应继份作为分数，称为恩西亚（uncia）。阿司和恩西亚都是罗马古代的铜币计量单位，1 个阿司等于 12 个恩西亚，各继承人的应继份就按着恩西亚计算，遗产的 1/12 是 1 个恩西亚，1/6 是 2 个恩西亚，依此类推。遗嘱人指定各继承人的应继份时，可能出现三种情况：第一，规定各继承人的应继份的总数合成 1 个阿司，正好相等于遗产的总数。在这种情况下，各继承人就按照遗嘱人所指定的应继份继承。第二，指定各继承人的应继份的总数少于 1 个阿司，即分数不足 12 个恩西亚，少于遗产的总数。如果是军人遗嘱，则多余的遗产归法定继承人继承，因为军人遗嘱并不排斥与法定继承的并用。如为普通遗嘱，可以遗嘱指定的总的恩西亚数为分母，按此分配。但罗马人主张应先按遗嘱人指定的恩西亚分配遗产，然后再由各继承人按照遗嘱人指定的份额按比例分配所余遗产；还有的主张多余的遗产由各继承人平均分配。第三，指定各继承人的应继份的总数多于 1 个阿司，即分数超过 12 个恩西亚，多于遗产的总数。在这种情况下，罗马人同样是先按指定的份额分配，但与上例相反,不足之数,则由各继承人平均或按比例在其超出额中扣回。这一平均或按比例分配多余或不足之数的分歧,直到共和国末叶帝政初年才获解决,一般都认为按比例计算更符合遗嘱人的意思。

(3) 遗嘱人对部分继承人指定了应继份,对部分继承人未指定应继份。这会出现两种情况:第一,已经指定的应继份少于遗产的总数 1 个阿司的。在这种情况下,由已被指定应继份的继承人按指定份额先继承,所余遗产由其他未被指定应继份的继承人平均继承。第二,遗嘱指定的应继份等于遗产总数 1 个阿司或者超过 1 个阿司时,依照罗马的习惯做法,就以 2 个,甚至 3 个、4 个阿司代表遗产的全部,即把全部遗产分作 24 个,甚至 36 个,48 个恩西亚,在扣除所指定的份额后,余下的就由未被指定应继份的继承人平均继承,直到使所有的继承人都能继承到遗产为止。

(4) 此外遗嘱人对继承人中的一人或数人指定特定财产时,法学家首先调和法律的规定和遗嘱人的意旨,使遗嘱发生效力,认为对被指定继承特定财产的继承人并不仅限于能继承该特定财产,从而先在各继承人中平均分配遗产,然后在遗产分析诉中,由承审员将遗嘱人指定的财产,分配给其所指定的继承人。但物价随市涨落,若指定财产跌了价,或其余遗产涨了价,则按上述办法处理,自不成问题。反之,如果继承开始时,该特定财产的价值有明显的增加,或者其他部分的财产有显著减少或跌价,致该指定财产的价值超过了应继份,则超过的那部分便视为遗嘱人对该继承人的遗赠,使其符合遗嘱人的遗志。优帝一世时,凡指定继承特定财产的继承人之外还有其他合法继承人时,则该特定财产继承人即视为受遗赠人。若各继承人都被指定特定财产时，则各继承人在提取了所指定的财产后，再分析多余的财产。

四、附条件或期限的指定

共和国时期，指定继承人须严格遵守法律规定的方式，不得附加条件或期限，此即所谓"一为继承人，永为继承人"原则。因为继承是继承被继承人的人格，故不仅不能附加终期或解除条件，即使是附加始期或停止条件也不行。因为始期届满或停止条件的成就，是继承的开始，遗嘱若附有始期或停止条件，就意味着在遗嘱人死亡之后到条件成就或期限到来以前这段时间里，继承人不得接受继承。这样就会出现两种情况：其一，遗嘱人的人格无人接续，家祀就要中断，祖先无人祭祀，这在宗教迷信思想盛行的罗马古代是不允许的，况且又会拖延遗嘱继承的开始，影响到受遗赠人和死者的债权人等的利益；其二，遗嘱人死后，遗嘱继承人尚不能接受继承，而法定继承人又须在确定已无遗嘱继承人时才能继承。这样，遗产就变成了无人继承的财产，任何人都可以依先占原则占有，经过一年，即可按继承时效而取得该遗产的所有权，这样，等到始期开始或停止条件成就时，继承人可能已经无财产可继承了，从而损害了继承人的利益。所以，最初，除军人遗嘱外，不仅附终期或解除条件的遗嘱无效，即使是附始期或停止条件的遗嘱也不发生法律效力。但附始期或停止条件的遗嘱，在条件成就或期限届满时，继承一经开始，就溯及遗嘱人死亡时生效，它既不和"一为继承人，永为继承人"原则相抵触，又是遗嘱人使继承人执行其遗志最有效的办法。其后大法官为了调和各方面的利益，便承认这种附始期或停止条件的遗嘱中所指定的继承人得申请遗产占有，但必须提供担保，如法定继承人依法诉请继承或在将来条件不成就时，保证将占有的遗产移交给应该继承的继承人。但在考察和判断条件是否成就的问题上，应当注意一些具体情况：如果是积极条件，例如遗嘱人以为其建造坟墓为条件，则继承人应即于可能范围内履行条件，否则条件即视为不成就，其应继份应归补充继承人或共同继承人所有，若无补充继承人或共同继承人时，法定继承即行开始。如果条件不成就是利害关系人的阻挠行为造成的，或是附加的条件需要第三人来合作、帮助才能成就的，而第三人又不肯合作、帮助，如遗嘱人甲以继承人与他的女儿结婚为条件，而其女儿不同意和该继承人结婚，致使条件不能成就的，于此时，即以条件成就论，以保护遗嘱继承人的合法利益。如果遗嘱继承人或其利害关系人促使条件成就的，就以条件不成就论，以保护其他继承人的合法利益。如果所附的条件是消极条件，则继承人须不为遗嘱人所指定的事项，在能确定继承人不为该事项时，条件即行成就。如果条件虽不属于不法或不能，但不合情理，因而实际上使继承人不可能继承到这项遗产的，如何处理？例如立甲做继承人，而以他终身不进异教徒的寺院为条件，这个条件不属于不法条件或不能条件，但是要一个人终生不去异教徒的寺院必须要到他死的时候才能证实，人还没有死，还不能说明他究竟去不去，所以尚没有成就附加的条件，这样，继承人在生前实际上不能继承到遗产。鉴于这种情况，大法官慕西乌斯·塞沃拉（Quinlius Mucius Scaevola）[①]主张探求遗嘱

① 于公元前95年升任执政官。

人的真意，而不拘泥于遗嘱的文字，谕令遗嘱继承人在提供确实的担保后，即可占有该项遗产。此项保证称“慕西亚那保证”(cautio Muciana)。如果遗嘱继承人日后违背了这个条件，某日进了异教徒的寺院，则该日就应退回占有的遗产，由其他应该继承的继承人来继承。在法学昌明时期，对附解除条件或终期的遗嘱，法学家为了救济遗嘱，视该条件或终期为未附加，继承人即可直接取得遗产而永为继承人。因遗嘱为单独行为，又须在遗嘱人死亡之后才生效，继承人既未参加，自不应由于遗嘱人一时疏忽而致继承人蒙受损失。至于附加的条件是不是违法、不道德或不能办到，在不能确定时，则由继承人申请大法官免除条件的履行，经大法官或承审员审查遗嘱人的真实意志后，其附加的条件是否违法，是否不道德，是否不能，遗嘱人立遗嘱时神志是否清楚，或有无诚意等，就可根据具体情况作出判断，以决定申请是否接受。如果申请被驳回，则继承人的设定失效，反之，则继承人即可受领遗产，与遗嘱没有附加条件一样。但人的神志是否清楚，有无诚意，不易确定，故这项办法容易产生法官滥用职权的流弊。3世纪时，大法学家马尔西亚慕斯(Aelius Marciamus)极力主张，凡附有不法、不道德或不能实现之条件的遗嘱，一律以不附条件论。此后，法官权衡批驳之权遂大受限制。

另外，继承人的指定附有纯粹以第三人的意思作为条件的，如遗嘱人立一继承人，而以其他某某人同意为条件；或者限制继承人的遗嘱自由，而以继承人日后必须立某某为其继承人作条件，则继承人的指定无效。因遗嘱应以遗嘱人自己的意思为要件，不得由第三者代为决定，或受他人的干涉。

第五节　指定的补充(substitutio)

指定的补充是指遗嘱人在遗嘱中除了指定正式继承人之外，又指定候补继承人，以便补充正式继承人的缺额，确保遗嘱人在死后能有自己的继承人，而减少遗嘱无效的可能性。

罗马法之所以要规定指定补充继承人的制度，是因为在罗马人看来，未立遗嘱，或虽立遗嘱，但无人继承，是最大的耻辱和不幸。在实际生活中，遗嘱人虽立了遗嘱，指定了继承人，但是一旦被指定的继承人先于遗嘱人死亡，就会使遗嘱因无继承人而失效；如果被指定的继承人拒绝继承，或者被指定的继承人丧失或者被剥夺了继承能力，因而不能继承，也会使遗嘱人死后无人继承。为了避免出现这种不幸情况，尽可能使遗嘱生效，罗马法规定了这一制度。奥古斯都时曾规定，遗嘱因继承人拒绝继承，或无继承能力而失效时，则死者遗产归国库所有。这客观上使得补充指定更为风行。

补充继承实为附停止条件的继承，因补充继承人以无普通继承人为条件，如普通继承人接受继承，则条件不成就，补充继承人的指定也就不发生效力。

指定的补充分为三种：普通补充指定、未适婚人的补充指定和准未适婚人的补充指定。现分述于后：

一、普通补充指定(substitutio vulgaris)

普通补充指定是指适用于通常情况下的补充指定，即遗嘱人在遗嘱中除指定了继承人之外,又指定了候补继承人,用以填补前者的缺额。

补充继承人不限于一人,遗嘱人可以在遗嘱中声明,如果第一补充继承人不继承时,由第二补充继承人继承,第二补充继承人不继承时,由第三补充继承人继承,依次类推。其样式为"某甲为继承人;若某甲不能为继承人,由某乙为继承人;若某乙不能为继承人,由某丙为继承人……"(Titius heres esto; Si Titius heres non erit, Maerius heres esto, Si Maerius heres non erit, Sempronius heres esto...)。若遗嘱人负债累累,资不抵债,怕死后无人继承,以免受破产宣告而受"丧廉耻"的耻辱,则往往以自己的奴隶为最后的补充继承人,如"……若某丙不能为继承人,则由奴隶丁为继承人"(...Si Sempronius heres non erit, stichus servius heres esto)。因为奴隶一旦在遗嘱中被指定为继承人(包括补充继承人),则遗嘱人死后,该奴隶即获解放,成为恩主的"必然继承人",无拒绝继承的权利,家祀和因破产而受"丧廉耻"宣告的污名就可以由该解放自由人来承担,这就保障了遗嘱人死后一定会有人继承。

遗嘱人可以指定一人补充一人,或数人共同补充一人,或一人补充数人,或各补充继承人相互补充。其分配的方法,或以各继承人的应继份为比例,或不以应继份为比例,或规定甲和乙为补充继承人,甲不做继承人时,由乙继承应继份的全部,而乙不继承时,则由甲补充其缺。但若补充继承人所承缺的继承人又是另一共同继承人的补充继承人时,则应继份应怎样分配?例如,遗嘱人立甲、乙、丙三人为继承人,以乙为甲的补充继承人,而另以丁为乙的补充继承人。若甲、乙都拒绝继承,则丁除继承乙的应继份外,是否尚可代乙继承甲的应继份,或者甲的应继份由丙、丁按比例分配?S. 塞韦鲁斯帝时规定,不论何种顺序的补充继承人皆视为直接补充继承人,故中间补充继承人的不继承,并影响顺序在后的补充继承人的权利,据此,上例甲的应继份应由丁继承,而非与丙按比例分配。

普通补充继承人是附条件而设定的继承人,既然是设定继承人的一种,故关于设定继承人所有的规定同样适用于设定补充继承人。但它是附条件的设定,须在条件成就后,补充继承人才取得继承权。罗马法学家为了尊重遗嘱人的遗志,认为凡不符合其本来意愿的继承,补充继承的条件也视为完成。依照原则,补充继承人的顺序应在继承人之后,而不得先于或同于继承人,后一顺序的补充继承人不得先于或同于前一顺序的补充继承人。但是有两个例外,一是为了债权人的利益,可以由补充继承人优先于继承人来继承。例如当遗嘱人的负债超过了资产,而他指定的继承人是其奴隶,没有偿还能力,但所指定的补充继承人财产状况较好,在这种情况下,按《艾利亚·森体亚法》的规定,如果补充继承人为了遗嘱人的利益,愿意接受继承,替遗嘱人还债,对债权人有利,则应认为遗嘱人对奴隶的解放含有欺诈性质,其遗嘱立奴隶为继承人的部分归于无效。二是尊重遗嘱人在遗嘱中的真实意思,可以视为补充继承的条件业已完成,也可由补充继承人优先于继承人继承遗嘱人的遗产。例如,遗嘱人甲误以为乙的奴隶A是自由人,便立A做其继承人,又指定丙做A的补充继承人。由于奴隶所得的财产都归主人所有,因此A继承甲的遗产应全部归于乙。这显然不是甲的真实意志。如果甲真的愿意把遗产送给乙,他就会直接指定乙为他的继承人。在这种情况下,补充继承的条件视为已经成就,应由丙取代A继承甲的全部遗产。但是,另一方面,甲有意立A做继承人也是事实,在法学昌明时期,认为继承人的资格不应影响继承人设定的效力,因而也就不应该取消奴隶A

的继承权。体贝里乌斯帝(Tiberius,公元14—37年在位)时采取了折中的办法,规定遇到这种情况,甲的遗产就由奴隶A的主人乙和补充继承人丙共同分享。

在遗嘱人同时指定数个继承人,并规定他们互为补充继承人时,若其中一人不继承或不能继承,就应由其他继承人继承遗嘱人的全部遗产。起初,如果遗嘱人没有明确规定其余接受继承的人如何分配时,就依照平均继承的原则分配未继承的份额。至安托尼努斯·披乌斯帝时,便改为依照各继承人被指定的应继份的比例分配。例如,遗嘱人甲立A、B、C为继承人,并规定他们互为补充继承人,同时又指定A的应继份为遗产的1/2,B、C的继承份各为遗产的1/4,若B拒绝继承,则B的应继份由A、C按原应继份的比例补充继承,即A应得B的应继份的2/3,C得1/3。

二、未适婚人的补充指定(substitutio pupillaris)

(一)概述

所谓未适婚人的补充指定,并不是指定未适婚人为补充继承人,而是家长在遗嘱中指定其未达适婚年龄的家属为继承人,然后又在遗嘱中为其指定补充继承人,以免他们在达到适婚年龄以前夭折,因年幼不能立遗嘱,致使遗产落入法定继承人手里,或无人继承,产生家祀中断的后果。按照原则,遗嘱须遗嘱人自己表示其意旨,不能由他人代立,否则其遗嘱无效。家长为了避免与这一原则相抵触,乃依照普通补充指定的办法,以继承人未达适婚年龄而死亡为条件,替未适婚的子女指定补充继承人。若条件成就,即可由补充继承人补其缺。有的学者主张,这种补充指定即使对非家属也可以为之,理由是它被视为遗嘱人对其财产所有权行使的延续。但补充继承是以继承人没有接受继承为原则,故补充继承人是直接继承遗嘱人的地位。而未适婚人的补充继承与此不同,它是以继承人已经接受继承为前提,严格地说,未适婚人的补充继承实际上仍是代他人立遗嘱,因为未适婚人的补充继承人并非继承遗嘱人,而是继承未适婚人。有的学者认为,未适婚人的财产原为家长的财产,家长既然有处分自己财产的权利,自可处分未适婚人所遗留的同一财产。如果按此理论解释,则家长为家属所立的继承人,仅以其本人所留的遗产为限,而家属于继承其遗产后到未达适婚年龄夭亡时的一段期间所得的其他遗产和赠予,就应仍为法亲所得。共和国末叶,罗马法学界对此问题分为两派:一派根据遗嘱不得代立的原则,认为家长至多只能就其自己遗给未适婚人的财产为后者指定继承人;一派则根据遗嘱继承不得与法定继承同时运用的原则,主张家长应有权就未适婚人的一切财产代为指定继承人。两派争论的结果最终达成一致意见,认为未适婚人补充指定的性质,不是家长处分权的一种延长,而为家长的一种特权,视家长权于家长死亡后仍延续到家属达到适婚年龄时止。因此,即使家长废除了其未适婚家属为继承人,仍不失代其指定继承人的权利。

（二）未适婚人补充指定的要件

未适婚人的补充指定,必须具备以下条件:

（1）遗嘱人对被立为继承人的未适婚人须有家长权,并须保持至本人死亡。因此,在帝政时期,如果未适婚的家属已经解放,或已被出养,家长已对其丧失家长权,就不能再为其指定补充继承人。因为,给未适婚人指定继承人是以家长权为基础,是家长行使家长权的一种表现,所以它必须以对被立为继承人的未适婚人享有家长权为前提。唯军人遗嘱为例外,生母对子女亦仅能为普通补充继承或以其子女未达适婚年龄而死亡作为他们设立继承人的条件。

(2)须被立为继承人的未适婚人在死亡时仍然没有达到适婚年龄。如果被立为继承人的未适婚人是在已经达到适婚年龄之后才死亡的,则这项未适婚人的补充指定不发生效力。因为已达适婚年龄的人有行为能力,可以自己立遗嘱。如果他没有立遗嘱,则推定他的意思是希望按照法定继承分配其遗产。

(3)须被立为继承人的未适婚人在遗嘱人死亡后即可成为自权人。既然为未适婚人指定补充继承人属于家长权的一项内容,如果该未适婚人在遗嘱人死亡后仍为他权人,仍处在新的家长权下,则代其立遗嘱之权,理应归新家长行使,而不能任旧家长权继续延长而造成一家有两个家长的局面。

(4)须家长遗嘱有效。未适婚人的补充指定,既可载于同一遗嘱,也可另立遗嘱为之。如在家长的遗嘱中指定补充继承人,最初应写在所立继承人之后,写在继承人之前的即认为无效。但写在最后不利于保密。因此优帝一世敕谕家长宜将此项补充继承人的指定写在遗嘱的末端,把它用蜡固封起来,使遗嘱人死亡后遗嘱启封时仍可保守补充继承人的秘密。待继承人在未达适婚年龄而死亡时,才除蜡公开,以免被立的补充继承人因利忘义、谋夺遗产而置未适婚人的生命于危险境地。若另以遗嘱立补充继承人,则立补充继承人遗嘱的时间应后于立未适婚家属为继承人的遗嘱。但即使用两个遗嘱,甚至所用遗嘱的方式不一致,然在法律上视为一个遗嘱,后一个遗嘱是前一个遗嘱的一部分,故需要前一立继承人的遗嘱有效,即整个遗嘱都符合法律对一个有效遗嘱的要求,例如,遗嘱和继承人指定的方式、遗嘱人和继承人的能力等要件。如果前一遗嘱不发生效力,补充指定也当然不能成立。为确保遗嘱生效，遗嘱人常在给未适婚的继承人指定补充继承人之外，又附加普通的补充指定，以便在未适婚人的补充继承人拒绝继承或者先于继承人死亡的情况下，使遗嘱仍然能够生效。

（5）须家长有指定未适婚人的补充继承人的意思。此当以遗嘱中的记载为根据。在一般情况下，家长在遗嘱中会明白表示指定未适婚人的补充继承人的意思的，这样按记载办理即可。如果记载不很明确，则当尊重遗嘱人的原意，不应拘泥于遗嘱所用的字句。罗马法上有一个著名的案例，共和国末叶，市民科波尼乌斯（Coponius）以为他的妻子怀了孕，便立他的遗腹子为他的继承人，并另立 M. 库里乌斯（Manius Curius）作为他将要出生的孩子的未适婚人的补充继承人。不久，科波尼乌斯死亡，但他的妻子后来并未生孩子，于是，科波尼乌斯的法定继承人便出来与所立的未适婚人的补充继承人 M. 库里乌斯争夺遗产。此案由罗马审判继承案件的“大审院”处理，双方都请了当时罗马最有名的法学家做代理人。小塞沃拉（Q. Mucius Scaevola）代表法定继承人，他提出的理由是，科波尼乌斯的遗嘱是以他的妻子生育作条件的，而指定 M. 库里乌斯做未适婚人的补充继承人，又是以孩子出生作条件的，现在既然他的妻子没有怀孕生育，就意味着条件不成就，遗嘱当然不能生效。故遗产应由法定继承人继承。L. 利西尼乌斯（L. Licinius Crassul）代表未适婚人的补充继承人 M. 库里乌斯指出，遗嘱人科波尼乌斯如果愿意把自己的遗产给法定继承人继承，他当然就会指定法定继承人做他孩子的未适婚人补充继承人，但他在遗嘱中没有这样做，而是指定 M. 库里乌斯为补充继承人，这意味着遗嘱人显然不愿意把财产交给其法定继承人，而是愿意由 M. 库里乌斯继承。因此，应当尊重遗嘱人的意思，由 M. 库里乌斯继承遗嘱人的遗产。“大审院”最终依照罗马法遗嘱自由的原则，尊重遗嘱人的意思，判决遗产归 M. 库里乌斯继承。

因此，凡家长设立未适婚人补充继承人的，同时即视为家长的普通补充继承人。M. 奥勒利乌斯帝时规定，凡家长设立普通补充继承人的，同时即作为其未适婚人家属的补充继承人，但如遗嘱人有相反的意思表示时，例如家长同时立家属和非家属为继承人而另以第三人为他们的补充继承人等，自当尊重遗嘱人的真意，不得在未适婚人死亡时，即由补充继承人代为继承。又如家长立其幼子及幼子的生母为继承人，而以另一人为其幼子的补充继承人。事后子先其父夭折，则在父死亡后，子应继承的遗产也就由母继承，而不由补充继承人继承。至于军人遗嘱，则应以遗嘱人所明示的意思为限，不得作广泛的推定，因为军人遗嘱乃是普通遗嘱的例外，故应作严格的解释。

（三）未适婚人补充指定的无效

（1）家属先家长死亡，自无为其指定补充继承人的必要。但在共和国末叶以后，若遗嘱人无反对的意思表示，则未适婚人补充继承人仍可以普通补充继承人的资格继承家长的遗产。

（2）家属达适婚年龄时，该家属即有自立遗嘱的能力。但家长也可缩短未适婚人补充的期限至适婚年龄以下，规定其幼子未满 10 岁而夭折则由某某为补充继承人等，但不得延长法定的适婚年龄。军人遗嘱可作例外，但亦仅限于其本人的财产。

（3）家属脱离家长权时，例如出养，女儿缔结有夫权婚姻等，则该家属即处新家长权或夫权之下，原家长的遗嘱当然不再对之生效。

（4）家长的遗嘱无效时。

（5）未适婚人的补充继承人同时亦被遗嘱人立为继承人而拒绝遗嘱人的继承的，这就表示该补充继承人不愿继承遗嘱人的家祀和遗产。反之，其拒绝补充继承的，自亦不得接受遗嘱人的继承。

（6）特奥多西乌斯一世和瓦伦体尼亚努斯二世规定，未适婚人补充继承人于遗嘱人死亡后一年内不为未适婚人申请任命监护人的，取消其补充继承权，优帝一世废除了此项规定。

三、准未适婚人的补充指定(substitutio quasi pupillaris)

准未适婚人的补充指定，是仿照家长给未适婚子女指定补充继承人的办法，允许尊亲属在指定其患精神病的卑亲属为继承人时，为该卑亲属指定补充继承人。它的作用也是为了保证患精神病的卑亲属从遗嘱人那里继承的遗产，在其死亡之后仍能按遗嘱人的意思进行移转。由于患精神病的卑亲属自己不能立遗嘱，他死亡后所留的遗产，包括从其尊亲属那里继承的财产，就要由他的法定继承人继承。如果他的法定继承人中的某些人为其尊亲属所不中意，尊亲属就可以事先为其指定补充继承人。可见，这种办法的实质乃是允许尊亲属为其患精神病的卑亲属代立继承人。

公元3世纪时，准未适婚人的补充指定，尚视为特例，需要向皇帝申请，得到皇帝的恩准。到优帝一世时，就废除了需要特许的规定。而且一切尊亲属都可以代替患精神病的卑亲属指定补充继承人。

精神病人的补充指定和未适婚人的补充指定，其根据是完全不同的。未适婚人的补充指定，其根据是家长的权力，因此家长在进行此项补充指定时，可以完全按照自己的意志，所受限制较少。而准未适婚人的补充指定，是由尊亲属为其患精神病的卑亲属代立继承人，它的根据是被继承人对继承人的情感。因此，准未适婚人的补充指定必须具备下列条件：

1. 须指定精神病人的最先顺序的法定继承人为他的补充继承人。假定精神病人有子女、孙子女等直系卑亲属，遗嘱人要推测精神病人的意思，以与他情感最亲近的卑亲属做他遗产的继承人，这些人首先是他的子女，然后才是他的孙子女，因此，尊亲属必须按照直系卑亲属的继承顺序依次指定继承人。如果精神病人没有直系卑亲属，则应指定他的兄弟姐妹为补充继承人。如果精神病人既无直系卑亲属，又无兄弟姐妹，遗嘱人才有自由选择之权。而未适婚人的补充指定则与此不同，遗嘱人可以自由地指定某人为未适婚人的补充继承人，因为这是他行使家长权的合法行为。

2. 须给该精神病人的各直系血亲卑亲属保留特留份。如果患精神病的卑亲属自己又有二人以上的直系卑亲属，则尊亲属在指定其中一人为精神病人的补充继承人时，须为精神病人的其他各直系卑亲属保留特留份，否则补充指定不生效力。

3. 须精神病人在患病前未立遗嘱。假定精神病人在患精神病之前已经立了遗嘱，则该遗嘱并不因遗嘱人事后患精神病、丧失了立遗嘱的自然能力而失去效力。所以，要是精神病人在患精神病以前立有遗嘱，则代立的补充继承人就不发生效力。同时，既然准未适婚人补充指定的制度是为了解决精神病人不能立遗嘱的困难，故当精神病人精神状态又恢复正常时，由于他自己已有立遗嘱的能力，他的尊亲属在其患精神病期间为他指定的补充继承人便归于无效，而不论其日后旧病是否复发。

尊亲属为其患精神病的卑亲属指定的补充继承人，在精神病人亡故后所继承的财产只能是限于该尊亲属遗留给精神病人的那部分遗产，还是也包括精神病人从其他人、其他方面得到的全部财产呢？对此，罗马的法学家曾有争论，但最后还是同意除军人遗嘱外,遗嘱继承不能与法定继承并用,这是罗马继承法的原则,所以尊亲属为其患精神病的卑亲属所指定的补充继承人,可以继承精神病人的全部财产,而不限于该尊亲属给精神病人的部分财产。

另外,当精神病人的尊亲属不止一人时,究竟由谁为他指定补充继承人呢?罗马法学家对此有争议,直到优帝一世时,也没有作出明确规定。一些法学家认为,应当以亲等的远近为根据,亲等近的尊亲属有为其患精神病的卑亲属指定补充继承人的优先权,亲等较远者的补充指定为亲等较近者的补充指定所排斥。另一些法学家则认为,只要是精神病人的尊亲属,都有权为其指定补充继承人。若各尊亲属指定的补充继承人不止一人,则由他们共同继承精神病人的遗产。

第六节 遗嘱自由的限制(successio contra tabulas)

古代正式遗嘱须经贵族大会通过,受大祭司和大会成员的审查监督。自《十二表法》确立遗嘱自由的原则以后,到会的人已仅处于类似见证人的地位。但在当时,只要是遗嘱,都要公开进行,后来产生的"出征遗嘱"和"要式买卖遗嘱"也不例外。在公开的情况下,如果遗嘱人滥用遗嘱自由的权利,就会受到非议及舆论和宗教教规的制裁。所以那时实行遗嘱自由原则,还不致出现大的流弊。

到了共和国末叶,文字遗嘱出现以后,遗嘱人可以用书面形式立遗嘱,遗嘱由公开转为秘密,立遗嘱可以不受任何限制。当时生产力有了提高,财富增加,加之世风日下,家长或因受人愚弄,或因一时偏爱而滥用遗嘱自由权的现象日趋严重,有的奴隶主甚至立遗嘱将其遗产留给情妇或不相干的人,而不给自己的子女。西塞罗即自夸收到朋友们的遗产达20万银币之多。因此,市民法和大法官法才逐步对遗嘱自由加以适当的限制。

一、废除继承人(exheredatione liberorum)的限制

这方面的规定,在市民法、大法官法和优帝一世的立法里各不相同。现分述如下:

(一)市民法的规定

1. 应立和应废的继承人,仅以当然继承人为限

如前所述,当然继承人是指处于遗嘱人的家长权之下,而在遗嘱人死亡时,即可成为自权人的家属。至于被解放、被出养的家属、缔结有夫权婚姻的家女、无夫权的妻子和有父的孙辈等则不在其内。对于当然继承人,遗嘱人在遗嘱中应当正式表示或者把他们立为继承人,或者把他们废除,不能在遗嘱中漏列,否则其遗嘱无效。即使对某当然继承人在遗嘱中作了大量遗赠,或采用遗产信托的办法转交其遗产,在法律上仍作为漏列论,因为他们并没有直接取得继承权。

至于遗嘱人为什么要在遗嘱中正式表示剥夺当然继承人的继承权?学者的意见,很不一致,举其要者如下:

(1)有的认为这是古代家产共有的结果。家长死亡后,家属并非取得遗产的所有权,只是对于共有财产的享用较前扩大了,但家长对家属具有绝对的权力,可以生之杀之。当然更不用说取消他们对共有财产的享用,只是对家属的剥夺,应在遗嘱中有明确的

表示。

(2) 有的认为由于遗嘱人与当然继承人关系密切,其遗嘱漏列,可被认为是由于其不知当然继承人的存在,如是遗腹子,或误以为出征的家子已阵亡或因海难而死,但实际仍生存等,故遗嘱人的缄默并不足以证明其要取消某当然继承人的继承权。故应明示以确定之。

(3) 有的则认为,罗马王政与共和国初期,罗马国土狭小,邻里舆论极被重视,而宗教迷信更束缚着人们的行动。最初遗嘱是公法行为,应在贵族大会上通过。为了保护子女的利益,习俗强令遗嘱人对废除当然继承人应当众具体宣布。于是非有正当理由而剥夺当然继承人的继承权的,遗嘱人便有顾虑,或惧遭非议,或畏受神罚。后来宗教观念逐渐淡薄,人口流动频繁,遗嘱从公开转向秘密,旧的习惯已失去约束力,故法律遂另作有关废除当然继承人的正式规定。

上述三种学说,近代学者持第一说的为多。因为,废除当然继承人是一项重大的事件,遗嘱人应有正式的表示,这在有遗嘱时即已存在,并非《十二表法》以后所新创。

2. 废除的方式

废除应在遗嘱中为之,用书信或其他方式废除不发生效力。同时在遗嘱中最初须用直接命令式,"子某废除"(titius exheres esto)与指定继承人的要求相同。帝政以后,要求渐宽,只要表示明确,而不再拘泥于用词。对于儿子,限逐一指名废除,如子甲废除、子乙废除等。对于女儿和孙子女,则可以用概括废除的方法,如"其余的都废除"(ceteri omnes exheredes sunto),无须逐一指名。同时遗嘱人在遗嘱中无须说明废除的理由,因为这是罗马古代家长对家庭成员所享有的权力。

3. 废除的效力

在遗嘱中废除继承人,可以分合法废除和违法废除两种情况。凡是合法的废除,被废除的当然继承人即丧失继承权。遗嘱人的遗产即按遗嘱的指示分配,但这样并不妨碍以其他的名义取得家长的遗产。据乌尔披亚努斯说,当时家长对未达适婚年龄的幼年子女或子女中患精神病的,往往废除他们为继承人,而另立其至友为继承人(实为遗嘱执行人),而给无行为能力的子女以巨额遗赠等,以免他们清算遗产的负担。

违法废除有下列三种情况:

(1) 遗嘱人在遗嘱中把当然继承人中的儿子遗漏了,既未立其为继承人,又未指名废除,则遗嘱即被视为违法,不能发生效力。但此项无效的性质如何,帝政初期,两大法学派的意见不一。普罗库路斯学派从挽救遗嘱的效力出发,曾认为此种遗嘱的无效只是相对无效。因此,只有未被正式废除的当然继承人才有权申请宣告该遗嘱的无效。这样,如果该被违法废除者先于家长而死亡,则该遗嘱仍可发生效力。但萨比努斯派则认为是绝对无效。因为遗嘱在成立时未具备必要的条件,故自始无效。除被违法废除的继承人之外,其他利害关系人,如被正式废除的继承人、被立的继承人和死者的债权人等,都可对此项遗嘱提出攻击。萨比努斯派的观点曾盛行于帝政时期,并为优帝一世的立法所采用。

(2) 如果被遗漏的是遗嘱人的女儿或孙子女,虽然被遗漏者为当然继承人,但遗嘱不因此而失效,遗嘱中有关解放奴隶、遗赠、指定监护人等其他各项内容,仍然生效。被遗漏的女儿或孙子女对遗嘱人的遗产仍享有继承权,可以同遗嘱人所指定的继承人共同分割遗产,但分受的数额,则视被立的是否是当然继承人而不同。如果被遗嘱人指定为继承人的是当然继承人时,则被遗漏的继承人可按其人数和支数均分。例如,遗嘱人甲有儿子 A,女儿 B 和 C,A 先于遗嘱人死亡,留下子 D 女 E(即甲的孙子女),甲有遗产 24000 银币,在遗嘱中只立 C 做继承人,把 B、D、E 都漏掉了,既未立,也未废。此时,该遗嘱虽有效,但是被遗漏的 B、D、E 有权同 C 一起分割遗产,同一亲等的 B 按人计算取得其均分额,和 B 不同亲等的 D、E 则按支计算,共同取得其父 A 的应继份。这样遗产分配的结果是:B、C 各得 8000 银币,D、E 各得 4000 银币。如果遗嘱人所指定的继承人是任意继承人时,不论被立的继承人为儿人,被遗漏的女儿或孙子女等可取得遗产的半数。如前例甲在遗嘱中把 A 废除了,不让他继承,把 B、C 遗漏了,既未立,也未废,而立了一个任意继承人 M 做他的继承人,继承其全部财产。此时遗嘱虽有效,但 B 和 C 仍有继承权,她们可以得到甲的遗产半数 12000 银币,即她们各得 6000 银币,而 M 也只能继承 12000 银币。如果前例中遗嘱人甲同时指定了当然继承人 A、C 和任意继承人 M 为其继承人,并指明给 A 的遗产 9000 银币,C 为 3000 银币,M 为 12000 银币,而漏列了女儿 B 这个当然继承人。在这种情况下,根据保路斯的意见,应将遗产分作两部分,被遗漏的 B 既可同当然继承人 A、C 一起按人数取得其均分额,即 4000 银币,也可以取得任意继承人 M 继承份的一半,即 6000 银币,两项加在一起,B 可共得遗产 10000 银币,而 A 实得 6000,C 为 2000,M 是 6000。这样如果 B 不被遗漏,她可能同 C 一样只得 3000 银币。由于被遗漏反比不被遗漏得到更多的财产,可谓因祸得福,所以保路斯提出的解决办法似不合理,不尽公允。

（3）如果遗嘱人在立了遗嘱之后死亡，其妻又生下遗腹子的，该遗腹子属于当然继承人，在遗嘱中应立或废，否则遗嘱无效。但是遗腹子的存在往往是遗嘱人预料不到或不能预防的，因为要废除当然继承人，须他在立遗嘱时已取得该项资格。如果当然继承人出生于立遗嘱之后，而在遗嘱人死亡之前，则遗嘱人还可重立遗嘱，表示其立或废的意见。但如出生于遗嘱人死亡之后，则无法补救。因此，到了共和国末叶，为了尽可能保持遗嘱的效力，法学家逐渐承认遗嘱人有预立和预废继承人之权。

罗马法称遗嘱成立后所出生的卑亲属为"后生子"（postumi），计有下列几种：

① 法定后生子（postumi legitimi），即遗嘱人死亡后出生的遗腹子或遗嘱人死亡后出生的孙子女，因遗嘱人之子先于遗嘱人死亡，使他们即取得当然继承人的资格。

② "阿奎利亚尼后生子"（postumi Aquiliani），指在遗嘱人生前受胎而在其死亡后所出生的孙。因其子在遗嘱成立后而在遗嘱人死亡前去世，致该孙取得当然继承人之身份。此为大法官阿奎利乌斯（Aquilius Gallus）所创造，故得名。

③ "韦雷亚尼后生子"（postumi Velleiani），指当然继承人受胎于遗嘱成立后，而在遗嘱人死亡前出生的。这是公元 26 年《优尼亚·韦雷亚法》（*Lex Junia Vellaea*）规定的。这种情况在帝政前并不予以补救，因遗嘱人可以重立遗嘱，对新出生的当然继承人予以立或废。但实践中往往发生遗嘱人于立遗嘱后即丧失行为能力，或事实上不允许其重立遗嘱的，故该法特予补救。

④ "准韦雷亚尼后生子"（postumi quasi Velleiani），即在遗嘱成立时已出生的孙子女等，因他们的父亲、祖父先于家长死亡致他们

取得当然继承人的资格。此项后生子由于S. 优利亚努斯(Sulvius Julianus)的支持而在司法实践中被采用,故亦称“优利亚尼后生子”(postumi Juliani)。

至于遗嘱人在立遗嘱后因收养子女,为有夫权的婚姻,或认领非婚生子女等产生的当然继承人,由于其纯属人为产生,故法律没有规定救济的办法,遗嘱人必须再立遗嘱。但帝政以后,判例承认遗嘱人可以对这些继承人预立,但不得事先废止。

以上所述关于废除继承人的限制,对军人遗嘱不适用。

(二) 大法官法的改革

大法官法对于市民法限制遗嘱自由的制度进一步加以改革,不再以家产共有等为基础,而以血亲关系为基础。不过对这一原则的贯彻,仍不彻底,只做了如下的规定:

1. 应立和应废的继承人

大法官法扩大了应立和应废继承人的范围,否认人格小变更对于继承的效力。原来市民法只限于当然继承人,大法官法则规定,只要是遗嘱人的直系卑亲属,不论其已否解放,都在应立和应废的范围之内,凡未指定其为继承人的,皆应废除之,反之亦然。这里指的应立和应废的直系卑亲属包括被解放之子所生的子女以及出养后又被养亲解放的子女。被养亲解放的子女与养亲的宗亲关系即解除,而恢复了同生父的宗亲关系。所以这种出养后被养亲解放的子女,同样要包括在应立和应废的范围内。拉丁人的子女与其父同时取得市民权的亦同,但对母子间和母系卑亲属则仍排除在外。另外,大法官法要求遗嘱人废除其子女为继承人均须有正当理由,否则为违法,不生效力。

2. 废除的方式

大法官法规定，凡是男性的卑亲属，包括儿子、孙子等，一律应当采用逐一指名废除的方式；概括废除的方式仅适用于女性卑亲属，如女儿、孙女等。

3. 违法废除的制裁

大法官法授予被违法废除的卑亲属以“违反遗嘱的遗产占有”(bonorum possessio contra tabulas)权，视他们同未被废除一样，仍然是合法继承人，可按法定继承规则继承遗嘱人的遗产。例如某甲立第三者为继承人，而未将其解放之子乙废除，则乙可申请占有甲的遗产的全部。如果甲立其子乙为继承人，依法废除子丙的继承资格，但没有废除其女丁的资格，则丁可申请占有遗产的半数。如果甲立其子乙继承其遗产1/3，并立第三者为继承人继承其遗产2/3，而未将其解放之子丙废除，则丙可申请占有遗产的半数，该第三者只能得遗产的1/6。申请“违反遗嘱的遗产占有”的条件有：

(1) 被立的遗嘱继承人均须后于遗嘱人死亡，否则遗嘱将因无继承人而失效，法定继承即行开始。至于该继承人是否接受继承，则无关紧要。

(2) 须遗嘱实际上侵害了卑亲属的权利，故未被正式废除的卑亲属先遗嘱人而死亡时，他人即不得申请宣告遗嘱的违法。

(3) 仅未被正式废除的卑亲属和已被立为继承人的卑亲属有申请的权利。因为后者由于遗嘱未正式废除某卑亲属的缺陷而可能因此获得财产上的利益。如前例甲立其子乙为继承人，继承遗产1/3，并立第三者为继承人继承遗产的2/3，而未将其已被解放的丙废除。如丙因病未婚，也没有申请占有甲的遗产，则乙提出申请，即可使其弟丙获得遗产，而在丙死后，即可按法定继承接受其弟的遗产。

（4）申请须于限定的期限内（100 天或 1 年）行使之，逾期该遗嘱即不再受攻击，而完全发生效力。

被违法废除的卑亲属虽对遗产可有申请“违反遗嘱的遗产占有”的权利，但他们对遗产只有占有权，而无市民法所有权。同时该遗嘱并非当然无效，仅侵害被违法废除的继承人的部分无效，因而并不影响关于合法废除的继承人、监护人的设定、未适婚人的补充指定、解放奴隶等其他内容的效力。又遗嘱人所为的遗赠和信托遗赠，各继承人在其继承份的范围内有执行的义务。至于遗嘱人对其妻或媳所为之婚娶赠予，即使超过了继承份的范围，也有执行的义务。

（三）优帝一世的改革

优帝时，对于市民法和大法官法关于限制遗嘱自由的规定，又进一步进行了改革。

1. 应立和应废的继承人

同大法官法的规定一样，仍以血亲为基础，子女的继承权并不因为人格小变更（解放、收养以及认领等）而受到影响，都在应立和应废的范围之内，没有正当理由废除时，都应当立为继承人。

2. 废除的方式

与市民法和大法官法有所不同，不论男性卑亲属或女性卑亲属，都须逐一指名废除。

3. 违法废除的制裁

与市民法和大法官法不同，废除当然继承人应有正当的理由，否则其遗嘱无效。如果是遗漏当然继承人，则遗嘱也全部无效，而不像大法官法那样，仅仅是侵害被违法废除的继承人的那一部分无效。如果被遗漏的不是当然继承人，而是其他直系血亲卑亲属，如已被解放的子女，则只准其享有“违反遗嘱的遗产占有权”。此制施行未久，至公元542年，优帝对此又以新敕第115号做了进一步的改革，不再采用“违反遗嘱的遗产占有”权的办法，而是改用“遗嘱逆伦诉”以代之。

二、遗嘱逆伦诉(querela inofficiosi testamenti)

(一) 概述

所谓遗嘱逆伦诉，就是遗嘱人的近亲对违背人伦道德的遗嘱提起诉讼，请求予以撤销，以保护他们的继承权。

遗嘱逆伦诉，是对遗嘱自由原则的进一步限制，旨在迫使遗嘱人处分其死后财产时，给近亲法定继承人保留一定的财产，以尽养老抚幼的义务。罗马古代，虽然实行遗嘱自由，家长可以废除子女的继承权，但当时民风敦厚，家长还是按照习惯，给未立为继承人的子女以一定的财产，作为生活费用，以尽养育的责任。至共和国末叶，世风日下，遗嘱人常常不按照传统的良好风俗行事，上不养老，下不抚幼，把财产全部遗给第三人，使其父母、子女无法维持生活。针对此种现象，大法官认为，凡善良市民都应尽养老抚幼的义务，若遗嘱人没有正当理由违背人伦道德，不把一定的财产遗给自己的子女、父母等近亲属，反而遗给第三人，则其遗嘱应是在精神错乱中所立。因而根据意思表示有瑕疵的规定，在遗嘱人的近亲提起有关诉讼时就宣告这种遗嘱不能发生法律效力，而将遗产判归法定继承人继承。优帝一世时，总结历代司法实践正式规定，凡不合情理的遗嘱，遗嘱人的近亲可以向法院提起“遗嘱逆伦诉”，请求撤销这个遗嘱。

遗嘱逆伦诉原为继承诉中的附带请求，由法定继承人证实遗嘱的逆伦，请予撤销。但对该诉的演进和形成，学者间意见不一。有的说该诉在帝政时仍为继承诉的一部分，法院于受理继承诉时，如当事人的一方提出遗嘱的逆伦问题，则首先裁定同意法定继承人证实逆伦情况，由大审院宣判遗嘱是否逆伦，其次再判决实质性的继承问题。此项程序被后来大法官法和外省的继承诉讼所沿用。有的学者认为遗嘱逆伦诉在帝政时已成为独立诉讼，是一种特种继承诉，并有侮辱诉的性质，因为法定继承人认为逆伦的遗嘱是对他们的侮辱。这样诉权会因法定继承人的死亡或宽宥而消灭。至于该诉的作用，有的说一方面是撤销遗嘱，另方面将遗产判归原告；有的说其作用仅在撤销遗嘱，原告须于胜诉后另起继承之诉。也有学者主张折中上述两说的，认为在帝政时代，遗嘱逆伦诉分为两种，一为继承诉中的附带请求，沿用旧制；一为新创的独立诉讼，因继承诉中的附带请求，须遵照市民法的诉讼程序，故不仅大法官法的继承人不能参加，而且由于大审院院址在罗马，外省的居民进行此项诉讼也极感不便。为补救这些缺陷，遂不得不对旧制加以改革，另创新诉，往往由皇帝或外省省长指派专门法官，用非常程序审理大法官法继承人和外省居民的继承案件。此新创的遗嘱逆伦诉，自有其专门的适用条件和效力，其中也常有为大审院所采用的。这样两制渐趋雷同，在取消了大审院以及非常程序普及后，两制便合二为一。优帝一世时所确定的就是这种制度。此说为近代一般学者所采。

（二）起诉的条件

提起遗嘱逆伦诉，必须具备下列条件：

1. 起诉人须为享有特留份的继承人

由于这些法定继承人受到了损害，他们便有权提起遗嘱逆伦诉。

哪些法定继承人可以享有特留份，最初在罗马法上并无明确的规定，而是由大审院根据具体案情酌情决定。一般说来，凡应由遗嘱人赡养抚育的亲属，就可享有接受特留份的权利。据乌尔披亚努斯说，其时，凡是遗嘱人的直系卑亲属和直系尊亲属，不分宗亲或血亲，都有提起遗嘱逆伦诉的资格。遗腹子、私生子对生母及其尊亲属也享有此权。至于旁系血亲，即使是同父母所生的兄弟姐妹，除遗嘱人立"有污名者"(persona turpis)为继承人外，不得提起该诉。由于大法官法和皇帝先后扩大法定继承人的范围，于是享有提起该诉之权的人也增多，判例遂形成了一些规定。诉权的先后，按照法定继承顺序的先后确定，如顺序在先的不愿或不能起诉时，则可由顺序较次的提起。

2. 起诉人须非因正当理由被废除

遗嘱人可以在遗嘱中剥夺法定继承人的继承权，但必须要有正当理由。何为正当理由？帝政时期对此并无明文规定，除遗嘱漏列享有特留份的继承人作为无理由废除外，总的要求是废除须合乎情理。而是否合乎情理的标准，完全由大审院根据具体情况来权衡。到优帝一世时，于公元542年以第115号新敕正式规定，尊亲属废除卑亲属继承权的理由共计14条，卑亲属废除尊亲属继承权的理由计有8条。

尊亲属废除卑亲属继承权的法定理由是：

(1) 虐待尊亲属的；

(2) 对尊亲属有重大侮辱行为的；

(3) 对尊亲属提起刑事诉讼的，但叛逆罪和不效忠皇室罪不在此限；

（4）危害尊亲属生命的；

（5）与盗贼经常往来的；

（6）子与其父继室或姘妇通奸的；

（7）诽谤尊亲属的；

（8）直系尊亲属下狱时，家属能保释而不为保释出狱的；

（9）妨害尊亲属遗嘱自由的；

（10）违背尊亲属的意旨，从事与猛兽格斗或优伶职业的；

（11）女性卑亲属行为浪漫，虽父母为之许配并答应给嫁妆而仍不愿结婚的；但父母不加关心，到女儿满25岁后仍未结婚，以致发生上述现象的，则父母不得剥夺其特留份；

（12）尊亲属患精神病时，卑亲属不尽保护责任的；

（13）有资力的卑亲属，坐视尊亲属为俘虏，而不出赎身金的；

（14）信奉异教的。

卑亲属废除尊亲属继承权的法定理由是：

（1）告发卑亲属有应处死刑之罪的，但叛逆罪和不效忠皇室罪不在此限；

（2）危害卑亲属生命的；

（3）父为聚麀之卑劣行为的；

（4）妨害卑亲属遗嘱自由的；

（5）谋杀卑亲属配偶的；

（6）遗弃患精神病的卑亲属的；

（7）有资力的尊亲属，坐视卑亲属为俘虏，而不出赎身金的；

（8）尊亲属信奉异教的。

因此，凡无上述原因而被废除者，都属无正当理由而被废除。

但军人遗嘱得任意废除尊卑亲属，无须提出任何理由。废除未适婚人的补充继承人亦同。

3. 须遗嘱人未遗留给被废除者以适当的财产

所谓“适当财产”起初全由大审院根据具体情况确定，其数额称为“义务份”(portio debita)，其后仿《法尔西地亚法》(*Lex Falcidia*)的规定，以法定继承份(简称应继份)的1/4为标准，称为法定份或特留份(portio legitina, quarta legimae partis)；优帝第18号新敕改为，有子女4人以下的，特留份为应继份的1/3，有子女5人以上的，特留份为应继份的1/2，这样，遗嘱人的子女多于5人时，则每个子女所享有的特留份就多于子女不到5人的所享有的特留份。新敕第115号并规定，直系亲属间，不论已否解放，如无废除继承权的合法理由，即有享受继承权的资格，即使以其他方法，将等于特留份或超过特留份数额的财产，遗赠给直系亲的，直系亲仍不失攻击遗嘱的权利。反之，若立其为继承人，即使给予少于法定继承份的财产，该继承人也只得请求追补不足之数，而不得攻击遗嘱的无效。

特留份的计算，以遗嘱人死亡时的财产为基础，加入遗嘱人生前对继承人所为的赠予、经声明须在应继份中扣除的财产以及嫁奁、婚娶赠予和捐官而为的赠予等，凡习俗上视为家长的义务的，都应作为应继份中预行提出的而予以加入，再扣除债务和丧葬费，遗嘱所解放奴隶的价值，按法定继承人的人数为比例，而不论有无合法废除或拒绝继承等。

4. 须无其他救济的办法

因该诉乃控告家长的非理行为，有损家长的声誉，故为“最后的补救方法”(ultimum adjutorium)，非其他方法都用尽，继承人仍得不到特留份的，才能采用。如果是当然继承人被无理废除，则应依照市民法提起“继承诉”（hereditatis petitio），请求继承遗产；如果是被解放的子女等任意继承人未被立时，应依大法官法申请“遗产占有”（bonorum possessio），请求占有遗产。这些人在没有提起上述诉讼或申请之前，不得提起“遗嘱逆伦诉”。

由于遗嘱逆伦诉具有侮辱性，故对于该诉的规定限制很严，其条件为：

（1）此诉的时效，最初定为2年，后改为5年。但起算的时间，五大法学家的意见不一。乌尔披亚努斯认为应从遗嘱继承人接受继承时开始。莫德斯体努斯则主张从继承开始日起算。优帝一世采前说。

（2）诉权因原告的死亡而消灭。因在生前既未起诉，应认为对遗嘱人已行宥恕。故生前已起诉或准备起诉的，其继承人得继承其诉权。优帝一世时则改为卑亲属未起诉而死亡的，其诉权移转于其子女。

（3）自愿放弃诉权的，不得再行起诉，其承认遗嘱的效力，如接受遗赠等，亦以放弃论。

（三）本诉的效力

遗嘱逆伦诉的效力，在优帝一世时仅及于诉讼当事人。遗嘱继承人、法定继承各有数人时，则其中一人所提起的逆伦诉，或对其中一人提起的逆伦诉，其损失与利益都不及其他未参与诉讼的利害关系人。如果原告败诉，则由国库没收遗嘱中给予原告的一切利益（如遗赠等）作为惩罚，但仅以本人亲自起诉的为限。若被监护的未适婚人是由其监护人代其起诉，即使败诉，也不丧失接受遗赠等权利。如果原告胜诉，最初遗嘱就全部无效，遗嘱中指定监护人、解放奴隶和遗赠等都归无效,因为遗嘱已被视为遗嘱人在精神错乱中所立。但此项拟造的理论,不符合该诉的真正目的,为了让原告能获得特留份,优帝《学说汇编》在撰写时改为:如果原告胜诉,遗嘱仅在侵害胜诉继承人的部分无效,而非全部无效。其他如遗赠,解放奴隶,指定监护等,若不侵害其特留份的,均可保留其效力。例如,遗嘱人甲的法定继承人只有 A、B 两个兄弟,但甲没有立 A、B 做继承人,而是立了 X 和 Y 做继承人,而 Y 是受过丧廉耻宣告的人,在这种情况下,A 对 Y 提起遗嘱逆伦诉,B 没有起诉。A 胜诉后,甲立的遗嘱只是侵害胜诉的继承人 A 的那一部分(即由 Y 继承的那一部分)无效,由 X 继承的那一部分仍然有效。因 B 没有起诉,他不能得到判决的利益,这样,就由 A 和 X 来继承遗产。这一结合实际的办法,与过去的立法本旨并不吻合。首先,提起遗嘱逆伦诉的根据,是推定遗嘱人在立遗嘱时精神错乱,因而意思表示有瑕疵。既然如此,遗嘱理应全部无效。规定为部分无效,显然与提起遗嘱逆伦诉的根据不相符合。其次,依照罗马法的原则,遗嘱继承与法定继承不得并用,规定遗嘱部分无效,其无效部分涉及的遗产,势必要按法定继承办理,这显然与先前确定的罗马继承法的原则大相径庭。

三、特留份追补诉(actio ad supplendam legitimam)

(一)概述

帝政前期,遗嘱人在立遗嘱时,虽按规定给享有特留份的继承人留下了足够数额的财产,但由于财产的估价不易准确,经过一段时间,或因财产价值升降,物价波动,或由于某一法定继承人的出生或先于遗嘱人死亡等意外事故，致应继份发生变化，常会使遗嘱人死亡、继承开始时，遗嘱原定的特留份数额往往不足。这样，家长限制其卑亲属的继承权的遗嘱，就常被遗嘱逆伦诉所撤销，使遗嘱全部无效。为防止出现这种情况的危险，遗嘱人便在遗嘱中预先声明，如果日后发生指定给法定继承人的财产不足特留份数额时，由他在遗嘱中所指定的继承人依照仲裁人的决定将其补足。开始，只有少数懂法律的人在遗嘱中写上这样的附款，后来逐渐成为通常的做法。到公元 361 年，法律确认了其效力。公元 528 年，优帝一世又进一步规定，凡是遗嘱人在遗嘱中以一定的财产遗留给享有特留份的继承人的，不论数额多少，均推定遗嘱人的遗嘱包含有补充特留份数额的附款。

（二）本诉的效力

本诉乃以遗嘱人的估计错误为根据，故不像遗嘱逆伦诉具有刑事性质，也不因原告的死亡或经过五年而消灭。本诉为对人诉。特留份不足额的继承人，只能向遗嘱人在遗嘱中所指定的继承人提起追补之诉，要求该指定继承人补足缺额，遗嘱仍保持其效力。如果原告败诉，也不致失去遗嘱中所给予他的遗赠等项的利益。

四、赠予或嫁奁逆伦诉(guerela inofficiosae donationis vel dotis)

（一）概述

设立赠予或嫁奁逆伦诉的目的，在于限制遗嘱人生前对自己财产的处分行为。由于遗嘱逆伦诉的存在，使遗嘱人不能随便地处分其遗产。因此，有些家长为了逃避遗嘱逆伦诉的制裁，便在自己生前通过赠予或设立嫁奁的办法，把自己的财产处分掉，使法定继承人既得不到他的遗产，又无法提起诉讼。为纠正此种弊端，亚历山大·塞韦鲁斯帝（Alexander Severus，公元222—235年在位）将遗嘱逆伦诉扩大适用于赠予。君士坦都二世又把它扩大适用到嫁奁。当然继承人提起赠予或嫁奁逆伦诉的条件，与遗嘱逆伦诉的起诉条件完全相同，即：须为享有特留份的继承人，须无正当理由被废除，须遗嘱人未遗留给适当的财产，须无其他救济办法。

（二）两诉的效力

赠予或嫁奁逆伦诉的法律效力，在于撤销或减少侵害特留份的那一部分赠予或嫁奁。原告可以提起赠予逆伦诉或嫁奁逆伦诉。如果胜诉，就可收回侵害其特留份的那一部分赠予或嫁奁，由他自己继承。在计算继承人的特留份数额时，先在被继承人死亡、继承开始时所遗留的财产中，加入被继承人生前所赠予的财产和设定的嫁奁，作为被继承人的遗产总数，再计算出继承人应得的特留份数额。如果继承人所得的遗产少于此数，即可请求撤销或减少被继承人生前的赠予或嫁奁，直至将其应得的特留份数额全部收回为止；如果赠予或嫁奁有多起，则按赠予或嫁奁设立时日的先后，在特留份的限额内，逆次请求撤销或减少赠予或嫁奁，即先撤销和收回遗嘱人最近所为的赠予或嫁奁，次及日期较远的赠予或嫁奁，依次进行，直至收满足额。为什么要逆次撤销或减少赠予或嫁奁呢？因为遗嘱人设立在先的赠予或嫁奁，可能并不影响特留份的数额，只有那些直接影响特留份数额的赠予或嫁奁，才属撤销或减少之列。

第七节　遗嘱的无效

遗嘱有自始无效的，这种遗嘱从成立的时候起就不能发生法律效力；也有最初有效而后来无效的，此类遗嘱在成立后的一段时间里是有效的，其后，由于某种法律事实的出现，才使它归于无效。前一种遗嘱是违法遗嘱，后一种遗嘱则是合法遗嘱。现分述如下：

一、违法遗嘱的无效

违法遗嘱是指违反了法律所规定的成立要件的遗嘱。这是指：

（1）遗嘱人没有立遗嘱能力的；

（2）遗嘱人的意思表示有瑕疵的；

（3）继承人没有继承能力的；

（4）立遗嘱时没有遵守法定方式的；

（5）漏列了当然继承人的，甚至未指定继承人；

（6）无正当理由废除了直系血亲卑亲属，而设立第三人为继承人的，利害关系人得提起“遗嘱逆伦诉”以撤销之。

遗嘱一经确定为违法，即自成立时起即无效。

二、合法遗嘱的无效

合法遗嘱在成立时是合法有效的，但如果此后出现足以影响遗嘱效力的情况，就会使这种遗嘱归于无效。能够引起合法遗嘱无效的法定原因主要有以下各点：

1. 当然继承人的产生或增加

遗嘱成立之后，如因“后生子”出生，或收养、认领子女，或缔结有夫权婚姻等，使当然继承人又增加的，按古代法，其遗嘱即归无效。共和国末叶，始承认遗嘱人有预立、预废之权，使遗嘱不因在其死亡后或遗嘱订立后出生的当然继承人而失效，但如遗嘱有漏列，或对遗腹子未预立、预废的则遗嘱仍属无效，但对收养、认领或缔结有夫权的婚姻而增加的当然继承人，仅能预立而不可预废，否则遗嘱也属无效。

2. 遗嘱人的撤销

订立遗嘱是遗嘱人最后的意思表示，在遗嘱人死亡后始生效力。因此，如果遗嘱人改变意见，可撤销以前所立的遗嘱，另立新遗嘱。但遗嘱为要式行为，设立或废除继承人，处分全部财产，关系重大，故市民法规定，遗嘱须以遗嘱撤销之，以其他方式撤销的，不发生法律效力。又遗嘱是处分财产的全部，因此除军人遗嘱和未适婚人、精神病人的补充指定外，一人不得有几个遗嘱的存在，因而新遗嘱必撤销旧遗嘱。根据上述原则，故市民曾依法立过遗嘱的，就不会导致无遗嘱而死亡。但自遗嘱由公开转向秘密，如果遗嘱人毁弃其遗嘱而未重立，遗嘱见证人又不知遗嘱的内容，自然就无法证明，为了不致死者无人继承，法定继承即行开始。以后，大法官法为推测和尊重遗嘱人的意思，规定凡遗嘱人有毁损印章、涂抹条款等行为，足以证明其不愿再由原设立遗嘱时指定的继承人继承时，该遗嘱即视为被撤销，不再发生效力，遗产即由法定继承人占有(bonorum possessio ab intestato)。如果新遗嘱被毁损而旧遗嘱完整无缺时,则旧遗嘱的效力复活,遗产即由旧遗嘱内的继承人占有,称为"遵照遗嘱的遗产占有"(bonorum possessio secundum tabuta)。S. 塞韦鲁斯帝时规定,凡新遗嘱仅就特定物或财产的一部立遗嘱,同时又声明保持旧遗嘱的效力的,则新遗嘱应视为附有"遗产信托"(fideicommissarius hereditatis),其继承人应当尊重遗嘱人的意思,仅得保留所指定的那部分遗产或特定物,而把其余的交给旧遗嘱的继承人。公元 418 年,特奥多西乌斯二世和霍诺里乌斯两帝规定,遗嘱最长的时间为 10 年,倘 10 年过后而不重立的,视为撤销。此项敕令后被优斯体努斯一世改为遗嘱经 10 年后,遗嘱人得于法官或 3 个证人前宣布撤销之。公元 439 年,特奥多西乌斯二世和瓦伦体尼亚努斯三世曾规定,一个"不完全的遗嘱"(testamentum imperfectum),如果是立法定继承人继承其遗产,并经 3 个证人证明的,得撤销其以前所立的遗嘱。

自"遗嘱补正书"(codicici)可以另立继承人和"遗产信托"的制度通行后,撤销遗嘱的事情在实践中已不多见。

3. 遗嘱人的人格变更

遗嘱人发生人格大变更时,因丧失自由权而失去立遗嘱的能力,他在人格大变更以前所立的遗嘱,也因而失去法律效力,但因战争为敌人所俘的,则其遗嘱不因之失效。因为如果他能逃回罗马,则因享有"复境权"而被视为从未被俘。如果他死在敌国,则因《科尔涅利亚法》的规定,视为遗嘱人在被敌人俘虏时即已死亡,因而他仍保持了市民的身份。后大法官法规定,凡自由权的丧失非出自遗嘱人自愿的，则遗嘱中所立的继承人享有遗产占有的权利，此项占有初无完全的效力（bonorum possessio sine re），可因市民法继承人之讼争而败诉，优帝一世时始享有完全的效力（bonorum possessio cum re）。遗嘱人如果发生了人格中变更，则因丧失市民权而引起原先所立的遗嘱无效。因为在罗马，只有市民才有立遗嘱的资格。至于其遗嘱可否按其入籍国家的法律处理，则属另一个问题。遗嘱人如果发生人格小变更，便丧失了家长权，也会导致原先所立的遗嘱的无效，因为遗嘱是家长所特有的一项权利，他权人除非对某些特有产可以用遗嘱来处分外，并无遗嘱权。所以，遗嘱人不论发生人格大变更、中变更或小变更，都会使原先所立的遗嘱丧失效力。

4. 继承人先于遗嘱人死亡

继承从被继承人死亡时开始。如果继承尚未开始，所有指定的继承人就已经死亡，则遗嘱即因没有指定的继承人而失去效力。

5. 所有继承人均拒绝继承或丧失继承能力

全体继承人拒绝继承，或者丧失继承能力，就会使遗嘱因无继承人而失效。但如果只是部分继承人拒绝继承或丧失继承能力，他们的应继份就由没有拒绝继承或者没有丧失继承能力的继承人继承，而不会导致遗嘱无效。在拒绝继承的情况下，如果指定继承人同时是法定继承人时，根据诚信原则，该继承人不得专以使遗嘱中的遗赠、解放奴隶等附款失效为目的而拒绝继承，否则遗赠等附款保持其效力，以维护受遗赠等的利益。

第八节　遗嘱的启封

在遗嘱人死亡后，要使遗嘱发生效力，执行遗嘱的内容，继承人等应先证明遗嘱的真实和内容的正确。罗马古代法仅有口头遗嘱，其内容亲友都知道，必要时由利害关系人邀请遗嘱见证人证明。自书面遗嘱产生后，遗嘱由公开转为秘密，继承人等应将蜡封的遗嘱，陈示在遗嘱见证人等前，查验无误后当众启封。

帝政以前，遗嘱的启封并没有什么规定。奥古斯都为了充实国库，筹措军饷，于公元 6 年由"军伍大会"通过征收遗产继承税法，即《优利亚 1/20 税法》(*Lex Julia vicesimaria* 或 *Lex de vicesima hereditatium*，1/20 的遗产税法)。该法规定继承人一般应于遗嘱人死亡后 3 至 5 日内将遗嘱带交税务处，在税务员前经半数以上的遗嘱见证人验视密封遗嘱的印章，然后启封，当众宣读遗嘱内容，并由税务员笔录遗嘱副本存档，缴纳 5% 的税金。于是遗嘱的启封，便成为要式的并具有公务性质的行为，违者得处以 5000 银币的罚金。如见证人不能出席，即由长官指定的有信用的市民代之。如遗嘱在第三人手中，而他又拒绝交出时，则大法官经利害关系人的申请，得颁发"交出遗嘱的令状"(interdictum de tabulis exhibendis)强制其交出。在优帝一世以前，遗产税早已废除，但遗嘱在见证人前启封的习惯依旧存在。

第三章　法定继承(successio ab intesta)

第一节　法定继承的基本原则

法定继承,是直接根据法律所规定的继承人的范围、继承的顺序和遗产分配的原则来继承被继承人的遗产的一项法律制度。它是与遗嘱继承相对应的。在罗马法上,法定继承须遵循下列基本原则:

一、法定继承必须在无遗嘱继承时开始

在罗马法上,法定继承与遗嘱继承不能并用,遗嘱继承优先于法定继承,法定继承只有在不能依遗嘱继承的情况下才能适用。拉丁文的 successio ab intesta 一语,直译意为“无遗嘱继承”。罗马的立法者和法学家们认为,既然习俗以不能用遗嘱选立自己认为合适的人继承家祀为不幸,遗嘱继承是继承的通例,所以无遗嘱时的法定继承只是一种特殊情况下的补充,立法就应推测死者的意思,使法定继承制度能够与死者的意愿不谋而合。罗马法中的法定继承制度,也正是按照这种指导思想建立起来的。

所谓无遗嘱有以下三种情况：其一，被继承人生前没有立遗嘱。根据罗马人的习惯，这种情况是不多的。其二，被继承人生前虽然立有遗嘱，但由于某种原因，所立的遗嘱不能发生应有的效力。引起遗嘱失效的原因，在前一节遗嘱无效中已经叙述，不再重复。其三，遗嘱中关于继承人的指定附有停止条件，而条件已经确定不能成就，因而遗嘱不能发生效力。只有在这些情况下，法定继承才能开始。

二、法定继承必须在确定无遗嘱继承时开始

这是因为在罗马法上遗嘱继承是优先于法定继承的。因此，法定继承开始生效的具体时间，就要依遗嘱继承人的情况为转移，视法定继承发生效力的具体原因而定：

（1）如果死者没有立遗嘱，或者立了遗嘱而遗嘱失效，则于被继承人死亡时开始；

（2）如果法定继承是由于全部继承人拒绝继承而发生，则它是从最后一个遗嘱继承人拒绝继承时开始，优帝一世以前则在经过法定的接受继承的时间以后开始；如果遗嘱继承人于遗嘱人死亡后和在接受继承之前死亡或者丧失继承能力，则以最后一个遗嘱继承人死亡或者丧失继承能力的时间，作为法定继承开始生效的时间；如果法定继承是由于遗嘱中对特定的继承人附加的停止条件不成就而发生效力的，则以确定条件不成就的时间，作为法定继承开始生效的时间。

三、确定法定继承人的资格和继承能力，以法定继承开始时为准

依照现代法，继承都从被继承人死亡的时候开始，因此，法定继承人有没有资格和能力，均以被继承人死亡时为准而加以确定。然而，罗马法的继承是遗嘱继承优先于法定继承，只要有遗嘱继承，只要尚未确定已无遗嘱继承，法定继承就不能发生效力。因此，法定继承开始生效的时间，往往并不是被继承人死亡的时间。所以，确定每一个法定继承人有无继承资格和继承能力，就不能笼统地以被继承人死亡的时间为准，而应当具体地以法定继承开始生效的时间为准。

第二节　《十二表法》关于法定继承的规定

罗马法的法定继承制度，在《十二表法》中已有明文规定。当时的罗马社会仍处于以家长奴隶制经济为基础的宗法社会阶段，奴隶制的大家庭是当时最基本的社会经济单位；又由于当时自然经济占主导地位，社会成员和各家庭之间交往，主要是按照宗族关系进行的，因此，《十二表法》所规定的法定继承，是以宗亲为基础的。只要是同一个宗族的人，都是法定继承人，都可继承被继承人的遗产。当然，各个法定继承人是按照法律所规定的继承顺序，依次来继承被继承人的遗产。《十二表法》所规定的顺序如下：

第一顺序，是被继承人的当然继承人（heres suus）。

如前所述，当然继承人是指直接处在遗嘱人的家长权支配之下，而在家长死亡时即成为自权人的那些家属。具体地说，它包括被继承人的婚生子女、养子女，与被继承人缔结有夫权婚姻的妻子（她们处于女儿的地位，loco fitiae），以及儿子已死亡，被出养或被解放，因而直接处于被继承人家长权下的孙子女等。至于被继承人的子女、孙子女等人如果在被继承人死亡前已被解放，或已被出养，或者女儿、孙女已与他人缔结有夫权婚姻，及夫权下已离婚的妻子，他们就脱离了原来的家长权、夫权，而不再是被继承人的当然继承人。

当然继承人对被继承人的遗产存在当然继承的权利，不需要承认继承，同时也不得拒绝继承，是必然要继承的。因此，当然继承人又称"当然和必然继承人"（heres suus et necessarius），这是古代家产为家庭成员共有的结果。

当然继承人有数人时，如果他们同是一亲等的，则不分男女，按人数平均分配遗产。被继承人的孙子女，是二亲等的法定继承人，他们代替其父的地位参与继承时，是按支分配（per stirpes），即是说，他们只能取得其父所能得到的那部分遗产，而不能与被继承人一亲等的子女按人均分。

第二顺序，是被继承人最近的族亲（agnatius proximus）。

被继承人无当然继承人时，其遗产由最近的族亲继承。族亲包括的范围较广，所以亲等不同的，以与被继承人亲等最近者作为被继承人的法定继承人。他们有数人时，也不分男女，按人数均分。其中如有已死亡的，拒绝继承或不能继承的，其应继份归其他同亲等的继承人均分，不适用代位继承。最近亲等的同一亲等族亲如果都抛弃或拒绝继承时，亲等较远的族亲并不能依次递补。族亲不是财产共有人，因而是任意继承人（heres voluntarius）。因此，他们如果要继承被继承人的财产，须表示承认继承的意思，如果不愿意继承，也可以抛弃或拒绝继承。但他们的子女不能代位继承。

《十二表法》关于继承中不分男女性别，都有平等继承权的规定。到了共和国末期，为防止妇女结婚时把自己家族的财产带到丈夫的宗族中去，法学家便根据《沃科尼亚法》（*Lex Voconia*）的精神，限制女子对家族的继承权，仅允许与被继承人同父所生的姐妹可以参加继承，其他女子一律不得充当宗族的继承人①。

在罗马法上，妇女是没有家长权的，因此她们没有当然继承人，女子第一顺序继承人就是族亲。至于解放自由人，他们本来是奴隶，因而没有族亲，他们如果没有立遗嘱，又没有子女等当然继承人，他们的遗产就由解放他们的恩主或其直系卑亲属来继承。至于优尼亚拉丁人，他们的法律地位比一般解放自由人还低，他们是"生而自由，死则奴隶"，不但没有族亲，也无权立遗嘱，故其遗产都归恩主继承。

第三顺序，是被继承人的宗亲（gentiles）。

罗马法上的宗亲，是指同一姓氏并祭祀同一祖先，但相互间世系已无可考的人。宗亲作为第三顺序的法定继承人，必须是在被继承人没有族亲，或者被继承人的最近族亲全部抛弃或拒绝继承②的情况下，始得继承。宗亲的范围很广，人数众多，且年代久远，已很难分清亲疏，所以由宗亲来继承时就不分亲等，而是由全部宗亲

① 对于这一意见，有的学者持不同的意见，认为当时的学说尚无改变法律的效力。

② 在族亲全部拒绝或抛弃继承的情况下，应如何继承，《十二表法》并无具体的规定，因此有些学者主张应作无人继承论，但多数学者则认为应由宗亲继承。

来继承。其做法,推测起来大概是把被继承人的遗产交给宗族组织,算作整个宗族的共有财产,犹如旧中国的祠产一样。具体情况,罗马的文献上并没有记载。到了共和国末叶,帝政初期,罗马的宗族制度已经崩溃,因此,由宗亲作为被继承人的第三顺序继承人的做法,也就随之废除了。

《十二表法》所规定的继承办法,最初是适应当时维持奴隶制大家庭经济的客观要求的。但是,随着家长奴隶制经济逐渐为奴隶制大庄园经济取代,随着商品经济关系的发展,宗亲之间的关系日渐淡薄。在宗法关系逐步解体的情况下,仍然以宗亲关系作为法定继承制度的基础,在实际生活中就会导致一些极不合理的现象,例如被继承人的儿子已被解放,或女儿缔结了有夫权婚姻,便脱离了原来的宗亲关系,也就不能继承他们父亲的遗产,而遗产就只能让关系甚远,以致素不相识的宗亲或者关系敌对的宗亲来继承。当然,被继承人可以通过立遗嘱的办法予以补救。但是,在罗马古代,立遗嘱的手续烦琐,限制又严,如须贵族大会通过,或出征时才可立遗言等,又加之常年战乱不已,使立遗嘱常因时间和方式的关系而不可能。因此,改革已经不合理的继承制度,便成为大法官们面临的一项重要任务。

第三节 大法官法对法定继承的改革

在罗马,大法官法出现以后,鉴于《十二表法》规定的以宗亲为基础的法定继承制度已不能适应宗族制度逐渐解体后的新情况,大法官法便以血缘及尊亲属与卑亲属间的慈爱天性为本旨,逐渐改为以血亲作为法定继承的基础。但是，大法官法毕竟不能一开始便直接改变市民法的规定，因此仅仅设法使后者逐渐成为无效的空文，而对那些应受优待的继承人，则予以各种便利，创造了"遗产占有"(bonorum possessio)制度，赋予脱离了宗亲关系的血亲以占有遗产的利益。在理论上，这些遗产占有人并不得称为遗产继承人，其占有也不得与市民法继承人的所有权相对抗，但实际上则逐渐享有真正的继承利益。其逐渐所采的措施如下：

一、依法的遗产占有(bonorum possessio juris civilis confirmandi gratia)

在通常的情况下，被继承人死亡后，其子女、兄弟姐妹等即可直接取得遗产，一般并不会发生什么问题。但如果继承人是远亲，在其闻讯赶来继承之前，一时便无人继承。这项遗产可能已被他人作为无主财产而按先占原则占有了，则该继承人只有向大法官请求解决。假设该继承人是死者的堂兄弟，则他不仅应证明他是死者的四亲等，还必须证明死者没有子女后裔，没有兄弟姐妹，没有叔伯姑侄以及没有其他堂兄弟姐妹。古代既无完备的户籍，要具体证明，显然不是一件容易的事情，要是按正常诉讼进行，即使花了很多费用，拖延了很长时日，也难望取得胜诉的机会。大法官在这种情况下，作了初步审查后，知道被告是无主占有，便给予原告以"遗产占有令状"(interdictum quorum bonorum)使之占有遗产。大法官此时并不承认原告有继承人的资格，也没有授予他以所有权。但原告已处于善意占有人的地位，因而获得使用收益遗产利益，并可因一年的“继承人时效”(usucapio pro herede)[①]的完成而成为所有人。大法官对此只是依法办理罢了。

二、补充法律的遗产占有(bonorum possessio juris civilis supplendi gratia)

在继承开始后，在近亲拒绝继承，族亲中亲等较远的并不能取得继承权，于是强豪之辈即可占为己有。大法官因法律对此并无明文规定，乃酌情给予申请者以遗产占有令状，以补充法律的未备。

三、改革法律的遗产占有(bonorum possessio juris civilis impugnandi gratia)

大法官对于继承排除宗亲而以血亲为基础的改革，经过长期实践，获得人们的拥护，于是便确立了血亲继承的原则，纠正了市民法过时的不合情理的宗亲继承，在诉讼中便直接拒绝宗亲继承人的请求，授予血亲继承人以遗产占有令状。于是市民法的宗亲继承就徒有虚名了。

四、遵章的遗产占有(bonorum possessio edictalis)

上述关于遗产继承的各种谕令，经过历任大法官的积累和整

① 继承人时效最初在满一年后，即取得整个遗产。后因经济发展，遗产构成复杂化，且往往分散在多处，哈德里亚努斯帝遂改为仅能取得“继承物”(res hereditariae)的所有权，即限于实际已继承的东西。

理,形成“世袭谕令”,于是大法官便有遵章办理的义务,不再像过去那样有权衡斟酌的自由,这也说明,大法官法的继承规定优于市民法的继承制度。同时,大法官法又将被继承人的一切诉权改为准诉权,将其授予可获得遗产占有令状的人,使其得以死者的名义行使应有的权利,如向遗产中的债务人要求清偿、中断时效等。因而遗产占有不仅像普通占有那样是一种事实,而且成为真正的权利。这样,遗产占有者虽无继承人之名,却有继承人之实。市民法继承制度与大法官法继承制度同时存在,并肩适用,但两者的基础和效力大不相同。

根据大法官法的规定,享有遗产占有权的亲属分为四个继承顺序:

第一顺序,是被继承人的直系血亲卑亲属(unde liber)。它包括:

(1)被继承人的当然继承人;

(2)已被解放的子女及其后裔、被解放时留在原家长权下的卑亲属,均属于当然继承人;

(3)出养后被养父解放的子女;

(4)缔结了有夫权婚姻但已离婚的女儿。

这个范围比《十二表法》的规定要宽。

关于遗产的分配,如继承人都是一亲等的,则按人数均分,如果都是二亲等或亲等不同的,则按支分配。大法官法根据公平合理的原则,规定死者的子女,不论解放与否,除另入新家庭的以外,都能处于平等的地位,分享死者的遗产,故基本上不承认人格小变更对继承权的影响。至于被出养和缔结有夫权婚姻的子女,虽也发生人格小变更,但与被解放者不同,出养或缔结有夫权婚姻,脱离了生父的家长权，成了养父家或丈夫家的宗亲，取得了养父家或丈夫家的继承权，因此也就不能再继承生父家的遗产。因为，依照公平原则，在法定继承中，一个人不能同时享受两份继承权，但也不应被无端剥夺继承权。所以，如果养子女又被养父解放了，或缔结有夫权婚姻的女儿又与其夫离婚，就会丧失对养父家或丈夫家的继承权，于是恢复了对生父的遗产继承权，只不过在大法官法看来，他们对所得的遗产只能是占有。

既然允许被解放的子女继承父亲的遗产，就可能发生他们同留在原家长权下的自己的子女（亦即作为被继承人的当然继承人的孙子女）发生共同继承被继承人财产的问题。在这种情况下，孙子女可取得其被解放之父的应继份，而其父也可以被解放者的资格继承其应继份，这个应继份应如何处理？据大法官优利亚努斯规定，被解放的儿子同他自己的子女作为一支，与未被解放的子女（即兄弟姐妹）平均分配死者的遗产，被解放的儿子取得一支的半数，其余一半由该被解放的儿子的子女平分。

依照罗马法，妇女没有家长权，因而以血亲为基础的法定继承制度，只适用于父系，对于母系尊亲属的遗产，她们的直系血亲卑亲属仍然不能继承。可见，大法官法对于法定继承的改革，仍有不彻底之处。

第二顺序，是被继承人的法定继承人（unde legitimi），即《十二表法》所规定的那些法定继承人，包括当然继承人、族亲和宗亲。在这里，家长的当然继承人中的子女、孙子女，既是第一顺序的遗产占有人，可以以家长的直系血亲卑亲属的身份参与第一顺序继承，又是第二顺序的遗产占有人，可以以法定继承人的身份参与第二顺序继承。因此，假如家长的直系血亲卑亲属因第一顺序继承的期限届满,失去了继承的机会,还可以以法定继承人的身份参与第二顺序继承。

第三顺序,是被继承人的血亲(unde cognati),包括直系血亲和原则上在六亲等以内的旁系血亲。在直系血亲和旁系血亲之间,直系血亲有优先继承的权利,直系血亲排斥旁系血亲,即是说,有了直系血亲,旁系血亲即不能继承。在直系血亲中,既包括尊亲属,又包括卑亲属;既包括父系尊亲属,也包括母系尊亲属。此为大法官法的重要改革。但是在直系血亲卑亲属和直系血亲尊亲属之间,卑亲属的继承权在先,尊亲属的继承权在后,卑亲属排斥尊亲属。在直系血亲卑亲属或直系血亲尊亲属之间,以与被继承人之间亲等的远近依次继承,亲等近的在先,亲等远的在后,亲等近的排斥亲等远的。在旁系血亲中,原则上以六亲等的旁系血亲为限,只有一个例外,即再从兄弟姐妹的子女(或者堂兄弟姐妹的曾孙子女),虽然已经是七亲等的旁系血亲,仍然例外地允许他们继承,享有继承被继承人遗产的权利。在旁系血亲之间,同样以亲等远近来确定继承顺序,亲等近的排斥亲等远的。

由上述规定可知,按照大法官法所规定的继承顺序,一个继承人可以参加几个顺序的继承。比如,处在家长权下的子女,既可以以被继承人的直系血亲卑亲属的身份,参加第一顺序继承,又可以以被继承人的当然继承人的身份,参加第二顺序继承,还可以以被继承人的血亲的身份,参加第三顺序继承。所以,处在家长权之下的子女,可以有三次机会参加继承。而被解放的子女,依照大法官法规定的继承顺序,也可以有两次继承的机会,他既可以以被继承人的直系血亲卑亲属的身份参加第一顺序继承,也可以以被继承人的血亲的身份参加第三顺序的继承,但不能以被继承人的当然继承人的身份，作为第二顺序的法定继承人，参加第二顺序继承，因为他已经被解放，而不再是生父家长权下的宗亲。

第四顺序，是被继承人的配偶（unde vir et uxor）。这一规定，是为了无夫权婚姻的夫妻的利益而设的。因为，缔结有夫权婚姻的配偶，妻子已经成为丈夫家庭的宗亲，如果丈夫是家长，妻子可以以当然继承人的身份，参与第二顺序继承。至于缔结无夫权婚姻的夫妻，依照《十二表法》的规定，他们相互之间没有继承权，因而也不能以法定继承人的身份，参加大法官法第二顺序来继承，于是大法官法规定，他们可以作为第四顺序的继承人，相互继承遗产，以弥补《十二表法》的缺陷。

上列遗产占有人，都应在规定的期限内接受继承。大法官法所规定的接受继承的期限，直系亲属为1年，其他继承人为100天，超过规定的期限，即被视为是自动放弃继承，由亲等较远的取得遗产占有权。如果第一顺序的遗产占有人都放弃或拒绝继承时，即由第二顺序的遗产占有人来继承，依次类推。

上面我们已经谈了大法官法的继承制度把遗产占有人分为四个顺序，而第一顺序遗产占有人，往往可以列入几个顺序中。这是因为这项制度并非是一个单一的立法案，而是经过不断增补和修改的“传袭谕令”。据近代学者的考证，第三、第二顺序继承人出现最早，第一顺序遗产占有人产生最迟。由于大法官法关于接受继承的期限很短，前一顺序遗产占有人因故误期时，还可以后一顺序遗产占有人的资格找机会继承，故此种规定，也不无实际作用。

如前所述，大法官法继承制度并不是取消市民法继承制度而取而代之，只是在法定继承制度外，另创一新的继承制度，于是出现二制并存的局面，这样，一个继承开始后，究竟适用哪种继承制度呢？这在实际中并无多大困难。因为第一顺序继承人通常都具有法定继承人和遗产占有人双重资格，既受市民法“继承诉”(petitio hereditatis)的保护，又受大法官法的“遗产占有令状”的保护，而且大法官法原是用以补救市民法的不足，只是在无人继承时，才准许申请人占有遗产，故实际上所遇到的冲突多发生在被解放的家子请求继承时。大法官在这种情况下，视该家子没有受过人格小变更而准予占有遗产，但此项占有并无完全的效力(sinere)，如果市民法继承人出来诉争，占有遗产的家子即丧失其占有，这样他的愿望就会落空。这岂不是白白耗费了精力和费用而一无所得，于此时，大法官法的继承制度又有多大作用呢？但实际上的情况并非如此。如果合法继承人怠于诉追，经过一年后，遗产占有人即因继承人时效的完成而取得遗产所有权；如果法定继承人不能证明其身份时，则胜诉方仍属于被解放的家子；遗产占有人是善意占有人，有收取占有物孳息的权利。至于被解放家子在什么时候才取得对遗产占有的完全效力(cun re)，文献并无明确记载，据有的学者考证，当在帝政后的公元1世纪。

第四节　帝政后对法定继承的改革

帝政以后，皇权独揽，大法官法渐入停滞状态，只是巩固成果，已少革新。对于继承制度进一步改革的任务，就由元老院和皇帝们来完成，这样就使市民法的继承制度与大法官法的继承制度渐趋融合。

帝政后的革新主要有以下几点：

（1）公元2世纪初叶哈德里亚努斯帝在位时期，元老院通过的“特尔图利亚努姆决议”（Senatus Consultum Tertullianum）[①]规定，凡是享有“子女特权”（jus liberorum）的母亲，即自由人女子有子女3人以上、解放自由人女子有子女四人以上的，就可对子女的遗产享有法定继承权。大法官法所规定的第三顺序遗产占有人中，虽然包括了母亲，但只是占有遗产，而不是所有遗产，且顺位排在宗亲之后。这项改革则规定，享有“子女特权”的母亲对于子女的遗产享有正式继承权，其继承顺序在被继承人的直系血亲卑亲属、生父、恩主和同父兄弟之后。如果死者只有同父的姐妹时，则生母可和她们平分遗产。至于其他的血亲和宗亲，其顺序则都在生母之后。此项继承权不论子女是否婚生都一样。

（2）公元2世纪中叶马尔库斯·奥雷利乌斯（Marcus Aurelius 公元161—180年在位）帝时期，元老院于公元178年通过了“奥尔菲体亚努斯决议”（Sentus Consultum Orfitianum）[②]，该决议规定，子女为母亲的法定继承人，享有正式继承权，而不仅是对遗产的占有，且列为第一顺序而先于一切宗亲。

（3）公元4世纪初，君士坦丁一世对“特尔图利亚努姆决议”又加以修正，规定母亲和死者的伯叔或其后裔共同继承时，母亲的应继份为遗产的2/3；如果母亲无子女特权，则除与被继承人的同父兄弟姐妹共同继承外，其应继份为遗产的1/3。

（4）公元5世纪初，特奥多西乌斯二世和瓦伦体尼亚努斯三世两帝规定，外孙和外孙女对于外祖父母的遗产享有法定继承权。

---

① 该决议由元老院议员 Tertullianus 提议，故名。

② 该决议由元老院议员 Orfitianus 提议，故名。

依照过去的规定，妇女没有家长权，因而只有父系的孙子女可以继承祖父母的遗产，而母系的外孙子女无权继承外祖父母的遗产。经此改革后，不论是儿子的儿女，或是女儿的儿女，对父系尊亲属的遗产和母系尊亲属的遗产，都享有平等的继承权。

（5）公元498年，阿那斯塔西乌斯一世（Anastasius Ⅰ，公元491—518年在位）规定，凡有血亲关系的兄弟姐妹，都互为法定继承人，纵使因解放或结婚而脱离了宗亲关系，其继承权并不因此而丧失，但其应继份为有宗亲关系的兄弟姐妹的一半。

（6）公元6世纪20年代，优帝一世即位后，对罗马的法定继承制度继续进行了改革。首先取消了女性宗亲除同父的姐妹外，纵有血亲关系也无继承权的限制，并进而取消脱离了宗亲关系的兄弟姐妹间关于应继份的限制，并规定不完全收养的子女得与其亲兄弟姐妹平分生父的遗产，和异父同母的兄弟姐妹间，不论已否解放，也相互享有继承权。其次，正式废除了《沃科尼亚法》对女子继承的限制。在此以前，罗马法为了限制女性继承人把财产带往夫家，曾规定女子不得被立为富室的继承人，和接受超过一定份额的遗赠。再次，取消了《十二表法》所规定的族亲中后一亲等不能递补前一亲等的继承的限制，规定族亲继承可以按照亲等的远近，依次递补。第四，取消了母亲必须享有"子女特权"才能继承子女遗产的限制，而规定母亲对子女的遗产均享有继承权。

这些改革，虽较前期罗马的继承法有所进步，但仍零乱而不彻底。

在代位继承问题上，由于克洛狄乌斯一世允许三亲等的血亲可以结婚，习俗也允许表兄弟姐妹间的婚姻，这样，表兄弟姐妹结婚所生的子女在继承曾祖父母、外曾祖父母的遗产，或同父异母的兄弟姐妹与死者同母异父所生的子女继承死者的遗产时，既可以代父系继承，又可以代母系继承，因而便可发生一人同时可以获得双份遗产的情况（见附图）。

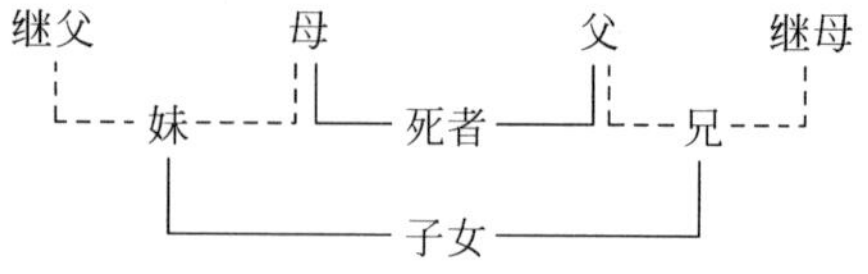

说明：死者的父母在离婚后又各自结婚，则他们各自再婚后所生的子女，并无血缘关系，可以结婚。

第五节　《优帝新敕》的规定

优帝一世即位后，虽对罗马的继承制度作了修改，但当时的继承仍以宗亲为原则，而非以血亲为基础，故父亲在时，母亲不得继承子女的遗产，其他血亲除法有特定外，只在没有宗亲时才能继承。况且继承制度叠经修改，极为繁杂。因此优帝终于在公元 543 年、548 年，分别以第 118 和 127 号两个新敕令，按照以血亲为基础和男女平等的原则，对罗马法的法定继承制度进行了系统的改革。

优帝新敕把继承人分为四级，其继承顺序如下：

第一顺序继承人，是被继承人的直系血亲卑亲属，即死者的子女、养子女和他们的子孙。不分男女，不论是否解放，他们对于父系和母系尊亲属，都属于第一顺序的继承人。如果直系血亲卑亲属中有数人时，按照他们同被继承人之间亲等的远近，来确定继承的先后顺序，由亲等近的优先继承。一亲等的按人数均分；二亲等以下的，按支代位继承；同一支内的，以亲等近者为先。子女无继承能力时，孙子女、外孙子女不失代位继承的权利。但如果子女拒绝继承，第二亲等的卑亲属（孙子女、外孙子女）能否继承？在优帝《学说汇编》和优帝《法学纲要》中对此都没有具体规定，因此，后世学者在解释上发生了争议。一种意见认为，既然被继承人的子女已经拒绝继承，他们的继承权即因放弃而不存在，故被继承人的孙子女、外孙子女就失去了代位继承的前提和根据，不能代位父或母继承祖父母或外祖父母的遗产。另一种意见认为，罗马法的继承是以家产共有为基础的，子女、孙子女都是家庭的成员，都是家庭财产的共有人，因此儿子拒绝继承，孙子女仍然可以继承；即使从被继承人与继承人之间的感情来看，做祖父的对他的儿子、孙子女等直系卑亲属的情感也是一样的深厚，因此儿子放弃继承，孙子女仍然可以继承。由于当时的继承制度已不再以遗产的来源为基础，而兼以继承人和被继承人的感情为前提，故多数学者赞同第一种主张，不同意可以代位继承的意见。

第二顺序继承人，是被继承人的直系血亲尊亲属，全血缘的兄弟姐妹及其子女。所谓全血缘的兄弟姐妹是指被继承人同父同母的兄弟姐妹。他们多是从小生活在一起，感情不同一般，故亦称“优先旁系血亲”。这里的直系血亲尊亲属，既包括父亲、祖父母等父系尊亲属，又包括母亲、外祖父母等母系尊亲属。这些人的继承，大体有如下几种情况：

1．只有直系血亲尊亲属，没有全血缘的兄弟姐妹及其子女

在这种情况下，如果有不同亲等的尊亲属，就由亲等最近的尊亲属优先继承，亲等较远的尊亲属被亲等最近的尊亲属所排斥。

故如被继承人的父亲已死，而其母亲、祖父母、外祖父母等都还活着，则遗产由母亲继承，因为母亲与子女的感情远比其他尊亲属为亲。如果父亲和母亲都还在，他们属于同一亲等的继承人，他们就平均分配被继承人的遗产。如果父母都已亡故，留下有祖父母和外祖父母，或者父系、母系各留下一个二亲等亲属，或者两系中有一系留下二人，另一系只留下一人等等，则遗产按父系、母系各得半数，而每一系中按人数平均分配。如果尊亲属中只留下一个二亲等，当然就由该尊亲属全部继承。

2. 只有全血缘的兄弟姐妹及其子女，没有直系血亲尊亲属

在这种情况下，如果既有全血缘兄弟姐妹，又有他们的子女（被继承人的侄儿、侄女）时，则由二亲等的兄弟姐妹优先继承，三亲等的侄儿、侄女的继承权，被二亲等的兄弟姐妹的继承权所排斥。这时，兄弟姐妹按人数平均分配遗产。如果兄弟姐妹中仅有部分人尚存，其余的都已先于被继承人死亡，但其留有子女，则兄弟姐妹不论已死或未死均按人数平均分配，已亡故的兄弟姐妹的应继份，由其子女按支代位继承，然后在他们之间平均分配。如果被继承人的全血缘兄弟姐妹均已亡故，仅留下已亡故的兄弟姐妹的子女（被继承人的侄儿、侄女），则按人数平均继承，而不是按支继承。因为，在这种情况下，三亲等的侄儿侄女视为是直接继承被继承人的遗产，而不是按代位继承的程序来继承被继承人的遗产。

3. 既有直系血亲尊亲属，又有全血缘的兄弟姐妹及其子女

在这种情况下，则由最近的尊亲属父母和全血缘的兄弟姐妹共同继承，按人数平均分配。如果被继承人的父母都拒绝继承，尚有祖父母、外祖父母和全血缘的兄弟姐妹，遗产如何继承呢？对这个问题，优帝《学说汇编》和优帝《法学纲要》同样没有说明，故在

后人的解释上又有两种不同意见。一种意见主张,既然父母死亡了,或者拒绝继承,就应当由祖父母、外祖父母和全血缘兄弟姐妹共同继承。理由是,优帝新敕规定,直系血亲尊亲属和全血缘兄弟姐妹是同一顺序继承人,他们的继承权是相等的,并无优次之分,在父母拒绝继承时,即可视为他们不存在,也就理所当然地由祖父母、外祖父母与全血缘的兄弟姐妹共同继承,平均分配。另一种意见认为,依顺序按亲等递进的继承制,须共同继承人全体拒绝继承时,始得由次位继承人继承。因为在随意继承里,应视为遗产全部对各共同继承人的要约,每个继承人都有取得全部遗产的可能,故一个继承人拒绝继承时,其应继份自当归共同继承人享有,这样,同一顺序的各继承人中间,亲等近的有优先继承权,亲等远的继承人的继承权,被亲等近的继承人的继承权所排斥。在被继承人既有直系血亲尊亲属,又有全血缘的兄弟姐妹的情况下,父母同兄弟姐妹是共同继承人,他们当中的每一个人都有在别人不能继承或不继承的情况下,得到全部遗产的可能。如果共同继承人中有一个继承人不能继承或不继承时,他的应继份就由其他的共同继承人扩充继承,而代位继承只适用于卑亲属,不适用于尊亲属。所以当父母拒绝继承时,被继承人的遗产应当由他的全血缘兄弟姐妹来分配,而不应由他的祖父母、外祖父母与全血缘兄弟姐妹共同继承。这两种意见中,后一种意见较为合理,被大多数研究罗马法的学者所赞同。

4. 只有直系血亲尊亲属和全血缘兄弟姐妹的子女

就是说,全血缘的兄弟姐妹虽然都已亡故,但留有子女。这种情况,依照第 118 号新敕的规定,只有尊亲属有继承权,兄弟姐妹的子女没有继承权。但第 127 号新敕则规定,尊亲属与兄弟姐妹的子女共同继承时，后者按支数代位他们的父亲或母亲来继承，由此可见，在与尊亲属的共同继承中，若兄弟姐妹都已死亡，他们的子女不因此丧失继承权。因为在情理上，不应以一个兄弟姐妹的生存而对他们的子女权利有得丧之分。

第三顺序继承人，是被继承人的半血缘的兄弟姐妹及其子女。所谓半血缘的兄弟姐妹是指被继承人的同父异母或同母异父的兄弟姐妹。半血缘兄弟姐妹有数人时，按人数平均分配；如果半血缘兄弟姐妹中有人先于被继承人死亡时，由死亡者的子女按支数代位继承。如果半血缘的兄弟姐妹全部先于被继承人死亡，而只有他们的子女时，后者就不能以代位继承人的身份作为第三顺序来继承被继承人的遗产，而只能以被继承人的其他血亲的身份，参加第四顺序继承。

第四顺序继承人，是指被继承人的其他旁系血亲，即除被继承人的全血缘和半血缘兄弟姐妹以外的旁系血亲，包括被继承人的伯、叔、姑、舅、姨、堂兄弟姐妹及其子女等人。他们的继承次序，以与被继承人之亲等间的远近来确定，亲等最近的，优先继承，亲等远的被亲等近的所排斥。如果最近的亲等有数人时，按人数平均分配。如果其中有人先于被继承人亡故的，则不能由其子女代位继承。因为代位继承制度原则上仅限于直系血亲卑亲属，只是作为一种例外适用于全血缘兄弟姐妹的子女，对其他旁系血亲的继承人都不适用。

在亲等方面，其他旁系血亲的继承人究竟以几亲等为限，因优帝法律并无明文，故在解释上发生了争执。一种意见认为，既然优帝法律没有规定，那就意味着没有限制，无论几亲等都行。另一种意见主张，优帝法律对其他旁系血亲的亲等虽没有规定，但它并没有完全取消大法官法的继承制度。按照新旧法律的效力，新法如果明文废除旧法，则旧法当然因新法的生效而失效。如果新法没有明文废除旧法，旧法中仅与新法相抵触的部分才失去效力。原来的大法官法规定，旁系血亲的继承人，原则上以六亲等为限，例外可以到七亲等的旁系血亲，这是适合当时罗马习俗的。优帝法律对此既然未作规定，也没有明确废除，就应仍依大法官法的传统做法，其他旁系血亲的继承人，原则上以六亲等为限。

如果死者没有上列法定继承人，他的遗产应当如何处理，优帝第118号和第127号新敕没有提及。依照大法官法，应当由死者的生存配偶继承。只不过大法官法所规定的配偶继承，同其他法定继承人一样，只是给予对遗产的占有，而不是遗产所有权。但在公元537年，优帝第53号敕令曾规定，如果生存的妻子没有嫁奁，丈夫死后生活贫困的，不论丈夫有哪一个顺序的继承人，她都可以参与继承。无子女的，她的应继份为遗产的1/4。假若她丈夫在遗嘱中对她有遗赠，这些遗赠应当从她的应继份中扣除。如果妻子是有嫁奁的，由于嫁奁有法律保障，可以对丈夫的全部财产享有优先抵押权，因此可以优先于其他法定抵押权人从丈夫的遗产中得到偿还。所以有嫁奁的妻子，在丈夫亡故后，对丈夫的遗产一般没有继承权。如果妻虽有嫁奁，但为数很少，丈夫死后仍很贫困，对于这样的寡妇，仍应给予她继承权。如果她同他前妻的子女一起继承，也可取得遗产的1/4。但子女的人数超过4人以上的，就平均分配。如果是共同所生的子女，则她对所分得的遗产仅能享有用益权，所有权则属诸子女。至于贫穷的程度，应以她的社会地位和实际需要为标准，但无论如何，其总额不得超过100两黄金。

当被继承人既没有血亲，又没有配偶时，如果他生前参加了某个团体(如宗教团体、士兵团体),遗产就归他所参加的那个团体继承。如果他生前没有参加团体,遗产就视为无人继承的财产,收归国库(aerarium)所有。

此外,关于非婚生子女的继承问题,非婚生子女与其母亲及母系尊亲属,是法定自然血亲关系,他们相互之间享有继承权。但在非婚生子女拒绝继承其生母的遗产时,孙子女等能否代位继承,因法无明文,学说也有争议。有采否定说的,认为他们只能按大法官法以血亲资格列为第三顺序继承人;有采肯定说的,认为他们可以直接继承。非婚生子女与生父,则是纯自然血亲关系,不是法定自然血亲关系,因此优帝新敕第 89 号规定,如果生父有婚生子女或正妻时,非婚生子女只能请求抚养费,不能请求继承;如果生父没有婚生子女或正妻,则非婚生子女可以请求继承 1/6 的遗产。生父对非婚生子女遗产继承的规定亦同。姘妇生有子女的,其继承权与其子女同,如果没有子女的,在有婚生子女或正妻时,仅得请求抚养费,无婚生子女或正妻时,则可请求继承死者遗产的 1/12 份额。

第四章　遗产的继承

第一节　继承的接受

罗马法关于继承的接受，因继承人种类的不同，而有不同的规定。

一、当然继承人（heres suns）和必然继承人（heres necessarius）

关于当然继承人和必然继承人，他们在被继承人死亡后可以直接取得被继承人的遗产，且不得拒绝继承，因而不需要接受继承的行为和程序。这样，即便他们在继承开始后死亡或丧失了继承能力，亦不致发生丧失继承权的危险，这对幼孩、痴呆或离家在外者尤为有利。但其弊则在不论遗产的构成情况如何，资产是否多于负债，都不得拒绝继承。

二、任意继承人（heres voluntarius）

又称作外来继承人（heres extraneus），他们是当然继承人和必然继承人以外的继承人。他们可能是法定继承人，也可能是遗嘱继承人。他们对于被继承人的遗产，有根据自己的意愿接受继承或者抛弃继承的选择权，法律上不加强制。罗马法认为，对于这些继承人来说，被继承人所立的遗嘱仅仅是一项要约（法定继承则是法律推测被继承人的意愿），须在他们承诺之后，即表示接受继承之后，继承才能发生应有的效力，他们才能够取得被继承人的遗产。可见，对于任意继承人来说，继承的接受，乃是他们取得被继承人遗产的先决条件。

任意继承人接受继承，必须要有接受继承的能力，必须符合接受继承的方式，必须在规定的时间里接受继承。现分述如下：

（一）接受继承的能力

任意继承人接受继承时，必须具备以下几个方面的能力。

1. 须有表示意思的能力

接受继承是一种意思表示的法律行为，这就要求接受继承的人，必须要有能够表示自己内在意志的能力。因此，幼儿、精神病人、痴呆人等没有意思表示能力的人，不能接受继承。在罗马古代，是由监护人、保佐人让幼儿等的奴隶来代替幼儿接受继承，因为奴隶所取得的财产都归主人所有，所以让他们的奴隶代替他们接受继承，也就等于他们自己接受继承。

2. 须有负担义务的能力

继承人一旦接受继承，就要承担被继承人遗留的义务。遗产中不仅有资产，而且有负债，资产和负债要概括继承。这是一项重大的法律行为，故要求接受继承的人必须要有负担义务的能力。所以奴隶、他权人、未适婚人、浪费人以及共和国末叶后的未成年人等等，如要接受继承，必须得到他们的家主、家长、监护人、保佐人的同意。

3. 须本人亲自接受继承，他人不得代为承受

因此，最初，幼儿、精神病人、痴呆人等等，其家长、监护人、保佐人都不得代为接受继承，他们只能让幼儿等的奴隶去接受继承，然后转归他们所有。帝政时代，法律从宽，家长、监护人、保佐人均可以代替幼儿、精神病人等接受继承。

4. 须有"遗产受领权"

这项规定，始于奥古斯都，一直延续到君士坦丁一世。奥帝执政时是在连年内乱之后，当时人口大减，国库空虚，人民也因生活困难，往往不愿娶妻育子。为了繁殖人口，充实国库，地区大会于公元前18年通过了《优利亚婚姻法》（*Lex Julia de maritandis ordinibus*）。公元9年，又制定了《帕披亚·波拜亚法》[①]加以补充。两法的主要内容包括：

第一，凡无人继承的遗产都归国库；

第二，独身无子女的，无遗产受领权；

第三，男子已婚但无子女，女子已婚，但无"子女特权"（即生来自由人有子女3人，解放自由人有子女4人）的，只能得到相当于

① 奥帝时制定了限制遗嘱人处分遗产的规定，将遗嘱中的无效条款分为三类：(1)自始无效的条款（pro non scriptis），例如指定的继承人于遗嘱成立前即已死亡；(2)条款于遗嘱成立时曾有效，但于遗嘱人死亡前已失效的（in causa caduci），例如指定的继承人于遗嘱人生存时即已死亡；(3)条款于遗嘱人死亡时有效，但因其他原因失效的（caduca），如继承人拒绝继承、丧失继承能力或无遗产受领权。关于第一项的无效，奥帝法律仍维持旧法的效力，未加变更。关于第二、三两项的失效，则仅限于遗嘱人三亲等内的直系尊卑血亲，始得适用旧法，其余则按下述规定办理：(1)未经继承的遗产，先由男性继承人中结了婚而有子女（heres patres）的受领之；(2)无前项继承人时，由男性受遗赠人中结了婚并有子女（legatarii patres）的受领之；(3)无前两种人时，由国库（aerarium）接受，后卡拉卡拉帝改由皇帝私库（fiscus principis）接受，但揭发继承人无遗产受领权的检举人（delator）得提取奖金。

应得遗产的1/2；

第四，如果男子丧偶，但有子女，而本人未再结婚的，只能受领应得遗产的1/2；

第五，结婚后而没有生育的夫妇，相互为遗赠时，不得超过遗产总数的1/6；但配偶在前婚姻关系中曾有子女的，则按子女人数，每一人得多受领1/6。特奥多西乌斯二世和霍诺里乌斯两帝取消了此项限制。

但是，如果在继承开始后的100天内，上述人等弥补了欠缺，仍视为继承开始时即享有遗产受领权。

关于结婚义务，男子以25岁以上60岁以下，女子以20岁以上50岁以下，以及女子丧夫后两年内或离婚后18个月。在上述期间内未结婚或婚后无子女的，即要受法律制裁。

值得注意的是，上述限制并不适用于法定继承，即使在遗嘱继承中，也不适用于六亲等以内的血亲，以及再从兄弟姐妹的子女。至于军人遗嘱，也不受上述限制。优尼亚拉丁人虽有被立为继承人的资格，但须于继承开始后100天内取得市民权才可受领。

（二）接受继承的方式

关于任意继承人接受继承的方式，市民法和裁判官法的规定各异：

1. 市民法接受继承的方式

市民法上所规定的任意继承人接受继承的方式，有下列三种：

第一，要式承认（cretio）。这是一种口头的要式接受继承的方式，继承人必须在证人面前，用规定的语言，表示接受继承。其词为“因某某指定我为继承人，我接受继承”。这是罗马古代所采用的接受继承的方式。任意继承人中，无论是法定继承人，或者是遗嘱继承人,如果不采用这种要式承认的方式,就不能取得被继承人的遗产。帝政以后,除非遗嘱人在遗嘱中规定继承人必须采用要式承认的方式接受继承外,一般都不再采用这种方式。但若遗嘱人有此要求,则继承人应于规定期间(通常为继承开始后100天)内宣布接受继承,否则即视为条件不完成,也就丧失继承权,遗产即归其他共同继承人、补充继承人或法定继承人所得。要式承认在优帝一世时已不再存在,但也有学者认为,特奥多西乌斯二世和霍诺里乌斯帝于公元408年就将其废止了。

第二,默示承认或经管遗产(pro herede gestio)。即继承人虽然没有明白宣布接受继承,但显然是以继承人的身份参加管理被继承人的遗产,如偿还被继承人的债务,或者向被继承人的债务人催索债款,出售某项遗产等等,从他的这些实际行为中就可以推定,他已经表示了接受继承的意思。但是,如果遗产中有不适宜保存,必须及时处理,否则就会腐烂变质的物品,继承人主动将其变卖并将价款存放,没有据为己有的意思,这种行为,只能是通常的无因管理,而不能推定其为默示承认。

第三,略式承认(unda voluntas)。即继承人用语言或书面表示接受继承的意思,但不拘泥于接受继承的方式。这是法学昌明时期所常用的接受继承的方式。

2. 大法官法接受继承的方式

大法官法不是给继承人以继承权,而是准许对遗产的占有。因此,任意继承人必须向长官递交"遗产占有的申请"(bonorum possessionis petitio)。申请书须用规定的语句,在罗马应向大法官、在外省应向省长为之。大法官收到申请后,作简略的调查,传呼利害关系人。经查明后,颁发遗产占有令状,继承人根据占有令状,占有被继承人的遗产。因此,继承人向大法官或外省省长递交遗产占有申请,就是接受继承的意思表示,而不再需要采用其他接受继承的方式。其后,大法官对于符合谕令规定条件的申请人,除利害关系人提出抗议外,即直接授予占有遗产的令状,不再进行事实上的调查。到优帝时,已经不再存在市民法继承与大法官法继承的区别,在接受继承的方式上,已经统一起来,只要继承人有接受继承的意思表示时,就视为接受继承,不再拘泥于具体形式。

(三)接受继承的时间

任意继承人接受继承的时间,罗马法规定了三项原则:

1. 在被继承人死亡之前,不得预先接受继承

总的来说,继承须于被继承人死亡时开始。如果被继承人尚未死亡,任何一个继承人都不得开始继承。就遗嘱继承来说,遗嘱是遗嘱人最后的意思表示,遗嘱人在未死亡之前,对于他所立的遗嘱,随时可以撤销,另立新遗嘱。因此,在遗嘱人未死亡之前,任何一项遗嘱,都很难确定为遗嘱人最后的意思表示,都有可能被撤销。基于这种情况,在遗嘱人死亡前,不能确知何为继承人,何人在继承开始时有继承能力,当然也就无权作出接受继承的意思表示。因此,以未开始的继承为契约的标的时,其契约无效。

2. 在继承人尚未享有继承权之前,不得接受继承

每一继承人均须在其本人享有继承权之后,才有权表示接受继承。就法定继承人而言,首先,他必须是在没有遗嘱继承的情况下,才能开始继承。其次,他还必须是顺序在先的继承人,如果顺序在前的继承人没有拒绝继承,顺序在后的继承人就不得预行接受继承。

3. 继承人在享有继承权后,最初,无论何时都可以接受继承

当确定某继承人已经享有继承权之后,他就可以表示是否接受继承。但古代法并不要求须在一定的期限以内接受继承,而由继承人自行确定。奥古斯都为了保证税收起见,规定接受继承须在税务所启封遗嘱之后。公元10年,"西拉尼亚努姆元老院决议"(senatus consultum silanianum)又规定,家主在被害后,非在刑讯诸奴隶之后,继承人不得接受继承,以防继承人成为奴隶的新主人后消灭罪证,但都没有规定接受继承的最终时限,这将使继承处于不确定状态的情况下,就会出现下列一些问题:其一、不仅被继承人的家祀处于中断状态,且使人们怀疑死者是个无力清偿债务者,因而继承人不愿接受继承,以致影响死者的声誉;其二、被继承人的债权人无从请求清偿,因他不能对尚未接受继承的人催索;其三、下一顺序的继承人或补充继承人不能来接受继承,遗产就无人管理,难免遭受损失;其四、遗嘱如有遗赠,解放奴隶,指定监护人等项内容,都因没有确定的继承人来执行而不能得到解决。甚或因该继承人在未接受继承前死亡或丧失继承能力,而使他们有丧失权利的危险。可见,继承人接受继承时间的早晚,对于被继承人、被继承人的债权人、下一顺序的继承人或补充继承人、受遗赠人、待解放的奴隶等等,都利害攸关。拖延接受继承的弊端虽极明显,但长期以来市民法并未加以限制,仅靠其他规定,间接地予以补救。首先,罗马法对未经继承的遗产视为无主物,占有者得因继承人时效的完成而取得所有权,且在古代法不需具备善意和正当名义的条件;其次,继承人蒙受在未继承前丧失继承能力的危险;再则,若继承人在未接受前死亡,其继承权并不能移转予其后裔。基于上述原因,如遗产构成,资产显然多于负债的,继承人一般不致

延误接受,但这些情况仍不足以消除延缓接受继承的流弊。为此,遗嘱人、法学家和大法官等,都设法纠正和补救,以期获得妥善的解决。起初,遗嘱人为防止他死后,继承人迟迟不接受继承,致使家祀中断,并影响其声誉,便在遗嘱中规定以继承人必须在一定期间内(习俗为100天)表示接受继承为条件,逾期即作为废除。帝政以后,法学家致力于创造一种临时管理“待接受的遗产”(hereditas jacens)的理论。前面我们已经说到,在罗马,当无行为能力人或失踪人需为法律行为时,常由奴隶代之,但奴隶仅得以家主的名义行事。而对未经接受的遗产,奴隶既不能以死者的名义,又不能以未来家主的名义继承遗产,因为前者的人格已经消灭,后者则其人尚未确定,且奴隶不能以“交付”和“时效”取得遗产所有权,因交付和时效都以占有为条件,而占有人须有“所有”的意思。法学家为了遗产利害关系人的利益,试图解决这一困难。帝政初,卡西乌斯(Cassius)主张奴隶得为未来的主人行使权利,关于不得代不确定的人执行事务的原则,在此应例外地不予适用,以解决实际需要。到了公元2世纪,优利亚努斯则认为,奴隶代死者行使权利当更为合理,因为可视为“死者的人格延续而附于遗产”(hereditas jacens personam defuncti sustinet),故奴隶得为遗产取得权利,一如其已死的家主仍生存一样。但奴隶不得出卖遗产中的物件,也不能进行诉讼。因奴隶没有这些行为能力。后说较前说为优,为后世学者所采用。大法官法遗产占有制规定,被继承人的直系亲属(不分尊亲或卑亲)接受继承的期限为一年,其他继承人接受继承的期限为100天。在上述期限内,未为遗产占有的申请的,即丧失占有遗产的权利,遗产即可由次位继承人占有。此外,大法官法还规定,当享有继承权的继承人不及时接受继承,影响到被继承人之债权人的利益时，被继承人的债权人可于继承开始后，用提出质询的办法，在大法官前向继承人提出是否接受继承的质询，并给予继承人 100 天的考虑期（spatium deliberaudi）。如果继承人避不出庭，或 100 天期满而不表态的，即视为抛弃继承，债权人就可以向下一顺序的继承人提出质询，以此类推。如果被继承人的所有继承人都未接受继承，大法官即令债权人占有并拍卖被继承人的遗产，从所得价金中清偿自己的债权。优帝一世时，把上述考虑期由 100 天改为九个月，适用于所有的继承人，不分直系亲属与非直系亲属。如有正当原因，继承人还可向皇帝申请，要求延长到一年。期限届满后，继承人仍未表态的，就视为接受继承，故继承人于期限内未表态即死亡的，亦以接受继承论，其直系卑亲属有代位继承权。此项改革，实与罗马法的原则不符，因罗马法的继承由要约和承诺而成立，故继承人不表示意见，应推定其为拒绝。但此项罗马法理论，不切实际，因在按序依次的继承制度里，若听任继承人以沉默代抛弃继承，则每一继承人除九个月的考虑期外，再加诉讼所费时日，每一个继承案件，动辄逾数年，不足以保护债权人的利益，故优帝的改革较为合理。上述的期限，大法官法规定按有用期间计算，至优帝时，一律改为按连续期间计算。

第二节　继承的效力

继承的效力，涉及继承人与被继承人之间的关系，继承人与被继承人的债权人之间的关系，以及共同继承人之间的关系，现分述如下。

一、继承人与被继承人的关系

依照罗马继承法，继承人要继续被继承人的人格，接替被继承人的地位。即使后来身份继承已经演变为财产继承，但这一传统观念并未消失。优帝一世第48号新敕称继承人的人格与死者的人格仅为一个。此语最足表现罗马继承法的精神。因此，原则上继承人要承受被继承人的一切法律关系。

（1）就死者遗留的财产而言，继承人接替死者的法律地位，就成为这些财产的所有人，如为市民法继承人，则取得市民法所有权，如为遗产占有人，则取得大法官法上的占有；就死者遗留的债权债务而言，继承人接替死者的法律地位，就成为这些债权的债权人和这些债务的债务人；就死者遗留的他物权而言，继承人接替死者的法律地位，就成为他物权的享有人或承担人。在上述几个方面，继承人的法律地位等同于被继承人。但是，专属于被继承人本人的权利义务，如物权中的用益权、使用权，债权中的受抚养权和抚养义务，以及因委托、合伙等享有的权利和承担的义务，因私犯而产生的权利义务等，都是专属于被继承人本人的权利义务，不因继承而移转给继承人。除此之外的权利义务，都要由继承人概括地继承下来。大法官法的遗产占有人的法律地位，在这方面，实际上与市民法上的遗产继承人是等同的。

（2）继承与被继承人之间互相有债权债务关系或他物权时，就因双方人格的合一而混同，原有的债权债务关系或他物权即不复存在，但债权如作为第三人的担保的，则为了维护质权人等的利益而不消灭。如果有几个同时继承的继承人，只混同有债权债务关系的继承人的应继份额，其余不混同的部分，由其他继承人按应继份额分配（被继承人是债权人时）或分担（被继承人是债务人时）。被继承人与继承人相互享有的他物权，也因混同而消灭。

（3）继承人须祭奉被继承人的家祀，充当遗嘱执行人，履行被继承人的遗赠和遗产信托等。

二、继承人与被继承人之债权人的关系

罗马的继承原则上是概括继承，继承人是继承被继承人的全部权利和义务。如果死者的资产不足抵偿死者的债务时，继承人须以自己的财产补偿之，①这是因为继承人继承死者的人格，此与收养不同，而且，继承人接受继承之后，继承人和被继承人的财产就混为一体了。本来，被继承人的债权人是以被继承人的财产作为自己债权的担保的，而继承人的债权人则是以继承人的财产作为自己债权担保的。因此，当继承人的财产和被继承人的财产混为一体之后，此一混合财产就成了双方债权人的共同担保了，双方债权人对这一混合财产享有同等的权利，都只能就混合后的财产而受清偿。在被继承人的资产不足抵偿负债，而继承人的财产较多；或者被继承人有巨额财产，而继承人的负债大大超过资产的情况下，就有可能或者损及继承人及其债权人的利益，或者损及被继承人的债权人的利益。大法官法为了防止可能出现上述不公正的现象，采取了下列补救办法：

① 此为公元前3世纪以后的法律制度，在这以前，债的关系视为当事人间的人身关系，因当事人一方的死亡而消灭。

（一）对被继承人的债权人的保护

如果被继承人的财产较多，而继承人的财产状况不佳，为防止因被继承人的财产和继承人的财产相混同，致使被继承人的债权人遭受损失，大法官法规定，被继承人的债权人可以申请“财产分别”（separatio bonorum），使两部分财产分别保持独立，不混同一起，即所谓“财产分别利益”。其条件是：

（1）须继承人确实没有支付能力，或者支付能力较差，足以使被继承人的债权人有不获全部清偿之虞的。

（2）须被继承人的债权人没有承认继承人是他自己的债务人。假若被继承人的债权人已经承认继承人是自己的债务人，不论明示或默示都不能反悔。例如，被继承人的债权人已经接受了继承人的部分清偿，或者已经同意继承人延期偿还或提供的担保，就表明他已经承认继承人是自己的债务人，因而就不能再提出“财产分别”的请求。

（3）须被继承人和继承人双方的财产尚可以区分开来的，亦即有“财产分别”的实际可能。就不动产而言，此点比较容易做到。而在动产，特别是金银，就不容易区别哪些是继承人的，哪些是被继承人的。因此，如果因为被继承人的债权人没有及时请求“财产分别”，致使继承人已经把被继承人遗留的不动产变卖为金钱，或者把动产中的种类物与自己的同类物混同，事实上已经不能识别了，在这种情况下，被继承人的债权人就不得享受“财产分别”利益。

（4）须在继承人接受继承后5年内提出申请。如果继承人接受被继承人的遗产已经超过5年，由于时间较长，双方的财产通常已经混杂在一起，不能够识别了；或者已经处理，变成金钱货币；或者已经毁损灭失,等等,因而在事实上已经不能够将被继承人的财产和继承人的财产分别开来。在这种情况下,被继承人的债权人就不得提起"财产分别"的请求。

"财产分别"的效力,即在假设死者仍然生存,使其债权人得就其财产而受清偿,以免与继承人的债权人共同分摊而遭受损失。如果债权人中仅部分人请求"财产分别",其效力仅限于请求者。清偿后多余的财产仍归继承人所有,继承人的债权人也可就此而受清偿。但若死者的债权人估计错误,或因物价变动,未获全部清偿,而继承人则因接受赠予、遗赠或经商盈利等原因而成为巨富,则他们是否可以再向继承人追索未受清偿的部分?五大法学家对此意见不一。帕披尼亚努斯从传统观点出发,主肯定说,认为继承人在原则上既有清偿被继承人债务的义务,而"财产分别"的目的又在于保护被继承人的债权人的利益而设,并不是相反;且继承人的债权人既可分享"财产分别"后死者的多余财产,则被继承人的债权人亦当可以享受继承人清偿债务后剩余财产。但乌尔披亚努斯和保路斯则不同意他们老师的意见,主张死者的债权人既然请求"财产分别",就已经拒绝承认该继承人是他们的债务人,自不应在就被继承人的财产清偿后再向非债务人的继承人追索。后说终为后世所采。

（二）对继承人的保护

按照市民法的规定,被继承人的当然继承人和必然继承人,不得拒绝继承被继承人的遗产。就是说,当被继承人的遗产中资产不足抵偿负债时,继承人依法有承担偿还被继承人所欠债务的义务。这显然是损害继承人及其债权人之利益,片面保护被继承人之债权人的不公正的做法。为此,帝政以后,大法官和皇帝对不同的继承人分别采取了一些保护措施。

1．“不参与遗产权”(jus abstinendi)

这是大法官法用来保护当然继承人利益的办法。按照这种办法，被继承人的当然继承人可以不参加处理被继承人的遗产，同意由被继承人的债权人自行用被继承人的名义出卖被继承人的遗产，而这些当然继承人则可保有自己的特有产。如果被继承人的债权人从出卖被继承人遗产的所得中受偿有余，剩余部分仍归继承人继承；如果不足受偿时，则由被继承人承受破产的羞耻，而继承人则不承担补足缺额的义务。这样，当然继承人对于被继承人的债务，实际上只负限定清偿的义务。享有“不参与遗产权”的继承人并不需向官厅提出申请，也不需要具备什么条件，只要不参加处理遗产即可。但债权人为了确定当然继承人的态度，可按对“任意继承人”的办法迫使当然继承人在法庭上表态，后者应在法定考虑期内决定是否愿意让债权人自行出卖死者的遗产。但“不参与遗产权”与抛弃或拒绝继承不同，因为当然继承人仍保留继承人的资格，故遗嘱不因之失效。继承人在3年之内有权改变自己“不参与继承”的主张，在遗产没有被出卖前偿还被继承人的债务，收回被继承人的遗产。如果当然继承人是未适婚人，即使已经参与继承，大法官仍然允许他享受“不参与遗产权”。

2．“财产分别”

这是大法官法对必然继承人的保护办法。大法官法在准许被继承人的债权人申请“财产分别”之后，也准许被立为继承人的被解放的奴隶享有这种权利。当奴隶被主人立为继承人时，他是不能拒绝继承的，但他不像当然继承人那样享有“不参与遗产权”，然而他可以就资产不足抵偿负债的“有损遗产”(damnosa herititas)申请以自己的名义出卖被继承人的遗产，并且在所得价款范围内清偿被继承人的债务。如果所得款额不足清偿被继承人的债务时，不需承担补足差额的责任，但是，他仍然要承担“丧廉耻宣告”的人身后果。

3. “回复原状”请求权

这原先是大法官法保护未成年的任意继承人利益的一种办法。大法官法对一般任意继承人，最初并没有像对当然继承人和必然继承人那样，采取特别的保护措施。因为任意继承人对于是否继承被继承人的遗产，是可以选择的，既可以接受继承，也可以拒绝继承，因而没有特别加以保护的必要。但是，在简单商品经济有了较大的发展之后，被继承人遗产的内容便复杂起来，有的被继承人的遗产很多，且散处各地；有的在外经商、航海，常年不能回家等等。此时，被继承人的遗产中究竟有多少资产，多少负债，继承人一时难以弄清，因而就可能出现下面的情况：被继承人在罗马的遗产状况很好，资产大大超过负债，但在外地，则负债甚多，继承人因不掌握全面情况而接受了继承；反之，被继承人的遗产状况实际很好，资产大大超过负债，而继承人误认为资产少于负债，因而拒绝继承。如果继承人尚未成年，更易发生此类错误。在上述两种情况下，继承人的利益都会受到重大损失。大法官法考虑到这些实际情况，为了保护未成年任意继承人的利益，便允许他们在抛弃或接受继承之后的一年之内，提起“回复原状之诉”（restitutio in integrum）予以补救，其效果等于他没有接受继承或者抛弃继承。哈德里亚努斯帝时，这种保护办法扩大适用于已成年的任意继承人。

4. “财产清册利益”(beneficium inventarii)

优帝一世于公元531年规定,凡是已经接受继承的继承人,有权仅就所继承的财产偿还被继承人所欠的债务,不足部分,继承人不负责清偿。这是在法律上明文规定了的“限定继承”制度。按照优帝时的这一规定,享受“财产清册利益”必须符合以下条件:继承人须于继承开始后两个月内造具被继承人的遗产清册,该遗产清册须有地方议会秘书(tabularius)①及见证人在场证明,经继承人签字并宣誓没有伪造或隐匿情事。继承人清偿被继承人债务的办法,按罗马习惯是先到先付,产尽为止。

值得注意的是,罗马法对继承人的债权人没有制定专门的保护办法,这是因为,第一,保护了作为债务人的继承人,也就间接地保护了继承人的债权人。继承人对于被继承人遗产状况的好坏,有切身的利益,如果被继承人的遗产状况不佳,资产不足抵债,他必然会请求“不参与遗产权”,或者援用“财产清册利益”,使自己的利益得到保护。其结果,继承人的债权人的权益也就获得保障。第二、债务人有增加自己债务的权利。如果作为继承人的债务人愿意承担被继承人的债务,其他人无权干涉。但继承人有欺诈时,债权人自可提起欺诈之诉,以撤销损害其利益的行为。

三、共同继承人之间的关系

同时参加继承的有数人时,即发生共同继承的问题。共同继承人之间的关系,涉及以下几个方面。

① 地方议会秘书是罗马官员,负责登记撰写被监护人、被继承人和盲人的遗嘱等。

（一）遗产的分割

古罗马建国初期，继承并不发生遗产分割的问题，因为当时生产力还很低，消费后并无多少积余，家长死亡，家属仍继续聚居，共同生活。《十二表法》时，农村公社的大家庭制度已逐渐解体，故该法已经有了遗产分割的规定。继承的时候，各继承人原则上就各自的应继份，为被继承人遗产的所有人，为被继承人债权的债权人，或为被继承人债务的债务人。在分割遗产的时候，如果被继承人的遗产是可分物，则由各继承人按其应继份进行分配；如果被继承人的遗产是不可分物，则由各继承人共同所有，但他们仍有权随时通过协议、仲裁或裁判分割之。

（二）参加分割的遗产

按照市民法的规定，各继承人所分割的遗产，以被继承人死亡时所有的财产为准。但按照大法官法的规定，已解放和已出嫁的直系卑亲属，和仍处在家长权下的子女等一样享有对其父系血亲尊亲属的继承权，但前者的劳动所得，或者得到的赠予、遗赠以及嫁奁归他们自己所有，而仍在家长权下的子女等，他们的劳动所得和接受的赠予、遗赠等，都要放在家里归家长所有或用益。于是产生了不公平的现象。大法官法为了补救此项缺陷，便创设一种“财产加入”（collatio bonorum），简称“加入”（collatio）[①]制度，一方面允许脱离家长权的子女等回到生父家继承其父的遗产，另一方面则要求他们将在脱离家长权期间的劳动所得或接受的赠予、继承的遗产等，加入其父的遗产中去，与其他继承人共同分配。可见，“加入”制度的实质，是将所有直系晚辈血亲的财产都计入遗产的范围

① 国内学者有的译“扣还”，有的译作“归入”或“返还”。

之内，让全体继承人在平等的条件下分配遗产。这项“加入”制度共有下列三种：

1．被解放者财产的“加入”(collatio bonorum emancipati)

当被解放的子女回来与当然继承人共同继承家长的遗产时，须将他们在解放期间所得到的财产加入到家长的遗产中去，构成家长遗产的组成部分。但被解放者财产的“加入”，要符合下列四个条件：

(1) 仅对继承原家长的遗产始有“加入”的义务。因为，被解放者如果不被解放，他的所得，就要归家长所有。所以，当他继承其他人的遗产时，便无须“加入”。

(2) 仅在家长未立遗嘱指定被解放者为继承人，或者所立遗嘱失效，而被解放者申请遗产占有时，才需要“加入”。如果被解放者不申请继承，则与当然继承人不发生共同继承关系，自不发生“加入”问题，如果家长立有遗嘱，指定被解放者为继承人或给予遗赠，则被解放者是按照遗嘱来接受家长的遗产，此与第三者继承遗产一样，其他共同继承人即无权要求被解放者为财产的“加入”。

(3) 须因被解放者参加继承而蒙受损失的共同继承人才有权要求“加入”。由于被解放者参加继承，使其他共同继承人减少了继承份额，被解放者才需要加入，以保持公平。故被解放者参加继承而不受损失的其他共同继承人无权要求“加入”。例如，被继承人甲有遗产 120000 阿司，有儿子 A、B 两人，A 已先于甲死亡，留下孙子女 C、D，而 D 已被解放。这样，当甲死亡时，如果 D 不参与继承，甲的遗产就由 B 和 C 平均继承(C 代位 A 继承)，各得 60000 阿司。在这种情况下，D 因不参与继承，无须“加入”。D 若参加继承，他只能与 C 共同分割 A 的应继份 60000 阿司，这样就使 C 的继承数额减少，利益受到损失。依照大法官法的规定，D就需要把他在解放期间所得的财产（假定20000阿司）加入到A的应继份额里，合为80000阿司，然后由C、D平均分配各得40000阿司。而D是否参加继承，并不影响B的继承利益，因此，B无权要求D为财产的加入，D加入的20000阿司财产，B不能参加分割。

（4）“加入”仅限于假定不被解放就应当归家长所有的那一部分财产。如果被解放者所得到的财产，即使在他未被解放的情况下，也依法不归家长所有，而归他自己所有的，就不需要“加入”。最初，被解放者须将其在原家长死亡时自己所有的财产全部加入，才能参加继承。自特有产制产生以后，被解放者的军役特有产、准军役特有产等等，在他被解放之后，所有权即属于他本人，纵使不被解放，处在家长权下，所有权亦属于他，故这类财产无须“加入”。至于外来特有产，家长对它原仅享有用益权，因此，应加入的只限于对它用益后可能所有的积余罢了。

关于“加入”的方法，按罗马习惯，既不用扣除主义，不从应继份中减去应加入之数，又不采现物返还主义，不把应加入的财产如实地并入遗产，而是由被解放者与当然继承人以要式口约议定按比例分配其私有财产，另由保证人担保之。随着特有产制度的盛行，“加入”制度逐渐失去其重要性，最后被优帝一世所废止。

2．嫁奁的“加入”（collatio dotis）

被解放者的“加入”一般多适用于男性。至于女性，罗马法规定家长有为她们设立嫁奁的义务。女子如果缔结了有夫权婚姻，即成为丈夫家的宗亲，而与父亲脱离了宗亲关系，依市民法，她就丧失了对生父家族财产的继承权。为女子设立嫁奁，正是为了补偿她对生父遗产继承权的损失。大法官法规定，继承以血亲为基础，因而已取得嫁奁的女儿对原家长仍有继承权，这就等于继承了双份财产，显然有失公平。所以大法官法规定，已经接受了嫁奁的女儿，如果要回来继承家长的遗产，必须把嫁奁加入家长的遗产中去，作为家长遗产的一部分，和当然继承人一起共同分配。

嫁奁的“加入”和被解放者的“加入”，其条件是一样的，即仅对家长的遗产始有“加入”的义务，假如她是继承外祖父母的遗产，即使外祖父母过去也曾给她设立过嫁资，她此时也不必进行嫁奁“加入”；只有在家长未立其为继承人，或者所立遗嘱失效，而她又申请遗产占有的；因接受嫁奁者参加继承而使共同继承人蒙受损失的，才进行嫁奁“加入”。起初仅限于当然继承人才有权请求嫁奁的“加入”的。公元 239 年，哥尔地亚努斯三世（Gordianus Ⅲ，公元 238—244 年在位）规定，其他被解放的兄弟姐妹，也有分享的权利。嫁奁的“加入”当然仅限于嫁奁。但于此应注意的：其一，依市民法，嫁奁乃为对夫的赠予，其所有权属于夫，原来不发生“加入”的问题。但自“约还嫁奁”风行后，夫对嫁奁负有返还的义务，他就不再是完全的所有人了。其二，自女子对“外来嫁奁”作为特有产后，此项财产不再在“加入”之内。

3．卑亲属财产的“加入”（collatio descendentium）

莱奥一世（Leo I，公元 457—474 年在位）于公元 472 年设立了这一“加入”制度，其目的在于进一步维持共同继承人应继份的平衡。须加入财产的范围不限于来自家长的财产，也不限于被解放子女的财产和嫁奁。凡继承尊亲属遗产的，该尊亲属过去对该卑亲属的赠予、设立的嫁奁、婚娶赠予、为了捐官的赠予等，都需要加入到尊亲属的遗产中去共同分配。此项制度的根据是尊亲属对卑亲属有同等的慈爱，其情感是一样深的，因而在继承时应当一视同仁，平均分配，尊亲属过去对某卑亲属的赠予或设立的嫁奁等等，视为该卑亲属预先提取了自己的应继份，所以现在继承被继承人的遗产时，应当将预先取得的那部分财产加入到遗产中，以示公平。故此项制度刚创建初期，只适用于法定继承，不适用于遗嘱继承。到优帝一世时，第 16 号新敕规定，卑亲属的“加入”也同样适用遗嘱继承。但尊亲属在遗产中有相反规定的，则其过去赠予给某亲属的财产，不需要“加入”。关于遗产分配的方法，优帝时已通行扣除和实物返还的办法。

第三节 继承权的保护

继承人继承被继承人的人格，因此除了某些专属于被继承人的权利之外，继承人可以继承被继承人的所有权利。如被继承人为某物的所有人，继承人对该物即享有对物诉权，受“物件返还诉”(rei vindicatio)和“禁止侵害所有权诉”(actio prohibitoria)的保护；如被继承人为某人的债权人，则继承人即享有对人诉权(actio in personam)，可对债务人提起各种请求清偿的诉权。但是，行使被继承人的诉权，须以继承权的确定为前提。如果继承人的继承权尚有争议，则遗产受到侵害，继承人便不能以被继承人原有的诉权保护自己的利益。为此，罗马法为了充分保护继承人的利益，另给继承人创设了几种诉权。

一、继承诉(hereditatis petitio)

继承诉是市民法上的诉讼，是保护市民法继承人的诉权。依照继承诉，继承人可以申请确认他是被继承人的合法继承人；也可以要求占有被继承人的全部遗产，或者占有遗产中某项特定的财物；还可以请求保全被继承人的债权、他物权、损害赔偿请求权等等。总之，被继承人所有的对人权、对物权，继承人都可以请求法院予以保护。所以，继承诉是一种混合诉(actio mixta)，它是混合几种诉权于一体的一种诉权。

1. 继承人提起继承诉的条件有二

(1) 起诉的人必须是市民法的继承人，因为继承诉是市民法上的一种诉讼，只有市民法的继承人才有资格提起这种诉讼。

(2) 继承人没有占有遗产，或者不能行使其权利，如遗产被他人占有，或者被继承人的他物权被否认，债务人拒绝履行债务等。

2. 继承人可对下列诸人起诉

(1) 自称继承人而占有被继承人遗产者(possessor pro herede)。若被告自称为该物的购买人(pro emptor)，则继承人应以所有人的资格提起“物件返还诉”。

(2) 普通占有人(possessor pro possessio)。即并无其他名义而占有遗产的人。当然，继承人对之可以提起“物件返还诉”，但要证明所有人的资格是比较复杂的问题，故以提起“继承诉”较为便利。

(3) 假占有人(fictus possessor)。即非实际占有人而伪装成占有人的人。

(4) 被继承人的债务人和供役地人等。

在诉讼中，原告应证明其合法继承人的资格及讼争物和权利确为遗产的一部分。

3. 继承诉的效力

如果原告人胜诉，被告人就应当返还原物，停止侵害，确认他物权或债务，返还孳息，赔偿损失。

（1）帝政初期，仍通行继承人时效制度，自称为继承人的被告，被视为财产管理人，但须返还原物和因管理遗产所得的利益，并对不正当的处理所造成的损失负赔偿之责。哈德里亚努斯帝后，继承人时效已被废除。公元129年"优温体亚努姆元老院决议"（Senatus Consultum Juventianum），将上述占有遗产的被告的责任，因善意或恶意而作不同的处理。占有人如果是善意的，只需返还"证讼期"时所实际存在的遗产，对因管理不善所造成的损失不负责任。若遗产已为占有人所变卖，善意的占有人仅需返还实收的价金。至于原告是否可向买受人提起"物件返还诉"，从理论上讲，被告既非遗产的所有人，自然无权出卖遗产中的物件，原告当然可以起诉追回。但优帝《学说汇编》则认为，若允许继承人起诉追回，则因出卖人对出卖物负不被他人追夺的担保责任，结果致善意占有人返还价金外，尚需赔偿买受人的损失，同时也影响了交易的安全，故规定继承人不得起诉收回原物。至于孳息，善意占有人只负责返还尚未消费的（现存的）孳息，已经消费的孳息，则免予返还。同时善意占有人还可以向原告请求因保管遗产所支付的一切费用，包括必需费用、有益费用和奢侈费用。

（2）如果占有人是恶意的，由于他不善管理致使遗产毁损灭失的，要承担完全的责任，赔偿原告人的损失。但是，由于意外事件发生的损失，可以免予负责。恶意占有人如果已将遗产中的某项财产变卖，应当按照该项财产的实际价值返还，而不是按照实收价值赔偿，如售价低于实价，应补足其差额。至于返还孳息的数量，对恶意占有人，不是按照实收的孳息计算，而是按照应收的孳息计算，因此，由于他的疏忽应收而未能收取的孳息，也应负责赔偿。恶意占有人如在管理遗产中支出了费用，对于其中的必须费用，他可以请求偿还；对于有益费用，只限于此项费用增加了遗产价值的那一部分，他可以请求偿还，而不是按他实际支付的有益费用的数额偿还；对于奢侈费用，则无权要求补偿。但以后依照优帝时法律的规定，恶意的被告人享有拆除权（jus tollendi），可以把奢侈费用所添附的物件拆除收回，但以不损害原物为限。

二、遗产占有的诉权

遗产占有的诉权是大法官法的诉权。大法官仅授予他们所保护的继承人以遗产的占有，并须在“继承人时效”完成之后才能取得市民法所有权。因此，在时效未完成前，大法官法继承人不能援引市民法的“继承诉”，就缺乏保护其利益的手段。于是大法官创设了下列保护措施。

1．“遗产占有令状”（interdictum quorum bonorum）

它是“占有取得令状”的一种，凡大法官法继承人均可援用。它仅适用于有体物，对债权和他物权等则不能适用，且被告自称为继承人的占有人、普通占有人或假占有人的也不能适用。

2．“遗赠占有令状”（interdictum quorum legatorum）

如果占有人自称为受遗赠人，则遗产占有令状就不能适用。故大法官乃另创“遗赠占有令状”以补充其不足，这样，凡占有人主张其占有之物为遗赠物时，大法官法继承人即可向大法官申请颁发本令状，以维护其利益，但也仅限于有体物。

3．“拟制诉权”（actiones ficliae）或“准诉权”（actiones utiles）

市民法的继承人得依法行使被继承人所有的权利，大法官法继承人则在被告的资格和遗产的内容方面均受到限制，如占有人以其他名义或侵害的是债权、他物权等，则上述两令状仍不能保护"遗产占有人"的利益。大法官于是拟制其为市民法继承人，准其行使与正式继承人所拥有的相类似的诉权，对遗产中的债权，准其起诉追偿，并可以主张遗产中的他物权。同时，被继承人的债权人，也可以对"遗产占有人"提起准诉权，将其视作正式继承人而要求其清偿债务。

4．"遗产占有诉"（petitio hereditatis possessoria）

帝政后期，对遗产占有人的保护又作了进一步的改革，创设了"遗产占有诉"以保护之。提起此诉的条件，适用的范围及实际的效力，与"继承诉"一样。所不同的仅在原告的资格上，一为大法官法的继承人，一为市民法的继承人，但前者的权利并不亚于后者，于是原来暂时的"没有完全效力的遗产占有"（bonorum possessio sine re）便成为"有完全效力的遗产占有"（bonorum possessio cum re），以至可以对抗正式继承人。

市民法与大法官法的区别在公元2、3世纪即逐渐泯灭，唯关于"遗产占有诉"到优帝一世时仍然存在。因其取证较易而程序简便，有利于迅速解决问题。

第五章　继承的拒绝

前面已经谈到,在罗马法,当然继承人和必然继承人都无权拒绝继承。因此,所谓继承的拒绝,只限于对任意继承人而言,只有对于他们,继承才纯粹是一种权利,继承人既可以接受,也可以抛弃。

第一节　拒绝继承的方式

关于拒绝继承的方式,罗马法并没有什么规定,因此可以明示,也可以默示。对于拒绝继承的时间,最初也没有限制。但这种在方式、时间都没有规定的做法,必然会损害其他继承人、受遗赠人、被继承人的债权人等的利益,使他们不能及时行使权利。所以,后来大法官法规定,在规定的接受继承期间内未表态的,或者继承人经被继承人的债权人质询之后,仍未在法定的考虑期间100天内表示承认继承的,即视为拒绝继承。优帝一世时改为继承人在满九个月考虑期内未表态的,视为承认继承,此后不得再拒绝继承。

另外,依古代法,继承人如果不愿意接受继承时,还可以采用

“拟诉弃权”的方式，将继承权移转给愿意接受继承的第三人，以达到拒绝继承的目的。其办法是由愿意接受继承的第三人，向继承人提起“继承诉”，继承人则佯为败诉，由大法官将遗产判归第三人继承，此即“关于继承的拟诉弃权”（cessio in jure hereditatis）。

法学昌明时期，对于采用拟诉弃权的办法抛弃继承权，是否适用于当然继承人，罗马的两大法学派曾有争执。普罗库路斯派主张，这种做法不仅适用于任意继承人，也适用于当然继承人。其理由是，继承既然作为一种权利，当事人一方面愿意转让，另一方面愿意接受，法律就不应加以限制，这个原则对于当然继承人也不应例外。萨比努斯派则反对这种主张，他们认为，当然继承人要继承被继承人的家祀和人格，所以无权拒绝继承，因此，也就无权把他的继承人的资格转让给第三人。由于拟诉弃权的办法在帝政后期就已废止，故这个问题已不再存在，这样优帝一世时的法律对此未予涉及。

第二节　拒绝继承的效力

拒绝继承的效力，有以下三种情况：

1. 遗嘱继承中，如果没有补充继承人，而全体继承人都拒绝继承的，则法定继承开始。

其开始的时期，以最后一个遗嘱继承人表示拒绝继承的时间为准，由当时还活着的并有继承能力的最近亲等的亲属来继承。依照古代法，假如亲等最近的族亲拒绝继承，次亲等的族亲并无递补之权。其后大法官法才改为由次亲等的族亲按顺序继承。在公元6世纪40年代,已纯粹以血亲作为继承的基础,这完全不同于过去以宗亲为基础的继承。如果全体法定继承人都拒绝继承时,依古代法,被继承人的遗产便成为无主物,任何人都可依先占原则来占有,经一年后而享有所有权。但事实上,利害关系人(尤其是被继承人的债权人)会首先来占有。以后,大法官法规定,在无人继承的情况下,允许被继承人的债权人出卖被继承人的遗产,使自己的债权受到清偿。但债权人应当首先向官厅提出申请,获得批准后,才能占有和变卖被继承人的遗产。帝政初,奥古斯都为了解决国家财政的困难,颁布的《优利亚法》和《帕披亚·波拜亚法》将无人继承的遗产收归国库所有,但国库须代偿死者的债务,执行遗嘱,至产尽为止。国库也有拒绝接受的权利,任利害关系人自行处理。卡拉卡拉帝时,对无人继承的遗产改归皇帝私库所有。马尔库斯·奥勒利乌斯帝为了被遗嘱解放的奴隶的利益,允许他们占有无人继承的遗产而清偿死者的债务。

2. 继承人有数人,其中有的拒绝继承,有的没有继承能力,而又都没有补充继承人,则其余承认继承的人即享有"增加权"(jus adcrescendi)。

因按市民法的原则,继承人代替被继承人的地位,继承其人格,所以,各继承人均有继承全部遗产的权利,只是由于共同继承人的参加,各继承人的权利为其他共同继承人所限制。另外,罗马法规定继承人不得为部分的继承而拒绝其余部分,故一共同继承人不为继承时,则其他共同继承人的应继份即因而扩大。依罗马法理论,所谓权利的增加,实乃权利的未减少。"增加权"的效力如下:

(1) 拒绝继承或者无继承能力的继承人的应继份,由同一顺序中承认继承的继承人按其应继份的比例来分配。

（2）增加权是强制性的。凡已承认继承的，即须接受增加，不论其是否愿意；同时已参加继承的，其继承部分的扩张溯及接受继承时，亦即视为其接受，即已取得此增加权，此为全部继承的当然结果，故不因其日后丧失继承能力或缺乏接受继承要件而受影响。又如一奴隶和一市民同时被立为继承人，该奴隶愿意接受继承，但数日后，该奴隶被其主人出卖给第三者，或被解放，如果此后市民拒绝继承，则仍按奴隶所得尽属主人的原则，由于增加权而得的那部分遗产归旧主人所有，而不为新主人或解放自由人所得。

（3）增加权只增加权利，而不增加负担。例如，遗嘱人在遗嘱中指定继承人从遗产中遗赠一部分财产给某团体或个人，还指定继承人解放一些奴隶，这样继承人在接受继承时，就要接受执行遗赠和解放奴隶的义务。如果有的继承人拒绝继承，他的应继份由其他共同继承人分享，但分享者无须履行其增加部分所负担的遗赠和解放奴隶的义务。因负担纯为继承人对被继承人个人的义务，而增加权利为恢复其原有的权利，并非继承未继承者的应继份。但是，增加权利，不增加义务，显然不符合死者的原意，也有失公平，所以，到公元 530 年，优帝一世规定，享有增加权的继承人既然分享了拒绝继承的人所应当继承的权利，也要分担拒绝继承的人所承担的负担。

（4）增加权只有共同继承人中那些因拒绝继承的人如果不拒绝继承就会减少其应继份的人才能享受。例如，被继承人有甲、乙、丙三个儿子，被继承人在遗嘱中指定丙继承 6 个恩西亚，甲、乙各继承 3 个恩西亚。甲已先于被继承人死亡，留下 A、B、C 三个子女，因此，甲应当继承的三个恩西亚应留由 A、B、C 三人共同代位继承，然后平均分配，每人 1 个恩西亚。如果 A 拒绝继承，他的 1 个恩西亚应当由 B、C 两人来分享，最终 B、C 每人各继承 1.5 个恩西亚。对于乙、丙，A 是否拒绝继承，都不影响他们的应继份。所以，那些拒绝继承的人，或者无论是否拒绝，其应继份都不会受到影响的那些继承人，均不能享受增加权。

3. 继承人中一部分或者全体拒绝继承，但都有补充继承人的，就由补充继承人补充继承，不再发生增加权的问题。

但是，依照罗马人的习惯，遗嘱人通常都是指定他的继承人互为补充继承人（substitutio invicem）。例如，遗嘱人甲指定 A、B、C 为继承人，同时又指定他们三人互为补充继承人，如果三人中有一人拒绝继承或者不能继承（丧失继承能力）时，由其余二人做补充继承人；如果三人中有两人拒绝继承或不能继承，由剩下的一人为补充继承人。于此有一问题，即：既然法律已设有"增加权"的制度，则遗嘱人再指定其继承人互为补充继承人，是否显得多余而不必要？实则不然。因为，在相互补充继承中，已承认继承的共同继承人在其他继承人拒绝继承时，必须依然生存，并有继承能力，可以接受继承。而"增加权"则不是如此。后来，《帕披亚 · 波拜亚法》对享受增加权人的资格又严加限制，如独身和结婚无子女的不得享有"增加权"。而如果采用相互补充继承的方法，即可避免上述限制。

补充继承人除必然继承人外，对补充继承，既可以接受，也可以拒绝。如果是由当然继承人互为补充继承人时，他们对各自的应继份，不得拒绝继承，但对于补充继承，仍然是既可以接受，也可以拒绝。但如果接受，则须执行所附加的负担。

第六章　遗赠(legatum)

罗马法学家关于遗赠的定义,不一其说。有的称遗赠是遗嘱人于继承人的应继份中提取某物品赠予他人的行为;有的说遗赠是用遗嘱而为的赠予。优帝《法学纲要》则称遗赠是死者遗留下来的赠予(legatum itaque est donatio quaedam a defumto relicta)。综合罗马法学家关于遗赠的定义,可见罗马法上的遗赠,是指遗赠人以遗嘱对继承人以外第三人所作的赠予,而使继承人负执行义务的行为。遗赠仅以遗产赠送于非继承人为目的,而不使受遗赠人继续其人格,绵延其家祀,负担其债务。故受遗赠人与继承人是不同的。

第一节　遗赠的要素

遗赠的要素有三项,即当事人、方式和标的。

一、遗赠的当事人

在遗赠中,至少有三方当事人:

1. 遗赠人(legator),也就是遗嘱人或被继承人

遗赠人应当具有遗嘱能力,即具有以遗嘱方式处分自已财产的能力。这种能力不仅在立遗嘱时要具备,且须在他死亡之前,没有因法定的原因而丧失。如果他在死亡之前已经被剥夺了遗嘱能力,或者发生了人格变更等情况,他所立的遗嘱就丧失了效力,因而其在遗嘱中所作的遗赠也就归于无效。但被俘而逃回罗马的,按"复境权"处理。

2. 遗赠负担人(oneratus),通常即继承人,所以遗赠负担人必须是遗嘱中所指定的继承人

当继承人有数人时,遗嘱人可以任意规定各继承人的负担额,他可以指定其中的一人负担遗赠的义务,也可以指定其中的数人或全体负担遗赠的义务,无指定时,则按应继份比例分担遗赠的义务。到优帝一世时,遗赠予遗产信托的区别已废,遗赠负担人也就不再限于继承人,凡从被继承人的遗产中无偿获得财产利益的人,都可以作为遗赠负担人,如指定继承人和法定继承人中其所继份在特留份以上的,以及受遗赠人和遗产信托人。

3. 受遗赠人(honoratus),也就是接受遗赠,获得遗赠利益的人

其条件是在遗赠人遗赠时(即立遗嘱时)和受遗赠人取得遗赠权利时,受遗赠人都必须具有遗产受领权。受遗赠人,可以是一个人,也可以是几个人。遗赠可以先遗赠给某人,在某人拒绝受领时,由另一个受领等。如果遗赠人将一项财产遗赠给几个受遗赠人时,受遗赠人可共有该项财产。受遗赠人可以是自然人,也可以是慈善团体等组织。

遗赠虽然是用遗嘱的方式赠予的,但遗嘱和遗赠却是两项不同的制度。在罗马法上,遗嘱的目的主要在于指定继承人,以便继

承遗嘱人的人格;而遗赠的目的,仅在于将遗产赠送他人,与遗赠人的人格无关。

二、遗赠的方式

罗马法的遗赠方式,可分共和国时期的遗赠方式和帝政时期的遗赠方式。

1. 共和国时期的遗赠方式及其演变

关于遗赠方式,市民法规定了三条规则:

(1) 遗赠须在遗嘱中为之。故不用遗嘱进行的遗赠,不发生遗赠的效力。遗嘱作成之后,遗嘱人如果想要把某项遗产赠送他人,必须另立遗嘱。由于遗嘱是要式行为,方式庄严烦琐,很不方便,于是,到了共和国末叶,出现了"遗嘱补正书"(codicilli)或称补充遗嘱,即遗嘱人命其继承人将某项财产交给受遗赠人。但这是非正式的遗嘱,并无法律上的拘束力,继承人仅负道德上的责任。奥古斯都始予以其法定的效力。帝政初期,"遗嘱补正书"纯属私人书契,并无一定的要求,易生争端。至君士坦丁一世时始规定须有证人证明。特奥多西乌斯二世正式确定其方式,口头的须有5个证人证明,用书面的,其证人只要签名而不必盖章即可,但正式遗嘱的条件不变,仍须使用原有的方式才能发生遗赠的效力。"遗嘱补正书"是指定继承人以外的最后意思表示,故不仅不能作为继承人的指定,且不能涉及有关继承人的事项,如继承人的废除和补充继承人等。

(2) 遗赠须记载于设定的继承人之后。因为遗赠是继承人的一项负担,所以必须先指定继承人,然后才能附加继承人负担遗赠的义务，否则无效。但后来法律承认在指定继承人之前可以追认过去已经作成的“遗嘱补正书”。到了优帝一世时，则位置的先后已不影响遗赠的效力。

（3）遗赠须用特定的格式和语言，即须用直接命令式进行遗赠。文字的使用，最初限为拉丁语。至5世纪时，承认希腊文与拉丁文具有同等效力。

市民法上所规定的上述几项规则，随着罗马社会的发展，法律的进步，逐渐放宽了限制，有的进而被废止。

帝政时，“遗嘱补正书”有遗嘱继承和法定继承两种。

遗嘱继承补正书又有认定与未认定之分，前者指曾为遗嘱所提及的，后者则否。一是订立在遗嘱之前，一是订立在遗嘱之后。在优帝一世之前，未认定的遗嘱继承补正书仅能用作遗产信托，而不能用于遗赠，优帝时取消其区别。遗嘱补正书为遗嘱的附件，故遗嘱无效时，遗嘱补正书也因之无效。

法定继承的补正书，在优帝以前，也只能为遗产信托，但有独立的效力，非经其他补正书撤销，不失其效力。

2．帝政时期的遗赠方式

法学昌明时期，罗马通行的遗赠方式共有四种，其中有些在帝政之前就已经出现。

（1）指物遗赠（legatum per vindicationem）[①]，即遗赠人直接移转遗赠标的物的市民法所有权于受遗赠人。其方式为“我将奴隶某某给甲为遗赠”。这种遗赠发生移转所有权的效力，只要继承人

① 国内学者有的译为“对物遗赠”，有的译为“物权遗赠”，有些则译为“直接遗赠”。

承认继承,受遗赠人即可取得遗赠物的所有权,无须再由继承人将遗赠物的所有权移转给受遗赠人。因此,这种遗赠又称为“直接遗赠”。这种遗赠是一种物权关系,故依原则,该项遗赠仅能对特定的有体物为之。惟其后也扩充适用于用益权和地役权的遗赠。遗赠人在为遗赠时须为该物的市民法所有权人,如以他人之物或大法官法所有权的物为遗赠的,不生效力,且此项所有权于遗赠人死亡时仍须保有。但以消费物为遗赠的,以遗赠人于死亡时有其所有权即可。因遗赠人直接取得标的物的物权,如果继承人不履行遗赠或该物件为他人所占有时,受遗赠人应提起物件返还诉,而不是“遗嘱诉”(actio ex testamento)。

(2)嘱令遗赠(legatum per damnationem)[①],即遗赠人在遗嘱中命令其继承人,对受遗赠人为某项的给付。其方式为“我的继承人某某必须将奴隶某某的所有权移转于某某”。这种遗嘱只发生债的关系,不发生物权效力,受遗赠人仅能向继承人请求权利的移转或其他给付。在法律诉讼中,受遗赠人对继承人可以实施拘押[②]。到了程式诉讼中,受遗赠人就只能依照遗嘱向继承人请求遗赠的给付,由继承人向受遗赠人移转遗赠物的所有权或设定他物权等,而不能直接对遗赠物行使物权。当继承人没有正当理由拒绝履行遗赠时,受遗赠人只能对继承人提起“遗嘱诉”,而获得两倍于给付的金额,但不能直接对遗赠标的行使权利。

① 国内学者有的译为“宣告遗赠”,有的译为“转托遗赠”,有的译为“债权遗赠”,有些则译为“间接遗赠”。

② 对这一问题,后世注释家意见不一,也有部分学者认为受遗赠人不能施行拘押执行。

嘱令遗赠标的范围远较指物遗赠为广泛,不论是有体物或无体物,特定物或种类物,现在物或未来物,属于遗赠人、继承人、甚或第三人所有的物,或做某事的行为,或不做某事的不行为,只要是可能和合法的,都可以作嘱令遗赠的标的。

(3) 容许遗赠(legatum sinendi modo)①,即遗赠人令继承人允许受遗赠人取走遗赠标的物。其方式为"我的继承人某某必须任甲取走奴隶某某"。这是嘱令遗赠的一种,亦仅发生债的关系。唯其适用范围较狭,仅限于有体物,且其标的物须在遗赠人死亡时属于遗赠人所有,或者属于继承人所有。在这种遗赠上,继承人最初只负消极义务,毋须为积极行为,故又称为"消极遗赠"。例如:容许遗赠的标的物是奴隶,若是奴隶逃走,或饿死,继承人依法不负责任。到帝政中期,此项区别已行消灭,继承人对遗赠标的物也要承担移转的积极义务。

(4) 先取遗赠(legatum per praeceptionem)②,即遗赠人在遗嘱中命其共同继承人中的一人或数人在分割遗产时,先将所设定的某特定遗赠预先取走,故标的物须为遗产的一部分。其方式为"继承人甲先取走奴隶某某"。例如,遗嘱人在指定甲、乙、丙三人为继承人的同时,指定继承人甲于分割遗产时优先取得遗产中某奴隶的所有权。先取遗赠是指物遗赠中的一种,受遗赠人同时也是继承人,对遗赠物享有物权。但与指物遗赠又有差异,它不因遗嘱而直接移转所有权,须在遗产分割后才能取得。遗赠标的物仍然计算在先取遗赠人的应继份之内,受遗赠人只是比其他共同继承人

---

① 国内学者有的译作"许容遗赠",有的译作"容受遗赠"。

② 国内学者也有译作"特优遗赠"的。

优先取得这项特定遗产的所有权。如果遗赠标的物的价值超过应继份，则超过部分以遗赠论，作为对享有受遗赠人资格的继承人的特别优待。但如果继承人拒绝继承，他是否有权以受遗赠人的身份把遗赠给他的遗产优先取走呢？对此，普罗库鲁斯派主肯定说，认为受遗赠的继承人仍可取走遗赠物，因为遗赠可对非继承人为之，也可对继承人为之。而解释遗嘱主要应尊重遗嘱人的意思。遗嘱人既然明白表示了遗赠的意思，纵然受遗赠人拒绝继承，他也可以以受遗赠人的资格取得遗赠标的物。萨比努斯派则主否定说，认为拒绝继承的受遗赠人不能取得遗赠物，其理由是，先取遗赠只适用于继承人，受遗赠人只是以继承人的资格在参加分割遗产时优先取得遗赠标的物的，既然他拒绝继承，他就丧失了继承人的资格，因而也就不能参加分割遗产，无权取得遗赠标的物。哈德里亚努斯帝时，普罗库鲁斯派的意见终被采用，认为萨比努斯派的解释失之过严，而关于遗赠的事项，应当从尊重遗嘱人的意思为之。

上述四种遗赠方式，在市民法都有严格的规定，稍有出入，遗赠即因方式的瑕疵而失效。例如，遗赠以他人之物为遗赠时，就只能用嘱令遗赠，而不能用指物遗赠、容许遗赠或先取遗赠等方式才能生效。但遗赠的方式既有四种，一般人不熟悉法律，运用时极易发生错误，致遗赠无效，为此，涅罗帝（Nero，公元 54～68 年在位）时通过的“涅罗尼亚努姆元老院决议”（Senatus Consultum Neronianum）规定，凡遗赠不符合法定方式的，均可视为“嘱令遗赠”而受“遗嘱诉”的保护。于是法学家倡议指物遗赠于物权诉外，更享有对人诉的利益，而先取遗赠也同受遗嘱诉的保护。君士坦丁二世于公元 339 年，取消遗赠为要式行为的规定，但传统的遗赠方式并未因此消灭，遗赠人仍可择其一而为之。到优帝时，终于完全废除了这四种遗赠方式的区别。

三、遗赠的标的物

依罗马法的规定，凡是能够增加受遗赠人财产价值的，都能够成为遗赠的标的物。按照标的物的不同，遗赠可以分为以下七种：

1. 特定物的遗赠

即以特定物作为标的物的遗赠。遗赠人不仅可以遗赠自己所有的特定物，且可遗赠属于遗赠负担人的特定物，或者属于遗赠当事人以外的第三人的特定物，甚至属于受遗赠人的特定物。因此可分以下几种情况：

（1）遗赠标的物如为遗赠人本人所有，遗赠当然发生效力，但还有一个条件，即受遗赠人对该项标的物可以享有财产权，否则对受遗赠人并无实益。例如，罗马法规定，省长对于其辖区的土地没有财产权，因此，如果遗赠人把本人所有的本省土地遗赠给本省的省长，则该遗赠不能发生效力。如果仅遗赠负担人对该特定物无财产权，则遗赠负担人应付给受遗赠人以该物的市价，由其自行购买。

（2）遗赠的标的物如为遗赠负担人所有，以前要用嘱令遗赠和容许遗赠这两种方式才能生效，用其他的方式则无效。

（3）遗赠标的物如为遗赠当事人以外的第三人所有，则须遗赠人在遗赠时明知该特定物是第三人的。如果遗赠人并不知道该特定物是第三人的，而误以为是他自己的，或者误以为是遗赠负担人的，这就属于重大错误，遗赠就不能发生效力。对此如发生争执,应由受遗赠人负举证之责,但优帝一世时,对配偶和近亲所为之赠予,则受遗赠人可免去举证的义务。如果遗赠人明明知道他遗赠的特定物属于第三人,则遗赠负担人就应当将该特定物从第三人处购买过来,然后交给受遗赠人;如果第三人不肯出卖,遗赠负担人无法将该特定物买来时,则应将该特定物的价金交付给受遗赠人。

(4) 遗赠的标的物如果是受遗赠人自己的,这种遗赠原则上不发生效力。因为这种"遗赠"对受遗赠人毫无利益。纵使立遗嘱时这项财产属于受遗赠人,立遗嘱后受遗赠人又将这项财产变卖掉,这种遗赠仍然无效。因为遗嘱自始无效便永远无效;除非是附有条件,只需于条件成就时该物不属于受遗赠人即可。如果立遗嘱时,该特定物尚不是受遗赠人的,立遗嘱以后,受遗赠人取得了该项财产,则可分两种情况分析:如果受遗赠人是有偿取得的,遗赠负担人应当支付受遗赠人为取得该物而支付的价金;如果受遗赠人是无偿取得的,遗赠负担人就免除了执行遗赠的义务。

2. 种类物遗赠

即以种类物作为遗赠标的物的遗赠。但种类的范围不得过宽,标的须得以确定,如谷物与大米,前者即失之过宽,不得为遗赠的标的,后者则可。种类物有品种、质量等的不同,选择的权利究竟归谁?在法律昌明时期,是根据遗赠的方式来决定。如果是指物遗赠和先取遗赠,则选择权属受遗赠人,因为遗赠人与遗赠标的物发生直接的物权关系。如果是嘱令遗赠和容许遗赠,就由遗赠负担人选择。因为这两种遗赠方式,受遗赠人仅有债的关系,不能直接获取遗赠物,必须经由遗赠负担人的交付,故适用选择权属于债务人的原则。到优帝一世时,遗赠方式已归统一,因此原则上由受遗赠人来选择,因他是遗赠所欲优惠之人。但是,受遗赠人在选择时,按习惯应从种类物中选择中等质量,以示公允。除非遗赠人在遗嘱中明白表示可以由受遗赠人自己任意选择。在罗马,有一种“择定遗赠”(legatum optionis),即遗赠人授权受遗赠人在某类遗产中可以选择其一,如许多名画中的一幅,几幢房屋中的一幢,在这种情况下,受遗赠人有选择的全权。优帝一世以前,有选择权的遗赠,视为附条件的遗赠,因为一定要经过选择之后,遗赠标的物才能够确定,遗赠标的物的所有权才能够移转。所以,假若受遗赠人在选择之前死亡,或丧失受遗赠的能力,遗赠就会因条件未完成而失效。至优帝时,认为选择权既然是一种权利,遗赠标的物的选择权可以移转给受遗赠人的继承人,如果受遗赠人还没有来得及选择即亡故时,遗赠并不丧失效力,即由遗赠人的继承人选择。如果遗赠人指定由遗赠负担人选择,或指定由第三人选择,也与受遗赠人的选择一样,除遗赠人另有表示外,也应当从种类物中选择中等质量。假如第三人在一年内没有选择,或于选择前亡故的,则选择权归受遗赠人。

3. 选择遗赠

遗赠人得指定数种标的物而令遗赠负担人履行其中的一种。此项遗赠与种类物遗赠既有相似之处,又有不同之处。种类物的遗赠,享有选择权的人是在同一品种的标的物中进行选择,而选择遗赠则是在遗赠人所指定的几种不同种类的标的物中,由受遗赠人来选择,不受种类和性质的限制。选择的办法遵照种类物选择的规定。优帝一世时规定,对于选择遗赠,如果遗赠人没有在遗嘱中特别声明的,受遗赠人的选择权不受限制。

4. 分期给付遗赠

即遗赠人在遗嘱中指定继承人按年或按月给付的遗赠(legatum annuum vel menstruum)。例如每季给付抚养费若干的遗赠。这种遗赠有定期限的,也有不定期限的。遗赠人如果在遗嘱中确定给付的期限,以指定的期限为准;如果没有确定给付的期限,则以受遗赠人终身享受为限。

分期给付遗赠与其他遗赠不同,其每一期的给付即为一个遗赠,是多数遗赠的集合,而非一整个的遗赠。其第一期的给付为单纯的遗赠,以后各期的给付则为附条件的遗赠,例如定期年金和终身年金,因为是以权利人于每期开始时仍生存为条件。定期年金遗赠和终身年金遗赠的第一期受遗赠权于继承开始时取得,以后各期则于期限开始日取得。关于抚养费给付的数额,如果遗赠人在遗嘱中已经确定的,按确定的数额给付;如果没有确定具体数额,一般应包括受遗赠人的生活费,如受遗赠人的衣、食、住,以及医药、零花等费用,并且根据遗产的多寡、受遗赠人的需要和身份等具体情况加以确定,或者根据遗赠人生前给付数额的习惯来确定。

抚养费遗赠是以维持受遗赠人的生活为目的,故罗马法做了特别优惠的规定:

(1)抚养遗赠人可对无继承能力者为之;

(2)如抚养遗赠以受遗赠人达适婚年龄为终期的,则以女子满 14 岁,男子满 18 岁为终期,而不是以达 12 岁或 14 岁为止;

(3)对抚养遗赠的撤销,遗赠人须用明确的特别声明,一般概括地撤销,并不影响其效力;

(4)遗赠负担人的权利,如因受《法尔西地亚法》关于特留份的规定而致减少的,对其所负担的抚养遗赠原则上不得为同样的减少。

5．债的遗赠

以债为标的遗赠，可包括债权遗赠、债务遗赠和债务免除的遗赠。

（1）债权遗赠（legatum nominis），就是遗赠人将债权作为标的物遗赠给受遗赠人。遗赠人既可以把自己对他人的债权作为标的物遗赠给受遗赠人，也可以把遗赠负担人的债权作为标的物遗赠给受遗赠人，还可以将第三人享有的债权作为标的物遗赠给受遗赠人。如果遗赠的是遗赠人本人的或者是遗赠负担人的债权，当遗赠发生效力时，遗赠负担人就应当把他的债权（在遗赠负担人接受继承后，遗赠人的债权也已成为遗赠负担人的债权）移转给受遗赠人。但在东罗马时，受遗赠人享有直接对债务人的准诉权。如果遗赠的是第三人的债权，当遗赠发生效力时，遗赠负担人应设法取得该项债权，然后移转给受遗赠人；如果第三人不愿意转让，遗赠负担人应当支付与该项债权相当的代价给受遗赠人。债权遗赠须有债权的存在，否则遗赠即因无标的物而失效。如果所遗赠的债权在遗赠人死亡后消灭，例如，债务人已向继承人清偿，这时，由于遗赠已经发生法律效力，遗赠负担人就应将他从这项债权中所得到的利益，转交给受遗赠人。若债权于遗赠人生前已因清偿而消灭的，如果受遗赠人能证明遗赠人确有以所受清偿的利益代替遗赠标的物的，遗赠负担人也应履行此项遗赠。

（2）债务遗赠（legatum debiti），即遗赠人将其本人、遗赠负担人或第三人对受遗赠人所欠之债务，赠予受遗赠人，使受遗赠人（即债权人）得依法请求遗赠负担人偿还债务。债务遗赠的效果在于如为第三人的债务，可使受遗赠人就该项债权增加受清偿的保证,就是使受遗赠人多一个负责清偿的遗赠负担人。如为遗赠人或遗赠负担人的债务,在法学昌明时期,必须遗赠的债务优于原债务,例如原债务为自然债,附条件或附期限之债,而使其成为法定债或单纯债,才能生效,如果不是这样,受遗赠人将毫无实际的利益。优帝一世时规定,受遗赠的债权人对遗赠负担人所继承的遗产享有法定抵押权,因而债务遗赠的作用便更明显了。但抵押权的顺序在遗赠负担人的债权人之前,而在遗赠人的债权人之后。债务遗赠只要其标的确定了即可生效。至于债务是否真的存在,则无关紧要,这是由于遗赠主要是尊重遗赠人的意思,因为罗马人经常用债务遗赠的办法来隐藏真正的遗赠,以免引起继承人的不满和人们的注目,名义上是债务遗赠,实际上是真正的遗赠。

(3)债务免除遗赠(legatum liberationis),即遗赠人以免除受遗赠人所欠债务为标的对受遗赠人(债务人)所作的遗赠。债务免除的遗赠,可以是免除受遗赠人欠遗赠人本人的债务或免除受遗赠人欠遗赠负担人的债务,也可以是免除受遗赠人欠第三人的债务。如果遗赠的标的是受遗赠人欠遗赠人本人或遗赠负担人的债务,遗赠的结果并不当然消灭原来的债务,仅在遗赠负担人对受遗赠人起诉追偿债务时,受遗赠人得提出"欺诈之抗辩",以这笔债务已由遗赠人遗赠给他为由,请求判决原告败诉。此外,受遗赠人还可在遗赠负担人接受继承后,要求其交还债务证书或受领证书,在遭到拒绝时,可提起遗嘱诉。如果遗赠的标的是受遗赠人欠第三人的债务,则受遗赠人可要求遗赠负担人代其清偿债务。因此,这后一种免除债务的遗赠,受益人实际上是两人,一是受遗赠人,二是遗赠人的债权人。因为,由于遗赠而该债权人不仅可向受遗赠人要求履行给付,而且可以向遗赠负担人要求清偿,就使该债权人有了担保人，所以，该受遗赠人的债权人，实际上也是这种债务遗赠的受益人。

6. 部分遗产的遗赠（legatum partitiones），即以部分遗产作为遗赠标的物的遗赠

这种遗赠可以集合物为标的，也可以遗产的一部分为标的，如遗产的 1/2 或 1/3 等。但遗赠与继承不同，受遗赠人只接受遗产，而不继承被继承人的人格。所以，受遗赠人仅有取得纯资产一部分的权利，虽间接的仍须负担债务，但其法律关系则与继承人不同，遗赠的标的物中如果有债权，受遗赠人并不能直接对债务人提起诉讼，而只能由继承人（遗赠负担人）代为起诉，或要求继承人转让其对债务人的诉权；反之，他也不受遗产中债权人的诉追。

由于在分析遗产时，不能立即确定遗产的内容，债权债务的多少，决定其部分遗赠的确切数额，故具体做法是先暂行分配，由受遗赠人与继承人互订要式口约，以便日后结算。优帝一世时，凡遗产一部分的遗赠均视为“遗产信托”，但遗嘱人有相反的表示的，仍应尊重其意旨。

7. 附条件、期限或负担的遗赠

依罗马法的规定，遗赠可以附条件、期限或负担。但是，如果遗赠附有不法条件或不能条件的，以不附条件论，遗赠仍然有效。附有停止条件或始期的遗赠，受遗赠人在条件成就前或期限届至前可以请求遗赠负担人提供担保。附解除条件和终期的遗赠，由于古代法不允许所有权为有期限的移转，所以被认为无效。法学昌明时期则认为这种遗嘱是可以发生效力的。如果遗赠负有负担时，遗赠负担人也可请求受遗赠人提供履行负担的保证。法学昌明时期，在受遗赠人不履行规定的义务时，遗赠负担人得提起“给

付未履行的收回诉”(causa data，causa non secuta)，而不论其个人对此项履行有无利益。遗赠所负的负担是为第三人的利益而设立，原则上，第三人不能直接请求受遗赠人履行负担，因为他不是遗赠的当事人，帝政末期才认为该第三人是实际上的受益人，应享有直接请求权。如果第三人与继承人同为一人时，亦同。

第二节　遗赠的取得

一、遗赠取得的时期

依照罗马古代法，遗赠的取得从继承人(遗赠负担人)接受继承时开始，否则将无执行遗赠义务的人。但是，被继承人(遗赠人)死亡之后，继承并不完全确定，任意继承人可以接受继承，也可以不接受继承。如果受遗赠人于继承人接受继承前死亡，或丧失受遗赠能力，则遗赠即归无效。有些随意继承人往往拖延时日，希望衰老多病的受遗赠人早死，以图获取不义之财，故继承人长期不接受继承，就会影响受遗赠人的利益。因此，至共和国末叶，罗马法学家为保护受遗赠人的利益，便将遗赠取得的时期分为“将到期”(dies cedens)和“已到期”(dies veniens)，并具体规定其效力。

1. “将到期”

是指遗赠权已发生，取得遗赠的时间即将到来。其效力如下：

(1) “将到期”确定遗赠权的移转。只要受遗赠人于将到期时尚生存，并有受遗赠的能力，即取得对遗赠的权利。纵使此后死亡，其权利也移转于其继承人。

（2）“将到期”确定享受遗赠利益的人。例如对他权人或奴隶所为的遗赠，则以“将到期”时的家长、家主为实际受益人，而不归于“将到期”后被解放的家子、解放自由人或该奴隶的新主人。

（3）“将到期”确定遗赠的内容。例如遗赠标的物为羊群或特有产等有流通性的财物，则交付时应以“将到期”时的内容为准，而不按交付时的内容计算。

“将到期”依原则即为遗赠人死亡之日，唯《帕披亚·波拜亚法》规定以遗嘱启封之日为准。优帝一世时又将它改为遗赠人死亡之日，但下列情形则为例外：

① 附停止条件或附不确定始期的遗赠，以条件成就时或期限到来时为“将到期”，以尊重遗赠人的意志。

② 关于用益权、使用权或居住权的遗赠，则“将到期”和“已到期”的区别，并无重大的实益，因人役权不能移转于他人。且用益权和使用权因人格的变更而消灭，若规定用益权和使用权的受遗赠人于“将到期”即取得遗赠权，则日后一旦受人格的变更，即丧失其权利，故提前取得遗赠权，并无实际的利益。

③ 遗嘱人以遗嘱解放奴隶而同时给予遗赠的，则“将到期”的规定实是损害受遗赠人的利益，因奴隶的自由须于遗嘱发生效力后才能获得，而遗嘱的有效取决于继承人的接受继承，其在未获得自由以前所取得的权利，应为其主人（即继承人）所有，故提前取得遗赠的权利，等于不为遗赠或遗赠的无效，故“将到期”的规定于此亦不适用。

2.“已到期”

是指遗赠取得的时期已到，受遗赠人即可向遗赠负担人请求遗赠的交付。受遗赠人虽经“将到期”而取得遗赠的权利，但非到

“已到期”不能行使其权利。“已到期”通常即为负担遗赠的继承人承认继承之日,或为遗赠负担人接受死者遗赠之时。如果遗赠附有期限或条件的,则应在期限到来或条件成就以后;如果遗赠负担人拒绝接受遗产,那就没有“已到期”,因而遗赠即为不可行使的权利,也就丧失其效力。

至于到了“已到期”,受遗赠人即取得遗赠的权利,不需另为承认,但可以拒绝接受,因遗赠不像当然继承人和必然继承人对继承人有强制性。优帝《学说汇编》规定,在“已到期”以前的承认和拒绝不生效力。

受遗赠人不得仅接受遗赠的一部,其接受遗赠的一部的,即视为接受其全部。但受遗赠人的各继承人则对其享有部分的权利仍有拒绝的权利,其所拒绝的部分即由其他继承人按“增加权”比例分享之。

二、遗赠取得的效力

帝政时期,遗赠取得的效力,因遗赠的方式不同而有异。

(1) 如为指物遗赠,受遗赠人直接取得遗赠标的物,而受“物件返还诉”和“役权确认诉”(actio corfessoria)的保护。受遗赠人不仅可追回原物,亦可请求原物所生的孳息。遗赠负担人对该物所为的处分行为,应属无效。

(2) 如为嘱令遗赠,受遗赠人仅取得对继承人(遗赠负担人)的债权,只能请求遗赠负担人将遗赠的标的物交付给自己,不得去自行占有,否则遗赠负担人得申请占有回复令状,收回该物的占有。他受“遗嘱诉”的保护,对第三人并无追及权。对继承人的债权人不得主张优先权。但和继承人的债权人一样,也可享受大法官法所规定的“财产分别利益”。对于附条件或期限的遗赠,受遗赠人得请求遗赠负担人提供保证,这项保证称“为了遗赠的保证”(cautio legatorum servandorum causa)。遗赠负担人应负善良管理人的注意,对于遗赠标的物的毁损灭失,除因事变而发生的外,均需负责,但他作为债务人,仅负责交付标的物,对证讼期以前的孳息,不需负责。如遗赠标的物为金钱时,则在证讼期以后的利息,亦毋须支付。处于迟延中的,自当别论。

(3) 如为容许遗赠,效力与嘱令遗赠相同,受遗赠人也只能取得对遗赠负担人的债权,受“遗嘱诉”的保护。但遗赠负担人即使拒绝履行,也不被判罚两倍的金额。对证讼期以后的利息,则有支付的义务。

(4) 如为先取遗赠,受遗赠人可取得遗赠标的物的物权,他可以在与共同继承人分配遗产之前,优先取得遗赠标的物,受“遗产分析诉”的保护,共同继承人仅负具体轻过失的责任。

到优帝一世时,遗赠的种类已经统一,因此,如果遗赠的标的物是特定物,且为遗赠人所有,原则上受遗赠人于“已到期”即直接取得遗赠标的物的所有权或享有他物权,受“物权诉”的保护,但是仍然应当请求遗赠负担人交付遗赠标的物;对于除特定物以外的其他标的物的遗赠,受遗赠人则仅处于债权人的地位。受遗赠人不论在什么情况下,都受“遗嘱诉”的保护。

优帝时,遗嘱诉已成为诚信诉讼,受遗赠人与遗赠负担人之间视为有准契约关系,故不论遗赠标的物为特定物或种类物,属于何人所有,遗赠负担人都负交付原物和附属物的义务。但对于孳息,则仅于申请交付遗赠物以后所产生的才有返还之责。此外,必须赔偿因过失所造成的损害，以及应付的利息。遗赠负担人若无法取得遗赠物，或有重大困难的，例如，所有人拒绝出让，或索价过高，也可支付该物的合理价金，以解除其义务。若遗赠不是即时履行的，例如，对于附条件或附始期的遗赠，受遗赠人可以请求遗赠负担人提供保证。如遭拒绝，按卡拉卡拉帝颁发的“安托尼亚那敕裁”（Missio Antoniniana）①的规定，受遗赠人向法院申请交付遗赠标的物后满 6 个月，遗赠负担人仍未履行义务的，受遗赠人即可占有该遗赠负担人的财产，以其孳息抵偿遗赠的给付，至偿清为止。优帝一世又规定，受遗赠人对遗赠负担人所继承的全部遗产享有法定抵押权。

遗赠负担人在下列情况下并负“追夺担保”的责任，但以其所受的利益为限：

① 种类物的遗赠，而其选择权属于遗赠负担人的；

② 此项义务为遗赠人所规定的；

③ 遗赠人对其近亲所为的遗赠。

法律规定受遗赠人直接取得遗赠物的所有权，但为什么不能直接进行占有，而必须由遗赠负担人交付呢？此项规定，初视之好像没有什么理由，实际上并非如此。因为，遗赠负担人往往会对受遗赠人发生有关的债权，可以留置遗赠物作为担保而维护其利益，例如留置遗赠物，要求偿付因保管遗赠物所支付的费用；要求恢复因混同而消灭的他物权；对于附随意条件或附负担的遗赠可作为保证；作为《法尔西地亚法》规定的特留份的扣还保证，等等。

① 安托尼亚努斯（Antonianus），即卡拉卡拉原来的名字。

第三节　遗赠的无效

一、遗赠无效的原因

（一）自始无效

即遗赠从遗嘱订立之时起就不能发生效力。这些原因有：

（1）违法遗嘱，例如遗嘱人无遗嘱能力；遗嘱不符合法定方式；遗嘱漏列当然继承人；遗嘱是在遗嘱人精神失常的情况下订立的等。

（2）合法遗嘱，例如当然继承人于立遗嘱后产生，而遗嘱人既未对其预立，又未对其预废；遗嘱人受人格变更；遗嘱人撤销其遗嘱；受遗赠人先遗赠人而死亡等。

（3）遗嘱有效而遗赠无效，例如遗赠的标的物为不可有物；在遗赠为要式行为时期，遗赠人未遵守法定的方式；对继承人的奴隶为遗赠；遗赠受遗赠人所有的物品等。

自始无效的遗赠始终无效，即使日后无效的原因消灭，遗赠也不能恢复其效力。此原则为共和国末期法学家卡托尼亚努斯（Catonianus）所主张，故称卡托尼亚那原则（regula Catoniana）。在此情况下，遗赠人应在无效原因消灭后，重新订立遗赠。但遗赠附有条件的，自当别论。

（二）嗣后无效

遗赠在开始时是有效的，后来由于某种原因，致使有效的遗赠变成无效。能够引起遗赠嗣后无效的原因主要有：受遗赠人于“将到期”前死亡；受遗赠人丧失受遗赠的能力；标的物灭失或成为不可有物；遗产不足以清偿债务；全部任意继承人拒绝继承而又没有补充继承人；受遗赠人无偿取得遗赠标的物；受遗赠人拒绝接受遗赠，以及遗赠被撤销等。关于遗赠的撤销，古代法须用为遗赠相反的方式，也就是应重立新遗嘱。帝政后，始承认“遗嘱补正书”撤销遗赠的效力。大法官法也规定，凡遗嘱人于遗嘱中涂抹遗赠的，即推定其撤销遗赠。盖尤斯甚至主张遗赠人出卖遗赠物的，即应视为撤销遗赠。但塞尔西乌斯则认为，撤销遗赠是一重大行为，遗赠人须有撤销的明确意思表示，方能作为撤销。后说终为优帝所采纳。

（三）违背对遗嘱自由的限制

古代法，遗赠人不受限制，遗赠数额的多少，一任遗嘱人任意决定。即使他把自己的全部财产遗赠他人，也在所不禁。这样，继承人只有执行遗赠、分配和履行遗赠的义务，并无享受继承的实际利益，则接受继承反不如抛弃继承，以免继承宗祀，履行遗赠的负担，结果遗嘱无效，遗产尽归法定继承人所得，反而对受遗赠人不利，也违背了遗赠人的愿望。为了纠正这种弊端，从共和国中期开始，罗马曾经三次立法，限制遗赠人的遗赠数额。最初，约在公元前200年，《夫里亚遗嘱法》(*Lex Furia testamentaria*)规定，禁止受遗赠人接受超过1000阿司的遗赠。但对六亲等以内的亲属和再从兄弟姐妹的子女(七亲等)的遗赠，则不在此限。该法并不规定此项遗赠的无效，但对要求履行逾限遗赠的受遗赠人处以四倍的罚金。所以实际上也等于宣告此类遗赠的失效，因为，谁也不会去冒支付四倍罚金的危险。但遗赠人还是可以用分散的办法，采取遗赠给受遗赠人的家属、奴隶等手段，为不超过1000阿司的遗赠，规避法律的制裁，把家产完全处分光。故该法的规定不是一个彻底的办法。于是，公元前 169 年的《沃科尼亚法》（*Lex Voconia*）又做了新的规定。据西塞罗说，该法除限制女性继承人外，并限制遗赠额不得超过遗赠负担人的继承额。但盖尤斯则称各受遗赠人接受的遗赠额不得超过任何继承人的应继份。二说当以前说较可信，因在西塞罗时，该法正在施行，而在盖尤斯时，该法早就废止了。况且后说中，遗赠人可以增加受遗赠人的人数而回避法律的限制，反不如前说的简便易行。但该法不尽合理，于是公元前 40 年《法尔西地亚法》（*Lex Falcidia*）废止了旧法，对遗赠数额与应继份的比例加以调整，进一步规定，继承人（遗赠负担人）所负担的遗赠，不得超过他的应继份的 3/4，否则继承人有权按比例扣减。这就使继承人至少可以取得 1/4 的应继份，此称“法尔西地亚份”（Quarta Falcidia）。《法尔西地亚法》起初仅适用于遗嘱继承人，其目的在于避免遗嘱的失效。在帝政前，法定继承人并无负担遗赠的义务。韦斯帕西亚努斯帝（Vespasianus，公元 69—79 年在位）时通过的《泊咖西亚努姆元老院决议》（*Senatus Consultum Pegasianum*）规定，法定继承人负担遗赠义务的也享有此项权利。但若继承人中有一人的遗赠负担未超过 3/4 的，则其他继承人虽没有得到所继份的 1/4，也无权扣减。因既有一个继承人会接受继承，则遗嘱的效力已有了保障，不致因无人继承而失效。但其后为了维护其他继承人的利益，不久就允许他们也享有扣除权。至于继承人以外的遗赠负担人，原则上仍不能均沾此项利益。但后来也有改进，遗赠负担人如因此致其遗赠减少至不及 1/4，则对其负担的遗赠也可按比例扣减，唯抚养费的遗赠不在此限。

《法尔西地亚法》不适用于下列情况：

（1）军人遗嘱中的遗赠；

（2）丈夫将其个人日常用品遗赠给妻子的；

（3）遗嘱人有明示禁止扣减的，但自奥古斯都开征遗嘱继承税后，为确保国库的税收起见，使本法成为强行规定，嗣后一律不得禁止扣减。遗产税制度在优帝一世前已经废除，因此在优帝时遗嘱人又恢复了限制扣减的权利；

（4）优帝时规定，继承人欲享受《法尔西地亚法》的利益的，应编造财产目录。因此，怠于编造的，即失其权利；

（5）继承人有隐匿遗产事实的，不得享受本法的权利；

（6）也有根据遗赠的性质不得适用本法的，例如遗给奴隶的自由权或有慈善性质的遗赠（legatum ad pias causas）等。

关于计算的方法，系以继承人所继份的纯资产为基础。至于继承人所受遗嘱人的生前赠予和遗赠，都不需计入。但遗嘱人有相反的表示的，不在此限。如果遗产中含有可疑和不确定的债权债务时，如附条件的债权债务等，应估计其价值，或由债务人提供保证，以便日后结算。实行减除时，应按所负担各项遗赠的数额比例计算。但遗赠中有可适用《法尔西地亚法》的，也有不能适用的，则减除时究应仅减除可适用本法的遗赠以补足继承人的应继份？还是仍将所有遗赠按比例减除，其损失由继承人负担？应视具体情况而定。

① 如遗赠人明确表示某项遗赠不得减除时，则继承人得扣减其他遗赠至应继份为止。例如遗产为120000阿司，其所负担的两项遗赠一为80000阿司，一为20000阿司，共计100000阿司，依本法遗赠不得超过应继份的3/4，则应减至90000阿司，若两项遗赠都是可以减除的，则各减1/10，即80000阿司的遗赠减除8000阿

司,实得 72000 阿司;20000 阿司的遗赠减除 2000 阿司,实得 18000 阿司,使继承人得保持 30000 阿司,即 120000 阿司的 1/4。如果 80000 阿司的遗赠为遗赠人声明不得扣减的,则应从 20000 阿司的遗赠中减除 10000 阿司,以补足继承人的应继份。优帝一世时,认为默示不适用本法,例如遗赠一件祖传古董,由于古董是不可分物,因此应认为遗赠人默示其遗赠不得减除。

② 如继承人因自己的重大过失至对某项遗赠丧失扣减权的,例如在诉讼中未提供有力的证据,或延误庭审日期等而致败诉,自不能因自己的过失而加重他人的负担。如上例,若继承人的 80000 阿司遗赠因过失而丧失扣减权时,则对 20000 阿司的遗赠只能扣减 2000 阿司,而对 80000 阿司未获扣减的损失应自行负担。

③ 如因遗赠的性质为不能扣减的,如医药手术费、一次支付的抚养费等,此种遗赠应视为遗产中的债务,在计算应得份时须先将其从遗产中提出,然后进行计算。如上例,假定 80000 阿司为不能减除的遗赠,则遗产便视为 40000 阿司而不是 120000 阿司,这样,《法尔西地亚法》规定的仅为 10000 阿司,继承人所得为 40000 阿司,已超过此数,对于 20000 阿司的遗赠,即应全部履行,不得实行减除。

对于继承人的保护,如果受遗赠人尚未取得遗赠物,则继承人可以适用"诈欺的抗辩"以拒绝受遗赠人全部履行的要求;如果受遗赠人已经占有遗赠物,则该遗赠物如果是继承人因错误而自行交付的,其错误是可以原谅的,则可提起"不欠债的返还诉"(codaictio indebiti),以追回差额;如果其错误是不可原谅的,则应以放弃权利论,如果是受遗赠人以他种方法取得的,则继承人可提起"物件返还诉"。

“法尔西地亚份”和“特留份”是不同的，其区别为：

① “法尔西地亚份”，凡负担遗赠的继承人都享有之；特留份则仅法定继承人中的直系卑血亲及同父的兄弟姐妹始能享有之；

② “法尔西地亚份”的计算是以有负担遗赠的继承人的所继份为基础，继承人所受遗嘱人的赠予和遗赠均不需计入；特留份的计算，则以法定继承人所可得的应继份为标准，继承人所受被继承人的赠予和遗赠等均应计入遗产分配中；

③ “法尔西地亚份”是当然存在的，负担遗赠的继承人可以直接进行扣除，毋须向法院申请；特留份则需享有此权利者提起“遗嘱逆伦诉”，由法院判决之。如果负担遗赠的继承人同时也是享有特留份权利者，则应在“法尔西地亚份”和特留份中选择其一而不得占享两者的利益。因法律仅在使继承人可用不同的方法取得遗产，而不是说他可以享有两份遗产的权利。受遗赠人对于应被减除的部分视为未取得所有权。

二、遗赠无效的后果

遗赠是一种负担，故遗赠无效时，由于此项负担已合法消灭，就由遗赠负担人享受其利益。

如果遗赠人设有补充受遗赠人的，则在受遗赠人无接受遗赠之能力或者拒绝接受遗赠时，该遗赠就由补充受遗赠人受领。在遗赠人以同一标的物遗赠数人时，共同受遗赠人中有部分拒绝或无能力接受遗赠的，其余共同遗赠的受遗赠人则享有“增加权”。现对遗赠“增加权”作进一步的说明如下：

关于遗产继承的“增加权”，是因继承人继承被继承人的人格和遗嘱继承不得与法定继承并用等原则而产生的，但这些原则都不适用于遗赠。受遗赠人的“增加权”完全取决于遗赠人的意旨。在古罗马，遗赠通常有下述几种表述方式：

1. 联合语句而异标的物（verbis conjuncti et re disjuncti）

例如甲表示将一幢房子的所有权遗赠给乙和丙而分别指定其部分的，则在乙不能或拒绝接受时，丙不因此而享受“增加权”。

2. 联合语句而同标的物（verbis et re conjuncti）

例如甲表示将房子的所有权遗赠给乙和丙而不为特别的指定的，则应推定乙丙为共同受遗赠人（collegatarii），在乙或丙不能接受或拒绝接受遗赠时，他方即可享有“增加权”。

3. 分别语句而同标的物（verbis disjuncti et re conjuncti）

例如甲先表示将房子遗赠给乙，后又表示将该房子遗赠给丙，则应视乙与丙为共同受遗赠人，他们相互间享有“增加权”。

4. 为不同的标的物而用分别语句的，则为各个独立的遗赠，受遗赠人间不发生“增加权”问题，自属当然。所以罗马古代法对遗赠的“增加权”问题，就是看遗赠的种类和方式而决定的。帝政初，《帕披亚·波拜亚法》改变了旧制，另订新的规则，优帝一世时又恢复了旧制，唯稍有修正。下面就把古代法、《帕披亚·波拜亚法》和优帝法关于“增加权”的问题分别加以说明。

在《帕披亚·波拜亚法》以前，判例基于符合遗赠人的真意，对“增加权”的处理因遗赠人所采用的遗赠方法不同而有异：

（1）如果是指物遗赠和先取遗赠，而遗赠的标的物又是同一的，则不论遗赠人是用联合语句或分别语句，共同受遗赠人相互之间均享有“增加权”。此项“增加权”为对物关系，且有强制性，但受遗赠人不需承担“负担”的义务。

（2）如果是嘱令遗赠和容许遗赠，因为只发生债权关系，故共同受遗赠人各有独立的债权，彼此间不发生“增加权”的问题。如为联合语句而同一标的物的遗赠，由于债权是可以分的，应视遗赠人已默示地指定了各受遗赠人之应有部分，如前例，则乙丙各得房屋的一半，若其中一人拒绝或不能接受时，他方并不能享受“增加权”。如为分别语句而同一标的物，则按债的原则，遗赠负担人对乙丙均负交付全部遗赠物的义务，在上例，遗赠负担人应交实物于一人，而交该物的代价于另一人。因为遗赠人可以将他人之物为遗赠，故已将一物遗赠于人，仍可再将此物遗赠于他人。

奥古斯都时，为了奖励生育，制定《帕披亚·波拜亚法》对“增加权”进行了改革。该法不考虑遗赠人的意愿而做强行规定。所有无效的遗赠，先由男性共同受遗赠人（即享有增加权的受遗赠人）中有子女的（colegatarii patres）受领；无上述继承人时，遗赠即归国库。此项“增加权”是当然享有，但享有者于受领时须有受领能力，且须履行“负担”，但受遗赠人可以拒绝接受。

优帝一世时，《帕披亚·波拜亚法》已经废止，遗赠的种类也已统一，并做了些改进：

（1）如果是联合语句而标的物不同的遗赠，则不发生“增加权”的问题。

（2）如果是分别语句而同标的物的遗赠，若遗赠人遗给受遗赠人各以标的物的全部，由于统一遗赠种类后，不再分物的关系和债的关系，如前例，乙丙都接受时，他们就不能各得房子的全部或其价金，而仅能各得房子的一半。如乙或丙不能或拒绝接受时，则他方即可取得其全部。此项“增加权”是当然的，具有强制性，但不承担“负担”。

（3）如果是联合语句而同标的物的遗赠，则共同受遗赠人的相互“增加权”本是法律上的一种推定，故受遗赠人对“增加权”有接受和拒绝的自由。但接受时须履行负担，因受遗赠人既有接受与否的自由，则“负担”即作为“增加权”的代价。

遗赠“将到期”后，其权利即移转于继承人，如前例乙和丙的继承人间，乙或丙与对方的继承人间并不当然发生“增加权”的问题。但在用益权的遗赠就不是这样，因用益权是不能移转的权利。例如甲以房子和菜园的用益权遗赠乙和丙时，若于受领后乙或丙死亡时，则其权利并不移转给继承人，也不因一人的死亡而消灭，而为共同受遗赠人所享有。非在最后的共同受遗赠人死亡时，虚有权人甲不能享受用益权消灭的利益。因用益权的遗赠实际上是一种分期给付的遗赠，每期的孳息即为一个独立的遗赠，而此项遗赠的获得，以受遗赠人的生存为条件，故共同受遗赠人即因“增加权”而享有先死亡者的权利。

第七章 遗产信托

第一节 遗产信托概述

遗产信托(fideicommissarius hereditatis)是指遗嘱人以遗产的全部、一部或特定物委托其继承人(即受托人),在他死后移转于指定的第三人(受益人)。可见,遗产信托有三个当事人,即:遗嘱人、受托人(fiduciarius)和信托受益人(fidecommissarius)。现代的信托制度即渊源于罗马法。

古罗马法上之所以能产生遗产信托制度,是因为市民法关于遗嘱的规定十分严苛,不仅方式极为严格,手续也很麻烦,遗嘱人须有遗嘱能力,继承人和受遗赠人则须有接受能力。从奥古斯都到君士坦丁一世的很长一段时间里,对未婚和已婚而无子女的遗产接受能力又加以限制。为了规避市民法的严苛规定,民间便逐渐采用遗产信托的做法,由被继承人将其遗产的全部、一部或特定物,委托受托人在他死后移转给他所指定的受益人。采用这种办法,不仅无遗嘱能力的人可以处分其遗产,特别是无继承能力者亦可享受继承的利益。

据盖尤斯称,遗产信托起源于在罗马的外国人的继承。由于外国人一般无财产权,故无遗嘱能力,因此便立一个市民为其继承人，而托其在他死后，将遗产转交给所指定的第三人。由于方法简便，逐渐在罗马人中普及。

最初，遗产信托制度完全建立在互相信任的基础上，信托人也只将其财产委托给他完全信赖的人，凭受托人的忠诚履行移转遗产的责任。因此，对遗产信托制度，市民法上并没有任何规定，也不发生法律上的效力，也不需要采用一定的方式。奥古斯都时，始确认受托人有履行信托的义务，授权执政官之差事。克洛狄乌斯帝时设置了“信托大法官”（praetor fidecommissarius）二人，专司信托纠纷。君士坦丁一世规定，信托应有证人作证，优帝一世明定信托须于五个证人前为之，始生效力。

第二节　受托人和信托受益人地位的演变

遗产信托中的受托人和信托受益人的地位，从历史演变上看，经历了四次的改进。在第一期中，信托受益人只是遗产购买人，第二期中，则为大法官法继承人；在第三期中，则有时为遗产购买人，有时为大法官法继承人，有时则为准受遗赠人；在第四期中，为准继承人。现分别说明如下：

第一期，在古代法时期，受托人实际上虽是中介人，但在法律上则处于继承人的地位，继承遗嘱人的人格，为遗产的所有人，有催收债权的权利，负清偿债务的义务。在履行信托时，由受托人用要式买卖的方式，以虚拟的价金，将遗产卖给受益人，受益人被视为遗产的买受人。凡有体物，则直接交付。关于债权债务，由受托人和受益人双方互订要式口约，受托人承认受领债权后，即将所得利益转交给受益人,受益人也承担在受托人清偿债务后,偿还其给付。此种办法主要的缺陷有二:第一,受托人有移交、催债、偿债之烦而无丝毫的实益,故一般人都不愿接受信托;第二,接受信托后,如受托人或其继承人背信弃义,或被宣告破产,则受益人的利益并无保障。

第二期,涅罗帝时,于公元56年通过的"特勒贝利亚努姆元老院决议"(Senatus Consultum Trebellianum)授予信托遗产受益人以"准继承人"(loco heredis)的地位,并规定信托遗产的交付,只要受托人与受益人双方同意即可,毋须履行要式买卖的方式。但是受益人只能取得大法官法继承人的资格。因此,对其所得的遗产只能取得大法官法的遗产占有,而不能取得市民法所有权。受益人受"准诉权"的保护。凡属被继承人的债权,均可以准诉权请求清偿,反之,所有被继承人的债务,也因准诉权的关系而直接负偿还之责。关于受托人和被继承人的债权人的直接诉权,则将被"遗产交还抗辩"(exceptio restituae hereditatis)所驳回。这一改革虽较前法有显著进步,但其缺陷在于不仅受托人毫无利益,不能完全摆脱被控告的麻烦,因而仍不乐意接受信托,而受益人对遗产又仅能占有,而不是所有,故仍有待于改进。

第三期,公元70年代,"泊加西亚努姆元老院决议"(Senatus Consultum Pegasianum)为了鼓励受托人接受继承起见,又进一步规定受托人得享有信托遗产的1/4,称"泊加西亚那份"(quarta Pegasiana),以补救受托人只负有义务而得不到利益,以致难以找到受托人的弊端。这样遗嘱人处分信托遗产的自由即不得超过3/4的范围。"决议"虽简单,但适用而相当复杂。现将可能产生的情况分述如下:

① 假如受托人同意继承，申请“泊加西亚那份”，则他可得信托遗产的1/4，信托受益人得3/4，等于享受了部分遗产的遗赠，双方便互订日后计算的口约，受益人就被视为“准受遗赠人”（loco legatarii）。

② 假如受托人以遗产的状况不佳，拒绝继承，则受益人就可以提起“接受诉”（aditio coacta），迫使受托人承认继承，但其承认只是形式，全部遗产则直接判归受益人，受托人当然丧失了“泊加西亚那份”的权利，但同时也不承担遗产发生负债超过资产的危险。这时，受益人就成为“准继承人”。

③ 假如受托人承认继承，但拒绝接受“泊加西亚那份”，则此时受托人在法律上仍为继承人，受益人就应接受遗产的全部，与受托人互订“遗产买卖”（emptae et ve ditae hereditatis）的口约，这样，受益人就被视为“准遗产买受人”（loco emptor hereditatis）。

第四期，由于前期规定过于繁杂，故优帝一世时将“特勒贝利亚努姆元老院决议”和“泊加西亚努姆元老院决议”合并为一，明确规定受益人一律享有“准继承人”的资格，而受托人则有保留信托遗产1/4的权利，有关诉权也按比例分配。但如果遗嘱人允许受托人于信托遗产中提取等于或超过遗产1/4的财产时，则受托人即处于受遗赠人的地位，对遗产中的债务即不负清偿的责任，所有诉权也都属于受益人。如受托人拒绝承认继承时，法院有权强制其承认。但受托人除承认继承外，和遗产不发生任何关系。

在受托人所受的遗产不及1/4时，受托人有权自行扣足其差额，而把其余的3/4移转于受益人。如果因错误而多交付的，并得请求返还其差额。后世注释法学家称之为“特勒贝利亚努姆份”，以便与“泊加西亚那份”相区别。

第三节　遗产信托与遗赠的区别

遗赠是市民法的制度,遗产信托则为民间逐渐形成,并经元老院改革而发展起来的。法学昌明时期,遗产信托与遗赠有如下的区别:

（1）遗产信托可以用未认定的“遗嘱补正书”为之;遗赠则必须用遗嘱或认定的“遗嘱补正书”为之。

（2）遗赠仅能命指定继承人负履行之责;遗产信托则指定继承人、法定继承人和受遗赠人都可以承担。

（3）遗赠须用特定的方式;遗产信托则无此严格要求。

（4）遗产信托可对无继承能力及无遗赠受领力的人为之,并无能力方面的限制;遗赠则否。

（5）遗赠或予受遗赠人以物权,或予受遗赠人以债权;遗产信托则仅发生债的关系。

（6）信托受益人对于履行迟延的受托人,得请求迟延利息;受遗赠人一般则无此权利。

（7）有关遗赠的诉权,按普通诉讼程序进行审理;遗产信托则以非常诉讼程序审理。

到了优帝一世时,遗产信托与遗赠已混合为一,于是两者的区别便消失。

第八章　死因赠予(donatio mortis causa)

死因赠予是指以赠予人先于受赠人死亡为条件的赠予。它与遗赠极相类似,因两者都是无偿行为,又都以赠予人先受赠人死亡为要件,故在古罗马,法律和判例遂将有关遗赠的规定,逐渐适用于产生在后的死因赠予。

(1) 公元2世纪初,元老院决议有关《优利亚法》和《帕·披亚法》对遗赠所规定的限制,同样适用于死因赠予。S. 塞韦鲁斯帝时,又将《法尔西地亚法》扩充适用于死因赠予。到盖尤斯时,《夫里亚遗嘱法》和《沃科尼亚法》也都适用于死因赠予。

(2) 遗赠不适用于夫妇间,夫妇不能为赠予的规定,以及《辛西亚法》对赠予的限制,同样不适用于死因赠予。

(3) 凡依法无遗赠能力的人,也不能为死因赠予的当事人,且受赠人于赠予人死亡时均亦具有受领能力。

(4) 死因赠予也和遗赠一样,可附加负担。

(5) 死因赠予也不得对抗赠予人的债权人。

(6) 赠予人也有权撤销其死因赠予,除非他抛弃其撤销权。

(7) 对于共同受遗赠人的"增加权",在优帝一世时,于死因赠予亦准用之。

因此,优帝《法学纲要》认为,死因赠予应归于遗赠一类。实际上死因赠予是合遗赠与赠予两者而成的，它与遗赠在下述各点都是不同的：

① 遗赠是单方行为，有遗赠人一方的意思表示即能发生效力；而死因赠予是双方行为，其订立是由赠予人与受赠人经过协商同意的，是一种契约。

② 在遗赠的法律关系中，至少在优帝一世时应有三方当事人，即：遗赠人，遗赠负担人（继承人）和受遗赠人；而死因赠予的法律关系中只有两方当事人，即赠予人和受赠人，而没有赠予负担人。因此，继承人的承认继承与否，与死因赠予的生效无关。

③ 遗赠是用遗嘱做成的，是要式行为；而死因赠予则是略式行为，其成立不拘任何方式。

④ 赠予人可以抛弃其撤销死因赠予的权利，在遗赠人则不发生此问题。

⑤ 遗嘱逆伦诉的效力只及于遗赠，而不及于死因赠予，因逆伦诉所攻击的对象为遗嘱，与死因赠予的契约无关。

死因赠予因赠予人和受赠人的合意而成立，因受赠人先于赠予人死亡而失效，其订立不需要履行任何法定方式。优帝一世时规定，死因赠予超过法定数额者，须向官厅登记，否则超过部分不生效力。

在古罗马，一人常因出征、远航而生死未卜，故死因赠予往往附有停止条件或解除条件。比如，赠予人在契约中声明："如果我在某次战役中战死，我即将此项财物赠你。"这就是附有停止条件的死因赠予。如果停止条件不成就，赠予人在某次战役中并未死亡，受赠人对赠予物就没有任何权利。至于附解除条件的死因赠予，赠予人同受赠人订立契约后，就将标的物移交受赠人。在解除条件的条件成就时，该死因赠予就归于无效。例如赠予人声明，“我将此项财物赠你，如果我这次航海远行能幸而生还，则你仍将原物还我”，此时，如果赠予人能够生还，即可收回所赠予的财物。因此，凡是受赠人在死因赠予契约成立时就取得利益的，都是附解除条件的死因赠予。

死因赠予须在赠予人死亡时始生确定的效力。除赠予人抛弃撤销权的外，由于它的无偿性质，赠予人得于生前任意撤销其赠予。帝政时，附解除条件的死因赠予，由于赠予财产已先行转移，故撤销时赠予人享有对人诉权，以保证其追回赠予财产。优帝一世时则规定，赠予人在撤销时对有体物享有对物诉权，可以行使追及权，以便更好地保护赠予人的利益。

第五编　债法

恩格斯曾对罗马法给予高度评价,这主要是针对债法说的。债法是直接调整商品流转关系的法。罗马债法虽然是简单商品生产社会的法,但它反映了商品交换的许多一般条件,所以实际上也包含着社会主义时期的许多法权关系。正如恩格斯所说的:"一切后来的法律都不能对它作任何实质性的修改。"①

债的发生根据主要是法律行为,所以债法的第一部分是谈法律行为。

---

① 恩格斯:《论封建制度的瓦解和民族国家的产生》,《马克思恩格斯全集》第21卷,第454页。

第一章　法律行为

第一节　法律行为的概念与分类

一、法律行为的概念

法律行为是民事主体旨在发生一定法律效果的行为。所谓法律上的一定效果，是指自然人或法人以产生、保护、变更或消灭法律关系为目的的行为。如买卖、担保、更改、免除等都是法律行为。需要指出，以保护某种法律关系为目的的行为也是产生法律关系的行为，如对某一债权提供保证人或提供物权担保。但由于罗马法特别重视对法律行为的保护，当时诉讼法即列入私法，其法学家的著作在叙述各种法律行为时都和诉权结合在一起，所以便把对法律行为的保护单独作为一章而与其发生相并列。当然，债权人提起诉讼也是对债权关系的保护，但不属严格意义上的法律行为。

在罗马法上，本无抽象的法律行为概念，只有各种具体的名称，如买卖行为、使用借贷行为、赠予行为、遗嘱行为，等等。虽有 actus civilis 一词，但系指市民法上的行为而不包括万民法上的行为；actus legitimi 仅指古代的要式行为，既不能附加期限，更不能附加条件，也不包括以后随着经济的发展而产生的略式行为；

negotium gerere 则指合法行为或有偿行为，不包括无偿行为；大法官谕令中虽有 actum 的名词，但系专指口头契约或要物行为，不包括诺成行为。19 世纪初德国法家学，历史法学派的创始人胡果（Grustav Hugo，公元 1764—1844）在研究罗马法时，概括了各种法律方面的行为的共同点，首创了“法律行为”这个词。

二、法律行为的种类

罗马法中并无法律行为的分类，但有其内容，后世学者根据当时的实际情况作下述的区分。

（1）财产行为和身份行为。法律行为发生财产上的效果的为财产行为，如买卖、抵押权的设定等；其发生身份上的效果的为身份行为，如结婚、收养等。

（2）单方行为和双方行为。单方行为是依一方当事人的意思表示而成立的法律行为，如遗嘱、追认、同意、撤销、解除等行为。但一方的当事人可能不止一人，单方行为亦可以由二个以上的意思表示而成立，如两个承租人同时向出租人解除契约。限制行为能力人的意思表示，一般须得法定代理人的允许，始生效力。双方行为须由双方当事人意思表示一致而成立，有的是双方意思表示方向平行、目的相同的行为，如合伙契约、订立社团章程等；有的是双方的意思表示方向相反、目的互异，为追求不同的利益而成立的行为，如买卖、租赁等契约。

（3）有偿行为和无偿行为。法律行为中双方当事人各因给付而取得对价利益的为有偿行为，如买卖、租赁等。反之，一方当事人为给付而不取得对价利益的，则为无偿行为，如赠予、使用借贷等。

（4）死因行为和生前行为。法律行为的效力在表意人死亡后才发生的，叫死因行为。例如遗嘱要在遗嘱人死亡后才发生效力。反之，其效力发生在表意人生存时的则为生前行为。由于死因行为发生效力时行为人或一方当事人已经死亡，所以法律对其设有特别规定，如应用书面或由证人证明等，以确保行为人的真意，而避免利害关系人发生争议。

（5）要式行为和略式行为。法律行为的意思表示必须履行法律要求的形式的，为要式行为，如要式买卖、遗嘱等；反之，为略式行为，一般采取口头形式，只要能证明该项法律行为存在，即应确认权利义务关系，如现货买卖，借贷等。罗马古代，法律行为均须履行一定的方式，否则不生效力。法律昌明时期，逐渐盛行不拘形式的略式行为。

（6）严法行为和诚信行为。法律行为的成立和效力完全取决于行为的方式、动作、言辞、文句和证人或长官的参与等，略有不符即不发生法律效力的，叫严法行为，如铜块和秤式（per aes et libram）、共食婚等。只要如实履行了法律所规定的方式，不问当事人的意思表示是否真实，有无欺诈、胁迫、错误，均不影响严法行为的效力。严法行为是市民法上的行为，受严法诉权的保护，法官仅就法律行为是否符合法定形式，作为确定其效力的唯一标准，即使内容显有错误或有背当事人的原意，亦非所问。法律行为的成立，根据所谓“公平”、“正义”、“善意”的原则，以表意人的真实意思为准的为诚信行为。它不拘泥于形式，只要当事人意思表示真实合法，即可发生法律效力。诚信行为受大法官法和诚信诉权的保护。法官审理时，根据事实，不仅根据法律行为的条款，还应探求当事人的真意。罗马早期的法律行为，都是严法行为，在商品经济发展以后，才有贯彻公平原则的诚信契约。

（7）诺成行为和要物行为。当事人一方的意思表示被他方承诺，法律行为即告成立，权利义务亦随之产生的行为为诺成行为，如买卖、租赁；反之，除当事人意思表示一致外，还须交付实物，法律行为才能成立，仅凭合意还不能产生权利义务关系的，为要物行为，如借贷、寄托等。

（8）要因行为和不要因行为。法律行为的成立以原因为要素的为要因行为；反之，不以原因为要素的为不要因行为。此项区分，仅发生于财产行为而不发生于身份行为。所谓原因，即当事人负担义务所希望达到的目的，如买卖，买受人以取得标的物的所有权为目的，而出卖人则以获得价金为目的；赠予以使相对人无偿获得利益为目的，等等。债权行为原则上为要因行为，如租赁、合伙等；物权行为原则上为不要因行为，如物件的交付、所有权的抛弃等。要因行为如原因不存在或不法的，行为即归无效。[①] 不要因行为，没有原因也可成立，现代无因行为的典型是票据。罗马古代的严法行为拘泥于形式，而不问当事人的意思如何，只要方式完备，即可生效，故所有法律行为均为不要因行为；在产生了诚信行为以后，才有要因行为。

（9）主行为和从行为。行为可以独立成立，不依其他行为或他种法律关系的存在为前提的为主行为；从行为即附属于主行为的行为，其成立以主行为或他种法律关系的存在为前提。例如，保

---

① 如《法国民法典》第1131条规定："无原因的债，基于错误原因或不法原因的债，不发生任何效力。"

证契约以债权契约的存在为前提，债权契约就是主行为，保证契约就是从行为。从行为处于从属地位，不能独自存在，其法律上的效力须取决于主行为。主行为存在，从行为才能存在；如主行为无效或消灭，从行为亦随之无效或消灭。反之，从行为的效力一般不影响主行为的效力，但有特约的除外。如约定借贷以有担保为条件，则担保不成立，借贷就不能生效。

（10）独立行为和辅助行为。独立行为是行为人仅凭自己的意思即可成立的法律行为，它具有独立的实质内容，一般的法律行为均属之；反之，行为人必须由他人以意思表示予以辅助，其行为才能生效，该他人的行为并无独立的实质内容，仅为独立行为的补充的为辅助行为，如监护人对被监护人所为行为的同意，被代理人对越权行为的追认等。辅助行为仅为独立行为的有效条件，受其补充的独立行为在没有辅助行为前不生效力。

第二节　法律行为的构成

一、法律行为的要素

要素（essentilia）是法律行为不可缺少的条件，如不具备，则法律行为不能成立，或即使成立，也不能发生所预期的效果。它包括当事人、标的和方式三项。

（一）当事人

（1）当事人须有行为能力。即具备相当的智能，有以自己的行为依法行使权利和承担义务的能力。儿童和精神病人不能辨别自己行为的后果，所以都没有行为能力。但具有行为能力的人，以享有权利能力为前提。因此，在罗马法上，虽事实上有相当智能，也不一定能作为法律关系的主体。奴隶自不必说，在罗马古代，外国人、他权人以及妇女和浪费人等，都没有进行有效法律行为的权能，或虽有也受到限制。

（2）当事人的意思表示须真实。也就是说须没有瑕疵。意思表示是行为人以旨在发生一定法律效果的意思表现于外部的行为。罗马法上并无相当的文字，意思表示的理论也不发达，但已有初步的理论存在。意思表示有要式的和非要式的两种。罗马古时，法律行为都是要式的，意思表示须履行特定的方式。社会经济发展后，拘泥于形式不再符合客观要求，万民法侧重于当事人的意思，不拘泥于形式主义的言辞、动作。因此，意思表示可以明示，也可以默示，只要对方能领会即可。明示是用口头表示或用书面表述，也可以用某种动作来表达，如用点头、举手表示同意。默示则意思不表示于外部，原则上不发生法律效力。但在双方当事人间已有法律关系存在，对一方的默示除推定是要继续维持法律关系而不能作其他解释时，这种默示仍有法律效力。如承租人甲租乙的房屋，租期届满后甲继续住居，乙也未令甲搬出，即可推定甲乙要继续维持租赁关系。如有其他反证来证明这种推定不能成立，则此默示就不能发生法律效力。如当事人一方患精神病，致租期满后不能作有效的意思表示，自当别论。在双方行为，如买卖、借贷等，则双方对法律行为的内容必须取得一致，有要约而无承诺，或承诺时要约已不存在，或双方意思虽然一致，但未订约等，都不发生效力。这不同于现代民法上的到达主义，即书信送达于相对人的支配范围内，处于相对人可以了解的状态；或发信主义，即书信已被置于表意人支配范围以外，如投邮等就可发生法律效力。要约和承诺都是积极的作为，但不作为或沉默，有时也可发生默示的法律效力。例如继承人不在法定期间内为接受或拒绝继承的表示，便视为接受或拒绝继承。

意思表示的瑕疵分为错误、欺诈、胁迫、虚伪表示和隐藏行为等几种。

1．错误（error）

是指认识与实际的不一致，这种不一致为表意人所不知。而在单独虚伪表示和通谋，其认识与实际的不一致为表意人所明知，是表意人的故意所致。不知（ingorantia）系当事人对事物全无认识，如不知白金与白银的区别，燕麦并非大麦等，错误则系当事人对事物无正确的认识，但二者均非当事人表示真意，其在法律上的效果相同。罗马法上的错误即包括不知在内。

罗马古时，法律行为只重形式，而不问当事人的意思有无错误。那时是自然经济时期，商品交换较少，法律行为都有证人或长官等参加，不会发生多大问题。但到商品交换频繁以后，大法官对法律行为，一方面要保护表意人的利益，另一方面要保护相对人和第三人的利益，因此就把错误分为重要错误（error essentialis）和次要错误（error minus essentialis）①。发生重要错误，就影响法律行为效力，允许当事人予以更正或者撤销。但对于次要错误，从保护交易安全、稳定社会正常经济秩序出发，则不应让它影响法律行为的效力。罗马法上把错误分为五种：

① 大法官法把错误分为影响法律行为效力与不影响法律行为效力的两种，后世学者就把前者称为重要错误，后者称为次要错误。

第一,法律行为性质的错误(error in negotia)。如将出租某物误认为出卖某物,将借贷误认为赠予,则为重要错误。

第二,当事人的错误(error in persona)。当事人的错误有两种情形:一是把当事人其人弄错了。按罗马习惯,法律行为的订立重视当事人其人的,如原欲收养甲而误乙为甲,原欲赠予给丙而误丁为丙等;又如信用买卖中原欲卖给戊而误己为戊等,均属于重要错误。若其对当事人无足轻重的,如以现金交易出卖葡萄,目的在于获得现金,卖给戊或己或庚都一样交货收款,则不发生弄错当事人的问题。二是弄错了当事人的资格或才能。如某甲濒于破产,却误认为其有经济实力而贷与金钱,某乙的木工技艺很差却误认为较高。这些情况一般都属于次要错误,不影响法律行为的效力。但对于才能的有无,则属于重要错误,如某丙根本不会做木工而误认为其能做木工,就是重要错误。如当事人之间以特约保证有较高的水平或对方行使欺诈,谎称自己有较高的水平以骗取订约的,自可按特约或欺诈处理。

第三,标的物的错误(error in corpore)。其中也可分为几种情况:

(1)标的物本身的错误。如甲欲卖东边的屋而乙误为他是卖西边的屋,而同意购买。这属于重要错误。

(2)标的物性质的错误。其中有物质的错误(error in substantia),如误认铜为金,弄错奴隶和大家畜的性别,属重要错误;品质优劣的错误(error in bonitate),如误认劣酒为名酒,包金、镀金为纯金,即属次要错误。

(3)标的物数量的错误(error in quantitas)。优帝《学说汇编》

规定，对于无偿行为①，是以较低数为准。如甲赠予乙 4 个金币，乙误为 10 个，则以 4 个为准。对于有偿行为，如较低的数为收入方所愿意的，则行为有效。如甲出卖某物，要价 4 个银币，乙误认为 10 个，买卖可以 4 个银币成交。反之，较低的数如为支出方（购买人）所愿意，而收入方（出卖人）非高价不卖，则买卖行为不成立。

（4）从物的错误（error in accessoriales）。罗马法认为这是属于次要错误，除有特约外，不影响法律行为的效力。所谓从物，在法学昌明时期是以交易习惯决定之，而不从严格的法律意义上去理解。因之，只要一物专助主物的效用为目的，而不论其是否已经帮助主物的效用，即系从物。如果对从物应否随同主物交付有错误时，依当地习惯来决定。例如买灯，当地习惯不搭灯罩，买方就不能要求搭灯罩。习惯不明时，从债务人的利益出发，出卖人可不交。如果对从物本身有错误时，例如买锅连同锅盖，锅是一号的，但买受人误把二号锅盖当作一号的买下，这个错误不影响锅的买卖成立。至于买受人能否要求调换？保路斯主张以债务人的利益为准。

如果对从物品质有错误，如为特定物，义务方交出该物即可；如为种类物，义务方可交付同种类任何品质之物。

第四，动机的错误（error in causa impulsive）。动机是促成法律行为成立的缘由，与原因不同。有些学者把动机称为法律行为的远因，原因为近因。凡同一种法律行为，其原因是相同的。动机则

① 原文为单务契约和双务契约。按罗马法，重要的单务契约只有消费借贷和要式口约两种，两者均为严法行为，错误并不影响行为的效力，显系笔误。故按实际情况改为有偿行为与无偿行为。

复杂多端,在相同的法律行为可以彼此互异,例如借贷的原因都是为了取得借款,但其动机则可为购书、还债、治病、送礼、赌博、旅游等;买卖的原因在买受人都是为了取得标的物的所有权,但其动机则可以是自用、赠亲友、供租赁、备转卖、投资入伙等,因其存在于内部,非他人所得知,故动机的错误不影响法律行为的效力。如误以为自己的衣服被窃而购买新衣,事后发现衣服被已故的妻子藏于箱中,就不能因此而主张买卖无效,以免妨碍交易的安全。如果动机已表现于外,构成法律行为的内容,就会影响其效力。例如某人出租房子时就说明,其所以出租房子,是因为他儿子三年内不会回来,他儿子若一年内回来,租赁关系就可以终止。

第五,法律上的错误(error juris)。这种错误原则上不影响法律行为的效力,因为每个人都有知晓法律的义务,不知法律乃不知者的过失。否则人人都可以不知法律为托辞而逃避责任,则法律势必等于虚设。然若实际上确有不能知悉法律的原因,或其不知是可原宥的,执法者自不得严守原则,枉悖情理,在法学昌明时期即曾有若干例外:①当事人在某些特殊情况下,不能知道法律或很难明了法律,如当时航海经商,往返动辄经年,在旅途中,对国内新公布的法律非如现在电信事业发达,可以及时得知。又如对有些法律问题,法学家意见分歧,并无定论,有时法令抄本彼此互异,人们无所适从,则发生错误应许撤销其行为。②对未成年人因为法律行为而蒙受重大不利的,大法官法恕其缺乏经验,准其"回复原状"。③对女子、士兵和愚笨人(rustici)的错误,也特加宽宥。

2. 欺诈(dolus faudus)

是指以欺骗手段使相对人陷于错误或利用相对人的错误使之成立不利的法律行为。如制造假象、掩盖真相、捏造事实、变更事实等,致对方陷于错误并为法律行为,又与欺诈人的行为有因果关系。有欺诈而未产生后果,相对人并未因欺诈而为法律行为,当然不发生问题。又如相对人发生错误不是由于欺诈人的欺诈,或其欺诈并未使相对人陷于错误,那么欺诈行为就不影响法律行为的效力。积极的作为是欺诈,消极的不作为也是欺诈。如买古画的人误认赝品为真迹,出卖人默不作声,利用买受人的错误使其成交,就是欺诈。罗马法对欺诈分为善意欺诈(dolus bonus)和恶意欺诈(dolus malus)。前者指交易习惯允许,法律也不禁止的夸耀、吹嘘,如王婆卖瓜自卖自夸。后者则是交易习惯所不容许的,也为法律所禁止的,如出卖人把棉丝混纺的说是纯丝织品,或对买受人否认标的物的瑕疵,把病牛说成无病等。一般所称的欺诈,专指恶意欺诈而言。但两者的界限,有时很难区分,主要视当地的习惯而定。

罗马古时并无保护受欺诈人的规定。当时,要式行为只问法律行为的形式是否完备,并不问意思表示有无瑕疵。故因被欺诈而为的法律行为,受害人不得请求撤销或拒绝履行。但同时,严格的形式主义也可以防止欺诈的发生。后来要式行为逐渐减少,略式行为盛行起来,加以善良风化的衰落,欺诈时有发生。罗马的家长为了防止受骗,一般非熟人和有信用的,就很少与之交往,有的则要求在缔约时订立欺诈罚金或附加"欺诈特约"(clausula doli)以自卫。但这些民间自发的措施,远远不足维护日益发展的经济关系。公元前66年,大法官咖路斯(C. Aquilius Gallus)首创欺诈诉(actio de dolo malo)以保护受欺诈者,使其可以撤销所为的法律行为,并要求赔偿损失。欺诈诉是带刑事性的,有效期为一年,期满代以事实诉(actio in factum);该诉是对人的,受害人及其继承人只能对欺诈人提起，不移转于被告的继承人，帝政以后，欺诈人的继承人应就所获利益负责，但不再受一年时间的限制，家属和奴隶行使欺诈的，由家长家主负赔偿责任；该诉是仲裁性的，承审员有权判令被告满足原告的正当要求而免于执行判决；是不名誉的，如被告拒绝赔偿，则败诉时受“丧廉耻”的宣告；是补充性的，须无其他救济办法才能提起，因之，只适用于严法行为，而不适用于诚信行为。大法官在接受此诉后，经过审查，严格控制，对情节较轻的则不按欺诈处理。同时也考虑到原被告双方的身份，往往代之以事实诉，其目的相同，但不影响被告的声誉。优帝一世时，欺诈诉已丧失刑事性质。数人共同行使欺诈的，其中一人赔偿后，其他人的责任即因而免除，其中一人执行判决的亦同。在欺诈诉后，大法官又增设了欺诈抗辩（exceptio doli），使受害人可以拒绝履行因受骗而为的法律行为。因欺诈回复原状之申请（restitutio in integrum ob dolum）常用于诉讼进行中和受害的未成年人，使因受欺诈而蒙受损失者获得更充分的保护。

关于第三人进行的欺诈，除相对人明知其事或可得而知者外，由于相对人既未参与，也无故意（明知）或过失（可得而知），则法律行为不因之无效。但对该第三人可提起欺诈诉，请求损害赔偿。如当事人附有欺诈特约，或因第三人的欺诈致发生重要错误时，自可依法请求撤销其法律行为，自不待言。如系无相对人的行为，例如某继承人因受第三人欺诈而抛弃继承权，则纵使其他继承人不知情，该继承人也可撤销其抛弃，因为其他继承人由于该继承人非正常抛弃权利所获得的利益，是一种不当得利而不是应得的利益。

3. 胁迫（metus）

罗马法分胁迫为身体胁迫（vis physica）和精神胁迫（vis

impulsive metus)。在身体胁迫,表意人根本无意思的存在,如甲以强力执乙之手强使其在契约上签字,乙并无摆脱的余地,只是作为甲的工具签了字,自不发生意思表示瑕疵的问题,其签字当然不能发生任何效力,故亦称绝对胁迫(vis absolute)。在精神胁迫,受胁迫者则有为法律行为的意思,不过其行为的内容非其所愿,他所以这样做,只是为了避免某种危害而已,如果受害人在受恐吓后精神错乱,丧失辨别能力,其所为自亦绝对无效。只有精神胁迫才构成意思表示的瑕疵。一般把身体胁迫称为暴行,把精神胁迫简称胁迫,以示区别。

胁迫是指用重大、急迫、不法的危害相威吓,使人发生恐怖而为法律行为。其条件是:

第一,危害必须重大。在罗马法上,重大的胁迫是指对人的身体、生命、自由、贞操、名誉等的威胁。危害不限于施诸被胁迫者,即施诸其亲属,亦不失为胁迫。至于以损害财产进行威胁是否构成胁迫的原因,罗马法文献则无明文,后世学者各执一词。一种意见认为,文献上没有排斥财产胁迫是重大胁迫,则身体胁迫与财产胁迫,自当同论。况在经济还不很发达的私有制下,一般人往往重视财产更过于个人的身体和名誉。所以,受害人应可因此请求撤销其所为法律行为。另一种意见认为,文献上对人身胁迫规定得很详细,但对财产胁迫只字不提,所以罗马法上的重大胁迫不包括财产胁迫。因为对财产的危害,其严重性和急迫性不及对身体的危害,其事后的补救又较容易,故应排除在外。我国学者黄右昌、陈朝璧等均从前说。我们认为,罗马法对受胁迫者的法律保护始于共和国末叶,当时罗马奴隶制经济已相当发达,在希腊哲学的影响下,人们对人身和财产重要性的观念已有转变,故本书从后说。

至于胁迫是否重大，要依据受害人的年龄、地位、性别等各种具体情况来确定。例如以揭发某人的隐私相威胁，这对本来就有污名的人不会发生任何作用，而对于元老院议员等社会地位较高的人，就会令其深感恐惧。

第二，危害须急迫。即危害须现实而无法摆脱的，否则受害人尽可请求官厅保护，或采取其他措施逃避。

第三，危害须不法。合法行为虽使相对人感到恐惧，亦不能构成胁迫。例如债权人对债务人声言若30日内不归还贷款，即将依法起诉；又如承审员责令致害人的家长承担赔偿原告的损失，否则便将其家属判交原告处理等，这些均在其有权范围之内，就不得谓之胁迫。但如以揭发犯罪相恫吓而索取财物，则属胁迫，因人们都有权揭发犯罪，但无权迫令犯人交付财物。

第四，胁迫和法律行为之间须有因果关系。即受害人系由于胁迫感到恐惧而为法律行为，否则他不是为了避免蒙受重大危害，也就不会为这一法律行为了。

罗马法上的欺诈和胁迫有相同之处，亦有不同之处。其相同处为：

一是欺诈和胁迫均为私犯，行为人除赔偿损失外还应负罚金责任。

二是欺诈和胁迫的后果均由行为人本人负责，不移转于其继承人。

三是因欺诈和胁迫而为法律行为，均属有瑕疵的意思表示，是相对无效的，受害人可以撤销其所为的法律行为，如不依法撤销，该法律行为就仍有效。

四是承审员在审理欺诈和胁迫案件中，均享有权衡之权，在被告不能满足原告的正当要求时,即判处赔偿和罚金。

其不同之处为:一是在一般情况下,进行欺诈是为了行为人自身的利益;而胁迫则常常是为了第三人的利益,意图胁迫的人自己不出面,而指使第三人进行。二是受欺诈的人在当时虽不知道受欺骗,但一旦发觉后即知道行使欺诈者是谁;而胁迫则相反,当时谁在进行胁迫是清楚的,但真正在幕后指使进行胁迫的人则不一定就明白。而且欺诈容易预防,如买东西时可请人进行鉴定,还可附加欺诈特约等;而胁迫则不易预防。三是受欺诈者只能获得实际的赔偿,受胁迫者则可获得四倍于损失的罚金。四是受欺诈者只能对行骗人及其继承人诉追,受胁迫的被害人则可对因此获利的第三人诉追。五是欺诈者败诉,受丧廉耻的处分;胁迫者则否。六是欺诈诉是补充性质的,胁迫诉则可由受害人直接提起。

在古代法,因受胁迫而为的法律行为,也和受欺诈一样,并不受到法律的保护。在有了欺诈诉以后,大法官认为胁迫和欺诈一样,也是致害人以不正当的手段使被害人为法律行为,故允许受胁迫的被害人援用欺诈诉。但两者毕竟有异,以后大法官奥克塔维乌斯又专门创设了胁迫诉(actio metus)。由于幕后的胁迫人不易查明,故该诉不仅可对直接行使胁迫的人提起,且可对因此获得利益的第三者和占有人提起,而不论其是善意或恶意,也不论其是否参与胁迫。如为恶意,要交付其所得利益四倍的罚金;如为善意,则返还其所得利益;至于参与胁迫的人则为共犯,同样处以损失四倍的罚金。

后来又增设了配套的胁迫的抗辩(exceptio metus)和因胁迫回复原状的申请(restitutio in integrum ob metum),主要适用于继承权的抛弃和财产的让与。

关于虚伪表示和隐藏行为，前者表意人故意使其意思表示与真意不一致，实际上并不欲为其所表示的法律行为，但其意思表示是自由的，不像欺诈和胁迫那样受到他人的不法干涉，故不属意思表示的瑕疵；虚伪表示有单独虚伪表示（又叫心中保留）和通谋虚伪表示：在单独虚伪表示是表意人故意隐匿心中的真意，而表意与真意不一致的意思，例如甲为取得乙的欢心而作以低价出卖某物的要约，实无出卖的意思；通谋虚伪表示即表意人与相对人通谋为虚伪的意思表示，如甲为其财产免受债权人扣押，与乙通谋伪装将财产卖给了乙。单独虚伪表示原则上有效，目的在于保护信赖这种表示的相对人。如果相对人明知或因过失不知是虚伪表示，则无保护的必要，应属无效。而通谋表示的双方都明知其真意，故法律行为无效，但不能以其无效对抗善意第三人，以保护交易的安全。如甲将奴隶伪装卖与乙，事后乙竟将该奴隶卖给丙，丙不知甲乙之间的买卖是虚伪的，则不能以他们之间的买卖无效而否定乙丙之间的买卖关系。所谓隐藏行为，是在伪装的法律行为中隐藏了一个真正法律的行为，如甲欲赠送一笔金钱与乙，但为避免引起法定继承人的不满而伪装借贷给乙。其中借贷是假，赠予是真，则借贷无效而赠予如果合法，就可以产生效力。在古罗马，由于市民法严峻而烦琐，故隐藏行为极为普遍，如拟诉弃权之隐藏买卖；收养之隐藏取得市民身份；出卖家属的隐藏解放；信托之隐藏继承；假结婚之逃避独身的制裁；假离婚之使当事人间的赠予生效等。

（二）标的

法律行为的标的即当事人通过法律行为所欲发生的事项，也就是法律行为的内容。法律行为以意思表示为要素，意思表示可分为两个过程，一是内部的意思，一是外部的表示，从内部意思形成到表示于外部,以内部的决意为关键。所谓决意就是从许多意念中予以抉择。“为或不为”,这是标的的抉择,至于“为什么为,为什么不为”,则是为动机的抉择,故法律行为的标的不同于法律行为的动机。法律行为标的的要件为:

1. 确定性

法律行为是当事人共同遵守的行为规范,如果内容不确定就无法遵守和实现。如任凭债务人给付,无异于债务人不受拘束。如任凭债权人请求,那么债务人的债务将漫无边际,故法律行为内容必须确定。罗马古代,专重形式,一切法律行为均须有绝对确定的标的。以后法律进步,只要债务人真正受到约束,甚至订约时未确定,但日后可以确定的,大法官对该法律行为,也加以保护。所谓确定,应按交易习惯客观地衡量之。如以一棵树、一动物为赠予的标的,借贷金钱、稻谷而不定数量,卖买土地、房屋而不说明地点、大小等,均使法律行为的内容无法确定,故不能成立。但标的在法律行为成立时,虽未完全确定,而依习惯、法令或其他事实等可以确定的,则法律行为即属有效。如标的为小麦1000斤,而未定品种,则债务人有权交付当地任何品种的小麦1000斤。又如以柜中的现金为赠予,以医药治疗费用为贷款标的等均属有效。其依第三人的意思而确定的,必须订约时即确定其人选或确定人选的办法,否则当事人仍不受拘束,日后翻悔,只要不同意人选,就可使法律行为不能成立。由第三人确定标的的法律行为,必待标的确定时,始能成立。若该第三人忽然死亡,或患了精神病致不能履行确定任务时,则法律行为即不能成立。第三人的确定应公正而善意,若有意偏袒,则被害人受欺诈诉的保护,有权请求撤销其法律行为;因大法官法认为法律行为是以诚信为基础,应视为含有

"欺诈特约"在内。至于确定标的之权,可否授予当事人之一方?依原则应持否定说,已如前述。然若当事人间基于情谊和信任,足以保证享有决定权的一方不致使标的的内容越出正常范围之外的,自可别论。如合伙人约定由其中一人定出各人出资的数额;父为女设定嫁资时保留自行决定其数额之权等,在罗马也是常事。

2. 可能性

就是法律行为的内容须可能实现,否则法律行为无效。可能性应依社会上一般的认识客观地加以确定。有时虽在纯理论上是可能的,但社会上一般认为是不可能或虽可能而花费过巨,在经济效益上是绝对不足取的,法律行为亦无效,如海底捞针之例。至于什么是可能,可从反面不可能来加以说明:

第一,法律上的不可能与事实上的不可能。法律行为的内容在事实上虽属可能,然因法律的禁止,因而成为不可能,如买卖神法物、兄妹结婚等,就是法律上的不可能。如法律行为的内容在事实上是办不到的,如甲以女儿嫁给乙而甲并没有女儿等就是事实上的不可能。法律行为的标的不论是法律上的不可能或是事实上的不可能,该行为均属无效。但若当事人知其不能而以不能情形可以消除为条件成立法律行为的,则可有效。如预期某神用物即将解除神圣性,而以该神用物成为普通物为条件订立买卖契约之例。

第二,主观上的不可能与客观上的不可能。由于行为人本身的原因而不可能的叫主观上的不可能,如不懂希腊语而去充当希腊语翻译。由于客观原因而不可能的叫客观上的不可能,如一人要通晓世界各国的方言,这不仅他本人是不行的,就是一般人也都是不可能的。法律行为的标的如客观上不可能的,即根本无效。

主观的不可能对于法律行为的效果不发生影响，因能与不能应以一般人为标准而不以行为人个人为标准。

第三，自始的不可能与嗣后的不可能。导致不可能的事实于法律行为成立时即已存在的叫自始的不可能，在法律行为成立后发生的叫嗣后的不可能。前者如将要出售的房屋在契约缔结前已被焚毁，后者如契约缔结后房屋才被焚毁。嗣后的不可能，仅构成法律行为履行不可能的问题，法律行为并不因之失效，视债务人的有无过错，或负损害赔偿责任，或免除给付义务。若该法律行为成立时已属不可能，即使日后变为可能，法律行为亦不能生效。因自始无效，永久无效。

第四，全部不可能和一部不可能。法律行为的内容全部不能实现的叫全部不可能，如买卖的房屋全部被烧毁；部分不能实现的叫一部不可能，如房屋部分被烧毁。出现部分不可能的情况时，法律行为原则上全部无效，但除去不可能的部分，其他部分仍可成立时，则其他部分仍然有效。

3. 正当性

法律行为的标的不能违反强行法规及公序良俗，否则法律行为无效。强行规定包括强制规定和禁止规定。其以逃避手段，规避强行规定以达违法目的的避法行为，亦同属无效。所谓公序即国家的安全，市民的根本利益；良俗即市民一般的道德准则，二者含义广泛，且随时间空间的不同而不同，非一成不变。优帝《学说汇编》认为下列诸例均属不正当，如以杀人、侮辱人、行窃等为标的，这是行为的不法；如使人勿控告盗贼，预约不需负刑事责任，这是庇护和鼓励犯罪；如约定终身不结婚、不离婚、必离婚，必信奉某教、不信奉某教，不立某人为继承人、必立某人为继承人等，则为限制婚姻、宗教和遗嘱的自由；如以赌博、为娼为标的，这是伤风败俗，以上行为，均属无效。但所谓不正当，不应仅就标的本身而论，还要结合行为的目的和动机来判断。例如甲给乙金钱，使勿杀人，似为奖励守法，但不杀人乃每个人应有的责任，这实际上是乙的一种讹诈行为；又如出租人以承租人结婚为租赁的解除条件，这似限制婚姻自由，但罗马法则肯定其效力，因此种条件乃为出租人的利益而设，且对承租人的限制又非绝对的。

4．利益性

即标的对于债权人要有利益。这是根据“利益是诉权的基础”而来，诉权就是为了保护当事人的利益。如债权人并无利益于给付之实现，就不需给予其请求实现给付的诉权。无诉权保护的给付，只是自然债而已。所谓利益，一般指金钱利益，但又不限于金钱利益，也可以包括精神上的利益①，如私犯中对人身的侵害和关于亲权行使等诉讼，可不以金钱利益为必要。金钱利益亦非须能增加债权人财产的价值，通常可以金钱取得的即可，如瞭望地役等。

（三）方式

法律行为的方式是指行为人意思表示的表现形式。古罗马的法律行为重形式（包括语言和动作）而不重当事人的意思，这是适合当时社会的需要的。因为：第一，由于在自然经济时期，人们主要是自己生产，自己消费，交易很少，又受宗教的影响，习惯于烦琐的方式，故对偶尔成立法律行为需要履行一定的方式并不感到不便。

① 优帝《学说汇编》载，帕披尼亚努斯谓在诚信契约中，以有精神利益为已足，但对此颇多异议。故历来研究罗马法的学者多主张仅限于金钱利益。自1888年耶林对瑞士铁路公司一案，力主精神利益也是诉讼基础之说，于是法学界的争议迭起。

第二,当时文化幼稚,证据要靠人证,举行仪式便于记忆,且证人有死亡、出征等,为了保证证据的有效性,故一二个证人不行,一般都要五六人甚至更多。

第三,司法人员也没有现代的科学头脑,不善于分析研究,形式主义有利于解决问题,同时又可防止贵族承审员的偏袒。

第四,使当事人对其行为作认真考虑,避免轻率从事,注重履行义务而不易发生错误或受欺诈与胁迫。

第五,使法律行为的成立、内容和性质明确无疑,便于履行,可减少纠纷的发生。

因此,方式便成为当时法律行为的要件。到共和国末叶,法律行为的效力始依当事人的意思为重,产生了诺成契约以利商品的流转,促进经济的发展。因而法律行为已毋需一定的方式为成立要件。但法律规定或当事人约定采用一定方式的,则在未完成该方式之前,法律行为不成立。优帝一世时并明定当事人约定其契约须用文字订立的,则在书契未完成前推定其契约不成立。后世的契约自由原则中,当事人自由选择方式是重要的内容之一。但为了保护交易的安全,即使在现代法律亦规定某些重要法律行为的成立须履行一定方式,如不动产和船舶的买卖应采用书面并进行登记之例。

二、法律行为的常素

常素(naturalia),不是法律行为成立的要件,而是法律对某种法律行为所规定的当然条款。如买卖关系中出卖人在交付标的物前有保管标的物的义务和负追夺担保与瑕疵担保等责任。但若当事人排除或变更其中的某些条款，并不影响法律行为的成立；要是不排除也不予变更，即依法当然存在。

三、法律行为的偶素

偶素（accidentoia），不是法律行为的成立要件，也不是法律规定的当然条款，而是当事人约定附加于法律行为的特别条款，此种约定，在不违反法令和公序良俗的前提下，可由当事人任意附加，但主要有条件、期限和负担三种。

（一）条件（condicio）

1. 意义

条件是指当事人约定将未来客观不确定的事实作为发生或消灭法律行为效力的附款。法律行为的效力既是基于当事人的意思表示而发生或消灭，当事人当然也可通过意思表示而对法律行为效力的发生或消灭加以限制，这样就构成了附条件的法律行为。作为条件的事实必须符合一定的要求：

（1）必须是未来的事实，不是过去的或现在已发生的事实。否则纵使当事人并不知悉，亦不得作为条件，因债权人在证明事实之存在时，债务人即须履行债务，故形式上虽为条件，实际上只是默示期限。所谓"既定条件"①，并非真正的和法律意义上的条件。

① 国内有些学者误把"过去及现在事实，只要当事人不知，亦可作为条件"，并主张罗马法和法国民法即采主观主义，实系混淆了通俗意义上的条件和法律意义上的条件。法国民法第1168条规定："债务取决于未来和不确定（futur et incertain）的事实；或者在事实发生时始履行债务，或者在事实发生或不发生时解除债务的为附条件的债务"。显系沿袭罗马法采取客观主义。

此点在买卖中甚为重要,因风险负担的主体依所附的约定为条件或期限而不同,下文当详论之。

（2）必须是客观不确定的事实。即事实的成否在客观上是不确定的,必然要发生和肯定不会发生的事实情况均不能作为条件。例如人的死亡,石头开花。前者肯定要发生,只是发生的时间不确定;后者则肯定不会发生。纵使当事人认为不确定,以之作为法律行为的附款,也不发生条件的效力,只是一个不确定的期限或是一个无效的条件。故“已定条件”和“不能条件”均非真正的条件。但所谓客观并不确定,乃以某一时期一般人的知识和经验为标准,故如胎儿的男性女性,虽现代可以确知,但古时仍可以之为条件。

（3）必须是当事人特别用来决定法律行为效力的。罗马法上的条件,就广义说,虽分“法定条件”(condiciones juris)和“事实条件”(condiciones facti),但严格意义上的条件则指后者。故附款若以法律行为的要素或常素作为条件,由于法律已有规定,实属画蛇添足,自不发生条件的作用。如遗嘱人以其死亡为遗嘱生效的条件之例。又条件为法律行为的附款,是整个法律行为的一部,故在为一个法律行为以后另为限制该法律行为效力的另一个法律行为时,则为两个独立的法律行为,而不是一个附条件的法律行为。

2. 条件的有效要件

（1）必须是事实上和法律上都是可能的。以不可能的事实为条件,如以指触天、女子收养自权人等,以之为停止条件,则法律行为无效;以之为解除条件,则与未附条件同。

（2）必须正当。即条件须不违法,或不违背公共秩序和善良风俗。如以不正当事实作为停止条件附于法律行为,该行为无效。如以杀人作为赠予的条件就是这样。但以不正当事实作为解除条件,则法律行为有效而条件无效。如当事人约定,如果所租房屋不开设妓院,就立即解除租赁契约,但该不法的条件并不影响租约的效力。

(3) 须不矛盾。如所附条件致法律行为的内容自相矛盾的,不论是停止条件或解除条件,其法律行为均无效。如甲以奴隶卖给乙为条件而赠予丙,或甲以奴隶赠乙而以请求履行给付时应归还该奴隶为条件之例。

(4) 须非纯依债务人的意思。条件如果纯依债权人的意思为转移,由于权利制约义务,故全由权利人决定的不论其为停止条件或解除条件均为有效。如你要借我的奴隶缝衣,可随时来叫(停止条件),或这匹马我送给你,你不要时再还给我(解除条件)之例。反之,如纯粹依债务人的意思为转移,则在停止条件时,其法律行为无效。如我愿意时就把奴隶借给你,是我(出借人)毫无受法律上拘束之意,而义务不能制约权利,故应无效。但如为解除条件则有效,如我把奴隶借给你使用,我要时再来领回,因借用契约生效在先,我不领回时,就可由你继续使用。

至于以不能、不正当等条件附于死因行为,其效果如何?帝政前期,普罗库路斯派和萨比努斯派各主一说。前者认为应与生前行为同样对待,不作特别处理。后者则认为应作不附条件论,其法律行为仍可生效。因死因行为须于行为人死亡后始生效力,不若生前行为,发现问题尚可更改或重订。而推测当事人的意思,必以该法律行为为主,条件为从,若其预知条件的不能或不当等,即不再附加。况大法官的传统,都是尽可能使遗嘱能发生效力,以免遗嘱人死后无人继承。故后说终占优势。

3. 条件的种类

条件按照不同的标准可以分为下述各类：

（1）积极条件（condicio affirmativa）和消极条件（condicio negativa）。依作为条件的事实是积极的或消极的，可以将条件分为：①积极条件，是以某事实的发生作为条件的成就。如来自非洲的运麦船舶能到达时，赠予你小麦1000斤。②消极条件，是以某事实的不发生作为条件的成就。如来自非洲运麦的船舶不能到达时，则赠你小麦1000斤。

（2）偶成条件（condicio causalis）、随意条件（condicio potestativa）和混合条件（condicio mixta）。这是以条件的成就是否以当事人意思为转移作标准。

① 偶成条件指条件的成就与否不取决于当事人的意思，而取决于自然事实（如明年丰收则送你小麦100斤）或第三人的意思（如姐姐同意，则我把这衣服送你）。

② 随意条件指条件的成就与否取决于当事人一方的意思。又可分为普通随意条件和纯粹随意条件。前者指条件的成否虽取决于当事人的意思，但条件的内容仍须实现，如你要是去罗马，我就借给你旅费之例；后者指条件的成否完全取决于当事人一方的意思而不掺杂其他因素，如我要是愿意，就把房子借给你住，乃债务人的纯粹随意条件；你要是愿意，我就把这房子借给你住，则为债权人的纯粹随意条件。法律行为附有纯粹随意条件的，其效力视其为债权人的或债务人的而不同，已如前述。

③ 混合条件指条件的成就取决于当事人和第三人的意思。如你若愿同某人结婚，就将这间房屋赠给你。

（3）停止条件（condicio a qua）和解除条件（condicio ad quam）。

这是以条件的作用系限制法律行为效力的发生或消灭为标准。

① 停止条件是指条件成就时法律行为发生效力，不成就时法律行为就不生效力。条件在其成否未定前，法律行为即已成立，但尚未生效，其效力处于停止状态，故称停止条件。例如甲乙约定，若乙这次被选为大法官，甲即将某房产送乙。此时赠予契约虽已成立，但非在乙选上大法官后不能生效；如乙落选，则赠予契约确定失效。

② 解除条件则相反，已生效的法律行为在条件成就时就失其效力，故称解除条件[①]。例如甲将一奴隶送乙，约定若乙此次大法官竞选失败，仍应还甲。此时赠予契约不仅成立，且已生效，惟在乙选不上大法官时，则赠予契约即行失效，该奴隶仍应还甲；但若乙被选上，则奴隶便确定地归乙，赠予便等于不附条件了。

罗马古时，所有法律行为都不得附加条件。要式现金借贷、文书契约既不得附以停止条件，亦不得附以解除条件。因此，法律行为都是即时发生效力，而其效力的消灭，又须用相反的方式。以后允许遗嘱可附加停止条件，稍后要式口约、要物契约也可附停止条件，但仍不能附加解除条件。其有附加者，视作未附加论；直到共和国末叶，才产生解除条件。当时，大法官根据实际需要，创设“约束抗辩”(exceptio pacti)，使债务人得以对抗债权人不守约定的条件。至于要式买卖、拟诉弃权、债务免除以及解放、婚姻、收养、认领、继承等法律行为，按其性质均不得附加任何条件，否则法律行为无效。至诺成契约盛行后，对附加条件已逐渐放宽，即附以解除

① 部分学者认为凡条件都是停止条件；一为停止法律行为效力的发生，一为停止法律行为效力的消灭。其所以称后者为解除条件，仅为便于表示二者的区别而已。

条件,亦直接受市民法的保护。惟对买卖和租赁契约附加停止条件,在帝政前叶,仍有争议,至合伙之得附加停止条件,在优帝一世时始行明确。

4．条件的效力

对条件的效力,可以从停止条件和解除条件两个方面加以说明。

（1）停止条件的效力。又可分条件成否未确定、条件不成就和条件已成就三种情况：

① 条件成否未确定。法学昌明时期,法学家对法律行为的效力如何,意见分歧。普罗库路斯派的创始人拉贝奥同意传统观点,认为此时法律行为根本不能成立,故停止条件乃停止法律行为的产生;萨比努斯派主要人物之一雅沃莱努斯(Javolenus)则主张法律行为已经成立,只是没有生效,故停止条件,仅停止法律行为效力的发生。两者各有附和者,后来终以后说占优势,优帝《法学纲要》采之。据此,一方面法律行为在条件未成就时虽未生效,但却有生效的可能,因此在这种情况下,双方当事人间确已存在法律关系,一方有因条件成就而获得利益的希望,他方则有承担义务的可能,故:第一,此项未定之债为双方财产的一部分,可以进行更改,附加担保,也可以免除。在当事人死亡时,移转于双方的继承人。故有损害之者,应承担法律责任。第二,当事人的权利能力和行为能力应以为法律行为时的能力为标准。例如奴隶,即不得自己为有效的附条件的法律行为,因附条件的法律行为所获得的利益属于为法律行为时的家主,即使在条件完成前被解放或被出卖,也不因此变更。第三,债权人对于这种期待权可采取各种保护措施。如申请财产分别利益,撤销有欺诈的奴隶解放等。第四,除双方同

意外，债务人不得阻止条件的成就。

另一方面，法律行为的效力虽有发生的可能，但还没有发生，故债权人不能诉请履行，但即使起诉失败，在条件成就后仍可起诉，因单纯的权利和期待的权利不同，不受一事不再理原则的限制；债务人也不负履行的义务，如误为清偿，有权请求返还，其知情而清偿的，则以抛弃条件的利益论。

② 条件不成就，即条件的内容已确定不实现。如为积极条件，即条件的事实不发生或已无发生之可能；如为消极条件，即条件的事实已发生，其法律行为即认为自始不成立；但如条件不成就是由于债务人以不正当行为阻止的结果，则以已成就论。

③ 条件已成就，即条件的内容已经实现。如为积极条件，则条件的事实已发生；如为消极条件，则条件的事实已确定不发生，其法律行为视为自始成立，发生应有的效力。自法律行为成立后所发生的添附和孳息，均归债权人所有，标的物的风险亦由债权人承担；但若标的物全部灭失，则法律行为因无标的物而不能成立，则损失以由债务人承担为原则。当事人以特约使条件成就的效力不于法律行为成立时开始的，则按照特约办理。要是债权人以不正当行为促成条件成就的，则视为条件不成就。

（2）解除条件的效力。在罗马法，停止条件产生在先，解除条件产生在后。在解除条件未产生前，法学家把无条件的法律行为和附停止条件的法律行为结合起来以解决实际问题。条件成就与否未确定前，无条件的法律行为即直接生效；在条件不成就时，无条件的法律行为即确定地生效；条件成就时，无条件的法律行为的效力即被附条件的法律行为所取消，即视为自始未成立。此时，如给付尚未履行，债权人即不得请求履行，已履行的，应即回复原状；

因此,受让人在条件未成就前对标的物的转移及物权的设定均归无效。但如当事人为了避免回复原状所发生的不利后果,约定其效力不从行为成立时开始,而从条件成就时开始的,不论是明示或默示,则无条件的法律行为当自条件成就时起失效,后即演变为解除条件,例如委托、租赁、合伙之附有这种条件的,于条件成就时,仅其效力不再继续而已[①]。如当事人以不正当行为阻止或促成条件的成就或不成就的,也以条件的不成就或成就论。

（二）期限(dies)

1. 期限的概念

期限是未来确定要发生的事实。当事人如把期限的到来与否作为法律行为的效力发生或消灭的依据,这就构成了附期限的法律行为。期限与条件的区别:第一在于未来事实的发生与否能否确定,能确定的是期限,不能确定则是条件,而不在于未来事实发生的时期能否确定。因为作为期限的事实纵使其发生的时期不确定,但迟早要发生,而条件则否。例如称某人病愈后还债,某海船到港后交货,由于人能否病愈或海船能否到港为不确定的事实,所以这些是指条件。但是,如称某人死后退还房屋,由于人迟早都会死的,虽然何时死不能确定,但死却是确定要到来的事实,所以这是指期限。反之,如果某事实发生的时期可以确定而其成就是不确定的,仍为条件而非期限。如称某甲适婚之日,适婚的日期是确定的,但某甲能否活到那一天则是不确定的,所以这是条件而非期限。第二是否为未来的事实。在期限,即以已发生的事实为之,只需当事人尚未知悉,仍可为默示期限;而条件则以客观的未来的事

① 对于解除条件成就时的效力,是否溯及既往,学者间颇多争议。

实为限。

期限也必须可能和合法。如当事人约定,“一万年后交货”,从哲学上说,虽属可能,但法律是以人们的现实生活为标准,人生长寿,一般不过百年,所以从交易观念上看,实为不可能。因此,以这种“期限”为始期的法律行为无效,以之为终期的则一般作不附期限论。所谓合法,即合乎法律的规定。有的法律行为依其性质不能附期限或法律禁止附期限,如结婚履行一定方式后,婚姻即发生效力,不能由当事人附始期或终期。又如撤销、承认等行为,若附期限必相抵触,故当事人附加期限的则其法律行为无效。

2. 期限的种类

期限依其作用和性质,可分为以下四类:

第一,始期(dies a quo)和终期(dies ad quem)。前者与停止条件相当。即在其到来之前,法律行为的效力处于停止状态;在其到来时始行发生。后者与解除条件相当。即在其未到来时,法律行为的效力照常发生;待其到来时,即行消灭。

第二,确定期限(dies certus)和不确定期限(dies incertus)。前者指事实发生的时期可以预先确定,如定于某年某月某日开纪念会;后者指事实发生与否虽可确定,但发生的时间不能确定。如天迟早是要下雨的,但哪一天下,则在科学不发达时是不能肯定的。

第三,明示期限和默示期限。前者指当事人明白表示法律行为生效或失效的期限;后者指当事人虽未明白表示法律行为何时生效或失效,但可依其他情况推知的期限。如甲借乙的牛犁10亩地;又如出租人只收一个月的租金而拒绝多收租金,至少表明他暂时只愿将标的物出租一个月。

第四,约定期限和恩惠期限。前者指当事人相互约定的期限,后者指法律规定或大法官斟酌情况给予债务人缓期履行的期限。

3. 期限的效力

期限有为债权人的利益而设立的，有为债务人的利益而设定的，也有为当事人双方的利益而设立的。始期的利益通常为债务人的利益而设，故债权人于期限到来前不得请求债务的履行，例如使用借贷；期限为债权人的利益而设的，则债务人不得强迫债权人于期限到来前受领给付，例如寄托；若期限为双方的利益而设，则债务的履行须在约定的日期，例如有利息之消费借贷。因此，在期限到来前，当事人有权要求对方遵守期限，但他也可以抛弃期限的利益。现分始期和终期说明如下：

（1）始期的效力

① 在始期到来之前，债务还没有到履行的时期，故除了期限为债权人的利益而设立的外，债权人不得诉请对方履行义务，否则就将因"先期索债"（plus petitio tempore）而败诉。更由于"一事不再理"的原则，也因此丧失了在期满后再行追索的权利。帝政后期，此项限制逐渐放宽，崔诺帝于公元 486 年或 487 年发布的敕令规定，凡于期限前起诉的，除因其他原因败诉的外，不失嗣后追索的权利，但其期限则延至其所提前时日的二倍。期限到来之前，债务人也不得主张抵消，但可采取各种保全措施。债务虽未到履行之期，但已确定存在，此时债务人不仅不能损害债权人因期限所应获得的利益，即使因错误而清偿，他也无权再请求返还。因欲提起"不负债的返还诉"（condictio indebiti）须具备不负债和重要错误两项条件，而始期仅延缓债的履行，并非债的不存在或当事人有重要错误。

② 在期限到来之后，如为明示期限，债务人于期限届满之日的

全日终了前得为清偿。因此，债权人非于期满的第二天不得起诉追索。如为默示期限，当事人不能达成协议时，由法官斟酌履行所需的时日决定。期限到来，其效力不溯及既往，否则就与设立期限的宗旨相矛盾。故期限前债务人所收的孳息毋需返还。如果债务人破产，则依法要丧失其期限利益，因此，未到期的债务，亦以到期论。

（2）终期的效力

在期限到来前法律行为完全生效，在期限到来时即失去其效力，但这不影响其期限到来前的效力。

（三）负担(modus)

1．负担的概念

负担是当事人于法律行为的普通效力之外所附加的特别义务。通常见于无偿行为，特别是遗赠。例如甲遗赠乙田地若干而要他将收益的半数救济本乡的孤儿。也有见于有偿行为的。例如甲把房屋卖给乙，而要乙将其中的一间租给丙终身居住等。负担的标的必须确定、可能和合法，否则负担无效，但不因此而阻止法律行为效力的发生。如某人将盗窃作为赠予的负担，负担虽因不法而无效，但赠予行为仍然有效。因负担为纯粹的附从条款，而附从条款的瑕疵，不影响法律行为的效力。故不能把负担与标的相混淆，一为法律行为的偶素，一为法律行为的要素。负担有为当事人的利益而设的，也有为第三人的利益而设定的。

负担与条件不同，负担不影响法律行为的效力，而条件则否。以赠予为例，附有停止条件的赠予必须在条件成就时才发生效力；而一有负担的赠予，则即时发生效力，受赠人有直接取得赠予物的权利。不过受赠人要承担履行负担的义务，若受赠人因不可归责于己的事由不能履行负担时，他可以保留受赠财产而无返还的义务。受赠人如不能依赠予人指定的方法履行负担时,在法学昌明时期也可用类似的方法履行。英国衡平法的慈善信托规则中,有所谓负执行义务的人不能执行慈善人(即捐助者)所指定的方法时,得选择一近似方法执行的规则,此即导源于罗马法的负担规则。在附解除条件的赠予,条件成就,受赠人即丧失权利,赠予当然失效;而在附负担的赠予,受赠人不履行负担,赠予行为并不当然无效,赠予人可要求受赠人履行义务,或向受赠人收回财产。由上可见,条件为事实而非义务,条件不成就,当事人不能强制其成就;负担则为义务,受赠人如不履行,赠予人可诉请法院强制受赠人履行或返还其所受的赠予。负担与条件不能区别的,应以当事人的意思和订立法律行为时的情况决定之。如当事人意在以停止法律行为的效力为条件,仅要债务人承担特定的义务的为负担,如果无法决定时,则应推定其为负担。因条件使法律行为的效力处于不确定状态,而负担则不影响法律行为的效力,这样更符合当事人希望其法律行为生效的原意。

2. 负担的效力

负担既不影响法律行为效力的发生,也不停止法律行为的履行,故法律行为即时发生效力。但债务人应遵照约定履行负担的内容。帝政初年,负担须用要式口约设定,否则不受法律的保护。3 世纪末叶,如受赠人不履行为赠予人利益而设的负担,则赠予人有权收回原物或申请履行。但负担如果是为第三者利益而设的,依当时的法律原则,不仅受益人无权请求履行,即使赠予人亦不得强迫其履行。因受益人没有参加订约,而赠予人又对负担的履行没有利益,因此他们均无请求履行负担的权利。其后,学说和判例为了纠正此种不合理的现象,授予赠予人或其继承人以“给付未履行的返还诉”(conditio causa data, causa non secuta)以收回原物,使符合当事人订约的原意。地奥克莱体亚努斯帝时，更授予受益人以请求履行之权。这样，负担制度就更加完备了。

第三节　法律行为的解释

关于法律行为的解释，古代法只注重其成立的形式，而不问当事人的真意。到了法学昌明时期，法学家遂主张审理案件应该探求行为人的真意，而不应该拘泥于形式。因此，对法律行为的内容应作如下的解释。

一、法律行为内容明确的

在这种情况下，除有其他情况足以证明它与行为人的原意相违背，否则应认为符合当事人的目的。对于习惯，应被视为是法律行为的常素。例如甲有两个儿子，夫妇和长子住东房三间，次子住西房两间。甲立遗嘱将“西房三间归长子继承，妻子仍与长子同住，东房归次子继承”。甲死后，兄弟争房，兄认为这是老父将“东”字误写为“西”字，“西”字误为“东”字。因此，原住东房应由他继承。弟则主张西房另有杂屋一间，正是三间，老父并无“笔误”，根据原居住情况等考虑，应以兄的意见为是。

二、法律行为内容发生歧义或晦涩不明的

（1）帝政后的法学家遇到这种情况，在解释法律行为时，先是

探究其原因，并把行为所包含的全部条款互相印证，结合有关事项，以发现当事人的真意。例如A在遗嘱中写下了这样一项条款："东街的小屋遗赠给亲爱的安娜，以酬谢她对我多年来的精心照顾"。可是A的女仆和侄女都名安娜，A死后，继承人便把小屋移交给A的侄女，理由是侄女是近亲，常来照顾A，女仆是雇的，对她的劳务已出了报酬，遗嘱人不用"侍候"、"偿给"等词，而用"照顾"和"酬谢"，其意思是很明显的，女仆不服，提起诉讼，审理中查明：第一，女仆是专门侍候A的，侄女虽也来照顾A，但只是一般性的，隔一段时间才来一次，所以多年来精心照顾的应是女仆而不是侄女；第二，女仆没有房屋，需要有个住处，而侄女自己的房子已很宽敞，因此，小屋应归女仆。

（2）如法律行为既可解释为发生效力，又可解释为不发生效力，就应采用发生效力的解释，因当事人不会故意订立无效的行为。例如甲立遗嘱中载明："继承人乙应将丙在某处的房屋赠送给丁。"按常理，甲无权处分不属于他所有的房屋，故该条款应属无效；但也可解释为甲的真意在要乙将丙的房屋买来送丁，如果丙拒绝出卖，则由乙付予丁相应的代价，这样，该条款便可成立了。

（3）如果几种解释均可发生法律效力时，则选择较合于该行为的性质以及违背该行为普通效力较少的一种作为有效解释。例如甲写信通知乙赠以某处房屋一幢，但乙应代他向某老人院捐银币多少元。甲发信后不久死亡，乙接信后发现金额因故模糊不清，似为600元，又似为300元或200元。老人院与乙为此发生争执，审理中查明该房屋约值600银币，因此作为赠予的负担，600元显应排除在外；同时就负担的性质，应从债务人的利益来考虑，一般应以最低数的200元为准。

（4）如果不能采取上述办法，则应将不利的解释由订立条款的一方负责。因为他没有把条款订立明确，自应由其承担后果。因此，在单务契约，不利的解释一般由债权人蒙受，因为他是该契约的主导方面；双务契约则应视习惯上由何方决定契约的内容为准，并视行为的有偿或无偿，以及参照上述有关错误的规定作出合理的解释。

（5）对有关抛弃利益和让与权利的条款，应从严解释而不能推定，因一人通常是不愿牺牲自己利益的。但在遗嘱和死因赠予则相反，因遗赠和赠予都是以施与为其特质，与一般的有偿让与行为不同。

（6）对无法解释的条款，以无此条款论，使法律行为的效力不因此而受影响。

第四节　代理

一、代理概述

现代所称的代理，是指代理人在代理权限内以本人（被代理人）的名义，向第三人为意思表示，或由第三人受意思表示，而其效力直接及于本人的行为。故代理仅限于法律行为而不适用于事实行为和侵权行为。又法律行为可代理的仅限于财产行为，至于结婚、收养等身份行为则不得代理。代理人在代理行为中，其所表示的意思是自己的意思，这与传达人传达本人的意思不同。代理主要可分：

（1）直接代理与间接代理。前者指代理人以本人名义所为的法律行为，直接对本人发生效力；后者乃代理人以自己的名义为本人利益的计算而为法律行为，然后将效果移转于本人，这种代理并非真正的代理。

（2）法定代理与意定代理。前者指代理权由法律规定而发生，后者则由本人的授权行为而发生。

（3）一般代理和特别代理。前者指代理权的范围无特别限制；后者则限于特定的事项。

（4）单独代理与共同代理。前者指数代理人各单独行使代理权，亦称各自代理；后者则数代理人应共同进行代理行为。

（5）双方代理与复代理。前者指代理本人与自己为法律行为，或作为第三人的代理人，同时为本人与该第三人为法律行为；后者指代理人为处理其权限内的事务而另选他人代理其处理该事务的全部或一部。

二、代理的沿革

罗马古时，并没有代理的观念。究其原因有二：第一，古代为法律行为须当事人亲自履行特定方式，否则其行为无效。同时，债是对双方当事人的身体直接发生物质上的关系，也须当事人亲自进行，如“铜块和秤式”、“要式口约”等，绝不能由他人代理。由此相沿成习。后来虽不需履行一定方式的法律行为逐渐增加，但习惯不容易改变，代理仍未得到发展。第二，古罗马为奴隶制国家，实行家长制宗族制度，家主和家长可任意驱使奴隶或家属，奴隶和家属因民事活动所得的利益直接归于奴隶主和家长，也不存在委托他人为代理人的必要。盖尤斯在其《法学纲要》中说："不得用自由人来获取财产"，由此也可推知罗马法不以自由人为代理人的原则。随着经济和法学的发展，此项不得代理的原则虽经多次改革，但直到优帝一世时期也没有形成完备的代理制度。下面将罗马代理制度演进的沿革分他权人和自权人加以说明。

1．他权人和奴隶

在罗马古代，家属在私法上并无独立的人格，奴隶则为家主的工具。按市民法的原则，他们仅能为家长、家主增加利益而不能使家长、家主负担义务，即使家属、奴隶奉命与第三者订立法律行为，日后第三者对家长、家主亦无权诉请履行债务。此种不公平的情况，在表面上虽很有利于家长和家主，实际上则适得其反。因为一般人都不愿与家属和奴隶订约，在商品经济有了发展，交易日益频繁的时候，家长与家主被迫事事躬亲，不能利用家属和奴隶代理，结果阻碍商品的流转。共和国末叶，大法官为适应实际需要，乃创设各种诉权，以保护第三者的利益，现分别说明如下：

（1）奉命诉（actio quod jussu）。该诉权规定，凡家属或奴隶奉家长或家主之命而与人订约的，该家长、家主应对第三人与其家属、奴隶负连带责任。最初，此项授权须于事前在证人前明示为之；其后，演进为不拘泥于何种形式，即事后追认，亦同样发生效力。授权有概括性的，也有特别性的，通常多通知关系人。帝政后期，为防止流弊，授权须对特定的事务为之，家长、家主并得随时撤回其授权，但须通知相对人，始生效力。

（2）海商诉（actio exercitoria）[1]。该诉权规定，凡家长、家主命

[1] 有译为"船主之诉"。

其家属或奴隶为船长,航海经商,则该家属、奴隶在航海经商的范围内所负的债务,家长、家主须直接负责。其目的在增加船长的信用和权力,以谋航运事业的发展。同时船长在外出经营中,即使未得船主的同意,亦有权委人代理。又若船舶为数人共有时,各船主对船长在业务上所负的债务,不论其共有份的多寡,均须负连带责任。

(3) 企业诉(actio institoria)。该诉权规定,凡家长、家主命其家属、奴隶担任经理,开作坊、商店或经营垦殖等的,第三者对家属或奴隶因业务而取得的债权,有权向家长、家主请求清偿,家长、家主对家属、奴隶职权所加的限制,除预先向第三人声明或于店铺等前布告周知外,不得推卸责任。经理的权力小于船长,一般不得委人代理,因此,店主等的责任也较轻于船主。公元2世纪初,若店主等无其他方法维护其利益时,也可直接向第三者起诉。

(4) 特有产和所得利益诉(actio de peculio et de in rem verso)。该诉权规定,若家属或奴隶与第三者为法律行为时并未得家长或家主明示或默示的准许,则第三者仅得在家长、家主因家属、奴隶的行为而所得的利益及家长、家主授予家属、奴隶的特有产的范围内追偿。但债权人为法律行为,如是由于家长、家主行使欺诈胁迫的结果或家长、家主隐匿家属、奴隶的特有产的,自当别论。此虽为一个诉权,但包括两个判决。承审员先判决家长、家主返还其所得的利益,如果不足,则判决以特有产抵补。若有数个债权人时,依罗马习惯,先到的债权人先付,后到的后付,至特有产付完为止。但特有产如为家长、家主所授予,则所有权仍属家长、家主,家长、家主可尽先提取,所以实际上一般债权人所得的,仅为该特有产的盈余部分而已。

（5）分摊诉（actio tributorio）。若家属、奴隶以其特有产经营企业，虽没有经家长、家主的授权，但为家长、家主知悉而容许的，大法官为维护商业上的信用起见，规定该特有产即作为其企业的担保，一旦企业破产，家长、家主即不得再提出所有权问题。而尽先提取，应按债权总额（包括家长、家主的）比例分配。家长、家主并负有清算的责任，否则应抛弃其对特有产的债权，由大法官另选清算人清理。如果家属、奴隶营业的资本属于家长、家主的部分较少，则债权人也可提起特有产诉，以免与家长、家主等债权人分摊而不能全部或大部分收回。

上述诉权，均为“附加诉”（actiones adjeticiae qualitatis），债权人虽可控告家长、家主，但主债务人仍为家属与奴隶。优帝《法学纲要》并称债权人也可直接向家主、家长提起“返还诉”（condictio），但此诉不是以法律行为为基础，而是以不当得利的事实为依据，原为市民法诉权的一种，仅适用于严法行为，所以即使运用于上述情况，其性质并不因此而变更。

就家长、家主的责任来说，在前三种诉讼中，家长、家主所承担的责任是无限的，因第三者所以和家属、奴隶为法律行为，是基于家长、家主的信用。而在后两种诉讼中，家长、家主的责任则为有限的，因第三者为法律行为，是基于家属、奴隶本人的财力。又前三种诉权移转于双方的继承人，不因一方的死亡或家属、奴隶的解放或被出卖而消灭。后两种诉权则不同，因家长、家主或家属、奴隶如果死亡，特有产在法律上即不再存在，关于特有产的诉权即因无标的而消灭。但事实上则该项财产仍在家长、家主或其继承人手中，大法官为了保护债权人的利益，复创设“特有产期年诉”（actio de peculio annolis），允许债权人可以在家长、家主、家属、奴隶死亡后一年内或家属、奴隶被解放被出卖后一年内，向家长、家主或其继承人诉追。

2. 自权人

共和国末叶，家长、家主可以在一定范围内利用家属、奴隶代为法律行为，但仍不能由家外人(per extraneam personam)代理。因为按市民法的原则，契约以不影响第三人为定则。故代理人代本人与第三人所为的法律行为，与本人不发生关系，仅代理人自己为第三人的债权人或债务人，事后再将所有权利义务移转给本人。帝政以后，代理观念始行萌芽。但对物权的代理产生在前，债权的代理发达较迟。现分述如下：

(1) 物权。其初须由代理人向第三人取得所有权，然后再将该所有权转让于本人。公元1世纪末，普罗库路斯派的著名法学家涅拉体乌斯(P. Neratius)主张占有可因代理人而取得。因为此种代理人多为本人的奴隶，其占有的物件，当然为本人而占有；在该奴隶一旦被解放后，如仍继续管理本人的财产，一般人自然知道他的占有仍是为旧主人而占有。此项理论后为S. 塞韦鲁斯和卡拉卡拉两帝所确认。于是占有都可由第三人代为。这样，凡属略式移转物，均因第三人交付其物于代理人，本人即可直接取得该物的所有权。至于要式移转物，则取得大法官法所有权。优帝一世时，要式移转物与略式移转物的区别已正式废止，于是代理人取得物权时声明是代理本人的，则该项物权即直接进入本人的财产之中。

(2) 债权。自大法官创设海商诉和企业诉后，不久即推行于自权人的代理。帕披尼亚努斯认为，凡是委托他人办事的，第三人除对相对人(代理人)可以提起企业诉外，还可以对本人提起“准企业诉”(actio quasi institoria)。但这一改进，仍未变更不得代理的原

则。因为代理人仍然是主债务人,只有下列情况,作为例外:

① 监护人、保佐人和董事对于无行为能力人和法人所负的债务,得拒绝债权人的诉追。

② 代理人代本人为消费借贷时,可不受贷与人的追索。因在消费借贷中,只有取得借用物所有权的人才是债务人,所以也只有取得借用物的人才负返还的义务,这是适用代理占有的当然结果。后来人们根据不当得利原则又把它扩充适用于“误偿不存在的债务”(solutio indebiti)。即某人如向代理人误偿不存在的债务,有权直接向本人索还。

③ 优帝一世时,凡本人因代理人的越权代理或无权代理而获利益的,第三人可向本人提起“准所得利益诉”(actio in rem verso utilis)。如前所述,“所得利益诉”原仅限于和他权人、奴隶为法律行为而对家长、家主提起的诉讼。

第三者虽可直接向本人起诉,但本人则无权直接向第三者追索。即使第三者明知代理人的法律行为系代本人所为也不例外。自债权可以转让以后,于是本人可要求代理人让与其对第三者的债权。本人为什么不能享有直接诉权,而必须用转让的办法呢?这完全是从保护代理人的利益出发。因为代理人在没有摆脱第三者的追索前,不能让本人对第三者起诉,否则法律行为的利益将被本人所取得,而代理人则仍承担法律行为的义务;如果遇上本人破产,代理人将蒙受不能或不能全部收回垫款的风险;因此,在这项风险不存在时,本人自可享有直接的诉权,例如:

① 代理人享有抗辩权,可以拒绝第三者诉追,如法定代理人;

② 代理人与诉权无关的,如消费借贷和误偿不存在的债务;

③ 代理人没有保留诉权必要的,如代理买或卖,本人已付清货

款或已提供追夺和瑕疵的担保；

④ 非给予本人直接诉权，本人的利益即无法保全的，如代理人宣告破产，若本人无直接诉权，则势必因与其他债权人分摊而蒙受损失。

据近代学者的考证，后两项乃优帝以后的法律规定。

完全的代理，第一，须代理人有代理权；第二，须代理人与第三人所为的法律行为直接对本人发生效力，本人能起诉也能被诉，代理人则不得起诉，也不得被诉。所以罗马法并没有完整的代理制度，唯法定代理和消费借贷则为例外。

第五节 法律行为的无效

一、法律行为无效的概念

法律行为在原则上只要有了当事人、意思表示和标的这三项要素，就可以成立。但要物行为和要式行为的成立，则还需要物的交付或方式的履行。法律行为成立之后，并不一定能够生效，尚需视当事人有行为能力和处分能力，其意思表示须无欠缺和瑕疵，法律行为的标的须确定、可能、正当、合法方能发生效力。否则，就是无效或得撤销的法律行为。法律行为欠缺成立要件或欠缺有效要件，在学理上固然可加以区分，但在实际上并无差别。欠缺成立要件，法律行为不能成立，也就谈不上什么效力；反之，法律行为如果不能生效，则纵然成立也没有意义。所以法律行为不成立的结果为无效，而无效的结果实际上等于法律行为不成立。所以罗马法上法律行为的无效即包括不成立和无效二种情形。

二、法律行为无效的分类

1. 法律行为按其无效的程度可分为：

（1）不成立的法律行为，即不具备成立要件，法律行为不能成立，如买卖欠缺合意；

（2）无效的法律行为，即法律行为虽具备成立要件，可以成立，但因违反法律或有悖公序良俗而不能发生当事人所希望达到的目的，这种法律行为在效果方面，实与不成立的法律行为一样，如买卖神用物；

（3）可撤销的法律行为，即法律行为虽已成立生效，但有瑕疵，依利害关系人的申请予以撤销使其归于无效，如因受欺诈而为的买卖。

2. 法律行为按其无效的效果分为：

（1）绝对无效。这种法律行为，是当然、确定的无效。当事人无须申请法院作无效宣告，也不因事后情况的变更、利害关系人的追认或时间的经过而变为有效。所以任何人对任何人的这种行为都可主张无效。当然也不排斥当事人申请法院确认该行为的无效。

（2）相对无效。这种行为不是当然无效，须经利害关系人申请撤销才能使之失效。在未撤销前，就和有效的法律行为一样发生效力，但一经撤销，就视为自始无效。利害关系人也可抛弃撤销的利益，确认其行为的效力，如在法定期间内不申请撤销，则视为放弃撤销权。如受胁迫而为的法律行为，表意人得撤销其意思表示;是以得撤销的法律行为,其效力处于不确定状态,当事人之间的权利义务关系悬而不决,拖延过久,影响交易的安全,故法律规定须在法定期内撤销。

3. 法律行为按其无效的时间分为:

(1) 自始无效。即法律行为成立时就存在无效的因素,因而不能发生效力。如法律行为的内容违反强行规定或有悖公序良俗等。

(2) 嗣后无效。即法律行为成立时并非无效,但因事后产生无效的因素,使之丧失效力。如合法的遗赠成立后,因受赠人先于遗赠人死亡而使遗赠归于无效等。

4. 法律行为按其内容是否全部具有无效原因分为:

(1) 全部无效。即无效的原因存在于法律行为内容的全部,则法律行为当然全部不生效力。如买卖奴隶而奴隶已经死亡;

(2) 部分无效。即无效的原因仅存在于法律行为内容的一部。按罗马法的规定,“有效部分,不因无效部分而受影响”(utile per inutile non viciatur)。违反特留份规定的遗嘱,则仅其超过部分无效,遗嘱的其余部分仍然有效。

三、有关无效行为的法律规定

法律行为的无效,既违背当事人的目的,又往往影响交易的安全,为了限制发生法律行为无效的情况,法学昌明时期做了如下规定:

(1) 法律行为的内容由几项条款组成,如可视为彼此相互独立,则其中某条款的无效,不影响其他条款的效力。如同时订购小麦 1000 斤和大米 1000 斤,若小麦因霉变而被买受人拒受,则大米的买卖仍可生效。如法律行为的内容单一,而在数量上超过法律所许可的范围,则超过部分无效。

（2）法律行为既可解释为生效、又可解释为无效的,应择发生效力的解释,已如前述。

（3）无效的法律行为如具备其他行为的要件,而后一行为又合于当事人的意思的,则该行为应认为有效。如隐藏行为之例。又如“要式移转物”以“交付”方式移转所有权,因未履行法定方式而在市民法上被视为无效的,仍可按大法官法取得所有权。

第六节　期日和期间

一、期日和期间的概念

期日(dies)指特定的时期,如某年某月某日等。期日不论其时间的长短,均视为不可分的单位。期间(tempus)则为时间运动的一段时期,有开始和终了,如由某年某月某日至某年某月某日。期日和期间,总称时间。二者都是在法律上用来测量事实的先后,作为权利的得丧、变更和优劣的一种尺度。如取得时效、消灭时效、动产的占有等。所以,对时间作静态规定的是期日,对时间作动态规定的是期间。时间虽不是静止的,但可以将运动中的某一段时间视为静止而成为一个不可分的单位,如日、月或年,视其需要而定。时间在法律上处于重要地位,如人的出生与死亡,行为能力之有无,法律行为效力的发生或消灭与否,这些都与时间有关,故法律须要对它做出规定。

二、罗马历法

罗马历法，几经变更。最古的日历，相传为罗慕路斯所创，其历既不依月绕地球一周为一月，又不依地球绕太阳一周为一年，纯依宗教法规定，将每年分为 10 个月，一年约 304 日，各月的日数彼此不同，年的长短也可自由伸缩，与农时的春播秋收不相符合。到王政时代的第二个王努马（Numa Pompilius，公元前 716—前 673 年在位）时，才改成每年 355 日，分为 12 个月，其中 1、3、5、7 四个月为 31 日，12 月为 28 日，其余各月则为 29 日，每隔二年，更于 2 月 23 日之后加闰 12 日或 13 日，使与地球绕太阳的运行大致相符。但几个世纪之后，差距仍大。公元前 46 年恺撒执政时，仿埃及历法，复加改革，规定每年为 365 日，仍分成 12 个月，单月 31 日，双月 30 日。2 月在罗马是不吉利的月份，定为 29 日，每四年加闰 24 小时作为 2 月 24 日的一部分，该日有 48 小时，前 24 小时称为前半日（dies prior），后 24 小时为后半日（dies posterior），并把岁首延至冬至后的第 10 天，称优利乌斯历或儒略历[①]。恺撒死后，其继承人奥古斯都因拉丁文的 8 月和他至尊的称号相同，因之又从 2 月减去一日加在 8 月，并相应把 9 月、11 月改为小月，10 月、12 月改为大月。该历和地球绕太阳运行规律基本相符，是现行公历的前身。

祭司团编订历书时，将一年分为不听讼日（dies ne fasti）和听讼

---

① 国内有的著作和辞书在"儒略历"这个条目中称"闰年 30 日"，这与史实有所出入。因实际上虽为 30 日，但法律上仍为 29 日，加闰的 24 小时加在 24 日之内，而不是作为一日加在 29 日之后。

日（dies fasti），会议日（dies comitialis）和混合日（dies intercisi）。不听讼日一年约60日，每遇此日，长官不受理诉讼和召开会议；听讼日一年约40日，是专门安排长官处理诉讼的日子；会议日一年约190日，为召开各种会议之用；其余的日子则为混合日。随着社会的发展，市民纠纷的日益增多，原有的听讼日已不够用，于是在混合日和会议日不开会时，在早祷以后，晚祷以前，长官也办理案件。此外，在罗马还有祭日（dies festi）和俗日（dies profesti）的区别。祭日为祭奉神灵的节日，这天市民都要参加祭典，故凡听讼日、会议日和混合日刚巧是祭日时，办案和开会都得停止。此种日期的分配，全由祭司团以大祭司的名义决定，他们严守秘密，故市民遇有争讼，不得不向祭司们请教。公元前304年，始由弗拉维乌斯将诉讼日期表公开出来，打破祭司团的垄断。

三、时间的计算

1. 计算单位

在罗马法，关于时间的计算仅分日、月、年三种。其时间没有更短于日的。因按当时文化和经济发展的水平，以日为单位较为实用，也不计星期，因这是基督教的习惯。以日计算的每日为24小时，从午夜零时开始至次日午夜零时为止；如以月计，则每月为30日；以年计则每年为365日，闰年则2月24日为48小时。如说某月某日起三个月，即不论月的大小，系指满90日，适用自然计算法。

2. 计算方法

罗马法关于期间的计算与现代不同。在现代，始日一般不计入期间，而罗马法则因权利的取得或丧失而做相异的规定。凡关于权利的取得,从有利于权利人出发,始日虽不满 24 小时,至其日的午夜即作为一日计入期间;终期则以期间的末日到来为已足。如取得时效,适婚年龄等①。至于权利的丧失,从保护权利人出发,其始日不计入,终期则原则上以末日的届满为必要,如消灭时效、继承的接受等。如某一权利在一方为取得,在他方为丧失的,以丧失的一方为准,如占有时效、诉讼时效等。

优帝一世以前,期间有继续期间(tempus continuum)与有用期间(tempus utile)的区别。所谓继续期间,是指期间内的日数全部都要计算,一天也不减少,即通常的计算方法。所谓有用期间,乃指可到法庭起诉、可以履行权利的时间。但有用期间的适用,须具备下列条件:

(1) 须为权利的丧失;

(2) 须其丧失由于未能为适当的行为,如因法院未开庭,当事人患重病等;

(3) 须其期间合计在一年以内;

(4) 须其期间是法律所规定而不是当事人约定的。

由于对有用期间设有种种限制,如只能适用于由于未能向法官起诉而丧失权利的情况;有用期间合计不得超过一年,并只能在法律有特别规定时才能作这种计算。由于有用期间计算烦琐,帝政后期已很少适用,优帝一世就明令予以废止,把一年的有用期间一律改为四年的继续期间,以便于计算。

---

①　罗马法从保护未成年人的利益出发,在公元二、三世纪时,对未成年人,要求以 25 岁末日的届满而不是以末日的届至为准。至克洛狄乌斯二世(Cladius Ⅱ,公元 268—270 年在位)时始取消这一严格要求。

第二章　债

第一节　债的概述

一、债的概念

债(obligatio)这个词,既指债权、债务,也指债权债务关系,有时并把它称为"法锁"(juris Vinculum)。优帝《法学纲要》称:"债是依国法使他人为一定给付的法锁"(obligatio est juris vinculum quo necessitate adstringimur alicujus solvendae rei, secundum nostrae ciritatis jura)。所谓法锁或法律上的锁链,即指特定的当事人间的法律关系。一方依法负责履行给付的义务,他方依法有权接受债务人应履行的给付,从而获得一定的利益。有权要求的一方称"债权人"(creditor),被要求的一方称"债务人"(debitor)。罗马古代,把债的关系视为人身关系,债务人不履行债务,债权人就可以拘押债务人,从而以人身作为债的担保。虽然如此,债权人和债务人在法律上仍是平等的,债务人是自愿接受此项约束,是基于债权人对他的信任,二者之间的关系并无权力服从的性质。既然债权债务关系是人身和信任关系,所以罗马法最初认为债权债务是不可转让的。债的关系有以下一些特点:

1．债是债权人和债务人之间的权利义务关系

它和亲属权同是人与人之间的权利义务关系，但两者不同。亲属权是以当事人之间的一定身份为依据，如亲权，非具有父母的身份不能享有；而债权则不以特定身份为前提，债权为给付请求权，而亲属权则为人身支配权；债权是经济性质的，而亲属权则为非经济性质的。

2．债的标的是给付，债权人有权请求债务人为某种行为或不为某种行为

债权与物权虽同属财产权，但就其是否直接支配标的物而论，则与物权相异。物权是对物直接支配的权利；而债权的标的，即使为物的交付，债权人亦不能对该物直接行使权利，必须由债务人介乎其间。故债权是通过债务人对物间接行使权利。物权有追及性，债权则无；物权为对世权，债权为对人权。

3．债受法律保护

债务人如不履行债务，债权人可诉请法院强制履行或赔偿损失，这与“自然债”不受法律的保护有区别。

二、债的主体

债是债权人与债务人之间的关系，债的主体即为债权人与债务人。凡人都可以做债的主体，此为现代法的原则，罗马法则不然。一般地说，不但奴隶不能做债的主体，家属在古代法时也只能为债务人而不能为债权人。自特有产制度产生后，他们才有就其特有产为债权人的权利。至于外国人，他们仅得为万民法上的债的主体，非享有财产权（commercium）的不能享有市民法上的债的

主体的资格。债的主体的条件是：

1. 须为二个以上独立的人格

同一债权债务集中于一人时，债的关系即因混同而消灭。故帝政以前，家长与家属及家属相互间不能发生债的关系，因家属在私法上无独立的人格。

2. 须现实存在

因权利义务须依附于主体，故未出生的胎儿原则上不能为债的主体，而人若死亡，又无人继承，则债亦随之消灭。

3. 须特定

因债是特定人间的法律关系。至于怎样特定，则没有限制。

债的主体有单一的，即债权人与债务人各仅为一人；有复数的，即一方或双方有数人。

三、债的标的

债的标的即债务人的给付，依保路斯的意见，分为三种：

第一是“给”（dare），指移转物权；

第二是“为”（facere），指移转物权以外的行为，即债务人的作为或不作为；

第三是“供”（praestare），其含义后世学者的认识不一，通说是指标的复杂，不能将它列入第一或第二项的，如损害赔偿等。由于法定诉讼拘泥形式，在损害赔偿等案件中，如果债权人请求的标的为 dare，而债务人则主张为 facere，若大法官采纳债务人的意见，则债权人即因措辞不当而败诉。为了纠正这类不合理的情况，特加设 praestare 一项，嗣后原告遇到比较复杂的案件，不能决定其为

dare 或 facere 的,即可用 praestare 起诉。

债作为法律行为的主要部分,标的当然须为事实上和法律上可能的事项;须为合法正当的行为;须为确定或能够确定的事项和标的须有财产上的价值。因为罗马民事诉讼均以金钱赔偿作为制裁,故债的给付要以有财产价值的为限。

四、债的种类

债的给付方法不尽一致,标的物的性质也有不同,所以,按给付的不同可以对债作如下分类:

1. 单一债和复合债

单一债的标的,是由一个行为构成的,亦称单纯债,如交付一物或做一事之例。

复合债的标的,是由两个以上的行为构成的,亦称合成债,如合伙人的给付,既指出资,又包括管理业务等行为。复合债虽由数个行为构成,但仍系达到一个债的目的,故各该行为合为一个给付,而不是数个独立的给付。但如依交易上的习惯或当事人的意思以多数标物组成"聚合物"时,如小麦 100 斤,羊一群等则仍为单一债而非复合债。二者的区别,主要是依交易习惯和当事人的意思决定,如不明确则应依给付的性质及其他情况定之。其区别的实益在于如为复合债,则各给付合为一体,债务人非得债权人的同意不能把它分割而为部分的履行;反之,如为数个单一的给付,则彼此各自独立,若其中一个有瑕疵或不履行时,不影响其他的给付。

2. 选择债和代替债

选择债的标的有数种,但当事人仅须选择一种来履行,如约定作一幅画或书写一首诗。至于选择权是归债权人还是债务人,依当事人的特约,无特约的则由债务人选择,因为债权人不要求预定债权的标的,可以认为他已委任债务人自由选择标的的履行。债务人有选择权时,虽延迟选择也不丧失选择权,但是,到债权人起诉后仍不实行选择的,选择权则移转于债权人。债权人若迟延行使选择权,债务人可以随意通过履行而免除债务。

代替债的标的仅有一种,但债务人可用其他标的代替原来的标的。例如约定由债务人给付某本书,在不给付该书时也可给付另一本类似的书。债务人以其他给付代替原来的给付,是为行使代用权,也叫补充权。

选择债中的各个给付都是债权的正式标的。选择债与代替债区别的实益:

(1)选择债须各个给付都因不可抗力不能履行时,债务人才可免责;而代替债的原定标的因不可抗力而不能履行时,债务人即可免责。

(2)选择债中的各个给付只要有一个能够成立,虽其他的给付因缺乏要件而不能成立,债本身仍可视为成立;而代替债的原定给付若不能成立,则整个债便不能成立。

(3)选择债经选择后,选择权即归消灭,债务人不能用其他给付代替选定的给付;而代替债中的债务人未表示抛弃其代用权时,即使他曾有履行原定债务的意思表示,也仍可行使代用权,以其他给付代替原定给付。

3. 特定债和种类债

特定债是以给付特定物为标的的债,其标的物在债成立时就已确定。

种类债是以种类物为标的的债,亦称不特定债,实际上是范围广大的选择债。其标的在债务履行前尚未确定,须在履行时方能决定,由于"种类物不灭"(genera non pereunt),所以不能因某些同种类物灭失而主张债权的消灭。在种类债,当事人虽指定了物的种类但未指定品质时,则履行时应以何种品质为给付,如当事人约定由第三人决定的,则该第三人应按当事人的意图和市场情况,决定给付;如约定由一方决定的,则该方可根据自己的利益决定之。如并未约定,罗马法与现代法的一般规定不同,债务人可以自由选择履行。即使以最劣等的品质给付亦无不可①。"种类物不灭"也不是绝对的,如约定以某地的优质葡萄为给付的标的,而该地葡萄因遭水灾全部灭失,即造成了履行不能。

特定债和种类债区别的实益在于,特定债因特定物的灭失而消灭,损失归债权人承担,如当事人约定以在运输中的某船小麦为给付标的,该船因飓风沉没,小麦全部灭失,则债务人即因此免责。当然,如灭失由于债务人的过错,自当别论。而在种类债,则非该种类物全部灭失,债不消灭,故损失一般归债务人负责。

4. 可分债和不可分债

可分债,是指把给付分割为若干给付而不损给付的总体性质和价值的债。不可分债则是指给付非损及性质或价值而不能分为数个给付的债。故债的可分与不可分,取决于给付的是否可分,而不在给付标的物在事实上是否可分。如对债权人的利益,综合各

① 我国有的罗马法著作认为"不能依法律行为的性质或当事人的意思定其品质时,债务人应给付中等品质的物件……亦现代各国法例所采用的通例"。这实属误解。

分割的给付和整个给付一样，则为可分债，否则为不可分债。移转物权之债，如为特定物之移转，不问标的物的可分与否，都为可分债，因为物权的移转为可分的给付；而其分割给付的综合，即等于整个的给付，如甲须交付白马 A 给乙，甲死后其继承人子丑对 A 各有所有权的 1/2，则各人将其对 A 的 1/2 所有权移转于乙，乙即取得 A 的全部所有权。如为种类物的移转，除代替物外，均为不可分债。非标的物的不可分，是选择的不可分。仍以前例来说，如甲对乙之给付为一白马而非指定的 A，若任其分割，则子丑可各任意移转其白马所有权的 1/2 于乙，如果子移转的为白马 A 的 1/2 所有权，丑所移转的为白马 B 的 1/2 所有权，成为乙与子共有 A，与丑共有 B，而 A 与 B 的共有，不等于 A 或 B 的所有，故为不可分债。所以子和丑应协商以 A 或 B 移转于乙，而不能各移转其白马所有权的一半。选择债为不可分债，理由同种类物一样。役权除用益权外，为不可分债，因役权的性质为不可分，如通行权，或能通行或不能通行，而无法分割。作为与不作为之债，一般为不可分债，因作为常以最后的结果为标准，部分的给付，不能达到债权人的目的，如建筑房屋，非房屋造成，债权人不能居住使用。但作为的有代替性而可以时间数量计算的，如耕地三天等即不在此限。不作为就其性质为不可分，如竞业禁止等，但也不是没有例外，如不再索债的约定。这种给付不可分的原因有三：一是性质上的不可分，如消极地役权等；二是法律上的不可分，如连带之债；三是依当事人的意思定为不可分，如将若干元的金钱债务特约为不可分。

可分债与不可分债的区别，在债权人与债务人各为一人时，并不显得重要，因债务人一般不能强制债权人接受部分的给付，其区别的实益在于债权人和债务人有数人而彼此并无连带关系时，如债权人和债务人死亡而各有数继承人时,依罗马法的原则,死者的债权债务即按比例分配于各继承人。如为可分债,则各债权人得请求其应有部分的给付,各债务人亦可分割履行而免除其债务。若为不可分债,则各债权人都可以请求债务人履行债的全部,各债务人也有履行全部给付的义务。实际上各债权人仅有债的一部,各债务人也只负债务的一部。只是因债的不可分,故履行时须为全部的给付。因此:

(1) 若不可分债变为可分债时,如不作为之债变为损害赔偿之债,则各债权人仅能就自己的部分请求履行,各债务人亦仅需就自己的部分为清偿。

(2) 不可分债中的一个债务人被债权人诉追时,该债务人可以请求大法官延期以便使其他债务人参加诉讼;不可分债中的一个债权人起诉的,应提供担保或通知其他债权人参加。

(3) 履行全部给付的债务人得向其他债务人请求偿还其各自应分担的部分;反之,一债权人接受全部给付时,其他债权人也可各自向其请求返还应有的部分。

5. 法定债和自然债

法定债,是指依法产生而受诉权保护的债。自然债则是指不能诉请履行,不受诉权保护的债。但如债务人已履行自然债,则不能援用不当得利请求返还。罗马古时仅有法定债而无自然债,帝政以后,法学家受自然法的影响,始承认自然债的存在,但自然债不同于道德上的义务。道德义务并无法律上的效力,自然债则可产生法律上的效果,仅无诉权而已。自然债有二类:

(1) 自始即无诉权的,包括:

① 裸体简约(pactum nudum),即未按规定方式成立而不受法律保护的债;

② 家属、奴隶和家长、家主相互之间及其各自之间所发生的债，家属、奴隶与自由人之间所发生的债，因在古代法上，家属在私法上的人格被家长所吸收，并无独立的财产，而奴隶则无法律上的人格；

③ 被监护人、被保佐人没有完全的行为能力，其应由监护人、保佐人同意而却未经同意所成立的债，安托尼乌斯·披乌斯帝规定：被监护人等应在因此而获得利益的范围内以法定债论。

（2）原有诉权因故丧失的，包括：

① 当事人受人格的变更，其法定债即随人格的变更而消灭；

② 承审员错误免除债务人的给付的；

③ 消灭时效完成以后的债。

自然债虽不得强制执行，但仍发生一定的法律效力，具体表现在：

① 债务人自行清偿债务的，其给付有效，纵使他出于错误，也不得诉请返还；

② 自然债可与法定债务相抵消；

③ 当事人可把自然债更改为法定债，债务人对自然债为日后履行的约定的，其约定有效；

④ 自然债设定有质押和保证的，可发生担保的法律效力，债权人受"占有令状"与"抵押权诉"的保护，也可向保证人起诉。

6．损害赔偿之债

（1）损害赔偿概述。损害，是指行为人使他人的财产或人身权益遭受损害的事实。损害赔偿是一种法律救济，但它的目的和所采用的方法与刑罚不同。刑罚的目的是惩罚加害人，而损害赔偿在于弥补受害人所遭受的损害。目的既在弥补受害人所受的损害，就要以恢复损害发生前的财产关系状况作为赔偿方法。因此，损害赔偿之债是以补偿损害为标的的债。这种债，有的从成立时起就以损害赔偿为标的，如侵权行为；有的本来不以损害赔偿为标的，而是由他种标的之债演变而来，如由债务人因过错不履行债务转为损害赔偿，即发生传来的损害赔偿之债。

（2）损害赔偿之债的构成要件：

① 须实际上发生损害。损害可以是财产的，如物件的毁损；也可以是非财产的，如名誉身体的受侵害；可以是积极的，即现存财产的减少，也可以是消极的，即应得而未得的利益，但只以直接而确实可靠的为限；可以是由契约的债务演变而来的，也可以是由侵权行为发生的[①]。但有时法律为了维护公共秩序，虽未发生损害，但其事实有发生损害危险的，也与侵权行为同视。如在房屋突出部分悬挂、堆置物品，可以危及行人等。

② 债务人对损害事实负有法律责任。如果行为人没有过错，虽发生损害，也不负赔偿责任，如工人受主人之命而拆墙，又如正当防卫、紧急避险未超过必要程度等。

③ 损害与其原因事实之间有因果关系。即损害的发生，实为该事实的结果。无此事实，该损害即不致发生。但因果关系牵连很广，所以须以该事实在一般情况下能发生该项结果的为准。如甲被乙打伤，请医生来家治疗，该医生乘机行窃，又把传染病引入，致甲因抵抗力弱而传染致死，则乙仅负伤害之责，不负失窃和死亡之责。

（3）赔偿的方法。罗马法上的具体赔偿方法有二：①回复原状；②金钱赔偿。罗马法是以金钱赔偿为原则，其原因是：第一，金钱赔偿额容易计算确定，而回复原状的标准却不易掌握；第二，有

---

① 在罗马法中尚无直接以损害赔偿为债的标的的契约，如近代的保险契约。

时事实上不能回复原状，即使回复原状显无困难的，罗马法官也往往判给受害人一至数倍于损害的赔偿金，促使致害人回复原状，以免支付高额的赔偿金。

（4）赔偿的范围。赔偿的范围不限于财产，即非财产的亦因其构成财产的渊源，而可请求赔偿。如名誉和肢体的健全等，或和信用攸关，或为劳动的基本。罗马法关于损害赔偿，最初均由法律明定其数额，此种办法，不切实际，故当事人常于事前另订特约，以补法律之不足。其后国家始授权法官按具体情况定赔偿数额的多少：

① 法律有规定或当事人有约定时，依规定或约定办理，如迟延利息。

② 无规定或约定的，由当事人协商确定，协商不成的由承审员按被损害物的实际价值（verum rei pretium）；或以债权人的利益（utililas creditoris）为标准。所谓实际价值即物的客观价值或市价。所谓债权人的利益，即他现在的财产和如果不发生损害他所应有的财产的差额，包括所受损失（damnum emergens）和所失利益（lucrum cessans）。但对财产的感情价值（valorem affectus）不能计算在内，因为这纯为主观上的价值，如对亡妻的遗物等，由于漫无标准，自不应列入赔偿的范围。

③ 如损害是由于契约关系而发生，则须为债务人于订约时所能预见的损害事实才加以赔偿。债务人的责任又因善意或恶意而有轻重的不同。如卖方出卖患有传染病的马，造成买方家中所有的马染病死亡，若卖方为善意的，仅赔偿一马的责任；若为恶意的，则应承担全部责任，因其在出卖时应该预料到这种后果。

④ 如损害金额不易估算，法官可以令债权人用宣誓的方法确定损害金额。但法官并不受宣誓的约束，他对宣誓所定的金额保

留核减之权。

⑤ 帝政时，对金钱债务给付有迟延的，债权人对迟延的损失只得请求法定利息。

⑥ 优帝一世时规定，凡给付可以明确估价的，则赔偿金额不得超过实际价值的一倍。

（5）罚金附约（stipulatio paenae）或损害赔偿的预约。这是指债权人要求债务人在不履行契约时所应付罚金的口约。日后债务人若不履行债务，债权人即可请求预定的罚金，不需证明所受的损失，但也不得再请求其他赔偿。其成立的条件只需主契约合法和可能即可，其他条件已在默示之中。

7. 利息之债

这是以给付利息为请求标的的债。利息是孳息的一种①，是借用金钱或其他代替物的债务人以与原物同种类之物，依一定利率及债的数额和期间为比例，付给债权人的报酬。公元3世纪以前，罗马人仍习惯于自然经济时期的传统，借贷一般是为了消费，支付利息不是借用人必尽的义务，故利息须于消费借贷契约外另用要式口约订定，否则，仅有自然债的效力，但对国家贷出的款项则列为例外。公元3世纪后，除以金钱为标的借贷外，约定利息已不拘任何形式。优帝一世时又正式确认银行商亦得以简约约定利息。

依原则，利息之债从属于作为主债的借贷之债，主债成立，从债才能成立；主债消灭，从债也消灭；主债移转，如无特别约定，利息之债也随同移转。利息之债虽从属于主债，但利息之债与主债并非合而为一。利息之债可独立发生法律上的效力，产生下列效

① 租金、地租则为使用物的报酬，虽属孳息而非利息。

果：第一，利息之债可以单独转让；第二，它可以先于主债清偿；第三，利息之债成立以后，主债虽归于消灭，它也仍独立存在。

利息之债对主债虽有独立性，但在法律上，利息之债往往被认为是主债的扩张，从而主债的效力波及利息之债。对主债的担保，当然也对利息之债发生担保效力。

利息可以分为约定利息和法定利息，二者为利息发生的原因，但借贷债权并不必然发生利息。

（1）约定利息。这是由当事人协议的利息，其意思表示可以明示，也可以用默示。依交易习惯应有利息的，即可视为默示契约。但对约定利息的发生，必须有当事人的明确意思表示。罗马建国后的三个世纪中，对民间借贷的利息，完全由当事人自由约定，国家不予干涉，致使高利贷盛行，平民倍受盘剥，沦为债务奴隶。为此，平民联合起来，不断进行斗争。公元前 4 世纪中叶以后，罗马法才陆续对利息加以各种限制：

① 规定最高利率。罗马法对利息的限制几经变动，《十二表法》首先限制，利息不得超过 1/12，[1]公元前 347 年改为最高不得超

---

[1] 由于《十二表法》只规定“利息，不得超过 1 个分”（uncia，罗马货币单位，为一阿司的 1/12），所以对利息的限制究竟是年利 1/12 还是月息 1/12，后世学者意见不一。有人认为是月息 1/12，这样年息限制就是 100%，但对利息限额过高，不符合《十二表法》限制高利贷的精神。另外，罗马当时为农业社会，借债一般于每年收获后清偿，按月计息的习惯是西塞罗时才从希腊引入。以年利 1/12 换算成现代的百分比就是 8.33%，所以也有的著作把年利限制表述为 8.33%，也即 1/12。但有的著作称《十二表法》规定的利率限额是 12%，这换算成罗马 12 进位制实际上就不止一个分（即 1/12）了，显然是换算表述有误（参见陈朝璧《罗马法原理》上册第 169 页；以及他以后纠正此笔误的文章《罗马法的历史地位和借鉴作用》，载《厦门大学学报》1979 年第 2 期）。优帝一世时，将原来的利率限制 1 个分提高为 1/2 个分（即 1/24，换算成百分比为 4.17%）。

过 1/24，但贵族们除法定利息外，仍另行收取暗息，平民仍未能解除压迫。统治者为了解决贵族和平民的紧张关系，又矫枉过正，于公元前 342 年制定《格努西亚法》（*Lex Genucia*），明令禁止借债取息，违者以公犯论，受丧廉耻的宣告。接着《马尔西亚法》（*Lex Marcia*）改为按私犯处理，借用人得起诉追回所支付的利息。但这些规定是违背经济规律的，因为在罗马商品经济有了发展以后，金钱借贷的客体——货币已由消费领域逐渐进入生产领域，人们借贷不再像过去那样专供消费，而更重要的是为生产。而贷款者一方面往往要承担到期不能收回的风险，另方面也要求分享运用资金所获得的利润；不合理的限制利息，结果是谁也不愿意贷款，或是明来暗往，导致资金紧缺，影响生产和扩大再生产，特别是罗马的对外贸易，阻碍经济的发展。这种办法不可能为人们所接受，因此便以种种办法逃避禁令，故该法不久即行废止。法学昌明时期，利率通常为月息一分，超过的借用人有权收回加倍于其多付之金额。寺院法则仍禁止取息。海商借贷，则按习惯仍由当事人自由决定，法律不加干涉①。优帝一世时，采取差别利率，把它定在年利

① 航海借贷在罗马有悠久的历史，由于古时造船、航海的技术均不发达，且海盗猖獗，航海经商的风险很大，但利润也厚，产生了一种具有射幸性质的航海借贷方式。从事航海经商的借款，利息特别高，如果他们平安回归，就还本付息；如中途遇险，则可免于清偿，此即现代保险之起源。故罗马法长期间把它作为例外处理。对其利息，法律不加干涉，但也不加保护。至公元 2 世纪中叶，始被视为消费借贷。法学家把这类借贷分解为二个部分，一为消费借贷，其利率按一般消费借贷计算；一为超过部分，作为所冒风险的补偿。如出借人不负海上风险责任，到期如数收回本利的，则不得超过法定之数。优帝一世接位之初，曾于公元 520 年定为年利 12%。这个利率符合当时君士坦丁银行业的一般标准。但航海的风险，是因航线、季节、船只的构造和船员的配备等而不同，以法律做统一的规定，显然不切实际，终于又在公元 541 年废止。

4%—12%之间，按出借人的身份和贷款的性质而有所高低，一般借贷为6%，有身份的人贷款降为4%，商人间借贷可提高至8%，航海贷款则可高达12%。违者，借用人可于偿还本金中扣除多付之数。

② “一本一利”的限制。法学昌明时期，到期未付的利息累计与原本金相等时即停止生息；优帝一世时则规定，已付的利息等于本金时，即可停止付息，贯彻“一本一利”的原则。

③ 禁止复利。法学昌明时期，当事人不得约定将未到期的利息滚入原本金再生利息，纵使当事人有此约定亦不生法律效力。但对已到期的利息，则非所禁。优帝一世时则规定，不论已到期和未到期的利息，一律禁止复利。

（2）法定利息，是指由法律规定而产生的利息，包括迟延利息和补偿利息两种。迟延利息是债务人因没有如期履行给付所付的息金；补偿利息则是在双务契约中，未履行给付的一方对已履行给付的一方的补偿。优帝一世以前，债务人经判决而不于两个月内清偿的，依法应按年利24%计息，优帝一世时改为12%，期间亦延长为四个月。

五、债的效力

债的效力在于实现债的内容。债权人基于债的关系有要求债务人给付的权利，债务人基于债的关系则负有履行给付的义务。法学昌明时期，债务人如因故意或过失而不履行债务，债权人就可以诉请强制履行，并要求赔偿损失。如债务人不履行债务是由于事变，即不可归责于他的事由，原则上债务人不需负责任，即可免除给付义务。如债务人因此对第三人有权请求赔偿，则债权人有“代位请求权”。

(一) 给付

给付作为名词时就是债的标的，作为动词时是指债务人借以实现债的内容的作为或不作为，也就是债的履行或清偿。所以，给付的外延较之“行为”为窄。给付与“履行”相似，但又有不同。给付是指债务人应为的行为，履行则是实现行为的动作。给付和“清偿”也有不同。清偿是从消灭债的角度观察给付，是指债务的完成；给付是从债的效力方面去观察履行，是指债务的履行，所以给付虽是清偿的要素，但不等于清偿。

给付的原则，一要依债务的本旨，就是给付的标的、处所、方法、时间等都应遵照债的内容。债务人不依债的本旨提出给付的，债权人有权拒绝受领。二要诚实信用，就是把双方对立的利益从社会的角度加以衡量，而求公正、平衡，总起来就叫诚信。具体地说，诚实是兼顾相对人的利益，信用是尊重交易人的安全。

给付义务是债的主要效力。为了确保给付的实现，债务人不能不负注意义务。他必须对故意或过失的行为或不行为所造成的不能给付或不完全给付负责。除故意及过失外，事变也可使债务的全部或一部不能履行。此外，如债务人到期不履行债务或债权人对于给付的完成应提供协助而不提供，即发生给付迟延或受领迟延的情形，都会影响债的关系的实现。故以下就故意和过失、事变、迟延等加以分析。

(二) 故意和过失归责原则

1. 过失责任主义概述

法学昌明时期，罗马法对债的履行确定了过失责任主义。原则上是行为人有过失就要负责任,只有例外情况才不需负责;故意当然更要负责。发生事变,则债务人一般不负责,例外才负责。采取过失责任主义,可以促使人们注意自己的行为,少出差错,甚至不出差错,以维持良好的经济秩序和社会秩序,减少以至避免造成损失。规定人们对事变不负责任,则能鼓励人们积极工作,不畏首畏尾,大胆进行创造性的劳动,从而推动社会进步。但过失责任主义并不是从来就有的,它在罗马法中有一个发展过程。

我们前文已经提到,古罗马实行极端的形式主义,法律行为完全取决于是否完成了法律所规定的形式,当事人的故意和过失,既不影响法律行为的成立,也不影响其效力。加之民风朴实,宗教和舆论的制裁又起着重大的影响,法律行为有证人、长官等参加,欺诈、错误等情事,也鲜有发生。但到了共和国末期,罗马的商品经济有了较大的发展,一方面法律关系愈益复杂,另一方面法律行为的形式又趋于简化,加之人口结构有了较大的变动,朴实的民风也逐渐消失。人们对经济利益的追求,冲击了宗教和舆论的作用,因恶意、疏忽而造成的损失不断发生。为了适应新形势的需要,罗马法于确立过失责任原则的同时,也在法学昌明时期明确了故意和过失的界限,即什么叫故意和过失,以及在何种情况下行为人应对过失负责。

故意(dolus)①,是指行为人明知自己的行为或不行为不当,将危害他人的权益,而仍加以实行或听任损害的发生。故意是对诚实信用而言,它违背了交易应遵守的一般道德规范。其构成要件如下:

① 罗马法上的dolus,也作恶意和欺诈解释。

（1）行为人的作为或不作为是根据自己的意思进行的，因此，在理智受到强制的情况下所为的行为，都不是故意的行为。这叫有行为意思。

（2）行为人必须认识到自己的行为所可能产生的结果。没有这个认识，就不成为故意。

（3）行为人对其行为的结果不仅明知，而且希望其发生，或虽无此希望但却容许其发生。

对于故意行为的责任，在严法行为中，债务人仅需对作为负责。如甲约定交付奴隶给乙，若甲把奴隶打死，他就要承担法律责任，但如果是他不给奴隶吃喝，使之饥饿而死，他就不需负责，因为甲乙的契约仅规定交付而未订明饲养奴隶。在诚信行为中，因行为人以诚实信用为重，故债务人对不作为也要负责。如前例，对听任饿死，也和打死一样要赔偿。关于故意的责任，当事人不得预先用契约免除。因为债的目的就是要使债务人受一定的约束，如准许债务人故意违反义务，那就无须成立债的关系了。再则，如果允许人们可以任意造成损害或任意不履行契约，就会助长恶行，给社会造成不安和紊乱。但在损害发生后，权利人自可以抛弃请求赔偿的权利。

2．过失（culpa）

是指行为人怠于注意（diligentia），即行为人本应注意、又能够注意而不注意因而造成的不良后果。行为人的心理状态，是对行为的后果有所认识，他应当预见，但因疏忽而未预见，或虽预见，而确信其可以避免而不至发生。

罗马法对违反保护他人的法律的行为，视为有过失。如在阳台、屋檐等堆置或悬挂物品足以危及行人的，虽未发生损害，其他人对房屋居住人也可提起诉讼。由于经济的发展，人们仅对故意负责，还不足以减少和避免损失的发生，因之罗马法对人们作了进一步的要求，规定对过失也要负责，以利社会的进步。

（1）法学昌明时期的规定。在此时期中，对于行为人应否负过失责任，是以行为对其有无利益（lucrum）作为标准。若对法律行为有利益的，法律就要求他小心谨慎，多加注意，负因过失所生损害之责。不论是纯为债务人的利益，如借用人、寄托人、质权人、委任人，或是为了当事人双方的利益，如买卖、租赁、合伙等双务契约的当事人，都适用该原则。至于出借人、受寄人、受任人[①]等，由于他们不取报酬，纯为对方尽义务，自不应责之过严，故仅负故意之责。但也有例外情况，有的即使行为对行为人无利益，他也要负过失责任；有的行为对行为人有利，却不负过失责任。

第一，监护人和保佐人。如前所述，帝政以前，监护人本是法定继承人，日后要继承被监护人的财产，对所监护的财产有利益，应负过失责任。保佐人对被保佐人的财产也是一样。以后罗马的继承由宗亲继承改为血亲继承，监护人和保佐人不一定是法定继承人，这样按理他们就只需负故意责任而不负过失责任。但那时社会上普遍认为，监护和保佐为一种公益行为，是罗马市民应尽的义务，人们对公益行为应比私益行为更加小心谨慎，所以仍沿袭旧制，监护人和保佐人要负过失责任。

第二，无因管理人。指未受委托又无法律上的义务而为他人的利益管理其事务的人。由于管理人既然未得他人同意主动为其代管事务，就应以该人的利益为重，把事情管好，而不能马虎草率，

① 出借人、受寄人和受任人等如收取报酬，即构成租赁、雇佣或无名契约。

给他人造成损害;同时也是为了防止一些人借此干预他人事务,因此罗马法规定无因管理人应负过失责任。但如为了避免他人遭受损失而为的,自当别论。

第三,容假占有人(precario)。由于容假占有本为庇主对容假占有人的恩赐,仅受宗教和习惯的制约,后大法官始予以令状的保护,并进而发展为契约。以后容假占有变成契约关系,受法律的制裁。但旧习已深,其关系仍甚松弛,不适用一般的规定;对过失不负责任,即其一例。

第四,土地测量员(agrimensor)。这是指专司测量田地和牧场面积的人。其测量结果发生确定的效力。他们经过学习,并经国家承认,但当时没有精密测量仪器,其工作中难免有所出入。罗马法不把他们的劳务作雇佣对待,而视为聘任关系,故仅对故意负责。

至于行为人有无过失,当时的法学家是以他们是否达到"善良家长的注意"(diligentia bonus pater familias)为标准。所谓善良家长的注意,即具有一般知识、经验的人诚实地处理事务时所用的注意,所以不需要专家们所用的特别注意。行为人达到这个程度的为无过失,否则为有过失。此项注意,是以客观为标准,而不问行为人的具体条件如何,其通常所用的注意程度和能力怎样。后世注释家因此称之为"抽象过失"(culpa in abstracto)。

(2)优帝一世的规定。优帝一世接位后,认为原来的规定过于简单,不利于调动人们的积极性和促使他们提高注意。例如同是过失,有的行为人毫不注意,有的是注意了,只是不够仔细,如令二者负同样的法律责任,也显然有失公平。因此,优帝对过失的程度进一步做了细致的规定:

① 将过失分为重过失(culpa lata)和一般过失,一般过失即指上述的抽象过失,亦称轻过失(culpa levis)。所谓重过失,即行为人欠缺一般人具有的起码注意,他只要稍加注意,损失本不会发生。这是不可原宥的过失。它在客观上与故意并无区别。因此它在法律上的效果应和故意一样,即重过失等同故意。所以行为人要承担与故意同样的责任,而且也不能用特约预先免除。如出借人、受寄人、容假占有人、土地测量员和赠予人等,原先只负故意责任,在优帝时则对重过失也要负责任。

② 对管理自己事务兼管他人事务的,以尽了与处理自己事务相同的注意为无过失。这项注意系指行为人日常处理自己事务所惯用的注意(diligentia quam suis rebus adhibere solet),是根据具体的人所确定的注意程度,而不是抽象的一般人的注意标准。如夫对妻的嫁奁和特有产的管理和返还,合伙人或共有人对共同财产的管理,监护人和保佐人对于管理被监护人和被保佐人的财产等都只要把别人的事情当作自己的事情办理,加以一样注意就行了。因丈夫、合伙人、共有人对有关事务的处理,有直接的利益,必尽心为之;且彼此间一般都有较深的情谊和信赖,了解对方的能力,而由其管理,自然不应该再以客观的善良家长的标准相要求,使其承担他所无力承担的责任。至于监护人和保佐人,因为他的职务是规定的或指定的,而非自己选择的,帝政以后又与继承权脱离关系,故一般人都视此为负担,多设法推辞,因此优帝认为,不能要求他们处理他人事务比处理自己的事务还要周到,而只能要求他们管理别人事务时尽到与处理自己事务时的相同注意,所以对于这些人在行为中有无过失,就以主观为标准。后世注释家就称未达到此项注意程度的过失为“具体轻过失”(culpa levis in concreto),

并称前述的“抽象过失”为“抽象轻过失”(culpa levis in abstracto)。值得注意的是,“具体轻过失”并不是罗马法中注意程度的一个独立阶段,与重过失和抽象轻过失并列,因罗马法仅以具体轻过失为“抽象轻过失”所负责任的减轻,可以用较少的注意。所以特别精细的人,他的办事能力较一般善良家长更高,他对具体轻过失的责任,也只要达到善良家长的注意就可以不负过失责任了。

③ 受任人等责任的加重。法学昌明时期,受任人因委任的无偿性质,仅对故意负责。优帝一世时改为应尽善良家长的注意,缺乏这样的注意,就要对所发生的损害负赔偿责任。这是因为委任和监护不同,它不是强制性的,受任人自知不能胜任,即应拒绝接受任务,既经接受,就当妥善处理事务;更重要的原因是,实际上当时受任人已普遍接受送礼(变相的报酬),故委任已不再是纯粹的无偿性质。此外,自荐为受寄人、出借人的,不无对其事有利害关系之嫌,也要比照无因管理人负抽象轻过失责任。

对于轻过失责任的加重[1]、减轻或免除,当事人得以特约订之。

后世研究罗马法的学者有把过失分为三级,即重过失、轻过失和“最轻过失”(culpa levissima)。后者指缺少极谨慎而精细的管理人的注意。凡事仅对行为人有利而对相对人无利者负此责任。有人则认为最轻过失乃指业务过失,如医师、律师和工程师等专业人员应具有的专业知识和注意程度。但罗马法上有无最轻过失[2]仍为学者争议的问题。

---

① 如寄存当事人约定受寄人应负善良家长的注意,则寄存契约便变成委任契约。

② 罗马法文献载有 culpa levissima 的,仅见于优帝《法学汇编》第 9 卷第 2 章第 44 节序言中,学者们对此词的含义,解释不一。

如果债权人也有过失(即混合过错),则应和债务人共同负责,即按过失相抵的原则,视双方过失轻重的程度,减轻甚或免除债务人的责任。

共同致人损害的,各行为人应负连带责任。受害人可以向任何一个行为人请求全部赔偿,几个加害人内部再根据各自的过失程度来分担责任。共同致人损害必须是各个行为人在主观意思上有联络,否则共同过失不能成立,仍由各加害人单独负责。

随着社会发展,仅有过失责任原则还不足以维护良好的经济和社会秩序,因此又产生了无过失责任原则。这在罗马法当然是作为例外。如为了保证商旅的安全,大法官规定,凡船东和旅店、马厩的主人对旅客携带的物品、马匹负有特别保管的义务,除由于旅客的过失或不可抗力所造成的损害外,对其毁坏、丢失,都要负赔偿责任,即使他们对受雇人的选任和监督是无可指责的。这就是罗马法上无过失责任的典型。船东等既收取相当的报酬,自应多负责任,"受其利者蒙其害"、"谁受益、谁负担",归根到底这是体现了权利义务相一致的民法基本原则。旅店等的主人对其所负责任实际上是"羊毛出在羊身上"。此项规定的目的在于促进商品经济的发展。由此我们可以看到罗马法对过失责任和无过失责任的规定,无不贯穿了"公平"的原则,为后世各国有关法规提供了楷模。

(三) 事变

事变(casus),是指因不可归责于债务人的事由而发生损害,即不是由于债务人故意或过失的情况而发生债不履行的结果。事变有自然灾害、战争、交通阻断、法令改废等等。与行为人无关的第三人的行为所造成的损害,也属于事变,如债的给付标的被他人毁坏等。

事变分轻微事变(casus minores)和不可抗力两种(casus majores)。所谓轻微事变,即情节比较轻微的事变,如邻人擅开羊圈,致羊只逃亡。所谓不可抗力,即行为人通常不能预见或虽能预见也无法抗拒的外部事实。如地震、海啸、海盗、敌人入侵等。区分轻微事变和不可抗力的标准,随着人类认识水平和生产力水平的提高而有变动,因此,过去的不可抗力可能会变为现今的一般事变,如某些流行病等。罗马法把失窃作为轻微事变,强盗武装抢劫视为不可抗力。债务人对事变以不负责为原则,但当事人得约定对轻微事变仍应负责。如债务人在迟延(mora)中,则对不可抗力也须负责。但基于公平原则,债务人证明即使如期履行仍不免发生损害的,不在此限。

在双务契约中,对事变负责的情况是:在特定物买卖契约中,从成交后到交货前,偶然事变的损失归债权人(买主)负担(resperif creditori),标的物的灭失不能使买主免除支付价金的义务。因为买卖成立后,双方各自负担独立的义务,不因一方义务的消灭而影响他方的责任。在种类物的买卖中,则适用"种类物不灭"的原则,损失一般由出卖人负担。在租赁契约中,偶然事变的损失归出租人负担,承租人无继续支付租金的义务,因为租金的支付以承租人占有使用标的物为前提;在合伙契约,合伙人的出资为物的所有权时,情况同买卖契约,即特定物的偶然事变损失归合伙负担;种类物为该合伙人负担,其出资为用益权时,则情况同租赁,偶然事变损失应由出资人负担。

（四）迟延

迟延（mora）是指债的当事人因故意或过失于债应履行的时期而不按时履行的行为。迟延可分为受领迟延和给付迟延两种：

1．受领迟延，亦称债权人迟延（mora creditoris）

是指债权人无正当理由对债务人完成给付不给予必要协助的行为。债有不需债权人协助，给付即能完成的，如不作为之债；有需债权人协助，给付才能完成的，如作为之债。前者不发生受领迟延的问题，故现在所谈的是后一种情况。其要件有四：

（1）须给付需要由债权人协助完成。这种协助可以是在给付行为之初需要由债权人协助，如须待债权人供给材料或发出指示，债务人始得进行工作；可以是给付行为中途需要债权人协助，如须经债权人检查工程，债务人才能继续工作；也可以是给付行为终了时需要债权人协助，如需要由债权人验收货物或提供卸货场所等。

（2）须为债权人利益而确定的清偿期限已经届满。债权人受领给付通常需要有相当的准备，给付无确定期限的，债权人没有作受领给付的准备，因此如果债务人未作给付通知或提出给付要求，即不能因债权人一时未及时受领而构成迟延。反之，如清偿期为债务人的利益而设定，债务人因债权人的催告而约定清偿期，则债权人于受领期限届满不为受领即构成受领迟延。

（3）须债务人提供完全而有效的给付。在这种情况下，如债权人不为协助才能构成受领迟延。若债务人为部分的给付，或提供履行的债务人为无行为能力者，均不发生债权人迟延的问题。债务人原则上应现实提出履行而以言辞提出为例外。

现实提出履行，即债务人现实为履行债务所必要的行为而待债权人受领给付，如在交付债务，债务人把标的物送到债权人的住所或约定地点，使之处于债权人可得受领的地位。言辞提出，即债务人把准备给付的情况通知债权人。言辞提出只在三种情形下方为有效：

① 债权人已预示拒绝受领的意思，债务人如现实提出履行必将浪费费用，故可以用言辞提出以代现实提出。

② 给付兼需债权人的行为，如为债权人画像，若债权人不予协助，给付就无法实现，因此许可债务人以言辞提出，催告债权人前来受领或协助。其不需债权人的行为的，即以现实提供给付代催告。

③ 须已有给付的准备，准备的程度必须达到一经对方协助即可进行给付的程度，否则仅有言辞而无实际准备，言辞即不能发生效力。

（4）须受领迟延有可归责于债权人的事由。债权人受领迟延可能发生以下效果：

① 可以因此而减轻债务人的责任。在通常情况下，债务人应负轻过失责任，而在债权人受领迟延时便只需就故意或重大过失承担责任。其因特别约定须负意外事变责任的，自受领迟延时起，债务人提出履行的标的物的危险转归债权人承担，即使标的物是种类物，这时也以特定物论。因为债务人既然准备履行给付，则种类物即已变成特定物，债权人本应就其受领后所发生的危险负责，所以无论原来的给付是种类物还是特定物，自迟延时起债务人都可免除其危险责任。

② 债务人得以要求偿还因保管标的物所支付的必要费用。如

牲畜的饲养费或其他动产的保管费等。如为有利息的债，债务人即免付迟延后的利息，如因此蒙受损失，也可请求赔偿。

③ 罗马古时，债务人得抛弃债的标的物，如酒商可把受领迟延的酒倾倒于道路等，以免经常保持准备履行的状态而受累。这样，对于交易和社会经济均有弊端，后来就渐渐改为酌情提存于官厅指定的处所，使债权人可以随时领取。但标的物如有毁损灭失的危险，不能提存或提存需费过巨，债务人仍有抛弃的权利。有交付不动产义务的债务人，于债权人受领迟延后得抛弃其占有，以免除交付义务，但这种抛弃须预先通知债权人，对不能预先通知的则无须通知。

2．给付迟延，亦称债务人迟延（mora debitoris）

是指债务人无正当理由而到期不履行债务。其要件有三：

（1）所履行的债务必须是债权人可以请求履行的债务。如果债的关系依法不能成立（如内容不合法）或者债尚未确定发生（如附停止条件的债而条件未完成），或者债务人有其他正当拒绝给付的理由（如消灭时效的完成，意思表示有瑕疵等），债务人便不负迟延责任。

（2）须有可归责于债务人的事由。原则上，债务人有过失才构成迟延责任。否则，债务人无过失，如他不知债务的存在，或不知具体的债权人，或不知清偿期的到来以致未为给付，就不负迟延责任。

（3）原则上须债权人已为给付的催告。罗马原有习惯，债虽到期，如不催告，即视为债权人自愿对债务人予以宽容而不遭受损失，故迟延以催告为原则。后来适应实际的需要，逐渐产生了一些例外。下列情形，虽然债权人没有催告也构成迟延：

① 因盗窃占有他人物件的，自占有该物时起即负迟延责任；

② 债务人回避催告，逃匿他处，债权人不明其所在，自债权人起诉时起，债务人即负迟延责任；

③ 给付非于一定时期履行，即于债权人无利益的，如某女定于某日结婚，向衣店预定礼服，如该衣店不于结婚前将礼服完成，即负迟延责任；

④ 事前订有特约，以期限代催告的，债务人自期限届满时负迟延责任。

债务人迟延，侵害了债权人的权利，因此债务人应承担责任。给付迟延的效果，就是债权人享有下列权利，以求达到已受清偿而未发生迟延时的状态：

① 债务人应赔偿债权人因迟延所受到的损失，如标的物有孳息的，债务人不仅应支付实收孳息，且负给付应收孳息之责。如应给付的为金钱，不论契约订有利息与否，应于迟延起交付迟延利息。此项利息，由法律规定，如约定利息高于法定利息，则按约定，但以上均是就诚信契约而言，至于严法契约，则以证讼时为准。

② 债务人自迟延时起对一切过失和事变包括不可抗力均应负责。因为债务人若适时履行，债权人本不会受损害。但债务人能够证明虽不发生迟延也不免要发生的损害，则对此可不负责任。如债权人提出反证，推翻债务人的证明，又当别论。

③ 延期后的给付对债权人已无利益的，债权人得拒绝受领，并请求赔偿因迟延履行而发生的损害。

④ 如当事人订有违约金，债权人即可请求支付。

⑤ 债权人得诉请强制执行。

3. 迟延的消灭

迟延的责任因下列事由而归于消灭：

（1）债的消灭，如抵消、混同等，无论消灭的原因如何，迟延责任都归消灭。

（2）债的履行或赔偿损失，债的关系因而消灭。

（3）受损害的一方抛弃其对权利的请求，如债务人放弃对受领迟延所可能主张的利益；或债权人撤回催告，当事人同意延缓给付或受领的期限等，迟延责任也归于消灭。

第二节　债的发生

债发生的原因，在罗马法上分为合法行为和违法行为，前者有契约和准契约，后者有私犯和准私犯。

一、契约(contratus)

（一）契约概述

从本质上说，契约是双方当事人的合意。双方当事人以发生、变更、担保或消灭某种法律关系为目的的协议，就叫契约。在罗马法上，不仅私法上有契约的概念，公法和国际法上也有这个概念。优帝《学说汇编》就把协议(conventio)分为国际协议、公法协议和私法协议三种。在私法上，则不仅债法中有契约的概念，而且物权、亲属和继承法中也有这个概念。例如物权的设定和移转，婚姻关系的成立，分析遗产的协议等，凡能发生私法效力的一切当事人的协议,就是契约。但我们现在所研究的,仅限于以发生债的关系为目的的契约即债的契约(obligationes ex contractus)。债的契约是人们日常生活中适用最广泛最重要的契约。它除成立法律关系外,并由当事人自行决定其内容和效力。这一点与其他私法上的契约不同。公元前2世纪以后,债的协议受市民法保护的称契约,不受市民法保护的称“简约”(pactum)。罗马古代的法律行为,注重形式而轻意思表示。当事人要使契约有效,订约时必须履行一定的方式,也就是用法律规定的语言,做规定的动作,否则即使双方完全合意,其协议也不受法律保护。所以,最初罗马只有要式契约。契约中最早采用的是用“铜块和秤式”(per aes et libram),也就是“要式买卖”和“要式现金借贷”(nexum)。前者用于移转物的所有权,后者用于信贷。其次为“口头契约”(contractus verbis),由债务人以一定的语言向债权人承担约定的义务。如“解放宣誓”(jus jurandum liberti)、“嫁奁宣许”(dictio dotis)和“要式口约”(stipulatio)。其中“要式口约”适用范围最为广泛,逐渐取代前者。但“要式口约”必须双方当事人亲自到场,每多不便,于是又出现了“文书契约”(contratus lifteris)。以上契约,均重在缔约的形式。

《艾布体亚法》(*Lex Aebutia*)①后,对消费借贷,仅需移转标的物的所有权于借用人,契约即因而成立。同时并由当事人另订“信托简约”(Pactum fiduciae),即出借人移转标的物的所有权于借用人时,借用人承担日后将同等的物的所有权交还出借人的附约,此

① 该法约在公元前149—前126年间通过,它规定了程式诉讼,为罗马法发展的重要里程碑。

项办法后又陆续适用于寄存、借用和质权。共和国末叶，消费借贷、使用借贷、寄存和质权四种契约的成立，只要交付标的物就行了，不一定移转所有权也不需另订信托简约，称为“要物契约”(contrat re)①。至于买卖、租赁、合伙和委任，则仅需当事人双方的合意，不需履行任何形式，即发生法律效力，称为“诺成契约”(contratus consensu)。帝政之初，各种重要契约，都已定型，各有专用的名称和诉权，其后产生的双务契约，如互易和换工等，若一方已履行其义务，即受法律的保护，但没有特别的名称，学者称之为“无名契约”(contratus re innominati)。

此外，一切简约(pactum)②原无诉权，后大法官对一些重要而常见的简约，也予以法律保护，如履行债务简约(constitum debitum)、宣誓简约(juris jurandum)和负责简约(receptum)，统称大法官法简约(pacta praetoria)。公元408年，特奥多西乌斯二世对以简约设定嫁奁的即授予诉权，优帝一世时对以简约为赠予及和解的，亦承认其法律上的效力，称法定简约(pacta legitima)。这些有诉权的简约，被称为有保护简约(pacta vestita)。其无诉权的称无保护简约(pacta nuda)③。崔诺帝时，法学家对永租契约的性质争论不决，有的说它是买卖契约，有的则说是租赁契约，该皇帝将永租契约(emphyteusis)定为独立的契约，以息争端。

现将罗马法各种契约和简约列表如下：

① 亦称实践合同。

② 简约，国内学者亦译为无形约束。

③ 又译“穿衣简约”和“裸体简约”。

- 协议
  - 契约
    - 有名契约
      - 要式契约
        - 要式买卖
        - 要式现金借贷
        - 口头契约←
          - 解放宣誓
          - 嫁奁宣许
          - 要式口约
        - 文书契约
      - 要物契约
        - 消费借贷
        - 使用借贷
        - 寄托
        - 质权
      - 诺成契约
        - 买卖
        - 租赁
        - 合伙
        - 委任
        - 永租
    - 无名契约
      - 物与物的交换
      - 物与劳务的交换
      - 劳务与物的交换
      - 劳务与劳务的交换
  - 简约
    - 有保护简约
      - 大法官法简约
        - 履行债务
        - 宣誓
        - 负责
      - 法定简约
        - 嫁奁
        - 赠予
        - 和解
    - 无保护简约

（二）契约的分类

关于罗马法上契约的分类，除参照法律行为的分类外，现就单务契约与双务契约等说明如下：

1. 单务契约与双务契约

契约是双方行为，与遗嘱、撤销等的单方行为不同。近代法学家认为，单务契约是一方负义务，他方享权利，无对等给付的契约，如赠予、使用借贷、无息消费借贷、寄托和保证等。双务契约是双方互负义务、互享权利的契约。在通常情况下，一方的义务是对方的权利，对方的义务则是该方的权利，如买卖、租赁等，但又不完全这样，如合伙。双务契约并不要求双方的给付价值在客观上相等，只要双方主观上对对价表示同意即可。象征性的对价，则表明有虚伪行为。由于重大错误、欺诈、胁迫、“暴利行为”即“非常损失”和不满25岁的未成年人的行为而导致双方给付价值悬殊不等的，则契约可以撤销。

在一般情况下，双务契约是有偿契约。但在罗马法不一定都有偿，如委任、使用借贷契约，就是无偿契约。有偿契约也不一定是双务契约，如罗马法上的消费借贷，无论是有偿的或无偿的，均为借用人负义务的单务契约。可见在罗马法上，单务契约可以是有偿的，也可以是无偿的，而无偿契约并非都是单务契约，上述委任、使用借贷即均为双务无偿契约。

罗马法上的双务契约，分为完全的和不完全的两种。完全的双务契约，在契约成立之后，双方必然立即发生相互的债务关系，如买卖、租赁。不完全的双务契约，在契约成立后，仅一方负担义务，对方则在将来可能负义务，也可能不负义务。如委任契约成立后，受任人即负处理委任事务的义务，但委任人仅在一定情况下才负担义务，主要是偿还因此支付的费用（有费用才有义务偿还，没有费用就不负义务），所以其义务是不确定的，不完全的。

双务契约与单务契约的区别，在罗马法是以双方或单方负义务作标准。如委任、使用借贷、寄托和质权，在罗马法视其为不完全的双务契约。但近代许多学者和法例则认为两者的区别不仅以是否一方负担债务或双方互负债务为标准，还应以其所负担的债务有无对价关系为标准。因此，上述委任等契约之一方的义务既无对价，自应列入单务契约的范围。区分单务契约和双务契约的意义是：

（1）在契约履行方面，双务契约是以同时履行为原则，如买卖一般须一手交钱、一手交货，但在法律另有规定、当事人另有特约或当地另有习惯的除外。双务契约的当事人因此享有同时履行抗辩权，在一方未履行或未提供履行担保时，对方可以拒绝自己的给付。单务契约则不存在同时履行的问题。

（2）在风险负担方面，在特定物，单务契约的风险是由所有人负担，但对方有过失的除外。双务契约中的风险负担则有三种情况：①发生事变，包括不可抗力，而致双方不能同时履行时，任何一方均不得要求对方履行，债务人即免其债务；如一方已履行的，对方应当返还给付，否则就构成不当得利。②由于可归责于债务人的事由而致不能同时履行的，债务人无权要求对方履行，对方则有权请求解除契约和赔偿损失。③由于可归责于债权人的事由而致不能履行的，债务人可要求对方履行，或者赔偿损失。

（3）解除契约，双务契约的债权人因对方的过失致契约不能履行时，可解除契约。单务契约的债权人则为撤回，而不发生解除契约的问题。

2. 要物契约和诺成契约

要物契约又称践成契约，是指除当事人合意外，还以交付标的物作为成立要件的契约。若无物件的授受，其合意仅为无诉权的简约,不受法律的保护。罗马法上有名称的要物契约主要有消费借贷、使用借贷、寄存(寄托)、质权和信托等,其他的则为无名契约。要物契约在交付标的物前,当事人可以任意撤销其约定,除非该契约用书面订立才得例外。要物契约中标的物的交付,可以是转移所有权,如消费借贷;也可以只转移占有,如质权,使用借贷和寄存,则仅仅移转持有。承诺与交付无论孰先孰后或是同时进行,都必须二者具备,契约方得成立,如借用人等已先持有标的物,则适用"在手交付"以代交付,同时在实物交付前,当事人可以撤回其意思表示。在诺成契约,则要约经承诺后契约即告成立。

罗马法上的要物契约,有非要式和无偿的特征。由于赠予在罗马法上原为要式契约,所以未列入要物契约,这有它的特定历史原因。

区分要物契约与诺成契约的意义,一是二者成立的要件不同,要物契约的成立多一个交付标的物的要件;二是二者成立的时间不同,要物契约须在合意和交付两个要件同时具备时成立;三是要物契约在实物交付前当事人可撤回其同意。在诺成契约,则当事人一经合意,契约即正式成立。

3. 有名契约与无名契约

有名契约,又称典型契约,是指法律上有特定的名称、其成立要件、内容、效力、当事人的权利义务,法律都有具体规定,并有专门诉权保护的契约;否则就是无名契约或非典型契约。区分有名契约与无名契约的意义,在于有名契约直接适用法律为各该契约所做的特别规定,无名契约则适用类似性质的有名契约的规定,如互易适用买卖的规定,以及一般的契约通则,而统受事实诉(actio in factum)或口约诉(actio praescriptis verbis)的保护。

4. 有偿契约与无偿契约

有偿契约，是当事人双方为取得利益而须支付对价的契约。无偿契约则是当事人从对方取得利益而无须支付对价的契约。

在罗马法上，有偿契约又分为实定契约和射幸契约两种。实定契约是指双方当事人得失相当的契约，如买卖、租赁等。射幸，是碰运气的意思。在射幸契约，一方的给付确定，另一方的给付则不确定，如赌博、购买彩票等。无偿契约又分为有负担的无偿契约和无负担的无偿契约两种。给付附有一定义务的是有负担的无偿契约，如附负担的赠予；否则即是无负担的无偿契约。

区分有偿契约与无偿契约的意义是：

(1) 对有偿契约的调整如法律无特别规定时，便适用买卖契约的规定，无偿契约则不然，其债务人不负标的物的追夺担保责任和质量瑕疵担保责任。

(2) 当事人所负的过失责任程度不同。在无偿契约中，给付只对一方有利，对债务人自身无利益，所以他只要负故意和重过失责任。在有偿契约中，给付对债务人和双方都有利益，债务人因此须负抽象轻过失责任；如果当事人既管理自己的事务又兼管他人的事务，如合伙契约的当事人则应负具体轻过失责任，比一般双务契约当事人应负的责任轻一些。

(3) 限制行为能力人未经法定代理人同意一般不能订立有偿契约，但可以订立没有负担的无偿契约，接受他人给付的利益。

(三) 契约的效力

合法契约能够产生法律上的效力，包括对契约当事人、第三人和继承人所发生的效力。

1. 对当事人的效力

法律谚语称“契约是当事人间的法律”，《十二表法》第6表第

1 条即有“凡依‘要式现金借贷’或‘要式买卖’的方式缔结契约的，其所用的法定语言就是当事人的法律”的规定，所以，只要是合法，在契约成立后，就发生当事人所希望的效果，其标的构成彼此财产的一部分，并直接移转于双方的继承人。当事人死亡，原则上不影响契约的效力，但若契约着重当事人其人的，则自当事人死亡时起，契约因而失效，如委任与合伙契约原则上就是这样。由于这些契约是以信任为主，其本人可信，不等于其继承人也可信，在雇佣契约，如受雇人死亡，契约即行终止，雇佣人死亡，一般不影响契约的继续。在单务契约，债权人在契约成立后，一般可以立即请求债务人履行；如附有停止条件和期限的，则须待条件成就或期限届至时才能请求履行。在双务契约，因当事人互为债权人和债务人，故除有特别约定外，一方如未履行其债务或未作履行的准备，对方得以未受对待给付为抗辩而拒绝自己的履行，也就是同时履行抗辩。因为双务契约的双方互负债务，互为给付，系以交换利益为目的，故必须交换履行才能公平。如一方已履行其债务，原则上他只能请求对方履行契约而不能要求解除契约。但这方面有三种例外情形：

（1）附解除条款（lex commissoria）的买卖，若买受人不于约定期内支付货款的，出卖人得视为买卖契约的解除，从而请求返还原物。

（2）在各种无名契约中，已为给付的一方可以请求对方履行所负的契约义务或解除契约。

（3）在按期继续履行的契约，非一时可履行完毕而须经过长期间的，如租赁契约当事人的一方不履行债务时，对方也有就请求履行或解除契约这二者的自由选择权。

2. 对第三人的效力

契约对于当事人以外的第三人不发生直接的权利义务关系，这是一项基本原则。因为契约是当事人的合意，第三人既未参加，自不应对之产生任何影响。但在古罗马和现代，“利他契约”及其理论对于该原则都是一项例外。在罗马古时，利他契约尚未形成。当时，严格规定任何第三人不得享有其他当事人的契约权利。如甲与乙约定，由甲赠予丙若干财产，丙未参加这项约定，便不能诉请甲履行。而且，依罗马古时学者的理论，行使该诉权须有直接的利益，而乙对甲是否履行对丙的赠予并无直接利益可言，所以也不能诉请其履约。这样，就不能通过缔结契约使当事人以外的第三人享受利益。于是，人们便用设定违约金的办法来间接达到目的。如上例中甲不履约，乙可以诉请甲给付违约金，以达到利丙的意愿。要是乙对契约的履行有金钱利益的，则甲不履行时，乙即有诉权。如乙欠丙若干财产，甲允乙代为清偿之例。但丙对甲则仍无请求权。这本不符合违约金原则，但法官为使当事人达到利他的目的，默许了这种方法。不过即使如此，第三人终究还是不能直接诉请履行。到了法学昌明时期，关于代理及转移债权的理论逐渐形成，法学家遂根据这两种理论，承认契约当事人以外的第三人得以当事人的代理人或债权受让人的名义，向有履行义务的当事人直接诉请给付，利他契约的理论遂告确立。例如对于附负担的赠予，允许受益人可以直接向受赠人诉请履行。优帝一世时，嫁奁之附有返还于其妻或妻的婚生子女的条件的，则在婚姻关系解除时，妻或子女即有请求返还的权利。受寄人因故不能保存寄存物而将其转寄第三人，约定日后由后者直接将其返还寄存人的，则寄存人和受寄人对第三人都享有诉权；使用借贷的借用人委托第三人向出借人归还借用物的亦同。

利他契约的特点,在于当事人订立契约是使第三人享受契约上的利益为目的。反之,如果契约当事人甲乙约定由第三人丙对甲为给付,使丙受到给付的拘束而为债务人,由于丙未参加订约,自不负给付的义务,而乙也因并未承担自己履行的责任,因之,也不受契约的拘束。如乙担保丙对甲为给付时,则丙虽仍不受该契约的直接约束,但乙于丙不为给付时,即须代为履行或负担损害赔偿之责,因担保乃作为之债。此项赔偿也可以罚金附约预先订定。

3. 对继承人的效力

罗马初期,视债发生当事人身体间的关系,一方死亡时,债即因此而消灭。但继承既继承被继承人的人格,故此项不合理的现象不久以后便改为,只要契约生效于当事人死亡前或死亡时,它就是为当事人及其继承人而订立的。如于当事人死亡后才生效的债则无效,因其对自身未发生效力,也不会使契约对继承人产生影响。但于死亡时生效的契约,法学家则认为可以生效,因一人死亡时,其人尚存,债的关系即行发生。优帝一世时正式确认死因契约(stipulatio post mortem)和为继承人利益而订立的契约(stipulatio pro herede)有效,其理由是这种附有不确定期限的契约,不过是延缓债的履行,并不延迟债的发生。

(四) 要式契约

要式契约,须履行法定方式方能成立,否则法律不予保护。但是,未履行法定方式的要式契约,作为自然债仍可发生一定的作用。如前所述,自然债可在一定条件下转为法定债,也可取得担保,可以抵消,清偿后不发生不当得利问题,等等。

罗马古时,法律对契约的形式要求很严,所有的契约均是要式契约。这是因为当时经济不发达,经济活动多在部落内进行,交易很少,是自给自足的自然经济。而且,平民文化水平低,仅贵族掌握知识,人们迷信神灵。所以,也只有严格的交易形式,才能为当时的社会普遍接受,他们并不会因此而感到不便。因为古代罗马人习惯于宗教仪式,对缔结契约也不厌其烦,只求可靠和踏实,可见,严格注重形式适应了古代经济文化发展的状况,是具有一定合理性的。要式契约在罗马法上有若干种类,下面加以分述。

1. 铜块和秤式(per aes et libram)

这是罗马最早的契约形式。用于移转所有权的为"要式买卖",用于金钱借贷的为"要式现金借贷"(nexum),前者已于所有权取得中叙述,现仅就后者加以说明。

拉丁文"nexum"为拘束、联结、债之意。这种契约和要式买卖都采用铜块和衡器的形式,但为现金借贷时,当事人所用的法定语言已失传,据有的学者考证是由出借人对借用人为处罚的声明:"若某某债务人到期不将某款项归还时,即应将他收为奴隶,使役之,出卖之,杀戮之"。但也有人认为是由债务人为声明的,究竟如何已不得而知。因为该契约消失较早,故在法学昌明时期各大法学家的著作中对此均未作记载。最初,该契约只适用于罗马市民间的现金借贷,自验质计量成为虚拟形式后,现金借贷便逐步扩充适用于所有可以计量之物的借贷,即成了普通的消费借贷契约。

"要式现金借贷"的效力,在于还债的责任和处罚。《十二表法》第3表规定,债务到期后还有30天的宽限期。期满不还,又无人作保,债权人即可直接拘禁债务人,只需向长官报告而毋须经过审判,就可拘债务人于牢,罚做苦役。在关押期间,债务人虽无行动自由,但并不丧失自由人的身份,仍可和债权人进行和解或寻找保人,如果不成,即可将债务人卖到外国去做奴隶或杀之,如有数个债权人时,则可分割其尸体①。可见,"要式现金借贷"是很残酷的。放债的人多是贵族,借债的人则是平民,后经平民的斗争、反抗,结果于公元前 325 年罗马颁布了《珀特利亚 · 帕披里亚法》(*Lex Poetelia Papiria*),规定除侵权行为之债外,债权人非经判决不得对债务人进行拘押、锁拷、罚役、出卖、杀戮、分尸等,同时责令所有债主释放受拘禁的普通债务人。自要式口约产生后,"要式现金借贷"不久便被废弃。

2. 口头契约(Contractus Verbis)

口头契约,是指当事人的一方用规定的语言承担给付的单务契约,受严法诉权的保护。口头契约主要有下面三种。

(1) 解放宣誓(jus jurandum liberti)。这是指奴隶在被解放时,宣誓日后为恩主服一定劳役,如耕作、缝纫、传授知识等,恩主则默示或明示表示赞同的契约。最初,奴隶虽在宣誓时尚未获自由,并不是权利义务主体,不能成为市民法上的债务人,但由于奴隶笃信神明和慑于奴隶主的威严,所以违反宣誓的情况很少。以后奴隶反抗性加强,宗教上的约束已不能发生作用,违约现象愈来愈多,因之,订约时奴隶主就改为要奴隶在被解放前宣誓一次,被解放后立即再重复一遍,这样,以后如果他再违约,恩主便可提起大法官创设的"服役诉"(judicium operarum),以强制其履约。该诉权可以转移给恩主的继承人,等于是财产权。但因继承人的身份不同而

① 罗马人很迷信,认为灵魂不灭,故对死者很畏敬,有侵犯尸体坟墓的,不仅在宗教上要受神罚,遭遇灾祸,在法律上也处以重刑,所以《十二表法》有关杀戮分尸的规定,只是起到威慑作用,实际上债权人与其杀死债务人,不如把他卖掉更为有利。

其权利有多少之分。恩主的当然继承人可以继承所有宣誓时所承担的服役的请求权；而外来继承人就只能继承积欠的服役请求权，而不能继承未来的服役请求权。

公元2世纪时，已有用要式口约来承担被解放后的服役义务的，但解放前的宣誓仍为最常用的方式，此为罗马法唯一以誓言订立的契约。在优帝一世时要式口约已普遍通行，其学说汇编中虽仍设有解放宣誓的专章，但在较简明的《法学纲要》中则已无此契约了。

（2）嫁奁宣许（dictio dotis）。这是设定人在证人前单方面声明以某项财物为嫁奁，经未婚夫接受而成立的契约。但所用语言，早已失传。嫁奁宣许，旨在补偿女方婚后的生活费用和出嫁后所丧失的娘家的继承权。其设定人只限于未婚妻本人及其父系尊亲属，其他人设定嫁奁，应采用"要式口约"，不得使用"嫁奁宣许"的方式，否则其设定无效。法学昌明时期，限制放宽，女方的债务人也可以其代理人的资格代为设立，以代清偿。

嫁奁宣许时，未婚夫不一定要到场，因而有利于异地设定，如未婚夫在场，则到场即视为默示同意，毋须明示接受。以后法律允许用书面形式代替宣许。嫁奁宣许的形式，似未为东罗马居民所接受。公元5世纪初，东罗马皇帝特奥多西乌斯二世为了满足东帝国居民的需要，规定可用简约设定嫁奁，即使不用要式行为也受法律保护，故嫁奁宣许契约就废止了。因此，在优帝一世时编纂的《法学纲要》中，并没有提到这种契约，在其法典和《学说汇编》中，嫁奁宣许一词也已为其他名词所代替，现在人们只能在西罗马的文艺作品中找到它了。

（3）要式口约（stipulatio）。这是双方当事人用特定的语言经问、答相符而订立的契约。要约者(stipulator)是债权人,承诺者(sponsor 或 promittor)是债务人,故该契约是单务契约。

要式口约渊源于《十二表法》以前的神前誓约,债务人在神明前声明其所负的债务,并宣誓若不履行其债务,愿受神罚,经债权人默认而订立的契约。但最初并不发生法律上的效力,仅靠道德、宗教的约束力来维持。以后宣誓的方式渐废而代之以问答式,当事人也不再到神明前去了,在法律确认其效力后,即形成了要式口约。要式口约最初仅适用于罗马市民,限于用拉丁语答问,其条件为:1. 订约时双方当事人都要到场,因他们须亲自一问一答。2. 限用专门的语言,即拉丁语"承诺"(sponsio)。3. 问答时须先由债权人发问承诺否(spondesne),再由债务人立即回答承诺(spondeo),内容要两相符合,契约才能成立。如果答问次序颠倒,是债务人先问而债权人作答,或者问答之间当事人为其他动作、讲其他的话而使问答过程有所中断,或者问答不符,有所出入,则契约自始无效,且不因事后改正而变为有效。后因罗马的版图扩大,工商业逐渐兴盛,外国人来罗马的日多,这种严格的方式,不能适应经济发展的要求,于是大法官允许外国人可用"允诺"(promisso),给予(datio),作为(facio)等形式订立要式口约,而承诺式则仍保留为罗马市民所沿用。帝政后期,则只要当事人意思表示一致,无论用何种形式、何种语言都可生效。优帝一世时更加放宽,问答时分别用不同的语种也能成立要式口约。

S. 塞韦鲁斯帝时,由于文字使用的普遍,当事人常将要式口约的内容载入书面,便于证明。甚至对内容复杂的契约,不作现实的问答,而直接把问答记入书面以代之。因此常发生恶意的债务人藉形式的缺陷而拒绝履行义务。为此,优帝一世时规定,如果债务人不能证明在订约之日他根本不在订约地，就不得否认契约的效力。这一规定，把举证责任从债权人转给了债务人，有利于保护债权人的利益。

要式口约的适用范围，最初限于现金借贷，随后扩展到现金以外的种类物和各种特定物，以后进一步适用于某种作为或不作为，如允诺不在某地建房以免遮挡阳光、视线等。但由于行为不若金钱和特定物那样具有确定性，因此，在当时不能作为诉讼的标的。为了把不确定的标的变为确定的，通常是由当事人把不履行某行为的责任确定为罚金若干，这样其给付请求权就可以受法律保护了。

要式口约在口头契约中是最主要、使用最广泛的一种。它可以被用来订立新债，如借贷；更改旧债，如把自然债转为受法律保护的债；保证债权；消灭债务；更多的是用于约定利息、成为独立于主契约之外的契约；如为双务契约则也可分用两个要式口约来完成，如买卖，出卖人以要式口约承诺将标的物所有权移转于买受人，买受人则以要式口约承诺支付一定的价金等。要式口约之所以得到普遍使用，备受罗马人青睐，一是因为它的形式比较简便；二因为它是严法契约，法律的保护可靠。

要式口约是单务契约，仅承诺方负义务，发问方不负任何责任。又因为是严法契约，承审员审理契约纠纷时纯以问答的内容为准，不问有无正当原因和是否公平，保护债权人很周到，故债权人都乐意采用之。又因其易于判决，也很受承审员的欢迎。但要式口约在什么时候开始受到法律的保护以及受到什么诉权的保护，已无可考，很可能是援用“宣誓决讼”（sacramentum）。到了程式诉讼时期，大法官因要式口约内容的不同而予以相应的保护。

如标的为确定的金额，则授予确定金额诉（actio certae creditae pecuniae）；如标的为确定物，则授予确定物请求返还诉（condictio certae re）；如为不确定的标的或不作为之债，则授予要式口约诉（actio ex stipulatu）。后者后来成为要式口约的普通诉权。这是一种严法诉权，为了纠正其严格性，当事人常于要式口约中附加欺诈条款，由债务人声明并无欺诈，附加此项条款后，就使确定的标的变为不确定的标的，因而承审员便掌握了权衡之权，就像在诚信诉讼中那样，可以考虑当事人在缔约时所未预见到的情况，特别是惩罚欺诈。

此外，除了普通的要式口约外，罗马还有大法官法上的要式口约。这是大法官责令当事人承担保证义务而订立的口约，如保证履行判决，保证对用益物尽善良家长的管理义务，对危房的安全保证，在造成损害时，即由保证者承担法律责任等。

在罗马法上还有一种“许诺”（pollicitatio），是一方表示意思而负义务的行为。按原则，仅由一方表示意思的单方行为，并不构成契约，也不能使之承担义务，但由于历史原因，古罗马的生前行为有下述两种例外情况：

（1）誓愿（votum）。指用许愿的方式对神所作的承诺，誓愿人自愿承担某项给付的义务，并不需宗教方的同意，即行生效。誓愿几乎均是附条件的，承担义务人在条件成就时即须履行其义务，若先期死亡，其义务即转由其继承人承担。但仅有对神的奉献，并不能使所供奉之物成为神用物，还须经过一定的宗教程序。誓愿可以引起处分行为，所以只有已达适婚年龄的自权人才能为之，家属和奴隶则非经家长家主的同意，不能向神为有效的誓愿。

（2）许诺。这是指对某一城市提供一项无偿给付的意思表示。如有正当原因的，其许诺就即时生效，例如为报答城市授予的荣誉而许诺筹建一个运动场等，无正当原因的，则自开始履行给付时发生效力。这是仿"誓愿"而成的一种新的单方负义务的行为，如果许诺人事后经济情况恶化，不能完成其给付时，则其义务可减至其家产的1/5。如果他死了，他的当然继承人须负遗产的1/10的责任，外来继承人则须负遗产1/5的责任。

3. 文书契约(contractus lilteris)

文书契约，是由家长登记账簿而发生效力的契约。罗马古时，贵族家庭都有两本账簿，一本流水账(adversaria)，一本收支账(codex accepti et expensi)。前者登记日常的收入和支出，如购入土地、设定嫁奁、接受继承等，后者专记债权债务。收支分页记载，记明对方的姓名，发生债的原因及日期等。一般每月将流水账结算一次，将人欠和欠人过入收支账，收支相抵，如有余额，即为家庭的债权。家长死后，即依收支账确定债权债务，用以收账、还账，作为继承和财产分割的依据。此项账簿受监察官的检查，也是定等级和纳税的根据，家长须宣誓证明其记载属实无讹。西塞罗时仍认为家长不善管理账簿是可耻和不名誉之事，由此也可见账簿在罗马法上的重要意义。至于为什么家长在账簿上的记载能够发生契约的效力，现已不可考，因此学者各异其说。有的学者认为债权人记人欠时，要经债务人同意，若记账时债务人在场，他口头认可即可，更可靠的是要债务人在他的账簿中记入欠人多少，使两相符合记载，不符时以债权人的记载为准。若债务人不到场，则用书面代之。也有人认为，这是由家长登载要式现金借贷，简略其手续而成的。"要式现金借贷"，必须履行"铜块和秤式"，才能成立，登记账簿，只是一种证明。

有人则认为文书契约是指借据(cautio)。但借据仅是债务的证明,在罗马有借据不一定就存在债务关系,故这种意见欠妥。因罗马人的习俗,借款要先向对方寄借据,以示乞贷(催债则先由债权人送一收据,以作起诉的警告)。但对方也有就拿了借据索账。在严格形式主义时期,债务人因此会遭受损害,有失公允。因此大法官便给予他"并未收款的抗辩"(exceptio non numeratae pecuniae)以资救济。并进而允许他提起"无因诉"(condictio sine causa)或"并未收款诉"(querela non mumeratae pecuniae),以撤销该借据的效力。不过依举证原则,在诉讼中应由受害的债务人负举证责任。由于要证明并未收款,借据仅是用来乞贷的,颇为不易。卡拉卡拉帝为了债务人的利益遂将举证责任从债务人转归债权人,但此诉应在1年内提出。地奥克莱体亚努斯帝认为1年的时间太短了,又将它延长为5年;优帝一世时则对此类凭证的诉讼时效定为2年。

文书契约是单务契约,严法契约;其标的只能是确定的金钱;其主体只能是罗马市民,而不能是外国人。由于是记账,所以契约的订立不需要双方当事人到场。本契约受"确定金额给付诉"(actiocertae creditae pecuniae)的保护,而通说认为最初则为誓金诉(legis actio per sacramentum)。在外国人之间,则通行一种债据(chirographum)和书契(syngrapha)。前者通常采用致敬信的形式,承认债务,如为双务契约,则互相写信;后者则为要式行为,由债务人在证人前完成书契,并经本人和证人署名盖章,交由证人中的一人保管,负责在发生争执时出示为证。在埃及,书契还须向官厅登记,始生效力。债据和书契随着卡拉卡拉帝授予帝国一般居民以市民权而消失。文书契约的作用是:

(1)变更债的性质,如将自然债变更为文书契约这种法定债。

此时债权人须于收支账的收方记入自然账以取消旧账，同时于付方支出相同的金额以发生新债。

（2）变更债务人，例如甲欠乙 1000 阿司，乙又欠丙 1000 阿司，乙为了节省手续，可征得丙的同意，嘱甲为丙的债务人而清偿之。这样乙即在收支簿中收甲 1000 阿司，同时付丙 1000 以消灭其债权债务关系；甲则收丙 1000 阿司，付乙 1000 阿司，丙则收乙 1000 阿司以消灭对乙的债务，付甲 1000 阿司以发生对甲的债权。

（3）发生新债，如为赠予和设定嫁奁等，家长可先为赠予和嫁奁的付出，继再将该款记入债权人（即受赠人和未婚夫）的名下，使账面平衡，待履行给付后再登账付出。

关于文书契约的存废问题，部分学者认为在优帝一世时仍然存在这种契约，因而在他的《法学纲要》中曾正式提到了它。有些学者则认为，文书契约在帝政后期已不复存在，故优帝《学说汇编》即未提及，优帝《法学纲要》因系以盖尤斯的《法学纲要》为蓝本，则是为了保存四种契约的分类才将文书契约列入。当然，旧时家庭收支账早已消失，但自银行业由希腊引入罗马后，银行家和其顾客的交往则仍采用文书契约形式。

（五）要物契约

在优帝《法学纲要》中，要物契约仅包括消费借贷、使用借贷、寄托、质权这四种。实际上，信托在罗马也是要物契约。要物契约中，消费借贷产生最早。其他使用借贷、寄托虽早在罗马氏族社会就有了，但它们不受法律保护。到共和国末叶，大法官才给予这几种契约中已接受了标的物而事后拒绝返还的当事人以事实诉的制裁。帝政以后，才作为要物契约而正式受市民法的保护。其中，消费借贷与信托是严法契约、单务契约，交付标的物要同时移转所有权，交付后所有人不负标的物的意外灭失风险，消费借贷的标的是种类物，债务人负有归还与标的物种类、品质、数量相同之物的义务；而使用借贷、寄托和质权则是诚信契约，不完全的双务契约，其标的为特定物，交物时只移转标的物的握有或占有而不转移其所有权，标的物的意外灭失风险仍由所有人负担，债务人则有归还原物的义务。

1．消费借贷（mutuum）

这是当事人约定由一方（出借人）将一定的代替物的所有权无偿转移给对方（借用人），对方则到期归还种类、品质和数量相同之物的契约。其特征是：

第一，标的物须为金钱或其他代替物，因此只能是略式移转物（要式移转物须用要式买卖等）、不特定物，因须供消费，故日后不返还原物。最初仅限于金钱，后来限制放宽，所有种类物均可借贷。在法学昌明时期，消费借贷的适用范围进一步扩大，只要当事人约定只转移标的物的价值，则特定物、要式移转物也可以成立消费借贷。例如，将标的物作价或由借用人出卖而以价金为借款，甚至把未到期的债权让借用人代为收账，这样出借人把债权“借”给对方，借用人收到的并不是现金或实物。因此，要物契约的“物”就意味着财产了。

第二，交付标的物时须转移所有权，因其目的在于消费。所以，出借人要拥有标的物的所有权，并有转移所有权的行为能力。移转所有权的方式为交付。最初，双方当事人须直接交付始生效力，这是由于出借人因家属和奴隶不得为有损家长家主利益的行为，而借用人又限于不能因家外的人而获得财产的原则。自占有可因他人而取得后，于是间接交付亦为法律所允许，因而消费借贷标的物所有权的转移也可以通过间接交付来进行了。例如出借人嘱令债务人把款项向借用人为交付,或出借人允其受任人保留其代收的款项作为借款等。其授意不论明示或默示均生效力。公元2世纪后出现了银行,当事人可以通过银行收付款项,因此借用和出借行为不能由第三人代为的规定,亦由于经济发展的需要而突破了。

出借人如果不是标的物的所有人,又未经所有人同意,而是私自将他人的财物出借,则契约无效,原所有人在标的物尚未消费的情况下可提起"确定物返还诉"(condictio certae rei)追回原物。在标的物已被消费的情况下,他的所有权因物的毁灭而丧失。罗马法规定,若借用人属恶意的,所有人可以提起"物件交出诉"(actio ad exhibendum);若借用人属善意,则可基于不当得利而提起"无因诉"(condictio sine causa),但也有学者认为借用人应享受与消费借贷相同的利益,因而所有人只能提起"消费借贷诉"。"物件交出诉"是一种"仲裁诉",即承审员在判案时享有较大的自由权衡之权,他可根据所有人的宣誓,判决借用人交出一笔往往高于标的物实际价值的金额,这样可以促使被告偿还实物。对于"无因诉",所有人可以随时提起,至"消费借贷诉"则仅能在借贷期满时提起。若借用人是限制行为能力人,安东尼努斯·披乌斯帝时规定,他只在实际享受利益的范围内承担法律责任。

第三,借贷到期时,借用人应返还与标的物的品种、质量和数量相同的种类物。由于消费借贷为严法契约,债权人所得请求的以缔约时所交付的数额为限,交付多少,归还多少,如所交付的为1000阿司,即不得请求返还超过1000之数,纵当事人缔约时曾有相反的协议,其协议也不生法律上的效力。故借贷如果要附加利息,必须用要式口约另行订定,否则利息仅为自然债务,不受法律保护,只有极少数的例外。但在进入商品经济社会,借贷利息问题对人民生活、经济发展、社会安定等影响很大,故罗马的统治者对此的规定有多次变动和反复。我们在利息之债中已有所说明,不再赘述。

第四,有行为能力者均可作为借贷契约当事人。但对此有几项限制:一是禁止行省总督、省长与其治辖下的人民为借贷行为,以防发生以权谋私现象。二是限制家属作为借款人。因为共和国末叶帝政初年,罗马掠夺了大量财产,许多人腰缠万贯,高利贷者趁机向有钱人家的家属放贷,约定待其家长死后再还债,以攫取其继承的巨额遗产;且富有家庭的家属自恃家中有钱,可继承大笔遗产,便大肆借贷挥霍,为此,克洛狄乌斯一世于公元47年禁止借贷给家属而以其家长死后归还为条件的契约,韦斯帕西亚努斯帝(Vespasianus,公元69—79年在位)时有元老院议员之子马塞多(Macedo)挥金如土,终因借债过多,人们拒绝续贷,马乃杀其父,继承遗产。事发,舆论哗然,元老院遂作出"马塞多元老院决议"(Senatus Consultum Macedonianum),规定凡家属借债,无论其到期在家长生前或死后,也不问有偿无偿、口头或书面,均在禁止之列。因此,出借者不得对家属、家长或其保证人起诉求偿,后者被诉时可提出抗辩,拒绝履行,即使已被判决偿还而未清偿的亦同,此称"元老院关于马塞多决议的抗辩"(exceptio senatus consulti Macedoniani),而且此项抗辩不仅对于家长的财产,同时对于家属的特有产也有效。但该决议只适用于金钱借贷,不适用于其他的种类物。但如果名义上是借粮食、酒等种类物,实际却按货币计值,则仍应受本决议的制裁。违反的其借贷构成自然债。因此,如履行清偿，即使出于错误，事后也不得追回。家属为自权人后加以确认的，即成为普通借贷，也就随之丧失抗辩权。这项决议有五种例外情形，在这些情形下，家属所为借贷仍受到法律的保护：

① 家属是军人，其借款不超过他的军役特有产的；

② 家属借款时曾经其家长同意或事后追认的；

③ 家长曾利用此项借款的，即视为默示同意；

④ 家属因家庭必需而借贷的，如借钱修理家中房屋、借钱为家庭成员求医等；

⑤ 出借人误认借贷的家属是自权人，而其错误显然可以宽宥的，如他出征或航海归来，对于家长已撤销了对该家属的解放并不知情，等等。

消费借贷为单务契约，出借人在契约成立后不再承担义务，借用人则须负偿还的责任。消费借贷受消费借贷诉（condictio ex mutuo）的保护。如借贷标的是金钱的，债务人到期不还债时，出借人也可提起“确定金额返还诉”。标的如为其他物品，则用“确定物返还诉”。东罗马时，如是小麦，则用“小麦返还诉”（condictio triticaria）。以后，小麦返还诉扩大适用于所有种类的谷物借贷关系。

2．使用借贷（commodatum）

简称借用，它是当事人约定一方（出借人）把特定物无偿地交给对方（借用人）使用，对方于使用后归还原物的契约。使用借贷的要件是：

（1）当事人的合意须有订立借用契约的意思。否则，即时借用，当场归还，无意发生借用法律关系，如在剧场借用邻座的望远镜，旅行中借阅同伴的地图，行人在某人的屋檐下避雨以及容假占有等，都不得谓成立借用契约。

（2）使用借贷是要物契约，故须交付借用标的物后契约才能成立。使用借贷的标的都是特定物、动产或不动产，而不能是种类物。其交付只移转“持有”（握有），而不若消费借贷要移转所有权。所以使用借贷的出借人并不需是标的物的所有人或占有人，保路斯说小偷也可以把偷来的东西有效地借给他人。所有人也可以借回自己所有的物件来使用。如出质人向质权人借用出质的东西等。在借用人已经持有标的物的情况下，可以采取虚拟交付标的物的在手交付方式而使借用契约成立。如出卖人在标的物交付前与买受人订立借用契约等。

（3）借用人须按约定的期限和条件使用标的物，无约定的依习惯（包括按物的性质和借用的目的）。如借用乘骑之马，不得用于驮物、拉车或耕田，借用裁衣剪不得用于修剪树枝等。当事人的约定可以明示，也可以默示。借用人一般不得获取标的物的收益，而只能使用。

（4）须为无偿使用标的物。消费借贷可以有偿，也可以无偿。法律允许使用借贷附有负担，如附纳税义务等。但这种义务不能是经常性的，否则它成为对价，契约的性质就变成租赁或无名契约而不是使用借贷了。

（5）借用人于使用后须返还原物。由此，消费物不能作为使用借贷的标的，因一经使用，便行消耗，无法返还原物。但如果当事人约定取消消费物的消费性，使之成为特定物时，则消费物在一定的条件下也可作为使用借贷的标的。在罗马法上，有所谓“陈列和摆阔的使用借贷”（commodatum ad pompam et ostentationem），就是把消费物借去不是用于消费，而是为了陈列，如订婚时把名酒和外国水果借来摆阔，事后仍归还原物于原主等。

使用借贷是不完全的双务契约，出借人和借用人的义务各自独立，出借人的听任使用义务和借用人的返还义务并非互为对价。在契约成立之后，借用人立即承担义务，所以他的义务是确定的，出借人虽不受报酬，但在契约进行中，亦有负义务的可能，故其义务是不确定的。现分别说明如下：

（1）借用人的义务

① 对标的物的使用、管理负善良家长的注意，是一种抽象轻过失责任，对标的物意外灭失的风险则不负责。消费借贷的意外风险则由借用人承担，这种区别是由两种借贷中的所有权转移与否而决定的。使用借贷是为借用人的利益而订立；若是为出借人的利益而订立，如为防某物被窃而借给友人使用，那实质上是寄存契约，发生纠纷时应按寄存契约对待，因此，“借用人”（受寄人）仅就故意和重过失负责。

② 须按约定或习惯的方法和使用范围使用标的物；不经出借人的同意，更不得允许他人使用，否则即构成“盗用罪”（furtum usus），除赔偿损失外，更须支付罚金，并负标的物意外灭失的责任。那么，在使用标的物是一种技巧的情况下，借用人并不具备此种技巧，他能否请人代为使用，如能否请人驾驭所借用的马匹犁地或驾车？罗马法认为基于默示同意，只要借用人所雇请的人真正懂得使用技巧，并由借用人就其过失行为承担责任，就不构成盗用罪。在一般情况下，使用是借用人的权利而不是义务，但如果依标的物的性质须经使用才能维持正常功用，则使用也可以构成义务。如借用乘骑之马，须每日带其溜达，不然造成损失应由借用人承担责任，但如果义务不是轻微而是相当繁重时，那就成为无名契约，如

借马而负责驯马等。

③ 用后须归还原物、附属物及其自然增殖(包括孳息、产物和添附)。但借用人只需按标的物的现状归还,无须对其正常的磨损和消耗负责。对所加的工作物,有权拆除和收回,并负责回复原状。

标的物如因事变而灭失,借用人即可免除返还责任,此与消费借贷基于同一原则,风险都由所有人负责,不过前者为出借人,后者为借用人。数人共借一物的,对出借人负连带责任。

（2）出借人的义务

在一般情况下,使用借贷契约仅有使借用人负义务的效力,但契约成立后,出借人也可能要承担义务。其可能的义务是:

① 按约定听任借用人使用标的物,但由于其无偿性质,故与租赁不同,出借人对标的物不负维修的义务,出借人不得妨碍借用人正常使用标的物,一般也不得提前请求返还。因此,定有期限的,在借用期限届满时返还或依借用目的使用完毕后返还。未约定期限的,经催告后归还。在例外情况下,出借人也可提前索回标的物。第一个例外是出借人确有急需,须使用标的物。由于他不用才无偿出借,故在他有急用的情况下,法律允许他可以提前收回标的物。这与租赁不同,租赁是有对价的,因而出租人不能中途索回标的物。第二个例外,是借用人违反义务,未按善良家长的注意来使用标的物,以致损坏或有可能损坏标的物,此时出借人也可提前收回标的物。第三个例外,借用人未经出借人同意而转借标的物于他人的,出借人也有权提前收回标的物。

如果在期限届满之前,出借人将标的物出卖他人,在这种情况下,罗马法认为物权的效力优于债权,借用契约因此终止。

② 负担标的物的捐税，有特约的按特约办理。

③ 偿还借用人对于借用物的额外开支。对普通的必要费用应由借用人自己负担，超过必需部分的奢侈费用也要由借用人负担。如借用奴隶，伙食由借用人供给，如奴隶病了，则医药费为额外开支，应由出借人负责；如为奴隶添置新衣，供给超过一般标准的伙食，都是奢侈费，借用人不得求偿。对于有益费用，则适用无因管理和不当得利的原则。如果借用人支出的费用对出借人有益，且不违背其明示或可推知其意思的，如因出借人出远门而修理借用的房屋，就可按无因管理处理。若借用人支出费用并不符合出借人的意思，例如借用人在房屋上加盖阁楼，借用人可以在不影响房屋使用和交换价值的前提下拆回所加物件，否则可按不当得利处理。

④ 赔偿因故意和重大过失而使借用人所受的损失。使用借贷对出借人并无经济上的利益，所以他不负轻过失责任。最初出借人对重大过失也不负责，后来认为每个人都应负起码的注意，且重大过失在客观上等于故意，如出借人对标的物有重大瑕疵而怠于告知借用人致发生损害的，他应负赔偿责任。出借人如果应负担额外费用和进行赔偿，借用人在未受相应的清偿或获得保证之前，有权留置借用标的物，也可以此费用或赔偿额抵消他对出借人的债务。但借用人不能因有益费和奢侈费而享有留置权和抵消权。

使用借贷契约在罗马古代虽为经常使用的契约，但当时重要财物都须经过要式转移的方式，一般的借用仅为零星财物，法律不予过问。以后经济发展，借用纠纷增多，大法官为解决纷争，授予出借人以“事实诉”以资保护。到了帝政初年，才有了专门的使用借贷诉。保护出借人的是出借人诉（actio commodati directa），保护借用人的是借用人诉(actio commodati contraria),但事实诉仍未取消,与之并存。依使用借贷诉,虽出借人和借用人双方均有诉权,然而主要是出借人的诉权,故亦有译作"使用借贷直接诉"、"正诉"的。与之相对应,借用人的诉权则译为"使用借贷间接诉"、"相对诉"、"对立诉"等。

3. 寄存(depositum)

寄存又称寄托、保管,在罗马法分普通寄存和特别寄存。

(1) 普通寄存,是当事人约定一方(寄存人)把动产交给对方(受寄人),对方代为无偿保管,并于要求时随即归还原物的协议。在罗马法上,这种契约是要物契约、无偿契约、诚信契约和不完全的双务契约。其要件是:

① 因为是要物契约,所以须有寄存标的物的交付,契约才能成立。物件的交付只能转移持有(握有),而不转移占有或所有,故受寄人一般可以使第三人代为保管。最初,交付必须是实际交付,以后为简化起见,在标的物已在受寄人处的情况下,也允许采用在手交付的办法。如托他人收账后暂时代为保存,在使用借贷中,出借人嘱借用人在用毕后再代为保管等。

② 标的须为动产,不动产在罗马法上不能寄存。以保管房屋为例,如为有偿,视为雇佣契约;如为无偿,则以无名契约论。

③ 须为无偿,没有对价,否则就是雇佣契约或无名契约。

④ 受寄人的义务仅限于保管,而不承担其他的义务或责任。如果契约规定受寄人负有修理、代为出卖或出租等其他任务的,则视何者为主,而成为承揽、委任或无名契约。

寄存为非要式契约,最初不受法律保护,与使用借贷的情况一样。因为罗马古时,作为寄存的当事人都具有近邻、亲族关系。

《十二表法》第8表第19条规定,对不忠实的受寄人,要作私犯惩处,处以双倍于寄存物价值的罚金。以后,大法官授予当事人以事实诉,准他们根据事实由寄存人向恶意受寄人追回寄存物,甚至赔偿损失,同时受寄人也可向寄存人索取因保管而支付的费用,从而使寄存契约成了诚信契约、不完全的双务契约。受寄人的义务是:

第一,保管标的物。这是寄存的主要目的。寄存是为了寄托人的利益,如果是为了受寄人的利益,例如为了担保债权而寄存则为质押。保管标的物要由受寄人提供保管场所,若是由寄存人提供场所,则为雇佣契约(有偿)或无名契约(无偿)。至于保管的方法、期限,有约定的依约定,否则依标的物的性质或当地习惯而定。遇有紧急情况,为了寄托人的利益,受寄人可以变更保管的方法和场所。除当事人有特约外,受寄人对标的物"只收不接",即要由寄托人把标的物送到保管处所。如果特约由受寄人到寄托人处去取标的物,有关的搬运费等要由寄托人负担。受寄人不能使用标的物,这与使用借贷不同。受寄人如果擅自使用标的物,即构成盗用罪,要承担民事和刑事责任。经寄托人同意,受寄人可以偶尔使用标的物,如果是使用为主要目的,契约的性质就转变成了使用借贷。但若依标的物的性质,如使用为保管所必要的方法,如前例乘骑之马,每天须带其溜达,则这种使用便包括在保管义务之中。

第二,经寄存人要求应即交还寄存标的物及附属物和孳息。即使定有期限,寄托人也可以随时要求返还。这与借用不同,借用在期限未满之前,出借人一般不得请求返还标的物。原因是两个契约的目的不同,一个是为了借用人的利益,一个是为了寄托人的利益,而利益是可以抛弃的。但受寄人在契约定有期限时,则在期限未届满前,非有正当理由不得提前返还标的物,否则就是不履行债务。这是收取债务，返还标的物时，采取寄存人“接”的原则，而不由受寄人送交标的物至寄存人处。如果有特约由受寄人“送”，送的费用应由寄存人承担。

第三，受寄人只负故意和重过失责任。因为受寄人只负义务，不享权利，是无偿服务，所以责任应轻。现代民法则加重了受寄人的责任，一般规定其要负具体轻过失责任。在寄存标的物有变质、腐烂等危险或被第三人追夺的情况下，受寄人应及时将情况通知寄存人。受寄人负故意和重过失责任是原则，在例外情况下，应负更重的责任：双方有特约，按特约办理；为受寄人自己的利益而保管如质权，则受寄人应负抽象轻过失责任；受寄人自荐为受寄人的，因为是自荐，就推定受寄人对寄存事务有利益，或自愿负更重的责任，因此，应负抽象轻过失责任。如受寄人盗用标的物的，责任更要加重，此时他对意外事件和不可抗力造成的损失也要负责。

寄存人的义务是：第一，偿还受寄人因保管寄存物而支付的必需费用，包括为保管所必要的设备的费用支出和其他必要的开支。至于有益费用和奢侈费的偿还，依无因管理或不当得利的原则解决，与使用借贷的情况相同。受寄人也可在不影响保管物使用和交换价值的前提下拆回所附物件，回复原状。

第二，赔偿受寄人为保管标的物所受的损失。但寄存人若对于损失的发生并无过失，则他可不予赔偿。法律昌明时期，受寄人就应偿还的费用和赔偿金可对保管的标的物享有留置权并允许抵消，优帝一世时取消了抵消这种做法，理由是寄存与使用借贷不同，其标的物应能按寄存人的意见随时返还。

第三，负抽象轻过失责任，因保管对他有利。

关于寄存契约双方的诉权，是随着法律对该契约的调整而产生的寄存诉(actio dopositi)。该诉后发展为寄存人诉(actio depositi directa)和受寄人诉(actio depositi contraria)。寄存是基于信义所订立的契约,受寄人如果因不忠诚而致败诉,就要受处罚,并受丧廉耻宣告。罗马法认为,受寄人不诚实等于是盗窃,要对其按私犯处罚,这点从《十二表法》至优帝一世时一直未变。和使用借贷一样,寄存诉产生以后,事实诉仍同时并存。

(2)特别寄存。对其法律调整,有不同于普通寄存的特点。

① 变例寄存(depositum irregulare)。这是一种以金钱或其他代替物作为保管标的的寄存,受寄人有权消费或处分保管标的,而归还种类、品质、数量相同的种类物。这种寄存要转移标的物的所有权,其风险也随之转移给受寄人,因此实际是消费借贷。之所以要把消费借贷视作寄存,其原因是消费借贷是严法契约,寄存契约是诚信契约,为了避免严法契约的弊端和不便,罗马法学家便以寄存的规定来调整消费借贷。这不失为一种创新。作此变通以后,消费借贷的性质就有了变化,而成为所谓的变例寄存。消费借贷和寄存的不同之处在于:

首先,两者的目的不同,消费借贷是为了借用人的利益,故出借人只负重过失责任;寄存则是为了寄存人的利益,寄存人要负抽象轻过失责任。但经双方当事人同意,也可减轻寄存人的责任,使他只负重过失责任,或具体轻过失责任。

其次,消费借贷有期限,出借人不能提前要求返还;寄存,则可随时请求返还。

再次,消费借贷如果附加利息,须另订要式口约,若存款于银行,则每存款一次,双方须亲自订一次要式口约,非常不便;而寄存因是诚信契约,附加利息的话,只需经双方同意,订一简约,嗣后续存,即不需再重复订约。

最后,两种契约的诉权不同;而且,受寄人败诉要受丧廉耻宣告,借用人败诉则不受此处分,这对债权人更为有利。

变例寄存通行于东罗马帝国,当时商业发达,有了银行业,存钱者均希望采取诚信原则的寄存规则,而不是用作为严法行为的消费借贷的规则来调整自己与银行家的关系。法律昌明时期,对于变例寄存的效力如何,法学家们的意见不一。帕披尼亚努斯认为,这种契约是有效的,受寄人于返还所收款项时并可支付利息,因为这是东罗马行之已久的习惯。保路斯则认为不能附加利息,否则违背寄存的性质,就只能属于消费借贷。乌尔披亚努斯同意保路斯的意见,认为在存款附息时,如果银行破产,存款人就丧失了从银行优先收回本金的权利,因为消费借贷要转移借贷标的物的所有权;如果存款不附息,则视为寄存,银行破产时存款人可优先收回存款。优帝一世时认为,帕披尼亚努斯的意见更合乎当时社会经济的需要,故予以采纳。

② 灾险寄存[①](depositum tumultus vel incendii vel ruinae vel naufragii causa)。这是指在灾难、危险等紧急事变中而为之寄存。如在火灾中将物件寄放在附近邻居家。在罗马,常见的灾险寄存是海难寄存,也有在灾难中富人将财物寄存于穷人家的。

灾险寄存的特点是:第一,因情势急迫,寄存人不及选择受寄人。第二,不能妥立证据。由于这两个特点,碰上不守信义的受寄人事后否认,又无证据,这对寄存人就极为不利,所以大法官对此

① 直译为“因动乱、火灾、建筑物倒塌或海难的寄存”。国内有的罗马法著作根据注释学派的 depositum necessaria 一词,将其译为必要寄托等。

给予特别保护。如受寄人事后否认或故意处分寄存物，一经查实，就对他处以比普通不忠实受寄人更重的制裁。除对其为丧廉耻宣告外，还责令受寄人返还双倍于寄存物价金的金额。这种制裁有刑事性质，故并不株连受寄人以外的人。受寄人若已死亡，则其继承人除返还寄存物或其所得利益外，不受其他制裁。

③ 讼争物寄存（depositum apud sequestrem）。这是指将数人争执的物品交由指定人暂时保管，待争讼终了时再交给因仲裁或判决应取得该物之人的寄存。讼争物寄存的受寄人，可由讼争人协商选定，也可由仲裁人或法官指定。这种寄存与普通寄存不同之处是：

第一，普通寄存的标的物限于动产，不动产的保管则视为雇佣；而讼争物寄存的标的范围广泛，可为动产、不动产、全部家产、遗产等，甚至作为权利主体的人，都可寄存。

第二，在普通寄存，寄存人可随时请求返还标的物；而讼争物寄存须经仲裁或判决确定后，才能将标的物返还给有权取得标的物的人，而不是原来的寄存人。

第三，普通寄存的受寄人只能握有标的物，而讼争物寄存的受寄人是占有标的物，受占有令状的保护，有权拒绝寄存人对标的物的索还和其他处理，以免寄存人或第三人在纠纷前将讼争物索走，致他无法完成将标的物交给应得之人的任务。如果讼争当事人协商变卖标的物而由受寄人保管价金，则这时不再是寄存问题，而变为委任了。

4．质权（pignus）

（1）质权概述

质权，是指当事人一方（出质人）因担保债权而转移某物的占有于对方(质权人),在债权获得清偿后由对方归还原物的契约。最初质权都是物权契约,到要物契约产生后,则质权也成为债权契约。在理论上质约是为设定担保物权的协议,与设定物权的质权不同,一为债权,一为物权,质约的出质人不以所有人为必要,质权则相反,因非所有人不得设定和移转物权,因此,如以他人之物为担保,则质约成立而质权则无效。但实际上质权作为物权或债权契约往往难以区分,因为二者是目的与手段、内容与形式的关系,实为同一事物的两个方面,正如买卖契约既是对人的债权契约,又是交付标的物、转移所有权的物权契约一样,罗马法质约和质权均是同一个名词“pignus”,不若现代法区分得那么清楚。

质权是要物契约、诚信契约和不完全的双务契约。其成立的要件是:

① 它是要物契约,所以要有标的物的交付才能成立。标的物可以是要式移转物,也可以是略式移转物,交付时不转移所有权而只转移占有。因此,在罗马的外国人也可订立质权契约。出质人一般是债务人,但也可以是第三人,出质人不是标的物的所有人并不妨碍契约的成立。

② 标的物移转的目的是为了担保债务的清偿。最初,交付质物只移转握有,出质人对标的物的法律地位不变,仍是所有人或占有人,债权人对标的物只在受清偿前享有留置权。因握有不受法律保护,这对债权人很不利,只要丧失握有,债权便失去了担保。大法官为保护债权人的利益,加强质权的效力,就给予债权人以占有令状的保护,以防止第三人或出质人对质物的侵占。

③ 质权是从契约,以债权契约的存在为前提,不能脱离主契约而单独存在,二者密不可分,但债权是法定的或自然的则不论,自

然债也可以用质权契约来担保。

（2）质权人的义务

① 对质物的保管应尽善良家长的注意，负抽象轻过失责任，仅对事变（包括轻微事变和不可抗力）不负责任。非经出质人同意，质权人不得使用标的物，否则须承担盗用的责任。

② 债权受清偿后，应即将原物和附属物归还给出质人。

③ 质物产生孳息的，依公元3世纪时法律的规定，应以孳息依次抵消收取孳息的费用、债务的利息、本金。在双方协议用孳息代替利息的情况时，则称典（antichresis），即一方对出典物使用收益，另一方毋需支付借贷利息。由于孳息不是确定可靠的，故具有一定的射幸性质。此制起源于希腊，因其可以不受法定利率的约束，后即通行于罗马，被用来逃避最高利率的限制，由急需用钱者向人借款，质物给人用益而不再付息。优帝一世时，认为这是属于无名契约，受事实诉的保护。

④ 债务人到期不偿债，债权人可变卖标的物以获清偿，清偿后多余的金额应返还给出质人。

（3）出质人的义务

出质人将质物交付给债权人后，一般不再负义务，但由于质权是不完全的双务契约，所以他也可能要负以下义务：

① 和寄存人一样，支付质权人保管质物的费用。

② 赔偿质权人因质物所造成的损害。质权人是债权人时，出质人应负抽象轻过失责任，因为这时质权对于他有利益；质权人若为第三人，则出质人只需负重过失责任。

③ 担保质物不被他人所诉追，并担保不发生可能使质物的价值减少的瑕疵。质权是诚信契约，如果质物非出质人所有，被他人

追回，他即有义务提供另一价值相当的物品作担保。如果质物上有他物权，致其价值降低，不足担保债权时，他也有义务提供补充质物，以补足因他物权而使原质物所降低的价值。

（4）双方的诉权

关于质权当事人的诉权，出质人是受质权诉（actio pigneraticia）的保护，用以请求债权人返还质物。债权人则在法学昌明时期仅享有留置权，即在出质人请求返还质物时，可以因费用和损害未受到清偿而提出抗辩，留置标的物。到优帝一世时，质权诉已分成出质人诉（actio pigneraticia directa）以保护债务人等的利益，和质权人诉（actio pigneraticia contraria）以保护债权人的利益。

（六）诺成契约（contractus consensu）

诺成契约是指以当事人的合意为要件，不需履行任何方式或物件的交付而成立的契约。罗马古代，各种契约均须履行规定的方式，否则虽有当事人的合意，亦不受法律的保护。共和国末叶，工商业发达了，为了适应商品流通快节奏的需要，受万民法的影响，罗马法允许交易双方只要合意就可成立契约，即诺成契约。诺成契约在罗马法上产生最晚，它不需要一定的形式，也不需要当事人交付标的物，便可受到法律保护，所以是一种进步的契约形式。

罗马法上有四种典型的诺成契约，即买卖、租赁、合伙和委任。它们都是诚信契约，除委任是不完全的双务契约外，其他三种则是完全的双务契约。买卖是有偿契约中最典型的契约，其他有偿契约没有规定的，即准用其规定，故本书用较多的篇幅予以叙述。

1. 买卖（emptio et venditio）

买卖，是当事人约定由一方（出卖人）供给对方（买受人）以财物的和平、适用、永续地占有，而由对方支付价金的契约。其性质，为诺成、诚信和完全的双务契约。

罗马法上的诺成买卖(以下简称买卖)与现代的买卖不同,主要区别是罗马法上的买卖不发生转移标的物所有权的问题。因为当时物之所有权不能仅依双方的合意而转移,买卖是债权契约,转移所有权是物权契约。在共和国末叶,要式移转物的所有权的转移,在当事人合意之后仍要履行要式买卖或拟诉弃权的手续;略式转移物的所有权的转移则须履行交付手续。

罗马最初只有现金交易,不论是要式买卖或略式买卖,都是债权行为和物权行为的结合。一般情况下二者混合不分。只有在非即时履行的交易中才能较明显地区分。它的订立与履行是分开的,这是经济发展后的实际需要,如出卖未来的孳息在公元前3世纪时已很通行。要式买卖对于重要物资的交易很不方便,以后有了拟诉弃权和要式口约,但由于其严法性质,仍不能适应商品经济的要求,只有简化手续,才能加速商品的流转。在万民法上则有了诺成买卖的制度,适用于外国人相互间和外国人与市民间的交易,市民中商人相互间在交易时亦加以仿效,但起初法律不予保护,发生纠纷自行通过仲裁来解决。后来内务大法官从实际出发,在处理市民之间的交易纠纷时终于确认了诺成买卖。

甲、买卖的要件

买卖契约由标的物、价金和双方合意三项要件构成,缺少一项,就不是买卖。如缺少标的物或价金,实质上只是赠予,如果缺乏双方的同意,则买卖根本不成立。

(1)标的物(res)。买卖须有标的物。只要是有财产价值的流通物,无论是有体物或无体物、动产或不动产、自己的或他人所有的财产、现有的或未来的物件,原则上均可买卖。但它也要符合债的标的一般要求，即须为合法、确定、可能，并对债权人有利益。

在罗马古代，妻子、子女都是家长的财产，所以都可以买卖，只是要用要式买卖的方式而已，如结婚、收养，买卖家属的劳动力等。以上这些买卖的对象在法学昌明的前夕已不能作为诺成买卖的标的了。在东罗马，官爵也可买卖，到优帝一世时才予以禁止。

买卖的标的也不能是单纯的行为，行为只能作为委托、雇佣、承揽等契约的标的。但行为若附属于标的物，则不在此限，如买卖有瑕疵的物品，附以修理行为，则是法律允许的。

未来物也可作为买卖的标的，这有下述三种情况：

① 预订。买卖的标的当时还不存在，但将来可以存在的，如预订一套家具。

② 附停止条件的买卖。其标的当时不存在，将来是否存在也不确定，如买卖未出生的男性小奴隶。

③ 希望买卖。指不论将来标的物是否存在，买受人均负支付价金义务的交易，这是一种射幸契约，一切风险由买受人负担，不管未来标的物有无，他都必须支付价金。罗马法学家常举的一个例子是：某人购买渔夫将要捕捉的一网鱼，无论捕到与否、数量多少，均向渔夫支付一定的价金。

买卖买受人自己所有的物，原则上其契约无效。因为在这种情况下，出卖人无法履行给付义务，且对买受人也无利益可言。但在例外情况下，这样的契约也可以有效。如附停止条件的买卖，买受人在条件成就时将标的物买下，出卖人在条件未成就前将标的物买回，在共有物分割前以日后不属于自己为条件的买卖，就是购买自己的物；又如所有人买回自己土地上的地役权、地上权等也是买回本属于自己的权利。

买卖第三者的财产，这在经济发达情况下是很普遍的，所以这种契约是有效的。如期货交易契约，出卖人应设法在交货前获得该种物品，如期履行给付，否则对买受人应负由于不履行而发生损害的赔偿责任。此外，拍卖抵押物也是属于买卖第三者的财产。

买卖不融通物，则给付无效。但如果买受人是善意的，按蓬波尼乌斯（S. Pomponius）的意见，契约也不是完全不发生效力。当然买受人不可能因此取得该物的所有权，但可根据该契约请求出卖人赔偿他的损失，出卖人则应对其过失负责，不能托辞不知该物的性质而免责。

赃物能否作为买卖的标的？这要视双方的主观心理状态来决定契约是否有效。双方均是善意的，契约有效，由出卖人负追夺担保的责任；双方均是恶意，契约则因违法而无效。买受人善意，出卖人恶意，罗马法认为在这种情况下应保护买受人的利益和交易的安全，故契约有效。所有人追索标的物，如标的物尚未交付，出卖人无法对买受人履行义务，他应负损害赔偿责任；如标的物已交付而被追索，出卖人由于对买受人负追夺担保责任，也应赔偿。买受人恶意，出卖人善意，其契约无效。出卖人于发觉后可拒绝履行给付，当然也不能请求交付价金，因他受同时履行抗辩的制约。

物权作为买卖标的，在罗马法上是有条件的。将要设定的物权都可以买卖，如买卖土地上的通行权。已经设定的物权，则有的可以买卖，有的不能买卖。具体地说，凡变更权利主体而不影响物权的，该物权可以买卖，如永租权、地上权等。但抵押权、质权、地役权等物权不能脱离债权和需役地而独立为买卖的标的，只有所有权人等可以独立地买回在其物上所负担的他物权。主体不能变更的属人物权如用益权的本身是不能买卖的，只有这种权利的行使可以买卖,如收取对价让第三人使用收益用益物,即用益权行使的转让。

债权在《十二表法》时还不能买卖,只能继承。因为债是“法锁”,仅涉及债权人和债务人双方的关系。由于这样规定不符合经济有了发展后的实际需要,故帝政以后罗马人设法加以变通。由债权人把债的诉权转让给第三人,使第三人代向债务人索债,债务清偿的利益即由该第三人接受,从而达到债权转让的效果。但有的债权依性质是不能转让的,如受抚养权、人身劳务等。帝政后期,债权才能因当事人的合意而发生转让的效力。

未开始的继承,其遗产在罗马曾长期禁止买卖。因为买卖生存者将来的遗产,势必买卖双方希望该尚生存者死亡,而这是违背道德准则的。但在优帝一世时,如果将来的被继承人表示同意,且至死亡时仍未改变其意思,则买卖其未来遗产的契约可以发生效力。

法学昌明时期,妻子嫁奁中的不动产、被监护或被保佐人财产中的不动产,即使经他们同意也不得转让。

契约订立时标的物已灭失,不论当事人知情与否,由于买卖缺乏标的物而不能有效成立。如仅损坏,则买受人可视情况解除契约或减少价金。如果标的物是契约成立后灭失或损坏的,则按买卖风险负担原则解决,下文当予以申述。

(2)价金(pretium)。价金是作为标的物对价的金钱,其特征是:

① 价金应是金钱。但罗马法学家对此曾发生过争论。萨比努斯派认为,价金不一定是金钱,用其他财物也行。其理由是:买卖最初即为物物交换,以后用羊、谷物等作为交易媒介,再发展到铜

块和铸币,从历史来看,并非以金钱作交易媒介为必要。在不用金钱交易时,谁是出卖人?该派认为,谁要约,谁就是出卖人,并引《荷马史诗》为证(其中叙述希腊士兵常以各种东西买酒来喝)。普罗库鲁斯派则认为,只有以金钱交易,才是买卖,不然就是无名契约——互易。其理由是:只有这样,买卖与互易才能区分开来;且诺成买卖产生于货币出现以后,把以金钱作代价的交易视为买卖,可以区分买方和卖方,从法律的角度确定双方的不同权利和义务。普罗库鲁斯派的意见占了上风。盖尤斯在世时自称自己是萨比努斯派,但其《法学纲要》在这一点上却依从了普罗库鲁斯派的意见,后来优帝《法学纲要》亦从之。不过,若当事人订约时约定以金钱作价金,而履行时以物代替金钱清偿,则仍是买卖,这是所谓的"代物清偿"(datio in sotulum)。

② 价金应是确定的。最初,诺成买卖的价金要求在订约时就确定,否则契约无效。因为请求权的数额必须确定,才能受诉权的保护。以后法律要求放宽,依契约内容价金于将来可以确定的,契约也有效。但据以确定价金数额的依据必须已为既成事实,契约才能有效。这种依据可以是订约当时的市价,也可以是买受人当时"口袋"里所带的金钱数额。在后一种情况下,价金的确定虽有射幸性质,但罗马法允许这样做。价金的确定若取决于一方当事人,罗马法则认为契约不能生效,因为这样价金太不确定,没有任何限制。如果价金由第三人来确定,契约能否有效?对此罗马法学家的意见不一。普罗库鲁斯派的创始人拉贝奥认为,由于第三人可能不愿意确定,或他到确定价金时可能丧失行为能力甚至死亡,因而太不可靠,故这样的契约无效。但他的学生普罗库鲁斯持不同意见,认为在一般情况下第三人是可靠的,能够决定价金,法

律只能考虑大多数情况,而不能顾及个别的现象。优帝一世编纂法典时认为,两种意见都有片面性,故加以折中,认为由第三人确定价金的契约是附停止条件的买卖,第三人完成定价,条件成就,契约成立,反之契约则不成立。但是,所选择来定价的第三人一定要确定,否则任何一方可随时提出异议,不同意某人选,而使买卖归于无效。

③ 价金应当是真实的,不能是虚伪的。即不能以买卖为名,行赠予之实,否则就只能以赠予论,而不适用买卖的规则。

④ 价金不仅应真实,而且要适当。按照常理,价金是标的的对价,是否适当,可由买卖双方自由权衡,当事人会保护自己的利益,毋需国家做出强制规定。但在帝政后期,罗马社会经济秩序失常,仗势强迫他人出卖财产等现象屡见不鲜,为了保护出卖人的利益,地奥克莱体亚努斯帝在位时对买卖土地,如果价金不足市价的1/2,出卖人可不管对方有无欺诈和胁迫,而以蒙受“非常损失”(laesio enormis)为由解除契约。契约已履行的,出卖人可以将标的物追回,未履行的则可不再履行。但如果买受人此时补付价金,契约仍可有效。优帝一世基于人道主义将这项限制扩大适用于所有的买卖,推定在价金不足标的市价1/2时,出卖人表面上是自愿的,实际上是受了压迫,并非出于真心,故该契约可以解除。这也就是现代民法的“暴利行为”或“非常损失”原则的发端。此项利益,出卖人不得自行抛弃。有些注释家主张把这一原则扩充适用于买受人,这显然是不符合该原则是保护被迫贱卖的出卖人的精神。

当然,买卖当事人须具有行为能力,具有处分和承担义务的资格,这是一般契约生效的一个前提。但罗马法对买卖当事人的行为能力还做了特殊的规定。首先,政府官员不得购买其经管的公物,以维护国家的利益,否则要处以四倍于价金的罚金。其次,总督省长等地方军政官吏不得购买其辖区内的动产和不动产,以防他们滥用权势迫使臣民廉价出售财物,但日用必需品除外。最后,监护人、保佐人、受任人不得购买其经管的财物,否则可能损害被监护人、被保佐人和委任人的利益;但在拍卖被经管财物时,他们可以参加竞买。

(3)须有双方当事人的合意。这是一切契约的共同要件,但在买卖中意义尤为突出。买卖契约的合意,即双方对标的、价金的意思表示一致。买卖中的暴利行为,双方虽有合意,但可以解除或撤销,其他契约无此问题。买卖契约成立的时间,在罗马法上往往涉及标的物风险的转移问题,这也与其他契约不同。种类物买卖,是交付时转移标的物的所有权及风险;特定物买卖,则从合意时即转移标的物的所有权及风险。合意的形式,由于是诺成买卖,所以口头、书面、明示、默示均可。习惯上,只要求口头上意思表示一致,对重要的买卖,当事人也可用书面契约形式。但书面仅是契约成立的证明,而不是要件。帝政后期,经济秩序紊乱,当事人往往约定只有用书面形式买卖契约才能有效,因而这时书面形式也成为契约成立的要件,须经当事人签名盖章,契约方可成立。法学昌明时期,买卖当事人有时约定以定金作为契约成立的证明。优帝一世时,对定金做了明确的法律规定。即约定定金而无书面形式,定金是契约成立的证明;采用了书面形式的,则已交付的定金作为毁约的补偿,出卖人毁约的话,须向买受人偿还双倍于定金的金额。

在一般情况下,双方当事人自愿才能形成合意,但也有例外的情况：

① 公用征购，依国家的利益和意志为准。

② 数人在同一物上有抵押权的，如顺序有先后，则顺序在后的抵押权人可以强制顺序在先的抵押权人把他的权利转让给自己，前者对此不得拒绝。这样规定，是为了防止顺序在前的抵押权人以过低的价格转让抵押标的而使顺序在后者无法得到充分的清偿，而把抵押权（包括本金和利息）转让给顺序在后者，对顺序在先者并无损害，但却可以使顺序在后者的债权得到保障。

③ 土地所有人无合适的通道而不能有效利用其土地，有权以公正的价格向邻居购买通行权，特别是该土地是墓地，邻居不得拒绝。

④ 将尸体埋在他人土地上的，如不把尸体移走则应按公正的价格把坟地买下，在购买该地时，土地所有人也不得拒绝。

⑤ 数人共有一奴隶而对是否解放该奴隶意见不一致时，依优帝一世时的法律，愿解放者可按官价强行购买其他共有人的共有份额，然后予以解放；而在优帝一世以前，则此时愿意解放奴隶的人只能抛弃对该奴隶的共有权，而使其他共有人取得对其共有份的增加权。

⑥ 连带债务人中的一人在清偿全部债务后，有权要求债权人转让其对其他债务人的诉权，使自己的利益获得保障。

⑦ 买卖国家扣押、没收的财物，国库的财物，寺院、慈善团体的财物，法律规定采用拍卖的方式，这是为了使国家等能获得较高的价金，维护国家等的利益。

乙、买卖的效力

买卖契约的效力，表现在双方当事人间的权利和义务，由于买卖是完全的双务契约，一方的权利就是他方的义务，现将买受人和出卖人的义务分述如下：

（1）买受人的义务。买受人的义务首先是支付价金，将价金的所有权移转给（dare pretium）出卖人。按原则，双方应同时履行，交换给付，任何一方在对方未履行义务时都有"契约未履行的抗辩"（exceptio non adimpleti contractus）以拒绝对方的请求，但不排除当事人以特约订定由一方先履行，如赊卖，就是先交货后付款，预购则先付款后取货。除有特约外，价金应在提货时交付，若有迟延，就应支付价金的利息，作为用益标的的对价。当事人对利息有约定的，按约定利息计算，没有约定的，按法定利息计算。如果双方约定了标的物的交付期限时，该期限同时推定为支付价金的期限。罗马的习惯一般是送货收款，所以双方约定了付款期限的，并不能推定其是交货的期限，因为商业上可以赊卖，也可以预订货物。但当地另有习惯以付款期为交货期的，则从其习惯。关于价金支付的地点，有约定的依约定，否则应于交货地付款。有相反习惯的，例如在银行或出卖人的住所等，则依习惯，这应视为双方的默示同意。

如果第三人对标的物主张权利如抵押权、役权甚至所有权等，可能给买受人带来损失时，买受人可以要求出卖人提供适当的保证或担保，否则买受人可以拒绝付款或少付价金。出卖人为使买受人保证到期付款，也可采取一定的措施：

① 要求买受人提供担保或保证。

② 用"所有权保留简约"（pactum retinendi dominii），保留所有权而到价金交付后再转移。

③ 也可以用"容假占有"的办法把标的物暂时交给买受人使

用收益，在买受人未付清货款前出卖人可以随时收回。

④ 用出租的办法交付标的物，至交付价金时把租赁契约变为买卖契约。由于第一种办法要经过一定的手续，不很简便，而后面的三种措施，出卖人仍是所有人，标的物的风险要由出卖人负担，因此，罗马人最常用的措施是附以——

⑤ 解除条款（lex commissoria），即“到期不付，解除买卖”。

优帝一世时，把买卖分为现金和赊销（信用买卖）两种。在现金买卖中，买受人未付款时，出卖人对标的物有留置权；标的物已交付的，出卖人仍可保留所有权和追回的诉权。在赊销情况下，买受人的信用很重要，出卖人交付标的物时即转移了占有和所有权，因此他既无留置权，也无追回权。罗马法学家对此的解释是，出卖人在赊卖时即抛弃了法律对他的保护。当然，出卖人有权诉追价金，但这是对人诉而不是对物诉，所以遇到买受人破产的情形，赊卖人的利益就得不到充分保障。

买受人的第二项义务是受领标的物，并偿还出卖人从订约到交付时为维持和保管标的物而支付的费用。但买受人受领标的物的义务，并不是买卖成立的要件，故可依当事人的合意予以变更。如可以用“占有改定”或转让返还请求权的办法代替受领。买受人到期不受领标的物，应当负迟延责任，负担意外灭失的风险。关于保管标的物的费用，则按必需费用、有益费用和奢侈费用处理。

（2）出卖人的义务。出卖人的义务是不可分的，如有数个出卖人时，他们应负连带责任，其义务有：

① 转移标的物的占有于买受人。这种占有必须是自由的、排他的（vacuam possessionem），使买受人得以对标的物使用和收益。有所有权证件的，应随同移交。标的物以在付款时转移为原则。

标的物包括主物和从物，原则上依订约时的状态为准。自订约时起到交付前该物的一切孳息、附合和损失，都转归买受人享有和负担。计量买卖，按约定的数量交付，数量不足应补足或减少价金，数量多了可追回多交的部分或请求增加价金。

罗马的诺成买卖，何以只移转占有（tradere rem）而不转移所有权（dare rem）？过去，外国有的学者曾认为这是罗马人在法律上犯的一个偶然的错误；也有的学者认为，买卖只需移转占有而无转移所有权之必要，否则就是违反买卖契约的性质。现在，这些观点已被否认。我们认为，罗马法这一特殊规则所由产生的真正原因，只能从古罗马社会的历史背景中去探索。罗马法最初关于转移所有权的规定是极为严格的，导致妨碍商品流通，不利经济发展，故不得不加以变通，以适应商品经济的实际需要。因为，按市民法取得财产所有权，第一，交易的主体——当事人必须是罗马市民，或已取得了罗马财产权的非市民；第二，交易的客体——物必须是罗马物，最初仅限于要式移转物，后来始扩大到略式移转物；第三，交易的方式必须用罗马的方式，即要式买卖或拟诉弃权。拘泥于这种狭隘和形式主义的规定进行买卖，就有很多弊端，因为按照市民法，一是市民不能和外国人进行买卖；二是仅取得大法官所有权的财物不能合法地进入流通领域；三是外省土地不能买卖；四是他人之物也不能买卖，而买卖第三人之物的期货交易等却是商品经济发展的必然产物。由于客观形势的需要，于是产生了只转移占有、不移转所有的诺成买卖。诺成买卖是诚信契约，出卖人虽只转移标的物的占有，但他要负标的物不被追夺及瑕疵担保责任，要使买受人可以不受干涉地、永续地、正常地使用收益该物，并保证其无欺诈，这就充分保证了买受人的利益。这样，诺成买卖的出卖人在成交后应把其对标的物所有的权利(包括所有权)全部移转于买受人,其不能移转的,如财产权中有用益权、居住权等,自当别论。故出卖人没有理由保留其对已出让之物的所有权。如可能移转标的物所有权而不移转,即属欺诈,至少是过失,应承担法律责任,所以当事人为市民,标的物为要式移转物,当事人在买卖进行后的适当时间,还要补办要式买卖或拟诉弃权转移标的物的所有权,或听任时效的完成。但由于可对几次交易集中一次移转所有权,故当事人可节省大量的时间和精力;略式移转物则只因交付即可移转所有权。可见,罗马诺成买卖移转占有的效果,实与移转所有权相类似,这是罗马人在法律适应经济关系要求方面的实事求是精神的反映。

国内的罗马法学者,对上述问题也有不同的解释,但所提意见都是值得商榷的。如有的认为罗马法注重占有而不重视所有权,所以罗马的诺成买卖不移转所有权。这一意见不符合事实。因为罗马法对于买卖并非"非常重视占有,比之所有权重占有,常有过之"。[①] 我们知道,市民法只保护所有权,诺成买卖成立后,当事人还得补办要式买卖等以移转所有权,已如前述;在罗马法,占有作为事实本不受法律保护,以后大法官为了维护和平的秩序,创设占有令状,但也不是占有人就可取得占有权。有的又解释,由于所有权不易确定,证明所有权又很麻烦,诺成买卖的目的在于加速商品流转,故设此变通的规定以利交易。[②] 但确定和证明所有权的问题

① 黄右昌:《罗马法与现代》,第415页;陈允、应时:《罗马法》,第257页。

② 黄俊:《罗马法》,第17页;丘汉平:《罗马法》,第642页;高等学校法学试用教材《罗马法》,第235页。

对于各种方式的买卖都是存在的，在诺成买卖以前，有要式买卖，也有用两个要式口约构成的买卖，它们都是移转所有权的，为什么独诺成买卖就只移转占有呢？且证明所有权是事实问题，可用人证、书证、时效等解决，不能解决的只是少数例外情况，法律是不可能为例外情况做一般性原则规定的。所以，这种意见同样不能成立。

除证明所有权的困难外，有人还提出国家公卖物品时，处于出卖人的地位，不把转移所有权作为出卖人的义务，可以减轻国家的责任；在诺成买卖之前，盛行要式口约买卖，标的被他人追夺，出卖人应给付价金的两倍，无所有权的人就不敢冒险出售他人的物品，不移转所有权，事实上买受人也甚少蒙受损失的危险；无即时移转所有权的必要。[①] 这种意见的值得商榷之处是：首先，私人买卖固然可以吸收公卖制度中的做法，但公卖并非不转移所有权，买受人从国家处买得财产，在任何情况下都立即取得所有权，而不需要等待时效的完成。其次，要式口约买卖并不是不转移所有权。而双倍罚金只适用于严法行为的要式口约，不适用于诚信行为的诺成买卖，谈不上对诺成买卖的出卖人发生威慑作用。再次，罗马的时效虽短，但这不能成为诺成买卖不移转所有权的原因，因为诺成买卖是为了适应商品经济的发展而产生的，若能即时移转所有权，不是更能适应这种发展的需要吗？

有的则认为诺成买卖以当事人的意思为原则，因而是否移转所有权，应以双方的合意为准；同时在大法官法上，占有的效果与市民法上的所有权不相上下，所以买受人无须取得所有权移转的

① 陈朝璧：《罗马法原理》，第233—234页。

保证①。然而，罗马法是明确规定诺成买卖只转移占有，并不依当事人的意思为转移。而且，大法官法上的占有效果劣于市民法上的所有权，而不是“不相上下”就不需要转移所有权。

还有人主张，诺成买卖中出卖人要负追夺担保和瑕疵担保责任，所以只移转占有不移转所有并不影响买受人的利益。然而，我们知道最初诺成买卖不受法律的保护；以后即使受到法律保护，由于不移转所有权，买受人只享有对出卖人的债权而不享有对标的物的物权，如出卖人在转移所有权之前破产，他的利益就得不到保障了。现代各国民法，都规定了出卖人的追夺及瑕疵担保责任，但仍将出卖人移转标的物的所有权列为其义务之一，可见，并不是有了担保就不必再移转所有权了。

② 保管标的物。在交付之前应妥善保管标的物，尽善良家长的注意，负抽象轻过失责任。由于诚信契约的性质，即使买受人不为受领和付款，出卖人仍应负保管的义务。但在受领迟延期内，出卖人的保管责任可以减轻，只需负故意和重大过失责任。对于不宜长期保存的物品，如水果、蔬菜等，出卖人可作适当处理，如变卖而保存其价款等。因故意或重大过失而未作适当处理时，出卖人仍须负责。

③ 负追夺担保义务。出卖人应担保买受人的占有，不为他人所追夺。从历史看，诺成买卖之前罗马有要式买卖和要式口约买卖。在要式买卖时期，对于即时交易的“现金买卖”，被追夺的买受人可在两年内向出卖人提起“担保诉”(actio auctoritatis)，出卖人要负两倍于成交时价金的责任，而不论物价的涨跌，一份作为赔偿，

① 丘汉平：《罗马法》，第641—642页。

一份作为罚金。在买卖以要式口约订立时期，仍通行要式买卖时的习惯，当事人在为要式口约买卖时订立“双倍口约”（stipulatio duplae）或“保留物件口约”（stipulatio rem habere licere）作为附约，以使标的物被追夺时能够获得赔偿，前者适用于要式移转物及贵重的物品，买受人可请求物价两倍的金额，后者适用于略式移转物及一般的物品，买受人可请求赔偿所受的损失，由承审员按被追夺那天的价值计算。最初，这两种口约都要由当事人附加，以后相沿成习，当事人即使未特别附加时，大法官也作有附约办理。在诺成买卖时期，对于追夺担保，起初也要由双方另附特约，否则出卖人可以不负责任。但买受人为了保护自己的利益，当然照例附加。到公元1世纪末，诺成买卖的追夺担保已成惯例，从法律行为的偶素变为常素，根据买卖契约，出卖人当然负此责任，买受人可提起购买诉（actio emptio），以请求赔偿因标的物被追夺而受的损失。因此，“保留物件口约”已失去其作用，但“双倍口约”则仍然有效。追夺担保不仅适用于买卖，也适用于一切移转物件和权利的有偿契约，当然由于各种债的关系不同而有所差异。对于赠予行为，由于其无偿性质，除出让人有欺诈外，不负追夺担保责任。

追夺担保责任的要件是：

第一，标的物须已转移给买方，双方对这种责任并未因特约取消。但如果出卖人有欺诈行为，即使有特约存在，他也不能免责。

第二，买受人对标的物的占有须全部或部分丧失，致不能如所有人那样使用收益标的物。全部丧失，如第三人证明其对标的物享有所有权；部分丧失，如对土地上有地上权、永租权、用益权等而不问出卖人有无过错。如第三人仅主张对土地有通行权、眺望权等，因买受人并未丧失占有，这种情况就不适用追夺担保，而只能适用下述的瑕疵担保。

第三，占有丧失须为出卖人无所有权或欠缺权利的结果，例如他不是所有人或对标的物并无完全的权利，而不能是其他原因所致。还要考虑出卖人的主观动机是善意还是恶意。如果是恶意，即使标的物尚未被他人追夺，买受人一经发现，就可因欺诈等而提起诉讼，要求提供担保或赔偿损失。如果是善意，则必须到标的物实际被追夺，买受人方可起诉。因为诺成买卖只转移占有，虽发现出卖人不是所有人，但只要真正的所有人未来追夺，就不发生追夺担保的问题。且被追夺的原因必须存在于出卖之前，除非出卖人确有过错，他才承担责任。公元4世纪君士坦丁一世在位时，罗马社会上欺诈之风盛行，而出卖人是善意抑或恶意，又往往不易弄清，君帝为了维护交易的安全，规定出卖人应在证人面前声明自己确系标的物的所有人或权利人；若买受人在追夺担保诉中败诉，标的物的占有虽没有丧失，而是由于他付出了一定代价如清偿了在标的物上设定抵押权的债务才保全了标的物，在这种情况下，买受人仍有权请求出卖人负追夺担保责任，原因是其保留占有并非由于买卖，而是由于其所作的牺牲和法官的决定。但在保存物件口约中因其旨在补偿损失，故标的物若因无偿而保存，其占有人并未蒙受损失，就不得对出卖人有任何请求。

第四，买受人丧失占有须为法院决定所致，而不是由于其他原因。如国家征收买受人占有的标的物。买受人因不可抗力而丧失对标的占有，或因他人胁迫而放弃占有，在诉讼进行中买受人主动放弃占有等，在这些情况下，出卖人均不负追夺担保责任。

第五，买受人须以善良家长的注意管理标的物，从而对丧失占有没有过错。如第三人在买受人的占有完成了取得时效后追夺标的物，买受人却未提出时效抗辩；或第三人追夺时，买受人未通知出卖人参加诉讼或未能提供防御方法如证件和反证等而遭败诉，出卖人就不负责任。但出卖人若故意隐匿、逃避等，致使买受人无法通知他，或出卖人拒绝参加诉讼，则他仍须负责。出卖人参加了诉讼，买受人仍败诉的，出卖人按标的物被追夺时而不是按出卖时的价金负赔偿责任。在有"双倍口约"时，赔偿最多不超过价金的两倍。

④ 负瑕疵担保义务。即出卖人应担保标的物的适用无隐匿和重大的瑕疵。法律要求出卖人承担此义务，可以增进交易的信用，消除买受人的顾虑，有利于商品流通的发展。

在要式买卖时期，买卖时债权行为与物权行为同时进行，认货买货，一手交钱，一手交货，钱货即时清结，原则上出卖人不负瑕疵担保责任。例外的情形是土地买卖，由于土地是农业社会中最重要的财产，而测量土地又是一项专门技术，特别对地形复杂的大片土地，非一时所能精确地决定其面积。所以产生了土地买卖的特殊规则。按《十二表法》第 8 表第 21 条的规定，出卖人虚报土地面积的，买受人受"土地面积诉"（actio de modo agri）的保护。出卖人为恶意的，处出卖人以虚报土地价额两倍的罚金；如为善意，则按惯例仅赔偿虚报土地价额一倍的金额。土地买卖时若面积没有问题，但土地上隐匿了他物权的负担，致减少土地价值的，《十二表法》未规定补救办法，后大法官为公平起见，允许买受人提起"担保诉"，出卖人的责任与"土地面积诉"相同。在要式口约买卖时期，通常买受人对标的物的瑕疵应自负其责，他须在交易时当面看清。但标的物的有些瑕疵往往难以察觉，只能在使用中发现，如出卖人的奴隶有内伤，或曾致人损害而未赔偿等，罗马的奴隶贩子经常干这些勾当，要是出卖人不负瑕疵担保责任，买受人的利益就会受损。因此当事人在买卖时就订立瑕疵担保的特约，以弥补法律的不足。仿照"土地面积诉"的责任，对于重要的财产，约定瑕疵赔偿责任为买受人所受损失金额的两倍；对一般的财产，则是约定赔偿买受人因瑕疵所受的实际损失。以后罗马的市政官（aediles curules）认为民间的这种习惯很好，便在谕令中规定，在公共市场出卖奴隶和大牲畜的出卖人，买卖时应将奴隶等的隐匿瑕疵告知买受人。一般是奴隶的颈上挂上牌子，写明其原籍、年龄、技能、疾病，是俘虏或流浪的，有无私犯和赔偿情况，是否首次出卖等等，并在成交时再口头重复一次。这样，即使当事人间没有另订特约，出卖人也要负瑕疵担保责任。买受人可因标的物的瑕疵而提起"撤销诉"（actio redhibitoria），或"减价诉"（actio quanti minoris）。这两种诉均有刑事性质，对恶意的出卖人要处以罚款。但二者也有不同之处：

第一，目的不同。撤销诉是取消契约，回复原状，由买受人返还原物、附属物和孳息，出卖人返还价金和利息，并赔偿买受人的保管费用和所受损失；提起减价诉时，则买卖契约继续有效，但要视瑕疵程度减少价金。

第二，诉讼时效不同。撤销诉的诉讼时效是 6 个月，减价诉的诉讼时效则是 1 年。诉讼时效一般是从契约成立时起计算，由于这两种时效只计算有用期间，所以是从买受人知道标的物有瑕疵时起算，不知道时，时效不计算。但如果买受人不知道是由于其重大过失所致，则有用期间时效就仍要从买卖成立时起算。

第三，起诉的次数不同。撤销诉只能提起一次，当事人无论胜诉、败诉，法院采取"一事不再理"原则；减价诉则每发现一次瑕疵就可提起一次,次数不限,提起减价诉不妨碍最终再提起撤销诉。但对一个瑕疵不能同时或先后提起两种诉讼,只能二者择一。所以,买受人提起减价诉如因瑕疵过于轻微,并不影响其使用和交换价值而败诉的,不能再提起撤销诉,反之亦然。但若撤销诉因时效完成而被驳回,而减价诉的时效尚未届满时,则买受人还是可以提起减价诉以资补救的。

减价诉和撤销诉,对于标的物因事变而毁损、灭失或被他人追夺,也可以提起。按市政官谕令,对奴隶买卖的保护更为周到,瑕疵担保责任一律是价金的两倍。因此,实践中出卖人发现买受人要提起诉讼时,为了避免受罚金的制裁,往往和买受人和解,互退给付以及利息和费用等,回复原状,或在诉讼中顺从承审员的意见而结案。由于对奴隶买卖的保护周到,故其诉讼时效相应地较短,撤销诉为2个月,减价诉为6个月。

标的物的瑕疵,原则上是指质量问题而与数量无关。但如果数量的欠缺能够影响质量,则亦作为瑕疵看待。如成套家具缺少某一件、造作坊的土地面积减少影响使用等,就变成了质量问题。数物同时出卖而其中一物有瑕疵,即属数量瑕疵,买受人原则上可以解除整个契约,如一对用来繁殖的家畜却性别相同。但出卖人为了自己的利益,也可以主张降价而由买受人买下全部标的物。

关于聚合物的买卖,如果是法律上的聚合物如遗产、特有产等,对于其中某一独立的物件有瑕疵,出卖人不负担保责任。如果是事实上的聚合物,对于其中的某一物件有瑕疵(如羊群中有病羊),除当事人特约排除瑕疵担保责任外,买受人可提起减价诉;有瑕疵的部分较多时,也可以提起撤销诉。当事人以特定的重量、容量规定聚合物的质量时,如规定羊群中每只羊的重量至少应在多少斤以上、整套器具中每件器具的容量应为多少等，则重量、容量不足时，可视为瑕疵，但重量、容量超过的，出卖人一般不得要求增加价金。

在有数个买受人或买受人死亡而继承人有数人时，他们应协商一致起诉，以免有的要提起撤销诉，有的要提起减价诉而维持买卖的效力。对于数个出卖人的或出卖人死亡而继承人有数人时，如果标的物是不可分的，则买受人应对他们一并提起诉讼；如果标的物是可分的，则买受人可根据情况作不同的决定，如维持与一些人的买卖而提起减价诉，而对另一些人提起撤销诉。

从共和国末年开始，诺成买卖成为专门契约，有了专门的诉权，从此，买受人更可不撤销、不请求减价，而根据不履行债务而用“购买诉”要求损害赔偿。这样，买受人便可根据情况在撤销诉、减价诉与购买诉三者之中择一起诉。但瑕疵责任只适用于特定物；种类物有瑕疵时，买受人可以请求调换无瑕疵之物。原来，市政官的谕令只适用于市场中奴隶和牲畜的买卖，既不适用于其他物品的买卖，也不适用于市场外的奴隶和牲畜的交易，对一般买受人仍不能充分保护，不利于商品流通，所以到了诺成买卖时期，便将其扩展适用于一切买卖。对恶意的出卖人，买受人还可提起公法性质的“欺诈诉”，但由于对出卖人要为“丧廉耻”宣告，所以在有其他保护办法时，一般不得提起欺诈诉。买卖诉是永久诉，时效是30年，当事人并可请求赔偿一切损失。鉴于这一优越性，撤销诉和减价诉便随之逐渐消失。瑕疵担保责任的要件是：

第一，当事人未用特约排除该责任。瑕疵担保责任不是强制规定，可经特约免除甚或加重；此外当事人还可以对瑕疵担保责任的范围加以限制，约定对某种瑕疵不负责任。

第二，瑕疵须为重大的。判断是否重大的主观标准，是视标的物是否合乎约定的使用；客观标准是视标的物是否合乎通常的用途或瑕疵的存在是否使标的物的市价大为降低。一般地说，价值的降低是由于效用的减少，但亦有效用不减而价值降低的，如衣柜因外观不佳而贬值，但其效用则不变。买受人对非重大的瑕疵，一般不能有任何要求。瑕疵既有主观和客观之分，故有时当事人在主观上并不认为客观的瑕疵是瑕疵，如买卖破旧的房屋用于拆作建筑材料，在客观上不堪修缮，显然是房屋的重大瑕疵，但在具体情况下买受人却不认为其有瑕疵。反之，也有在客观上并非瑕疵，而当事人作为瑕疵的，如买一女奴，约定其面貌、身高、身段和歌舞能力，某女奴在客观上已属中上等，但仍达不到约定的标准，即应认为是瑕疵。当事人的意思可以明示，也可以默示，并可根据买卖价金的高低来判断。如根据马的价格，可以判断出买受人是将其买去充作赛马、乘骑还是充作一般的役用。

第三，瑕疵须于订约时和诉讼时均存在。罗马法在瑕疵担保责任方面采取过失责任主义，一般情况下只有瑕疵在订约时即存在，出卖人才须负责。如为买卖后发生的瑕疵，当由买受人负责。但若出卖人对订约后出现的瑕疵负有过错，他就仍应负瑕疵担保责任，如出卖马匹时未向买受人告知其特性和病史，以致未对马匹采取恰当的使用和保健措施而致其生病。瑕疵还须在诉讼时仍存在，如果在诉讼时标的物的瑕疵已自行消除，不论是出于出卖人的行为或其他原因，那就丧失了这一诉讼的理由。

第四，瑕疵须是隐匿的。即隐藏于内部而为通常检查所不能发现的，如为表面的、明显的瑕疵，买受人应自行发现并提出异议，否则便视为买受人之过失，出卖人可不负责任。如果双方都有过失,如出卖人交代不清,买受人粗枝大叶,一批货物有好有坏,未认真检查,则按双方的轻重论处。

第五,订立契约时买受人须不知标的物有瑕疵。如果订约时出卖人已明示瑕疵或买受人自行发觉,或经第三人告知而知悉瑕疵的存在,说明买受人是认货买货,双方是按质论价达成协议,进行诚实的买卖,出卖人即不再对瑕疵负责。

在罗马市场上,出卖人经常炫耀夸张自己商品的质量和优点,有如"老王卖瓜、自卖自夸",如果其夸张并未超过市场习惯所允许的程度,这在罗马法上叫作"善意欺诈"(dolus bonus),亦称"合法欺诈",出卖人不需负责。但若出卖人对其所炫耀之品质作出了保证,则对所缺乏的品质应视为瑕疵而负责。

出卖人对于瑕疵的善意或恶意,并不影响其所担保的责任,即使出卖人善意,对标的物的瑕疵自己也不知道,亦不能免除担保的责任;如为欺诈,买受人可根据欺诈起诉,自不待言。

(3)风险负担。关于标的物在买卖成立后到交付前由于意外事变而致毁损或灭失的责任应由何方负担的问题,依罗马法债的理论是由买受人(债权人)负责(res perit emptori)。即使他没有收到物件或仅收到部分或不完整的物件,仍应照付价金。其理由是,债务人在债的关系中是弱者,故不是由于他的过错而交付不了标的物时,宜由经济条件较好的买方承担损失。这也符合"损益兼归"的原则,即买卖契约成立后,标的物在交付之前涨价,其利益归买受人,标的物在此之间的孳息、添附也归他;反之,标的物的跌价和费用等损失同样要由买受人承担。利之所归,害亦随之,理所当然。但有的学者认为,契约尚未履行,标的物尚在出卖人保管、掌握之下,却要由买受人承担风险责任,这是不公平的,故主张在法学昌明时期，标的物交付以前的风险原由出卖人负担。到了优帝一世时概归买受人负担。还有提出折中意见的，认为法学昌明时期风险承担问题是按标的物的性质决定的，而风险一律归买受人承担，实由注释家们把一些个别事例扩大为普遍原则所致。鉴于存在不同的异议，近代研究罗马法的学者便从历史的角度来解释罗马法的买卖标的物的风险承担原则。有的学者认为，由债权人承担风险的制度是要式口约买卖遗留下来的制度，当时，买卖双方各用一个要式口约承担义务，两个口约互相独立，所以不因标的物灭失而免除买受人的付款义务，这种由买受人承担风险的习惯遂被诺成买卖所接受。有的学者则认为，由买受人承担标的物的意外灭失风险是要式买卖的遗风。因为要式买卖是现金交易，且其效力重在形式，货、款交付，买卖视为已经完成，即使当事人约定延期交货，也不影响买受人的地位和责任。可见，由买受人承担意外风险责任之原则，既有其法理上的，也有历史上的原因。该原则的具体适用是：

① 标的是特定物时，无论发生部分灭失或全部灭失，出卖人都不丧失请求全部价金的权利，同时他只需交付尚未灭失部分的标的物。

② 标的是种类物时，罗马法的原则是“种类物不灭”，所以，标的在交付前灭失，出卖人不能免除交付义务。

③ 选择买卖，在由买受人选择时，标的之一灭失，出卖人须交付另一标的，即由出卖人负担风险。如果可供选择的标的全部灭失，则出卖人即可免除交付标的物的义务，风险由双方负担，买受人应付其中之一的价金，出卖人则负担其他部分的损失。如果可供选择的标的物只是部分地受损，则风险由没有选择权之一方承

担,因为他方可以通过行使选择权来避免损失。

④ 附停止条件的买卖,条件成就前标的物全部丧失的,其风险由出卖人负担,部分丧失的,由买受人承担。这是附停止条件买卖的一般情况,但在古罗马,还通行几种特种买卖,其风险负担并不按上述原则处理:

a. 尝试买卖(Venditio ad gustum),即买受人保留试用标的物之权,如合用则买卖成立,否则不成立。其与试用买卖不同之处,在于尝试买卖纯以买受人的主观意见为准,故标的物纵使质量没有问题,如买受人不满意,出卖人不能强迫买受人接受。试用买卖则是从客观方面决定标的物的优势,或出卖人得证明其物的质量是合格的,或经仲裁而使买受人履行契约。此种买卖,如买卖酒类,罗马的商业习惯是出卖人须将酒送给买受人尝试,买受人满意时则决定留下,买卖方成立,不满意则买卖不成立,故危险全归出卖人负担,因酒如灭失,则无法尝试,如变味,则买受人就不会接受。

b. 试用买卖(Venditio ad exagium),其风险负担与尝试买卖相同。因为标的全部灭失,买受人无法试用;部分灭失,则标的就不合用,在这两种情况,契约均不会成立。

c. 计量买卖(emptio ad mensuram),是指以数量、重量、长度或容量等计量手段来确定标的物的买卖。在古罗马,绝对的种类物买卖并不通行,一般是购买某船的小麦若干斤,某匹布中的若干尺,某群羊中的若干只等,在计量前标的物若全部灭失,风险由出卖人负担,因为这时已无法计量了;标的物发生部分损失,则数量方面的损失由出卖人负担,质量方面的风险由买受人负担。

⑤ 附解除条件(lex commissoria)的买卖,此种买卖与容假占有相结合,买受人到期不付清货款,出卖人即解除契约,收回标的物。

它与附停止条件的买卖相反，即标的全部灭失的损失由买受人负担，部分灭失的损失由出卖人负担。因为对于附解除条件的买卖，买卖已经成立，条件成就时买卖解除，标的已毁灭，无法再由原出卖人买回，因而只能由原买受人负担风险；标的部分灭失而条件成就，原标的仍在，故可以由出卖人退回价金，并由买受人交回剩余的标的。

对于附解除条件的买卖，注释法学派认为实际上是两个买卖的结合，前一个是不附条件的普通买卖，后一个是附停止条件的买卖。在条件完成时发生买回的效力。例如甲将房屋卖给乙而以其兄回罗马为解除条件，即等于甲无条件将房屋卖给乙，而以兄回罗马作为向乙买回原屋的停止条件。罗马习惯上还通行几种特殊的附解除条件的买卖，其意外风险的负担也有不同：

a. 竞卖附约（addictio in diem）。指买卖当事人约定由出卖人保留在一定期间内解除契约而将标的物卖给出价更高的人的权利，或在一定期间无条件更优者购买，买卖才能确定，因之风险全由买受人承担。

b. 买回附约（pactum retrovendendo）。即买卖当事人约定出卖人保留在一定期间内解除契约，返还价金，收回原物的权利，其风险也由买受人负担。

c. 任意附约（pactum displicentiae）。即买卖当事人约定如在一定期间内买受人对标的物感到不满意时，有权解除契约，退回原物，收回价金。这时，如标的物全部灭失，因无物可还，损失由买受人负担，部分损失则由出卖人负担。

在附解除条件的买卖，若标的物之所有权已转移给买受人，则条件成就后，出卖人收回原物的权利是具有物权效力（对世权）还是仅有债权效力（对人权）？其利害是显著的。如果具有物权效力的话，则出卖人即享有追夺权，可以对抗任何第三者，即使买受人破产他也不会受到损害。如果仅发生债权的效力，则在买受人将标的物转让第三人时，出卖人对他仅有损害赔偿请求权。当然对人诉权也有其有利的一面，首先起诉时不以买受人占有标的物为必要；其次，买受人因过失致标的物灭失毁损时，可对他请求赔偿。对此，罗马法的规定不很明确。后世学者一般认为，法学昌明时期，出卖人只享有对人诉权，没有追夺权，不得向第三者诉请收回其物，以利于交易安全，保护善意的第三人；优帝一世时的法律则规定出卖人享有对物诉权而不是对人诉权。

与此相关的问题是，解除条件成就以后原买受人不愿意退回标的物，原出卖人享有什么诉权？对此，萨比努斯派认为，附解除条件的买卖也是买卖，所以可以适用买卖的诉权。普罗库鲁斯派则认为，附解除条件的买卖不是普通买卖，不能适用普通买卖的诉权，而只能适用事实诉（actio in factum）。公元3世纪初，还有人附和普罗库鲁斯派的意见，但萨比努斯派的意见终占优势。不过这一主张在理论上是有缺陷的。因为买卖诉的目的既在保护契约的履行，怎么同时又可用于解除契约呢？但买卖既为诚信契约，承审员在处理案件时享有权衡之权。因此，不属于两派的大法学家帕披尼亚努斯即采买卖诉说，S. 塞韦鲁斯帝复以敕令正式认可之。这也反映出罗马法注重实际的特点。

需要指出的是，同多数罗马私法制度一样，买卖标的物的风险负担原则，也只是法律上的任意或补充的规定。当事人对此有约定的依约定，无约定的依习惯，既无约定也无习惯的则依该法定的原则。

丙、买卖当事人的诉权

关于买卖当事人的诉权，因双方的地位不同而有异。

（1）买受人享有的诉权

① 双倍口约诉（actio ex stipulatu duplae）。该诉在买卖用要式口约订立时适用，买受人胜诉的，可获得双倍于价金的金额。由于是严法诉权，故其效力不及于买卖成立以后标的物所增加的一切。在优帝一世时，罗马人仍用于贵重物品的买卖，当事人还可另附违约金和损害赔偿特约，以获得更充分的保障。该诉权的时效为30年。

② 购买诉。为诺成买卖中买受人的主要诉权。遇有出卖人不履行交货、因其保管上的过失而使标的物受损以及标的物被追夺等情形，买受人均可提起该诉，其效力不仅在要求交货或退还货款，以及未能向所有人追回的有关标的物的额外费用，还可请求赔偿损失。购买诉是诚信诉权，如标的物被追夺，则出卖人的责任为标的被追夺时的市价，而不是其出卖时的原价。买受人退回标的物时，应同时退回其附属物和孳息。该诉权的时效为30年。

③ 撤销诉和减价诉。均于发现标的物有隐匿的瑕疵时提起，因两诉的时效分别为6个月和1年，故在时效届满后，如发现出卖人有违诚信原则，标的物的品质与所保证的不符时，买受人仍可提起购买诉。

（2）出卖人享有的诉权

① 要式口约诉（actio ex stipulatio）。可附有违约金和损害赔偿特约。

② 出卖诉（actio venditi）。与购买诉相对，出卖人用以向买受人追索价金、拖延交付价金的利息以及标的物的保管费或追还原

物及其附属物与孳息。

2. 租赁(locatio conductio)

(1) 租赁概述

罗马法上的租赁,其含义远比现代法的租赁为广,是指当事人约定由一方提供物件给对方使用、收益,或为对方提供劳务或完成一定工作,而由对方给付报酬的契约。按给付的不同,租赁可以分为物件租赁、劳务租赁和劳务成果租赁三种,即相当于现代法上的租赁、雇佣和承揽。租赁的报酬,原则上应为金钱,但也不排除用实物,如以土地的收益作为报酬的。租赁契约的性质,同上述的买卖契约一样,是诺成、诚信和完全的双务契约。

在罗马古代,租赁的实际使用范围很小。因为当时土地多为公地,在国家拨给的土地上建筑房屋,余下的土地则种菜、饲养家禽等,每个家庭的简单农具亦都是自备,家长带领家属在公地和私地上放牧、耕作,经济自给自足,一般不需要租赁,更谈不上雇佣和承揽。其时只有牛、马的价值较高①,非家家都有。农忙时,没有牛、马的人家向有钱人家借用,习惯上要送礼回报,此制逐渐演变成为物件租赁。

土地的出租,首先在公地开始,国家既不能直接经营,乃由监察官租给市民耕种,并收取租金,监察官的任期是五年,因而土地租赁契约的期限一般也是五年。这种契约是由公法调整。以后土地私有,大奴隶主也仿照公家的办法出租,才出现了普通法上的土地租赁。

---

①　按公元前454年《亚特尼亚·塔泊伊亚法》(*Lex Atemia Tarpeia*)规定的损害赔偿额,最高价是,牛每头为100阿司,马每匹为1000阿司。

房屋原是每家都有,最初不发生租赁的问题。公元前146年,第三次布匿战争中,罗马取得西部地中海的霸权,经济有了较大的发展,大量的拉丁人、希腊人、迦太基人、外省人和外国人涌入罗马,投机商遂造了许多旅馆、公寓等出租给他们住,因此出现了房屋租赁。

至于劳务租赁,它是由奴隶的租赁发展而来。在收获季节,家庭中的成员和奴隶若忙不过来的话,必须雇用临时工,于是由租赁奴隶进而产生了劳务租赁形式。由于时间短,方式灵活,这比家长买入他人的家属来调剂劳动力更为有利。此外,有一些技术性的劳动,如酿酒、榨油等,往往也得雇佣在行的人来做,这也是劳务租赁产生的另一个原因。

劳务成果租赁产生于劳务租赁之后,是后者的进一步发展。罗马有些家长为了避免组织、指挥、监督雇工劳动的麻烦,直接把酿酒、榨油等工作包给他人去完成,按约定收取劳务成果而付给一定的报酬,于是便产生了劳务成果租赁。

最初,租赁是用两个要式口约订立的,公元前1世纪中叶方产生单一的诺成租赁契约。值得一提的是罗马法上有关租赁契约中的术语,由于习惯的原因,把要约方称为 locator,而把承诺方称为 conductor。我们前面已经提到,罗马的公共土地是由监察官规定条件出租给农民耕种的,同时监察官又负责公共建筑物的建造,进行招标,所以在这两种契约中他都处于要约者的地位,是 locator,而土地的承租人和工程的承揽人则处于承诺者之地位,是 conductor;但监察官在出租土地时,他代表国家收取租金,而在定作工程时则代表国家支付报酬,而农民则交付租金,承揽人则收取报酬。租金和报酬都称 merces。又罗马的长官在接任时,所用的传达、执达员等公差,均由长官雇佣。出佣者聚集广场,以示愿意受雇,由长官挑选,然后把他们带领(conducere)到办事处分配工作,此项行政上的术语,渐为市民所习用。因此,保护承租人、雇佣人和承揽人的诉权称 actio conducti,保护出租人、受雇人和定作人的诉权称 actio locati。

(2) 物件租赁(locatio conductio rei)

① 物件租赁的要件

与买卖基本相同:

第一,标的。凡有财产价值而可以流通的物件均可为租赁的标的,但一般为有体物。如地役权,由于不能和需役地分离而行使,故不得为租赁的标的;地上权、永租权则可;消费物依原则也不得为租赁的标的,因租赁并不转移标的物的所有权,租赁契约终止,承租人要归还原物,既被消费,就无法归还原物了。但如果当事人经过协议取消了消费物的消费性,如仅供陈列的,则该消费物还是可以作租赁标的的。不附条件地买卖自己所有的物为无效,但承租人租用自己所有的物则属正常现象而毋须附条件,如虚有权人向用益权人租回用益物等。

第二,租金。租金是租赁的报酬,与买卖的价金一样,必须真实、确定。通常,租金必须以金钱支付,否则只能作为无名契约。但根据习惯,土地租赁的地租可以用土地的收获物如小麦、葡萄等支付,这样可以免去承租人出卖收获物以换取金钱,出租人又免去拿金钱到市场去采购的不必要麻烦。

第三,当事人的合意。租赁是诺成契约,双方就标的、租金合意,契约一般即可成立,无须履行其他形式。订立租约时采用书契或给付定金,只是作为契约成立的证明,而不是契约成立的必要条件。优帝一世时,对买卖的定金所做的一些新的规定,也适用于租赁。即如果没有书面契约，定金是契约成立的证明；如果订了书面契约，则定金是作为毁约的补偿。

② 出租人的义务

第一，在租赁关系开始时，出租人应交付合于约定或合于习惯的使用收益要求的标的给对方，否则要负调换或改进的责任。

第二，租赁关系存续期间，出租人应维护标的物，使之符合约定或习惯的使用、收益状态。因此，标的物受自然耗损或因不可抗力而毁损致不能正常使用、收益时，出租人应负责修理、调换或减少租金。但日常的维持费用，如奴隶的伙食、牛马的草料，则由承租人负担。

第三，出租人须负担标的物的一切捐税，如由承租人代付，通常是从租金中扣除。

第四，标的物被第三人追夺或有瑕疵致使承租人遭受损失时，出租人须负赔偿责任。

第五，租赁期满，出租人须偿还承租人支出的必需费用和有益费用。不过对有益费用，出租人是在现实增加的价值范围内偿还。至于奢侈费用则毋须偿还，但承租人可在不损害标的物的前提下予以拆回。

③ 承租人的义务

第一，以合于约定或符合标的物性质的方法使用、收益标的物，并尽善良家长的注意。如租马以供乘骑，就不得用之拉车、耕地。

第二，支付租金。一般的原则是"先用后付"。可以在租赁终了时支付，或按期支付。因不可抗力或不可归责于承租人的原因而使标的物未能使用收益或仅能使用收益其一部分时，承租人可以免付或少付租金,因为罗马法认为租金是用益的对价。如果由于承租人自己的过失或事由,例如租赁一马供乘骑,因承租人的过失使马受伤致不能乘骑,或因承租人患病或事忙未能乘骑,就不得请求减免。在租赁土地的佃户遭灾蒙受损失时,罗马法设有特别规定,如符合下述四个条件,可请求免除或按比例减少租金:

其一是损失须非由于佃户的过失或其自身的原因而发生,如遭灾后未积极抢救或因病未及时收获等。

其二是损失须发生在作物收获之前,因出租人仅负使承租人对标的物能使用收益的义务,在收获以后,对孳息的风险则应由承租人自行承担。

其三是损失须由于非常灾害所致,如罕见的洪水、极大的冰雹、大地震、敌兵的蹂躏,果树小麦等的严重病害等。若为普通的灾害,则为事所常有,法律认为当事人在订定租约时会考虑到这一点,并把它计算在租金之内,故不得请求减少。

其四是损失须相当严重,否则即使有重大灾害,但佃户所受的损失不大,就不能减免租金。因罗马的土地租赁,一般为5年,出租人可请求承审员以丰补歉,将佃户往年丰收的盈利,抵偿本年的损失,或于来年丰收时补回之。

第三,租赁终止时,应返还标的物及其附属物。标的物除由于正常使用及其自然发生的耗损外,应符合租赁开始时的状况,否则他应负损害赔偿责任。

租赁权和用益权相类似,二者的目的都是为了物的使用收益。其区别在于,前者仅移转物的持有,承租人只对出租人发生债的关系,后者则移转物的占有,用益权人对物享有物权,此其一;出租人负积极的义务,应担保和维持出租物合乎使用收益的状态,虚有权人则仅负消极的义务，不妨碍用益权人的使用收益即可，此其二；租赁权是有偿的，承租人须按期支付租金，用益权是无偿的，用益权人不付任何对价，此其三。

④ 双方当事人的诉权及责任

保护承租人利益的是承租诉（actio conducti）。承租人要求损害赔偿以及清偿必需费和有益费时，对标的物享有留置权。保护出租人利益的是出租诉（actio locati）。如租赁物为房屋，出租人对承租人置于房屋内的家具有法定抵押权，如租赁物为土地，出租人则对土地的收获物享有法定抵押权，但以未出售的为限。

在双方的责任方面，罗马法规定，承租人和出租人均要尽善良家长的注意，负抽象轻过失责任。对标的物的意外风险，由出租人负担。但标的物部分毁损时，承租人只能请求降低租金，或解除契约，而不能强使出租人另行提供同样的标的物供其使用收益，也不能请求赔偿损失。

⑤ 物件租赁契约可因以下原因而终止

第一，标的物灭失或成为不流通物。

第二，权利的混同，即承租人对标的物取得了使用收益的物权，如取得所有权、用益权、地上权和永租权等。如果租赁期限比承租人取得的用益权、地上权等期限更长，则后者期满后，当事人仍应受租赁契约的约束。

第三，租赁期届满。与买卖和永租权不同，承租人对标的物仅有暂时的使用收益之权，期满双方关系即行终止。在罗马，房屋租期一般为一年，土地租期传统上为 5 年。期满后如果承租人继续使用收益标的物，出租人也不表示异议，则视为双方默示同意按原条件继续租赁，原契约便变为可随时解除的不定期契约。

第四，双方的同意。租赁为诺成契约，因当事人的合意而成立，自可因双方的同意而终止。

第五，因一方当事人的意思而终止。不定期的租赁，任何一方当事人可随时终止。但租赁是诚信契约，所以终止不定期的契约应符合习惯的要求，例如应于适当时间前通知对方，使对方可预行安排。对土地租赁，其期限最短为一年，且应在收获后才能终止。定有期限的租约，当事人一方不履行或不能履行其义务的，他方可以解除租约。罗马法规定，承租人积欠租金超过两年的或未按约定的方法使用收益标的物，出租人未为必要的修理等，他方都可解除租约。在此之外，当事人则一般不得在租赁期间解除租约。但2世纪初卡拉卡拉帝规定，房屋出租人因自己实际需要须收回自住或对出租房屋需要进行大修理的，他可以在期满之前终止租约。公元5世纪，鉴于经常发生有权势的土地出租人欺凌佃农的现象，崔诺帝乃规定，土地承租人如发觉租约对自己不利时，有权在一年之内解除之而不负损害赔偿责任。在定期租赁一方当事人死亡，依债的关系的性质，债权债务均由继承人继承，这是罗马法的一般原则。这对出租方来说没有问题，其继承人只要继续收取租金即可。但承租人死亡，却可能发生继承人无法承受其权利义务的问题，如承租人承租的是土地或房屋，其继承人便未必能够继续耕种土地或使用房屋，罗马法对此没有变通规定，继承人若解除契约，就须负损害赔偿责任。

出租人在租赁期间出卖租赁标的物于第三人，租约并不因此而终止，这就使新的所有权人的物权与承租人的债权发生冲突，罗马法的原则是“物权优于债权”、“买卖破坏租赁”，据此在帝政前期，新的所有权人基于物的追及权，可以驱逐承租人而夺回标的物。当然,出租人在租赁期内负有使承租人使用收益标的物的义务,承租人基于出租人的不履行契约,得向其请求损害赔偿,但由于转让出租物的出租人一般都经济情况比较差,因此,承租人往往得不到充分的赔偿。况诉讼是一件费时而麻烦的事情,为此,有些租赁当事人便在订约时附加"如果出租人中途转让出租物,应使受让人尊重租约"的条款,或者附加违约罚金条款。即使如此,由于受让人没有参加该项租约的订立,在法律上并不受其拘束。地奥克莱体亚努斯帝为了维护承租人的利益,遂规定凡买卖中附有维持租约效力的条款的,买受人即有遵守的义务。"买卖破坏租赁"的原则也就被限制了。

出租人将标的物分别租给两个以上的人,怎么处理?罗马法对此规定,先取得标的物者优先承租,另由出租人对其他承租人承担损害赔偿责任。承租人亦得将标的物转租(sublocatio)他人,唯其转租契约对原出租人不生效力。同时,转租的期限不得超过原租赁契约的残余期间。原出租人与次承租人虽没有债的关系,但并不妨碍次承租人以无因管理向原出租人交付租金,事后再和次出租人结算,同时次出租人和原出租人对次承租人置于房屋内的家具和田地未出售的孳息都享有法定抵押权。这样一方面担保次承租人对原承租人的债权,另方面也间接有利于原出租人。

(3)劳务租赁(locatio conductio operarum)

劳务租赁或雇佣是仿照奴隶租赁而来。罗马法把劳务分为自由劳务(operae liberales)与非自由劳务(operae illiberales)。自由劳务是指一般不受雇佣人指挥监督的专门的技术性的或脑力劳动,这是较高级而独立的劳动。非自由劳务是指在他人指挥和监督下进行较低级的体力劳动。劳务租赁指的则是非自由劳务而言。因为自由劳务需要特殊技能，劳动成果往往不能以金钱计算，所以认为不能租赁。在罗马，教师、律师、作家、医师、建筑师等为他人服务的自由职业者，其延聘不受雇佣而受委任规则调整，但委任是无偿的，故最初他们多是不正式收受报酬的，以后有人专门从事这些职业，以此为生，但所收对价也不称工资或劳务费（merces），而称为“谢礼”或“荣誉金”（honorarium）。劳务租赁一般适用物件租赁的规则，但它又有自己的特殊性。

① 受雇人必须亲自提供劳务，非经雇佣人同意，不能由他人替代；

② 雇佣人不得强迫受雇人从事约定或惯常以外的劳动，也不得随意延长劳动时间；

③ 双方当事人均负抽象轻过失责任，但受雇人不熟悉其本行工作，应以过失论，如雇佣木工、泥工做活，则木工、泥工的承诺，即默示自己具备普通木工、泥工应有的技能；

④ 在定期雇佣中，因不可归责于受雇人的事由而致其不能提供劳务，除另有特约或习惯外，风险按一般原则是由雇佣人（债权人）负担，受雇人仍享有报酬请求权，但条件是必须证明不受报酬便会受到损失。劳务租赁是诚信契约，若雇佣人能证明在不可抗力期间受雇人本可去从事其他工作以补偿损失，而他却没有这样做，便可被视为有过失，因而雇佣人就可不付报酬；

⑤ 报酬的给付依约定或习惯，否则于劳务完毕时支付；

⑥ 劳务租赁契约因受雇人的死亡而终止，其权利义务不移转于双方的继承人，但例外也有因雇佣人的死亡而终止的，如专为雇佣人服役的人。

(4) 劳务成果租赁(locatio conductio operis faciendi)

劳务成果租赁,即今称之承揽。它是一种当事人约定由一方供给材料、给付报酬,由对方提供劳务,负责完成一定工作的协议。

劳务成果租赁是由劳务租赁演变而来,是经济有了进一步发展的结果。就劳务成果租赁的本身来说,也是由承作人亲自制作发展到以承作人负责完成为条件,因为定作人所要求的是劳务成果及其质量,而不在是否是承作人亲自动手或是在他的监督下完成。这也是由小手工业进一步向前发展的必然趋势。

劳务成果租赁与劳务租赁都是以提供劳务为条件,但两者是有区别的,其表现在:

第一,劳务成果租赁的标的是供给劳务成果,如建造房屋,包办葬礼,其劳务只是为了取得成果的手段;劳务租赁的标的是供给劳务,劳务本身就是契约的标的。

第二,劳务成果的供给人不一定由自己亲自工作,可以使他人代为工作,若契约以劳务成果供给人的个人技能为要件的,自当别论。如约定由甲亲自缝制礼服,则甲不得使人替代。劳务租赁则以劳务提供人亲自操作为原则。

第三,劳务成果供给人死亡,其权利义务原则上移转其继承人;劳务提供人死亡,原则上契约即因之终止。

第四,劳务成果供给人除有特约外,是自主地进行工作、完成任务,不受对方的指挥和监督;劳务提供人进行劳务,则要受契约对方的指挥和监督。

第五,劳务成果供给人的报酬一般是在工作完成并交付时受领,或按工作进度分阶段计算;劳务提供人的报酬则是按劳动时间的长短来计算,按期支取。

劳务成果租赁与买卖也是不同的，但二者有时不易区分，这主要发生在双方均是提供材料的场合。二者的区别方法是：

① 材料全部由定作人提供，而由承作人提供劳务的，是劳务成果租赁，如以面料交缝工裁制衣服。

② 材料全部由承作人提供，即所谓“包工包料”则为买卖，如向服装店选料定制衣服。但对这一情况，罗马的个别法学家也有认为这实际上是先后两个契约，第一个是买卖，第二个是劳务租赁。

③ 如果双方都提供了材料，怎样区分契约的性质呢？对此由于当时生产力低，人们重物轻劳，故罗马法以材料为划分契约性质的标准，即视哪一方提供材料的主要部分或基础部分和次要部分或辅助部分来决定，而不论其价值的高低。例如以宝石嘱金匠镶一指环，由于金匠的黄金为指环的基础，宝石则为附从，故为买卖而非劳务成果租赁；反之，在土地上建造房屋，虽材料全由承包人提供，按罗马法土地因添附而所有房屋，故为劳务成果租赁而不是买卖，即使宝石和建筑材料的价值远远超过黄金和土地。

关于劳务成果租赁中的风险负担，有几种情况：

① 在工作未开始或未完成前发生事变，致工作无法开始或无法继续进行，契约即行解除，双方各负其责，都对他方不负赔偿责任。但若损害的发生由于定作人所供材料的瑕疵或定作人的过失造成的，则承作人仍可按其所提供劳务的多少请求报酬。

② 工作已完成，尚未验收而发生事变，致使标的物毁损或灭失。对这种风险如何承担，罗马法学家有不同意见。一些法学家认为，按一般原则，风险应由债权人即定作人承担，只要债务人即承作人证明自己没有过失，债权人纵使没有受领或仅部分受领标的物，仍应支付全部报酬。另一些法学家则认为，定作人只能对不

可抗力造成的损失负责，一般事变造成的损失则应由承作人负担，因为标的物是在承作人的掌握之下，应推定他在保管标的物方面没有尽到善良家长之注意。但承作人如能证明损害的发生由于可归责于定作人的事由，如由于定作人所供材料的瑕疵或损害是发生在定作人受领迟延之中，则风险仍须由定作人承担。后一种意见被现代民法所接受。

③ 工作已完成，并已受领而发生意外风险。对此罗马法学家先后也有意见分歧。起初，有些学者认为在这种场合下风险一律由定作人负担，而不需再追查原因。除定作人能证明其受领系由承作人的欺诈外，承作人不再负责。因为定作人已受领了标的物，即默认标的物合于约定的条件，除双方有特约外，对劳务成果租赁不能适用买卖的瑕疵担保责任的规定。因材料是由定作人所供给，除非定作人供给材料，又允许承作人以他种材料相调换，这样承作人就成为材料的所有人，事变的责任就应由承作人负责，但契约的性质不变，因承作人须负责完成约定的标的物。后来一些学者则认为，劳务成果租赁是双务有偿契约，承作人对之享有利益，就应负担较大的责任，所以不论他有无欺诈，均应对定作人在受领时未能查明的瑕疵所造成的损害负责，并应适用典型的有偿契约即买卖契约中的瑕疵担保责任原则。监察官曾规定，公共建筑的承建人应对所建房屋负 15 年的担保责任。这两种意见的共同点是，如果承作人有欺诈，就不能免负风险责任。但之所以产生以上分歧，原因要从经济发展的过程来看。劳务成果租赁在租赁契约中产生最晚，起初材料都是由定作人提供，工作简单，验收方便，所以认为受领后的一切损失都要由定作人负担。以后工作愈来愈复杂，有的瑕疵非即时甚或短时间内所能发现，而材料也有由承作人

提供的，因此产生了要求承作人承担较大责任的更符合时代要求的观点。

劳务成果租赁的效力，对于承作人来说，是要在约定的时间内完成约定的工作，并对自己的过失及其雇员、分包人等的一切过失负责。对受领后所发现工作中的瑕疵，除有相反的特约外，承作人也应负责。但承作人如果完全按定作人的指导行事，则对因此所致的损害就不需负责。但劳务成果租赁是诚信契约，承作人若明知指示不当或所提供的材料有瑕疵而不予指出，他必须对由此而产生的后果负责。违反上述义务受"定作人诉"(actio locati)的制裁。

定作人的义务，则是受领工作，支付报酬。作为诚信契约，定作人不能故意挑剔，无正当理由不得拒绝接受工作。违反这些义务受"承作人诉"(actio conducti)的制裁。

关于运送契约，虽然也是劳务成果的租赁，但它不是制作、加工物件，只是变换物件的场所。在罗马法，陆上运送适用一般劳务成果租赁的规则，海运则不同。由于它的风险很大，所以和陆上运送不一样而适用罗德(Rhodes)海法的特别规定。即有关海运所产生的法律关系，按"罗德弃货规则"——共同海损处理。该规则的要旨是：船舶在航运中遇险，为了避免船与货的共同危险而将货物抛入海洋时，其损失应由船东和货主共同负担。因船东与货主之间，自货装船至卸载，即视为共同合伙。详见以下"其他准契约"部分。

3. 合伙(societas)

(1) 合伙概说。从广义上说，合伙包括所有为着共同目的而组织起来的团体，如政治、经济、宗教、慈善、文化、学术团体等。也可以为了对付共同的危害而合伙，如罗马有相互保险契约。从狭义方面讲,合伙则是指二人以上互约出资,经营合法事业,共同分配损益的契约。合伙不是法律上的权利义务主体,所以合伙的财产不属于合伙所有,而是合伙人的共同财产。

狭义合伙的要件是:

① 各合伙人都负出资的义务,否则不能取得合伙人的资格。出资的种类不论动产或不动产、物权或债权、现在的实物或未来的收入、单一物或聚合物,以及劳务、技术都可以用来出资,甚至个人的信用亦可作为出资。因为在商业上,其重要性并不亚于实物。各合伙人的出资不必相同,也不必相等。出资的份额和对出资的估价,由当事人自由协商并无任何限制。

② 合伙的目的,须为全体合伙人谋经济上的利益,如为成员谋精神上的利益或为非成员谋福利的则为结社而非狭义的合伙。至于损益的分配,最初是由各合伙人平均分配,而不问各人出资的多少。在西塞罗时已通行由当事人自由订定。以劳务或技术出资的,也可以不分担亏损,因其平日提供的劳务、技术被认为可以抵偿损失。一合伙人只负亏损,不分盈利的,则叫作“狮子合伙”(societas leonia),借喻在合伙中如同《伊索寓言》所说的狮驴合作打猎而由狮子独霸猎物的情形一样。对于这种合伙的效力,罗马法学家有两种对立的意见,一种认为这是当事人自由,合伙应属有效;一种则认为合伙应为全体合伙人谋利益,狮子合伙违背合伙的基本精神,应属无效。后说终被确认。

③ 合伙的目的须正当,例如以盗窃为目的的团伙,不是法律所允许的,当然无效。

④ 合伙人的合意。合伙是诺成契约,不以采取书面形式为必要,但为了明确当事人间一些复杂的权利义务关系,通常都订立章

程。其非由于当事人的合意而共同享有某项财产。如共同继承人或共同受遗赠人接受死者所遗的作坊，听任经理人继续经营，实为先合财产，再有合意。研究罗马法的学者把这种合伙契约叫作“准合伙契约”。

合伙与买卖和租赁都是诺成、有偿、诚信和完全的双务契约。但合伙又和它们不同，其表现在：

第一，合伙的成立，是基于当事人彼此间的情感和相互的信赖，所以，其权利有专属性，不能转移他人。但罗马通行把合伙的份额分给第三人的办法，以达到部分转让的目的。例如甲乙丙三人合伙，其中丙把自己份额的半数分让给丁，在这种情况下，仅发生丙丁之间的效力，丁与甲乙之间则不发生权利和义务的关系。丁则被称为“分合伙人”。

第二，合伙人的目的是一致的，都是为了谋取经济上的共同利益，所以他们的诉权是相同的，都是“合伙诉”（actio pro socio）。而买卖、租赁等当事人的目的则是相反的，他们的诉权也是相对的。

第三，合伙人所负的过失责任较买卖和租赁的当事人为轻，他们只负具体轻过失责任。

第四，合伙人清偿债务时互享“能力利益”，而买卖、租赁的当事人则否。

（2）合伙的种类。盖尤斯和优帝一世的《法学纲要》都只谈了共产合伙和特业合伙，实际上在罗马通行的合伙还有其他几种，现分述如下：

① 共产合伙（societas omnium bonorum）。这是指合伙人将其已有的和未来的一切财产都加入合伙，包括有体物和无体物，但各合伙人的非法所得和因私犯所负的债务则不在其内。共产合伙是罗

马最早的一种合伙。家长死后，家属不分割遗产，使家庭原有的事业继续下去；还有一种情况是：S. 图利乌斯改革时，家长死后，家属为不使家庭财产分散而影响自己的财产等级和政治地位，仍使财产合在一起。可见，这种合伙，不必转移财产，只要各方合意，不分割原来已合在一起的财产即可。共产合伙与其他合伙不同，它不一定经营共同的事业，不发生追夺担保和瑕疵担保的问题。后来，罗马的夫妻财产也采取这种合伙形式。

② 特业合伙（societas alicujus negotiationis）。这种合伙的目的是持续经营特定的事业，它的发生虽比共产合伙要晚，但在罗马的经济发展中起了重要的作用。罗马的小商小贩多为被解放的奴隶，其经济力量薄弱，对需要一定资金的商业，如贩卖奴隶、酒类、油类或谷物等，往往联合数人组成特业合伙，特别是银行业以及承办军需供应、公共工程等需要巨大的资金，非一、二骑士、富商所能承担，故也采用合伙形式。

③ 单业合伙（societas unius rei）。这实际是特业合伙之一种。特业合伙有继续性，单业合伙则是搞一次性经营。例如甲乙合伙将外地的橄榄运至罗马出卖，卖完了合伙即行解散。单业合伙按拉丁文原意乃一物合伙，如丙丁一起承租一地耕种而分享其收益。

④ 所得合伙（societas quaestus）。这是指合伙人仅将劳动所得包括因劳动所负债务作为合伙财产，而不包括其他财产，如现有的及今后接受的遗产和赠予。其起源是，奴隶刚获解放时一般生活困难，便联合起来约定将劳动的收入作为合伙财产，以保障合伙人的生活。所以，所得合伙有互助性质。后来，一般市民也往往采用这种合伙形式。

⑤ 田赋合伙，或田赋征收团（societas publicanorum）。这是以

征收田赋为目的的合伙。共和国时期,国家将土地租给农民耕种,但农民居住分散,有时农民收成不好,对其征收租税不易收到,这是一项费时费力的繁重任务,而国家有时又需要大批的支出。为了解决这个矛盾,罗马政府便采取分地区招标的办法,将征收租税的任务包给骑士去做。承包人中标后,须一次向国家预交一定的租税,然后再向农民陆续征收。但垫付的田赋数额甚巨,非一、二骑士的财力所能承担,故他们组成合伙,共同投标。这样,合伙人之间也可避免在投标和征收租税中互相竞争。田赋合伙本是一种特业合伙,但由于其代表国家征收租税,有其自身的特殊性,受特种法规的调整,例如一般特业合伙的合伙人是共同管理合伙事务,田赋合伙则原则上由一个经理负责,其行为直接对合伙发生效力;一般合伙人的权利有身份性,不能继承和转让,田赋合伙人的权利义务则可以继承,合伙人也可以把权利转让给其他人,故另列为一类。且多数罗马法学家认为,田赋合伙具有一定程度上的法人资格,可作为权利义务主体,其他合伙则无法人资格。此种合伙在帝政后即被废止。

⑥ 隐名合伙。这是当事人一方(隐名合伙人)投资于对方(出名营业人)所经营的事业而分担其损益的契约。这种契约,本是当事人用以掩饰借贷的一种避法行为。因为,罗马历代统治者都对借贷利息订有严格的限制,1 世纪后,基督教逐渐盛行,根据教义,更是反对借贷生息。但商品经济的发展,要求经营事业的企业家需要经常取得借贷资金,借贷不准生息,就限制了商品的生产、经营。这种情况,迫使一些有钱的人伪装合伙经商而行借贷之实,从而规避法律对借贷利息的限制。

隐名合伙,是诺成、不要式、有偿和完全的双务契约。其特点是:第一,隐名合伙人要将出资的财产权转让给出名营业人,因而不发生共有财产的问题。第二,由于上述特点,因而劳务、信用等不能移转所有权的不能作为隐名合伙人的出资。第三,隐名合伙人只就出资负有限责任,但对此可用特约加以变通;出名营业人则负无限责任。第四,隐名合伙人只与出名营业人直接发生关系,与其他合伙人和任何第三人不发生法律关系。第五,隐名合伙人虽与分合伙人类似,但隐名合伙人有权检查合伙的账务,分合伙人则无此权利。

隐名合伙的事务完全由出名营业人执行,但出名营业人若超出约定范围经营业务,隐名合伙人有权解除契约。隐名合伙人如果参与合伙事务,使第三人信其是普通合伙人的,他就应对该第三人承担一般合伙人的责任。

(3) 合伙人相互间的权利义务:

① 各合伙人均有履行出资之义务。其义务因出资的种类而不同,如以特定财产出资的,出资者对追夺担保、瑕疵担保和风险责任与出卖人负同一的责任;如以财产的使用收益出资的,则出资者负出租人的义务;如以劳务和信用出资的,则出资者负受雇人的义务。如对出资的财产究为所有权抑为使用收益权发生疑问时,对消费物则推定其为所有权的出资,对其他财产则推定其为用益权的出资。法律昌明时期,对有体物的出资,并不需要履行要式买卖、拟诉弃权或交付的手续以移转所有权,只需合伙实际上能利用该项出资即可。优帝一世时规定,出资的所有权因交付而转移。关于出资的财产为合伙人共有抑或按份共有?按罗马法的精神应为合伙人共同共有,这样可以限制当事人随意处分其应有部分,有利于经营的稳定与发展。

② 执行合伙事务，这对合伙人既是权利又是义务。实际如何执行，由当事人协商，可以共同执行，也可以委托一人或几人执行。对重大事务的决策和执行，合伙契约无规定时，按罗马法各合伙人都可在目的事业范围内单独执行。为了保护合伙的利益，其他合伙人若对于某人所执行的合伙事务表示异议，该合伙人就应停止执行。自委任制度通行以后，合伙人间彼此互视为受任人。

③ 执行事务的合伙人，应向其他合伙人汇报执行情况，并移转执行所获之权益并使其他合伙人承担其因执行所生的债务、支出的费用和蒙受的损失。合伙人能否就其执行事务而向合伙请求报酬？法学家对此意见不一。否定者认为这是合伙人应尽的义务，故不能请求报酬；肯定者认为请求报酬是合理的，否则各合伙人就会劳逸不均。罗马最初合伙规模较小，是按人头分配损益，后来经济发展，合伙规模扩大，因而也有对执行合伙事务者给付报酬的，因此，是否给付报酬由当事人协商决定。

④ 合伙人既管理自己的事务，又管理合伙的事务，所以负具体轻过失责任，要尽管理自己事务那样的注意来管理合伙事务。但这是合伙人的内部关系，可由当事人协商加重或减轻。

⑤ 合伙损益的分配，当事人有约定的依约定，无约定的最初是按合伙人数平均分配；后来此制逐渐显示出不合理性，遂改为原则上按出资的多寡比例计算。由于出资种类不同，估价又较困难，特别是各合伙人经营才能的差异，所以实际上多由当事人自行决定具体的分配方案。无约定的，推定各合伙人出资相等，按人数平均分配。契约仅对盈利或亏损的分配所做的规定，视为损益分配的共同比例。对分配盈利，除“狮子合伙”无效外，其他事项均可有效，如可以约定一人或数人对盈利的分配有优先权，或多分盈利少

摊损失，也可以约定以劳务出资者只享利益而不负亏损。甚至可以把分配损益之权交由某个合伙人来决定，或在发生争议时交由第三人仲裁。

(4) 合伙人对第三人的权利义务。合伙不是权利义务的主体，所以合伙并不以自己的名义与外部发生关系。合伙人相互之间的协议，也不对第三人发生效力。严格地说，就第三者而言，在法律关系中，只有相对人个人而没有合伙和合伙人。

① 全体合伙人与第三人缔结契约时，原则上各合伙人平均分享权利、分担义务，而各为第三人的债权人和债务人，但为了加强债的效力，当事人可以订立连带之债，使每个合伙人都可以向第三人请求全部的给付或被第三人请求全部的履行，再由为清偿或受清偿的合伙人同其他合伙人结算。如合伙人中有无力清偿的，该部分即由其他合伙人分担。帝政后期，法律且规定，合伙的银钱业、船东等明示、默示以合伙名义与第三者订约时，各合伙人即当然负连带责任，不需另订特约。但各合伙人也可与第三人约定按其出资份额享受权利和承担义务。后来，只要合伙人声明是以合伙人的资格订约，或曾向对方说明其出资额的，也推定他仅就其出资负责。

② 合伙人中的一人或数人与第三者订约，只在参加订约的合伙人与第三人之间生效，其他没有参加订约的合伙人则不与第三人发生直接关系。没有参加订约的合伙人为维护自己的利益，就只能就其出资份额使参加订约的合伙人转让其对第三人的诉权。反之，第三人对其他合伙人亦同。优帝一世时规定，如一合伙人误收的款项，已由合伙登记入账，则有关第三人对其他未参加该行为的合伙人得提起不当得利之诉。自委任制度发达以后，未参加订

约的合伙人始得以委任人的名义与第三人直接发生法律关系。

（5）合伙的诉权。与其他诺成契约不同，各合伙人的目的是一致的，所以他们的诉权也是相同的，都受同一合伙诉（actio pro socio）的保护。但合伙诉有其特征：

① 由于合伙契约是以当事人相互之间的信赖为基础，所以，败诉的合伙人要受丧廉耻的处分，从而丧失健全的人格。

② 鉴于合伙人相互之间的情谊，因之优帝一世时，法律规定合伙人相互间享受"能力利益"的优待，承审员只能按被告现有的清偿能力而不是按其出资数额判决其承担义务。

唯合伙诉只适用于因合伙契约所发生的义务，如催缴出资，追索因执行业务所生的债务等，而有关合伙人共有财产的分割，如当事人不能协商解决，最初则要适用远比合伙诉历史悠久的"共有财产分割诉"（actio communi dividendo）。但事实上两诉并无绝对的区别，所以后来允许当事人可任意选择该二诉中之一，以维护自己的利益。

（6）合伙的解散。合伙可以因下列原因而解散：

① 合伙所订存续期限届满或所附解除条件的成就。

② 合伙人全体的同意。

③ 合伙的目的已经完成或不能完成，前者如单业合伙的业务已结束，后者如营业标的物的灭失，目的事业被法令所禁止等。

④ 合伙人的退伙。因合伙是合伙人基于信赖关系而成立的，如信赖关系发生变化，自应准其脱离。所以罗马法规定，若有人退伙，原合伙关系即因而解除；不退伙的人如愿继续经营，则视为新的合伙，而非原合伙关系的延续。退伙是合伙人的权利，可限制而不能禁止，即使合伙订有期限，合伙人有正当理由的仍可退伙。但

合伙是诚信契约，如果合伙人退伙的动机不纯，企图独占合伙应得的利益或逃避分担的损失，前者如共产合伙中某合伙人因遗嘱继承而谋独得该全部遗产，后者如某合伙人因合伙营业在与第三者诉讼中行将败诉，为了免除应分担的罚金等，在罗马法都认为是欺诈行为。合伙人也不得在不利于合伙事业的情形下退伙，如某合伙人被委任负责酿酒的技术性工作，则在酿酒工作未结束或未找到适当人替代时突然提出退伙，显将使合伙蒙受损失，故不得为之。于其他合伙人远离时退伙，也是不允许的，否则退伙人因退伙所获之利益，仍须与其他合伙人共同分配。但合伙的盈利，退伙人则不得分享；合伙所受的损失，退伙人仍应分担，其个人所受的损失则须自行负责。

⑤ 合伙人的死亡。由于合伙的特征，继承人不能保证其具有死者的素质以及与其他合伙人的信赖关系，故合伙人自身的权利义务不能继承。加之罗马法采取遗嘱自由的原则，继承人一般非在被继承人死亡或经过一定期间后不能确定，不能强使其他合伙人与无情谊甚至不熟悉的继承人合伙共事；田赋合伙则属例外。如果其他合伙人同意，继承人也愿意合伙的，应另订合伙契约。合伙是诚信行为，合伙人死亡，其继承人有义务将其合伙事务继续管理到其他合伙人接手为止，不过继承人对此只负故意和重大过失责任，因为他是为了避免合伙可能遭受损失而为的。

⑥ 合伙人的人格变更。人格变更在罗马法上属于法定死亡，所以合伙人有人格变更情形的，合伙即因而解散。但在优帝一世时，人格小变更已不发生解散合伙的效力。

⑦ 合伙人的破产或其财产被国家没收。这种情况不仅影响该合伙人的信誉，且合伙人已丧失其财产，自不适宜再做合伙人，应

按退伙处理。

⑧ 合伙被官厅禁止。

合伙解散后，合伙关系并不立即终止，须等到清算和分配结束后，合伙人的权利义务方才消灭。

4. 委任（mandatum）

（1）委任概述

委任，是当事人约定由一方（受任人）为对方（委任人）的利益而无偿处理事务的契约。在罗马法上，对于受任人处理的事务持广义的解释，即不限于法律行为，事实行为如委托友人整理图书也可适用委任的规定①。

在罗马历史上，长时期内并无委任、代理的制度。在自然经济和商品经济发展之初，经济活动的规模、范围不大，而家属和奴隶是家长的工具，他们的行为常被视为家长的行为，所以没有委任的必要。直到共和国末叶，商品经济发达，罗马版图空前扩大，有些事务，家长因故不能亲自处理，家属和奴隶又不能或不宜担负此类任务时，就不得不委托他人办理，因此在法律上就出现了相应的委任制度，为商品经济的发展提供了有利的条件，给企业家以很大的便利，但委任是否产生代理的结果，在罗马法则仅属例外。

委任是诺成、不要式、无偿、诚信和不完全的双务契约。同合伙一样，它也是基于当事人之间的相互信任而成立的契约。其要件是：

① 受任人须为委任人的利益处理事务。因利益为诉权的基础，否则委任人即得不到法律的保护。但委任契约不以完全为了

① 日本民法典则称准委任（日民第656条）。

委任人的利益为必要，只要受任人处理的事务与委任人有利益即可。例如甲委乙管理双方共同的财产，或甲托乙管理甲与丙的共同财产，即使甲所占的部分较小，亦不失为对甲有利益。如果完全是为了受任人的利益，那就变成忠告或咨询性质的行为而不是委任了。例如甲劝乙将其余款存入银行生息，乙如果听从办了，则甲乙间并不发生委任关系。如日后银行破产，甲亦不负法律上的责任。如甲有欺诈，自当对欺诈负责。为第三人的利益订立契约，如请人给他人看病，修理家具等，也不是委任契约。但罗马法上有一种委任保证，虽是为了债务人和债权人利益的保证契约，但它适用委任的规则，这是变通的办法。有些法律行为，在性质上须本人自己决定其效果意思的，如婚姻、订立遗嘱，是不能委任他人进行的。但这些行为的程序，则不妨请他人代为，如离婚的委人代理进行诉讼，遗嘱的委人代书等。

② 委任须为无偿。若以有报酬为处理事务的对价，在罗马法就成了劳务租赁（雇佣）或是无名契约。

③ 须有当事人合意。对合意的形式，因委任是非要式行为，故不要求有书面委任书，既可以明示也可以默示。以接受处理某种委托事务为职业的，如律师、建筑师等，如对委托事务的要约而不即时拒绝表示的，即视为默示承诺。

委任和劳务租赁虽均是为人服务，但前者以供给劳务为手段，而目的则在处理事务，后者则完全以供给劳务为目的，故受任人在目的事务范围内有自由裁量之权，受雇人则须听从雇佣人的命令，在其指挥和监督下劳动。又委任可以随时撤回，劳务租赁只能在有正当理由时提出解雇，受任人的处理事务，原则上不以完成为要件，且必须亲自为之，故又与劳务成果租赁有异。在罗马，有四种人的报酬称“谢礼”而不称工资：第一种是为他人服务牺牲了时间和精力，有时甚至支付了费用，如受任人、受寄人、监护人等；第二种是自由职业者；第三种是哺乳期中的奶妈；第四种是工务员。由于委任的无偿性，他们对报酬或“谢礼”的求偿，不得用委任诉而要用“非常程序”。至于委任人事后自愿对受任人酬送物品，则适用赠予的规定。

委任可以按一定的标准划分种类。按所委托的事项是特定的还是概括的，可将委任分为特别委任和概括委任。特别委任，是委任办理一项或数项特定事务的委任。如甲委托乙出卖羊10只，租用房屋1幢等。概括委任，则是委任人把一切事务或某一方面的事务全部委托受任人处理，如管家、经理等。但概括委任除有特约外，一般只适用于管理行为，对物权的设定与出让、赠予和权利的抛弃等重大行为，仍需有委任人的特别授权才能进行。

按受委任人是否取得代理权，则可将委任分为有代理权之委任和无代理权的委任。在有代理权的委任，受任人是以委任人的名义为法律行为，而其效果直接归于委任人，故又称直接代理，如诉讼代理和消费借贷，这在罗马的委任中，仅属例外。无代理权的委任则相反，受任人是以自己之名义为法律行为，并自受法律行为的效果，事后再以之移转于委任人，故又称间接代理。由于罗马法除无行为能力人的法定代理等外，原则上不承认代理制度，故罗马的委任多属无代理权的委任。

委任的效力，可分为在当事人间的效力和对于第三人的效力两个方面。关于在当事人之间的效力，可从各方的义务来分析。

（2）受任人的义务：

① 按接受委任的目的、范围，亲自处理委任的事务。因为委任

人与受任人之间有信赖关系,所以原则上受任人不能另由他人代为委任事务。只有在特殊情况下,才可由第三人代为处理,如受任人忽患急病,不及征得委任人的同意,但他要对该第三人的行为承担全部责任。委任人有指示的,受任人应按指示处理。在指示范围内所为的行为,不论有利的或不利的,均由委任人承担全部后果。但委任是诚信契约,若有更有利于委任人的机会,如指示是向某地的甲进货,但受任人发现该地乙的货价更低,或因情事变迁,按指示将使委任人蒙受损失,受任人应依可推知委任人的意思为变更指示的处理。如委任去非洲贩卖奴隶,中途得知罗马出征大胜,已凯旋回师,回国即将拍卖大批奴隶,如再做奴隶买卖,必致亏损,乃改为贩卖谷物等。在上述情况下,受任人为了委任人的利益,他可以变更委任人的指示。受任人无正当理由而逾越委任人的指示行事,委任人可否拒绝接受受任人行为的效果?罗马的法学家对此曾有争议。萨比努斯派采取的是僵化态度,他们从纯理论出发,认为越权处理即"违背委任本旨,没有按委任指示执行",委任人可以不予接受,例如甲委托乙在5000阿司以内的价值选购某种马一匹,乙因一马特别惹人喜爱,以5500阿司买进,乙即被视为非为甲所买而为其自己所购,至少乙未尽委任的义务,故甲可拒绝接受。纵使乙甘愿承担500阿司的损失,亦不得强使甲接受该马。普罗库路斯派则持较灵活的态度,他们从实际出发,认为受任人不得损害委任人的利益,如上例,乙不能使甲接受5500阿司的价值,但若乙自愿承担500阿司的损失,即应视为在指示范围内履行了委任义务,因此,甲即不得拒绝。优帝一世采纳了后者的意见。如果委任人没有具体的指示,则受任人应根据委任事项的性质,当地的习惯,按有利于委任人的方式行事。

② 应将执行事务的情况向委任人汇报，并把因此所得的财物和利益，按事物的性质分别移转于委任人，交还所领费用的余额和有关证件。

③ 对处理委任事务应尽善良家长之注意。受任人为数人时，相互间应负连带责任。但对于受任人应负的责任，在罗马法上是有争议的。五大法学家之一的莫德斯体努斯和其他一些法学家认为，委任是无偿行为，按民事过失责任原则，受任人只能对其故意或重大过失所造成的后果负责。但更多的罗马法学家不同意这种意见，认为委任是以信义为基础，受任人既受人之托，就应忠人之事，要是他没有这个能力，本可拒绝接受或在接事后发现不能胜任，也可提出辞职，接受了委任，便表明其愿以善良家长的注意来为信赖他的人办事，故应对此负抽象轻过失责任。

（3）委任人的义务也有三个方面

① 接受受任人在委任范围内处理事务的一切后果，包括有利于己和不利于己的。受任人因处理委任事务而负的债务，委任人有义务予以清偿或提供担保。

② 偿还受任人为处理受任事务而垫支的费用及其利息。对因不可归责于受任人的事由而致使受任人遭受的损失，委任人亦应予以赔偿。

③ 对委任事务负抽象轻过失责任。数人共同委任事务的，相互间也要承担连带责任。

关于保护当事人利益的诉权，对委任人是“委任诉”（actio mandati directa），对受任人是“受任诉”（actio mandati contrasia）。委任与寄托、合伙等契约一样，是基于双方的信任关系而成立的，所以受任人败诉时要受丧廉耻的宣告。

（4）委任对第三人的效力

这因受任人为他权人或自权人而不同，我们在前面谈代理制度时已有所叙述，现只简要地提一下。受任人为他权人或奴隶的，由于家属和奴隶在市民法并非权利义务的主体，他们和家长家主之间也就不能发生有效的委任关系，加之家属、奴隶只能为家长、家主增加利益而不能使他们承担义务的原则，人们就不愿意和家属、奴隶进行民事活动，这样就妨碍了家长、家主利用家属和奴隶的才能的可能，因而在事务日益繁忙的日子里，仍须事必躬亲，严重影响商品经济的发展。大法官为了适应实际的需要，乃创设"奉命诉"、"海商诉"和"企业诉"等，使家属、奴隶经家长、家主同意而订约或经商的，相对人即有权对家长、家主直接起诉，使之负履行契约的义务，因而实际上发生了委任和代理的效力。

在受任人为自权人之情况下，根据市民法关于契约只能在订约当事人间发生债权债务关系、而不能拘束未参加订约的人的原则，认为受任人与第三人所为的法律行为，不能对委任人发生效力。受任人在与第三人订立契约以后，需要再把契约所发生的权利义务转让给委任人。这样做不仅增加了转让的程序，而且遇到受任人破产等情形，对于第三人和委任人都很不利。帝政以后，代理观念逐渐形成，在物权方面首先是委任人可因受任人而代理占有，后来更进而可因代理而取得所有权。

在债权方面，大法官所创设的"海商诉"和"企业诉"原只适用于他权人和奴隶，但不久即扩及适用于自权人的委任。凡委任自权人为船长或企业经理的，大法官准许相对人在业务范围内对委任人提起"准海商诉"和"准企业诉"。但由于相对人只限于受任人航海经商或经营企业时才能直接向委任人起诉，因而仍有很大的局限性。为此，帕披尼亚努斯主张准企业诉应可适用于其他民事关系。凡委任他人处理事务的，相对人对委任人即有权提起此诉。这个意见后为罗马法学界普遍地接受。同时，大法官又认可一般债的关系可以移转的理论，在受任人为债权人时，他可以根据委任契约将债权转让给委任人，而自卸其责，由委任人直接与相对人进行交涉。此种转让的方法，不久渐成习惯，即使受任人没有向委任人转移债权，大法官亦同意委任人可以用准诉权直接向相对人起诉。在受任人为债务人时，由于债务的转让要得到债权人的同意，因为各人的财产状况不同，他不能强迫作为债权人的相对人接受其债务的移转，而由相对人对委任人直接行使其债权，摆脱自己主债务人的地位，相对人这时既可以直接对受任人起诉，又可以用准企业诉向委任人起诉，即他同时具有两个诉权。反之，当相对人是债务人时，除受任人可根据债务关系直接向其索偿外，又可被委任人以准诉权向其诉追。这样，受任人和委任人就同相对人一样对他具有两个诉权。但两个诉权只有一个给付，相对人和受任人或委任人只能行使一个，行使其一，另一个就归于消灭。从以上情况看，受任人是债务人时，委任人如果破产，就须由受任人代为清偿；相对人是债务人时，如果无力清偿，则由委任人自行承担；若相对人在订约时明知受任人是代理委任人为法律行为，在委任人破产时仍须由受任人负责，根据诚信原则，显然是不公平的。部分学者主张，为了纠正这项缺陷，优帝一世时曾规定，只要受任人在订约时声明自己是受人之托而为，相对人就丧失对受任人的追诉权，受任人即可摆脱这项债的关系，从而发生直接代理的效果。其未为声明的，相对人不独可诉追受任人，且于知悉委任关系后，也可向委任人起诉。但大多数罗马法学家还是认为，即使在优帝时，受任人一般仍不能摆脱与相对人的法律关系，他仍是相对人的债务人或仍是相对人的债权人，也就是在同一法律关系中同时存在两个债权人和两个债务人的连带关系的局面。至于受任人可以摆脱责任的普遍的直接代理制度，则是在优帝一世以后才得到发展的。当然，如前所述，在罗马法中也不是没有直接代理，如法定代理、诉讼代理和消费借贷中的委任均是完全的直接代理。此则为各学者所公认，但就整个制度来说，究属例外。

（5）委任的终止

委任可因以下原因而终止：

① 委任终期届满或所附解除条件成就。这多见于概括委任，如委任船长，以一个航次为期；任命管家，至本人恢复健康为止等。

② 委任事务已处理完毕或处理不能。这多见于特别委任，如甲委托乙于1月内代买绸10匹，乙代买后向甲交账，或市场一时缺货短期内已不可能有货等。

③ 双方当事人的同意。

④ 当事人一方的终止。委任人可随时撤回其委任，并不需说明任何理由，因委任乃基于当事人相互的信任，信任丧失，自无继续的必要，且委任是为委任人利益的契约，而利益是可以抛弃的。撤回委任可以用明示，也可以默示，后者如委托乙以代替甲。受任人由于是无偿服务，一般地也可以单方面辞职，但根据诚信原则，中途辞职不能在不利于委任人的时候进行，否则视为其有过失，须由其对因此而造成的损失承担责任。但确有正当理由的，如重病、出征等，自当别论。撤回和辞职，均应通知对方甚至相对人，在通知未到达前，委任继续有效。

⑤ 当事人一方的死亡或丧失行为能力。因委任建立在信赖基

础上，所以其权利义务原则上不移转于双方的继承人，此乃委任契约属人性质的当然结果，因当事人的相互信赖并不意味着对对方继承人的信任，其有相反的特约的，不在此限。受任人知道委任人死亡或丧失行为能力后，仍应本诚信原则继续对受任事务作必要的处理，以待委任人的继承人或法定代理人接管，但不负进一步执行的义务。同样，在受任人死亡或丧失行为能力时，其继承人或法定代理人也应酌情对委任事务作必要处理，而不能听任委任人的权益受损。优帝一世时规定，委任契约也可在当事人死亡后始生效力，则委任人或受任人的死亡即不导致委任的终止，如甲托乙为其死后办理丧事，营造坟墓，或约定在受任人死亡后，由其继承人继续完成的雕塑等。

（七）无名契约（contractus re innominati）

1．无名契约概述

无名契约，是指无专门名称、因一方履行其给付而生效的双务契约。如仅有当事人的合意，而没有一方的给付，并不受法律的保护，必须一方已履行其给付，才能对他方提出法律上的要求，最初原仅限于授受实物，后来适用范围扩大，即一方交付物件，而他方为某种行为，或一方为某种行为，而他方为行为或交付物件，也同样受到法律的保护。此种契约仅有一个统一的诉权，不若有名契约各有专属的诉权。乌尔披亚努斯称无名契约为不确定契约（contractus incerti），因一方履行后另一方的履行尚不确定，盖尤斯则认为是一种新的协议（negotia nova）。后世注释家们则因这种契约没有专门名称，又须一方交付物件等才能生效，故名之为“要物无名契约”，简称“无名契约”。

无名契约，历经三个阶段的演变。在共和国时期，消费借贷是要物契约产生的开端。后来，接着又有使用借贷、寄存和质权三种要物契约获得法律的确认，各有专门的名称和诉权。到共和国末期，除这四种要物契约外，其他类似的契约，即使双方合意，一方也交付了标的物，仍仅属简约（pactum），不发生要物契约的效力，在对方不为对待给付时，在诉讼程序上并无任何诉权可资救济。例如甲有奴隶 A，乙有奴隶 B，双方同意相互交换。甲按约定把 A 交给乙后，乙则违约拒绝交出 B。这样，在法律上甲既没有诉权可以迫使乙履行其义务，又无法使乙把 A 退还给他。大法官乃根据“任何人不得损人利己”的公平正义原则，授予甲以“交付物返还诉”（condictio ob dati），使甲可收回 A 奴，但这种保护很不全面，不能使乙赔偿损失。如果 A 逃跑、死亡或是交乙之后丧失支付能力，则信守契约履行在先的甲仍未得到充分的保障。加以这项诉权只适用于请求返还特定物或确定的金额，而不适用于作为、不作为以及不确定的给付。公元前 66 年，大法官咖路斯（Aquilius Gallns）创设欺诈诉，使已履行给付的一方可借此诉请损害赔偿。但欺诈诉须被告确有欺诈的行为；加之该诉的刑事性质，被告败诉时须受丧廉耻的宣告，对一些有特殊关系的人又不能提起，故法官掌握较严，不轻易批准；加之诉讼时效的期间很短（只有一年），仍不能充分保护已履行给付者的利益。此后由于经济发展的需要和法学家的努力，才从法律上肯定了无名契约的效力，使已履行给付的一方除可以要求对方返还原物或价金，还有权请求对方履行其债务。但对此一演变起于何时？以及援用何种诉权？罗马的法学家的意见是分歧的，一般认为拉贝奥已主张给原告以新的“前书诉”（actio praescriptio verbis）。这是一种诚信诉权，由于大法官在受理案件时于程式开头时说明当事人的纠纷情况，授权承审员按诚信原则审理。但萨比努斯派则反对另创新诉,主张援用与各有名契约相类似的准诉权。有的还主张无名契约的理论是特拉雅努斯帝时法学家亚里斯通(Ariston)总结完成的。有的则主张前书诉产生于帝政后期,有的甚至说这是优帝一世所首创。据近代学者考证,帝政以后,"前书诉"原只适用于代销契约,其他的无名契约,则由大法官以事实诉解决之,优帝一世时始把前书诉适用于所有的无名契约。

无名契约是完全的双务契约,双方当事人互负对待给付的义务,但又与买卖等不同,必有一方已履行其给付,契约方能生效。关于无名契约的效力,已履行给付的一方受下列三种诉权的保护,但原告在三者中只能选择其一,如标的物为特定物,若因事变而灭失,按契约的一般原则,风险由债权人承担,债务人即免除责任。

(1)"交付物返还诉",后大法官又扩充为"对待给付未履行的返还诉"(condictio causa data causa non secuta),不仅可用以追回原物,还可用以索取相应的对价,如原物已灭失或给付是劳务等。

(2)"前书诉"(actio praescriptis verbis),以强制对方履行其债务或赔偿损失。

(3)"解约诉"(condictio propter poenitentiam),在优帝一世时,无名契约也和买卖、租赁等双务契约一样,已履行给付的一方,在对方未履行前享有"解约权"(jus poenitendi)。这在法学昌明时期已有少数事例,只是优帝一世编纂的法律把它作为所有无名契约当事人的一种权利而已。

关于无名契约的种类,优帝《学说汇编》载保路斯把无名契约分为四种:第一,我给则你给(do ut des),即物与物的交换;第二,我给则你为(do ut facias),即物与劳务或债的交换;第三,我为则你给(facio ut des),即债或劳务与物的交换;第四,我为则你为(facio ut facias),即债或劳务与债或劳务的交换。

保路斯的分类,未能完全包括所有的无名契约,因有关不作为之债并未列入。例如甲与乙约定,如今年乙不出游,即以奴隶A相赠或为其收获葡萄,这是给或为与不作为的交换;又如甲乙相约在毗连的土地上,甲不妨碍乙的通光,乙则不妨碍甲的瞭望,这是不作为与不作为的交换。由于无名契约的内容,随着社会的发展而日益丰富,上述此类契约,在保路斯为分类时或尚未出现,或仅偶尔有之而已。

现将罗马法上通常使用的无名契约,按现代法的名词,分述如次。

2. 互易(permutatio)

互易是当事人约定相互移转其财产权给对方的协议,属于物物交换。早在罗马古代,已有互易行为的存在,但在很长一段时期内此种协议并无法律上的效力。帝政之初,随着商品经济的发展,互易的法律调整受到法学家的重视。但在如何调整的问题上,法学家的意见未能一致,萨比努斯派认为互易只是买卖的一种,因此可以完全适用买卖的规定,毋须另行调整;普罗库路斯派则主张是一种独立的特别契约,应有特别的规定。这一争论延续到盖尤斯时,到公元3世纪时才确定它是无名契约。在罗马法上,互易和买卖的区别在于:

① 买卖为诺成契约,因当事人的合意而成立;互易则须一方交付其物于对方后方能生效,在罗马法属无名契约,为物与物的交换。

② 买卖为一方交付价金,他方移转物件的占有或所有权;互易则为双方都移转物的所有权,其一为契约成立的要件,另一为契约

的履行,故非所有人不得以他人之物为互易的标的。不若买卖把移转占有或所有权作为履行契约的义务,且可把他人之物作为买卖的标的。

③ 互易一般是动产,在交付标的物时,其所有权即随之移转;买卖则标的物虽经交付,必须买受人交付价金,或提供担保,或出卖人允许赊欠,买受人才能取得其所有权。

④ 在买卖,如售价未及市价之半,出卖人可撤销契约或由买受人补付价金;在互易则不适用非常损失的原则。

⑤ 在买卖,对不履行债务的当事人仅能请求其履行,除非另有特约外,不得解除契约;在互易则已履行给付的一方有请求履行或解除契约之权。

⑥ 出卖人与买受人的义务各不相同,故各方的诉权也不一样;在互易则双方有相同的义务,故受同一诉权的保护。

3．代销(aestimatum)

代销指当事人约定一方(批发商)把货物委托他方(代销商)销售而给予一定利益或报酬的契约,即现代法的经售行纪,是属于债和债的交换。如代销商以高于或低于规定的价格出卖的,其利益和损失均由自己负责。如果在一定期限内货物未能出卖或销售有余,仍可退还批发商,双方都负抽象轻过失责任。代销与四个有专门名称的诺成契约均有相似之处,但又有不同之点,主要是批发商必须把货物交给代销商后契约才能生效。说它是买卖吧,因为代销商从批发商取得货物后有权把它出卖,等于是买进卖出,但他又可以把未卖完的货物退还给批发商。说他是劳务租赁吧,因为代销商是为批发商服劳务,但他不受批发商的指挥和监督,批发商又可以不给报酬,由他自负盈亏。说它是委任吧,因为批发商是委托代销商代销货物，但代销商的服务又是有偿的，他可以从代销中获取利润。说它是合伙吧，因为双方合作，并共谋经济上的利益，但当事人又没有合伙共分损益的意思，批发商并不分配代销商的盈亏。因此，在当时批发商和代销商发生纠纷时，没有合适的诉权可以援用。大法官为了解决这个困难，乃根据实际情况，采用了前书诉。关于代销期间货物的风险问题，由于各地的做法并不统一，罗马法学家们的意见也不一致。在风险由所有人承担的原则下，有的主张风险归批发商负责，因为在代销期间货物的所有权仍是批发商的，如果销售不完，仍旧退归批发商。有的主张应由代销商承担，理由是他占有货物，又可随意处分，加之他是以自己的名义进行销售的，已实际上处于所有人的地位。还有主张既然上述两种意见都各有其理由，因之最公平合理的解决办法应该以谁在代销活动中处于主动方面作为承担风险的标准，也就是谁要约的，谁多负责。如代销契约是由批发商首先提出的，则风险归批发商承担；反之如代销契约是由代销商要约的，则风险就由代销商承担。如果谁先提出无法证实时，根据经济力量的强弱，就由批发商负责。当然，当事人对此可以特约订定，以杜争端。

4．容假占有（precarium）

容假占有是指当事人的一方（容假占有人）请求他方（所有人）容许自己占有并无偿使用和收益他方之物，在他方要求时即行归还原物的制度，它属于债与债的交换。容假占有是罗马法上特有的制度，关于其起源，文献已无确切的记载。通说谓在罗马王政时期和共和国初期，那些到罗马来谋生的外来人或客民（clientes），有寻求有权势的罗马贵族庇护的习惯。保护人（patronus）对客民应予照顾和接济，给他们生活出路，帮助他们进行诉讼，客民对保护人则表示感恩崇敬，如节日送礼、服一定的劳务等，而不得对保护人提起诉讼或为不利于保护人的证言，在保护人有困难时，应尽力援助。双方的关系受教律的制裁，这种制度后来也适用于解放自由人及其后裔。当时罗马贵族占领公地，但多不自己耕种，常给受其所保护的客民耕作而不取报酬，但随时可以收回，称“容假占有”，但双方在法律上并非契约关系。此制以后又扩及土地以外的财产，如动产以及役权等无体物，甚至市民也有利用这一方法的，如质权人和出卖人就常以容假占有的名义把标的物让给债务人或赎销的买受人暂时享用，在他们到期不能清偿或有这样的危险时，便立即收回。帝政后期，容假占有已成为无名契约，属为与为的交换。

起初，保护人要收回其物时只能提起“物件返还诉”(rei vendicatio)。共和国末期，为了简便起见，大法官又授予他们以“容假占有令状”(interdictum de precario)。公元2世纪以后，法学家又主张保护人也可提起“不确定的返还诉”(condictio incerti)，以收回物件的占有。自容假占有被列为无名契约后，便亦受“前书诉”的保护。

容假占有和使用借贷都是把财物无偿地供他人使用、收益，但在罗马法，两者仍有下述的区别：

① 使用借贷的当事人是平等、独立自主的，容假占有则双方原有依附关系。故两者当事人间的权利和义务是不相同的。

② 容假占有可适用于有体物和无体物，使用借贷的标的只限于有体物。

③ 容假占有移转财物的占有，故容假占有人受占有令状的保护，使用借贷则仅移转财物的持有，不受令状的保护。

④ 容假占有人因与保护人的特殊关系，除在延迟中外，仅负故

意和重过失的责任，使用借贷的借用人则应尽善良家长的注意，负抽象轻过失责任。

⑤ 容假占有即使定有期限，所有人仍可随时收回其财物，使用借贷则非待使用完毕或期限届满后，出借人一般不得要求返还。

⑥ 容假占有因容假占有人的死亡而消灭，其权利不移转于继承人，使用借贷则在期限届满前不因借用人的死亡而终止。

5. 和解(transactio)

和解指有争议的当事人，通过协商，互相让步，达成终止争端的协议。和解的对象，既可以是已经发生的争议，也可以是尚未发生但可能成为争端的争议，属于为与为的交换。和解既可以产生和消灭债权，也可以转让物权，除人的身体外，各种权利①都可为和解的标的，但对抚养义务的和解，应得长官的批准始生效力，以免恃强凌弱。和解的要件是：

(1) 须双方的权利义务不明确，否则即无争执的可能，也就没有和解的必要。所谓不明确，即指双方对法律关系的存在、范围、内容和性质等问题，主张不同，各执己见。

(2) 须双方互相让步，即当事人各放弃其一部分主张而互相承认对方的某些权利，或不放弃其权利而给对方一定的利益作为对价。若仅由一方片面放弃其主张或承认对方的权利，则为权利的抛弃，而不是和解。

(3) 须双方有处分能力，因双方互相让步，是属于处分行为。

(4) 须双方同意，无欺诈和胁迫之瑕疵。至于错误，须当事人在和解时深信该事项没有疑问，且其错误为重大而可宥恕，如主要

① 据文献记载，罗马的奴隶和农奴对其自由权是可以用和解来解决的。

文件是伪造的，才能构成意思表示的瑕疵。和解本为解决当事人间的争端，若和解成立后可以任意推翻，则争讼无已，显然有违和解的本旨。

和解与判决，其目的都在解决纠纷，终止争端，但两者在效力上又有所不同：

① 判决是由法院作出的，和解则由当事人在法院外自行协商解决的。

② 判决主要是确认权利，和解则可产生新的权利。

③ 判决受执行诉（actio judicati）的保护，和解则仅受“前书诉”的制裁。

④ 在帝政后期，判决并不当然发生消灭权利的效力，仅产生“既决案件的抗辩权”（exceptio rei judicatae），和解则当然消灭权利。

⑤ 和解与一般契约一样，可因错误、欺诈、胁迫等而被撤销，判决则不发生这类问题。

（八）简约（pacta）

依现代法，当事人的合意只要不违背法令、公共利益和社会公德，就可受到法律的保护。但在罗马法并不是这样，即使在法律最发达的法学昌明时期，除少数诺成、要物契约和一些无名契约外，当事人如果没有履行一定的方式，仅有单纯的合意，若不另订罚金口约，债务人并不受违约的制裁。这种合意，就是无式约束，亦称简约。后来大法官实事求是，对一些无欺诈、不违法的简约给予诉权，以资保护，皇帝也规定了一些简约在法律上可以发生效力。因而简约分有诉权受法律保护的和无诉权不受法律保护的两种。罗马人称有诉权的简约为“穿衣简约”（pacta vestita），称无诉权的简约为“裸体简约”(nuda pacta)。裸体简约虽不能为诉讼的根据,但可产生自然债务,债务人自行清偿的,不得托词错误而要求退还,也可以作为抗辩的理由,所以并不是没有任何法律上的意义。例如债权人甲与债务人乙约定不再索债,后甲反悔并起诉,乙即可提出“不索债简约”(pactum de non petendo)作为抗辩,以驳回诉讼。穿衣简约分为附加简约和独立简约两种,独立简约又可分为大法官法简约和敕令简约两种。下面把这三种简约分别加以说明。

1. 附加简约(pacta adjecta)

附加简约,指当事人缔约时订立以增加或限制一方或双方通常应享有的权利或应负担的义务为目的的条款。这种简约在诚信契约中因其附加在主契约而构成主契约的一部分,所以称作附加简约。如买卖可附退货简约,也可约定出卖人在对方收货前不负保管责任,或加重、减轻当事人的过失责任等。附加简约的效力决定于其是附加于诚信契约还是严法契约,附加于订约当时还是在订约以后才附加的。

关于附加于诚信契约的简约,公元2世纪末,罗马法学界承认如果与本契约同时订立的,则为本契约的一部分,和本契约受同一诉权的保护。例如买卖当事人约定对分期付款,买受人应提供担保,则出卖人即可凭出卖诉要求买受人履行提供担保的义务。要是事后订立,则为独立的无保护简约,仅发生自然债和抗辩权的效力。如前例,买卖成立后再约定提供担保或在提供担保后再分期交货的,则属独立简约,出卖人即无诉权可强制买受人提供担保,但如出卖人未按期交货,则在买受人未提供保证前而诉请按期交货时,出卖人即可提出“简约抗辩”(exceptio pacti),拒绝其要求。不过在诺成契约成立以后,当事人在未履行前而另附加简约,如其目的在变更原契约的重要条款的，对此保路斯认为，这时附约可视为代替原契约，从而成立一个新的契约。因先后两约都是由双方合意而成立，后者应更符合当事人的意旨。西塞罗时，出卖人往往要求订立“买受人应遵守原有房屋租赁期限的义务”的附约[①]，法学家对其效力如何则有不同的看法。塞尔维乌斯（Servius 公元前 53 年的执政官）认为，可给当事人以本契约诉权的保护，买受人要从承租人那里收回房屋时，可允许出卖人提起出卖诉使买受人遵守约定。拉贝奥则不同意该种主张，认为附约必须与本契约的目的相符，才能受本契约诉权的保护，而买卖与租赁性质不同，不能将二者的诉权相混淆，因此，出卖人只能提起“前书诉”。另一法学家耶沃莱努斯（Javolenus）则提出，在买卖的房屋有承租权负担时，如出卖人因此减价而成立协议的，则买受人已因此获得利益，自有维持租赁的义务，这种简约应为有效。因此，出卖人只需证明房屋的价金是降低了的，买受人即须遵守简约。他的主张后来为其他法学家所接受，并且不需要作减价的证明而视为当然，简约也无疑有效。信守出租期限的简约本来只适用于房屋买卖，以后进一步适用于土地的买卖，于是“买卖破坏租赁”这一原则也就被打破了。萨比努斯更主张，当事人若用简约约定，买受人对买卖标的物不满意时可在一定期限内退货并收回价金。这种解除简约与试用买卖不同，试用买卖以试用者对标的物满意为买卖成立的要件，而根据解除简约退货前买卖契约已经成立。许多罗马法学家不同意买卖契约可附加解除简约，但终因此种简约可免去买受人受领标的物时的验货麻烦，因得以在罗马通行，并扩及其他契约。到 2 世纪

① 对此，承租人和出卖人通常多另订罚金口约，以加强遵守租期的效力。

末，任何附在诚信契约中的简约已都被视为本契约的一部分，即使其目的与本契约的目的不同，也可有效。

关于附于严法契约的简约，由于古代法对严法契约纯以规定的语言、动作等为成约的唯一要件，不得稍有违反，即使在订约时附加的简约，亦视为独立简约，不受法律的保护。此项严格性随着经济的发展和契约重视当事人的意思而逐渐松弛，文书契约因其废止较早，似未变更，但要式口约和消费借贷则不再严格要求。普罗库鲁斯认为，要式口约的附约如果是减轻债务人的负担的，例如分期清偿的简约，可视为本契约的组成部分而生效。乌尔比亚努斯更主张，该原则应扩大适用于其他严法契约，对于消费借贷契约，如谷物、油和酒类的借贷，习惯上于订约当时即用简约附加利息而被认为有效。罗马法学家对这个问题是这样考虑的：出借消费物对出借人来说就是暂时丧失享受利用这些物件的机会，多少是一种牺牲，应予适当补偿，此其一；谷物等价值经常波动，涨落不定，利息是物价波动的保证，此其二；出借人要承担借用人丧失清偿能力的风险，利息起保险的作用，此其三。如果没有利息，就会使信贷停滞，不利于人民生活，不利于社会生产力的发展。但对于金钱借贷，仍不能用简约附息，而须另订要式口约，只有公家贷款、海商借贷以及优帝一世时银行业者的借贷为例外。

2. 大法官法简约（pacta praetoria）

独立简约本不受法律保护，后来大法官对当事人订立的一些常用的简约，根据诚实信用原则，允许违约的对方可以提起事实诉，以维护其权益。这些独立简约主要有宣誓简约、债务履行简约、设定抵押简约和负责简约，分别说明如次：

（1）宣誓简约（pactum jurisjurandi）。这是指当事人对权利义务有争议时,约定在神前用宣誓方式来加以解决。古人惧受神罚,故债权和物权的争端,均可适用。例如甲和乙对债权的存否各执一词,甲称乙欠其1000阿司,乙则称此款早已还清;或甲称此驴为其所有,乙则主张确系彼的牲畜。双方为了节省时间和费用,避免讼累,约定由一方宣誓以决定1000阿司的欠与不欠,或该驴究属何方。如果甲提出用宣誓解决,乙誓称该款确已清偿,若日后甲违背誓约,向乙诉追,则大法官即授予债务人乙以“宣誓抗辩”(exceptio jurisjurandi)以拒绝甲的请求。或是乙在宣誓时承认驴为甲所有而事后又拒绝把驴交还,则甲可提起“宣誓诉”(actio jurisjurandi)以索还。诉讼中,承审员的任务只在审查是否有过宣誓简约及其内容而定原告或被告胜诉,并不问案件事实的真相如何。如上例,只要有过宣誓,宣誓人乙在债务案中即可胜诉,在驴的归属案中即遭败诉。

(2)履行债务简约(pactum constitutae pecuniae)。这是约定由当事人一方承担在确定的时间内向对方清偿债务的协议。可以是履行债务人自己债务的简约(constitutum debiti proprii),也可以是履行他人债务的简约(constitutum debiti alieni)。前者原为债务人请求债权人宽限清偿期的约定,保证在一定期限内偿还。以后发展为用于中断时效、更改债务标的和将自然债变更为法定债等。后者实际上是一种债务保证,由第三人对债权人承担于确定期限内代债务人清偿的简约。

履行债务简约的成立要件是:

① 须债务确已存在,但不论是法定债或自然债均可;

② 须为金钱债务,法学昌明时期扩大适用于一切可用度量衡计量的标的,优帝一世时已可适用于任何债务;

③ 须确定债务清偿的时期，如果当事人忽于确定，在帝政时债权人可随时请求履行，优帝一世时规定债务人可有 10 天的宽限期。

根据履行债务简约，债权人受"履行债务诉"（actio pecuniae constitutae）的保护，但债权人原有的诉权并不消灭。因此，他可以视哪个有利而于新旧两诉权中择一起诉。如原债务为自然债，则债权人自以提起新的履行债务诉为有利。大法官诉的时效是一年，法定债的诉权一般是永久诉，所以超过一年以后仍可提起原有的诉权。履行债务诉有刑事性质，债务人败诉的，除应履行全部给付外，还要另判标的的价金的一半作为罚金，以示惩戒。随着本简约适用范围的扩大，本诉的刑事性质也就消除了。

（3）设定抵押简约（pacta hypotheca）。这是当事人为担保债权而不移转担保物的所有权和占有的约定。由于移转占有的担保——典质作为要物契约已有专门的诉权，而后起的不移转占有的担保——抵押，并不受法律的保护，如前所述，抵押最初产生于地主和佃农之间用以担保佃租的交付。如果佃农到期不付佃租，地主就可直接处分担保物。大法官为了适应实际需要，乃确认抵押简约的效力，并予地主以物权诉，即使抵押物已移转于第三人之手，地主对之也有追及权。由于此制方便有效，后来，适用范围扩及其他债权，不再限于地主和佃农之间的租佃关系，抵押物也不论动产与不动产，从而设定抵押简约也就成为一项普通的制度。

（4）负责简约（recepta）。这是当事人约定由一方负责为对方处理某项事务的协议。大法官予以法律保护的这类简约有三种。

a. 银行商负责简约（receptum argentariorum），即银行商负责为客户在约定的数额内代付款项或代偿未来债务的约定，实为一种托收承付的方式。这种简约与履行债务简约的不同之处：

① 该简约的履行，一方只能是银行商，而履行债务简约则无此限制；

② 该简约的标的不论是已存在的或未来的债务，均可适用，故为概括的负责，而履行债务简约的标的则限于已存在的债务，故其责任是特定的；

③ 该简约的标的不限于金钱，因罗马当时的银行也经营货币以外的商品，而履行债务简约最初仅限于金钱；

④ 该简约负责的对象只是其客户的债务，而履行债务简约的履行一方则可以为他人、也可以为自己履行债务；

⑤ 该简约的目的只是为了支付金钱或其他商品，而履行债务简约还有中断时效、更新债权等功用；

⑥ 银行商的诉权是永久诉，无刑事性质，履行债务简约诉权的时效则是1年，最初且有刑事性质，优帝一世时，银行商负责简约被并入履行债务简约，但对于取消该简约的原因，以往的学者多认为是自然淘汰；经近代学者考证，认为东罗马的银行商没有办理代客户支付的业务。所以到优帝一世时便取消了，但也从该简约中吸收了两项合理的规定，完善了履行债务简约制度，即履行债务简约的标的不再限于金钱债务，而扩充于各种物品，并用永久诉对其加以保护。

b. 仲裁负责简约（receptum arbitrii），这是某人同意负责为他人争端进行仲裁的约定。其前提是争端双方须达成协议将其已发生的或可能发生的纠纷提交共同选定的第三人公断。仲裁人一旦接受任务，除因重病等事由外，他应在约定日期内作出仲裁，否则大法官可强制其履行，甚至处以罚金。这是罗马法上对一般协议用行政制裁代替司法程序的唯一实例。仲裁人有数人时,如他们意见不一,其决定取决于多数,各方仲裁人意见均等相持不下的,由预备仲裁人表态决定;如无预备仲裁人,则由当事人临时选定一人充之,如一方故意不同意人选,大法官得强制之。仲裁与诉讼不同,争议当事人对仲裁决定不服的不能提起上诉,不得藉辞裁决不公而拒绝执行。只有在仲裁人有欺诈时,可以对他提起欺诈诉。

c. 船舶、旅店和马厩的业主对旅客的责任,本项后发展为准契约(见本书第850页)。

3. 敕令简约(pacta legitima)

这是皇帝承认其具有法律效力的简约,故也称法定简约。敕令简约有三种,分别为设定嫁奁简约、仲裁简约和赠予简约。公元5世纪初以前,设定嫁奁是要式行为,这在夫妻财产制中已经叙述,如当事人用一般的简约,则不发生法律效力。到公元428年,东罗马皇帝特奥多西乌斯二世和西罗马皇帝瓦伦体尼亚努斯三世共同发布敕令,准予人们用简约设定嫁奁。仲裁简约原为大法官简约,优帝一世时则将其作为法定简约,并补充规定,对仲裁曾以书面签订的或在仲裁以后10天以内当事人如果无异议的,该仲裁决定即发生确定的法律效力。现仅就赠予简约说明如下。

(1) 赠予概述。赠予(donatio),是指当事人约定由一方(赠予人)自愿减少自己的财产而无偿地增加他方(受赠人)财产的行为。故在优帝一世时,赠予因当事人的要约和承诺而成立。由于仅赠予人一方承担义务,故属单务契约。

赠予分生前赠予(donatio inter vivos)和死因赠予(donatio mortis causa)。前者于当事人意思表示一致时即行生效,通常即简称赠予;后者是附停止条件的赠予,以赠予人先于受赠人死亡为契约生效的条件,故与遗赠相似,属于继承的范畴。但一为双方行为,一为单方行为。死因赠予前面已述,在此仅谈生前赠予。

在罗马法上,赠予一直未被规定为要物契约。由于赠予要移转标的物的所有权,所以对量大的馈赠,历来采用要式行为,优帝一世时虽承认可以简约为之,只是简化了缔约的方式,并未把它列为要物行为。这一规定,后为大陆法系民法所承袭,通常只涉及标的物价值较高的馈赠。对价值微小的物品,法律则不予调整。

关于赠予的方式,罗马古时,赠予的标的物如果是物件,对要式移转物要用"要式买卖",以后可用"拟诉弃权"以移转所有权,如果是金钱,一般用文书契约,其他略式移转物则用交付即可。在要式口约通行后,当事人即可用要式口约为之。公元2世纪,安东尼努斯·披乌斯帝规定,凡尊卑亲属间的赠予,只要用书面形式的,根据"了解主义",从受赠人收到并了解和同意赠予人的书面表示时起,赠予便发生效力。公元5世纪初则规定,赠予标的价值超过200金币以上的应向官厅登记,否则超过部分无效。优帝一世又作了进一步的改革,不论有无亲属关系,一切民间的赠予,除当事人有特约须用书面外,一经双方意思表示一致即可生效,使赠予成为法定简约。但仍维持了登记制度,并将限额放宽到300金币,后又放宽到500金币。唯婚前赠予或赠予用以赎回战俘的,则虽超过限额,也可免予登记。对赠予标的的估价,是以赠予时的市价为准。为了简便起见,受赠人从同一赠予人先后接受数次赠予的,用分别计算,这样就降低了规定限额的作用,因为对可分割的标的物,特别是金钱等,纵使数额巨大,当事人可以化整为零,多作几次赠予,每次均在限额之下,就可不用登记了。至于市民向皇帝进贡,皇帝对下属和市民的赏赐以及军官对士兵的犒赏,则不作一般赠予论,也不适用赠予登记制度。

在罗马法历史上,曾因社会原因而多次对赠予加以限制:

①《辛西亚法》(*Lex Cincia*)的限制。公元前204年,针对当时盛行的敲诈勒索之风,保民官辛西乌斯(M. Cincius Alimentus)在平民和贫苦人的斗争和支持下提议,制定了《辛西亚法》。该法禁止律师向诉讼当事人收取谢礼。原来律师服务是无偿的,后来却肆意向当事人收取厚礼,不送礼就不办事,甚至敲诈勒索,于是法律予以禁止,规定律师如果收费,对方可以向他起诉,由法院判其支付四倍于所收谢礼价值的罚金。这一规定有矫枉过正之弊,制裁虽严,收效极微。至克洛狄乌斯帝时,改为律师所收谢礼不得超过100金币。《辛西亚法》还禁止民间赠予超过一定限额,以防止权贵向贫民勒索。但该法并未宣布赠予无效,只给赠予人以抗辩权,如果赠予尚未履行,则他在被诉时可以提出"《辛西亚法》的抗辩"(exceptio Legis Cinciae)以拒绝履行;如果已履行了法律规定的限额以上的物品,他并没有诉权保护,而只能利用《辛西亚法》的抗辩间接地达到收回原物的目的。故该法是不完全的法律,而且专属于本人,不移转于其继承人。例如甲以简约把奴隶A赠给乙,未用要式买卖方式,而仅用简单的交付方法,则甲在时效届满的一年内仍为A的市民法所有人,在A的价值超过法定限额的情况,甲可以所有人的资格向乙诉追奴隶,如乙提出"赠予且交付的抗辩",则甲便可提出"《辛西亚法》的反抗辩",以驳回之。但该法不适用于近亲间,夫妻间、未婚夫妻间,监护人对被监护人、解放自由人对恩主及其子女,以及遇难者对救命恩人的赠予,在地奥克莱体亚努斯帝时,该法仍在施行,此后也就失效。

②《卡尔布尼亚法》(*Lex Calpurnia*)的限制。公元前149年,

罗马又制定了《卡尔布尼亚法》，防止行省长官对属下和居民敲诈勒索，即使是赠予，也在禁止之列，违者以贪污论处，允许提供财物者可以控告诉追。

③ 夫妻间赠予的限制。在有夫权婚姻时期，妻处于夫权之下，其所得完全归于其夫或为夫的家长所有，故不发生夫妻间的赠予问题。在出现无夫权婚姻以后，最初离婚案件很少发生，《辛西亚法》虽禁止民间的相互赠予，但仍把夫妻间的赠予列为例外。共和国末叶，随着无夫权婚姻的盛行和社会风气的败坏，有的夫妻因一时感情的冲动滥为赠予，有的夫妻则以离婚相要挟，强制对方为赠予，实际上均不是出于真正的自由意志，因此，大法官规定，夫对妻、妻对夫的赠予一律无效，但此项规定不适用于死因赠予和遗赠。公元 205 年，S. 塞韦鲁斯帝时，经卡拉卡拉提议由元老院作出决议，恢复夫妻间赠予的效力，但条件是赠予人先于受赠人死亡，且婚姻关系继续存在，赠予人在生前也未撤回赠予，则赠予人的继承人不得提出异议，否认该赠予的效力，不过赠予人生前有权随时撤回其赠予。该元老院决议的规定不够具体，故法学家对其适用有不同的解释。帕披尼亚努斯认为，决议只适用于物件的赠予；乌尔披亚努斯则认为并无限制，不仅可以适用于金钱，甚至包括年金赠予，这样，就把生前赠予和死因赠予相混淆。而按帝政后期的规定，生前赠予如超过法定限额，是应该登记的，对死因赠予则没有这个必要，所以，依乌尔披亚努斯的意见，在法律适用上就有困难了。

（2）赠予的要件。赠予的成立要件，分普通要件和特别要件。前者指一般契约应具备的要件，后者则为赠予所特有的条件。其普通要件为：

① 当事人的合意。自赠予成为简约后,便相当于诺成契约。双方须有真实赠予和接受赠予的意思表示,否则不能成立赠予。例如甲乙为朋友,甲以极低的价值卖给乙以家藏旧画而不知其出自名人手笔,乙以为甲是有心以买卖伪装赠予,但甲并无此意,故非赠予。又如甲向乙借用一物,乙说:“你拿去好了”,乙的意思只是“借用”,而甲误为“赠予”,由于乙没有索回,死后其继承人因时效而取得该物的所有权,但这不是由于赠予而取得。赠予是诺成、无偿的、非要式的契约。至于超过限额应进行登记的制度,其登记只是契约有效要件而不是成立要件。

② 标的。凡有财产价值者,无论是动产还是不动产、有体物还是无体物,均可作为赠予的标的。罗马法把赠予标的分为三种:其一为转移所有权和他物权甚至占有的(dando);其二为免除债权或放弃他物权的(liberando),但担保物权除外;其三为承担债务的,如今后移交其物或金钱等(obligado 或 promittendo)。

③ 赠予能力。在古代法,男性自权人达到适婚年龄后,即有完全处分财产的行为能力。共和国末叶,为了保护罗马缺乏经验的年轻人,未满25岁的未成年人非有保佐人协助,不能为确定有效的赠予。至于处在监护下的女子,则非经监护人的同意,不得为要式移转物的赠予。

赠予的特别要件则有四项:

① 赠予人须减少其现有的财产的价值,否则就不是赠予。如在无偿行为的借用、寄托、委任等法律关系中,借用人、寄托人和委任人虽因此可取得利益,但对方的财产则未因此而减少,故不是赠予。即使以利于他人的意思不使自己的财产增加,亦同。指定继承人放弃继承,而让补充继承人递补,虽双方有赠予的意思,在法

律上同样不得以赠予论,因其拒绝继承只是本可增加的财产没有增加而已。但现有财产减少这一特殊要件,并不要求是确实的、立即的减少,故以未来可能取得的财产,如附始期或附停止条件的赠予是有效的。

② 赠予人财产的减少须不是因为法律上的原因。如债务人偿还自然债,债权人虽无请求的诉权,但仍享有抗辩权和抵消权;抚养人履行抚养义务,这些均不是赠予。但因尽道义上的义务的则不失为赠予,如甲失足落水,一渔翁救之,甲报之以金钱等。

③ 赠予人财产的减少须完全无偿,如收有对价,纵使很不相等,除隐藏行为外,也不是赠予。

④ 赠予须能增加受赠人的财产。因此,债务人对债权人提供的抵押权、质权或保证等担保,仅使债权到期获得清偿为目的,在法律上并不增加债权人的财产,所以就不构成赠予。

(3) 赠予的效力。赠予人应按赠予标的的不同而履行其给付,或为所有权的移转,或为债务的免除、役权等的放弃,或为债务的承担等。但由于赠予的无偿性质,赠予人对此无经济利益,所以他的责任较之一般债务人为轻。具体表现为:第一,赠予人只负重过失和欺诈的责任,但当事人可用特约对责任予以变更。第二,赠予人对履行债务不负迟延责任。第三,标的为物件的,原则上不负追夺和瑕疵担保责任。当事人对此另订特约的,不在此限。第四,享受"能力利益",即在赠予人未履行给付时,若财产状况恶化,他可以在有清偿能力的范围内履行给付。安东尼努斯·披乌斯帝更予赠予人以合情合理的优待,在他无力履行给付时,应酌留必要的生活费;第五,受赠人受"依法追索诉"(conductio ex lege)的保护,赠予人不履约时,他即可提起该诉。

（4）附负担的赠予（donatio sub modo）。赠予和遗赠一样，也可附加负担，但并不因此改变赠予的性质而成为有偿的，因为负担并非赠予的对价。附负担的赠予之受益人可以是赠予人本人，也可以是第三人。如受益人为赠予人，负担又是用要式口约设定的，则赠予人可提起"要式口约诉"要求履行。自无名契约出现后，设定负担的口约也成为无名契约，赠予人就可用"前书诉"来达到其目的，或要求收回其赠予物，因附负担的赠予，实为"物与债"的交换。对于附负担赠予的受益人是第三人时，在罗马法上，长期没有解决负担的履行问题。由于"利益是诉讼的基础"，赠予人对负担没有直接利益，所以没有诉权；受益人由于不是赠予的当事人，无权请求履行，故而也不能起诉。但受赠人享受利益而随意毁约，显属有悖诚实信用的准则，有鉴于此，学说和判例遂根据公平原则采取补救措施，允许赠予人提起"未为对待给付的返还诉"（condictio causa data, causa nou secuta）取回原物。东罗马时期，受益人也可准用此诉权起诉，要求受赠人履行负担。如果负担是为了公共利益，则在赠予人死亡后，主管官厅也有权命令受赠人履行负担。所以，直至东罗马时期，才完全解决赠予所附负担的履行问题。

（5）赠予的撤销。赠予可以因下述四种法定原因而撤销。

① 受赠人不履行负担，无论负担是为本人还是为第三人的利益而设，在优帝一世时，依无名契约的原则，赠予人均可撤销赠予。

② 公元 249 年，根据菲利布斯帝（Philippus，公元 244—249 年在位）的敕答，恩主对解放自由人的赠予就同容假占有一样，可以随时撤回。该敕答不利于经济的稳定，故君士坦都二世于公元 355 年对此撤回权加以限制，规定只有在恩主为赠予时没有子女，以后有了子女时才能撤回，因为推测赠予人的意思，当时如有子女，就

不为赠予,且增加子女,家庭开支也必然增多,故允许撤回。

③ 受赠人对赠予人有忘恩负义的行为。最初,罗马法只是允许父母因子女的忘恩负义而撤销对其所作赠予,以后此原则扩大适用于尊亲属对卑亲属的赠予。优帝一世时又将其扩大到所有的赠予人,并对忘恩负义的含义做了具体规定,以免适用时的困难。如受赠人对赠予人的生命有加害行为或有重大虐待、侮辱等行为,以及受赠人拒不履行为赠予人的利益而设定的负担,都是忘恩负义的行为。对撤销赠予的诉权是专属性的,不移转给当事人的继承人,因一方的死亡而消灭,但赠予人生前已起诉的,其继承人则可继续进行其诉讼。

④ 为保护赠予人的债权人的利益,赠予人如果经济拮据仍为赠予的,大法官法规定,债权人可诉请撤销。公元 3 世纪时,A. 塞韦鲁斯帝规定,若赠予人的赠予行为侵犯其合法继承人的利益,则该继承人也有请求撤销赠予的权利。

4. 法律禁止的简约

在罗马法上,除了有保护简约和无保护简约外,还有为法律所禁止的简约。

罗马禁止赌博,认为是违法行为,无论采取何种形式包括要式口约在内,均不能发生效力。赢方无诉权,输方如已付了钱,也可诉请返还。追回所输金钱的诉为永久诉,优帝一世时,且将该诉的消灭时效由 30 年延长为 50 年,并对赌博者处以罚金。但对有助于锻炼身体、增强体质的竞赛,如摔跤、赛跑、跳高、跳远和投标枪等,虽所下赌注也有射幸性质,则作为例外处理。若用“要式口约”约定,可受“要式口约诉”的保护;若用简约为之,也可产生自然债。至于打赌的金额,不得超过一个金币。以上规定,由地区主教同地方官监督执行。

二、准契约(quasi ex contractus)

契约以当事人的合意为要件,如果一方的行为并未得到他方的同意,当然不构成契约。但若其事并不违法,不属私犯的范围,例如饲养他人出逃的牛羊,救护他人而自己遭受损失,邻居外出而代为缴付租税以及误偿不存在的债务等,当事人虽未缔结契约,但衡诸公平原则与公序良俗,其行为所发生的效果,应与缔结契约相同,故优帝《法学纲要》称此类行为为"准契约",使之准用契约的有关规定。下面把罗马法中的准契约分为不当得利、无因管理及其他准契约三项加以说明。

(一)不当得利(condictio sine causa)

1. 不当得利概说

不当得利,是指无合法原因而受利益,致使他人蒙受损失的事实。

罗马法上并没有概括的"不当得利"概念。例如甲的羊逃入乙的羊圈,这事应该怎样处理呢?根据每个诚实人应该把不属于他自己的东西归还给原主,这本是宗教和道德的准则,后终于引入了私法的范畴。《十二表法》第7表第10条规定,果实落在邻人的土地上,果树的所有人有权将其取回。最初由于生产力低下,这一准则的适用范围非常狭窄,人们一般只是尊重所有权和信守经过庄严仪式缔结的契约,此外并无正式诉权来保护受损失的一方。后来大法官允许丢失东西的人提起"请求返还诉"(condictio),以索回原物。共和国末叶,随着商品经济的发展,民事关系的日渐增多和复杂，有些既无合法契约关系，又非因私犯而产生的义务，不加处理，显违公平原则。因此，该准则又发展为“任何人不得损人利己”的原则，以扩大适用的范围，不局限于收回金钱和特定物，且可索回所支出的费用。公平原则终于战胜了严格的市民法。但法律仅针对实践中出现的每个损人利己的现象规定了具体的诉权，以资保护。到优帝一世编纂法典时，虽又做了补充规定，但仍没有形成统一的制度，适用同一的诉权。

2．不当得利的要件

总结法学昌明时期关于不当得利的构成要件是：

（1）须一方受利益而他方受损失。所谓受利益，即一方财产的增加，如所有权、他物权、债权和占有的取得以及因添附而所有权有所扩大等；也可能是其财产应当减少而没有减少，如应支付的费用而未付。所谓受损失，即他方财产的减少，如所有权的丧失，役权的消灭，应收的款项而未收取等，据文献记载，甚至在土地买卖中，当事人原约定出卖人在土地上保留通行权，但在移转该土地所有权时，出卖人忘了提出此项要求作为附加简约，此时买受人就构成不当得利。又如依罗马古代法，用益权人只负消极义务，但后来继承人可与受遗赠的用益权人订立协议，使后者负善良家长的责任，妥善管理用益物并于用益权终了时返还原物。但在此情形下，如果继承人疏于要求享有用益权的受遗赠人应尽善良管理人的保证，也构成受遗赠人的不当得利，以后该项保证即成为用益权人的法定义务。

（2）须一方受益和他方受损之间有直接的因果关系。假如甲抛弃了有病的羊，乙先占之而把羊治愈；又如某区辟为市场，因而乙在该区的土地增值，乙虽获利，但乙非直接自他人处取得利益，这就没有直接因果关系，不构成不当得利。

（3）受益的一方须无合法的原因。像受赠人和借用人的获益是由于赠予人等的自愿，善意占有人收取孳息，其受益是由于法律的规定；在买卖中，双方讨价还价，其结果即使一方受益，一方受损，但只要未达到非常损失的程度而为习惯所认许，就均属于合法原因。但其合法原因存在于当初而事后该原因已消灭的，也以无合法原因论。

3．不当得利的种类

（1）无债清偿返还（condictio indebiti）。这是指当事人就不存在的债务而误为清偿给付。其构成要件为：

① 须受损的一方是以清偿债务为目的而为给付，所作给付可以是交付金钱或物件，也可以是提供劳务等。若没有偿债目的而为的给付，则为赠予。

② 债务须不存在。即所清偿之债根本未成立或已消失，清偿自然债或附期限的债，不属于无债清偿。因自然债也是债务，且可更改为法定债，至于提前清偿附期限之债，应视为债务人抛弃期限的利益。但对于附条件的债，在条件未成就时清偿，则为无债清偿，因为条件成就与否并未确定。对债务人有永久抗辩之债，如因被欺诈、被胁迫，所负之债亦同。

③ 须债务人误为清偿。即给付人误信受领人为其债权人，如对受领人并未弄错，则被视为是赠予。错误有事实上的错误和法律上的错误。按原则，仅以事实上的错误为限，至于法律上的错误，如继承人因错误而未向受遗赠人扣足特留份，就不得作为无债清偿的根据。但对未满 25 岁的未成年人、妇女和士兵则特予优待，可以因法律上的错误而构成无债清偿。公元 2 世纪，罗马法学

家认为，债虽存在，但无论是债权人还是债务人对对方其人发生错误而清偿，如债务人误甲为乙而为给付，或债权人误乙为甲而为受领。或者对债的标的发生错误，都可按准无债清偿处理。

④ 受领人须为善意的，如为恶意或有欺诈，则受领人要以盗窃论处。凡符合这四项条件的，即构成无债清偿，但也有例外，即和解所产生之债，以及债务人若否认债的存在时，即可加倍处罚，如侵权行为之债。盖此项规定的目的，在于避免讼累，故即使误付，亦不得请求返还。优帝一世时更规定，对寺院和慈善机构所作的无债清偿也不得索回。

无债清偿的给付者受"无债清偿返还诉"的保护，按其标的物为金钱、特定物或劳务而享有不同的诉权。受领者则因善意和恶意而异负返还的责任。为善意时，只是偿还证讼期以前尚存在的利益，故不论原物是否存在，只要其财产中还留有因此增加的利益，如因消费其物而节省其他开支，或其物被他人毁损而获得赔偿等，如原物不幸灭失，即可免予负责。如为恶意（证讼期后即以恶意论），则除返还原物外，还应返还应收的孳息，如果因此而使给付者受到损失，还应负赔偿责任；给付的不能返还的，如劳务，则应折价返还。如为金钱，则无须加付利息，因为是确定标的之诉，承审员无权在标的范围外作额外的判决。

（2）一方给付以取得对方的给付为目的，而对方却未履行给付的返还诉（condictio causa data causa non secuta）。只要给付的目的没有实现，不论其原因在于对方或由于第三者的过失，也不论该给付是为了自己的利益，或为了第三者的利益，如为妇女设定嫁奁但她事后并没有结婚，有负担的赠予而受赠人不履行负担，在这些情况下，给付方都可诉请返还给付的标的。在实践中，多见于无名契约，故给付方也可用无名契约诉或前书诉诉追。

（3）不道德的返还诉（condictio ob turpem causa）。这是指给付的结果致使受领人的受领与善良风俗、公共道德相悖，无论是积极的行为，如对方继续赡养父母即赠予某名画；或消极行为，如对方不杀某人，即予以1000阿司等；只要不道德的事实仅存在于受领人一方，就构成不当得利，给付方就可以提起本返还诉。因为在这些场合中往往存在敲诈威逼的内幕。如果给付方或双方均有不道德行为，如纵容未适婚人做坏事而赠以衣帽，嫖客赠给娼妓的财物等，就不属于不当得利。

（4）不法的返还诉（condictio ex injusta causa）。这是指一方不法受领他方的给付，因而允许依法追回。例如甲受乙的胁迫而给以1000阿司，或乙贷甲以1000阿司而收取超过法定的利息等。因此，以有财产的移转为前提，但如甲的财产系被乙窃取，则甲应提起窃盗诉，自不待言。

（5）无因返还诉或“不当得利诉”（condictio sine causa）。这是一种概括的诉权。由于社会生活是复杂的，不当得利的原因也是多种多样的，绝非上述几种返还诉所可包括，故优帝一世遂创本诉以补其不足，但并未作彻底的改革。旧的几种不当得利诉已行之多年，人们也习以为常，照旧通行，只在旧诉不能适用时，才引用该诉。但在罗马法上，也不是所有一方受损一方受益的情形都可诉请返还。如前所述，作为所有权取得方法之“冲断”，上游的土地所有人虽蒙受损失，只要被冲断土地上的植物须根长到了下游土地上，他就不能以不当得利请求下游的土地所有人补偿。在河床改道，原来的一些土地被淹没，河床则归毗连的土地所有人无偿取得，被淹没土地的所有人也不得以不当得利向河床取得者要求赔偿。从物的所有人恶意地将其从物与他人的主物相附合，该从物即由主物所有人无偿取得，也不发生不当得利的问题。又戈迪亚努斯帝（Gordianus，公元238年在位）以前，善意占有人对占有物所付出的费用并没有偿还请求权，戈帝时规定可享有这种权利，并就费用的偿还对占有物享有留置权。

（二）无因管理（negotiorum gestio）

1. 无因管理概说

无因管理，一译事务管理，是指未受委托，也没有法律上的义务而为他人的利益管理事务的行为。

古罗马时，在《艾布体亚法》（*Lex Aebutia*，约公元前149—前126年间颁布）以前，无因管理并不受法律的调整，但从社会道德和经济两方面看，这种行为都是有利的，既体现了互助的美德，又可减少个人和社会的财产损失。但是，如果毫无限制，则任何人都可藉辞代管而干涉他人的事务，侵犯他人的自由和利益。在法定诉讼时期，《霍斯体利亚法》（*Lex Horstilia*，颁布日期不详）曾规定凡因公出差或作战被俘，如其财物被盗，所有市民均可以被害人名义对窃贼提起盗窃之诉。据此，在程式诉讼时期，大法官处理无因管理时，即比照该法，允许因各种原因离家的人，回来以后有权要求为其管理事务的人交回所管理的事务，并可将纠纷诉诸法律解决，管理事务者付出的费用也可在诉讼中要求偿还。共和国末叶，无因管理已由市民法正式予以调整，具体规定了双方当事人的权利和义务，管理事务的人不再限于在诉讼中消极地防卫，且有了积极的诉权，因而在无因管理当事人间产生了准契约关系。

2. 无因管理的要件

无因管理的要件有五项：

（1）须为他人管理事务，管理自己的事务当然不发生无因管理的问题。至于事务的范围并无一定的限制，可以是事实行为，也可以是法律行为，但必须是积极的行为，不作为不能算是管理。为他人管理事务，原则上不包括处分行为，只有在确属必要的情况下才允许处分，例如为远出的邻人采摘并出售葡萄，以保存其价值，避免腐烂受损。

（2）须有为他人的利益而管理的意思。如果管理人将别人的事务误为自己的事务而管理之，如甲误以乙的羊为自己的而加以饲养，并无为乙的利益的意思，只能算作善意占有，适用不当得利的原则，而不能认为是无因管理。如果管理人是为了自己的利益而管理，且属恶意，如明知是他人的财物而企图通过时效而取得之，还可构成私犯。至于他人，则不必为特定的某人。如误以甲的亲属为乙的而为之修理家具，则对乙也构成无因管理。如管理的事一部分是自己的，一部分是他人的，则仅就他人的部分构成无因管理。例如清偿非连带的共同债务。至于所谓利益，则以管理开始为标准，如最初误以为自己的，事后方知是他人的，则自知悉时开始。

（3）管理人须有为本人计算的意思，即将来把利益移转给本人并请求偿还费用的意思。如为了慈善和宗教的目的而为管理，并无为本人计算的意思，就不是无因管理。至于承租人修理所承租的房屋，则应根据修理的具体情况，按习惯或当事人的特约办理，而不能简单地视为无因管理。

（4）须没有本人的委托，又无法律上的义务。如受人之托，而处理事务，自当按委任办理。但如委任不成立或无效，自可适用无因管理的规定。如甲受乙的委托为丙管理事务，是不是无因管理？

如果乙丙之间有委任关系,丙委托乙办事,乙又委托甲去办,这实际上是一种转委任关系。如果乙丙之间并无委任关系,乙为了丙的利益委托甲去办理,便构成无因管理。至于共有人管理共有财产,监护人和保佐人处理被监护人、被保佐人的事务,均属法定义务而非无因管理。如果管理人的行为事后得到本人追认,是否变更无因管理的性质?罗马法学家对此存在不同的意见。一些法学家认为,在这种情况下,无因管理的性质不变,因为行为的性质一经确定,就不因事后情况的变化而改变。但多数人则认为,无因管理经本人事后追认,就转变成为委任,因为事后承认与事前同意的效力是相同的。后说终为后世各国民法所采纳。

(5)须本人不反对他人为其管理事务。本人的反对可以是明示的,也可以是默示的。前者如本人已声明另有打算,毋须他人代管,后者如本人已准备好了修理房屋的材料,便可推知他准备自己修理而无须他人代为。

3. 无因管理的效力

无因管理既有利于个人,又有利于社会,故罗马的大法官和以后的法律均加以保护,规定了当事人双方的权利和义务。

(1)管理人的义务:

① 必须负责完成所管理的事务。这与委任不同。在委任中,委任的事务原则上因委任人的死亡而终止。而在无因管理,则不因本人死亡而终止事务的管理,在本人或其继承人得以进行管理前,管理人不得终止对事务的管理。

② 必须把管理事务所取得的权益转让给本人,并报告管理事务的经过。管理人如违反本人明示或默示的意思而处理事务的,其管理并非无效,但构成私犯的按私犯处理;不属于私犯的,应将

管理的利益交给本人，所支付的费用则根据不当得利原则，在本人所受利益的限度内偿还。

③ 必须选择有利于本人的方式管理事务。有利无利，按客观的标准衡量。如果本人管理事务有特定的习惯，并为管理人所知悉，自应按本人的意思为之。

④ 对管理事务负抽象轻过失责任，因其为主动承担管理的。但如为对于避免本人的生命、身体或财产免遭紧迫危险所采取的行为，只需负故意和重过失责任。若违反本人的意思而管理的，由于侵犯了本人的自由，应为私犯，故管理人虽无过失，亦须负赔偿责任。

管理人有数人时，对于管理事务应负连带责任。

（2）本人的义务：

① 偿还管理人为管理事务所支出的必要费用和有益费用，后者以不超过受益的范围为限。对奢侈费用，管理人仅有“拆除权”，即在不损坏原物的情况下将其所做成的物品取回。至于费用的是否必要和是否有益？则以管理事务时的客观情况为标准，而不以管理人的主观和结算时为标准，此与委任人善意所支出的费用有异。若违反本人意愿而进行管理的，则本人可不负责任，管理人也没有诉权。有些罗马法学家认为，在这种情况下，应给予管理人以准诉权，但该意见未被多数法学家所接受。偿还费用只限于直接的支出。至于管理人因管理事务所耗费的时间和精力，则不得要求报酬。

② 接受管理人因管理事务而发生的一切权利义务。管理人所负的责任，须转由本人承担，如偿还债务或提供担保等，但只限于管理行为是有益的。

(3) 双方的诉权:

无因管理的诉权是市民法上的诚信诉权,以替代旧时大法官创设的诉权。保护本人权利的叫"无因管理直接诉"或"无因管理本人诉"(actio negotiorum gestorum directa),保护管理人权利的叫"无因管理相对诉"或"无因管理诉"(actio negotiorum gestorum contraria)。

(三) 其他准契约

1. 监护和保佐(tutela et curatio)

监护人和保佐人管理被监护人和被保佐人的事务,并不是由于双方的契约关系,而是由于遗嘱指定、法律规定或官厅任命的行为。法律昌明时期,法学家认为监护和保佐是一种公职,由此产生的权利义务是一种准契约。在财产管理上,监护与保佐同无因管理相似。管理完成后,监护人或保佐人应对所经管的财产进行清算,把资产移交给被监护人或被保佐的人,被监护人或被保佐人则须承担因管理所负担的债务和费用。

监护和保佐的诉权,保护被监护人的是"监护直接诉"或"被监护人诉"(actio tutelae directa),保护监护人的是"监护相对诉"或"监护人诉"(actio tutelae contraria)。对保佐则无专用的诉权,而用事务管理诉,保护被保佐人的是"事务管理直接诉"(actio negotirum gestio directa),保护保佐人的是"事务管理相对诉"(actio negotirum gestio contraria)。由于监护、保佐被视为公职,所以,如果监护人或保佐人败诉时,应受丧廉耻的宣告处分。

2. 意外共有(communis incidens)

(1) 概说。共有是有基于当事人的意思而成立,如合伙、数人共购马匹等,即普通共有。非基于当事人的合意而形成的共有,如继承、混合以及共有土地的疆界等,由于数人对于一物共享所有权的状况并非出于当事人的自愿,故称意外共有。其结果也产生类似普通共有的关系,故把它列入准契约。

(2) 共有人的权利和义务。意外共有的效力与普通共有相同。在共有关系存续中,各共有人都有管理共有物的权利和义务,孳息按共有份额分配,为共有物支出的费用也按共有份额承担。优帝一世时的法律规定,共有人管理共有物只需与管理自己事务尽相同的注意,对具体轻过失负责。

(3) 分割请求权。普通共有的利益,是在于共有人彼此信赖,合力以达共同的目的。但在意外共有,由于各共有人对利益的估计和对事物的认识,常各不相同,对共有物的管理、改良和处分,易生争端,自不若进行分割,使各人享其所有,听其自由处置。即使从社会经济来说,特别在私有制社会里,各共有人对共有物既没有对专有物那样的关系密切,则对它的管理、改良、使用、收益等自不会加以深切的关注,做到物尽其用。《十二表法》第5表第10条即有对遗产分割的规定。此项分割请求权虽可加以适当限制,但不得剥夺或抛弃。

(4) 共有物分割的方法。当事人达成协议的,按协议办理。但协议应用要式口约为之,简约不发生法律上的效力。如一方已履行给付的,则构成无名契约,可受"前书诉"等的保护。协议不成可交付仲裁或司法解决。标的物可分的,则按份分给各共有人。不能分割的,可折价归一方所有而由其给其他共有人以补偿,也可出售而分其价金,更可由一方取得所有权,他方享有用益权等安排。在疆界划分中,仲裁员且有权对疆界作适当的调整,以利于生产,而判令多得者给予少得者以补偿。所以承审员就不仅在确认权利,还在设立权利。

（5）共有人的诉权。共有人的权利受“遗产分割诉”（actio familiae erciscundae）和“共有物分割诉”（actio communi dividundo）的保护。如共有关系因继承而产生的,适用遗产分割诉,否则适用“共有物分割诉”。在法学昌明时期,两诉均是诚信诉。既是混合诉,可以对物,也可对人,如要求分摊为共有物交付的费用,补偿所受的损失等;又是复合诉,当事人既是原告,同时也是被告。

3．继承与遗赠（seccessio et legatum）

这是指因被继承人的意志而在继承人与受遗赠人之间发生的权利义务关系。继承人接受了继承以后,就承担了把遗赠财产交给受遗赠人的义务,因而与后者发生了准契约关系。受遗赠人受“遗嘱诉”（actio ex tertamento）的保护,该诉权是严法的、对人的诉权,只能对有关的继承人提起。

4．船舶、旅店和马厩的业主对旅客的物品、牲口的责任（receptum nautarum, cauponum stabulariorum）

船舶、旅店和马厩的业主与对旅客之间的契约,本以运送或提供住宿为目的,对他们所携带的行李物品、马匹,总交业主保管,也不受法律保护。共和国末叶,适应经济发展的需要,大法官规定,不论有偿无偿,业主都应负妥善保管的义务,该义务纯由于携带的事实而产生,并不以交付业主或其雇佣人保管为必要,故被列为准契约。大法官法对于船东、旅店业主和马厩商的责任规定得很严,即使是由于失窃或损害的发生是由其他旅客或第三人造成的,亦须赔偿,此项权利义务移转于双方的继承人。唯有因旅客自己的过失或不可抗力造成的损害,才能使之免责。之所以这样规定,主要是当时考虑到旅客往往没有选择乘船、住店的余地,而他们旅途劳困，易于疏忽，而船东等则有拒绝收留旅客的权利，故加重业主的责任。一方面是保证旅客的安全，有利于商品经济的发展；另一方面也提高旅店等服务业的信誉，增加其营业额，对于业主也有好处。当然，业主会因此相应提高收费，把相当于现代的保险费也包括在内。但业主可以张贴布告，声明对未明确交其保管的财物不负赔偿责任，于是业主群相效尤，终致此项规定成为具文。因此罗马法学者多认为，法律规定业主的保管义务和责任是强制性的，不得因公告声明而免责，优帝一世采之。对旅店业主等的严格要求，是特别的规定，应采严格解释，故不适用于咖啡店、饮食店的业主。即偶尔收留旅客的店，甚至收取报酬，但非以之为营业者，亦不受本规定约束，如旅店业主出租其部分房屋于他人或收留亲友居住，并非以旅店业主资格为之者亦同。

5. 共同海损(Lex Rhodia de Jactu①)

共同海损即罗得海损法，是指船舶在海中为了避免船与货的共同危险而把货物抛入海中，其损失应由船东和货主(包括获救货物和被牺牲货物的货主)共同承担的制度。这项规定是对一般运输规则的变通，可以使船主和货主免遭全部损失，因而对各方均是有利的。共同海损成立的条件是：

(1) 抛弃的货物应根据船长的命令。

(2) 抛弃货物的决定和行为是合理的、确实的。如抛弃货物须先抛弃甲板上的货物，后抛弃舱内的货物；先抛弃笨重而价值小

① 直译为“罗得弃货规则”。Rhodia 原译“诺得”，是爱琴海中靠近希腊的一个小岛。由于地理位置和气候优越，公元前 1 世纪时，该岛已成为各方商人集聚交易之地，并由此形成了海商习惯法。其中最著名并沿用至今的，即为共同海损制度。

的,后抛弃体积小而价值大的。如船已脱险,仍继续抛货,也是不合理的。所抛货物的总量应以能避免危险为度,并且是实在的而不是虚假的,如被抛弃的货物事后经捞救取回,就只能计算其损坏部分,而不能将其全部计为损失。不合理的抛弃只能由船方自行负责;虚假的损失不能计算在共同海损之内。

(3)获救的货物须在船舶到达目的地后仍然存在,被抛弃的货物也要确实已不能找回。

(4)损失由船方和货方根据各自的价值按比例分担。船舶和获救的货物按到达港的市价计算,被牺牲的货物按购进时的原价计算。本规则后扩大适用于遇险时切断桅杆的损失和海盗勒索去的赎金,获救货物的货主应补偿被牺牲货物的货主的损失。否则,船长对其货物有留置权。

共同海损的诉权:船长(运送人)是受"承揽诉"(actio conducti)的保护,以请求获救货物的货主偿付应分摊的损失;货主(托运人)则受"托运人诉"(actio locati)的保护,以诉请船长支付其应分摊的金额,以及迫使其行使对获救货物的留置权或让与其对货主的诉权。

三、私犯[①]

(一)私犯(dedictum)概述

在罗马法,私犯原是指行为人使人蒙受损害的违法行为。王

① 参见周枏《〈十二表法〉中"私犯"规定的研究与探讨》,载《安徽大学学报(哲学社会科学版)》1992年第1期,第52—58页。

政时期罗马已将违法行为分为公犯(delicta publica)和私犯(delicta privata)。当时公犯是指通敌、叛国等危害国家利益的罪行,所有罗马市民均有控告的权利和义务,但实际上只有那些有权势者才敢于起诉,由国家直接加以刑事制裁。公犯虽也经常损害个人的利益,但究属次要。私犯则是侵害私人的财产或人身,这在当时被认为是对公共秩序影响不大的行为,行为人一般仅负损害赔偿责任,对被害人给付金钱,原则上也只有被害人才有权起诉。被害人也可放弃请求赔偿的权利。所以,罗马的私犯与近现代民法上的侵权行为虽在范围上有所不同,但在性质上并无区别。

罗马对致人损害行为的制裁的演变过程,也与各民族相似。在部落公社末期是采取自由报复原则。由于实行自由报复可能漫无节制,后演变成了“同态复仇”(talio)。商品交换普遍以后,“同态复仇”就发展为“赎罪金”制度,由行为人对受害方给付一定的金额作为补偿。受害方和加害方是利害冲突的双方,他们往往难以就赎罪金达成协议,因此,产生了由法律明文规定赎罪金的实际需要。《十二表法》即规定了各种赎罪金的数额。当然其中仍有同态复仇的遗迹。这时,自力救济就发展到了由国家法律来调整不法致人损害关系的阶段。从世界各民族的法律看,罗马法是最早区分公犯和私犯的,著名的公私法的区分也就是在此基础上发展而来的。王政时代和共和国初期,叛国、篡权是公犯,其他的违法行为包括杀人、放火均是私犯。以后国家机器逐渐发达,公犯的范围逐渐扩大。共和国中期,罗马把杀人、放火、背誓、伪证、纠众扰乱治安等,都作为公犯。共和国末叶,社会战争前后,由于社会秩序混乱,《科尔涅利亚侵权法》(*Lex Cornelia de Injurlis*,公元前82—前79年通过)把原属私犯的伤人和侵犯住宅行为甚至也列为公犯的范畴。帝政以后又有所发展。

公犯最初由王或其助理审判,允许当事人向贵族大会上诉。共和国时期,执政官、大法官、军伍大会、地区大会、元老院都在一定程度和范围内享有公犯审理权。共和国末叶,罗马设立了常设刑事庭(qudestiones perpetuae),在内务大法官的领导下,由其助理主持受理一般刑事案件。该庭设立以后,大法官不再直接审理刑事案件,专审私法案件。帝政时期,除元老院继续审判重大案件外,其他影响社会秩序和经济秩序的案件,分别由皇帝以最高司法首长的资格委派军政长官、京都保安司令、宵禁官、粮政官等处理,外省则由总督的司法助审官管辖,常设刑事庭的职权日益缩小,终于帝政后期被取消。公犯是刑事诉,仅能对犯者本人提起。诉权因其人的自然死亡而消灭,但不因人格变更而受影响。罗马对公犯的制裁有死刑、苦役、徒刑、流刑、笞刑、剥夺自由权和市民权等,有时也科处财产刑,所有财物归之国库。这与私犯不同,加害人除赔偿损失外,一般也须交付罚金,但都归被害人所有。

（二）私犯的构成要件

私犯作为债的产生原因,在法学昌明时期,其构成与契约迥异,其要件为:

1. 行为须造成了损害。无损害即毋须赔偿。损害可以是物质的,也可以是精神的,如毁坏名誉、污辱人格等都可以要求赔偿。

2. 须有不法侵害的行为。所谓不法,即为法律所禁止或不容许的。如船舶在航海中遇险,船长命令将所载货物抛弃海中,虽造成损失,但为法律所容许,即不构成私犯;又如仅有侵害的意图而未见诸行为的违法计划不构成私犯。此外,罗马法早期并不把不作为视为违法,须有积极的作为才构成私犯。

3. 不法行为与损害之间须有因果关系。如损害不是由于不法行为所造成,被告就不必负责。

4. 行为人须有责任能力。不满 7 岁的儿童和精神病人疾病发作时进行的侵权行为,可不负责任。对于已满 7 岁不满 14 岁的限制行为能力人,罗马法是根据其为私犯时的年龄是接近上限还是下限,以及行为人的智力发育程度来判断是否有责任能力。如果行为人的年龄接近 14 岁,智力发育程度较高,就有责任能力,反之则没有责任能力。

5. 行为人须有过错。罗马古时,只要行为不法,又造成了损失,即构成私犯,而不论致害人有无过失。随着法学的进步,才逐渐确立了私犯的过失责任原则,《十二表法》已规定对杀人、烧毁房屋等过失或故意行为作轻重不同的处罚。因不可抗力或事变造成的损失,不构成私犯。

如前所述,罗马法上关于私犯的损害赔偿,并不限于赔偿实际损失,赔偿额可以相当于损失额的 1—4 倍。罗马法学家解释:称其中的 1 份是赔偿私犯造成的损失,其余的部分则是属于罚金性质,仍保留着旧时赎罪金的痕迹。据此,私犯的受害者按不同情况,有时可以提起“损失诉”(actio rei persecutoria),有时可以提起“罚金诉”(actio poenae persecutoria),有时还可以提起损失和罚金诉的“混合诉”(actio mixta)。损失诉与罚金诉的区别在于:

第一,罚金诉是严格的对人诉,只能由受害人本人直接对致害人提起,诉权不能转移给双方的继承人。被告死后,不能再向他提起罚金诉,但原告可依不当得利原则,向受益者起诉追回利益。只有诽谤、污辱是例外。由于被诽谤、污辱的人的亲属在精神上也会受到损害,所以他们可在被害人死亡后向致害人提起罚金诉。损失诉则是对物诉，是财产权的组成部分，所以可由原被告的继承人继承。

第二，致害人有数人时，受害人可对其共同或分别地提起罚金诉，每个致害人都有支付全部罚金的义务。因为罚金的性质是赎罪，由一人支付，并不能免除其他致害人的罪过。而损失诉的性质是赔偿损失，所以只要有一个致害人作了全额赔偿，就可以免除其他致害人的责任。

第三，法律昌明时期，罚金诉属于刑事性质，可以同损失诉一并提起，如对窃盗，既可提起“窃盗诉”，又可提起“物件返还诉”，因两者的目的不一。损失诉则是民事性质，被害人如提起了物件返还诉，就不能再提起损失诉，只能在二者中选择其一，而不能同时或先后提起二诉。因为目的只有一个，就是追回失窃物或其代价。

第四，他权人和奴隶为私犯的，被害人有权向其家长、家主提起罚金诉，家长、家主或支付罚金，或将家属、奴隶委付被害人处置；损失诉则不能达到这样的效果。

第五，罚金诉因致害人的自然死亡而消灭，但不因其人格变更而消失，因为人格变更并不造成加害人肉体的消灭，仍可对他施以报复。故致害的奴隶纵经解放成为自由人，仍不能免于负责。损失诉则不存在报复的问题，故不因致害人的死亡而消灭，但它因人格变更而消灭。

（三）私犯的种类

罗马法将私犯分为私犯和准私犯两类。二者之间并没有性质的区别，这种区分纯粹由历史原因而造成。罗马法律最初规定的违法行为，叫私犯，以后有新的违法行为产生，未纳入已有的私犯中去，如同把法律将原来没有规定的新型契约称为无名契约一样，称之为准私犯。

私犯又分为市民法上的私犯和大法官法上的私犯。前者是市民法正式规定的，后者则是在市民法之外由大法官法认定的。市民法上的私犯有盗窃、对人私犯和对物私犯。大法官法上的私犯是从市民法私犯中分化而来，有强盗、欺诈、胁迫、欺诈债权人、教唆奴隶等。盖尤斯和优帝的《法学纲要》，都只列入盗窃、强盗、对物私犯、对人私犯等四种主要的私犯，其他较次要的则没有涉及。

1. 盗窃(furtum)

(1) 盗窃概说。优帝《学说汇编》中，引用了法学昌明时期保路斯的轶文，他对盗窃所下的定义为："盗窃是意图获取利益、违背权利人的意思而不法支配其物为己所有、使用或占有的行为。"因此，其含义较现代法为广。盗窃的构成条件，从主观方面讲有三点：

① 行为人必须有盗窃的故意(affectus furandi)，即明知自己无权而获取之。故善意或过失的行为，误以他人之物为己物，不构成盗窃罪。

② 行为须违背权利人的意思(invito domino)，故即使骗取他人之物，因已得其同意，虽可构成欺诈，但不成立盗窃。如事先已经权利人同意，或事后由其追认的，也不构成盗窃。但自己的东西已出借或出租给他人，而违背借用人或租用人的意思擅自取回的，则属于盗窃行为。

③ 行为人须有为自己或为他人图利的意思(lucri faciendi causa)。故仅以损害他人为目的而非为图利，如取人之物而毁之，也非盗窃。但又不限于纯以图直接利益为必要，故窃取某人的遗

嘱作为礼物以之赠予其法定继承人则属盗窃。

从客观方面看,盗窃的构成条件有两项:

① 行为人要有支配物件的行为,故仅限有体物。盖尤斯并指出,支配物件不以移动物件为必要,如受寄人为获取不法利益而拒绝交还寄托物,也视同盗窃。对于有体物是动产还是也包括不动产,萨比努斯派和普罗库鲁斯派之间存在着分歧。前者认为可包括不动产,该意见后来未被罗马法所接受;后者则认为只限于动产(包括奴隶和家长权下的子女、夫权下的妻子等)。但盗窃神法物、公有物等动产,在罗马法上属于公犯而不是私犯。

② 行为人支配的须是其无权支配的物件,故对自己或他人之物而有权处理的不构成盗窃。如出质人已清偿了债务但质权人延不归还质物,出质人伺机取回质物,就不是盗窃。取回无主物亦同。所有人收回其基于信托关系而移交的物品,按市民法为盗窃行为,但大法官法基于诚信原则,不作盗窃论。罗马法上的盗窃,不以秘密行事为必要,因为罗马古时盗窃与强盗不分,公然抢劫他人之物也属盗窃。

(2)盗窃的种类。法学昌明时期,盗窃有两种分类,一是分为物件盗窃,使用盗窃和占有盗窃;二是分为现行盗窃和非现行盗窃。

① 物件盗窃(furtum ipsius rei)是指窃取物件的本身,借用人、受寄人、质权人、承租人等擅自出卖所掌握的物件,即属于物件盗窃。恶意收受误付的债款或收容逃亡的奴隶而不归还,冒充债权人的继承人向债务人索债等,都是物件盗窃。

② 使用盗窃(furtum usus)是指并无权利而擅自使用他人的物件。如受寄人、质权人未经本人同意而使用寄存物、出质物;借用

人在约定之外使用借用物也构成使用盗窃,例如甲借用乙马说明是供乘骑之用而把它拉车等。

③ 占有盗窃(furtum possessionis)是指所有人从质权人、用益权人或善意占有人处窃回属于自己的物件,或所有人在未清偿费用前擅自向享有留置权者取回其物等,可谓是物主向非物主进行盗窃。

至于罗马法上的现行盗窃与非现行盗窃的概念也与现代法不同。从行为人开始进行盗窃到行窃后将赃物隐藏完毕之前被发现抓获的,都属现行盗窃;否则就是非现行盗窃。如声明并未窝藏赃物或拒绝搜查的,则经正式搜查方式搜出赃物的,也以现行盗窃论。

(3) 对盗窃的制裁。罗马法是按盗窃的时间、情节和盗窃者的身份的不同而异其处罚。依《十二表法》的规定,对现行盗窃比非现行盗窃的惩罚要重。现行盗窃者处笞刑后交被害人处理,或被罚为债务奴隶,或被出卖于国外。非现行盗窃者仅被处两倍于盗窃物价值的罚金。如果是用正式方法在盗贼家搜出赃物,即以现行盗窃罪论。用非正式方法在盗窃者或第三人家里搜出赃物的,则对盗窃者处三倍于赃物价值的罚金,即使被搜出赃物的人是善意的亦同。这是因为《十二表法》时法律较为幼稚,一般并不区分当事人的主观心理状态。至于处刑的轻重,是以被害人的感情为主而非以罪行的轻重来衡量。此外,对盗窃的制裁还因行为人是自由人或奴隶、行窃是在白天或在黑夜、行为人是否用武器抗拒及其是否已达适婚年龄等而有不同。奴隶行窃,要处以笞刑后投入塔尔泊哦(Tarpeio)岩下摔死;未适婚人行窃,不论奴隶或自由人,处罚从轻,可由长官处以笞刑,并责令家主、家长赔偿损失。白天行窃,除行为人用武器拒捕外,不得将其杀死;黑夜行窃,则格杀勿论。后来,大法官取消了对现行犯被罚为债务奴隶和予以杀戮等酷刑，改为处以四倍于盗窃物价值的罚金。窝主在搜查时拒不到场、不予协助，而在其家搜出的，亦处以四倍罚金。

（4）受害人的诉权。对于保护受害人的利益，罗马法上有下列诉权：

① 盗窃诉（actio furti）。该诉属永久诉（后改为30年），有刑事性质，只能对行为人提起，而不能向其继承人起诉，败诉者受丧廉耻宣告。最初盗窃诉是市民的专属诉权，外国人不得提起。后来大法官给外国人以准诉权以资保护。所有对盗窃行为具有直接利害关系的人都可起诉，通常为所有权人，其次为用益权人，此外如质权人、借用人、承租人等。用益权人和虚有权人有权同时对盗窃犯起诉，各按其所受损失而请求四倍或两倍的罚金。至于质权人、借用人、承租人掌握的物件被盗，由于他们对标的物负有妥善保管的义务，对所有人负有返还原物的义务，所以他们的诉权较之所有人的为优先，只有在他们死亡等无法履行返还标的物的义务时，所有人才可以直接起诉。因为只有在这个时候所有人才是直接的被害人。优帝一世时为了充分维护所有人的利益，取消了这一限制。但受寄人保管的物件失窃时，由于其只负故意和重过失责任，毋须对属于事变的失窃负责。所以他不能起诉，只有所有人才有资格起诉。[①] 但如果是为了寄存人的利益，例如寄存人应召出征等，大法官法为维护公序良俗，允许受寄人以准诉权起诉。帝政以前，盗

① 国内有的罗马法著作认为，在优帝以前，受寄人同质权人一样也有优先于所有权人的起诉权（如陈朝璧：《罗马法原理》，第151页）；有的著作则认为，受寄人不享有盗窃诉权，是因为他没有物权（如丘汉平：《罗马法》，第711页）。这两种意见都欠正确。前者是事实错误，因为受寄人的利益并不同于质权人等。后者是解释欠确切，因为在罗马法上，承租人、借用人都与受寄人一样并不享有物权。

窃者有数人时,无论主犯、从犯,每个人都应支付全部罚金。但盗窃犯死亡后不得对其继承人起诉。帝政以后,着重损害的赔偿(详见下文的损失诉)。在罗马法上,同谋者如未实际参加盗窃行为,仅按非现行犯处理,不算盗窃共犯。所谓共犯,首先须有参加盗窃的意图,在法学昌明时期,如倡议、鼓励、提供信息、出主意等使之达到盗窃的目的;其次须有参加行窃的活动。但窝赃者以共犯论。

由于盗窃诉具有刑事性质,所以在有特定关系的人之间,如家长与家属、恩主与解放自由人、保护人与被保护人、夫妻之间均不能提起。在无夫权婚姻流行以后,夫妇离婚之前经常发生互相偷窃事情,这种行为又不能适用盗窃诉,因而大法官创造窃占诉(actio rerum amotarum)。此诉无刑事性质,不作丧廉耻处分,可用以追回原物或等价的赔偿。

有关盗窃的诉权根据不同的情况,分为"现行盗窃诉"(actio furti manifesti)、"非现行盗窃诉"(actio furti nec manifesti)、"窃物发现诉"(actio furti concepti)和"窃物栽赃诉"(actio furti oblati)。关于现行盗窃与非现行盗窃的制裁,前文已有所叙述,现仅就后二者加以说明。"窃物发现诉"用于以非正式方式搜出赃物时对行为人处以三倍于赃物价值的罚金。"窃物栽赃诉"则是保护被搜出赃物的善意者,他被罚了三倍于赃物价值的罚金后,可依此诉向栽赃者追回所罚的金额。

大法官对盗窃诉进行了改革,首先是取消了现行盗窃诉的人身制裁性质。其次创造了"拒绝交出窃物诉"(actio furti non exhibiti),失主如确认某人盗窃了其物件,而该人否认时就可对之提起该诉,该诉也适用于以正式搜查出赃物的情形。再次,大法官还创造了"拒绝搜查诉"(actio furti prohibiti),对于拒绝搜查者或搜查时拒不到场者，都可提起。“拒绝交出窃物诉”和“拒绝搜查诉”的制裁与现行盗窃诉的制裁相同，均为处以四倍于赃物价值的罚金。到优帝一世时，简化了盗窃诉，只剩下现行盗窃诉和非现行盗窃诉两种。

被窃物件价值的确定，由双方当事人协商，协商不成，由双方选定仲裁人仲裁或经判决解决。承审员审理时，通常是以物件失窃时的市价来定其价值。失窃物附有负担时，要扣除负担的金额；失窃时间较长，被害人所受的间接损失较大的，也可按从失窃至返还或赔偿时窃物的最高市价来计算价值。

② 损失诉(actio rei persecutoria)。该诉属民事性质，目的是赔偿损失，可以由受害人的继承人提起，也可向加害人的继承人提起，甚至可对占有人、持有人提起。加害人有数人时，其相互间应负连带责任，但如是共犯之一死亡，其继承人则只仅按其应分担额负责，不负连带责任。盗窃诉和损失诉因两者的目的不同，故可以同时提起，也可分别先后提起。损失诉有下述三种，但目的均在补偿损失，故提起一诉已达目的后，即不得再提起他诉。(a)“物件返还诉”(rei vendicatio)。这是罗马最早的损失诉。该诉为对物诉，在物件没有灭失前，可以对盗窃者提起，也可以对善意占有人或持有人提起，并不受取得时效的限制。王政时代就有了该诉，当时采取宣誓的办法决讼，通过宣誓来确定物件的所有人。由于盗窃者往往在失主提起诉讼时转移赃物，使失主的利益得不到保障，因此公元 2 世纪时哈德里亚努斯帝规定，窃物的占有人故意将物件转移给第三人时，也仍可以对之提起此诉，令其负赔偿责任。(b)“交出物件诉”(actio ad exhibendum)。有时失窃物已与其他财产相结合，如被窃木料已用作建造房屋，因附合而构成房屋的组成部分，

按罗马法便不能再提起物件返还诉。因此,大法官创造了"交出物件诉",责令被告在不能交还原物时,可通过灵活的方式补偿原告的损失。"交出物件诉"是对人诉,它可以对持有人、占有人以及前占有人提起,以防故意毁灭物件或把它移转给第三人,此诉的优点是:第一,原告可以强使占有人或持有人交出原物,以利于进一步提起"物件返还诉"把原物收回。第二,哈德里亚努斯帝以前,被告已将赃物移转时,原告就不能对他提起"物件返还诉",但可提起"交出物件诉"。第三,哈德里亚努斯帝以后,如果被告故意毁坏赃物,受害人也不能提起"物件返还诉",这时可以用"交出物件诉"索回物件的价金。只有在赃物因不可抗力而灭失时,由于不是盗窃者之过失,才不得提起本诉。(c)"请求返还窃物诉"(condictio furtiva)。由于"物件返还诉"最初仅适用于要式移转物,以后随着经济的发展,有些略式移转物的价值也很高,对其所有人不加保护就显失公平,故大法官创造了"请求返还窃物诉",旨在保护略式移转物的所有人。后来,该诉也适用于要式移转物。"请求返还窃物诉"也属民事性质,包括窃物的附属物和孳息均在返还之列。这一诉权的创设,对失窃人的保护就更为周到。哈德里亚努斯帝时,只有盗窃人或其继承人故意移转或毁损窃物时,才能提起"物件返还诉"和"交出物件诉",而"请求返还窃物诉"则可适用于非恶意丧失标的物的情形。即使窃物因不可抗力而灭失,被窃者亦可以提起"请求返还窃物诉",使被告赔偿从失窃到诉讼成立期间标的物的最高市价,如其已处于迟延之中。

2．强盗(rapina)

《十二表法》并无盗窃与强盗之分。公元前1世纪初,罗马发生了种族战争,社会秩序失控,结队持械打劫之事不时发生,很少能当场抓获，事后即使拘获，依法只能按非现行盗窃处理，处以两倍的罚金，不足以收惩罚之效。于是，外务大法官特伦体乌斯·路库路斯（M. Terentius Lucullus）于公元前76年创设了专门的强盗诉（actio vi bonorum raptorum），规定凡结队持械抢劫者，无论现行非现行，一律罚以四倍于所劫财物价值的金额。其后大法官即扩大了“强盗诉”的适用范围，不管是否结队持械，只要是施用暴力夺取他人财物者，即构成强盗。因此，使用暴力就成了区分盗窃与强盗的重要标志，二者的其他构成要件都是相同的。原告以权利受侵害为原则，不以所有人为限，故质权人、用益权人、承租人、善意占有人等均有权起诉。但由于强盗诉具有刑事性质，仅被害人对加害人可以提起而不移转于双方继承人，败诉者即受丧廉耻的宣告。优帝一世时更明确所罚四倍金额中的一倍是赔偿损失，三倍是罚金。作价以标的物的市价为准，而不按被害人的利益计算。与大法官的任期相适应，强盗诉的时效为一年，逾期受害人仅能请求赔偿所损失的物价。但大法官并没有废除《十二表法》的规定，一年以后受害人仍可提起盗窃诉。后来，一年的时效改按一年的有用期间计算，强盗诉的时效也随之延长。

最初，一般认为强盗诉和盗窃诉一样，并不适用于不动产。但强占耕地、房屋者不因取得时效的完成而享有所有权，故原所有人在法律上仍属所有人。帝政以后，对强盗罪的制裁又作了进一步的改革，不论动产或不动产，凡以暴力取得的，一律以强盗罪论。奥古斯都帝时，加强对强盗罪的制裁，行为人除交付四倍的罚金外，还应赔偿受害人的损失。马尔库斯·奥雷利乌斯帝（Marcus Aurelius，公元161—180年在位）又做了新的规定，过去债权人在债务人不还债时可以自行夺取债务人的财产，现改为债权人如果不向长官申请强制执行而自行夺取，他便不仅要丧失债权，而且要以强盗罪论处。5 世纪，特奥多西乌斯帝二世和瓦伦体尼亚努斯帝三世时进一步规定，任何人因认为某物属于自己所有而用暴力夺取，该物即由国家没收；如果查明抢夺者不是所有人，还须令其支付物件的价金给所有人作为赔偿。

3．胁迫（metus）

作为私犯的胁迫，其含义比作为意思表示瑕疵的胁迫更广。前者是指法律行为受到干涉，后者是指行为人用不法威胁迫使他人为或不为某种行为，这种行为不一定是法律行为。

罗马古时，不仅民风敦厚，为法律行为的方式也非常郑重，如遗嘱要经贵族大会通过，买卖要在五个证人和司秤前用"铜块和秤式"，"拟诉弃权"要在长官前履行法定的方式，胁迫几乎是不可能发生的，所以《十二表法》也就无胁迫的规定。以后随着商品经济和社会的发展，非要式行为的产生和通行，人员大量频繁流动，社会矛盾日渐尖锐等，不法之徒常利用他人的弱点，施加恫吓，如以危害生命、健康、自由、名誉及贞操等相威胁，迫使他人为或不为某种行为的事情时有发生，影响到社会安定。因此，大法官奥克塔维乌斯于共和国末叶创设了胁迫诉（actio metus），把胁迫作为私犯之一项。

关于胁迫的构成要件，我们已在论述"意思表示瑕疵"时谈了，不再赘述。

胁迫诉具有刑事性质，又是仲裁诉、事实诉。所谓仲裁诉，就是法律允许承审员根据具体情况，权衡利害作出判决。他可以判处胁迫人支付四倍的罚金，但如果被告愿意满足原告的要求，则也可以免予处罚。所以，胁迫人为免受罚金的处罚，实际上往往都能满足被害人的合理要求。作为刑事诉,胁迫诉只能对胁迫者本人提起,但它与盗窃诉不同,败诉人不受丧廉耻的宣告。该诉的时效为一年,后来这一年也改为有用期间,超过时效便成为事实诉,被害人只能依事实起诉,要求被告赔偿实际损失。

以后,大法官认为胁迫诉还不足以充分保护受害人,又创造了"胁迫抗辩"(exceptio metus)和因胁迫而请求"回复原状"(in integrum restitutio ob metum)。即被害人除了提起胁迫诉外,还可用胁迫抗辩拒绝履行因胁迫而成立的法律行为,并提起请求"回复原状"免除因胁迫而负担的义务。帝政后期,受害人还可根据不当得利原则,从胁迫人的继承人和其他受益人处追回所丧失的利益,继承人和受益人若不愿返还利益,也可判处其四倍的罚金。几个人共同参与胁迫的,应负连带责任;与共同盗窃不同的是,胁迫人之一赔偿后,其他的共犯即可免除责任。

4. 欺诈(dolus malus)

私犯上的欺诈是指行为人用欺骗手段使对方为或不为某种行为,与作为法律行为瑕疵的欺诈相比,范围要更宽一些。

在罗马古代,由于聚族而居的自然经济条件,加之法律认为人们从事行为都应负"善良家长的注意",所以欺诈与胁迫一样未被市民法所规定。直至公元前66年,才由大法官阿奎利乌斯·盖路斯(Aquilius Gallus)针对实际情况创设了欺诈诉(actio de dolo malo),把欺诈作为私犯加以制裁。该诉在性质上是刑事诉、事实诉、仲裁诉和辅助诉。时效为一年。后来也改为一年的有用期间。由于本诉的不名誉性质,所以和盗窃诉一样,不得在家长和家属等具有特定身份的人之间提起。以后,大法官又创设了欺诈抗辩(exceptio doli mali),至于"因欺诈而请求""回复原状"(in integrum restitutio ob dolum），则在哈德里亚努斯帝时的文献中始有记载。它们的作用同"胁迫抗辩"和因胁迫而请求"回复原状"一样。

罗马法对欺诈的制裁甚于胁迫，要对行为人予以丧廉耻宣告。原因是当时欺诈比胁迫更为普遍，且人们认为暗中的行骗比公开的恫吓更为可憎，只能在事后发觉。作为刑事诉，"欺诈诉"只能对欺诈者本人提起。不当得利制度出现后，受害人始得依事实向欺诈者的继承人或受益人提起"事实诉"。对于共犯的责任，"欺诈诉"也与"胁迫诉"相同。行为人利用宗教迷信威胁他人时，既是胁迫，同时也构成欺诈，因而具有双重性质。

5．欺诈债权人（fraus creditorum）

欺诈债权人，是指债务人在清偿之前挥霍或转让财产而损害债权人利益的行为。

依罗马早期的《十二表法》，债权人可对债务人的人身加以执行。后经平民与贵族斗争，公元前325年，《珀特利亚法》（*Lex Poetelia Papiria*）规定，除私犯外，只能对债务人实施一般的拘押和对财产的执行，而不能执行人身。这样，债务人为逃避执行，往往在执行之前转移、挥霍财产而使债权人不能获得清偿或不能获得全部清偿而毋须冒丧失自由甚至生命的危险，因为财产被执行前债务人仍是其财产的所有人，因此债务人的这些行为并不违法。故大法官为了保护债权人的利益，乃仿胁迫和欺诈，把欺诈债权人列为私犯之一，创设了"保利亚那诉"（Actio Pauliana）①。

该诉是对人诉、事实诉、仲裁诉，时效为一年，后改为一年有用

① 优帝《学说汇编》中载有该诉，但何年由何大法官创设不详。

期间。与胁迫和欺诈的规定相同,对债权人也附有抗辩和“回复原状”的保护。“保利亚那诉”与“胁迫诉”相同,而与“欺诈诉”相异的是,它不仅可以对行为人提起,也可以对因此受益的第三者提起,而不论他们知情与否。它与欺诈诉相同而与“胁迫诉”相异的是,只由行为人赔偿损失而不判处四倍的罚金。

“保利亚那诉”的条件是,债务人处分财产以使自己不能偿债或扩大不能偿债的范围。法学昌明时期以后,法学家对“保利亚那诉”有所发展,形成了一些具体规定。凡债务人有下述行为的,才被视为欺诈债权人。

① 在客观方面,债务人须有实际致贫的行为,而不是可以致富而不致富,债权人才能提起该诉。如另举新债以扩大负债数额,转让、赠送财物以减少现有财产等。减少财产不限于积极行为,也包括消极行为,如应起诉而不起诉,应中断时效而不中断时效,致债权或所有权不能收回,但放弃增加自己财产的机会,如拒绝接受赠予,放弃继承等并不构成对债权人的欺诈。

② 在主观方面,债务人须是自觉地而不是由于意外造成不能清偿的,只要他知道所为的行为会造成不能清偿或增加无力清偿债务的情况,就构成欺诈债权人,而不一定要以直接损害某个具体债权人的利益为目的。

③ 关于受让债务人财产的第三人的地位,则视其与债务人的关系是有偿还是无偿而作不同的处理。如果第三人是善意而有偿受让债务人的财产,其利益受法律保护,可享有合法所有人的地位。如果第三人是善意而无偿地受让的,则他应交出从债务人处取得的财产,拒不交出者以共犯论处;对恶意受让者的处理亦同。以上原则以后也适用于次受让人。

6. 对物私犯(damnum injuria datum)

(1) 对物私犯概述

对物的侵害,是指行为人侵害他人的财物依法须承担赔偿责任的行为。盗窃和强盗虽都是对财物的侵害,但盗窃者和强盗者都有图谋利益的意图,而对物的侵害则不以图利为成立要件。

当一人无故侵害他人的财物,理应予以赔偿,此为社会共同生活的准则。但罗马法最初只对最常见的或较严重的对物侵害行为加以制裁,对较轻的或不常见的行为则不做规定。如《十二表法》除规定对奴隶折断其骨外,只列举了烧毁他人房屋和谷堆、在他人土地上放牧以及砍伐他人树木等几种对物侵权行为。对于法律未做规定的,依早期罗马法严格的文字解释,对之不作处理。以后大法官逐步做了一些有关的补充规定,但仍不完备。公元前287年,保民官阿奎利乌斯建议制定一个较为完备的损害赔偿法,即著名的《阿奎利亚法》(*Lex Aquilia*)。这是共和国第三次分裂运动后通过《霍尔滕西亚法》之后由平民会议制定的第一批法律之一。该法对财物侵害做了全面规定,适用于所有市民。

(2)《阿奎利亚法》的内容

该法分了五类,归纳为三章。

第一章,规定某些有体物的全部灭失。凡杀死他人的奴隶、牧群中的牲畜,行为人应赔偿该奴隶或牲畜自被加害之日起一年内的最高市价。所谓牲畜,是指放牧中的四腿兽,如羊、牛、马、驴、骡等,不包括狗和野兽。但据荷马史诗《奥德赛》中的叙述,猪也列入其内,因猪也是四脚家畜,也可放牧。

第二章,规定某些无体物的全部丧失。凡副债权人(adstipulator)

未经主债权人同意而擅自免除债务人给付的①，应赔偿主债权人因此遭受的损失，包括本金和利息。如副债权人被控而仍否认其事的，败诉时除赔偿损失外，另处以与损害额相等的罚金。

第三章，规定除第一章已规定之外的物件的灭失或任何财物的毁损。凡伤害他人的奴隶或牧群中的牲畜，或杀死、伤害其他动物以及毁灭损坏其他物件的，行为人应按加害之日起 30 日内被加害动物或物件的最高市价赔偿损失。

与原来的侵权赔偿法相比，《阿奎利亚法》有三项重要修改，比过去有所进步。首先，将原来的定额赔偿，如《十二表法》规定砍伐他人树木的一律赔偿 25 阿司，改为按实际损失赔偿，从而更为合理。其次，对副债权人享有债权人的全部权利，可免除他人债务而不受处罚的规定，改为将副债权人的这种行为视为对财物的侵害一样，应负赔偿责任。最后，对于不确定的给付，按原来的规定不能执行扣押，现定只要对不确定的给付进行估价，以便适用扣押程序。

（3）适用《阿奎利亚法》的条件，按当时严格的文字解释

① 须标的本身受损，否则即使所有人受到损失也不能请求赔偿。如释放他人的奴隶使之逃亡，丢弃他人的金币于海中，由于该奴隶和金币并未受损，故行为人即无须承担责任。

② 须损害的发生由于行为人的积极行为所造成，而与有无图利的意思无关。由于侵权人的不作为而造成的损失则否，故殴伤

① 副债权人制度。自委任契约等产生以后，副债权人制度也就失去了意义，故优帝《法学纲要》及其《学说汇编》都未提及。因此，该章内容，后世研究罗马法的学者无知之者，直到 1816 年发现盖尤斯的《法学纲要》后才有所了解。

他人的奴隶要赔偿，而不给奴隶以饮食听任饿死则不须负责。但积极行为一经开始而事后又行中止，则其消极行为所造成的损害，即有该法的适用，如医师为奴隶动手术，事后不予护理，致奴隶死亡的则须承担责任。

③ 须行为人与标的物之间有直接的接触，包括使用工具的接触。因此，用棍棒打死他人的奴隶要赔偿，但用棍棒追逐他人的奴隶致使其跌入悬崖而死，或哄引狗去咬伤奴隶，就均不属于侵害的范围。

④ 损害的发生须为行为人的不法行为所致，如行为人的措施合法或有正当原因的，例如正当防卫，所有人排除他人侵害其物等，都不需负责。

（4）保护受害人的诉权

符合以上条件，受害人才有权请求法律救济。保护受害人的诉权为"阿奎利亚法诉"（actio legis Aquiliae）或"不法侵害诉"（actiodamni injuria）。"阿奎利亚法诉"为市民法诉权。最初，只有市民可以提起。公元前 2 世纪，出现了程式诉讼，诉讼变得较为灵活，凡一方为市民，一方为外国人时，大法官便用拟制方法，允许当事人假定该外国人为市民而进行诉讼，继而扩充适用于双方均为外国人。

依大多数法学家的意见，"阿奎利亚法诉"含有刑事性质，为赔偿损失及罚金的混合诉。主要表现在：

第一，如果被告不老实，在承审员面前否认有侵害的行为，而事后却被证实的，应罚付两倍的赔偿金。

第二，《阿奎利亚法》规定以一定时期内标的物的最高市价为赔偿额，它与实际损害之间往往有差额，因而也具有惩罚性。

第三,该诉仅能对行为人提起,不移转于被告的继承人,对后者只能依不当得利原则提起事实诉。该诉也不因人格变更而消灭。

原告必须是被损物件的所有权人,其他纵对标的物有直接利害关系而无所有权的人,如质权人、用益权人或其他享有他物权的人等均不得起诉。同盗窃一样,如加害人为数人时,每个加害人均有义务赔偿全部损失,其中一人赔偿不能免除其他人的责任。

(5)《阿奎利亚法》的改进和发展

《阿奎利亚法》的适用条件过于苛刻,缺陷严重,在许多情况下受害人得不到应有的补偿,不利于社会的安宁。大法官为了适应实际的需要,在实践中对其作了重大改进。

① 扩充了可以起诉的人的范围,规定凡对受损标的物享有物权的人以及类似所有权的善意占有人均可利用准诉权起诉,而不再限于所有权人。但对标的物只有债权利益的人则否。

② 改变只限行为人的积极行为所引起的损害,必须行为人和标的物有直接的接触以及须标的物本身受有损害等,只要加害人的行为或不行为使被害人因此蒙受损失,大法官即允许被害人以事实诉申请救济。

③《阿奎利亚法》原只适用于动产,大法官也将其扩充适用于不动产。

④ 赔偿数额也由一定时期内的最高市价改为计算实际损失。根据解释,实际损失可以包括被害人所遭受的一切损失,例如某奴隶已被立为继承人,则在接受继承前被杀,计算损失就不仅计算该奴隶的价值,还应把可得而未能获得的遗产计算在内。

⑤ 最后并奠定了损害的归责原则,着重于赔偿要有加害人行

为的不法及其主观上有故意或过失。

7. 对人私犯(injuria)

对人私犯,即对人的侵害,拉丁文 injuria 一词系由 in(否定、不合)和 jus(法)合成。原指一切不法行为而言,以后罗马法对此作狭义解释,专指对身体和人格的侵害。这种私犯的构成,不仅指使用物质手段的直接侵害,如暴行,还包括文字、语言、动作的污辱;其行为可以是一个人,也可以是几个人联合起来;可以对本人,也可以对其亲人,如对家长权下之妻、子女、儿媳甚至未婚妻和奴隶的侵害。后者意味着行为人利用间接的方法对受害人进行侵犯,但不以了解这一身份为必要。此外,对于死者的尸体、坟墓、葬礼和其名誉的攻击,罗马法也认为构成对死者的继承人的侵犯。对人私犯的构成,除上述的侵害行为外,还须加害人有侵害的故意,如开个玩笑或出于善意,均不成立侵害。如有权为之,更不成问题。而且侵害的故意,不以认识被侵害者为必要。如对子女侮辱其父而不知其家长为谁,同样构成对该家长的私犯。

罗马早期的《十二表法》就有对人私犯的具体规定。如以文字诽谤他人或当众歌唱侮辱他人的歌词的处死刑;毁伤他人肢体而不能和解的,他人亦得依"同态复仇"而毁伤其肢体①;折伤自由人一骨的,处 300 阿司的罚金,如被害者为奴隶,处 150 阿司的罚金。

① 国内罗马法著作一般将毁损肢体(membrum rupsit)直译为"折断四肢"或"毁损四肢",认为只有损及四肢才能采取和解与同态复仇,侵害身体其他器官则不能适用。这值得商榷。盖尤斯在其所著的《法学纲要》中曾指出,《十二表法》除 membrum rupsit 和骨折外,其他暴行均处以 25 阿司的罚金。《十二表法》在当时是最进步的法律,比罗马还落后的民族的法律都有割舌、剜目等重伤的规定,而《十二表法》仅将这些远比骨折为重的伤害处以 25 阿司的轻罚,显非情理之常。所以,我们将 membrum rupsit 译作毁伤肢体。

对人施以其他强暴行为的，处25阿司的罚金。许多学者认为和解的办法，应不限于毁伤肢体而应适用于其他罪行，包括诽谤在内。

随着文明的进步，《十二表法》逐渐显露了其有宽严失当、定额罚金不合理的缺陷。特别在阿司贬值的情况下，不能达到惩罚的目的，收“刑以止刑”之效。如它规定对污辱人格者可处以死刑；对其他暴行只处25阿司的罚金，以致出现了有人以公然打人取乐的情事。史载有市民叫路西乌斯·韦拉体乌斯（Lucius Veratius）的，以打人耳光为乐。他外出的时候，令奴隶用布袋装满阿司跟着，在大街上遇人便打耳光，打完就命奴隶依法付以25阿司作为罚金。

大法官于是对旧法加以改进，首先是取消同态复仇，一律改为罚金制裁。其次，取消定额罚金制，改为按损害大小、情节轻重等具体情况，如加害行为的性质，是恶意还是无意；加害的场所，是在公共场所还是在私人住宅；致害的部位，是头部、腰部还是臂部、臀部；受害人的身份，是元老院阶层，还是普通市民或优伶、娼妓等酌情处罚。关于损害数额的确定，通常是由原告先自行估计，最后由承审员决定；对重大损害，则由大法官先定一个最高限额，再由承审员会同当事人在限额内确定具体数额。大法官的制裁办法与市民法的有关规定曾并行适用了一个时期，在盖尤斯时期，后者终于为前者所取代。

对人私犯的诉权为“侵害诉”（actio injuriarum），是由同态复仇演化而来，亦为刑事性质，被告败诉时要受丧廉耻的宣告。该诉的罚金意味着赎罪金，包括精神上的损害赔偿；制裁并且不受加害人人格变更的影响，因为它是代替同态复仇的。时效为一年，后亦改为一年有用期间。“侵害诉”可因被害人宽宥加害人而消灭，也可因双方和解而放弃，在此两种情形下，事后均不得再行诉追。他权人或妻子受到人身侵害时，他们没有独立的诉权，本人不能起诉。家长对此则有双重的诉权：他既可以自己的名义起诉，也可以被害人的名义起诉。

公元前82—前79年间，经独裁官科尔涅利乌斯（Cornelius Sylla）提议，罗马颁布了《科尔涅利亚侵权法》（*Lex Cornelia de Injuriis*）。该法将殴打和暴力侵犯住宅等行为纳入公犯范围，归刑事审判庭审判。原因是当时社会秩序混乱，暴力行为增多，故国家希望用加重制裁的方法来治乱。作为公犯，任何人都可起诉，罚金则上交国库。由于《科尔涅利亚法》颁布后，《阿奎利亚法》并未废除，所以被害人可于公诉和"侵害诉"中择一提起。《科尔涅利亚法》的诉权是永久诉，后则改为30年的时效。

（四）准私犯（quasi ex delicto）

准私犯是类似私犯而没有列入私犯的违法行为，是大法官在法律对私犯的规定已经定型之后，为了加强维护社会秩序对新发生的一些侵权行为继续加以制裁，所以规定在前的称私犯，规定在后的称准私犯，两者的区别是由历史所形成。对于这些准私犯，都没有专门的诉权，一律用事实诉来保护受害人的利益。在盖尤斯和优帝一世的《法学纲要》中，记载了四种准私犯。但后世罗马法的著作也有列入家属或奴隶或牲畜致他人的损害。现分别说明如下。

1. 承审员的渎职行为（judex litem suam facit）

这是指承审员故意或过失而为不当判决或违背诉讼程序，致使诉讼当事人的利益遭受损害的行为。《十二表法》时就有承审员，当时规定，承审员故意为不公正的判决或不遵守诉讼程序的，即应处于被告地位而承担责任。例如徇情枉法作不利于当事人一方的判决；未向长官请假，无故不在预定时间前往广场主持审判等。如他审理的是债务纠纷案，则债权人就可对其人身加以执行。其后大法官对此进行改革，规定视承审员的过错程度而追究其责任。如为故意，对其制裁依旧；若为过失，例如适用法律不当，应罚2倍的误判为4倍，则令其赔偿当事人的实际损失。罚金定有限额的，如判罚超过时，则仅就超过部分负赔偿之责。此诉为刑事诉，只能对承审员本人提起。如承审员为他权人时，仅在其渎职时的特有产范围内负赔偿责任。

2．倒泼和投掷的责任（de effusis et dejectis）

这是指从房屋内向公共道路倾泼流质或投掷固体物的行为的法律责任。最初，因该情形而受损害的并不多见，故《十二表法》中无相应的规定。以后工商业发达，城市繁荣，这种侵权形式日渐增多。大法官认为，依《阿奎利亚法》还不足以保护被害人，便创设了“倒泼和投掷责任诉”（actio de effusis et dejectis）。按照规定，该诉不是向行为人提起，而是向房屋的居住者提起。不论他是所有人、用益权人或承租人，也不论其有无过失，均按私犯论处。因为要证明谁是倒泼和投掷的行为人是很困难的，这样规定，也有利于促使房屋的居住人提高注意程度。由居住者负责的例外是：由旅馆房间内的倒泼和投掷行为不由居住的旅客负责，而由旅馆的业主负责。这是因为旅客是流动的，由业主负责更有利于受害人的获得赔偿。当然业主向被害人赔偿后，有权向行为人诉追。一个房屋内有数人共同居住的，他们须对该房屋内发生的倒泼和投掷行为连带负责，但其中一人赔偿以后，该诉权即行消灭，其他居住人即可免除责任。如一幢房屋分由数人分别居住的，则被害人仅能向倒泼和投掷部分的居住人起诉。

居住人的责任因受害对象的身份和造成的后果的不同而不同：第一，自由人受害致死的，任何市民均可向居住人提起诉讼。诉讼时效是一年。对居住人最高可处罚 5 万银币①的罚金。可见罗马统治者对道路安全极为重视。

第二，自由人因此受伤的，由承审员根据实际损害情况判处居住人赔偿损失。赔偿金额包括医师的酬金、医疗费、因受伤而未能获得的收入等。该诉由受害人提起，不受时间限制。如由受害人的继承人提出，其时效为一年。

第三，对奴隶、牲畜的死伤以及其他物件的毁损，均处罚以两倍于实际损失的金额，一份是赔偿实际损失，一份则作为罚金。

3. 堆置或悬挂物件的责任（de positis et suspensis）

这是指堆置或悬挂物件而造成潜在公共危害的行为的责任。《十二表法》和《阿奎利亚法》均无此规定。因为在自然经济时期，人们住的是低矮的平房，商品经济有所发达以后，罗马的人口剧增，出现了“高楼大厦”，而意大利半岛又经常发生大风，因此在阳台上、屋檐下堆置、悬挂物件往往造成人畜和财物的伤亡与毁损，对此理应加以避免。所以大法官为了维护通行的安全，规定只要有人在房屋堆置或悬挂物件，即使尚未造成损害，任何市民都有权告发。只要有堆置和悬挂的事实，就可以判处房屋的居住者向告发者付一万银币以下罚金。称“堆置和悬挂物件诉”（actio de positis vel suspensis）。

4. 船东、旅馆业主和马厩商的责任（receptum nautarum cauponum stabulariarum）

① 罗马银币（sestertius），始铸于公元前 268 年，当时值 2 个半阿司。

这是指船东、旅馆业主和马厩商因其雇佣人对旅客所致损害的责任。按一般法理，雇主只在选择雇员和监督工作有不当的情况下对其行为负责。但大法官规定，雇主在选择雇员和监督工作时，即使谨慎恰当，尽了应尽的注意，无可指责，他也应对雇员的致害行为或不行为所造成的损害负责，并且包括失窃的责任。其原因与有关准契约的规定相同，一方面是为了保护旅客，另一方面也是为了促进运输服务业的兴隆和经济的发展。

被害人可在下述两诉中择一行使。一为“事实诉”，具有刑事性质，只能对雇主提起，责任是承担两倍于实际损失的罚金。其诉追不受时间的限制，但不得对雇主的继承人提起。一为“阿奎利亚诉”，由受害人对行为人提起，请求赔偿所受损失的物件在一年或30天内的最高物价。

以上倒泼、投掷、堆置、悬挂以及船东等的责任，均是无过失责任，目的在于维护公共安全，避免或减少损害的发生。

5．委付诉(actiones noxalis)

这是受害人要求家长或所有人放弃对致害的家属、奴隶或牲畜的权利，而将它们交给自己处理的诉权[①]。将有关的加害人、奴隶或牲畜交给受害人处理以代偿付赎金，家长或所有人即可免除责任。由于在农业社会，他权人、奴隶和牲畜都列为要式移转物，故委付不仅限于交付，且须履行要式买卖的方式。

依《十二表法》第8表第6条和第12表第2条的规定，家属、奴隶、牲畜等造成他人损害的，家长或所有人应将他(它)们委付给被

① 国内有的罗马法著作将该诉译为“过失之诉”(如陈朝璧《罗马法原理》第161页)，有的把它译为“被害之诉”(如丘汉平:《罗马法》，第736页)。

害人处理或负责赔偿所致的损害。这是从报复到赎金制演变的过程,仍带有早期自力救济的痕迹,故不因家长等对家属、奴隶、牲畜所致的损害有无故意、过失而不同,纵使他们在完全无法防止的情况下,甚至在加害行为时加害者尚未处于家长权、所有权下,也不能免除这种责任。因为这种责任是基于对肉体的报复而来,与家长等的主观心理状态无关。更由于当时家属和奴隶都没有财产,只有责令家长和所有人负责,才能满足被害人的要求。

委付诉中对于奴隶、家属或牲畜所致的损害分别有不同的规定。

(1) 奴隶。加害者如为奴隶,在家主将奴隶交付被害人处理时,须用要式买卖方式移转该奴隶的所有权,所以,其权利的让与是永久性的。因此,在一般损害不大的情况下,家主自然愿意付给金钱而不愿委付奴隶。诉讼进行中,如果家主到庭承认奴隶造成了损害,愿意将其交出,并对移转奴隶的所有权提供了保证,诉讼即行终止。如果家主拒绝这样做或是否认其奴隶造成损害的事实,大法官便交付审理,由承审员判处赎金,并剥夺其委付的权利。如果家主不出庭应诉,则由大法官命原告将该奴隶带走,原告即处于善意占有人的地位,可因取得时效的届满而对该奴隶享有市民法上的所有权。在取得时效进行中,如果该奴隶的原家主提起"物件返还诉",被害人则可提起"欺诈抗辩"以驳回其诉;如果该奴隶逃亡,被他人占有时,被害人可提起"菩布利西亚那诉",以恢复其占有。奴隶的委付以家主未参予私犯为条件。否则,如果他是命令奴隶为损害行为,或者能阻止而未阻止奴隶的不法行为,或者事后赞许其行为,不对其加以惩罚,或者用欺诈的方法移转奴隶的占有,或者否认自己是加害行为的奴隶的主人等,被告如有上述情形之一的，便作为共犯，一经查实，就应承担全部责任，且不能再适用委付。被害人对被告的诉权，因加害行为的奴隶的死亡或逃亡而消灭，因为这时报复的对象不复存在，或已不再占有，但也以家主对此无过错为限。如果奴隶的逃亡或死亡是第三人造成的，原家主应将对第三人的诉权移转给受害人，由受害人向第三人请求赎金或委付。直至优帝一世时，奴隶委付的制度仍然存在。

（2）家属或他权人。与奴隶不同，家属或他权人的委付，其要式买卖移转的效力不是永久性的所有权，而是暂时性的"买主权"。关于使致害的家子脱离家长权的要式买卖方式，应履行三次还是一次，罗马两大法学派的意见不一。普罗库路斯派认为三次，因为这是《十二表法》明文规定的；萨比努斯派则主张有一次就可以了，因为《十二表法》只是专指自愿的让与。他权人在受害人的买主权下，以劳动的成果抵偿所致的损失和罚金，一旦抵偿足额，受害人即应将他们解放。受害人和原家长也可以和解，提前解放被委付的加害人。受害人于应解放时而不解放，原家长可以申请强制解放。监察官在户籍登记时也常酌情解放之。他权人包括家长权下的子女、有夫权婚姻下的妻子和买主权下的市民等，他们在被委付后并不丧失自由权和市民权。法学昌明时期，随着社会进步，对他权人的委付有所改进。只有他们故意加害时才被委付，故幼童、精神病人等无行为能力者可不被委付。其次对妇女的委付也加以限制。帝政后期，他权人委付已不多见，优帝一世时更明令禁止自由人的委付。

由于委付诉具有报复性质，受害人对加害的奴隶和他权人享有物权和追及权，而不是债权。因此，原告起诉时加害的他权人、奴隶的现家长或所有人（包括占有人）就是被告，而不论其为善意或恶意。在诉讼开始前家长或所有人（占有人）如发生变化，例如他权人在私犯后被收养或缔结有夫权婚姻，即应以养父或夫为被告；自权人在私犯后被收养或负债成为债务奴隶的，应以养父或债权人为被告，原家长等不再承担被告的责任。他权人或奴隶在私犯后被解放的，原告应直接对其本人起诉，而不能以原家长或原所有人作被告（原家长或所有人有欺诈的除外）。

至于被告的责任，则因在原告起诉前、诉讼进行中和判决以后各不相同。在“证讼”以前，加害者的家长或所有人的责任是代替债。他们应该放弃其对加害者的一切权利，包括尸体在内而为委付，但可以用支付赎金来代替。因之如果加害的他权人或奴隶死亡，或者家长不知情而将其解放了，家长等的责任即可免除。“证讼”以后，家长、所有人的责任是选择债，应于委付和支付赎金两项中选择其一，因此，在加害的他权人或奴隶死亡，或者家长不知情而将其解放，家长等即须支付赎金。判决作出之后至执行前，家长等的责任又成为代替债，承审员判处被告支付一定的金额，但家长等可用委付以代付赎金。但若加害的他权人、奴隶死亡、逃亡或被善意地解放而无可委付时，他们就须依判决支付赎金。

（3）牲畜。牛、马等牲畜给他人造成损害时，也适用委付。《十二表法》第8表第6条规定，牲畜致人损害的，由其所有人把该牲畜交给被害人处理，或赔偿所致的损害，其时还没有专门的“牲畜损害诉”（actio de pauperie）。共和国中期，《泊梭拉尼亚法》（*Lex Pesolania*）把“牲畜损害诉”扩大适用于狗所致的损害。从此“牲畜损害诉”不再限于适用于耕田挽车的四足兽。法学昌明时期，又扩充适用于一切四脚兽。后来，对于鸡、鸭等两脚动物的损害，也可用准诉请求赔偿。由于动物和奴隶不同，没有意志，故罗马法学家们对动物所有人的责任范围加以限制，提出他们只需对动物反常情况下造成的损害负责。如果其活动符合动物本性的损害，如牛羊吃了他人土地上的牧草或果实，动物所有人就不受“牲畜损害诉”的制裁。如果动物所有人在管理上是有过失，就只能提起“阿奎利亚法诉”，请求救济。

动物受人挑逗造成损害的，由挑逗者按《阿奎利亚法》负责。如该动物被他动物激发造成损害的，由挑衅动物的所有人按“牲畜损害诉”负赔偿责任，被激发的动物的所有人不负责任。如果两家的牛羊角斗，适用同样的处理原则。即由引起角斗的动物的所有人负责，该动物在角斗中如受伤或死亡，其主人自行负责；如被挑衅的动物在角斗中伤亡，其所有人有权对挑衅动物的所有人提起“牲畜损害诉”。马车撞伤行人等的损害，驾车人有过失时按《阿奎利亚法》处理，由驾车人负责，马的所有人不负责任。驾车人无过失而由于马受惊等反常现象造成的，则动物的所有人受“牲畜损害诉”的制裁。驯养的野兽如狮、虎、熊、豹等抓噬、伤害人的，由于抓噬乃野兽之本性，只要所有人在管理上无过失，就不需负责。所有人有过失的，则另按《阿奎利亚法》处理。

市政官为了维护交通的安全，对动物在公共道路上所造成的损害，动物所有人不问有无过失，均应交付损害两倍的罚金并不得以委付而免责。

“牲畜损害诉”与普通委付的区别，在法学昌明时期前者被害人仅能要求损害赔偿，而普通的委付则具有报复的性质，被害人获得的赔偿金可包括罚金在内。又在“牲畜损害诉”，致害牲畜在“证讼”前死亡的，诉权即因此而消灭，但如在“证讼”后死亡，所有人则应支付赔偿金而不能如家长、家主那样以交出加害者的尸体而免责。

第三节　债的保全

债的保全又称债的担保，是指保证给付能按约履行，并防止发生债务人无力清偿的危险的各种措施。为此，罗马法采取了各种办法。如为了保证给付能按约履行，采用违约金契约、定金、付债权契约等办法；为了防止债务人无力清偿，则采取了连带债、保证、担保物权和被欺诈行为的撤销等措施。

一、违约金契约（stipulatio poenae）

1. 概说

违约金契约，即当事人约定债务人不履行或不适当履行债务时向债权人支付一定金额，作为对债务人的制裁和对债权人的赔偿。由于对赔偿损失作了预约，所以违约金契约既可避免债权人证明损害的困难，又可省去承审员等计算损失的麻烦。该契约为从契约，以主债务的存在为前提，因此，如无主债务或主债务不成立、无效、被撤销、解除，违约金契约也就因之失效。但只要主债务是可能的、合法的，至于它是否对债权人须有财产上的利益，并非必要。违约金请求权的发生以债务人不履行或不适当履行债务为条件，因此，该契约也是附停止条件的契约。

2. 效力

违约金契约的效力，可由当事人协商决定。具体可归纳为：

（1）依原则在条件成就时，债权人可请求支付违约金，也可要求履行给付。但两者仅能择一行使之。

（2）如当事人约定不完成给付具有私犯性质的，债权人只能请求违约金，债务人则可履行给付以代替违约金。

（3）违约金的目的如果是为了防止债务人履行迟延而订立，则债权人有权同时请求履行给付和支付违约金。

（4）事变的责任，原则上由债权人承担。故非因债务人的过失而致给付不能完成的，债权人不能请求违约金的支付。但当事人约定给付不能履行时，不论其原因如何，应照付违约金的，不在此限。

二、定金（arrae）

1. 概说

定金是当事人为了表示愿意订立契约，或为了证明其契约的成立，或为了保证契约的履行，由一方交给他方一定金额或财物。故现代法分为成约定金、证约定金、违约定金和解约定金。但罗马法学家则把定金分为两种：①不完全定金附约。指给付定金的一方当事人可以牺牲定金而摆脱主债务关系的约束。②完全定金附约。指定金的授受是契约成立的证明。定金为要物契约，其成立以交付金钱或物件为必要，在罗马法中为无名契约的一种。定金是从契约，故主契约若不成立、无效、被撤销或解除的，定金亦因而失效。在罗马，定金常用于订婚及买卖、租赁等诺成契约，其目的在确认契约的成立和担保其履行，所以作为债的保全之一种。

2. 效力

当事人有特约的依其特约，无特约的通常按下列两项原则

处理:

（1）定金在订约前交付的,当事人的目的在于保证契约的订立,如由于可归责于支付定金一方的事由以致不能订约时,该当事人应牺牲定金。如果契约不能订立是由于收受定金一方的原因所致,该当事人应加倍返还定金。在这种情形,定金均被视为不能订约所造成的损害的法定赔偿。

（2）在订约后交付的,定金不仅证明契约的成立,而且有强制履行的作用。如债务人不履行给付,债权人有权没收定金视为契约已经解除,但也有权牺牲没收定金的利益而选择请求契约的履行。在双务契约中,收受定金的一方如不履行给付,则对方得请求履行给付或请求加倍返还定金。

三、副债权契约(adstipulatio)

1. 概说

副债权契约,是指债务人同意第三人对其享有与债权人同一权利的契约,并非严格意义上的债的保全。这是古罗马在委任契约产生以前为了债权人利益而设的一种特有的制度。须用"要式口约"为之。此第三人称为副债权人(adstipuator)。

由于在法定诉讼时,诉讼当事人均须亲身出庭,不得由他人代替,故债权人如因出征、生病、远行等原因,为防债权到期时不能诉请履行,而听任时效的完成以致丧失其权利,乃创设副债权人的制度,使其代为执行,事后再行结算。自诺成契约产生后,此项作用遂由委任所取代。又前文已提及,在罗马法上,最初凡契约订定于当事人死亡后始发生效力的,其契约无效。若欲使该契约生效,也采用副债权人的办法。在债权人死亡后,由副债权人代为要求履行。然后把所得利益移转于债权人的继承人。自死因契约的效力被确认后,副债权契约已尽其作用,故优帝的《学说汇编》和《法学纲要》中已不再叙述。

由于副债权契约是一种特殊的制度,故对于下列各点,不适用一般的原则:

(1)副债权人的权利不作为普通财产权而移转于继承人;

(2)奴隶虽可为家主取得债权,但不得为副债权人;

(3)家属可为副债权人,且该项权利不归家长所有,但是项权利须于家长死亡该家属成为自权人后才能行使,其由于解放而脱离家长权的则否。

副债权人与债务清偿受领人(adjectus solutionis gratia)不同,后者仅限于代收债款,既不能处分债权,也无权向债务人起诉,故他权人和奴隶都可为之。副债权人则不仅可受领给付,且可提起诉讼、转让债权,甚至免除债务人的给付等。

2. 效力

(1)副债权人为从债权人,其权利的标的,不外债权人权利的标的,故不得加重债务人的负担。如原债权为附有条件的,副债权人即不得取消其条件;但减轻债务人的负担的则可。

(2)副债权人是受债权人之托办事的,他应将有关情况向债权人汇报,并在受领给付后把取得的一切财物和利益移转给债权人。若不得债权人的同意而私自处分债权的,应负赔偿之责。《阿奎利亚法》并将副债权人擅自免除债务人的给付的列为私犯之一。

四、连带债(obligatio in solidum)

1. 概说

连带债是债权人或债务人有数人,各债权人均有权请求全部给付,或各债务人均负有全部给付义务的债。债权人或债务人有数人时,其债权或债务以按比例分配为原则,故连带债实为例外。一般除法律有明文规定或当事人有特约外,不得推定一债为连带债。债权人为多数者叫连带债权(plures rei credendi),债务人为多数者叫连带债务(plures rei debendi)。连带之债以连带债务为中心。连带债权因债务人得向债权人中的一人为全部给付,若受领给付的债权人不诚实向其他债权人移交他们应享有的部分,则他们有难于向其求偿之虑,故连带债权较少发生,而连带债务则可确保债权人的利益,使得容易充分受偿。同时,由于债务人无"检索抗辩权",其担保效力较之保证债权更强,故连带债务对债权人极为有利。

罗马法分连带之债为"共同连带债"和"单纯连带债"。共同连带债为完全的连带,既有连带债权,也有连带债务。单纯连带债,则仅有连带债务而无连带债权。二者的区别是:

(1)由当事人的意思而成立的为共同连带债,可用契约或遗嘱订立,其用契约的,须用"要式口约"为之,由一或数债权人发问,再由一或数债权人承诺,须各要约在先,各承诺在后。如为一问一答,然后继以再问再答,则为数个各别之债,不发生连带的关系。帝政以后,已不论何种契约,只需内容明确具有连带关系即可。由法律规定而产生的为单纯连带,如数人共同侵害他人的财产,法律规定共犯对损害赔偿须负连带责任。法律之所以这样规定，具有惩罚债务人的意义。故单纯连带之债仅限于私犯、准私犯以及数个监护人、保佐人、受任人对于被监护人、被保佐人和委任的责任。

（2）共同连带债经过"证讼"，债即因之更改，连带债即变成诉讼当事人之间的债，其他未参加诉讼的即脱离债的关系；如被诉的债务人无力清偿，在"证讼"后，债权人即不得对其他债务人再行追偿。单纯连带债则不因经过"证讼"而更改债的关系。如债务人中的一人被诉后，债权人未受全部清偿，则仍可对其他债务人行使债权。之所以如此，学者对其原因各异其说，我们认为，由于在法定诉讼时期，作为善良家长的债权人，为防债务人无力清偿的危险，常要求债务人的亲友对该债务共同连带负责，但在形式主义的法定诉讼中，承审员的职务仅在审究"证讼"时，债务人是否负债。是的则判令清偿，否的即予以开释，故此时的债权人可于第一共同债务人被判决之后，执行之前，向第二、第三共同债务人诉追，他们虽明知该债已由第一共同债务人被判偿还，但因债务尚未履行，就不能否认债务关系的存在而提起已为清偿的抗辩。因此，在世风日衰的情况下，往往发生债权人就同一债权多次受偿的情节。大法官针对这种不公平的现象遂加以改革，乃规定凡共同连带债务人中的一人被诉时，其他共同连带债务人因经过"证讼"而免其责任。故此后债权人应选择对有清偿能力的共同债务人起诉，或抛弃其连带债权的利益而对各共同债务人请求其应分担的部分。此后且把此一规定推行于债务的免除和更改。这样的结果，如被诉的债务人无力清偿，债权人也不能对其他债务人请求返还，因而对债权人不利。所以到优帝一世时，便规定债权人对共同连带债务人中的一人起诉后，如未受偿，则仍可对其他债务人诉追，且得于同一诉讼中列各债务人为共同被告。至于单纯连带债，在古时对共犯处罚极严，受害人可对各犯分别起诉，获得数次的受偿。帝政之初，法学家认为此制失之过苛，且其时早已实行程式诉讼。萨比努斯主张各共犯虽有赔偿全部损失的义务，但一经完全赔偿，其他共犯即可免责，若债权人重复诉追，被控者即可以欺诈抗辩驳回。但由于积习难改，此项办法未能推行于共同连带之债。故是项区别，至优帝一世时始行消灭。然关于免除、更改的效力，则仍未变更，故共同连带债和单纯连带债的差异在罗马法上终未能完全泯除。

2．效力

关于连带债的效力，可分三项说明如下：

（1）共同连带债权

各债权人都可对债务人请求全部的给付，但一旦债务完全清偿，债权即行消灭。其他如代物清偿、提存、更改、免除，债权撤销原因之成立，被诉人与债权人间之抵消亦生同一的效力。至不索债的简约和混同，则仅在当事人间生效，与其他债权人无关。

"证讼"，在优帝一世以前，一债权人对债务人诉追，对其他未参与诉讼的债权人的权利不发生效力，时效的完成和中止仅对参与诉讼的当事人发生作用，至于时效中断的效力仅及于当事人间或也及于其他债权人？罗马诸法学家各执一说。优帝一世时则明确规定，时效中断的效力及于全体债权人。债权人中之一人在受领清偿后应否和如何与其他债权人分配？则是连带债权人相互间的内部关系，应根据其为合伙、共有、委任等关系分别解决。

（2）共同连带债务

各债务人都负有履行全部给付的义务。优帝一世以前，债权人可任意选择一债务人诉请履行，同时在"证讼"后其他债务人即免予负责。优帝一世取消“证讼”的更改效力后，债权人有权同时或先后分别对债务人进行诉追，直至全部受偿为止。但被控的债务人实际仅为保证人时，则享有“后诉利益”，有权申请债权人先行诉追主债务人，在主债务人不能履行给付时才负代为清偿的责任。同时，被告于清偿前亦可要求债权人转让其对其他债务人的诉权，以便日后可向他们要求偿还或分担其应承担的部分，也就是“代位利益”。

（3）单纯连带债务

原则上其效力和共同连带债务相同。各债务人均负履行全部给付的义务。在优帝一世时，债权人可同时或分别对债务人起诉。但连带债务如果是由于某债务人的过失造成的，则无过失的债务人享有“顺序利益”。即无过失的债务人成为被告时，可以请求将有过失的债务人加列为被告，并首先由后者承担责任。连带债务如果是由数个债务人共同造成的，则他们各自可以享有“分担利益”。即共同债务的债务人被起诉追偿，他可以请求将其他债务人加列为被告而分割其给付。但对于因私犯和准私犯而发生的连带债务，债务人不能主张上述两种特殊利益。发生混同时，债权人应减少其数额的请求，若损害的发生由于共同私犯的，则债权人即丧失对其他债务人请求赔偿的权利。清偿全部给付的债务人，除因自己的过失或共同私犯外，对其他债务人可请求偿还或分担。

五、保证（adpromissio）

（一）保证概述

保证是当事人约定一方（保证人）在他方（债权人）的债务人不履行债务时由其代负履行责任的契约。这种契约规定的是保证人与债权人之间的关系,至于保证人与主债务人的关系,或为委任关系,或为事务管理关系,则与保证契约并无直接关系。保证人的保证债务乃因主债务而负担,所以保证契约以主债务的存在为前提,因主债务的无效而无效,故为从契约。保证契约仅使保证人对主债权人负有债务,债权人对保证人则不负担对待给付的义务,故为单务契约。又保证人的同意为债务人对债权人提供保证,既不从债权人方面取得对待给付,又不从债务人方面受领报酬,故为无偿契约。保证契约是债的关系,其效力仅发生于当事人间,与质权等物担保可以对抗第三人不同,质权中的出质人可以是债务人,也可以是第三人。保证中的保证人只能是债务人以外的第三人。质权须交付质物,为要物契约,而保证则仅因当事人的合意而成立,因而是诺成契约。

罗马古时最早的保证为“允诺保证”(sponsio),仅适用于罗马市民。后来移居罗马的外国人不断增多,产生了适用于非市民的“诚意允诺保证”(fidepromissio)。共和国末叶又产生了“诚意负责保证”(fidejussio),这是万民法上的保证方式,其规定较宽,故适用范围也较上述二种保证广泛,并逐渐取代了前者。以上三种保证都是要式行为,在罗马法上统称为“口头保证人”(adpromissor),其性质为严法契约。帝政以后,为适应社会经济发展的需要,法学家和大法官又分别创立和确认“委任保证”(mandatum pecuniae credendae)和“简约保证”(constitutum debiti alieni),它们都是不需要履行一定方式的诚信契约。

(二) 保证的种类

1. 允诺保证(sponsio)

这是基于“要式口约”方式的保证,其格式非常严格,必须采用问答式,且问答必须吻合。先由债权人对保证人用“同样允诺否”(idem spondesne)的问话,继由保证人答曰“允诺”(spondeo),因此叫“允诺保证”。这种保证仅适用于罗马市民,外国人不能援用。

2. 诚意允诺保证(fidepromissio)

这种契约也是“要式口约”,不过债权人的问话改为“诚意同样允诺否?”(idem fidepromittisne?)保证人则答曰“诚意允诺”(fidepromitto)。这种形式最初仅适用于非市民,后来市民亦采用之。

允诺保证和诚意允诺保证的效力如下:

(1)以上两种保证契约,仅适用于主债务是用口头契约订立的,且保证人的责任因本人的死亡而消灭,不移转于继承人。

(2)保证人系以口约允诺承担与主债务人相同的义务,故债权人有权直接向保证人请求履行。

(3)保证人为副债务人,所负担的责任不得重于主债务人。

(4)保证人为主债务人的代理人,其债务乃为主债务人的利益而承担,故在对债权人清偿后可向主债务人请求返还。公元前250—前150年间通过的《菩布利亚法》规定主债务人在保证人代为清偿后6个月内不为偿还的,允诺保证人(sponsor)有权对其采取人身执行。若主债务人否认其义务的,败诉时应加倍其给付。

(5)公元前240—前130年间制定的《阿菩莱拉法》(*Lex Appulela*)规定在允诺保证和诚意允诺保证中,同一债权有数保证人时,即视其相互间为合伙关系,已清偿的保证人得以合伙诉请求其他保证人分担。

(6)约在公元前200年,《夫里亚法》(*Lex Furia*)做出两项关于保证的规定:第一,不论市民或非市民保证人,其责任以债务期满后的两年为限，如债权人在两年内不作主张，保证人的责任即行消灭。第二，债权到期未获清偿的，由生存的保证人按比例分担责任，其中有无力清偿的，其应负担部分不得分摊给其他保证人。若某保证人清偿之数超过其应分担的份额，该保证人对债权人得实施对人执行。但以上两项仅限于保证契约在意大利地区订立的始可适用。哈德里亚努斯帝时始正式规定在外省订立此类保证契约的，亦可均沾上述利益。

（7）公元前2 世纪，《西赛雷亚法》（*Lex Cicereia*）规定债权人应于订立保证契约时正式宣布债权的标的和保证人的人数，使各保证人明确其应分担的部分，否则保证人得于30 日内证明此项手续的欠缺，对保证即不负责。

（8）共和国末叶，《科尔涅利亚法》禁止债权人在一年内向同一保证人取得对同一债务人2 万银币以上的保证债权。

3．诚意负责保证（fidejussio）

由于以上两种保证须和主契约同时订立，主债务也只限于用要式口约成立的，保证人死亡即成为无保证的债权，时效期很短，保证人有数人时，并不负连带责任，若其中有无力清偿的，债权人就不能获得全部的清偿，这些均对债权人不利。因此在法学进步以后，法学家对保证又作了改革，从而又产生了诚意负责保证契约。这种保证契约也是“要式口约”的一种，必须具备要式口约的一切要件和方式。由于盖尤斯和乌尔披亚努斯关于当事人对诚意负责保证问答的用词，其记载不相一致，因此后世学者的叙述更各不相同，但大体为债权人先问“诚意负责保证否？”保证人则答以“诚意负责”。按罗马法的规定，当事人且须有特别行为能力，妇女不得担任保证人。其存在虽须以主债务的存在为条件，但不限以

“要式口约”成立的债,自然债、未来债也可为这种保证的标的。如奴隶为家主或第三人的债务人时,即可另加保人,使其债权可以产生诉权。然若家主为奴隶的债务人时,虽亦发生自然债,但不得附加保证人,因保证为从债权依法为家主所得,仍等于没有保证。保证债务和主债务须有同一标的,但其负担的程度不得超过主债务人,如主债务的附有条件或期限的,保证债务即不得取消其条件或缩短其期限,否则,完全无效,其较少者则视为保证主债务的一部分。

诚意负责保证发生以下效力:

(1) 在债权人和保证人之间的关系方面,保证人负有清偿债务的责任。债权人受“要式口约诉”的保护,保证人的义务也并不以主债务期满后两年为限。债权人可直接要求保证人偿还,无须先向主债务人诉追。保证人死亡,保证债务作为负债而移转于其继承人。由于保证债务为从债务,主债务人所有的防御方法,保证人原则上均可引用。如“同时履行抗辩”、“欺诈抗辩”、“胁迫抗辩”、“权利不成立的抗辩”(如主张作为债权发生原因的法律行为违法)、“权利消灭的抗辩”(如主张债务已因清偿、抵消或其他原因而消灭)等等。但主债务人的抗辩专以保护其个人利益为目的的则不在此限,例如“能力利益”、“因未成年回复原状之诉”或债务人的时效已满而保证人的时效尚未完成等,则保证人即不能主张。在法学昌明时期,保证人和主债务人对债权人的关系,颇似共同连带债务人,若债权人对主债务人或保证人中之一人起诉时,经过“证讼”,其余各人即免于负责。至优帝一世时始明令加以改革。

这种契约为无偿契约,保证人的责任过重,影响到信贷的发展,因此采取措施给保证人以特殊的利益,以减轻其责任。

第一是“分担利益”。前文已提到《夫里亚法》,该法曾规定允诺保证和诚意允诺保证的保证人享有“分担利益”。但在诚意负责保证,保证人的“分担利益”与上述又有所不同。一在本分担利益仅为一种抗辩权,须被诉的保证人自行提出,如未提出而为全部清偿时,事后不得向债权人要求返还其应分担额以外的给付。二在被控的保证人仅能请求将债权分配于“证讼”时有清偿能力的保证人而不若《夫里亚法》那样由债权到期时尚生存的保证人分担。此项分担利益,凡保证人否认其保证债务的以及监护人对被监护人所负的债务,均不得主张之。

第二是“顺序利益”。即债权人应首先向主债务人起诉,在主债务人不能清偿时,才可以向保证人起诉,否则保证人有权拒绝,此即“后诉利益”。如前所述,由于在优帝一世以前,“证讼”发生更改债的效力,故在保证债务中,纵使主债务人尚有支付能力,主债权人一般仍先对最富有的保证人起诉,确保其债权得以顺利受偿。这显然有失公允,于是罗马的法学家乃设想各种办法,使债权人首先控告主债务人,在主债务人不能全部给付时,始由保证人负补偿之责,其所采取的措施如次:

首先是保证人被诉时,与债权人约定利用委任制度,委托债权人为受任人向主债务人起诉而承担所有的风险和损失。这样债权人便获得两个诉权,在原诉权外,又增加了委任诉,这种于己无损而于保证人有利之举,债权人自愿意接受。日后如债权人未能从主债务人获得全部清偿时,即可基于委任关系向保证人追偿其余额和蒙受的损失。这样,保证人仅于主债务人无力清偿时始对债权人承担责任了。

其次是损失保证。即当事人约定保证人仅限于在主债务人不为清偿或不为全部的清偿时始对债权人代负履行之责，因此，其保证债务乃为附条件的债务，债权人必须先向主债务人诉追，并在强制执行而无效果或仍不足时，始能向保证人索偿。

再次是保证人和债权人约定，债权人应先起诉主债务人，保证人则抛弃因“证讼”而消灭诉权的利益。这样在债权人依约先诉主债务人而无效，再对保证人起诉时，该保证人也应信守特约，不得提出诉权已消灭的抗辩。但“证讼”发生更改债的效力，起到消灭诉权的作用，此乃法律的强制规定，非当事人得以改变，只是因为特约的内容公平合理，大法官遂承认其效力，且相沿成习。嗣后大法官在当事人没有这项特约时，只要没有相反的证明，即推定其有此项特约。到优帝规定“证讼”不再发生更改的效力后，“顺序利益”成为保证人的法定抗辩了。

最后是“代位利益”。在“分担利益”和“顺序利益”没有通行前，保证人负有代偿全部债务的责任，故被追诉的保证人为了保留日后向主债务人追偿和其他保证人分担的权利，保证人在履行给付时，有权请求债权人把他对主债务人和其他保证人的一切权利转让给自己。若债权人拒绝转让时，保证人得提起“欺诈抗辩”，拒绝履行保证债务，其因债权人的过错而丧失诉权的亦同。但在优帝一世前诉权因“证讼”而消灭，债权人将何以转让？有的罗马法学家解释谓保证人的清债行为实乃向债权人购买其诉权，此后向其他保证人追偿时，即应在债权总额中扣除其自己应分担的部分，如债权人对主债务人和其他保证人有质权和抵押权的，保证人代偿债务时，债权人也应将质权和抵押权转让给保证人。这种质权和抵押权如也作为其他债权担保的，债权人在其他债权受清偿之前，有权拒绝将其让给保证人，此项解释，实际上仍难自圆其说。

因在当时,“证讼”既产生消灭原权利的效力,则保证人如何能与债权人成立没有标的物的买卖呢?

(2) 在债务人和保证人的关系方面,保证人为主债务人履行了债务以后,有权向主债务人请求偿还。但因保证的情形不同,请求偿还的方法也不同。是由于债务人的请求而为保证,还是保证时为债务人所明知的?如若按委任处理,保证人应对债务人提起“受任人诉”。但保证人因自己的过失未提出有效的抗辩,如时效已完成等,而被判清偿的,主债务人可不负责任;如债的保证为债务人所不知,则保证人在代为清偿后可按“无因管理”处理;如债的保证违反债务人的意思,受到债务人的反对的,保证人对债务人不能有任何请求,但保证人可从债权人让受其对债务人的诉权,而以债权受让人的名义试图请求债务人偿还。

(3) 在保证人相互间的关系方面,数保证人担保同一债务的,除彼此有特约外,在被诉时,如其中有无力清偿的,其份额即由其他保证人分担;如给付的保证人享有“分担利益”和“代位利益”,但须由该保证人主动提出,否则该保证人为全部给付后而主债务人又无力清偿时,则损失即应自行负责。

4. 委任保证(mandatum pecuniae credendae)①

以上三种保证都是“要式口约”形式的“口头保证”。如果当事人是聋子、哑巴以及有不能亲自到场订约的情形就无法成立保证。同时“要式口约”是严法契约,对于形式或用词稍有差错,整个契约即归无效。加上保证人的责任过重,因而在共和国末叶,法学家又创立了“委任保证”。这是运用委任原则由当事人一方委托他方贷

① 或直译为“金钱信贷委任”。

付金钱给第三人而自负保证责任的契约。如甲委托乙贷款给丙，乙为债权人，丙为债务人；乙之所以贷款给丙，是由于甲的委托，乙如因丙于债到期时不为清偿而受到损失，自然应当由委任人负责赔偿，这样，甲实际上就成了丙的保证人。在委任中，委任人须承担受任人因处理委任事务所遭受的一切损失，而保证人则承担债务人不能履行给付所造成的责任。实际上，委任保证的目的是为了受任人（债权人）和第三人（债务人）的利益，而不是为了委任人（保证人）自己的利益，所以并不是真正的委任，故后世注释法学家则称它为“变例委任”。

委任保证与口头保证的区别是：

① 口头保证是“要式行为”，须采取规定的形式，当事人须亲自到场，委任保证则是仅依当事人的合意而成立的“诺成契约”，毋须采取一定的形式，也毋须当事人亲自到场。当事人远在两地时可由通信订立；

② “委任保证”订立在主债务成立之前，“口头保证”则保证未来债务者，实属例外；

③ “口头保证”的主债务和保证债务的标的相同，而“委任保证”其主债务与保证债务的标的在法律上彼此是不同的。主债务人应履行契约的给付，保证人则负因未履行给付所生损失的赔偿。因此，委任保证人不需要“顺序利益”，因其须在主债务人被诉追而不能清偿时始负赔偿责任；他也不能引用主债务人所得提起的抗辩，因不仅两个债的标的不同，且保证的成立在主债务成立之前，即使委任保证人已代为清偿，主债务并不因之消灭，因债权人有二个诉权，既有“消费借贷诉”，以诉追主债务人，又有“委任诉”，以诉追保证人，故对一方起诉时，不因经过“证讼”而致丧失对他方的

诉权;而且委任保证人可以根据委任原则随时请求债权人转让其对债务人的一切权利,而不必在代为清偿之后。如因债权人的过失而使自己丧失起诉的权利,则保证人可以拒绝赔偿其所受的损失。

5. 简约保证(constitum debiti alieni)

这是指当事人的一方(保证人)约定于确定日期代他方(债权人)的债务人履行给付的契约,"委任保证"虽远比"口头保证"为简便,但由于"委任保证"只限适用于未来的金钱债务,以后虽适用范围有所扩大,但对于已发生的债设定保证依旧须用严法的"口头保证",仍多不便。由于大法官规定债务人承认履行债务的约定,即受诉权的保护,最初仅适用于债务人的承诺,但不久便将此原则引用于对他人债务的承认,就成为简约保证。因不发生市民法上的效力,仅由大法官授予债权人以诉权,所以也被称作大法官认定的保证。

"简约保证"与"口头保证"均以主债务的存在为要件,但彼此相异之处颇多,其主要区别如下:

① "简约保证"为诺成契约,受诚信诉权的保护,只须当事人合意,与"口头保证"必须履行严格的问答方式不同。

② "简约保证"的数额虽不得超过主债务的数额,但若超过时,仅超过的部分无效,而不是整个保证无效。

③ 在"简约保证"中,所附加的条件、期限和履行给付的地点等,可苛于主债务,例如保证债务的期限可短于主债务;若为选择债,则保证人也可抛弃选择的利益,而改为特定的给付等。

④ 简约保证人可约定履行和债务人相异的给付,只要其价额不超过原给付的价额即可。

（三）关于保证的限制

给人作保（intercessio），也就是为他人保证履行债务，是一件带有危险性的行为，对保证人有害而无益。为此，罗马法设有种种规定，如限制妇女、士兵、教士等为保证人。前文所引的《科尔涅利亚法》规定，每一个“口头保证”的保证人不得在同一年内为同一债权人的每一个债务人保证超过 2 万银币的债务。至于奴隶，即使在其特有产的范围内为他人担保债务时，其家主也不受“特有产诉”的制裁。下文专就妇女保证详加说明。

在罗马古代，妇女受着极为深重的压迫。她们处在家长权或夫权之下，没有财产，所有行动，均要受家长或丈夫的管束。若成为自权人时，则处于永久的监护制下，她们对财产处分等重大行为，也须得到监护人的同意。共和国末叶，无夫权婚姻盛行，离婚也已视为常事。监护制度的目的又已转而为保护被监护人的利益。奥古斯都和克洛狄乌斯两帝为了有利于妻子的再嫁，规定离婚时丈夫应返还嫁奁；又因妇女缺乏经验，感情脆弱，易受劝说和要挟，故禁止她们为丈夫担保债务。其后大法官又把这项禁令扩大适用于丈夫以外的其他人，涅罗帝（Nero，公元 54—68 年在位）时，元老院由执政官韦雷乌斯（Vellaeus）和西尔瓦努斯（Silvanus）联合提出，经决议，称“威雷亚努姆元老院决议”（Senatus Consultum Velleianum），严禁妇女为他人担保债务。至优帝一世时又加以改革。该元老院决议对所有妇女不论有夫无夫，不论是债权担保或是提供物权担保，都在禁止之列。但不能作保的决议，是例外规定，故解释从严：

（1）须为担保将来代偿债务，如为即时代人清偿，则非本决议所禁，因为立即履行给付，妇女当时就会感到危险性，唯有其责任为未来而不确定的，妇女才轻于允诺，故特加保护。

（2）须为担保他人的债务，若为自己的债务设定抵押或为履行的承诺，则为管理自己的事务，自非所禁。

（3）须为为他人的利益而担保，若为自己的利益而担保，如因担保而受有报酬的，即无本决议的适用。

（4）须妇女没有赠予的意思。若本人自愿冒此风险，就无异立即代为履行给付，法律不加干预。

妇女符合上述条件而为担保的，则在被债权人诉追时可提出"威雷亚努姆元老院决议抗辩"（Exceptio senatusconsulti Velleiani）以拒绝债权人的请求，此项禁令的性质是绝对的，债权人败诉后，其债权即彻底消灭，就是自然债也不存在。如误为清偿，她可用"不欠债的返还诉"追回其给付，如提供物质的也可用"物件返还诉"追还其物。

该决议虽为绝对的，但大法官在执行中基于公平正义，认为妇女如有下述情事之一的，其担保有效：

（1）妇女在担保时有欺诈行为或显有重大过失者，不得请求撤销。

（2）妇女为其女儿嫁奁所作的担保，例如丈夫为女儿设立嫁奁而由妻为之担保，其担保有效。

（3）妇女所担保之债，其债权人为未成年人，若债务人无力清偿而担保无效，必致未成年人受损，但未成年人亦为罗马法保护的对象，大法官在权衡轻重，认为未成年人的利益应优先于妇女的，故妇女仍须负担保责任。

（4）妇女的担保确有正当原因的，如丈夫出征，其妻为其担保诉讼的进行等，即属有效。

优帝一世的改革则把担保分为两种：

(1) 为丈夫担保的，绝对无效。若其行为对妇女有利的，则就其有利部分可以发生效力。

(2) 为他人担保的，其契约应有3个以上证人的签名才能成立。而且契约须有正当原因：或该妇女2年后仍承认其担保，或该妇女声明曾收受报酬，或该妇女以此获得对其卑亲属的监护权的，保证才能生效。

第四节　债的转移

债的转移，就是债的主体虽然变更，但原债仍旧存续。这并非消灭原有的债另生新债，只是原有债权移归新的债权人享有，或原有的债务移归于新债务人承担，因此它既不同于债的发生和担保，更不同于债的消灭。

一、债的转移的沿革

罗马古代法认为债的关系是特定人之间的关系，不能与主体分离，因此债的当事人不可更改，债权不能让与他人，债务也不得由他人承担。《十二表法》已放弃了这一原则，承认继承人继承被继承人的人格，债权债务始可直接在其间转移。但将债移转于第三人则仍为法所不允许，对于债务不能由他人承担，容易理解，因为转受债务的人若无支付能力或其技能等不如原债务人，债权人就会蒙受损害。但是债权让与则不同，因为债务人对债权人的更换一般并无损害,而对债权人则可能有莫大的利益。例如甲欠乙之债,但甲对丙又有债权,若乙向甲索债,在甲一时不能清偿,如能将他对丙的债权转让于乙,就可避免被拘捕执行或财产被扣押的危险。故债权的不能移转,就有极大的弊端。为了适应实际的需要,于是就产生了各种救济办法。首先出现的是债的变更,后来相继产生了诉讼代理、诉讼通知和债权继承等方式。

二、债的转移的种类

1. 债的变更

公元前2世纪,罗马法承认债权人可要求债务人向第三人履行其给付。如前例,甲可要求丙以要式口约成为乙之债务人而代其清偿。实际上债并未移转,只是甲乙之间的旧债消灭,而另行成立乙丙之间的新债。因此,第一须经债权人乙的同意;第二旧债既然消灭,则所附的各种保证和质押权等担保亦随之消灭,甚至新债有可能得不到清偿的危险,从而减低了它的价值,显然这不是一种完善的办法。

2. 诉讼代理

在诉讼程序由"法定诉讼"进入"程式诉讼"以后,允许当事人得委任他人为诉讼代理人。法学家遂利用诉讼代理创立了移转债权的另一方式,即债权人欲将债权移转于第三人的,即委任欲受让的第三人为诉讼代理人追偿债务。同时,另加附约,同意该第三人(让受人)也即受任人得保留因诉讼而获得的利益,而不需进行结算,罗马法称之谓"为自己利益的代理人"(procurator in rem suam)。依这种方式移转债权,既无须征求债务人的同意,且可保留原债权所有的担保。在法律方面,依委任契约的原则,让与人为委任人,仍有权接受债务人的给付或对之免除其债务;委任人并有权随时解除委任关系;委任因当事人一方的死亡而归于消灭,债权受让人、受任人或其继承人即有丧失诉追权的危险,因之债权受让人的权利脆弱而无保障。为此,让受人如欲避免上述危险,唯有迅速控告债务人,使因证讼的更改效力而可以直接对债务人享有确定的诉权,但在债权未到期前,债务人有"债未到期的抗辩权"使债权人不能在期前对之诉追,使让受人的权利仍处在不稳定的状态。

3. 诉讼通知

公元3世纪时,哥尔地亚努斯三世(Grordianus Ⅲ,公元238—244年在位)规定,债权受让人作为债权让与人的诉讼代理人,向债务人起诉并将债权让与通知债务人后(此项通知由法院送达),即发生与"证讼"相同的效力,债务人不得再对债权让与人为有效的给付,债权让与人也不能对债务人另行提起诉讼。若提起诉讼,债务人就可以提出抗辩。为防让与人撤回诉权,法律并次第规定让受人享有准诉权。因此债权受让人的权利较单纯的诉讼代理人就更有保障。但在债务人未得到此通知之前,债权受让人的权利仍无可靠的保障。

4. 债权继承

大法官根据实际情况,对债权让与又作进一步的改革,规定债权受让人不再作为债权让与人的诉讼代理人。在债权让与人与债权受让人之间,自让与行为完成时起该让与即发生效力。债权受让人不再是让与人的诉讼代理人,而成为其权利的继承人而行使自己的债权。附着于所让与权利的瑕疵,受让人亦应承担。这种债权让与因当事人的合意而生效。但对于债务人来说,经常不知让与的事实,所以让与的效力对债务人是在其知道债权让与的事实起发生。为此债权让与人或受让人应将让与的事实通知债务人,但通知前债务人已知让与的事实并且承诺的,则无须通知。让与的事实应由何人通知债务人?罗马法对此无明文规定,有谓应由让与人通知,有谓应由受让人通知,有谓由让与人或受让人通知均可。但当事人如无约定,则受让人为了自己的利益,自会及时去完成这项手续。这种通知不过在限制债务人的行为,而债权让与的效力已自让与人让与行为完成时发生。在诉讼通知是在通知债务人时开始发生让与的效力,在通知以前受让人并无任何权利。债权继承则弥补了这项缺陷。债权让与的办法演进到此,趋于完善公平而为后世所采用。

三、债权让与的效力

债权让与的效力可以从两方面看:

(1) 在受让人和债务人的关系方面,从债务人接受让与通知时开始,受让人对债务人可行使让与人原有的一切权利。债务人对受让人也可提出对让与人原有的一切抗辩。但在通知以前,债务人仅需对让与人负责,故如让与人甲将对丁的债权让与乙后又让与丙,若对丙的通知早于乙到达时,则债务人丁仅得对丙为有效的履行。

(2) 在受让人同让与人的关系方面,让与人应向受让人提供有关证件和指示证明的方法等,使受让人能有效地行使所受让的债权。债权的让与如为有偿行为时,让与人须保证债权的存在,但除有特约外,不保证债务人的清偿能力。如为无偿行为,则除有特约外,更不负保证债权存在的责任。

四、债权让与的限制

债权原则上可以让与,但有三种例外的情形:

（一）依当事人约定不得让与的

当事人可以做出特约,规定债权必须同原债权人相结合而不得分离,否则其让与不生效力。债权让与的禁止可以是一般的,如约定对任何人都不得让与;也可以是部分的,如约定对某种人甚或特定人不得让与;或者是约定债权于一定期限内不得让与等。

（二）依法律关系的性质而不得让与的

这里有三种情况:

（1）双务契约中,一方的债权即为他方的债务,依罗马法的理论,债权可以让与,债务不能让与,故双务契约的债权不能为让与的标的。

（2）债权的让与足以变更其内容的不得让与。对于注重特定的债权人和债务人之间的信赖关系的债权,若债务人向原债权人以外的人履行给付,则债权的内容会发生变更,如因委任、使用借贷等契约所生的债权原则上是不能让与的。委任人未经受任人同意不得将处理委任事务的请求权让与第三人,借用人未经出借人同意不得将借用物的使用权让与第三人。

（3）纯属债权人自身的权利不得让与,如因受侮辱而发生的损害赔偿请求权或抚养请求权等。

（三）法律明定不得让与的

有以下四种情况：

（1）债权标的为讼争物的，在诉讼关系未终结前，标的的归属问题尚未解决，故不得让与。

（2）特奥多西乌斯二世和霍诺里乌斯为了保护债务人，禁止债权人将债权让给有权势者（potentior）。

（3）安那斯塔西乌斯一世（Anastasius I，公元491—518年在位）时，曾禁止买卖债权用以图利的让与。若债权让与的价值低于原债额的，债务人有权就让与的实际价值加以利息清偿之。故该规定不适用于：

① 无偿的让与；

② 债权让与的目的是为了履行债务的；

③ 移转债权以便利共有财产的分割的。

因这些情况都非受让人以不正当的方法压榨图利，故不受限制。

（4）优帝一世时，禁止监护人、保佐人受让被监护人、被保佐人的债权，以防止监护人利用被监护人等的无知、缺乏经验或在其权威的影响下而诈取其财产上的利益。

第五节　债的消灭

债的消灭，即债的关系在客观上丧失其存在。债的内容或债的主体发生变更，债的关系仍继续存在的则是债的变更，如债务人经抗辩而拒绝债权人的给付请求，则是债的效力的停止，在这两种情况下,债的本身均未消灭。所以,债的消灭与债的变更及债的效力的停止是不同的。通常债因履行给付而消灭,但在罗马古时,必须用与订约时相反的方式始能达到消灭债的目的,例如要式口约,须由债务人发问,债权人回答声明债已清偿。在现金借贷,仍须履行"铜块和秤式"的方式;在文书契约,则由债权人在其出纳账内记入收到的款项等,以便引起当事人的记忆和作日后的证明。共和国末叶,虽已逐渐废弃形式主义,但对免除债务仍保持了旧的习惯。此外,"证讼"和"更改"亦为债的消灭原因,按"一案不二讼"或"一事不再理"以及"一物不能为二债的标的"的原则,故债权人于起诉时减少其债额的请求或新债减少债务人的负担,其减少的部分即归消灭。

债的消灭有基于当事人双方或一方的意思的,如因清偿、更改、抵消和免除等,有不基于当事人意思的,如给付不能、当事人的死亡、人格变更、混同和时效的完成等。又由于原因的不同,有的消灭债的本身,有的仅消灭债的诉权。前者发生绝对的效力,债即不复存在,例如清偿、混同。后者仅发生相对的效力,仅对特定人发生作用,且须债务人主动提起抗辩,而其抗辩又可为反辩所抵消,如抵消、时效、不索债的简约等。至于消灭的方法,有的适用于各种债的,如清偿、更改和免除等,有的仅能适用于特定债,如口头契约、文书契约等。罗马法把债的消灭原因,分为清偿、提存、更改、抵消、免除、混同和其他等,兹分述如下:

一、清偿(solutio)

清偿是指依债的要求而履行给付,以实现债的内容的行为。

债以给付为内容，如果依债的要求履行原定的给付，则债的目的已经实现，债的关系自然就归于消灭。清偿不同于其他消灭债的原因，即在于必须履行原定的给付。现将有关清偿的事项说明如下：

（一）清偿的要件

1．清偿人须有为清偿的能力

能够充当清偿人的，一是债务人。债务人负有清偿的义务，所以原则上清偿人应是债务人。债务人包括连带债务人、保证人、债务人的代理人等。二是第三人。清偿是实现债的内容的行为，如能实现债的内容，那么行为人不必限于债务人本人，从债权人方面说，第三人清偿与债务人本人清偿同样可以达到消灭债的目的，而对债权人并没有损害。从债务人方面说，第三人清偿不仅对他没有损害，而且还有益处。因此第三人如用债务人之名义为清偿，以免除其债务为目的，债权人一般不得拒绝。但债的给付如是积极行为，而其性质着重当事人其人，则非经债权人同意，第三人不得代为清偿。例如传授演戏、绘画等以其人的技能为条件的给付，必须由债务人亲自履行，否则不能达到债的目的。在这种情况下，只有经债权人同意，确认能满足债权人的要求的，第三人才得代为清偿。如债的给付是不作为，它以债务人不行为为条件，则第三人不能代替。无论清偿人为债务人本人或者是第三人，若债的内容是转移物权的，则清偿人必须是标的物的所有人，并有处分的能力，否则债并不因之而消灭，因债权人仍有标的物被追夺的危险。但若债权人善意消费标的物，或因时效的完成而取得该物的所有权，则清偿即发生其效力。如清偿人并无处分的能力，则其法定代理人有权撤回其给付。但若债权人善意消费其物时，即视为有效的清偿。若债权人为恶意时，则无处分能力人可提起“交出物件诉”，并得请求损害的赔偿。

至于清偿人是否可违反债务人的意思而代为清偿？应当是可以的，但除事前向债权人让受诉权外，不得对债务人诉追。在第三人受债务人的委托而为清偿的，则该第三人受"受任人诉"的保护，如未受委托，债务人在事前又不知悉的，则第三人享有"无因管理诉"。

2. 受领人须有受领清偿的能力

故欲清偿的有效，须对有受领清偿能力的人为之。受领清偿的人叫受领人。给付行为若为事实行为，债权人受领清偿无须有完全的行为能力。若给付行为是移转物权、给付标的物等法律行为，受领清偿人则须有处分财产的能力。因为受领清偿后其债权即归消灭，等于是处分债权，无处分财产能力的人不能对债权作处分，向这样的人清偿，则清偿无效。债务不因之而消灭，债权人仍可请求第二次的履行。但债务人得就债权人实际所受利益的范围内提起"欺诈抗辩"。例如被监护人尚保持其所受领的财物，或其使用得当并未损害财物，则债权人的法定代理人便不得请求债务人作重新给付。如被监护人受领债款后把它挥霍浪费，则债务人就应再为清偿。受领人除有处分能力的债权人外，还有法定代理人、副债权人、债务清偿受领人、有受领清偿权的意定代理人等。

3. 须按债的本旨为清偿

债务人须依债的关系所定内容提出全部清偿。债务人原则上应依债的关系所定内容提出清偿，不能代之以他种给付，但经债权人同意，也可用"代物清偿"（datio in solutum）。移转一物的所有权以代清偿的，其效力如何？在帝政初期，两大法学派各执一词。普罗库鲁斯派主张并不消灭旧债权，债务人仅享有抗辩权，故在该物被原主追夺后，债权人仍可起诉求偿。萨比努斯派则认为债权即因此消灭，在该物被追夺时，债权人可提起准购买诉，以取得赔偿。但这种事例，究属例外，为了及早结束债的关系，故后说终占优势，并为乌尔披亚努斯等所支持，而在卡拉卡拉帝时定为法律。"代物清偿"固以债权人的同意为要件，然若债的标的为金钱，债务人受债权人的催索而一时无法出售其财产的，债务人得先以不动产，次以动产由承审员评价抵偿。是为"代物清偿利益"（beneficiun dationis in solutum），此项利益，起初仅运用于一些特殊情况，优帝一世时始成为通则。同时，债务人应提出全部清偿，而不能部分清偿。不论给付为可分还是不可分，因为部分清偿常常违背债的本旨，不符合债的内容。债务人虽无部分清偿的权利，但债权人同意部分清偿的，自无不可。在法学昌明时期，有下列情形之一的，债权人即使不愿意，亦不得拒绝债务人为部分给付：

① 债务人享有"能力利益"的。债务人与债权人有一定亲属关系或恩惠关系的，如父母子女之间、兄弟姐妹之间、夫妻之间的债务，岳父对于女儿嫁奁的债务，丈夫的父亲对儿媳及子女对母亲的嫁奁的返还，恩主的父母和子女对解放自由人的债务等，如债务人全部清偿债务，即会影响其基本生活，故此项利益，纯为照顾债务人个人，连带债务人及债务人的继承人等均不能均沾。

② 债务人破产的。

③ 债务人享受恩惠期限得分期清偿的。

④ 保证人享有"分担利益"的。如给付为物权的移转的，除有特约外，债务人应交付原物及自订约后原物所得的利益，如淤涨、埋藏物及孳息等，但因债务人的额外努力而获得的利益，不在此限。

4．须在适当的时间为清偿

债务人应为清偿的时间，法律有规定的依法律规定，法律未规定的依当事人约定，当事人未约定的依习惯，否则视情形酌定。如甲向乙购买种子播种，乙自应于播种季节之前清偿。如清偿期未经约定，又无法依情形确定应为清偿的期限，则债权人可以随时请求给付，债务人亦应随时清偿，但应给予对方一定的准备期。清偿期原则上是为债务人的利益而设，如债务人自愿抛弃自己的利益，他可以提前清偿。如清偿期是为双方的利益而设，债务人就不能单方面抛弃利益而提前清偿。如清偿是定期行为，必须于清偿期清偿才能达到债的目的，也不能提前清偿。如作坊订购原材料若干，约定分期给付，就不能一次将全年的原材料全部交清，否则会使订购人仓库无法容纳，甚至造成材料变质。清偿期的效力如下：

① 清偿期到来，债务人应为清偿，债权人也有权请求清偿；

② 从清偿期到来时起，消灭时效开始；

③ 清偿期为确定期限的，债务人自期限届满时起负迟延责任。如期限不确定或未定期限，债务人自债权人催告时起负迟延责任；

④ 清偿期到来，债务人提出清偿，债权人如拒绝受领或不能受领，须自债务人提出清偿时起负迟延责任。

5．须于适当的地点清偿

债的清偿地即债的履行地。履行地的确定有多种方法：

① 依法律规定。如寄托物原则上应在保管的地方返还，标的物与价金同时交付的应在标的物交付的地方清偿。

② 依契约规定。如双方选定以债务人的住所或债权人之住所或其他地方定为清偿的地方。

③ 法律和契约均无规定的则依习惯。如按照商业习惯，银行

参加交易时一律以银行营业所在地为清偿地。

④ 既无法律和契约的规定，又无习惯可依的，依债的性质来决定。如不动产交付、建筑物修建等债务，应在不动产或建筑物所在地履行。

⑤ 以给付特定物为标的的债，原则上以订约时该物所在地为清偿地。因为以给付特定物为标的的债务，在债发生时其给付标的物就已特定，债权人的意思通常是在此时标的物所在地使用或处分该物。例如租赁物的返还，应在承租时该物所在地返还。在订约时特定物所在地清偿非常不便或不公平的情况下，就应适用诚实信用的原则，选择适当的地方清偿。

不能依上述方法解决清偿地的，由债务人选择处所清偿；债权人请求清偿的，则在债务人的住所清偿。

（二）清偿的效力

债的关系因清偿而消灭。债权的担保及其他从权利亦同时消灭。如果债务人对同一债权人负几项债务，且给付的种类又相同，而债务人所提出的给付不足以清偿全部债务，就会发生债务人所提出的给付究竟是抵偿哪一项债务之问题。在数项债务中，有的可能附加利息，有的可能附担保或不附担保，有的可能附期限或不附期限，等等，这些对当事人均不无利害关系，故解决清偿抵充问题是有意义的。对此，罗马法规定：

1. 由清偿人于清偿时指定所抵充的债务，但必须就某宗债务而为清偿，应注意不得强使债权人受领部分给付的原则。

2. 若清偿人没有指定，受偿人可以在受偿时指定清偿的债务，但应选择最有利于债务人的方法指定，而无任意选择的权利。

3. 双方都未指定时，则按下列顺序抵偿债务：

① 先抵偿已到期的利息；

② 其次抵偿已到期的债务；

③ 如数债均已到期，首先抵偿债务人因清偿可得利益最多的债务，即先抵偿有违约金或有利息的，后抵偿无违约金或无利息的；各债均有违约金或利息，则先抵偿违约金或利息较高的，后抵偿违约金或利息较低的，先抵偿有担保的，后抵偿无担保的等。

④ 利息、担保等相同而均已到期的债务，应抵偿其中最老的债务；

⑤ 如无上述区别时，则就各债按比例抵偿。因债权人既未指定，即推定其自愿接受部分的清偿。

（三）清偿的证明

按举证原则，诉讼中当事人主张有利于己的事实的，就其事实有举证之责，故债权的存在由债权人负责证明，债务的清偿则由债务人负责证明。证明的方法不一，凡足以使承审员等信其事实为真实的均可提出，如书契、证人、债权人的承诺以及推定等等。但对于金钱债务，则罗马法以受领证书为证明清偿的主要方法。此项证书，须于签发后 30 日始生证据的效力。因为依罗马习惯，债到了清偿期，债权人在向债务人起诉前将受领证书送给债务人，作为最后催告的表示，故债务人持有受领证书并不能作为债务已经清偿之证明。但若债务人以之为清偿的凭证，债权人得以“未付款的抗辩”(exceptio non numeratae pecuniae)否认其事实，并得以未付款之诉(querela non numeratae pecuniae)收回其证书。若债权人于 30 日内未进行收回，则逾期便视为债已清偿。债务人持有受领证书经过 30 日即可推定其已为清偿。因为债权人寄出受领证书后须于 30 日内起诉追偿。

关于清偿的推定，罗马法规定如下：

（1）债权人将借据退还债务人，即推定其已受清偿。

（2）债据有撕毁、涂抹以及记载“作废”、“已还”等字样的，依习惯可视作无效的，推定债务人已履行其给付。

（3）分期给付的债务，如最后三期已经清偿，即推定以前的各期债务已经清偿，债务人不再负证明清偿之责。

二、提存

提存，是指有清偿能力的债务人在债到期时，以给付的全部向有权受领之人履行清偿，而后者拒绝受领或所在不明时，乃把给付标的依法寄存于指定的处所以代清偿的行为。故提存必须具备提出和存置两个条件，但罗马古时并无提存的制度，债务人经向受领迟延的债权人催告后，即可抛弃给付物而免其责任。嗣后大法官认为这样于公于私均有损无益，遂加以修改，规定债权人受领迟延或债权人所在不明时，清偿人应将其给付物提存于长官指定的处所，通知债权人领取，债自提存之日起视为已经清偿。如果提存所需费用过大或依给付的性质不宜提存的，如给付物是牲畜或易腐烂变质之物，则债务人仍可抛弃，不再负责；若债务人为了债权人的利益予以变卖，将变卖之价金提存时，则作无因管理处理。

三、更改（novatio）

（一）更改的概说

更改是消灭旧债，另创新债以代替旧债的行为。新债可用以变更旧债的性质、当事人、给付的标的与条件、期限等。在法定诉讼时期，罗马法不承认债权让与和债务承担制度，故创立更改这种补救的办法，以后虽允许债的转移，但更改制度却未被废除。更改的要件如下：

（1）须有旧债的存在。债的更改之目的是消灭旧债，代以新债，若旧债并不存在或无效，则更改因没有标的，自亦不能成立。但不论旧债为法定债或自然债（自然债虽无诉权，但仍不失为债，并可进行抵消、保证等），为单纯债或附条件的债，都可依更改而成立另一债的关系。

（2）须成立新债。如新债无效，旧债仍继续存在。新债附有停止条件时，条件若不成就，则更改也不发生效力。

（3）须当事人有更改的意思（animus novandi）。所谓更改的意思，就是当事人以成立新债用以消灭旧债为目的。若当事人没有更改的意思，仅在变更原债的某些条件，如将普通债变为连带债或选择债，即使债的标的或当事人的权利义务已发生了变化，但当事人并没有消灭原债的意思，也就不是更改。在法学昌明时期，若有更改的形式，即推定其有更改的意思。优帝一世时始正式规定，当事人须有明确更改的表示。

（4）须债的要素（主体和内容）与旧债的要素有所变更。如新债与旧债完全一致，则谈不上所谓更改。

（5）须履行一定的方式。为表示慎重，避免纠纷，罗马古时债的更改须依口头契约或文书契约，在文书契约废止后，则依要式口约。

（二）更改的种类

（1）变更债权人。即债务人向旧债权人所负债务，经更改后转向新债权人负担。这种更改在债不许移转时颇为合用。也就是旧债权人嘱托其债务人向第三人(新债权人)履行其给付。其方法是由债权人委托债务人向第三人为清偿,另则委托该第三人向债务人受领给付,再由该第三人以要式口约取得对债务人的债权。此种情形常见于自己为他人的债务人时,将自己的债权移转于其债权人以充清偿。其手续须经三方同意,所以对债务人来说则是一方消灭旧债务,另方则产生新债务,故为更改。

(2) 变更债务人。即原债权人对旧债务人享有的债权经更改后转归新债务人履行。也就是债务人委托第三人(新债务人)代其向他的债权人清偿债务。另又委托债权人向该第三人受领给付。通常该第三人即为委托人的债务人,其情况与前述变更债权人相反。从债权人来说,是一方消灭旧债权,另一方则取得新债权。所以也是更改。也须三方的同意才能成立。若该第三人(新债务人)未经债务人委托而向其债权人代为履行给付的,罗马称之为"代偿者"(expiomissio),实际上仅为保证之一种,并非更改。

(3) 变更给付。即变更债的标的以消灭旧债,发生新债。如将给付金钱的债变为给付物品的债,将给付物品的债变为给付劳务的债等。给付的变更与代物清偿不同,因后者债即因此消灭,前者则由新债代替旧债。变更给付的债为罗马法所不许,因更改的所以成立,是由于新债的给付,即为旧债的给付,如两债的给付不同,即为各自独立之债,不发生更改问题。此种纯理论的观点,不适应实际的需要,故不久法学家就承认以物的价值代替标的物本身的更改。大法官又给予债务人以抗辩权,拒绝债权人对旧给付的请求。到优帝一世时这种变更才直接发生效力。

(4) 变更债的性质。如变更诚信债权或侵权行为的债权为要式口约之债权等。

（5）变更附加或取消债的期限和条件。如将无条件改为有条件，将有条件改为无条件，将停止条件改为解除条件，将始期或终期变更，或将整个期间缩短或延长等。这种变更本来只是给付的附加条款，其发生变更，并不影响原定给付。但若当事人特别以期限或条件作为债的要素，则期限和条件的变更，也能成立更改。

（三）更改的效力

（1）消灭旧债成立新债。

（2）旧债所附的担保，如典质权、抵押权、保证等均随同旧债而消灭，但更改的当事人可以特别约定，使之继续从属于新债。经抵押物所有人的同意，且可保持原有抵押权的次序。

（3）旧债有利息的，停止计算。

（4）消灭迟延的责任。

（四）强制更改（novatio necessaria）[①]

后世注释家称“证讼”为“强制更改”。这种“更改”不是由于当事人的合意，其效力根据“起诉所以改善原告的地位而不是损害之”的原则，也与协议更改不同。在非常程序时期，“证讼”已不发生以往那样的效力，故强制更改的效力为：

（1）有时消灭债的本身，有时则仅产生抗辩权；

（2）旧债的担保继续存在；

（3）旧债有利息的，继续生息；

（4）加强迟延的效力。

① 亦有直译为“必要更改”的。

四、抵消(compensatio)

(一) 抵消的概述

抵消是指二人互负债务,其给付种类相同且都已到期而各得以其债务与他方债务互相抵消,使其相互抵消部分的债因之消灭。抵消制度的作用是:

(1) 可以节省互为给付和互受给付的精力、时间和费用。

(2) 避免发生损耗和不公平的结果,否则若双方中有一方无力清偿,势必有清偿能力的一方须履行其给付,而不能从他方获得对等的清偿。抵消制度则可避免此弊病。

罗马古时不允许债务抵消,保路斯曾说:“请求不须返还的物等于欺诈”。就是说不履行自己应履行的债务而主张自己的债权等于欺诈,就是指抵消而言。抵消分约定抵消和法定抵消。约定抵消是指二人合意消灭彼此间的债权债务。抵消契约的性质不同于清偿和免除。它是一种独立的契约,只要二人互负债务即可订立,不需要有其他条件。其效力的发生完全依照契约的规定。法定抵消是指二人互负债务,因具备法定要件而同归于消灭,不以二人合意为必要,一般所称的抵消,即指法定抵消而言。但罗马的法定抵消须由当事人提出,并非符合条件的即当然发生抵消的效力①。共和国末叶的抵消仅限于下列三种情形:

(1) 诚信契约所生债务的抵消。因在诚信诉讼中,双方产生于同一原因(ex eadem causa)的债权债务若已到期,就可以抵消。

① 后世学者对此虽有争议,但此为多数学者的意见。

例如受任人被委任人控告时，得就委任所生的费用申请抵消，因双方之债均因委任关系而发生，且债的标的是否相同，可以不问，因在程式诉讼中，判决的标的都以金钱为之，而承审员对是否抵消有权衡之权。而在严法诉讼中，承审员则无此权力。

（2）银行商的抵消。罗马共和国末叶，商人常常存款于银行商，并由银行商代其收支。故银行商对其顾客既有债权，也有债务，不论其是否由同一原因而发生，只要是同种类、同品质且已到期的即可，他们控告其顾客履行债务时，必须就其债权债务的数额相抵后，仅就其余额而作请求。倘若仅提自己所有的债权，而不作债务的抵消，即属“过分请求”（plus petitio），原告之诉就被驳回，被告即可开释。

（3）财产买受人和负债者之间的抵消。债务人因受判决而不履行，或因避诉而逃亡，或死后无人继承，则其债权人可将其全部财产拍卖而使其受破产的宣告。这时财产的买受人须承受债务人所有的权利和义务，对财产中的债权，买受人可向该负债者请求履行，则他们之间的抵消，就不受债权债务产生的原因、其种类和到期与否的限制。

马尔库斯·奥勒利乌斯帝时，敕答对严法契约所生的债亦允予抵消，如原告（债权人）对被告（债务人）也有债务，而于诉请履行时未预行扣除，则行同欺诈，被告可提起欺诈之抗辩，一经查明属实，被告即被开释，而不得判令清偿其差额。此项敕答也允许非由同一原因（ex dispari causa）发生之债，亦可进行抵消。因严法契约为单务契约，故被告得提出抵消的债权与原告之债权必由不同的二个契约所产生。

优帝一世时，抵消的范围进一步扩大到物权诉讼，而且被告提出抗辩后,抵消即当然(ipso jure)[①]生效。

(二) 抵消的条件

(1) 须有两个债权存在。即存在抵消的债权和被抵消的债权,且两个债权必须有效成立。自然债权(包括已因消灭时效而丧失请求权的)也可抵消。如两债数额不同,则按其最低额抵消。

(2) 债权须确定。两个债权要确实存在,要有确定的内容。如果债权是否存在不易证明,或其内容难于确定,或尚有疑问等,则不能适用抵消的规定。

(3) 须为相互的债。即当事人互为债权人和债务人,故监护人以被监护人的名义起诉的,债务人即不得以其对监护人的债权主张抵消。委任亦同。但罗马法也有例外,允许债务人得以其对第三人的债权抵消其对债权人的债务:

① 在债权让与中,债务人不仅对受让人可请求抵消其对后者的债权,并可提出抵消其在接到让与通知前对让与人的债权。因让与人不能转让较其所有为多的权利,且让与人与受让人未得债务人的同意,亦无权取消其原有的权利。

② 在保证债务中,债权人向保证人请求给付时,保证人可以就主债务人(不限其本人)对债权人所享有的债权提起抵消的抗辩。因保证人为从债务人,他可以使用主债务人所有的防御方法,否则保证人付款后必转向主债务人求偿,再由主债务人向债权人追索,这样不仅增加手续和耗费,且在主债务人发生支付不能的情况下

① 关于此处的"ipso jure",后世学者有不同的解释。有谓系指被告不需提出抗辩,抵消即当然生效;有谓系指在被告提出抗辩后,抵消即当然生效;有谓因被告如不提出,承审员就不知道,故非由被告表示意思而由承审员以职权予以抵消。

发生不公平的结果。

③ 在连带债务中，各连带债务人对债权人负有清偿全部给付的义务，故依原则，一连带债务被诉追时，不得以他连带债务人之债权向债权人抵消，但若连带债务人中因原有的法律关系可使履行清偿的债务人向其他连带债务人请求分担的，则被控的连带债务人得就其对他连带债务人请求分担的权利范围内，以该连带债务人之债权向债权人提出抵消，以节省手续。反之，在连带债权中，债务人被其中一人请求清偿时亦同。

（4）两债的标的须为同种类、同品质的代替物。抵消在使双方各获得经济上的利益，与受清偿无异，故必须双方的给付标的为同种类、同品质的代替物，才能在抵消后满足双方的要求。但在程式诉讼时期，由于各种诉讼标的，经承审员评估后一律改为金钱给付，因而抵消便不以同种类的代替物为必要。到了非常程序时期，法官的判决不再以金钱为限，原告可请求具体的给付。按债务人不得强制债权人受领给付以外之物的原则，故给付的种类不同时即不能抵消。若双方的债权皆以特定物为给付的标的，即使其物属于同种类、同品质的，亦不得抵消。双方给付种类相同而品质各异时，优等品质的债权人对于劣等品质的债务得为抵消，反之则否。双方或一方债权为选择债的，若选择权属诸被告，则被告有提出抵消之权。双方债权清偿地不同的，也可抵消，但提出抵消的人，应赔偿他方因抵消而生的损失。

（5）两债须均已到清偿期。在一般情况下，债务必须到清偿期债权人才能请求清偿，如在清偿期前许其抵消，等于在清偿期前强制债务人履行，剥夺了债务人对期限的利益。故双方的债以都到清偿期为抵消成立之要件。但享有期限利益的一方不妨抛弃期限的利益而于期前主张抵消。至于享有恩惠期的，其期限并不阻碍抵消，因恩惠期限原系给债务人宽以时日，使其设法清偿，抵消既能发生清偿的效力，则此项期限自无存在的必要。但协议抵消的，即使不具备上述条件，自亦发生抵消的效力。

（三）抵消的限制

双方债权如具备上述要件的，即可抵消，已如上述，但法律为了公益良俗，也有禁止抵消的情形，现列举如下：

（1）因不法行为所生的债权不得抵消。例如甲对乙负有侵权损害赔偿的债务，乙在受甲侵害之前对甲负有债务，他仍可请求甲赔偿，甲不得主张抵消。因为如果允许侵权赔偿之债与被害人欠加害人的债务相抵消，那么在债务人乙未能清偿其债务时，债权人甲可能以抵消的办法而故意侵害债务人的权利以泄私愤，这无异于助长不法行为，故应禁止。

（2）寄存契约中不忠实的受寄人不依约返还寄存人的寄存物的，寄存人可向受寄人请求损害赔偿，因寄存契约以信义为基础，故优帝一世禁止受寄人以对寄存人另有债权而作抵消的主张，强占该寄存物。至于因寄托所产生的费用，自当别论。

（3）以给付抚养义务为标的的债，债务人不能以对债权人另有债权而为抵消的主张。因为这种债务为在使债权人因债务人的清偿而获得必要的生活资料，否则即有失立法的本旨。

（4）对赋税、对国家出售财产之债、对市府受领遗赠之债等，债务人也不能主张抵消，以维护公益。

（四）抵消的效力

如前所述，抵消须被告申请，但一经提出，只要抵消的要件具备，法官即应批准，并无斟酌的余地，其效力如次：

（1）抵消和清偿一样，均是债的消灭原因。双方当事人的受抵消的债权债务按数额同时消灭。所抵消债权债务的从债权债务也一并消灭。未抵消部分的债权债务则继续存在。

（2）债的抵消有溯及的效力，即可追溯到可以为抵消的时候。如月初已具备可以抵消的情形，而当事人一方到月底才主张抵消，则债务消灭的效果应追溯至月初发生。所有双方债权的担保、迟延责任、利息和违约金等，也都自可以抵消时而消灭。

五、免除（acceptilatio）

免除是指债权人不受领给付而无偿地消灭债权的行为。也就是债权人抛弃其债权，解除债务人的履行义务。关于免除，有的罗马法学家认为可由权利人以单独行为自由行使；有的则认为债的关系为债权人与债务人双方的关系，不宜由债权人一方的行为而使债的关系消灭。对于由双方合意的契约而发生的债，更是如此。显然，免除债务在多数情况下为债务人所乐意，但也有债务人不愿消灭债务的情况，如有的人不愿受人之惠，特别对特定的人；又如学徒工为了学艺，就不愿其工作的义务被免除。因此，罗马法认为免除是双方行为，须债权人有免除的意思，债务人有接受的承诺才能生效。

免除分市民法上的免除和大法官法上的免除两种。市民法上的免除或正式免除注重形式。在罗马古代，债务的消灭必须采用与产生债权同一但相反的方法。例如依要式口约创设的债权，其免除也必须用要式口约问答的方式。由债务人向债权人发问："已受领了我给你所约定的东西没有？"债权人则答："我已受领。"这样，债务就完全免除了，即使债务人实际上并未对债权人履行给付，也不影响免除的效力。但债权人须有处分的能力，债务人须有利己的能力，故除痴癫及不满 7 岁的儿童外，均可接受免除。双方仍须亲自到场，唯债务人则可以其家属或奴隶代之。若债权人与债务人不在一地时，则可用“更改”的方法，由一方将其债权或债务转让给在对方所在地的代表，由后者代为履行免除的手续。如果不依这种方式，则债务人虽履行了给付，债务在市民法上仍不消灭。依文书契约成立的债，即于出纳账为相反的记载，但是否债权人和债务人均须各自记载，始能生效，盖尤斯未为明确的说明，但学者则谓以有债权人的记载即可。在现金借贷，则在履行“铜块和秤式的方式”时，由债权人声明已收到还款。但对准契约、要物契约、诺成契约和私犯等所生的债，则不能用相反的方式以为免除，故甚感不便。到公元前 66 年，大法官阿奎利乌斯·加路斯才提出一项办法，不论用何种形式成立的债务，先以要式口约“更改”该债，使之成为口约之债，然后再予以免除。称“阿奎利亚那要式口约”（stipulatio aquiliana），于是过去不能用市民法方式免除的债务，均可用此法以达到目的，但市民法上的免除不得附加条件和期限，因债权人确认债务已完全清偿，故此项免除与清偿发生同样的效力。对于附有保证的债务，保证人亦可免除责任。连带债权人中一人为免除债务时，其他连带债权人的债权即因而丧失。连带债务人中一人受免除的，其他连带债务人也就免除其债务。副债务人为免除债务的，债务人即解除对原债权人履行给付的义务。

大法官法上的免除又称略式免除。即未依法定方式免除债务的，仅由当事人订立“不索债的简约”（pactum de non petendo）。这在市民法上当然不生效力，债权人往往在免除后反悔，又向债务人请求给付,唯《十二表法》早规定,由私犯所生的债权,可因双方的和解而消灭。大法官为维护诚信原则,因而规定,只要当事人具备免除债务和受领免除债务的能力,又曾同意免除的,如债权人事后反悔,债务人可提起"已有简约的抗辩"(exceptio pacti conventi),拒绝其请求。这种免除可以附加条件和期限,或为部分的免除,也不拘任何方式,可以明示,如双方订立"不索债的简约",也可以默示,如债权人将债券退还债务人等,比较灵活。例如"不索债的简约",可以是对人的(pactum in personam),也可以是对物的(pactum in rem)。前者仅发生当事人间的效力,而不移转于双方的继承人,后者则不仅对当事人及双方的继承人生效,如从债务人的利益考虑,必须使第三人同沾免除的利益时,则该第三人亦受免除的利益。如债权人免除债务人的给付,保证人亦因而解除责任,否则债权人向保证人追偿后,保证人仍可向债务人索还,但反之则否。连带债务人中一人受简约免除时,其他连带债务人就在该连带债务人应分担的范围内享受免除的利益。但连带债权人中一人以简约免除债务人的清偿时,则仅该免除者不得对债务人再进行追索,其他连带债权人仍可向债务人请求全部的给付等。就是奴隶也可就其特有产的债权而免除其债务人的给付。凡市民法上的免除因不符合规定而无效的,如当事人确有免除的意思的,均可发生大法官法上免除的效力。但这种免除不消灭债的本身,而仅予债务人以抗辩权。此项抗辩是永久的,债务人且不负自然债的责任。

六、混同(confusio)

混同,广义是指两个相对的法律关系同归于一人的现象。权利和义务的存在以两个不同的主体相互对立为前提，若权利义务归属于一人，自然就因混同而消灭。混同包括物权的混同和债权的混同。前者如同一物的所有权与他物权归属于一人，后者即同一债的债权债务归属于一人，如债务人继承了债权人的遗产。这里是专指债的混同而言的，债的混同有以下几种情况：

（1）相对的债权债务同归于一人时，通常发生于继承中，例如债权人为债务人的继承人或债务人为债权人的继承人，以及债权人与债务人组织“共产合伙”等。混同发生时，债的关系即由于相对的债权债务集于一个主体而无法行使。因自己不能向自己索债，故债的关系即依混同的数额而消灭。但债权债务集中于一人而债权仍可行使的，如继承人限制继承债权人或债务人的遗产，或债权为他人的权利标的的，则该债的关系继续存在。例如，债权人甲将其对债务人乙所有的债权出质于丙以担保借款，使该债权为第三人丙的质权之标的，嗣后乙受让甲的债权时虽发生了混同，但甲曾经出质的债权并不因此而消灭，丙仍可向甲请求清偿借款，并可对乙行使质权。这一规定是为了保护质权人的利益。

（2）在连带债中，如债权人继承连带债务中之一人时，该债权人应就总债额中扣除被继承人应负担的部分，向他连带债务人为履行的请求。如连带债权人中的一人继承债务人时，他连带债权人于请求履行时，应于总债额中减去该连带债权人应享有的部分。若一连带债权人继承他连带债权人或一连带债务人继承他连带债务人时，则不发生混同的问题。

（3）在保证债务中，债务人和保证人混同时，如债务人继承保证人或保证人继承债务人，因为一人不能既是债务人，又做该债务人的保证人，故从属性质的保证债务，应归消灭。但保证债务对于债权人较之主债务更为有利的,也可以消灭主债务而保留保证债务,以保护债权人的利益。如主债务为自然债务而保证债务则为法定债务时,则保证债务仍然存在。

七、其他债的消灭原因

(一) 消灭的时效

这是指权利人在法定期间内持续不行使其权利因而丧失请求权或其权利的制度。权利本不因时间的经过而消灭,但对诉权若不加以限制,任其永久拖延,听任当事人缠纠不休,不利于维护良好的社会秩序,且债务人或在清偿后因时久不再保留收据,或收据在事变中丧失。对此,应有解除其负担的措施;至债权人既长期不行使其权利,即可视为有抛弃其权利之意思,否则也显有重大疏忽。所以产生了消灭时效的制度。罗马古时,债权除个别例外外,都是永久性的,且不许附以终期和解除条件,故没有消灭时效制度。其后大法官规定,由他们保护的权利,如在其任期一年内不起诉,其权利即不受保护,从而有了永久诉和暂时诉的区别。公元5世纪,特奥多西乌斯二世和霍诺里乌斯帝规定,不在法定期限内起诉的,仅不得再行起诉,也就是只失去诉讼的救济,却并不丧失权利,且将一般诉权的期限定为最长的30年,抵押诉权为40年,但仍沿用永久诉的名称。优帝一世时又改为寺院和慈善团体的诉权为40年,国库的税收则不受消灭时效的限制。消灭时效完成后,诉权即行消灭。但仍留有自然债,债权人可依非诉讼的办法获取清偿。但也有学者仍主张即自然债亦不再存在的。

（二）当事人的死亡

《十二表法》时，当事人的死亡已非债权债务消灭的一般原因，已如前述。法学昌明时期，如果依债的性质是着重当事人其人的，如依合伙契约、雇佣契约、委任契约等所发生的债的关系，则要随当事人的死亡而消灭。或法律有特别规定的，如因私犯所生的债务、副债权人的权利、允诺保证和诚意允诺保证人的义务等，也要因一方的死亡而消灭。

（三）当事人人格的变更

按市民法的规定，仅例外的消灭债权，如用益权、使用权等，但债务除因私犯而发生的外，须随人格的变更而消灭。其后大法官才规定了"回复原状"等救济办法，以便因债务人人格变更而消灭时，可以得到适当的救济。优帝一世时，人格小变更已不影响债务的效力。

（四）标的物的灭失

债无标的物即不能存在，故标的物灭失时，债即因之消灭。但标的物的灭失是由于债务人的过失造成时，原债即变为损害赔偿之债。若标的物的灭失乃为事变的结果，则除债务人已负迟延责任或另有特约外，债即消灭。

（五）无偿原因的竞合

债对债权人无利益时，自无存在之必要。况在程式诉讼时期，一切诉讼案件，均须以金钱估计，若无财产上的利益，即无从估计，最显著的例子就是无偿原因的竞合（concursus duarum lucraitvarum causarum）。这是指债务人依无偿行为负担的给付，债权人另依其他无偿行为取得之。例如，甲在遗嘱上载明将丙所藏的某画赠予乙，后丙以此画赠乙，则在继承开始后，甲的继承人虽依遗嘱无偿地负担该画的给付,但乙既依无偿行为取得之,两个无偿行为相重叠,即导致债的消灭。因甲若知丙会将此画赠予乙,就不会作此遗赠,而乙也不能对同一给付作两次无偿的受领。因此,第一,须是无偿行为之债,如为有偿行为之债,则不因债权人另以其他方法取得同一给付而消灭;第二,须债权人所取得的是同一给付,如取得的为他物,则其债权当然继续存在;第三,须债权人是无偿行为取得给付,如债权人以有偿行为取得时,则有权向债务人请求返还对价;第四,须债权人取得给付的全部,如仅取得其部分,则债权人就其缺少部分对债务人仍有请求权。

（六）判决

由于判决确定以后,可以消灭旧债,产生新债,故亦为债的消灭原因。在法定诉讼和程式诉讼时期,"证讼"亦发生同样的效力。

（七）仲裁

指当事人对双方发生的争端,既不各自让步,达成和解,又不申请法院审判,而商定选择第三人为他们解决。如议定仲裁人的裁决发生确定的效力,自亦为消灭债的原因之一。

（八）解除条件的完成

在附解除条件的债,条件一旦成就,该债即行消灭。

（九）终期的届满

附终期的法律行为,于期限届满时失其效力。

（十）和解

即由当事人相互让步达成协议,消灭债权债务关系。

（十一）当事人一方的意思表示

仅限于法律有规定或当事人有特约时发生作用。如合伙、委任或买卖契约中订定标的物有瑕疵时,买方有权解除契约等。

（十二）权利被剥夺

即债权人的权利，因其行使违法，致被剥夺，以示惩罚。如监护人于监护开始时未声明其对被监护人的债权，或在监护期内受让对被监护人的债权的，其债权即被取消；债权人控告债务人时，向法官或债务人的代理人行贿的，其债权消灭；马尔库斯·奥勒利乌斯时规定，若债权人不经法定程序而强行夺取其债权标的物的，其债权即行消灭。

第六编　诉讼法

第一章　诉讼法概述

诉讼法是罗马法的重要内容之一,是实现实体法的保证。马克思说:“审判程序只是法的生命形式,因而也是法律的内部生命的表现。”①虽然自法国大革命以来,诉讼法就从实体法中分离出去,成了独立的法律部门,然而在古罗马时代,诸法合一,诉讼法和实体法之间还远没有像现代这样彼此分离。法学昌明时期的法学家们虽曾对法律做过诸多分类,但他们从未将实体法与诉讼法区分为法律的不同部门;相反,在他们看来,诉讼法是保护权利和制裁不法行为的法规,它和实体法是不可分离的,正如马克思所形象地指出的:“审判程序和法律二者之间的联系如此密切,就像植物的外形和植物的联系,动物的外形和血肉的联系一样。”②因为权利必须有诉权的保障,否则即形同虚设。因此罗马人就认为,先有诉权而后才能谈到权利。作为这种观点在立法上的反映,《十二表法》就是把诉讼规范放在实体规范之前而列了三表:传呼、审理和执行。至于法学家的著书立说,通常是采用两种编制方式:一是三分法的编制方式,即分为人法、物法和诉讼法;二是两分法,即把关

---

① 《马克思恩格斯全集》第1卷,第178页。

② 同上。

于权利保护的诉讼规范分别列入人法和物法的相应部分。无论他们采用哪一种编制方式，他们都不言而喻地把诉讼规范和实体规范视为一个整体。相比较而言，当时采用三分法的法学家较多。例如，盖尤斯的名著《法学纲要》，就是采用三分法的编制方式。后来优帝一世钦定的《法学纲要》，也是采用这种编制方式。三分法的优点是可以避免诉讼规范的重复、散乱和不协调，它为诉讼规范的系统化及其近代与实体法的最终分离创造了条件。特别值得指出的是，在古代罗马，诉权都由法律分别规定，其数额是有限的，各有特定的名称，如“恶意欺诈诉”（actio de dolo malo）、“购买诉”（actio empti）等，各有适用的条件和程序，除此之外，权利人不能请求司法救济。同时，一权利又常有数诉权，权利人可选择其一而提起；而一权利受侵害，权利人也往往要运用数个诉权才能达到保全其法益的目的，不若现代法的一权利仅有一个诉权，并没有几个诉权可供原告选择。而原告对实现其权利，也仅以提起一诉为已足。这说明先有权利而后产生诉权，把诉权视为权利的要素，此乃经过寺院法改革后的结果。

正是因为古罗马，诉讼法在立法和法学理论上与实体法紧密地结合不分，大法官便可通过他在诉讼中的主导地位，创造新的诉讼方法或诉权，确立与其相适应的实体权利，改变已经不适应社会生活条件的旧的实体规范，从而促成罗马法的不断发展。共和国时期，大法官法所有权、大法官法继承权等新的实体权利的确立，就是大法官们运用诉权，改革旧的实体法的范例。所以后世研究罗马法的无不对罗马的诉讼法予以相当的重视。只有对罗马的诉讼法有一定的了解，方可窥见罗马法的全貌，方可弄清其演变的来龙去脉，也才能懂得罗马法在当时的历史条件下如何施行、演变和发展,从而更好地对其批判借鉴,以服务于我国当前的法制建设。为此,国外有些罗马法学者就把诉讼法作为绪论或总论的一部分,而后再论述人法和物法。本书仍按罗马法通常的编制,以示原貌。

从罗马建国到优帝一世主持编撰其法典等,中经一千余年,其间罗马的诉讼制度有很大的变化、发展。其总的趋向是:从自力救济占重要地位到比较完全的公力救济,从严格的形式主义到更多注意实事求是,从法律审理和事实审理分阶段进行到由法官统一处理。按照诉讼形式的不同,可将罗马诉讼制度的历史沿革大体上分为三个时期:法定诉讼时期,程式诉讼时期和非常程序时期。多数学者认为,约在公元前2世纪以前,罗马以实行法定诉讼形式为主逐渐过渡到程式诉讼;其后到公元3世纪末,以实行程式诉讼形式为主并向非常程序过渡;再后则完全实行非常程序。这三个时期之间并无明确的分界。古代各国是先有刑法,后又诸法合一,但古罗马由于商品经济的发展,民法部分远较刑法部分为发达,故诉讼法的发展,有关刑诉方面即因袭和附属于民诉。以下各章,主要就这三个时期的民事诉讼法分别择要加以介绍。

第二章　法定诉讼(legis actiones)

按照法定诉讼制度,原告必须根据法律规定的诉权起诉,当事人在诉讼中必须使用法定的言辞和动作,稍有出入,即致败诉。故称其为法定诉讼。

一、法院组织

(一) 私诉程序(ordo judiciorum privatorum)[①]

共和国时期,民事诉讼案件,须经"法律审理"(in jure)和"事实审理"(in judicio)两个阶段,关于这点,我们将在下文作进一步的叙述。

(二) 法官

王政时期,王独操司法的全权,共和国以后,改由执政官掌握,已如前述。公元前 367 年,由于公务日繁,为了减轻执政官的负

① 共和国时期,关于刑事案件,元老院受理叛变等极为重大的案件,军伍大会受理死刑上诉案件,平民议会和地区大会可受理判处罚金的案件,一般刑事案件则由内务大法官助理审理。公元前 149 年,《卡尔布尼亚法》(*Lex Calpurnia Vepetundarum*)设置刑事专庭,受理官吏的贪污受贿、横征暴敛案件。后因刑事案件增多,改置常设刑事庭,但仍由内务大法官领导。

担，另设专职大法官一人处理民间纠纷是为司法权和行政权的初步分离，另设兼理市场买卖奴隶、牲畜纠纷的市政官二人，但执政官仍可受理非讼事件。公元前 242 年，因外国人来罗马经商做工的日多，又增设外务大法官一人，受理外国人相互间和外国人与市民间的诉讼。因此，原来的大法官便称内务大法官。但大法官仅驻罗马办案。随着国土的扩张，在意大利，除少数城市保留司法特权外，则于各市府间设置司法中心，由大法官委派代理法官（praefecti jure dicundo）代行其职权；行省则由总督兼理司法，实际上案件多由总督助理处理，并组织巡回审判，以解决省区辽阔的问题。共和国时期的高级司法官，由军伍会议选任，任期一年，并非如现代西方国家法官的终身任职。最初司法与行政不分，执政官一方面处理行政，一方面受理诉讼，故当时罗马的高级官吏，一般都有“统治权”或“谕令权”（imperium）、“司法权”（jurisdictio）。前者为专属的权利，不得委托他人代理，司法权则否。所谓谕令权，即有颁布命令和禁令，命令市民为某行为或禁止市民不得为某行为之权，如占有令状、财产扣押或处违令者以罚金等。享有统治权的官吏，出行时有 12 侍卫持“法西斯”（fascis）①为前导，低级官吏则无谕令权。至于司法权，其管辖的案件分“诉讼事件”（jurisdictio contentiosa）和“非诉事件”（jurisdictio voluntaria）。诉讼事件，即当事人对于某事发生争议，须法官为之解决。法官对此类案件的处理可用 do，dico 和 addico 三字包括之。do 是指法官在当事人各自陈述意见后，任命承办案件的承审员（do judicem）；dico 是指法官决

---

① 一束打人用的笞棒，中间插一斧头，作为权力的标志。行刑时先用笞棒鞭打罪犯，再用斧斩首。

定在诉讼进行中由何方占有讼争物(dico jus);addico是指法官于被告未为正当的辩护时,即承认原告权利的正当而将讼争物或被告本人裁交原告(addico litem)。[①] 非讼事件,即当事人对于案件,双方并无争执,仅在利用法官的权力,完成合法手续,确认某项事实或行为的法律效力,以免日后发生纠纷,实为虚拟诉讼,由当事人佯为争议,唯被告不为辩护,或即承认原告的主张,于是法官即判原告胜诉,例如解放、收养和所有权的移转等,即后世公证制度的滥觞。

司法权的行使,因诉讼事件和非讼事件而不同。关于诉讼案件,法官须在法庭(pro tribunali)受理。不过当时的法庭仅在议事厅设一座位,法官即坐着问案,其他人都可站立旁听,但法官须于听讼日(dies fastus)办案。古时每9日一市(nundinae),集市之日,视为节日,不得听讼,加以会议日和其他节日,实际上一年中听讼日仅约40日。公元前3世纪80年代,《霍尔滕西亚法》为了便利郊区居民进行诉讼,规定嗣后集市日不作节日计,同时法官不得受理与自己及其亲属有关的案件,即后世的回避制度。至于非讼事件,则不受上述的限制,不论何时何地,长官都可处理,也可自行解放奴隶和子女等。法官管辖权的有无,视被告的住所而定。故原被告不在一地的,原告应向被告住所的法官起诉,即使是有关物权的诉讼也不例外,此即后世"以原就被"的原则。但若被告原籍是罗马或意大利的,即使其住所在外省,则在其回到罗马或意大利时,原告亦可向罗马或该意大利城市的法官起诉,称"原籍管辖"(forum originis)。

---

① 关于dico和addico的解释,学者间有所争议,作者从通说。

法官除上述的谕令权和司法权外，法律还赋予一些特别的职权，例如监护人、保佐人的任命，未成年人转让不动产的批准等。

（三）审判员

审判员的职务仅在审查案件的事实，例如“要式买卖”中的证人是否适格，买受人的言辞和动作是否完全符合规定等，按法官的指示而为判决。有些学者认为审判员的作用在于减轻职务繁忙的法官审查事实的负担，而由当事人选择对本案富有经验又可信赖的人审理判决，又可避免法官的偏颇徇私。审判员有临时指定的，其任务于宣判后即行终止；有组织法院的，则有一定的任期。

1. 临时指定的审判员

（1）承审员（judex），由当事人在长官编造的承审员名单（album judicum）中自由选择一人，由法官加以任命。如双方于人选意见不一或原告提议的人选被告不予同意，则由原告另选一人，依次类推，至被告同意为止。如被告固执不同意原告的人选，则用拈阄的方法决定，后并限制被告可以拒绝的人数。承审员在当时须为元老员始有资格担任，认为他们地位高尚，办事公正，其名单则公布在广场，以供选择。承审员审理案件时是一个人，故又称“独任承审员”（judex unus）。其任务是公务性质，一经任命，没有正当理由，不得拒绝。就职时应履行忠于职务的宣誓，如有渎职受贿等事项，须受严刑的制裁，重的可处死刑。他对案件只作判决，至于执行则由胜诉方自行处理，仍保留了自力救济的痕迹。

（2）仲裁人（arbiter）。仲裁人实际上也是广义的承审员，不过承审员审理案件时为一人，仲裁人审理时是数人合议。《十二表法》规定关于土地疆界的诉讼，应由三个仲裁人会审解决。有些学者认为案件须严格依法判决的乃承审员的职务，如案件须斟酌实际情况，审判员有权衡之权的，则属仲裁人的任务，如疆界的划分、共有物的分割和损害的估计等，故仲裁人的权限实较承审员的为大。

（3）外务仲裁人（recuperatores）。关于外务仲裁人的起源，文献记载不详，通说谓罗马古代与邻邦订立友好条约，因设外务仲裁人以解决市民与友邦人民间的纷争，其职权即由条约规定。也有的学者认为，外务仲裁人最初的职务是在罗马与他国议和后，处理市民被交战国人民所掠夺的财物，故原称“物件收复者”（reciperatores）。外务仲裁人的名额为单数，通常为 3 人或 5 人，一半是市民，一半是该国公民，另一人则为第三国公民，便于在双方意见相等时作出判决。至于他们怎样选定，是由当事人自行选择或由法官直接任命，已无从考证，但其手续则较为简捷。

2. 法院

共和国末叶，行使事实审理职权的，除临时选定的审判人员外，还组织了一些专门法院，它们各有特定的职权，其审判人员由地区大会选举。

（1）三人法庭（triumviri capitales）。其职权在审理特定的私犯，如违反城市宵禁的治安和高利贷等，至奥古斯都时已废止。

（2）十人法院（decemviri judicandis）。据西塞罗称，十人法院的职权在审理有关身份问题，如市民身份、自由身份等。由于身份在古罗马极为重要，故不由一般承审员或仲裁人审理，而另由地区大会选举的审判员组成法院审理之，以昭慎重。

（3）百人法院（centumviri），又译“大审院”。由每区选举 3 人组织之，公元前 3 世纪，罗马市区扩充为 35 个区，故该法院共有审判员 105 人，故称。每年改选一次，设院长一人，审理时树一长矛在法院前，作为权力的标志，故该院院长也称“带矛的大法官”(praetor hastarius)，其职权在受理继承、监护和不动产等的案件。

上述法院的管辖范围，仅以罗马市为限，至于意大利和行省所发生的有关身份和继承等案件，通说谓其事实审理仍由承审员、外务仲裁人等处理。

二、法定诉讼的特征

(1) 它是罗马市民专有的法制，最初仅适用于罗马市民，外国人不得援用。

(2) 原告须有法律规定的诉权作为诉讼的根据，法律按各种权利的性质分别规定应履行的方式和诉权。凡法律没有规定的，纵然其正当利益受到侵害，法官亦无权受理。反之，法官亦不得拒绝受理(denegare legis actionem)。所谓法律规定的诉权，最初仅限于市民法有规定的，后扩展为包括大法官法上的诉权。

(3) 审理程序分为法律审理和事实审理两个阶段，两者都公开进行，实行“公开审理”原则。每一案件，须由原告先向法官提出，就讼争进行陈述，被告可进行申辩，双方并可互相反辩，即后世诉讼法的“不告不理”和“言辞辩论”原则。由法官决定诉讼在法律上是否可以成立，是否应当受理；如果是应当受理的讼争，再由选定的承审员审理，查明事实，作出判决。法律审理和事实审理不是两个审级，而是同一审级的不同诉讼阶段。此种制度的形成，有些学者认为是由于政治制度的变更。在王政时期，司法权本来完全由王行使，并无法律审理和事实审理之分；到了共和国时期，王的职权改由执政官行使。为了削弱集行政等权与司法权于一身的最高统治者的权力，免其独断专行，除人数由一人改为二人，任期由终身改为一年外，并规定有关讼争作出最终判决的权力掌握在当事人自行选定的承审员之手。也有学者认为，此种制度的形成，乃是原始社会的自力救助向公力救济过渡中的一种自然现象。因为古代遇到发生纠纷，常由当事人选定有声望的人进行仲裁。后来，国家机构逐渐健全，权力扩大，乃规定讼争应先经法官审查，然后再交付仲裁。也有主张这一原则实开始于塞尔维乌斯·图利乌斯，这是该王政治革新的一端。直到程式诉讼时期，案件的审理仍分为法律审理和事实审理，帝政后期始行废止。地奥克莱体亚努斯帝时，诉讼才一律由法官全权审理。

（4）在法定诉讼中，诉讼的主动权在当事人而不在法官。法官完全处于被动地位，纯系机械地按法律规定办事，类似一个证人。有关传唤和执行等诉讼事务，仍由当事人自行办理，可见自力救济在当时仍占重要地位，新兴的罗马国家还没有建立起以公力救济为指导思想的完备的诉讼制度。

（5）实行严格的形式主义。表现在当事人于诉讼进行中，须严格遵守法定的言辞（verba certa）和动作，例如，关于砍伐葡萄的诉讼，应用“树木”（arbores）一词，而不得直接称“葡萄”（vites）。因《十二表法》只规定非法砍伐树木的应处罚金，而没有提到葡萄。又如关于所有权的诉讼，当事人必须以杖触及讼争物等。否则，稍有错误，即使理由充足，亦必败诉。又因严格实行“一案不二讼”（bis de eadem re ne sit actio）的原则，对同一案件不得再次起诉。故原告因诉讼瑕疵而败诉的，即丧失司法救济的保护。

（6）每一诉讼仅限一个标的，故如果对同一被告有数个请求时，应分别起诉。

(7) 除“财产扣押”(pignoris capio)外,当事人必须亲自到场,原则上不得由他人代理。仅下列情况为例外:一是公诉,凡市民均可提起,无须受害人亲自到场。例如,由室内向道路投弃物品致人伤亡的,不必受害人亲自起诉,凡市民均可控告加害人。二是关于自由身份之诉(actio pro libertate)。由于奴隶在罗马法上无人格,不能作为诉讼当事人,故只能由其他自由人作为“自由辩护人”(adstor libertatis)代其进行诉讼,以辨明其是否为奴隶。三是监护人得为被监护儿童(infans)的利益起诉或其他市民对不称职的监护人起诉。但实践中,当事人为了避免不得代理诉讼的限制,常于订立契约时加入副债权人(adstipulator)以解决其困难。此外,在职的高级官吏涉讼时,为了维护其尊严起见,也允许用诉讼代理人。到了程式诉讼时期,诉讼代理才渐次扩展为一般制度。

(8) 诉讼全用言辞而不用书面,不仅没有书状,即使法官和承审员也不记录当事人的陈述和证人的证言,一切全凭人证,故于诉讼终结时当事人须请人作证,证明诉讼的经过。

(9) 是为富有者服务。当时虽没有交纳诉讼费的制度,但当事人在诉讼活动中常须交保,提供牛羊或誓金作为败诉的代价,遂使贫穷的平民无力进行诉讼。

综上可见,法定诉讼乃是服务于奴隶主贵族的形式主义的以自力救济为重要补充的不完备的诉讼制度。由于它的严重缺陷,如专重形式忽视实质,有失公允;其诉权范围甚狭,仅限法律有明确规定的;且当事人只限市民,不能适应社会经济发展的需要。故在公元前 2 世纪末期即在事实上为程式诉讼所代替,并于公元前 17 年为《优利亚私诉法》(*Lex Julia de judiciis privatis*)明令废止。

三、法定诉讼的程序

(一) 传唤(in jus vocatio)

原告(actor)欲对被告(reus)起诉,应亲自向被告传唤。《十二表法》规定,原告一般可于公共场所,用法定语言通知被告在诉讼日到法官前进行诉讼,被告应即遵从原告的要求。如果被告拒绝,原告得请第三人作证,牵之同往。若被告企图逃避,原告有权施以强力,扭之前去。但若被告因年老或有病不能行走的,原告应备车马,供其乘骑。因此,就法律审理而言,不发生缺席审理的问题。如果当事人的住所不在一地,则适用"以原就被"的管辖原则。

被告欲免原告的传唤,应找一有相当财力的保人(vindex)担保其随传随到。如原告认为保人的财力不及被告的,被告应另行更换。罗马人视住所为不可侵犯的,因之,原告不得越被告的门槛,入内强被告到庭。所以,若被告深匿不出,原告即无法进行诉讼。最初法律并无救济的办法,后来大法官允许原告暂时占有被告的财产,作为强制。

传唤的手续,较为粗暴,故因被告的地位或原被告间的关系,判例规定,市民对长官、卑亲属对尊亲属、解放自由人对恩主以及祭司在举行祭典和男女在举行婚礼时都禁止使用。卑亲属和解放自由人对尊亲属和恩主起诉,还应预先经长官的批准。

古罗马最初,法官仅在"听讼日"出庭受理案件,故原告只能在该日传唤被告到庭应诉。其他,如宗教节日、国庆节日、会议日、集市日等,均为非听讼日(参照期日和期间)。这在自然经济占主导地位的农业社会时代,此种规定尚可满足当时人们的需要。随着经济的发展和交往的扩大，讼争也日益增多，于是又规定集市日也可进行诉讼，以便利城郊的居民。在西塞罗的著作中，已经有大法官于非诉讼日办案的记载。

（二）法律审理（in jure）

法律审理的过程是，当事人一同到法官前，由原告依法定方式陈述意见并做规定的动作，如果被告不加抗辩，讼争就不能成立，法官即认为原告主张的权利正当，允许其自行执行；如果被告依法抗辩，法官当即令双方选定承审员并加以委任。以后《披那里亚法》（*Lex Pinaria*）[①]又将选任承审员的期限规定为30日，以便原被告商定人选和进行和解，到期双方再到法官前接受任命的承审员。有时法律审理当天不能结束，则被告例须交保，"出庭保证"（vadimonium）。保人保证其被保人在下次庭询时如期到庭，如果对方认为保证人的财力不足，可以要求"补充保证"（subvades）。

（三）证讼（litis contestatio）

证讼是指法律审理完毕后，当事人请求参加旁听者作证的要式行为[②]，其目的乃为证明在事实审理时案件确已经过法律审理以及双方争执的所在和所选定的承审员，其效力在于确定诉讼的成立，发生更新债权的作用（物权则否）。申言之，即消灭原告原有的权利而代之以法律审理中所确定的权利。关于证讼更新债权之作

① 这是根据盖尤斯的记载，但该法在何年制定则不详。

② 关于"证讼"的确切期间，学者意见不一，有认为是在法律审理开始时的；有认为在法律审理后，但在选任承审员前，还有主张是在承审员宣判后用以证明判决的内容。本书从通说，按 litis 为"争讼"，contestatio 为证明，合之乃请人证明诉讼的经过。国内学者多译为"争讼"或"争诉期"，有的甚至将 contestatio 译为"结合"，作"诉讼争点的结合"，实属欠妥。

用及其效力,在叙述程式诉讼时当再详述。

（四）事实审理(in judicia)

事实审理由临时选定的承审员或常设法院为之,已如前述。具体做法是:当事人须于任命承审员的第三日到庭听候公开审理,如果一方没有派人提出正当理由而缺席,则待至正午,过时承审员即宣告缺席者败诉。如双方均按时到庭,则由承审员调查争议事实的有无及其法律形式是否完备。当事人各得提出有利于己的证人,并进行辩论,且有权请辩护人协助,承审员对于案件的审理,以证讼时的情况为准,此后,即使发生变化,如物件损坏贬值等,也不予考虑。对于证言的认定和取舍,则完全凭其“自由心证”,不受任何法令判例的拘束,并仅能视法律行为是否具备法律规定的形式要件而确认其有无效力,而不管当事人的真意如何。如一案至日落仍未完毕,则移至次庭续审,在审毕后即当众宣判,承审员的任务即行终了。

（五）执行(cxecutio)

承审员作出的判决,具有最终的法律效力。但此种效力当时尚无公力救济手段为后盾。如败诉一方不履行判决,须由胜诉一方自行采取必要措施以促其实现,必要时甚至可拘押其人。

四、法定诉讼的方式

法定诉讼采取严格的形式主义,因此,如果当事人的诉讼要求不同,诉讼的具体方式和做法也不同。据可考的文献,法定诉讼的方式共有五种。其中关于执行的诉讼方式有拘押和扣押;关于解决权利的诉讼方式有宣誓决讼、申请任命仲裁人和要求返还。依次分述如下：

（一）拘押（manus injectio）

拘押是古代产生最早的保障私有财产权的唯一诉讼方式，乃由自力救济演变而来。最初，在权利受到侵害，若人们都认为这是显然无可争议的，例如，对要式金钱借贷（nexum）中到期未还款的借用人和现行盗窃，都可直接实施拘押。嗣后，社会关系日趋复杂，许多问题往往不易确定，乃有对神"宣誓决讼"（sacramintum）的产生，必对方败诉，方可进行拘押，称为"判决拘押"（manus injectio judicati）。其在法官前承认对方的权利的（confessus in jure）亦同，因此，拘押就变为诉讼中的执行程序。但对现行盗窃、要式现金借贷和嘱令遗赠（legs per damnationem）仍不需经过审判。共和国末叶，罗马的统治者为了加强对某些权利人的保护，曾制定了一些有关直接拘押的法律，例如《普布利利亚保证法》（*Lex Publilia de sponsu*，公元前250—前150年间通过）规定，保证人代主债务人履行给付后，而未于6个月内受清偿的，可不经审判对主债务人实施拘押程序；《夫里亚保证法》（*Lex Furia de sponsu*，约在公元前230—前130年通过）规定，在有数个保证人时，如其中有保证人代偿的债额超过其应分担部分的，该保证人对债权人也有直接实施拘押之权，称"准判决拘押"（manus injectio pro judicatio）；《马尔西亚法》（*Lex Marcia*，约在公元前342年后通过）规定，债务人对于所付超过法定利息的返还请求；《夫里亚遗嘱法》（*Lex Furia testamentaria*，约在公元前200年通过）规定，继承人对于超过特留份的遗赠的返还请求，都可直接实施拘押程序，但债权人和受遗赠人有权提出抗辩，只是应找请保证人，在抗辩不成立时，承担加倍偿还的责任，称"纯粹拘押"（manus injectio pura）。其后，为了解决找请保证人的困难,《瓦利亚法》(*Lex Vallia*,约在公元前 200—前 120 年间通过)规定凡受拘押的债务人,除判决和准判决的拘押外,不须交保,仅在抗辩无效时加倍偿还即可。至于享有直接拘押权的,仍不须经过审判程序。关于执行的具体方式,《十二表法》第 3 表规定,普通债务到期时,债务人有 30 日的宽限期设法还债。如逾期仍不清偿,债权人即可以武力扭送债务人至法官前,以手触其身,陈述负债的原因和数额以及未为清偿的事实。其陈述须用法定的语言。据盖尤斯记载,债权人对判决的债务人须为下述法定言辞:"你经判决,应偿我 1000 阿司,乃抗不交付,因此拘你。"此时被告不得反抗,但第三人得为被告的保证人,抗辩原告拘押的不当,这样,原债务人即免除责任,改由保人和原告进行诉讼。但保人只能就原告实施拘押之点加以攻击,如债已清偿或已更新等。因"一案不二讼",故不得对原案的判决予以指责。如保人败诉,应受加倍偿还的处罚。如果被告不能清偿,也不能和原告成立和解,又无亲友出来作保,法官即将债务人裁交债权人。债权人即可将该债务人囚于私牢,系以重量不超过 15 磅的铁链,日给谷饼一磅,拘押期为 60 日。在此期间,债务人虽丧失自由,但并不丧失行为能力,仍可与债权人进行和解;且如嫌食物不好,也可自备饮食。债权人应三次牵债务人至市场找保,宣布其应偿的数额,使其亲友怜悯而代偿。如期满仍无办法,债权人即可出售债务人于国外为奴,甚或杀之。如有数债权人时,则共分享出卖的价金或分割其尸体。最初屠杀分尸,可能是古代唯一有效的制裁。当时罗马人视负债不偿等同盗窃,而债权人的扣押尸体,乃对债务人亲属的严重压力。因为罗马人视亡魂为神明,债权人留尸不令如礼安葬,则亡魂便不能安身天国,必怨而降祸于其亲属,亲属惧祸降及其身,自必多方设法代为偿债。如果债务人无亲属或其亲属贫穷，无力代偿时，才出卖为奴。拘押制度野蛮残忍，为平民所反对，经过斗争，公元前 325 年，《珀特利亚 · 帕披里亚法》（*Lex Poetelia Papiria*）修订了拘押程序，改为非因私犯所生的债权，债权人不得将债务人系链拘押，并禁止出卖和屠杀，后又改为债权人一般仅能就债务人的财产受偿，如果不够，则由债务人以劳役折偿，至足以清偿为止。

（二）扣押（pignoris capio）

扣押为债权人不经审判程序，对不履行债务者的财产直接实施扣押，以迫使其履行给付的行为。拘押为对人执行，扣押则为对物执行。扣押制度的产生，虽在《十二表法》以前，但在拘押制度之后。由于私有财富已有发达和拘押程序的烦琐、残忍，债权人遂改采最简便的办法，扣押债务人的财产，以达到受清偿的目的。但当时扣押实施的范围很狭，其依据习惯的，如士兵的饷银（aes militae）、购买军马的价金（aes equestre）、军马饲料费（aes bordearium），兵士对负有缴纳义务的人的财产有直接扣押之权。其依据法令的，如《十二表法》规定，出卖牲畜供祭神之用的，或出租牲畜以租金作为祭神费用的，出卖人或出租人在不获清偿时，对债务人的财产也有扣押权。其后按《监察官法》（*Lex censorial*）的规定，国库对国家债务人的财产、包税人（publicani）对欠租农民的财产，均可实施扣押。

扣押作为私人行为无须法官的参与，故在不听讼时亦得为之，扣押时也无须债务人在场。但债权人在实施扣押时应在证人前为一定言辞的声明，故多数学者认为，在自力救济作为诉讼之重要补充的当时，扣押实际上成为一种法定诉讼的方式。扣押是对债务人的一种强制，目的在迫令其清偿，债权人并不能以扣押的财产抵偿其债权而将该项财产作为己有。债务人对于债权人的扣押,如有异议,也可对债权人提起诉讼,同时,法官为了避免当事人因败诉而毁损财物,也可裁定将它交一方或第三人占有保管。至于债务人经扣押后并不清偿赎回,文献对这种情况并无记载。有的学者主张债权人可把它毁弃,这种措施对当事人和社会显然不利,似以债权人经时效的完成即取得扣押物的所有权更为合理。

(三) 宣誓决讼(sacramentum)

1. 概说

宣誓决讼是指当事人于诉讼进行中,各宣誓以证明其权利正当的程序。最初,宣誓决讼仅用于解决所有权问题。在土地公有时,私有财产只有动产,用拘押程序保护。凡盗窃他人财物的,由所有人自行捕获实施拘押。但如所谓窃贼或其保人否认被窃者的所有权时,则在拘押之前,应先解决所有权的归属。此时,双方应向神宣誓,主张其权利的正当,窃贼惧受神罚,自不敢宣誓,即将原物归还失主,以息争端。如持有者并非窃贼,也宣誓讼争物为己有,则双方只有诉诸武力,凭神为证,以决斗代判决。若一方放弃决斗或决斗而失败,则讼争物即归胜方所有。其后社会组织较为健全,统治者为阻止私斗的危及公共秩序,乃禁止私斗而令将争端交付仲裁,此项仲裁人当时多为祭司,其任务仅在凭其"自由心证"审查何方的誓言是正当的。至此,原为制裁盗窃而可用的这项办法,便成为独立的诉讼,用以解决当事人中谁的主张是正当的。在土地私有后,所有关于土地的争执,也适用此项程序,并扩及债务人否认债权的存在等,于是宣誓程序遂成为普通诉讼。凡权利不受特定诉权保护的,均可采取宣誓决讼以资救济。王政时期,当事人于宣誓时,须视案件的大小轻重,各提供牛5头或羊5只于祭司。

诉讼完毕时，即将败诉方提供的牛或羊用以祭神，以赎其伪誓之罪。但提供牛羊，往往与诉讼标的价值不符，又常影响农牧业生产，更使贫苦的当事人无力应付，而抛弃起诉或答辩的利益，所以援用者不多。共和以后，政教分离，当事人提供的牛羊，不再用于祭神，而是作为罚款由国家没收，并把牛羊折合为现金，每头牛为100阿司，每只羊为10阿司。《十二表法》第2表第1条规定：一案标的在1000阿司以上的，交誓金500阿司，不满1000阿司的，交50阿司。关于自由身份之诉，不论当事人家产多少，一律交付50阿司。因此，又译为“誓金诉”。以后，又允许当事人提供保人以代现金，大大便利了贫苦的穷人。公元前3世纪末叶，币值大幅度下跌，提供誓金已无足轻重，遂使宣誓决讼更为普及。

2. 适用范围和方式

宣誓决讼既可适用于物权，又可适用于债权，因此分为“对物的宣誓决讼”（sacramentum in rem）和“对人的宣誓决讼”（sacramentum in personam）两种，盖尤斯对此有具体的叙述。

（1）对物的宣誓决讼。这是解决所有权等物权的诉讼程序。诉讼的标的，须带到法官前，如为不动产，最初须亲到该处，后允许用该物的标记代之，如讼争物为土地，则以泥块代之，房屋则以砖瓦代之，如为树木等笨重不便携带的物件，则以树枝等代之。诉讼中当事人不分原告被告，在法官前双方都主张讼争物为自己所有，故对自己的主张为原告，对他方的主张则为被告。假定甲向乙争为奴隶A的主人，则由甲传唤乙至法官前，并要乙带着A一同去。在法官前甲乙各用法定的言辞，宣称自己是A的主人，先由甲讲：“我声明依罗马法的规定，这个奴隶A为我所有”，讲完就以木棒触A的身；乙也做同样的言辞和动作，双方模拟古人搏斗的状况，其木棒即代表武器。法官即命令当事人停止殴斗,“双方都放开这个奴隶”,表示纠纷归国家处理,随即进入宣誓程序。甲即问乙“你有什么理由主张A为你所有?”乙则答“依罗马的法律,我发誓主张我的权利”。甲又说“你敢用50阿司来决胜负吗?”乙又答“我当然敢”,于是双方即提供誓金或交保,接着法官即开始任命双方选定的承审员。如果是重大案件,在共和国末叶,则送交十人法院或大审院审理。至于讼争物保管问题,先由双方协商,协商不成,则由法官裁定,在诉讼期间暂归一方保管,并令其交保或交第三人保管,到期由承审员审理。依双方提出的证据,宣判何方誓言的真伪,应丧失誓金,其职务即行终了,但不得调和双方的主张而为折中的解决。如双方都没有能证实其权利,则宣告两造的誓言是虚假的,而没收双方的誓金,讼争物仍由占有者继续保管。如果占有讼争物者证实其所有权时,则由其收回誓金,保留物件。由于“一案不二讼”,该案即成定局,至于他方的誓金,则被没收。后来这项誓金逐渐演变成赌注而归胜诉者所得。如果是不占有讼争物的一方证实其权利,则承审员宣判他的誓言是真的,由占有人将讼争物交还胜诉方。如前者拒绝返还,或由于讼争物灭失而不能返还,则不得直接判令败诉者将讼争物交给胜诉者,胜诉者只能向保人诉追或请求法官任命仲裁人估定其所蒙受的损失,使败诉者支付双倍的金额。

（2）对人的宣誓决讼。是解决债权的诉讼程序。古代仅对特定的债权和私犯可以直接实施拘押,对其他一般的债权则须经审查核实后才可进行拘押。其程序较对物的宣誓决讼为简单,因这是原告对被告的一种请求,故没有携带讼争物、以木棒触物和裁定占有等手续。其程序先由原告宣称债务人负债的数额、原因和性质,次由债务人提出抗辩,再由债权人宣誓其确有债权,债务人也宣誓其并不负债,于是双方缴纳誓金或提供保人由法官任命承审员进行审理。如果被告在法官前不对原告的主张提出抗辩,即等于承认原告主张的正当,此项承认与判决具有同一的效力(confessus pro judicato habetur),因此即不需再行选任承审员,就可直接进入执行阶段。这在对物的争讼中也是这样的。

3. 执行(executio)

判决以后,如果败诉的一方占有讼争物而拒绝交出该物或仍不履行给付,便进入执行。

(1) 在物权案件中,其执行手续较债权为繁。学者对文献的记载也多争议,通说认为:其一,败诉者不交出原物,即由胜诉者申请委任仲裁人,由仲裁人估计标的物的价额,称"讼额估价仲裁"(arbitrium litis aestimandae),但仲裁人判令败诉的交还原物,在不交时则支付价金,通常估价都高于市价,故实际上败诉者为了避免支付高价或受拘押的痛苦,多愿交出物件。其二,如前所述,在选认承审员期间内,占有讼争物的一方须提供保人,故在败诉者不愿交出物件时,胜诉者即可对保人实施拘押。保人多是败诉者的至亲好友,为免除其受严酷的拘押,自然会交出标的物以了案。上述两种办法,是否都是古罗马当时实行的办法?学者间意见不一。有的主张只有第二种办法是当时实际施行的,因为文献既载明交保,则第一种申请"讼额估价仲裁"较为复杂的办法就是多余的了。有的则认为在古罗马,权利人为了加强保障自己的利益起见,经常于法定保障外,更附加协议保障,如于"嫁奁返还诉"(actio rei uxoriae)外另订"嫁奁返还保证"(cautio rei uxoriae);于购买诉(actio empti)外另加"加倍偿还口约"(stipulatio duplae)等,故认为不需要两种执行制度，并不符合事实。并且在程式诉讼时期，“物件返还诉”（rei vindicatio）是权衡性的，承审员可判决较高的物价，用以压迫被告交还原物，更是证明第一种办法早已存在，后来便演变而成为程式诉讼时期的“物件返还诉”。败诉的占有人除交还原物外，并须交出原物所生的孳息，其在选任承审员期间内因事变而致物件受损失或毁灭的，亦须负责赔偿。

（2）在债权案件中，债权人在宣誓决讼中胜诉后，即可对债务人实施拘押。最初且不论债务是金钱或其他给付，其数额是否确定。但到了共和国末叶，此项程序，已有变更，债权人于拘押债务人时，必须是确定金额，如宣称“因你欠我阿司多少，到期不还，所以依罗马法律对你实施拘押”。所以，如果债权的标的为物件，例如牛一头或其他给付，如劳动10天等，则债权人即使胜诉，也不能直接拘押。因此，在宣誓决讼之后和拘押之前，应使非金额和不确定之债都变为确定金额之债。此项程序即下文的“申请任命仲裁人”（judicis arbitrive postulatio），由仲裁人对标的进行估价，确定数额，然后进行拘押。

（四）请求返还诉（condictio）

请求返还诉，指原告于法官前要求被告于30日后出庭，选任承审员；判决返还其款项或物件的程序。这是约在公元前200年《西利亚法》（*Lex Silia*）所规定，亦称“要求出庭”。该程序的产生虽在《十二表法》之后，更远在“拘押”、“扣押”和“宣誓决讼”以后。因“拘押”是以武力抓人，“扣押”则以武力夺取财物，即使在“宣誓决讼”程序，当事人仍佯为决斗之状，而“请求返还诉”已没有暴力的痕迹，说明罗马法已从自力救济进入公力救济。“请求返还诉”和下文的“申请任命仲裁人”一样，都是为了改革宣誓决讼的烦琐、不切合实际等缺陷而产生，两者大同而小异。但在申请任命仲裁人的案件，当事人所争的标的不确定，须经斟酌估计，故由仲裁人合议决定。而在"请求返还诉"的案件，当事人所争的标的是确定的，或为请求归还确定的金额（condictio certae pecuniae），或为请求归还确定的物件（condictio certae rai），如马一匹、葡萄100斤等。承审员仅需审查原告的要求是否属实、正当，故由承审员独自审理。又在"申请任命仲裁人"，是原告请求法官指定人选，"请求返还诉"则为原告要求被告于30日后出庭确定承审员的人选，其所用的言辞，也不相同。

"请求返还诉"实为宣誓决讼中法律审理的最后阶段。当事人既要求由承审员进行审理，就没有模拟殴斗和提供誓金的手续。但任何一方仍可在法官前要求对方用宣誓以解决讼争。如原告在法官前要求被告宣誓其是否欠一匹马，而被告誓称不欠，则原告的主张即视为不实，诉讼即行终了。如被告不肯宣誓，则原告的主张即被证实，就可开始执行。但被告也可反令原告宣誓，如原告不愿宣誓或宣誓称被告是欠其一匹马，则结果也同。此项以宣誓决定债的是否成立，虽由"宣誓决讼"而来，但两者又有不同。因在"宣誓决讼"中，宣誓乃程序中的要件，不可免除，此则由当事人自由选择；在"宣誓决讼"中，双方都要宣誓，此则宣誓的仅有一方；在"宣誓决讼"中，宣誓仅成立诉讼，仍须进行誓言真伪的审查，此则解决讼争；在"宣誓决讼"中，当事人须提供誓金，此则不需提供，但当事人也可以口约订立在败诉时付给胜诉者以所争标的价金的1/3的罚金，以惩戒不老实和补偿损失，称"承诺互订1/3口约"（sponsio et restipulatio tertiae partis）。如双方既没有用宣誓解决讼争，事后又未能和解，则30日后即由承审员进行事实审理。承审员的任务在审查被告是否应偿还原告所要求的款项和物件，是否须交付罚金，以便原告可以执行或解除被告的责任。

（五）申请任命仲裁人（judicis arbitrive postulatio）

申请任命仲裁人，是当事人请求法官任命仲裁人以解决讼争的程序。仲裁人进行事实审理时，是数人合议，并有按具体情况权衡处理之权。当事人对法官所选任的仲裁人，一般不得拒绝。

如前所述，此项制度的产生，乃为补救宣誓程序的缺陷。因关于析产、划分疆界等争议，多发生于亲族和邻里间，古时对于宗族内的争执，照例由族长公断解决，并不适用“拘押”和“扣押”的方式。其后宗族解体，不得不采取其他解决的办法，虽有“宣誓决讼”，但它拘泥形式而又严峻，如果誓言内容与事实稍有出入，例如在析产诉讼中原告所主张的数额稍大，便被视为伪誓而致败诉。更因“一案不二讼”，并无补救的办法。又承审员的职权仅在判决当事人誓言的正确与否，而不得调和双方的利益作恰当的解决，而一经败诉即丧失誓金，遂使对析产等较复杂纠纷的当事人常不敢冒风险用宣誓程序以解决其争执。约在公元前200年，《卡尔布尼亚法》（*Lex Calpurnia*）规定这一程序，以应实际需要。至于其适用的范围，盖尤斯《法学纲要》有关记载部分，模糊难辨，因之学者间的意见，不尽一致。通说认为，适用于内容复杂的案件，包括：（1）分析之诉，如遗产的分析、共有物的分割和疆界的确定等；（2）物价和损害的估算等。因此，申请任命仲裁人的程序，不在解决权利的有无和是否存在的问题，而是在确定权利的多少，其范围的广狭。

五、法定诉讼的消灭

由上面的叙述，我们可以知道法定诉讼拘泥形式，当事人于诉讼进行中须口述一定的言辞，手为一定的动作，稍有不符即遭败诉，且其程序繁复，又不能使用诉讼代理人，致聋哑、口吃和健忘的人，无法进行诉讼或须冒很大的风险，而大法官的地位又消极地充当证人，不能发挥主动作用，加之此项程序只适用于市民，不适用外国人。共和国末叶，商品经济开始发展，民间交往日多，法定诉讼的不便就更加明显。公元前 149—前 126 年间通过的《艾布体亚法》(*Lex Aebutia*)确认了程式诉讼程序的效力，但法定诉讼并未取消。不过人们避繁就简，已少援用。奥古斯都执政后，乃于公元前 17 年，相继制定《优利亚私诉法》(*Lex Julia de judiciis privatis*)和《优利亚公诉法》(*Lex Julia de judiciis publicis*)，在原则上废止了法定诉讼。据盖尤斯说：关于"未确定的损害"(damnum nfectum)及大审院管辖范围内的案件，仍列为例外。因此，"宣誓决讼"直至大审院取消后始完全废弃。

第三章 程式诉讼(formula)

一、概述

程式诉讼指诉讼当事人的陈述经过大法官审查认可后作成程式书状(formula,简称程式),交由承审员等根据程式所载争点和指示而为审判的程序。产生于公元前二、三世纪间,至公元294年地奥克莱体亚努斯帝即明令废止。

关于程式诉讼的由来,旧时学者都认为是《艾布体亚法》所创制,但盖尤斯等的著作并没有提到该法曾另创新的诉讼程序。众所周知,罗马法的发展,是由实际需要而逐渐形成的,通常多由一项法律制度演进到成熟阶段,立法者乃赋以法律的外形。所以,近代学者都认为,程式诉讼是由另一制度蜕变而来,但对其渊源,则又有三种不同的意见:

(1) 主张由外务大法官的诉讼程序蜕变而来的。因为,法定诉讼仅适用于市民,非市民不得援用;同时,非市民也不愿引用,因为他们不熟悉这一烦琐的程序;又因语言方面的隔阂,在不允许诉讼代理的情况下,进行诉讼势必冒极大的风险,故对同盟国的人民,即由法官按照国际条约,指示承审员审理的要点。自罗马承认外国人的权利后,并设置外务大法官专门处理涉外案件。但外务大法官于办案时，既不能引用法定诉讼程序，又无国际条约为依据，只有凭其统治权吸取内务大法官的办案经验和国际上通行的办法，制成一种程式，记载当事人的姓名、双方陈述的摘要与争执的要点，并指示外务仲裁人以判决的原则。此项办法灵活性大，可随形势的发展而改变，应付新产生的问题，公私称便，人们乐用。又如前所述，罗马长官的司法权是可以代理的，因此，在内务大法官或外务大法官因病因事相互代理时，常被当事人要求援用简便的程式诉讼程序，久而成习，于是《艾布体亚法》遂确认其法律效力。此说合乎罗马法产生发展的实际，故主张的人也最多。可是并无文献可证，只是一种合理的推测而已。

（2）主张由行省的诉讼程序蜕变而来的。此说认为，西西里未被罗马征服以前，其诉讼的进行是先由原告以书面叙述案由，申请诉讼登记，经过一段时间由法官以拈阄的方式，决定审理先后的顺序。此项申请书即为"程式"的雏形，用作承审员审理的根据。这一办法也有为其他行省仿效的，继为外务大法官所采用而加以改进，遂成为日后的程式诉讼。但申请书是原告一方的行为，与程式的经大法官根据当事人双方的意见而制定的书状大不相同。故认为后者是由前者蜕变而来，根据不足。

（3）主张由"讼额估价仲裁"而来的。此说认为，在"法定诉讼"中的"申请返还"和"申请任命仲裁人"的程序中，大法官往往拟一草案，说明事实的经过和确定承审员的权限。此项草案，即程式书的滥觞。但有的学者则不同意这一意见，认为该草案与程式书大相径庭，因为不论形式和内容，两者都无相似之处。

"程式诉讼"也和"法定诉讼"一样，分法律审理和事实审理两个阶段，仍保持公力救济与私力救济相结合的传统。但有革新之处：第一，当事人可以自由陈述意见，不需遵守法定言语和动作，因而放弃了严格的形式主义;第二,由大法官作成程式书状作为事实审理的基础,准确可靠,已不若“法定诉讼”的全凭言辞;第三,大法官在诉讼中的权限扩大,已由过去的“证人”地位而变为主动地指挥诉讼进程的领导。他根据社会发展的需要,不独可接受法律所未规定的诉讼,即使法律有明文规定的,如认为它已经过时,不再适合,也可凭其统治权而拒绝接受;第四,当事人一般可请“诉讼代理人”(procurator ad litem, cognitor),不必再亲自出庭;第五,对不服判决,规定了救济办法,改进了“一案不二讼”的原则;第六,执行程序有相当的改善,如财产委付、财产零售等;第七,适用范围扩大,不论市民和非市民均可援用。

二、法院组织

在此期间,政体由共和转入帝制,法院组织也相应有所变更。兹仍分法官和承审员概述如下:

(一)法官

1. 皇帝

帝政以后,皇帝独揽司法大权,他可以受理民事和刑事的初审和上诉案件,由“枢密院”(consilium principis)佐理之,有时并将案件移送元老院、大法官或承审员等审理。枢密院由执政官 2 人及其他长官和若干元老院议员组成。初为 15 人,后增加到 20 人。凡遇司法案件和国家大事,多由其协办。

2. 执政官

执政官仍保持着受理非讼事件之权。但在马尔库斯·奥勒利乌斯和 S. 塞韦鲁斯诸帝时,在意大利各城市,则由驻意大利法官

(juridici per Italian)受理。

3．大法官

其人数因国土的扩大和职务的专门化而逐渐增多。公元前227年曾增加2人,分辖新征服的西西里和撒尔丁。公元前197年又增加2人,分驻西班牙新建立的两个行省,此时已共有大法官6人。公元前81年,《科尔涅利亚法》(*Lex Cornelia*)规定,嗣后每年选举大法官8人,分掌全国司法。在恺撒时已增至16人。帝政以后,大法官的人数常浮动于10至18人之间,其中有主持刑事庭的刑事大法官(praetores quaesitores),有为大审院院长的大法官(praetor hastarius),公元前23年设有处理国家与人民间民事纠纷的国库大法官(praetores aerarii),克洛狄乌斯帝时设置专司遗产信托争议的"遗产信托大法官"(praetor fideicommissarius)和专门受理税务纠纷的"税务大法官"(praetor fiscalis),马尔库斯·奥勒利乌斯帝时设有专司监护方面的"监护大法官"(praetor tutelaris),公元3世纪初设有专门受理身份案件的"自由身份大法官"(praetor de liberalibus causis)等。帝政以后,内务大法官和外务大法官的职权逐渐被皇帝新设置的高级官吏所侵夺,后者审理案件都采取行政手段而不用普通司法程序。大法官在意大利各城市的代理法官也已取消,改由地方官兼理司法,但他们仅能处理轻微案件,重大案件仍由大法官审理。

4．军政长官(praefectus praetorio)

奥古斯都执政后设置,最初只是近卫军司令,对其所属官兵有审判权,哈德里亚努斯帝时其管辖权及于全意大利的官兵。A.塞韦鲁斯帝时,更以皇帝代表的资格受理享有特权者,如元老员、高级官吏的有关案件和不服行省总督判决的上诉案件及其他重大的初审案件。其权力很大,实际上是副皇帝。五大法学家中的帕披尼亚努斯、乌尔披亚努斯和保路斯都曾任此要职。君士坦丁一世剥夺其军权，并将他们增为4人，分辖全国4个大区。

5．京都保安司令（praefectus urbi）

公元前25年设置，专司罗马市的治安，受理其职务内的民刑案件。对间接足以影响京都安宁的，亦有权处理，例如肉价的猛涨、银行利息的过高、虐待奴隶、蔑视恩主等原属大法官和市政官的职权，也改由其管辖。依原则，其管辖权可及于全意大利，但实际上因范围过广，力有不及。故公元3世纪初，其管辖权仅限于罗马周围百里以内。在公元2世纪中叶，京都保安司令已成为罗马市的最高官吏。对不服京都低级官吏判决的，均可向其上诉，对其判决不服的，只能上诉于皇帝。帝政后期，由于京都保安司令改隶属军政长官之下，其权力乃有所削弱。

6．宵警官（praefectus vigilum）

公元6年设置，专司首都夜间的治安和火警，受理其职权范围内的民刑案件，对重大刑事案件，应送交京都保安司令处理。不服宵警官的判决，可上诉于军政长官或皇帝。

7．粮政官（praefectus annonae）

为奥古斯都晚年新设，负责罗马地区食粮的采购和分配，处理垄断和掺杂等案件。

其他如市政官和行省总督，其职权基本上如旧。唯帝政以后，帝国行省有直属皇帝和隶属元老院之分。其直属皇帝的行省，由皇帝委派长官代行其职权。他们除享有行政和司法权外，并掌握军权，称“总督衔的皇帝代表”（legati augusti pro praetore），其隶属元老院的行省，则仍由元老院选派代表（legati）协助总督处理司法事务。

总督和地方官的司法管辖，仅限于本省和本市。至于大法官的管辖权，在哈德里亚努斯帝时曾分意大利为4个司法区，派4位代理法官分辖之。仅皇帝的管辖权及于全国。关于诉讼日期，因罗马的人口日众，经济发展，讼案增多，原定的听讼日期，早感不足，更由于人们的宗教观念因文化的进步而淡薄以及政治体制的改革，对听讼日的限制就大大减少。恺撒、奥古斯都和克洛狄乌斯帝当政时，相继增加诉讼的日数，以便利人民。马尔库斯·奥勒利乌斯帝时，元老院重订听讼日期，总数定为每年230日，其余各日，如果没有双方同意不得为诉讼行为，否则不发生效力。《优利亚私诉法》并明定“以原就被”的原则并非强行规定，当事人得以契约另订之，称“约定管辖”（forum contractus）。有关契约的争议，则推定当事人是以订约地或履行地为约定管辖。

（二）承审员

承审员原来由元老院议员充任。公元前123年，《桑普罗尼亚法》（*Lex Sempronia*）规定，骑士也可担任，后又扩及税务员（tribuns aerarii）。公元前70年，《奥勒利亚法》（*Lex Aurelia*）分承审员为三组：第一组为元老员，第二组为骑士，第三组为税务员。后恺撒取消税务员为承审员的资格，而由骑士补充之。共和国末叶，每组约300人，奥古斯都时，增至每组约1000人。承审员名单在共和国时期本由内务大法官编制，帝政后，此权改属皇帝。在意大利，承审员由什长（decuriae）担任，在行省则为士绅。承审员的年龄，初须35岁以上，后减至30岁，帝政后又减为20岁，但年不满25岁的可以拒绝担任。关于承审员的选任，帝政以后，除双方同意人选外，即由法官指定，但当事人仍可以宣誓拒绝，不过此项拒绝受到严格的限制。外务仲裁人本来是审理市民与非市民和外国人相互间的诉讼，因其手续简捷，帝政以后，即市民间的争议，亦常由其审理。

奥古斯都时，十人法院已失其独立性，仅任大审院的主席团，其职务也并入大审院。大审院原为105人，帝政时增至180人，分为四庭(consilia或hastae)，由十人法院的承审员任庭长，审判时仍沿用宣誓决讼的程序。该法院随着程式诉讼的消灭而消灭。

三、程式诉讼的种类

在程式诉讼中，大法官制定的程式具有重要的作用。它的实质，乃在于确定当事人争议的焦点，并提示判决要旨。由于请求诉讼保护的实体权利多种多样，也就逐渐形成了与各种实体权利相适应的程式，从而形成了不同种类的诉讼。现就其中重要者略述如下：

(一) 对人诉讼(actiones in personam)和对物诉讼(actiones in rem)

此为诉讼的基本分类，实则此项区别在法定诉讼时期已经存在，前者即对人的宣誓决讼，后者即对物的宣誓决讼。对人诉讼是保护债权，仅可对特定债务人提起的诉讼。对人诉讼中的程式，例须记载被告的姓名，但也有因案件的性质不记载被告姓名的，如胁迫诉、交出物件诉、损害诉等，以便向有关人员诉追。对物诉讼，为保护物权和身份权的诉讼；按原则对侵害其权利的，无论加害人为谁，均可诉之，在程式中，无须记载被告的姓名。但有的也载明被告的姓名，如“役权确认诉”以明确被告为谁。在对人诉讼中，除被告用诉讼代理人代理外，原则上不需交保；在对物诉讼中，则被告应提供保人，担保其按时出庭，履行判决和不行使欺诈等。兼有对人和对物两种性质的诉讼，则称混合诉讼(actiones mixtae)，如分析遗产、划定界址等。

（二）市民法诉讼（actiones civiles）和大法官法诉讼（actiones honorariae）

前者为市民法规定的诉讼，后者为大法官等依据其统治权而创设的诉讼。在法定诉讼时期，所有诉讼，均须由法律规定，故无所谓大法官法诉讼。自《艾布体亚法》正式规定长官有自制诉讼程式之权后，大法官等即可根据实际情况的需要，创设新的诉讼。主要有：

1. 拟制诉讼（actiones ficticies）

即大法官根据市民法诉讼而稍加变通所形成的诉讼。大法官在这种情况下，或假定未成的事实为已成。如普布利恰拿诉即假定未完成的时效为已完成，或假定已成的事实为未成，例如，“回复原状”中被收养者的债权人，即假定收养未成立而仍可向该被收养者起诉，又或假定没有某项资格的人为有资格，例如“遗产占有诉”，大法官即假定遗产占有人具有继承人的资格等。被拟制的诉讼称为原诉讼，拟制的诉讼又称为准诉讼（actiones utiles）。

2. 事实诉讼（actiones in factum）

即大法官遇到新出现的法律关系而市民法无类似的诉讼可以比拟的，即根据事实制定程式的诉讼。如地主和佃户约定以农具等为清偿租金的担保，但又不移转农具等的占有。对于这种案件，在市民法中并无其他诉讼可作楷模，大法官乃指示承审员根据地主对佃户起诉的事实进行审查和判决。

（三）严法诉讼（actiones stricti juris）和诚信诉讼（actiones bonae fidei）

这一区分是依据大法官授予承审员权限的大小而定的。在严法诉讼中，承审员的职责仅限于按程式中的记载，审查原告的请求有无市民法的根据而作同意与否的判决。如果程式中没有列入被告的抗辩，则承审员明知被告是受原告的欺诈或胁迫，亦不得免除被告的责任。在诚信诉讼中，程式中注明“按诚信”（ex bona fide）原则的字样，使承审员可斟酌案情，根据当事人在法律关系中应该诚实信用，按公平正义的精神而为恰当的判决。不必严守法规，拘泥形式，故原告如有欺诈、胁迫等行为，即使被告未在程式中提出抗辩，承审员也有开释被告之权。所以保路斯说：“诚信诉讼包括抗辩方式”（Bonae fidei judicio exceptiones pacti insunti）。一般说来，凡对人诉讼之有确定标的的，或虽无确定标的而原告的请求未附注“按诚信”字样的都是严法诉讼；对人诉讼没有确定标的而于原告请求的附有“按诚信”的记载则为诚信诉讼。严法诉讼用于单务债的，亦称“请求返还诉”（condictio）。请求返还诉在法定诉讼时期只适用于要求移转所有物的诉讼，故一须为单务债，二须有确定的标的。到了程式诉讼时期，其范围渐宽，即标的不确定的，也可适用。

（四）仲裁诉讼（actiones arbitrariae）和非仲裁诉讼（actiones non arbitrariae）

前者为大法官于程式中附有“仲裁条款”（clausula arbitraria）的诉讼。此项条款授权承审员进行调处，在被告不能满足原告的正当要求时，例如返还原物，则判令其支付一定的金额，其数额多由原告以宣誓定之，一般均高于市价。故理论上被告虽在返还原物抑支付价金两者有选择之权，实际上因被告为避免支付过高的代价，多乐于采取返还原物的办法。非仲裁诉讼的程式中则无此项条款。上述严法诉讼和诚信诉讼都仅限于对人诉讼，仲裁诉讼即补充其不足，故对物诉讼都是仲裁诉讼，对人诉讼中仅“欺诈诉”、“胁迫诉”、“撤销诉”、“交出原物诉”等属之。

（五）确定诉讼（actiones certae）和不确定诉讼（actiones incertae）

前者的诉讼标的是完全确定的，承审员不需审查其范围，估计其质量，只需审查原告的请求是否成立，对物诉讼和确定金额之债权诉讼属之。不确定诉讼之诉讼标的并不确定，承审员除需审查原告请求是否成立外，还需决定所请求保护之权利的范围，如要求修理房屋和损害赔偿等不确定的对人诉讼，均属之。在确定诉讼中，如原告的申请稍不注意，超过其应请求的范围，即因“过分请求”（plus petitio）而败诉，且因“一案不二讼”而丧失其权利。在不确定诉讼中，因其标的并不确定，故原告就无此风险。

（六）私益诉讼（actiones privatae）和公益诉讼（actiones publicae populares）

前者乃保护个人所有权利的诉讼，仅特定人才可提起；后者乃保护社会公共利益的诉讼，除法律有特别规定者外，凡市民均可提起。

现代法关于公共利益的保护，由公务员代表国家履行之。罗马当时的政权机构，远没有近代这样健全和周密，仅依靠官吏的力量来维护公共利益是不够的，故授权市民代表社会集体直接起诉，以补救其不足。公诉又分市民法公诉和大法官法公诉。前者是由市民法所规定，被告所付的罚金归国库，但起诉者可得一定的奖金。后者为大法官等谕令所规定，被告所付的罚金，归起诉者所得。如果对同一案件有数人起诉，则由法官选择一人为原告。

（七）永久诉讼（actiones perpetuae）和有期诉讼（actiones temporariae）

前者起诉权不受时效的限制，最初为永久性的，特奥多西乌斯二世于公元424 年改为30 年，抵押权的诉期为40 年，但仍沿用旧名；后者仅于规定期间内才可提起。市民法诉讼多为永久诉讼，大法官法诉讼则多为有期诉讼。在消灭时效尚未形成一项制度以前，市民法的诉权以永久为原则，但有一些例外，如瑕疵担保诉为 1 年或 2 年，保证诉为 2 年，遗嘱逆伦诉为 2 年，后改为 5 年。罚金诉和撤销诉通常为 1 年。大法官法诉讼以 1 年为期。其以补充市民法为目的的，如抵押诉、现行盗窃诉、菩布利西亚那诉，则为永久诉。市政官诉讼(actiones aediliciae)有短至 6 月或 2 月的，但有期诉讼经过"证诉"，则转变为永久诉讼。

（八）可转移诉讼(actiones transmissibles)和不可转移诉讼(actiones intransmissibles)

诉权为财产的一部分，在原告则为资产，在被告则为负债，故以可移转于当事人的继承人为原则，不因一方的死亡而消灭。但亦有些诉权因其性质而不能转移的。在原告方面的，如侮辱诉和遗嘱逆伦诉等，这类诉讼被视为以赔偿原告精神上的损失为目的。至用益权诉、使用权诉和住居权诉，因以保护个人专属的权利，故因原告的死亡而消灭。公诉是原告代表社会集体利益而非个人利益而起诉，故不得视为财产的一部而移转于继承人。在被告方面的，如罚金诉和有罚金性质的混合诉等属之。因刑罚仅制裁行为人本人，不得株连家属，故原告在对被告的继承人提起混合诉时，则应代之以事实诉，仅限于追回该继承人所得的利益。但经过"证讼"以后，则不可转移诉讼便变为可转移诉讼了。

（九）先决诉讼(actiones praejudiciales)和非先决诉讼(actiones non praejudiciales)

先决诉讼是仅为解决法律或事实问题而非为判罚或开释被告之诉讼，其目的在使原告得以进行另一诉讼，这另一诉讼即为非先决诉讼。先决诉讼都是大法官法诉讼,或通过诉讼解决身份问题,以便再解决继承问题,或解决财产问题,如确定嫁奁内容,再解决嫁奁返还问题等。

同一案件,原告如有两个以上的诉权时,称为"诉之竞合"。例如失窃者既受"物件返还诉"(rei vindicatio)的保护,又可提起"交出物件诉"(actio ad exhibendum)、"窃物返还诉"(condictio furtiva)和"盗窃诉"(actio furti)。失窃者是否可兼起各诉或仅能选择其一而提起,应视其诉讼的标的而定。按照公平的原则,提起其中一个诉讼已可达到目的时,就不得再提起他诉。塞尔维乌斯(Servius Sulpitius,公元前51年执政官,死于公元前43年)首先将此一原则应用于两个契约诉的竞合,后来其他法学家又推广适用于其他事例。因此,原告的诉权,如果彼此目的不同,就都可提起,例如,失窃者在提起"物件返还诉"后,还可再提起"盗窃诉"。如果目的相同,就只能择一提起,例如失窃者在提起"物件返还诉"后,就不得再提起"窃物返还诉"。同样,对共同侵权者,如果其中一人已赔偿全部损失,受害人即不得再向其他共同侵害者起诉。如果数诉所可获得的利益各不相同,有大有小,则原告可选择最有利的提起,或是在提起利益较小的诉以后,再提起利益较大的诉,但仅限于补足二者的差额。例如失窃者先提起"物件返还诉"后又提起"盗窃诉",以便再获得失窃物三倍(现行犯)或一倍(非现行犯)的罚金。上述原则,对于有刑事性质的诉讼,适用时曾发生疑问。对同一行为能否根据不同法律所规定的制裁而分别起诉,罗马的五大法学家中有三位法学家对此意见相左。莫德斯体努斯认为,被害人只能在各诉中择一提起,保路斯则认为可以分别提起,只是在提起一诉以后,限于再提起其他更有利的诉讼以获得其差额,乌尔披亚努斯则主张可以分别起诉,因各刑事法规所制裁的目的各不相同。后说终占优势并为以后的立法者所采用。

四、程式诉讼的程序

程式诉讼虽比法定诉讼有较大改进,但仍没有摆脱原来的框框,其程序进行如下:

（一）传唤

法定诉讼时关于传唤的原有规定并未废止,故传唤仍由原告亲自向被告为之。在理论上,原告于被告拒绝又不提供保人时,仍可施以武力,扭同出庭,但实际上则已改为可由法官判以罚金。如被告置之不理或隐匿不出,则原告可请求法官为"占有裁定"(missio in possessionem),允其占有被告的财产,并于必要时拍卖(bonorum venditio)之。当事人也可以口约订立出庭的日期,称为"出庭保证"(vadimonium)。另外,大法官法还规定,原告传唤时,应向被告为"案由通知"(editio actionis),告以起诉的内容和提出的证据,以便被告决定和解或为应诉的准备。有时原告在案由通知前,可向被告为一定的质询,例如原告对债务人的继承人起诉,应先确定其是否接受继承。此项手续,须于法官前向被告为之,称"庭询"(interrogatio in jure),被告应负责答复。

（二）法律审理

进行法律审理时,原被告均须于开庭日到场,因在程式诉讼程序中,和法定诉讼一样,无所谓缺席判决,但当事人可用诉讼代理人代理之。在法官前,先由原告陈述起诉意见,请求法官制定程式,同时原告也可就有关问题对被告提出质询。此时如被告认为无胜诉的希望而承认原告的请求(confessio in jure),或默而不言(taccre),或为不适当的防御(non defendere uti oportet),例如拒绝宣誓、不愿交保等,原告即胜诉。如诉讼标的为确定金额的债,则被告的行为即等于已受判决(pro judicato),法官即将被告裁交原告带走(duci jubere);如诉讼标的为确定金额以外的债,自不适用对人执行,法官即令原告占有被告的财产,并允其在必要时出卖之而就其价金以受清偿。如诉讼标的为物为动产,则由法官令原告直接占有,不动产则授予占有令状。通常被告多进行争议,或直接否认原告的主张,或提出抗辩以驳回原告的请求,如承认债的成立,但主张是由于原告的欺诈等。法官在双方各执一词时,乃审查诉讼条件是否完备,诉讼标的是否合法,然后根据原告的请求和被告的抗辩拟定程式,并任命承审员。程式先交原告,由原告向被告朗读,经双方接受,此时,诉讼即正式成立,于是"证讼"开始而法官的任务即行终了。被告如无正当理由拒绝接受的,法官有权强制其接受。

(三)程式的内容

程式的内容,因诉讼的性质而不同,按其所记载的事项可分为主要部分(partes formulae)和附加部分(adjectiones)。前者为各程式通有的部分,凡同一诉讼,其主要的条款必相同。后者为法官附加的记载,即使没有,也不妨碍程式的完备。

1. 主要部分

这部分内容其中有为一切程式均须记载的,也有仅某些特定程式才需记载的。有下列诸项:

(1)承审员的任命(institutio judicis)。此为程式的第一部分,例如"任甲为承审员",如为仲裁案件,则改为"任甲、乙、丙为仲裁人"。

(2)请求的原因(demonstratio)。记载于任命承审员之后,用以叙述事实的摘要和请求的理由,例如"因甲出卖奴隶 A 给乙,而乙未付清价款”。此项并非各程式所必需，文献中仅见于对人诉讼而无确定标的时才记载。如为“对物诉”、“事实诉”和“对人诉”之有确定标的的，则并无此项记载。

（3）原告的请求（intentio）。此为程式中最主要的部分，记载于请求原因之后，系指示承审员以原告的要求。其文例因请求的标的而不同。如所请求的是债权，则为“苟乙显应付甲 1000 阿司时……”，如所请求的为物权，则为“苟 A 奴显属于甲所有时……”，二者的区别，即在对物诉的请求中不记载被告的姓名；在对人诉，则一般须记载被告的姓名，已如前述。

（4）判决要旨（condemnatio）。这是法官对承审员关于本案应如何判决的指示，具体地说，即法官授权承审员判令被告执行原告的请求或免除其责任。例如，“……承审员即判乙偿付甲 1000 阿司；如甲所称显非事实，即免除其给付”。故预审诉就没有判决要旨一项，本项与原告的请求有密切的关系，如承审员审查后认为原告的请求正当，就判被告应予给付，否则即开释。法官还常视案情于指示中附以“分析裁判”（adjudicatio）、“抵消”（compensatio）、“最高估价”（taxatio）或“仲裁条款”等特别记载。“分析裁判”仅适用于遗产分析、共有物分割和疆界划分，已如前述。即法官授权仲裁人对这类案件可酌情处理，但其文例已失佚，盖尤斯记载的为“仲裁人应按适当标准，将……判归……”；抵消可参照债的消灭；关于非确定金额之债，判决要旨并不说明被告败诉时应付的数额，而由承审员根据原告的请求酌定之。但有时法官于判决要旨内定一最高限额，使承审员的判决不得超过此数。由于不论原告的请求是什么，而承审员的判决都是一定的金额。关于这一制度的由来，后世研究罗马法的学者不一其说，但都理由不足，又乏佐证，故本书从略。此制在实践中常不符合原告的要求。如在对物诉讼中，原告所要求者为原物的返还，而不是金钱的代价，他对原物常有感情和使用习惯等方面的作用。特别是在金融恐慌时期，物价涨落不定，执行时的实际所得往往远远低于判决的金额，故此制不足以保护原告的利益。为此，大法官便于判决要旨中加上“仲裁条款”，允许承审员先令被告返还原物，在被告不履行时，才判其偿付代价，而物价的估计，多由原告以宣誓定之。原告为了保护自己的利益，自然会考虑到各种因素而要求一个较高的代价，由承审员核定。

2. 附加部分

（1）前书（praescriptio）。即载于程式的前段，紧接承审员任命之后的说明。有为原告利益的前书（praescriptio pro actore），其目的在声明请求的范围，以免原告与之有关的其他权利因“证讼”和“一案不二讼”而消灭。例如，原告对于终身年金的债权，如果诉追时不声明仅限于已到期的年金，则因其债权应视为整个单一的债权，其数额按权利人的生存的年龄而定，故其请求的标的是不确定的，其全部债权即因经过“证讼”而消灭。嗣后对未到期的各期年金，即丧失请求权。又如请求保证人代偿债务的诉讼，如果不在程式中附加声明是仅限于保证责任，则一经败诉，便因“一案不二讼”而同时失去对主债务人的诉追权。但有时亦有代替和补充请求原因的作用，用以声明原告的资格，例如家长向债务人追诉其子所取得的债权等。也有“为被告利益的前书”（praescriptio pro reo），其作用在停止“证讼”发生更新的效力（详见下文），使承审员于审查原告请求之前，先行解决被告提出的防御事实。例如，在原告诉追遗产中的物件，被告提出否认原告继承人的资格或主张时效已完成，故在原告继承资格或时效问题未解决之前，承审员不得审判原告的请求。但这样对被告仍有不利之处，因被告提出的事实既在"证讼"之前，而"证讼"更新的效力，即为"前书"所中止，故即使原告败诉，仍可再行起诉，致被告常受讼累。为了纠正这个弊端，所以在西塞罗以前，大法官为被告利益的前书，都已改为抗辩。这一创新使其发生中止判决而不中止"证讼"的效力。于是原告就不得再无限制地兴讼了。

（2）抗辩(exceptio)，即被告的答辩。法官以此指示承审员纵使原告的请求属实，如果被告提出的答辩成立，仍应予以开释。其特征在于不直接攻击原告的请求，而是提出另一事实以抵消原告主张的效力。故抗辩与单纯否认原告主张的防御方法不同。其在程式中的地位，则在原告请求之后。如前所述，承审员对原告的请求应审查其是否真实。但在严法诉讼中，其职权仅限于审查程式中所载的事项，无权涉及其他问题。故被告要提出与原告请求有关的事项，必须请求法官列入程式中，否则承审员就没有过问之权。例如原告向被告追偿1000阿司的债权，如果被告否认负债的事实，法官即直接交由承审员审理，不需在程式中另加附款。但如果债的成立属实，被告并不否认，不过其订立是由于欺诈或胁迫，所以不负履行的义务，此时被告的主张与原告的请求显属二事，也须承审员审查是否属实。如不把它载入程式中，承审员即无审查之权，被告必行败诉。原告对被告的"抗辩"，可提出"反辩"(replicatio)，主张即使被告的抗辩属实，但因另有其他情况，被告仍应负履行的义务。例如原告诉请还债，被告提出抗辩，主张原告已允其免除清偿的义务，原告则再提出"反辩"，主张此项免除约定，事后已经双方同意作废。被告对原告的"反辩"，也可提出"再抗辩"(duplicatio)，声明此项协定的作废，系受原告的欺诈或胁迫而为。原告也可提出"再反辩"(triplicatio)……，以此类推，相互陈述有利于自己的理由和事实，直至无可答辩为止。

（四）程式错误的效力

程式为承审员判决的基础，经过“证讼”阶段，当事人即受其约束。至错误所发生的效力，则因错误的种类而不同，主要有：

1. 请求原因的错误

此项错误并非重要错误，例如原告主张寄存一幅名画于被告处，实际上是交给被告作为担保债务的质物，承审员查明情况当然判决原告败诉，但原告如能证明债已清偿或被告同意物保改为人保等，则在败诉后仍可提起请求返还原物之诉。因“证讼”仅消灭寄存的诉权，而不影响“质权诉”。

2. 请求的错误

原告请求的错误，如数量少于应请求的数额（minus petitio），仍可保留对其差额的追诉权，但须于现任法官离职新法官接任后方可起诉。如果原告的请求超过其应请求时，由于原告不能证明其“过分请求”（plus petitio）的正当，其诉即被承审员驳回，因“一案不二讼”的限制，从此即丧失其权利。但这种错误，极易发生，原告或误为“数量的过分请求”（plus petitio re），例如应诉追 500 阿司而误为 600 阿司；或误为“时间上的过分请求”（plus petitio tempore），例如应于 10 月到期的债务而误于 3 月起诉；或误为“空间或地点的过分请求”（plus petitio loco），例如约定在西西里履行的债务而误在罗马对被告起诉；或误为“标的的过分请求”（plus petitio causa），例如对种类物之债而误为特定物之债等。以上各项，除时间的过分请求外，均限于确定标的之诉讼。因在这些诉讼中，承审员仅限于审查原告请求的是或否而为判决，并无权衡斟酌之权。因此，如果严格遵行，常使原告利益蒙受损害，故大法官乃设预防和补救的办法。如诉讼标的是不易确定的，例如关于遗产纠纷，允许原告向被告当庭质询，问明被告应得的继承部分。如果原告在被告居留地起诉，而该地并非债务履行地，则可提起"地点转移之诉"(actio de eo quod certa loco)，使承审员可斟酌两地的市价和转移的运费等而为判决。此一办法，对债权人十分有利。因为不老实的债务人，往往避债他处，债权人既因地点过分请求的限制，不得在债务人的居留地对之起诉，至在债务履行地或债务人的住所地起诉，又因在法官前没有缺席审理，至其诉讼无从进行。后来遇到原告的错误显可原宥时，法官也采取"回复原状"措施，以资补救。

3. 判决要旨的错误

承审员应按判决要旨而为判决。即使指示显有不当，亦无变更之权。后大法官为了纠正此弊，允许被告申请"回复原状"，但原告则无此利益，因原告对接受程式完全自由，所以判决要旨所定的数额少了而犹接受之，应认为是自愿抛弃其利益。此外，法官亦常于程式中附加"不确定请求"的记载，使原告免冒过分请求的风险。

(五) 诉讼代理

诉讼代理渊源于古代保护人有帮助被保护人进行诉讼的责任，这是双方当事人关系中的一项特别重要的内容。法定诉讼时期，除为了实际的需要，如有关无行为能力人的诉讼、自由身份之诉等外，原则上不允许诉讼代理，但可请辩护人(advocatus)协助，因为其对诉讼中的一切言辞和动作，必须当事人亲自为之。同时，在自然经济时期，法律关系简单，人们又聚族而居，极少远出，所以并不感到不便。到了程式诉讼时期，由于商品经济的发展，法律关系增多，人员流动频繁，已不能事必躬亲，诉讼代理遂由例外而逐渐成为普通的制度。由于法学在古罗马受到统治阶级的高度重视，从事法学被认为是高尚的事业，也是担任高级官吏必备的条件，加之法学家最初为当事人咨询、办案和出庭辩护，并不收取报酬，因此就更受到人们的崇敬。但后来则收受礼物，有的甚至敲诈勒索。为此，公元前 204 年，《辛西亚法》曾禁止诉讼代理人收取礼物，但禁而不止。帝政以后，出现了专业的诉讼代理人或辩护人，也就是近代的律师。其收费由法官加以限制，不称工资或劳务费，而称谢礼或荣誉金，已如前述，但不得巧立名目，违者须受处分。

诉讼代理系大法官在司法实践中所创造，他利用程式中的"原告请求"和"判决要旨"分为两个部分，创设了"转渡程式"（formula per translatio），列本人的姓名于程式的请求部分，而列代理人的姓名于判决部分，使后者承担诉讼的结果。其适用的范围有：

（1）家属或奴隶与第三者订立契约时，如果第三者要求家长家主负责时，可列家属或奴隶的姓名于程式的请求中，而列家长家主的姓名于其判决内，称"附加诉"（actiones adjecticiae qualitatis），即附加家长家主为债务人。

（2）财产趸买人（bonorum emptor）购买破产人的整个财产后，购买人在诉追破产人的债权时，则列破产人的姓名于程式的请求内，而列自己的姓名于判决中；反之，破产人的债权人诉请购买人履行债务时，则列购买人的姓名于程式的请求中，而列自己的姓名于判决内。

（3）诉讼代理，将本人的姓名列人原告的请求中而将代理人的姓名列于判决内。其判付的金额，由出庭的代理人收受或负责支付。诉讼代理人分"要式诉讼代理人"（cognitor）和"略式诉讼代理人"（procurator），他们代理本人出庭进行诉讼。此外，如监护人、保佐人和董事等，他们或代理未适婚人，或代理精神病人、浪费人，或代表法人等。他们在法律上的地位，则和略式诉讼代理人一样。要式诉讼代理人与略式诉讼代理人虽都代理本人，但二者又有不同，其区别在于：

① 关于委任的方式。要式诉讼代理人是当事人的一方在他方前用法定的言辞委任的代理人。略式诉讼代理人则不需要在对方前，也不需用法定的言辞而委任的代理人。他们原为本人的管家，由家长家主委托他们负责经营一个商店或是一个作坊，在其业务范围以内，他们可以进行诉讼，不必经过特别委任。后来一般代理人也就用这种简便的方式。自从形式主义随着商品经济的发展而逐渐废弃，要式诉讼代理和略式诉讼代理的区别就随着消灭。

② 关于保人的提供。如果是代理被告的，由于原告因受"一案不二讼"的限制，起诉后即不得重行起诉。故不论被告代理人为要式的或略式的，都可要求其交保。但要式诉讼代理人的保人由本人提供，略式代理人则由代理人自行提供。如果是代理原告的，则要式诉讼代理人，消灭原告再诉的权利，代理人的出庭就等于本人自己出庭，所以被告就没有再行被诉的顾虑，因而即可免除交保。如为略式诉讼代理人，由于他是非正式的，他的起诉并不消灭原告重行起诉的权利。所以略式诉讼代理人应提供保人，担保原告承认其诉讼行为，或于原告拒绝追认时，交付损害赔偿金。大法官起初免除监护人、保佐人和董事等提供保人，后来又规定在他方当事人前委任的诉讼代理人，即使没有用法定言辞，或诉讼代理人的委任曾向法院书记处登记的，也都可不要交保。

③ 关于诉讼和代理的效力。要式诉讼代理发生完全的效力，败诉时他方对本人可直接提起"执行诉"（actio judicati），胜诉时本人对他方也一样。略式诉讼则仅发生不完全的效力。如果代理人所代理的是被告，则由其受"执行诉"的后果；如果代理的是原告，非经本人承认其诉讼活动时，其"执行诉"并不移转于本人。但叠经改革，到

A. 塞韦鲁斯帝时，两者区别也已消灭。

（六）证讼

由于有了程式书状，就不再需要邀请证人证明法律审理的经过。只要双方对法官拟定的程式交换意见，同意把它作为双方争议的根据即可。如被告无正当理由而拒绝接受程式，法官可运用其权力强制其接受。因此，程式经原告向被告建议采纳，在被告无异议后，"证讼"即行完成，也就是诉讼已正式成立。故此时的证讼已变为当事人在法官的监督下，约定把争议按程式中的规定交给承审员审理的一种要式契约。证讼产生下列效果：

1. 消灭的效力

经过证讼，原告的诉权即行消灭，根据"一案不二讼"的原则，原告嗣后对该问题即不能再行起诉。这是由于承审员是当事人选择的市民，而法官才是国家的代表，由他主持当事人订立诉讼契约，指示承审员怎样审判，故程式一经双方接受，此后对同一案件，即不得再请求第二个程式，因此证讼为不得再行起诉的障碍，而不以判决确定为标准。消灭的效力有绝对和相对之分，前者乃当然的效果，后者则须被告提出抗辩。

2. 创设的效力

原告因证讼取得由承审员按程式中的规定判处被告的权利。但此项新的权利只是判令被告支付一定的金额，具有普通债权的性质。故仅对当事人间发生效力，可移转于双方的继承人，不因时效而消灭，不论原权利为物权抑或其他债权、可移转的抑或不可移转的、受永久诉的保护抑或受有期诉的保护。经过证讼，都成为可移转的债权，消灭时效也不再发生效力。例如侮辱诉，本因被害人的死亡而消灭，如果被害人已经起诉，而于证讼后才死亡时，其继承人即得继续其诉讼。

3. 确定的效力

所有诉讼的内容和有关事实，都以证讼时为准，判决时不得变更，纵使在证讼后到判决前这段时间内取得时效已经完成或标的物的价值已发生剧变，亦不得加以考虑。又如承审员或当事人一方死亡，或丧失行为能力，也须请求法官对程式进行更换，才能使诉讼继续进行。

（七）事实审理

事实审理分为"法定审理"(judicia legitima)和"职权审理"(judicia imperio continentia)，前者指一切依法律的规定，地点限于在罗马市，或市郊一罗里(合1472.5米)内发生的诉讼，当事人均为市民，并由承审员审理的。后者则为不完全具备上述条件而由大法官凭职权受理的诉讼。例如，诉讼发生于罗马周围一罗里以外，或当事人一方为外国人，或诉讼由外务仲裁人承审的。因为古代的诉讼程序，全由法律规定，且仅适用于市民。关于事实审理，例由一承审员负责。其时，除行省外全意大利法庭仅有一个，设于罗马。社会战争以后，为便利京都以外意大利地区的居民起见，大法官乃派遣代表，驻各区审理。此项违反常规的审理，乃大法官依据其职权所采的措施，因称"职权审理"，而称原来的仍为"法定审理"。二者区别的实益在于：

(1) 在"法定审理"中，"证讼"发生当然消灭原诉权的效力，职权审理则须被告提出抗辩；

(2) 在《优利亚私诉法》以后，"法定审理"须于18个月内审理完毕；"职权审理"则应于制定程式的法官任期内宣判。故在罗马和郊区以外以及元老院管辖的行省，"职权审理"的时限，至多不过1年。

逾期未为裁判的，诉讼程序即视为终结。

(3)“法定审理”的判决，产生市民法所有权，“职权审理”的判决仅产生大法官法所有权。

(4)监护人和被监护人间发生诉讼，在“法定审理”，必须任命临时监护人协助进行，在“职权审理”，任命一保佐人即可。

(5)自权女子进行“法定审理”的诉讼，须得监护人的许可，在“职权审理”则否。

承审员应严格遵守程式书中的指示进行事实审理，并在规定期间内判决。如为严法诉讼，纵使程式中的记载显有错误，或显失公平，以及未提及之事，都不得考虑。承审员受法官的监督。法官有权停止诉讼的进行和撤换承审员。承审员如认为自己无力审判所受理的案件时，也可用宣誓来证明他对该案件的处理有困难，提出辞职，由法官另委承审员审理。庭询这一天，当事人都须出庭，或委任诉讼代理人，或派人申述不能到庭的理由，由承审员另订日期。否则，承审员待至中午，这时即作缺席判决，仍和法定诉讼时期一样，未出庭的一方即败诉。当事人主张有利于自己的事实，应负举证之责，通常用“人证”(testis)，证人除须具备证人的资格外，并无特别限制，必要时应宣誓以证明其真实；其次为“承认”(confessio)，当事人在法官前自认的，发生判决的效力。又次为“宣誓”(jusjurandum)，“宣誓”有当事人一方要求他方做的，有承审员令当事人做的，前者多用以解决讼争，后者则常用以补充证据的不足。自文字的使用普遍后，书证(instrumentum)才成为重要的证据种类之一。书证分公文书和私文书，一由有关官吏做成，一由私人做成，前者的证据力，当然胜于后者。法律有时也免除当事人的举证责任而用“推定”(praesumptio)其事实为真确的，例如罗马法规定，在婚姻关系存续中，妻子的丈夫就是子女的父亲。但夫得提出反证推翻之。但推定的引用,并不普遍,只作例外罢了。承审员对当事人提出的证据,根据“自由心证”的原则,凭自己的良心,有自由认定、随意取舍之权。

如果原告的主张属实,而被告的抗辩不成立时,通常即判被告支付一定的金额;反之,即开释之。依原则,承审员不得判罚原告,因按常理,起诉乃原告在增加其利益而非减损之。但为了制止好讼,被告得请求法官于程式中加入“反判”(judicium contrarium)的条款,使承审员可以判罚原告。“反判”性质的诉讼,有下列二种:

(1)“侮辱诉”或“对人侵害诉”(actio injuriarum),败诉的原告得被判其请求金额1/10的罚金;

(2)在原被告双方各有债权债务而可抵消时,如果双方抵消后被告的债权多于原告的债权,承审员也可判罚原告。又在分析裁判中,当事人互为原告和被告,故都可被判。承审员也不得判令原告赔偿被告因诉讼所受的损失;除被告有欺诈或重大过失的以外,也不能判令其偿付原告的诉讼费用。但为防止好讼起见,在法定诉讼时期,败诉者须受丧失誓金的制裁。以后由于币值下跌,到了程式诉讼时期,当事人常预以要式口约,订定败诉的一方对他方付以一定的金额,以赔偿其损失。在诉讼进行中,任何一方可要求他方作“诬告宣誓”(jusjurandum calumniae),以表明他不是寻衅好讼的。如果原告不肯宣誓,其诉权即行作废;如果被告拒绝宣誓,其拒绝即等于自认;被告也可对原告提起“诬告诉”(judicium culumniae),原告败诉,即被判其请求额的1/10作为罚金。如果其起诉是由于受贿,则一经查实,就被判罚4倍的金额。但事经一年以后才追究的,则仅判罚一倍。被告于判付罚金后,有时更受丧廉耻的处分,如盗窃诉、欺诈诉、侮辱诉等。其虽无罚金诉的性质,但被告依据契约等关系,应负信义责任的也一样，如合伙、信托、寄托、监护、委任等。在罚金诉中，即使当事人成立和解，被告亦受丧廉耻的处分。在普通诉讼中，除被告亲自出庭外，不受丧廉耻的制裁。因原告同意被告用诉讼代理人，或仅提出返还之诉的，即视为抛弃丧廉耻的制裁。承审员确定原告请求的内容是否正当，应以“证讼”时为准。因在此时，当事人的诉讼方正式成立，而诉讼活动的延长，不得影响案件的判决，故承审员的判决，仍应认为在“证讼”时所判。因此，原告在“证讼”时为讼争物的所有人时，不因被告在“证讼”后完成取得时效而丧失其权利。但在“证讼”以后，被告自知理亏，自动履行给付的，承审员是否仍可对其判罚？如果在诚信诉讼或仲裁诉讼中，承审员即可开释被告，当然不生问题。但是在严法诉讼中，则罗马的法学家们就意见不一致了。普罗库路斯派从理论出发，认为仍应判罚，萨比努斯派则从公平观念考虑，主张应予开释。后说终为以后的法学家们所采纳。

判决为事实审理的终点，和“证讼”为“法律审理”的终点一样，判决以后，承审员就公开宣读判决，于是其任务即行完毕。判决除发生执行的效力外，还发生“既决案件”（res judicata）的效力，即后世所称的“一事不再理”。它渊源于“证讼”，“证讼”发生“一案不二讼”的效力。一个诉权已经行使后，就不得再行使第二次。因此，原告于诉讼终了后即不能对同一案件对该被告再行起诉。这一规定，虽可制止原告的好讼，但仍不能使已判决的案件不再重开讼争。例如，在程式诉讼时期，“物件返还诉”中的原被告，其地位是分明的。如果被告败诉，由于他并未行使诉权，故“证讼”并不消灭其权利。因之，被告仍可再行起诉，控告胜诉的原告，此时唯一补救的办法，只有大法官拒绝授予程式。公元后 2 世纪，法学家为此又在“一案不二讼”的基础上发展成“一事不再理”或“既决案件”。即当事人对已经正式判决的案件，不得申请再审。如果是“法定审理”，则消灭效力具有绝对性；如果是“职权审理”，则对方可提出“既决案件的抗辩”（exceptio rei judicatae），以撤销其诉权。既决案件的不容许推翻，是把判决视为真理，以维护其尊严和稳定，而免当事人缠讼不休。引用“既决案件”的条件是：

（1）须为经合法程序任命的承审员的判决。

（2）须为同一问题。至于什么是同一问题，应由承审员酌定。一般地说，要看依照原告的请求再行判决和以前的判决是否有出入或发生矛盾。例如原因占有诉而败诉的，不妨再提起“物件返还诉”；因“物件返还诉”而失利的，仍可提起“请求返还诉”，因一为解决占有问题，一为解决所有权问题，一则为解决债权问题，故非同一问题。保路斯说，同一问题即同一原因与同一标的，我们认为二者并不须兼备。例如，买受人对物品的瑕疵已提起“减价诉”，即不得对同一瑕疵再提起撤销诉，虽减价和撤销并非同一标的。又如，在“物件返还诉”中，原告以买主的资格而败诉，即不得再以赠予、继承或取得时效等而享有所有权为原因而重行起诉。因在物权诉讼中，程式中无需记载请求的原因，故一经起诉，即视为凡可为所有人的原因，都已提出。但如果原告提出的原因为原承审员所未及审理的，自当别论。从上述的情况来看，我们可以得出结论：在对人诉讼中，所谓同一问题是以发生的债权的原因为标准，而不论诉讼标的之是否相同；反之，在对物诉讼中，则以诉讼的标的为主，至于原因则可不问。

（3）须为同一当事人，对第三人则不发生效力。因诉讼的胜负，在于双方攻击和防御的方法，如果当事人因未能做好攻击或防御，当然不能因其过失而使第三人蒙受损害。但所谓同一当事人，不是指物质上的相同而是指法律上的相同。因此，如在物质方面看，前后起诉的是同一个人,但如在法律方面彼此若不相同时,仍不发生“既决案件”的问题。例如,监护人第一次以被监护人的名义起诉,并不妨碍第二次以自己的名义再起诉。反之,受任人败诉后,委任人即不得就同一标的再行起诉,委任人的继承人也一样,因在法律方面来看,三个人只是一个人。“已决案件”的效力只限于当事人的原则,也不无例外。凡对于身份和继承的问题,如果已对主要利害关系人起诉后,即视为对附属的利害关系人也已起了诉。例如,法定继承人和遗嘱继承人间争夺继承的判决,对受遗赠人同样可发生效力。

（八）诉讼救济

由于程式诉讼时期还没有上诉制度,故对错误的裁定或判决,设有下列的补救办法:

1．抗诉(intercessio)

依罗马当时的习惯,长官对其同级或下级官吏所做的决定,有否决和停止执行之权。保民官除对独裁官外,对其他所有官吏的决定,也享有同样的权力。故当事人如欲变更程式的内容或法官的裁定,可请求该法官的上级或同级的官吏,提出抗诉。但抗诉不适用于承审员和百人法院等的判决。

2．撤销(revocatio in duplum)

败诉一方如认为判决有形式或实体上的瑕疵,例如承审员未经合法任命、外务仲裁人未全体出席或判决违法等事由,可提起撤销原判之诉。胜诉,则原判失效;败诉,则按标的加倍处罚。故提起此诉者应提供担保,保证败诉时如数支付罚金。

3．回复原状

当事人因判决而蒙受损害的,在一定条件下,可请求大法官谕令“回复原状”,撤销原判,另行处理。下文当另行说明。

至于上诉(appellatio),产生于帝政以后,随着"非常程序"的发展而发展。本书将在"非常诉讼"一章中予以叙述。

(九) 执行

判决以后,如被告履行判决或有保人或程式中附有仲裁条款的,一般当然不发生执行问题。否则,如果被告不愿或无力履行判决,那就只有进入执行阶段。在法定诉讼时期,被告于判决后 30 日内不履行判决的,原告即可"拘捕"被告。此时拘捕执行已改为执行诉,由原告偕同被告至法官前请求执行。如被告提出抗辩,或攻击原判的无效,或声明已经履行判决等,则案件即交由承审员审理,但被告须提供保人,如败诉,并须按标的加倍偿还。如被告承认,即应清偿,否则即开始执行。执行仍以对人执行为主,但大法官另创对物执行的制度,两者相辅而行。

1. 对人执行(executio in personam)

被告于法官前既不为清偿,又不为合法的抗辩,即由法官裁定把被告交给原告,由原告把他拘于私牢,至其清偿或以劳务抵偿时为止。此项执行,在帝政前期,仍继续实施,且长官的谕令,仍列对人执行于对物执行之前;而在意大利地区申请执行,只能是对人执行,因代理法官没有谕令权,不能实施非法律所规定的对物执行。被告如欲免除拘捕,可将其财产委付于原告,委托原告出卖,以价金偿债。此种办法称为"财产委付"(cessio bonorum),分为两种:

(1) 法定财产委付。奥古斯都时,《优利亚诉讼法》(*Leges Juliae judiciariae*)规定,善意而无过失的债务人,如不能履行给付,但自愿交出全部财产的,债权人即不得拘押其人。在未拍卖前,如果债务人另有办法,仍可收回财产,而委托又可随时撤销。债务人并享有"能力利益",即仅在其全部财产的价值范围内对债务负清偿之责。债权人还应酌留一部分财产给债务人,使其能维持生活。

（2）协议财产委付。即由债务人和债权人共同协商,将债务人的财产移交给债权人,其效力由契约定之,以免诉讼的烦费而伤害双方的感情。

2．对物执行(exeatio in bona)

如前所述,“对物执行”是长官根据其统治权所采取的措施,不属于一般司法权的范围,故一般地方官吏没有谕令对物执行的权利。其方式有:

（1）财产趸卖(venditio bonorum)。对人执行,虽通行于帝政前期,但如债务人远离罗马市或避债隐匿,则对人执行仍无法实施,因原告向法官申请执行,必须被告亲自到场。共和国末叶,罗马国土扩大,避债逃亡之事不断发生。大法官鲁体利乌斯·鲁夫斯(Rutilius Rufus)为了补救市民法的缺陷,遂允许原告得扣押被告的财产而出卖之。“财产趸卖”,仿自国家的财产标卖(sectio bonorum)。最初事务官(quaestores)和监察官负责税收和公共工程,由于他们对市民没有生杀或剥夺其自由之权,所以对国家的债务人只能扣押其财产,分批标卖。自《艾布体亚法》扩大大法官的权力后,鲁体利乌斯乃把它适用于逃亡的债务人,其后又逐渐扩及债务人当庭自认、债务人私自转移财产、自权人被收养而收养人不出庭应诉以及被继承人死亡而无继承人等情况。财产趸卖的程序是,先由大法官根据原告(债权人)的申请,谕令其接管被告的财产,以免债务人私自处分,损害其利益,称“保全扣押”(missio in bona rei servandae causa),该债权人并须将接管的有关事项公告(proscriptiones),使债务人的亲友可代为清偿或辩护,其他债权人也可参加。债权人也可申请大法官另选管财人(curator bonorum)管理财产。在公告30日(如被告生存)或15日(如被告死亡)后,如债务人仍未清偿,即受丧廉耻的处分而成为破产人,且以后如不提供保人,即不得出庭应诉,债权人即可将其拘禁。其事前自愿交出全部财产,供债权人分配的,自当别论。此时,大法官即谕令召集债权人会议,选举财产拍卖人(magistes bonorum vendendorum),由其编造出卖清单,规定拍卖条件和买受人应提供的担保等,公告于众,经10日(被告生存)或5日(被告死亡)后,就把全部财产公开趸卖,其卖价并非为一定金额,而是以债务总额的一定百分数表示,由所出百分数最高者得标。如数人所出的百分数相等,则债权人有优先权,其次由债务人的血亲得标。得标人处于破产人的大法官法继承人的地位,但仅需支付约定百分数的债务额。至于资产,则全部由得标人接受,关于有体物,受占有令状的保护,但仅取得大法官法所有权。至于债权,如破产人生存,则用"转渡的程式",由大法官列破产人于"原告请求"中,而列得标人于判决内,称"鲁体利亚那程式"(formula Rutiliana)。如破产人死亡,则大法官予得标人以拟制诉,视他为破产人的继承人。各债权人按得标人所出的百分比获得清偿。生存的破产人对未清偿的部分,仍负有责任,在日后取得财产时,债权人仍可再行财产趸卖的程序,直至全部清偿为止。但若于破产一年后受诉追的,除破产人有欺诈行为外,可享受"能力利益"。财产趸卖制度,后随程式诉讼的废止而废止。

(2)财产零售(distractio bonorum)。财产趸卖,是将债务人之财产作为一个整体而概括地出卖,并不对其中每一件财产分别估价,而债务人的不动产往往分散于罗马、意大利甚或行省,很难找到一个适当的买受人。至于动产,亦难有愿购买其全部的,如将不动产和动产合起来标卖,就更难出卖了,所以实际上常为一批投机者所操纵,由他们中的人以极低的价格买进,然后另卖给他人,从中渔利,这不利于债权人和债务人。特拉雅努斯帝时，新创财产零售制度，但仅为一种特殊优待。只有所谓“高尚阶层的人”（clarae personae）才能引用。其后，元老院决议，将此项制度也适用于普通债务人，但在程式诉讼时期，仍作为非常执行程序实施。财产零售也和财产趸卖一样，先经接管和占有债务人的全部财产，而不论负债多少。纵使债务人的一部分财产已足清偿，仍须扣押其全部。一般也由法官任命管财人。但与财产趸卖不同的是，财产零售，出卖之前，不须公告“出卖清单”，出卖时是将债务人的财产逐项分别拍卖，至所得现金足以清偿债务为止。关于出卖所得价金的具体分配，按下列顺序办理：

① 先付为各债权人的共同利益而产生的费用，如管财人的报酬，拍卖财产的费用等；

② 如债务人在价金分配前死亡的，支付其丧葬费；

③ 清偿抵押债权，各依其抵押的先后顺序和优先债权，例如贷款修理房屋、船舶等，以及变例寄托；

④ 清偿普通债权，如不足，则依债权额的大小按比例分配；

⑤ 偿还因侵权行为所生的债务；

⑥ 如债务人死亡而生前曾为遗嘱的，则将剩余分配给受遗赠人。

如果价款不够分配，债务人对不足额仍负清偿之责，但并不受“丧廉耻”处分。

五、特别程序

特别程序，是程式诉讼时期大法官除进行法律审理、拟定程式以解决讼争外，运用其统治权，发布各种命令，为诉讼上必要的处理而形成的程序。大法官进行此类处理的目的，在于弥补法律之不足。其具体办法如次：

（一）谕令口约（stipulationes praetoriae）

即当事人一方，在大法官等的命令下，以“要式口约”，对他方承担履行未经市民法规定的义务，使原告不受法律保护的利益成为由司法保护的权利，无制裁的责任成为有制裁的义务。例如，房屋有倒塌的危险，所有人不作必要的处理，大法官可令该所有人约定日后如房屋倒塌而致邻居遭受损害时，负赔偿之责，必要时并可责令提供保证（satisdatio）；或令监护人承担妥善管理被监护人的财产；或令用益权人保证以“善良家长的注意”使用用益物，并于期满时返还虚有权人等。口约一经成立，当事人间即发生契约关系，受法律的保护。此种口约，有的是单纯约定（nuda repromissio），有的则另加保证。如果当事人不遵从大法官的命令，则大法官可用授予或拒绝授予诉权以加强压力。例如，奴隶的出卖人拒绝订立追夺担保的“双倍偿还口约”（stipulatio duplae），则市政官可授予买受人以撤销诉而要挟之。又如，用益权人申请取得用益物而不愿提供担保的，大法官即拒绝授予程式，危险房屋所有人不肯订立赔偿损害口约时，则大法官可令邻居占有该屋等。

（二）占有裁定（missiones in possessionem）

即大法官等特准申请人占有他人的特定物或其全部财产的裁定。以此为根据的占有，实际上仅为临时性的保管，并不包括真正占有人所享有的权利。其目的在避免债务人的违法行为或迫使其履行一定的义务。占有裁定可对全部财产为之的，例如被告逃亡、隐匿，或继承人拒绝对附条件的遗赠提供担保，或继承人是个胎儿等；有对特定物为之的，例如危险房主对其邻居拒绝交保或“物件返还诉”中被告不出庭应诉等。裁定占有人（missus in possessionem）

并不受市民法的保护，他除自行防御外，仅有大法官的“令状”和事实诉的救济。

（三）令状（interdicta）

令状是大法官等因当事人一方的请求，依据其统治权对他方下达的作为或不作为的命令。令状原为维持秩序的行政措施，由于手续简便，深受人们欢迎。早在程式诉讼之前，大法官已运用其统治权保护其视为应加保护的现状。因法定诉讼的严峻狭隘，使许多讼争不获解决，影响社会的安宁。共和国末叶，奴隶制经济已相当发达，法律关系相应复杂，大法官乃用颁发令状的方式，补救市民法的不足。但最初大法官颁发令状，必先审查事实，申请人就其主张，须提出证明，其制裁也用行政手段。后经改革，颁发时不再审查事实，而将其发交承审员审理。因其颁发不受听讼日和地点的限制，对需紧急处理的案件尤为有利，做到简便及时，终发展为和诉讼程序并行的特别程序之一种，原告可于两者中择一进行。

令状的种类繁多。按其内容可分为：神事令状和世俗令状，前者为关于祭神和其他有关宗教问题而颁发，后者则为不涉及宗教的一般事件而颁发；公益令状和私益令状，前者为涉及公共利益而颁发，凡市民都有权申请，如神事令状等，后者仅涉及个人利益，只有利害关系人才可申请，如占有令状等；有期令状和永久令状，前者的期限一般为1年，如普通暴力令状，后者原无期限的限制，如武装暴力令状；可继承令状和不可继承令状，此项区别，视令状的利益或不利益是否可以移转于双方的继承人，前者如不动产占有令状，后者如暴力占有令状；以及占有令状和所有令状，前者不涉及所有权问题，故即使原告败诉，仍可提起“物件返还诉”，后者则反之等。按其颁发的方式可分为“交出令状”（interdicta exhibitoria）、回复令状(interdicta restitutoria)和禁止令状(interdicta prohibitoria)。一是大法官命令被告将人或物交出,如对方非法拘留其家属或拒绝交出遗嘱和书契等;一是大法官命令当事人的一方为回复的行为,如将物件返还他方或撤销因胁迫而订立的契约,或拆除违章建筑物等;一是大法官禁止当事人为某项行为,如禁止在阳台、屋檐堆置或悬挂物品以免危及行人。大法官在令状中分别批注"交出"(exhibibeas),"返还"(restituas)和"不准"(veto)字样,以示区别。有单令状(interdicta simplica)和复令状(interdicta duplicia),前者为大法官对当事人一方所颁发,因之,一方为原告,一方为被告,普通的令状都属此类;后者为大法官对当事人双方颁发的,故双方既为原告,又为被告,其主要的为动产占有令状、不动产占有令状和地上权占有令状等。

申请颁发令状,应由当事人同至大法官前,先由原告陈述申请颁发令状的事实,次由被告提出抗辩。如原告的陈述可以接受,或被告否认原告所主张的事实,或经原告提议,被告宣誓原告的主张不实,大法官即根据情况做颁发令状与否的决定。被告拒不到场的,可以拘提。原告获得令状后,如被告遵从,问题即行解决;反之,如果被告坚持原有的态度或主张事实与令状所规定的条件不符,或称原告的占有是有瑕疵的,则须经原告邀被告再到大法官前,以请求执行令状的名义起诉。由大法官任命承审员,审查事实真相。其解决争议的程序,据盖尤斯的叙述,分"有罚金"(cum poena 或 cum periculo)和"无罚金"(sine poena 或 sine periculo)两种,前者为法定诉讼时期的遗制,后者则为大法官的创新,分述如下:

(1) 口约程序(per sponsionem)。在法定诉讼时期,"宣誓决讼"往往不能使原告收回原物。到了程式诉讼时期,由于大法官有授予诉权之权,此项缺陷乃得以补救。如为单令状,则原被告在大法官前各以要式口约订立,于败诉时支付一定金额于他方,但数额一般不大。因此,大法官可视情况于原被告两个口约外,附加一“附随诉”(judicium secutorium),在原告胜诉时,由承审员判决不遵行令状的被告赔偿原告的损失。其数额仍由原告以宣誓定之,这样就迫使被告为了免付高额的赔偿金而履行原告的正当请求。因此,在单令状中,承审员须做三项审查和决定,即:①如果原告的请求正当,被告应支付罚金的问题;②如果原告的请求不成立,原告应支付罚金的问题;③损害赔偿的问题。如为复令状,因双方各为原告和被告,例如当事人都主张自己是物件的所有人,则程序就更为复杂,承审员须做六次的决定。故在公元前1世纪中叶,即被下述的仲裁程序所取代。

(2)仲裁程序(per formulam arbitrarium)。大法官为了改进“口约程序”的烦琐,遂运用其权力在程式中加入“仲裁条款”(clausula arbitraria),这样,当事人于申请令状时或令状颁发后即应请求任命仲裁人。程式中于请求部分中列入原告的要求是否合于令状的规定,在判决部分,则令仲裁人于原告请求正当时即判罚被告,否则即予开释,以及如被告自愿交出或返还物件等,则免除之。此项程序仅能运用于交出令状和回复令状,而不适用于禁止令状。因为仲裁条款只能命令被告积极地作为而不能令其消极地不作为。

(四)回复原状(restitutio in integrum)

即大法官凭其统治权撤销合法但显失公平的法律行为,视该行为自始未成立,使之回复原来状态的命令。罗马古代的法律,以重形式尚严峻为其特征,其流弊所及,我们在前面已有叙述。早在纪元前3世纪,元老院对严重不公平的行为,往往训令大法官为回复原状的宣告,以纠正市民法的严酷而平息民愤,久已成习。嗣后《艾布体亚法》即确认大法官享有回复原状的特权,但开始时大法官仅为概括的规定,自行掌握是否给予申请人以救济的全权。以后为了使市民有所遵循而避免申请的过滥,大法官遂将具体条件及原因列入谕令之内,于是凡符合谕令中规定的,大法官即不得拒绝予以救济,于是"回复原状"遂成为正式的诉权了。申请回复原状的条件是:

(1)须受重大而显失公平的损害。损害是指现存财产的减少和应得而未得之利益。前者如未成年人的土地被他人占用,未成年人忽视了中断时效,以致占用者因取得时效的完成而取得该土地的所有权;后者如拒绝有利益的继承等。"回复原状"乃以纠正不公平为基础,故因原告的不可宥恕过失或事变而导致的损害,或"回复原状"的结果将使他方受更大损害的,自当别论。又"回复原状"为例外的程序,其结果常足以影响交易的安全,故非在重大情况下,大法官不得轻易批准原告的请求。

(2)须损害和申请撤销的行为之间有因果关系。如因事变而发生的损害,纵极为严重,亦不得请求。

(3)须法律上无其他有效的救济办法。因"回复原状"只是一种辅助性的办法,它常使善意的第三人蒙受不利的结果,因此如有其他救济办法时,即不得引用。例如未成年人所为法律行为的方式有瑕疵,他可依法主张该行为无效,而不得提起"回复原状"之申请。但对欺诈或胁迫行为则属例外。

(4)须在法定期间内申请。最初规定为成年之前或成年之后一年有用时间内必须行使其权利,优帝一世时改为 4 年继续时间,自障碍不存在时起算。如因胁迫而请求回复原状的,则自胁迫停止时起算。

(5)须法律没有禁止撤销该行为的,例如子女对父母、被保护人对恩主的法律行为都不得请求"回复原状"。

（6）须有以下正当原因：

① 未成年。未满25岁的未成年人，由于经验不足，故因为法律行为而蒙受重大损害的，大法官即特予优待，允其申请"回复原状"。但若未成年人以欺诈手段乔装成年人或已达适婚年龄而宣誓抛弃"回复原状"的利益，或在成年后追认的，或享受"年龄优待制"的则均不得申请。

② 胁迫。胁迫虽受胁迫抗辩或胁迫诉的保护，但有时仍不足以保护被害人的利益。例如，甲因受乙的胁迫而抛弃对丙的继承权，甲虽可对乙和丙的继承人提起胁迫诉。但如继承人已将遗产出卖而变为无力清偿者，乙又已破产，则唯有"回复原状"才能保全甲的利益。

③ 欺诈。受欺诈人受"欺诈的抗辩"和"欺诈诉"的保护，但欺诈诉使欺诈人受"丧廉耻"的处分，故权衡轻重，大法官有时仍认为允许"回复原状"为宜。

④ 错误。这种错误须绝对可以原宥的。例如，甲误以乙为丙的监护人，结果乃知乙已经辞职，改由丁为丙的监护人，即向丁起诉而诉讼时间已过，或被继承人的债权人对继承人误为"过分请求"等。

⑤ 可原谅的缺席。例如因公远出、作战被俘、被债权人拘押、因不可抗力等延误时间致被判决败诉的。

⑥ 人格小变更。人格变更，在法律上消灭原来的人格，在人格大变更和中变更时，大法官仅允债权人向接受人格变更者的财产者起诉，不得申请"回复原状"，只有人格小变更时，大法官才同意债权人可以为是项请求，等于收养、解放和认领等未发生一样，且不受1年时间的限制。

优帝一世时，"回复原状"已并入普通诉权，不再作特殊处理。

大法官在接受原告的请求后，先行审查事实，如与申请的条件符合，即撤销被攻击的行为，谕令"回复原状"。"回复原状"有仅对一人的，有对全体利害关系人的，但均须双方辩论终结后，才能宣告。"回复原状"一经宣告，被攻击的行为即视为自始未成立。原告即可据此进行普通的诉讼。例如士兵出征在外，复员时第三者已因取得时效的完成而取得其财产，原所有人即可申请"回复原状"。在"回复原状"宣告后，再提起"物件返还诉"，以追回其被侵占的财产。

六、程式诉讼的消灭

程式诉讼是由法定诉讼演变而来，后者对前者虽做了许多改进，特别是提高了大法官在诉讼活动中的主导作用，对罗马法的发展产生了重大的影响，但仍不免保留了法定诉讼的痕迹，如传呼仍由原告向被告为之，审判依旧分法律审理和事实审理两个阶段等，还有作进一步改革的必要，故便为新创设的非常程序的逐渐盛行而次第消灭。其在帝国行省更早于京都，皇帝管辖的行省更早于元老院所辖的各省。一般认为，公元 3 世纪中叶，在罗马市内的诉讼，已改用非常程序，但据文献记载，公元 294 年，地奥克莱体亚努斯帝曾命令各省省长自行审理讼案，勿再发交承审员办理。公元 342 年，君士坦都二世（Constantius Ⅱ，公元 337—361 年在位）的敕令曾有程式诉讼已行消灭的记载。因此，此一诉讼制度消灭的时间应在公元 3 世纪末至 4 世纪初之间。

第四章　非常程序(cognitio extra ordinem)

一、概述

帝政以后，皇帝总揽国家大权，对行政上和司法上的纠纷，多整个解决，不再发交承审员审理。如果将案件发交下属代审，也授予审理全案和判决之权。对于监护人的任命、自由身份问题等的解决，其初是由执政官审理，后另设专门大法官负责，他们已不再完全遵守"私法程序"办事。新设的高级官吏如京都保安司令、粮政官、宵警官等，他们以警务官的资格审理其职权内的民刑案件时当然也用行政程序，一审终结。在行省，其由皇帝直接管辖的，总督都由皇帝直接任命，他们仅对元首负责，有较大便宜行事之权，办案时也多以行政手段处理，这种简捷有效的审判方式，渐为元老院管辖各省所仿效。在哈德里亚努斯帝下令编纂长官谕令后，大法官也就丧失创造和变更法律之权。此后只能适用法律，也就逐渐兼审事实。原来在程式诉讼时期，法官审理案件须按程式诉讼程序办理，不得自行判决。在职权上既受限制，在时间上又不能及时结案。但是，如果法官以行政长官的资格处理行政和警政案件，即可自行审查事实，直接予以解决，更不受听讼日的限制。遇到当事人不肯出庭，或经判决后拒不执行，则可以国家权力强制其到场或执行判决。这种自始至终由国家的官吏审理案件，不再遵从原来"诉讼程序"分法律审理和事实审理的办法，已完全摆脱私力救济而进入公力救济，因称"非常程序"。其结案快，效力大，较之程式诉讼程序更为优越。因此，在帝政后期，已成为唯一通行的诉讼程序。

二、法院组织

帝政前期，原则上也和共和国时期一样，法官一般仍由选举产生，彼此独立，不分上下级隶属关系。但由皇帝新任命的高级官吏，则兼理司法，审理其职权范围内的案件，到了帝政后期，法官全由皇帝任命，且均由行政官吏兼任，自上而下分为数级，不服下级法官的判决，可向上级法官上诉。最高的法官为皇帝，其次为军政长官，又次为大区长官，再次为省长，省长以下为地方官。他们的司法职权如次：

（1）皇帝。一般有皇帝两人，分管帝国的东西两部。通常仅接受上诉案件，但亦受理由当事人申请移审下级法官管辖的第一审案件。

（2）军政长官。军政长官是皇帝的代表，通常亦接受上诉，对不服其判决的，不得再上诉于皇帝。

（3）大区长官（vicarius）。地奥克莱体亚努斯帝为了巩固君主制统治，于公元 293 年将帝国划为四个大行政区，由两帝各派代表一人，和他们分别管理。省的范围缩小，每个大行政区辖 10 至 12 个行省，大区长官或者恺撒接受上诉案件，但有时也受理第一审案件，对其判决不服的，可上诉于皇帝。

（4）省长。当时省的范围虽已缩小，但省长以行政兼理司法，不可能审理所有案件，故将案件分为“大案”（magores causae）和“小案”（minores causae）。大案初为50金币以上的案件，最后改为300金币；小案则为不满50或300金币的案件。省长仅受理“大案”，不服其判决的可上诉于军政长官或皇帝。因为省区缩小，巡回审判制度也就取消。

（5）助审官（judices pedanei）。由省长任命，省长对大案并不完全自行审理，只对其中重大的亲自过问，其余的都交由助审官审理。

（6）地方官（duumviri jure dicundo）。审理小案，并可主持解放、接受遗产占有的申请和有关登记事项。另有“人民保护人”（defensor civitatis），最初本为保护贫弱的市民，以免受强豪和官吏的欺压；其后在不设地方官的地区，即由人民保护人代理司法。

以上是就帝国的一般情况而言，至于京都，一般是指罗马和君士坦丁堡，大法官和市政官的司法权已转入京都保安司令之手。至于监护大法官、信托大法官和自由身份大法官，虽尚保留一段时间原有的职权，但后来也废止了。执政官在优帝一世前仍担任元老院院长，仍可受理非讼事件。优帝一世接位后，元老院院长改由京都保安司令兼任。自公元567年起，这一职位就被撤除。至于粮政官和宵警官则保留未变。此外，在基督教盛行后，主教对其教区内的教徒，享有惩戒权。后圣保罗（st. Paul）谕令：凡教徒间的争议，均应由主教调解，以免教徒间内部的纠纷，公开于外，受非基督徒的非议。教徒也因对主教的崇敬，恐官吏的偏颇，亦自愿将争议由主教仲裁。君士坦丁一世接位后，规定在诉讼进行中，当事人可申请将案件移交主教审理，其决定发生执行的效力。此项敕令，后于公元398年和452年相继于东西罗马废止。此后，主教仅能充当一般仲裁人。又当时的豪绅（potentes）和大地主对农民和佃户也掌握有惩戒权和仲裁权，皇帝虽一再禁止，但收效不大。

关于法院管辖，虽仍维持“以原就被”的原则，但对物诉讼，已一律改归物权所在地法院管辖（rei forum rei sitae）。因帝政后期，对物诉讼的判决已为原物而非金钱，由物权所在地的法院管辖，较易勘验和执行。当事人得因法官可能有偏颇，或对方为豪绅等原因而向皇帝为管辖的转移申请，皇帝批准后，或自行审理，或发交其他法官处理。此种移转，不仅改变诉讼的正常进行，也使对方远离家乡，增加费用。故君士坦丁一世规定，凡对被监护人、寡妇、贫弱者的诉讼，不得移转管辖。但在公元5世纪，京都之内，仍充满来自远方的诉讼人，马尔西恩帝（Marcian，公元450—457年在位）为纠正流弊，乃规定此后除对方为豪绅外，不得再申请移转管辖。罗马古代，审理行政案件向来不公开，故此时审案即在法官办公处（secretarium）进行，他人一律不得旁听。办公处前围以栅栏，以布为幕，仅在宣判时揭幕，使人们可以听闻。关于审判时间，皇帝任命的官吏，办案并不受时间的限制。但君士坦丁一世登基后，规定法官于星期日不办案，以遵守基督教的习惯。

非常程序之在罗马法，不仅是程序上的一大进步，且使各种实体法的制度，不论是市民法、万民法、大法官法或敕令，都受统一的公权力制裁、同一诉讼程序的审判，从而促成罗马司法的统一。

三、诉讼的分类及其改革

帝政后期，由于政体的改变，法官的职权已无统治权和司法权之分，故共和国末期以来法官基于统治权所创造的保护个人权利的办法，已和普通的诉讼相混合。且自程式诉讼废止以后，一切基于程式而为的诉讼分类，已无存在的理由。但由于习惯的关系，优帝一世的法学著作，仍多沿用。在这一时期中，主要是把诉讼分为普通诉讼和特别诉讼两类，前者适用于一般诉讼而不限于特定事项，例如债权人追偿金钱的债权，可用“普通请求返还诉”（condictio generalis），并不论债的性质和其发生的原因怎样；后者仅能用以保护特定的权利，例如寄存诉（actio depositi），委任诉（actio mandati）等。帝政前期，市民法的诉权仍以永久为原则。特奥多西乌斯二世于公元 424 年规定，诉权因经过一定期间而消灭，其期间最长以 30 年为原则，唯抵押诉权为 40 年，但仍沿用“永久诉”的名称。后优帝一世又规定，寺院和慈善团体的诉权也为 40 年，追还赌债的期间可至 50 年。至有期诉权的期间，原则上为 4 年继续期间。于是仅有身份诉和国家追索赋税的诉权是真正的永久诉了。

“抗辩”原为程式中的构成部分，自程式诉讼取消后，抗辩已失去其主要存在的理由。但在帝政后期，人们仍习用这一名称。凡直接否认原告的请求的为“防御方法”，间接地否认原告的请求的则称“抗辩”。“令状”在共和国末期原为大法官颁给当事人令其作为或不作为的令状。在优帝一世时，人们虽仍可见到“令状”的名称，但实际上法官已不再颁发。即直接授予当事人以诉权，省略颁发令状的手续。至于“回复原状”，在帝政后期，也已变为诉权。优帝一世又规定，人格小变更，不再发生免除债务的效力，故债权人在债务人的人格小变更时，前者即可直接对后者起诉，毋需再申请“回复原状”。

四、非常程序的特征

从上面的叙述，我们可以了解到，非常程序具有下列特征：

（1）整个审判由法官全权为之，不再遵照“私诉程序”分为法律审理和事实审理两阶段。

（2）诉讼程序不再拘泥于形式，既不须遵守“法定诉讼”时期的法定言辞和动作，也不须用“程式诉讼”时期的“程式”，审判也更侧重于查明当事人的真实意思。

（3）旧的诉讼程序是以仲裁为基础，乃自力救济与公力救济的结合，故须当事人同至法官前，诉讼的进行，自传唤到执行，仍以当事人为主。新的诉讼程序则以国家权力为基础，法官可强制当事人出庭和执行判决，故诉讼进行中，完全以法官为主。

（4）审判虽然也可公开，但一般都秘密进行，不若旧程序从审理到宣判完全公开。

（5）由于社会关系日益纷繁，案情也相应复杂，因此，书面材料在诉讼中渐占重要地位。在程式诉讼时期，仅有法官所拟的程式为书面，至于当事人在庭审时仍为口头陈述。帝政后期，当事人多聘请律师预撰诉状，以免遗漏和口述发生错误。

（6）不服判决的，在共和国时期和帝政前期，当事人仅能申请诉讼救济，新程序则允许当事人可以上诉（既决案件除外）。

（7）过去进行诉讼，国家完全免费。帝政后期，则需收取诉讼费用。由于国库空虚，书记官和执行员的工资极为微薄。因之，常向当事人收取手续费，渐成惯例，但法官则仍不收受任何报酬。

上述特征表明，非常程序已经成为实行公力救济的比较完备的诉讼制度。

五、诉讼程序的改革

在诉讼程序方面，具体改革如下：

（一）传唤

按照非常程序，传唤制度可分三个时期叙述。

1．帝政前期

非常程序最初施行时，传唤的方式有三：

（1）“口头传唤”（denuntiatio）；

（2）“公文传唤”（litterae）；

（3）“公示送达”（edictum）。

其适用是视被告法院管辖区内有无住所而定。如被告在受理案件的法院管辖区内有住所的，即由法官命庭丁口头通知被告按时出庭。被告在受理案件的法院管辖区内无住所的，则用公文传唤，由法官予原告以传唤文书，由原告呈交被告所在地的法院，请求代传，然后由受托法院在文书上批明“代传唤”字样，交原告带回；如被告的住所不明，则用“公示送达”由庭丁将传票内容当众朗读一遍，然后张贴于公共场所，以代传达。如果被告因未接到通知而没有如期出庭，则法官便和程式诉讼一样，谕令原告占有被告的财产。如果被告接到通知后拒不出庭，则法官得为第二次传唤。如被告坚持不到，法官即作缺席判决。但如审查结果，认为原告的请求理由不充足时，亦可开释被告。原告如缺席的，即驳回其诉。

2．帝政后期

一般由原告向法官呈送申请书，陈述其起诉原因和目的，法官于收到申请书后，经过审查，然后允原告直接通知被告，称“诉讼通知”（litis denuntiatio）。原告通知被告时，应经证人在通知书上签名作证。由于私传容易发生弊端，君士坦丁一世于公元322年规定，“诉讼通知”应由“书记官”（tabularius）登记，并由法院通知被告。原被双方一般应于送达后4日内出庭，如原告逾期无故不到，其诉即遭驳回；若被告无故不到，则原告可要求缺席判决。

3．优帝一世时

传唤形式更行简捷，废除4日内出庭期间的规定。先由原告将起诉事实和目的作成诉状（libellus conventionis），向有权管辖的法院递呈。诉状须由原告和书记官签字并提供保人，允将案件于2个月内提交法官审理，逾期应加倍偿还被告因延迟而产生的费用。法官在收到诉状后，视原告的请求与法律和道德有无不合，然后令执达员（executor）直接送给被告，因此，传唤全由法院办理。被告在收到诉状时应出收据证明收到诉状。如案情重大或被告有逃亡可能时，也应提供保人，保证到期出庭，其期间是按被告与法院间距离的远近计算。保人在被告不到庭时，应支付50金币以下的赔偿金。如被告不能提供保人，执达员有权将其拘押。在物权诉讼或被告是有声望的人，也可免于交保。如为债权诉讼而被告于法院管辖区内没有足够的财产，则在开庭时应另行提供保人，担保其在诉讼没有终结前，随传随到。被告的“答辩状”（tibellus contra—dictionis）应于10日内（后改为20日）向法院提出。开庭这一天，如被告不到，再次传唤，每30日一次，这样三次，自起诉经过1年后即作缺席判决。原告无正当理由缺席的，即驳回其诉，且可判令赔偿被告因此所受的损失。

（二）审判

开庭时，双方当事人或诉讼代理人（通常为律师，在优帝一世时，要式和略式诉讼代理人的区别已行消灭）到庭，先后陈述起诉要旨和答辩，陈述结束时即为“证讼”。由双方宣誓，并非寻衅好讼，律师也要宣誓，声明其当事人的主张有理，事实确切，因而代理诉讼等。但此时“证讼”已不发生更新的效力。优帝一世规定，债权人对连带债务人一人起诉而未受全部清偿的，仍可对其余债务人诉追，直至全部清偿为止。债权人于债权未到期而诉请履行的，债权也不因“时间的过分请求”而消灭。法官并可判令被告交还原物，故诉讼标的也不因经过“证讼”而改为金钱。至于中断时效、移转诉权及有期诉讼变为永久诉讼等效果，也不再始于“证讼”，而是始于起诉，即递交诉状之日。诉讼标的错误可于诉讼进行中更正，因为法官的审判不再以程式为根据。优帝一世规定，关于“地点的过分请求”，原告应赔偿被告所受损失的三倍。如果是“时间的过分请求”，则原告于偿还被告因诉讼所支付的费用外，更须经过提前追偿时间的双倍期间后，才可再行起诉。证讼以后，由当事人（通常是律师）双方进行辩论，提出答辩和反辩，法官根据双方辩论和提供的证据做出决定，可以判罚任何一方包括原告在内。关于证据的取舍，不得再全凭法官的“自由心证”，已有适当限制。君士坦丁一世规定，“一人的证言不足为证”（testis unus, testis nullus）。优帝一世并规定，对于有书契的债权，债务人非以书面证据不得以证言推翻其效力。但能提供有高尚身份的证人 5 名，宣誓证明该款确于他们前偿还的，不在此限。法官于证据不全时，可令当事人宣誓，以补证据的不足。至于法律上的推定，在帝政后期已较通行。审理沿袭行政程序，一般不公开进行。判决以书面为之，应当众宣读。败诉方应负担诉讼的一切费用，包括对方的路费、诉讼费和律师报酬等。

（三）上诉（appellatio）

乌尔披亚努斯认为，上诉是以纠正不公平、不正确的判决为目的的手段。第二次判决虽不一定比第一次的审判更好，但至少应予当事人以获得较为优良判决的机会。上诉制度，以法官间有上下高低阶级之分为前提。帝政以后，皇帝任命的官吏按其职位的大小，有高低的不同。不服下级法官的判决，得于宣判后2日（本人）或3日（诉讼代理人）内上诉于上级法官或皇帝。若上诉而败诉的，须罚付诉讼标的1/3的罚金。但因缺席而败诉的一方则无此权利。罗马法规定，"缺席者不得上诉"（contumax non appellat）。帝政后期，法官已全部由皇帝任命，于是上诉遂成为不服下级法官判决的通常补救办法。依原则，不服下级法官的判决时，可逐级上诉于其上级，直到皇帝为止，并无审级的限制。优帝一世时始改为上诉以二次为限，三审即为终审判决。但对军政长官的判决，不得上诉于皇帝，因他是皇帝的代表，仅能于其离任后2年内，申请皇帝撤销其原判，发交新任军政长官重审。上诉也改为应于宣判后当庭声明，或于10日内向原审法院递交上诉状（libellus appellatorius），原审法院应于5日内移送上级法院，否则上诉人可直接向上级法院递呈上诉状。一经胜诉，原审法官多受到刑事处分。君士坦丁一世严格上诉制度，以儆好讼和藐视法官的人。败诉者如富有，没收其财产的半数，剥夺公权2年；贫穷的罚作矿内苦役2年，优帝一世时有所减轻。

原则上，上诉不论标的的大小。但向皇帝的上诉，其诉讼标的非超过一定数额，不得到为之。帝政后期，向皇帝的上诉改采咨询形式，由皇帝以解答解决。特奥多西乌斯二世时则由司法委员会处理，但对高级官吏和重大案件，则仍采咨询程序。上诉期内，停止执行。

（四）执行

确定的判决发生强制执行的效力，对终审判决和一般判决逾期不上诉的，即可开始执行，但习惯上仍酌给被告以一定的宽容时间，便其履行判决。执行全由司法官吏负责，原告已不得自行为之。帝政后期，执行一般应于判决后两个月内进行，优帝一世时改为4 月。债务人有财产的，则扣押拍卖其财产，否则仍可拘押其人。兹仍分对物执行和对人执行说明如下：

1. 对物执行

这种执行包括：

（1）原物执行。如为交付特定物，则由执行员强制执行，把该物取回交给原告。

（2）如判决为金钱给付而被告不主动履行的，债权人可申请对物执行，其方式分"判决扣押"（pignus ex causa judicati eaptum）或"财产零卖"。扣押本为行政执行的方法，安托尼努斯·披乌斯和卡拉卡拉两帝相继加以改进，在判决后经过相当时间而被告不履行时，即由司法官吏按应给付数额的多少，酌量扣押被告的财产，经两个月后仍未获清偿时，则把扣押的财产逐一拍卖，至所得价金足以清偿为止。如买受人出价过低，原告也可自为买主。若有不足，则再行扣押。债务人也可申请法官批准，以实物抵给债权人。此即"判决扣押"，它是执行制度中的一天改革，因其仅就执行所需的财产加以扣押，而不涉及全部。又分别出卖，得价较高，对原被两方，都有利益。"判决扣押"仅适用于被告有清偿能力而原告人数极少时,如债权人的人数很多而债务人的财产估计不够清偿全部欠债,只有扣押其全部财产,拍卖分配。至于财产趸卖制度,已和程式诉讼同时消灭,故帝政后期只有"财产零卖",拍卖时由管财人逐一标卖,将所得价金分配于各债权人。善意的债务人主动交出财产以供执行的,可免受"丧廉耻"的处分,并享有"能力利益"的优待,已如前述,兹不再赘。

2. 对人执行

债务人经判决后无力清偿,又未能与债权人和解的,债权人仍可对其实施拘押。特奥多西乌斯一世禁止此后债权人再行拘禁债务人于私牢,规定仅法官始有权拘押市民,并须囚于国家设立的监狱内,违者以藐视皇法论罪。法令虽严,积习难改,私禁之事,仍习以为常。官吏又畏惧地方强豪者的势力,不敢依法办事。为此,崔诺帝时又重申禁令,并明定法官有徇私的,受刑事制裁,但仍收效不大。优帝一世接位后,减轻对不守法债权人的制裁,规定债权人违法私囚的,剥夺其债权,并拘该债权人于监狱,至其期限则以其私囚债务人的期间为度。希望以减轻对不守法债权人的处罚,便于法官等的执行。但该法施行以后,仍未能彻底解决问题,故又以第135号新敕规定,债务人宣誓其确无其他财产的,得免除对人执行。

附录一　罗马王、帝年表

王政时期（公元前753—前510）

王　名	在位年
Romulus	公元前753—前716
Numa Pompilius	公元前716—前673
Tullus Hostilius	公元前673—前641
Ancus Marcius	公元前641—前616
Tarquinius Priscus	公元前616—前578
Servius Tullius	公元前578—前534
Tarquinius Superbus	公元前534—前510

共和国时期（公元前510—前27）

帝政分权时期（公元前27—公元284）

帝　名	在位年
Augustus	公元前27—公元14
Tiberius	14—37
Caligula	37—41

Claudius 1	41—54
Nero	54—68
Galba	68—69
Otho	69
Vitellius	69
Vespasianus	69—79
Titus	79—81
Domitianus	81—96
Nerva	96—98
Trajanus	98—117
Hadrianus	117—138
Antoninus Pius	138—161
{ Marcus Aurelius Lucius Verus	161—168
Marcus Aurelius	168—177
{ Marcus Aurelius Commodus	177—180
Commodus	180—192
Pertinax	192—193
Didius Julianus	193
Septimius Severus	193—211
{ Caracalla Geta	211—212
Caracalla	212—217
Marcinus	217—218
Héliogabalus	218—222

Alexander Severus	222—235
Maximinus Thrax	235—237
Gordianus Ⅰ Gordianus Ⅱ	237
Maximus Balbinus	237—238
Gordianus Ⅲ	238—244
Philippus Arabs	244—249
Decius	249—251
Gallus Hostibien Volusius	251—253
Aemilianus	253
Valerianus Gallienus	253—260
Galliemus	260—268
Claudius Ⅱ	268—270
Aurelianus	270—275
Tacitus	275—276
Tlorianus	276
Probus	276—282
Carus	282—283
Carinus Numerianus	283—284

帝政专权时期（公元 284—641）

帝 名		在位年
Diocletianus		284—305
Maximianus		286—305
Constantius Ⅰ Chloras Galerius		305—306
Galerius	东部	306—311
Maximinus Daza	东部	306—313
Licinius	东部	306—324
Maximianus	南部	306—310
Maxentius	南部	306—312
Constantinus Ⅰ	南部	306—324
Constantinus Ⅰ		325—337
Constantinus Ⅱ		337—340
Constans		337—350
Constantius Ⅱ		337—350
Constantius Ⅱ		350—361
Julianus		361—363
Jovianus		363—364
Valens	东部	364—378
Theodosius Ⅰ	东部	379—383
Theodosius Ⅰ Arcadius	东部	383—392

Valenlinianus Ⅰ	西部	364—367
{ Valentinianus Ⅰ / Gratianus }	西部	367—375
{ Gratianus / Valntinianus Ⅱ }	西部	375—383
Valentinianus Ⅱ	西部	384—392
{ Theodosius Ⅰ / Arcadius }		392—393
{ Theodosius Ⅰ / Arcadius / Honorius }		393—395

公元 395 年罗马帝国正式分为东西罗马两部分：

西　罗　马

Honorius	395—423
Johannes	423—425
Valentinianus Ⅲ	425—455
Maximus	455
Avitus	455—457
Majorianus	457—461
Severus	461—465
Anthemius	465—472
Olybrius	472—473
Glycerius	473—474
Julius Nepos	474—475
Romulus Augustulus	475—476

（西罗马于公元 476 年灭亡，史学家一般称从此欧洲历史进入封建制的中古时代。）

东　罗　马

Arcadius	395—402
{ Arcadius / Theodosius Ⅱ }	403—408
Theodosius Ⅱ	408—450
Marcian	450—457
Leo Ⅰ	457—474
Leo Ⅱ	474
Zeno	474—491
Anastasius Ⅰ	491—518
Justinus Ⅰ	518—527
{ Justinus Ⅰ / Justinianus Ⅰ }	527
Justinianus Ⅰ	527—565
Justinus Ⅱ	565—578
Tiberius Ⅱ	578—582

Maurice	582—602
Phocas	602—610
Heraclius	610—641

（以下略。西罗马灭亡后，东罗马仍继续维持着奴隶制，直到赫拉克利乌斯帝掌政后才转变为封建制，延续至公元 1453 年灭亡。）

本表系参照 J. Ortolan：Histoire de la Légeslation Romaine；R. Foignet：Manuel élémentaire de droit romain；王文彝：《罗马兴亡史》；吴绳海：《罗马史》；黄右昌：《罗马法与现代》；以及刘家和：《世界上古史》等书有关章节和附录编制。

附录二 《十二表法》*

(Lex duodecim tabularum) ①

第一表 传唤

一、原告传被告出庭②,如被告拒绝,原告可邀请第三者作证,强制前往。

---

* 原载《安徽大学学报(哲学社会科学版)》1983 年第 3 期,1990 年 3 月校订。

① 亦称(duodecim tabulae),公元前 451—前 450 年制定,分刻在 12 块板子上。故称。据罗马著名历史学家李维(Titus Livius,公元前 59—公元 17)说:板子是铜的,因称《十二铜表法》;《国法大全》中的《学说汇编》第一卷第二章第二节第四款则记载 S. 庞坡纽斯(S. Pomponius,哈德里安努斯帝 Hadrianus 公元 117—138 在位时的法学家)说它是象牙的,《学说汇编》是公元 6 世纪 30 年代由罗马的法学家集体编撰而成,似更具有权威性。但另一些学者又说板子是木质的或大理石的。我国学者多译为《十二铜表法》,但该法拉丁原文中并无铜字。

《十二表法》公布后 60 年,也就是公元前 390 年,高卢人入侵罗马,该法连同建筑被占领军焚毁,既未保存残片,也无抄本传世,唯其条文常为罗马的法学家、哲学家、历史学家和文学家等所引用,散见各书,但亦残缺不全,且引用时也有按原文写成当时文字的,常互有出入。经过许多学者的整理和重建,其条文的编次和内容不尽相同。现主要根据吉拉尔(P. F. Girard)《罗马法文献》(*Textes de Droit Remain*)增订第五版,奥尔特朗(J. Ortolan)《罗马法制史》(*Histoire de la Législation Romaine*)增订第九版移译。

② 按当时习惯法,原告应于诉讼日(dies fostus)在公共场所,用规定的语言,通知被告出庭。古代罗马把每年分为诉讼日、非诉讼日(dies nefastus)和混合日(dies intercisus),非诉讼日即议会开会日、祭日和节日都不进行诉讼,混合日则在议会不开会时,于早祷以后,晚祷以前也可以进行诉讼。这些日期的分配,全由祭司团决定,并严守秘密。当事人进行诉讼,须就教于祭司(罗马最早的法学工作者)。公元前 304 年弗拉维乌斯(C. Flavius)才把诉讼规则和诉讼日期表公布于众(参阅 A. E. 吉法尔:《罗马法要论》第一册,第 86 页;E. 泊蒂:《罗马法原论》增订第五版,第 656 页)。

二、如被告托词不去或企图逃避,原告有权拘捕。

三、如被告因疾病或年老不能出庭,原告应提供乘骑的牲口或车子;但除自愿外,不必用有篷盖的车辆。

四、如诉讼当事人为有财产的,则担保他按时出庭的保证人(vindex),应为具有同级财力的人①;如为贫民,则任何人都可充任。

五、如当事人双方能自行和解的,则讼争即认为解决。

六、如当事人不能和解,则双方应于午前到广场或会议厅进行诉讼,由长官(magistratus)②审理。

七、诉讼当事人一方过了午时仍不到庭的,承审员(judex)应即判到庭的一方胜诉③。

---

① 古代罗马,每五年进行一次户口调查,把全体居民不分贵族和平民,一律按财产的多少分为5个等级,作为服兵役的标准:最初以土地划分,拥有土地20优格鲁姆(jugerum,每优格鲁姆约等于25公亩)以上的为第一级,15优格鲁姆以上的为第二级,10优格鲁姆以上的为第三级,5优格鲁姆以上的为第四级,不满5优格鲁姆的为第五级,无地或基本无地的不列级,后改用货币计算,同时包括不动产和动产,其财产额分为:第一级150000阿司(as,古罗马铜币,最初是以牛羊为标志的铜块),第二级75000阿司,第三级50000阿司,第四级25000阿司,T.李维《罗马史》记载,第五级为11000阿司,但同时代的提峨丽修斯所著《古代罗马史》则称仍系前级的半数,即12500阿司,不列级的为贫民(参阅恩格斯:《家庭私有制和国家的起源》,《马克思恩格斯全集》第21卷,第146—147页;J.奥尔特朗:《罗马法制史》增订第九版,第59页;F.蒂耳芒:《罗马的政治制度》,第44页)。

② 古罗马的元首或高级官吏都兼理司法,最初仅指王或执政官,公元前367年始设专职大法官(praetor)一人,其后又有增设监察官、政务官等(见R.富瓦纳:《罗马法教程》第九版,第13页;G.迈:《罗马法原论》第18版,第599—600页)。

③ 此处按奥路斯·格利乌斯(Aulus Gellius)的《阿体克之夜》(*Noctes Atticae*)记载,原文为“adictio”,意为由长官裁处。但在“法定诉讼”时期,审理案件分“法律审理”和“事实审理”两个阶段,在“法律审理”阶段,不发生缺席审判的问题,这在本表第1、2、3、4和9条已有明文规定,因此,疑原文有误,实为诉讼已进入“事实审理”阶段,一方过时不到,即由承审员作缺席判决。

八、日落为诉讼程序休止的时限。

九、保证人应担保诉讼当事人于受审时按时出庭。

第二表 审理

一、诉讼标的在1000阿司以上,交誓金[①]500阿司;标的不满1000阿司,交誓金50阿司。关于自由身份之诉,不论这人家产多少,一律交50阿司。

二、审理这天,如遇承审员、仲裁员(arbiter)[②]或诉讼当事人患重病,或者审判外国人(hoste)[③]时,则应延期审讯。

三、凡需要人证的,应在证人的门前高声呼唤,通知他在第3个集市日到庭作证[④]。

四、即使是盗窃[⑤]案件,也可进行和解。

---

① 罗马古代,常用宣誓来解决讼争。在王政时代,诉讼当事人视案件的大小,各献牛或羊给祭司,诉败,即以其牛或羊祭神,以赎伪誓的罪;共和时代,为简便起见,改用现金,称"誓金",由国库没收;最后又改为"决胜金",归胜诉者所有(参阅E.帕罗特:《罗马法要论》,第49—50页)。

② 承审员由诉讼当事人在承审员名册中选定后,经长官任命。审理案件时为一人,其职权只限于审查事实的有无和法律行为的形式是否完备无缺,作判罚或开释被告的判决,而不能为折中的解决。仲裁员实际上也是一种承审员,但审理案件应由三人合议,且其职权较一般承审员为大,在处理疆界的划分、遗产的分割等,有根据实际情况,斟酌权衡之权(参阅E.屈克:《罗马法制教程》增订第二版,第806—808页)。

③ 请参见后记中相关论述。

④ 古罗马的家宅为供奉家神之处,外人非经家长同意,不得越门槛入内;否则即构成侵犯住宅罪。当时习俗,每九日一市(参阅J.奥尔特朗:《罗马法制史》增订第九版,第104页)。

⑤ 古罗马把盗窃分为公益盗窃和私益盗窃,前者指盗窃公共财物,属公犯;后者为盗窃私人财物,属私犯。罗马人认为私犯只是侵犯个人利益,当事人可以进行和解。

第三表 执行

一、对于自己承认或经判决的债务,有 30 天的法定宽限期。

二、期满,债务人不还债的,债权人得拘捕之,押他到长官前,申请执行。

三、此时如债务人仍不清偿,又无人为他担保,则债权人得将他押至家中拘留,拴以皮带或脚镣,但重量最多为 15 磅,愿减轻的听便。

四、债务人在拘禁期间,可自备伙食,如无力自备,则债权人应每日供给谷物饼一磅,愿多给的听便。

五、债权人可拘禁债务人 60 天。在此期内,债务人仍可谋求和解;如不获和解,则债权人应连续在 3 个集市日将债务人牵至广场,并高声宣布所判定的金额。

六、在第三次牵债务人到广场后,如仍无人代为清偿或保证,债权人得把债务人卖于体贝河(Tiber)①以外的外国或把他杀死②。

七、如债权人有数人时,得分割债务人的肢体进行分配,纵未按债额比例切块,也不以诈骗论罪。

---

① Tiber 为拉丁文,国内学者多按英语音译为泰伯河或台伯河。按罗马古代习惯,罗马人不得为罗马人的奴隶,故须卖到国外。

② 在古代,屠杀留尸,可能是对破产人唯一有效的制裁办法,当时罗马人视借债不还,等同盗窃,而债权人的扣留尸体,乃对破产人亲属的严重恫吓。因人们迷信,视亡魂为神明,债权人留尸不给如礼安葬,则亡魂便不能安身天国,必怒而降祸于其亲属,亲属惧祸的降临其身,自必多方设法满足债权人的要求。如果破产人没有亲属或其亲属贫穷,无力代偿的,才出卖为奴。债务奴隶制的野蛮残酷,为平民所反对,经过斗争,终于公元前 325 年为《珀特利亚·帕披里亚法》(*Lex Poetelia Papiria*)所废止,嗣后除私犯外,债权人不得拘押债务人,更不得出卖为奴或杀戮(参阅 R. 莫尼埃:《罗马法简明词典》,第 160 页)。

八、对叛徒(hoste)①的追诉,永远有效。

第四表 家长权

一、对奇形怪状的婴儿,应即杀之②。

二、家属终身在家长权的支配下。家长得监禁之、殴打之、使做苦役,甚至出卖之或杀死之;纵使子孙担任了国家高级公职的亦同。

三、家长如3次出卖他的儿子,该子即脱离家长权而获得解放。③

四、夫得向妻索回钥匙,令其随带自身物件,把她逐出。

五、婴儿自父死后10个月内出生的,推定他为婚生子女。④

第五表 继承和监护

一、除威士塔(Vesta)⑤修女外,妇女受终身的监护。

---

① 请参见后记中相关论述。

② 国内学者多译"得"杀之。按罗马当时,家内事务由家长全权处理,政府不加干预;但习俗以出生不具常人形体的怪胎为国家不祥之兆,故特规定应即杀之以除害。又《十二表法》律文严谨,文字简练,本表第二条既已有家长得杀子女的规定,如本条为"得"杀之,显无重复另立专条的必要。

③ 罗马古代,出养或出租(雇用)子女等,都须用出卖的方式,但本表只对出卖儿子做了规定,而对出卖女儿和孙子等则没有提及。大法官法根据女儿和孙子等在家庭中的地位不若儿子那么重要,乃规定家长把他们出卖一次,他们就可以脱离家长权,以补充立法的不备。

④ 罗马法规定妇女的怀孕期以10个月为原则,妻在此期间内所生的子女,根据夫妻有同居和互守贞操的义务,适用"母亲的丈夫就是子女的父亲"的原则;但利害关系人能提出反证的除外。

⑤ 罗马的灶神(女),由6个修女供奉,修女必须是10岁以下的童贞才能入选,30岁退休(参阅《小拉鲁斯百科插图辞典》,第1735页;黄右昌:《罗马法与现代》,第33页)。

二、在族亲(agnatio)监护下的妇女,其所有要式移转物(res mancipi)①不适用时效的规定;但妇女转让这些财物时,曾取得监护人同意的,不在此限。

三、凡以遗嘱处分自己的财产,或对其家属指定监护人的,具有法律上的效力。

四、死者未立遗嘱指定其继承人,又无当然继承人(heredes sui)②,其遗产由最近的族亲继承。

五、如无族亲时,由宗亲(gentiles)③继承。

六、遗嘱未指定监护人时,由最近的族亲为法定监护人④。

七、精神病人(furiosus)⑤无保佐人时,对其身体和财产,由最

---

① 指在罗马农业社会中视为重要的财富,其所有权的移转,必须用法定的特定方式(见下页注②和1024页注③)。这些东西在罗马统一意大利后包括:1.意大利境内的土地,2.奴隶,3.能驮载或拉车的家畜(牛、马、驴、骡),4.意大利耕地的地役权(参阅1941年7月《苏皖政治学院季刊》创刊号;周枏:《罗马法上几个问题的研究》,第19页)。

② 指被继承人死亡时,从家长权或夫权下解放出来的子女和妻子等,他们可以直接继承死者的遗产,不须经过接受继承的手续(见J.代克拉勒耳:《罗马和罗马法》,第307页)。

③ 指同一姓氏并祭同一祖先的亲属,但因年代久远,世系已无可考;或译同姓人,似欠妥,因同姓的并不都祭同一个祖先。如解放自由人和恩主(参阅G.科尔尼:《罗马法》,第8、19、79页)。

④ 按古罗马的习惯法,监护和保佐制度都是以保护法定继承人的利益为目的,因此参照本表之五和之七,应补充"无族亲时由宗亲监护"(参阅A. E.查法尔:《罗马法要论》第一册,第27—28页)。

⑤ 罗马法对精神病人分为furiosus和mente captus,但学者对其含义,见解不一,有的认为前者指精神有时错乱,有时清醒的痴癫,后者则指精神完全错乱而无清醒时的全痴。近代学者则多主前者是没有理智的全痴,不问其有无清醒的时候,后者则为精神衰弱者。精神错乱是事实问题,不须经法院的宣告,后来大法官对聋哑人、老残不能处理自己事务的人也给予保佐的保护(参阅H.史泰特莱:《罗马法教程》第一册,第442页;陈朝璧:《罗马法原理》,第534页)。

近的族亲保护之,无族亲时,由宗亲保护之。

浪费人(prodigus)①不得管理自己的财产,应由他最近的族亲为他的保佐人。

八、解放自由人(libertus)未立遗嘱而死亡时,如无当然继承人,其遗产归恩主②所有。

九、被继承人的债权和债务,由各继承人按他的所继分的多少,比例分配之。

十、遗产的分割,按遗产分析诉处理。

十一、以遗嘱解放奴隶而以支付一定金额给继承人为条件的,则在付足金额后,该奴隶即取得自由;如该奴隶已被转让,则在付给受让人以该金额后,亦即取得自由。

第六表 所有权和占有

一、凡依“要式现金借贷”(nexum)或“要式买卖”(mancipium)③的方式缔结契约的,其所用的法定语言就是当事人

---

① 本条所指的浪费人,是专指滥用祖遗财产,致损害法定继承人的利益。法学昌明时期已无此限制,且认为他们具有限制的行为能力,得单独为不具义务的利己行为,由于浪费人是有识别能力的,故宣告其禁治产应经亲族会议决议或长官裁定,其撤销时亦同(参阅P.于韦兰:《罗马法教程》第一册,第393页)。

② “libertus”指奴隶经主人解放而成为自由人的,原主人则称恩主。

③ “要式买卖”为古罗马移转所有权的一种方式,又称“用铜块和秤式”(per aes et libram)。其手续由买卖双方在五个证人和一个司秤(libripens)前,由买受人一手持标的物或其标志,一手持铜块说:“按罗马法律,此物为我所有,我是用此铜块和秤买得的”,说完了,就把铜块敲秤后交给出卖人,买卖手续就完成了。“要式现金借贷”是古罗马最早的“消费借贷”也采用“铜块和秤式”,通说认为只是用语是出借人对借用人为处罚的声明。到期不还,出借人对借用人有权实施对人执行(参见《十二表法》第三表;P.冯韦泰:《罗马法债编》第二册,第3—6页)。

的法律。

二、凡主张曾订有“要式现金借贷”或“要式买卖”契约的，应负举证之责；订有上述契约后又否认的，处以标的加倍的罚金。

三、使用土地（在罗马法建筑物为土地的附合物——译者）的，其取得时效为2年，其他物件为1年。

四、妻不愿依一年的时效而成立有夫权婚姻①的，则应每年连续外宿3夜以中断时效的完成。

五、外国人（hoste）②永远不能因使用而取得罗马市民法的所有权。

六、于诉讼进行中，在长官前对物的所有权有争议时，应裁定该物归事实上的占有人或其他合适的人暂行占有。

有关自由身份之诉，应裁定把所争占有的对象归诸主张该对象为自由人的一方。

七、凡依“拟诉弃权”（ceessio in jure）③的方式转让物件的，与“要式卖买”一样具有法律上的效力。

---

① 古罗马的婚姻分“有夫权婚姻”（正式婚姻）和“无夫权婚姻”（略式婚姻）两种，夫权因依法定方式的“买卖婚”或“共食婚”结婚，或因经过连续一年的共同生活的“时效婚”而取得。在有夫权婚姻中，妻子脱离原来的家族加入夫的家族，在新家庭中，她处于夫或夫的家长的权力支配下，她的地位和她的子女一样，他们（她们）视同姐弟姐妹；在无夫权婚姻其结婚不以举行一定的仪式为必要，只是女方移居于男家，妻的地位和未结婚前一样（参阅L.迪普里埃：《罗马法提要》第一册，第109—112页）。

② 请参见后记中相关论述。

③ “拟诉弃权”是利用诉讼程序以移转所有权的方式。其办法是买卖双方带着标的物或其标志到长官前，伪装诉讼.由买受人为原告，主张该物为他所有，出卖人为被告，对买受人的主张加以承认或默不抗辩，遂由长官把标的物判归买受人所有。后也适用于解放奴隶和收养子女等（参阅E.屈克：《罗马法制教程》增订第二版，第274—275页）。

八、出卖的物品纵经交付，非在买受人付清价款或提供担保以满足出卖人的要求后，其所有权并不移转①。

九、凡以他人的木料建筑房屋或支搭葡萄架的，木料所有人不得擅自拆毁而取回其木料。

十、但在上述情况下，可对取用他人木料的人，提起赔偿加倍于木料价金之诉。

十一、在木料和建筑物已分离，或作葡萄架的柱子已从地里拔出后，则原所有人有权取回。②

第七表 土地和房屋（相邻关系）

一、建筑物的周围应留2尺（每古罗马尺约合3/10公尺）半宽的空地，以便通行。

二、凡在自己的土地和邻地之间筑篱笆的，不得越过自己土地的界线；筑围墙的应留空地1尺；挖坟墓或沟的应留和其深同等宽的空地；掘井的应留空地6尺；栽种橄榄树和无花果树的，应留空地9尺；其他树木留5尺。

三、有关园子……祖产……谷仓……的规定（原文有缺漏）。

四、相邻田地之间，应留空地5尺，以便通行和犁地，该空地不适用时效的规定。

五、疆界发生争执时，由长官委任仲裁员3人解决之。

六、在他人土地上有货车通行权的，其道路的宽度，直向为8

① 这是指用"拟诉弃权"方式出卖物品而言，至"要式买卖"，则为一手交钱一手交货的现金买卖，所有权已即时移转，自不发生此项问题。

② 后来罗马法学家的解释，认为这是专指取用人是恶意的场合而言，如果是善意的，则他已支付了双倍的赔偿金，材料所有人就无权取回了。

尺,转弯处为16尺。

七、如供役地人未把道路保持在可供通行的状态时,则有通行权的人得把运货车通过他认为适宜的地方。

八、以人为的方法,如用水管等变更自然水流,以致他人财产遭受损害时,受害人得诉请赔偿。其有造成损害的威胁的,也可请求提供担保。

九、树枝越界的,其下垂的枝叶应修剪至离地15尺,使它不至影响邻地;如树木因风吹倾斜于邻地时,邻地所有人也可诉请处理。

十、树上的果实落于邻地时,得入邻地拾取之。

第八表　私犯

一、以文字诽谤他人,或当众歌唱侮辱他人的歌词的,处死刑。

二、毁伤他人肢体而不能和解的,他人亦得依“同态复仇”(talio)[1]而毁伤其肢体[2](原文为membrum rupsit)。

三、折断自由人一骨的,处300阿司的罚金;如被害者为奴隶,处150阿司的罚金。

四、对人施行其他暴行的,处25阿司的罚金。

五、对他人的偶然侵害,应负赔偿之责。

六、牲畜损害他人的,由其所有人把该牲畜委付被害人处理,

① talio亦译“反坐法”或“同害制”,即对加害人的复仇以采用同等程度的损害为限,也就是限于“以眼还眼,以牙还牙”。

② 关于membrum rupsit的含义,中外学者的意见不一,国内学者多译为折断四肢,似与原意不符(参阅周枏《〈十二表法〉中“私犯”规定的研究》,载《安徽大学学报(哲学社会科学版)》1992年第1期,第55—58页)。

或赔偿所致的损失。

七、在他人的土地上放牧的，应负赔偿责任；但如他人的果实落在自己的田地里而被牲畜吃掉的，则不须负责。

八、不得以蛊术损害他人的庄稼；不得擅自把一地的庄稼移置他地……。

九、在夜间窃取耕地的庄稼或放牧的，如为适婚人①，则处死以祭谷神（Ceres）②；如为未适婚人，则酌情鞭打，并处以加倍于损害的罚金。

十、烧毁房屋或堆放在房屋附近的谷物堆的，如属故意，则捆绑而鞭打之，然后把他烧死；如为过失，则责令赔偿损失，如无力赔偿，则从轻处罚。

十一、不法砍伐他人树木的，每棵处以 25 阿司的罚金。

十二、夜间行窃，如当场被杀，应视杀死为合法。

十三、白天行窃，仅在盗窃犯用武器拒捕时，方得杀之。

十四、现行盗窃被捕，如为自由人，处笞刑后交被窃者处理；如为奴隶，处笞刑后投塔尔泊奥岩（Tarpeio）③下摔死；如为未适婚人，由长官酌处笞刑，并责令赔偿损失。

---

① 指已可结婚的人。罗马古代，男女结婚的年龄并无统一规定，由家长按子女成长的实际情况来决定，后定男 14 岁女 12 岁为适婚年龄。未达适婚年龄的为未适婚人（参阅 M. 费利尼欧：《罗马法》，第 277—278 页）。

② Ceres，罗马神话中的谷神，是天神优披特（Jupiter）的姐妹，每年 4 月 10 日举行祭祀，庆祝一次。

③ 塔尔泊奥为罗马城七丘陵之一，丘陵上建有优披特（Jupiter）天神的庙，庙的附近有一岩石，称塔尔泊奥岩。罗马人常把犯罪的人从岩上摔下来，作为死刑的一种（参阅《小拉鲁斯百科插图辞典》，第 1256 页；F. 蒂耳芒：《罗马法的政治制度》的附图）。

十五、正式搜查赃物时,搜查人应赤身光体,仅以亚麻布围腰部,双手捧一盘,以防栽赃。

凡以正式方式在窃贼家搜出赃物的,以现行盗窃罪论处;如以非正式方式搜出或在他处查获的,则处盗窃者3倍于赃物的罚金。

十六、对非现行盗窃犯提起的诉讼,处以加倍于被窃物的罚金。

十七、对盗窃的物件,不适用取得时效的规定。

十八、利息不得超过一分(uncia)①,超过的,处高利贷者四倍于超过额的罚金。

十九、受寄人不忠实的,处以加倍于寄托物的罚金。

二十、监护人不忠实的,任何人都有权诉请撤换②;其侵吞被监护人财产的,处以加倍于被吞财产的罚金。

二十一、土地出卖人虚报土地面积的,处以虚报额加倍的罚金。

二十二、出卖人所出卖的物件被他人追夺的,处以价金加倍的罚金。

① 对于利息限制的具体比率,学者意见不一,主要有下述两说:由于"uncia"的含义是一个as的1/12,因此,有主张最高利率不得超过月息一分的。这样,每年的利息即为100%,借1000阿司,一年后就得还本利2000阿司,利息显然太高了,不符合《十二表法》限制高利贷的精神。有的则认为罗马当时是农业社会,习惯于每年在收获后还债,按月计息的办法是西塞罗时从希腊引入的,故一个恩西亚按罗马12进制计算,应为年息1/12,折合月息为0.0833或0.833%(参阅C.迈恩茨:《罗马法原理》第二版第二册,第43—44页;G.迈:《罗马法原论》第18版,第25页)。

我国学者陈朝璧1937年的《罗马法原理》第169页采前说;1979年的《罗马法的历史地位和借鉴作用》(《厦门大学学报》1979年第二期)做了纠正。

② 在古罗马,监护被视为一种公职。故监护人不尽职守的,市民都有权对之起诉。

二十三、恩主诈骗被保护人(clientes)①的,应宣誓充作“牺牲”,奉献于神。②

二十四、要式行为中的证人和司秤,如事后拒绝作证的,即受“名誉减损”的处分③,从此丧失作证的资格,他人也无须为之作证④。

二十五、作伪证的,投于塔尔泊奥岩下摔死。

二十六、杀人的处死刑;过失致人于死的,应以公羊一只祭神,代以替本人。

二十七、施魔法或以毒药杀人的,处死刑。

二十八、对夜间在城市内举行扰乱治安的集会者,处死刑。

二十九、士兵或其他社团的成员,得订立其组织的章程;但以不违背有关公共秩序的法律为限。

---

① 指受罗马市民保护的自由人。通说谓原系外国人来罗马而受有权势者保护的以及以后被解放的奴隶和他们的后裔。恩主对被保护人有给以生活资料,协助其进行诉讼等义务;被保护人则有尊敬恩主的义务,不得对恩主提起有损其名誉的诉讼,即使一般诉讼也应经长官的许可;为恩主服一定的劳役,恩主作战被俘,也有支付赎金的责任,他们之间的关系,受宗教上的制裁(参阅 P. 维伦斯:《罗马公法》第三版,第38—42 页)。

② 这是宗教上的规定,原文为“sacer esto”。在人们还受迷信统治的时期,这是一种极为严厉的制裁。

③ 与“丧廉耻”不同,后者也是罗马法中“名誉减损”的一种,是由于犯盗窃、欺诈等罪被判刑的,或由于重婚、破产等不名誉的事实,或由于从事优伶和斗兽等卑贱职业的,一经被定为“丧廉耻”,即被剥夺公权。

④ 在罗马古代,不能作证是一项极为严厉的制裁,因当时一切重要的法律行为,如不动产和奴隶牛马等的买卖、现金借贷、正式结婚、立遗嘱等均须证人参加,故不能作证,无异剥夺了一个人的行为能力。

第九表 公法

一、不得为任何个人的利益,制定特别的法律。

二、对剥夺一人的生命、自由和国籍的判决,是专属军伍大会①的权力。

三、经长官委任的承审员或仲裁员,在执行职务中收受贿赂的,处死刑。

四、执行死刑时由刑事助审官监场。对刑事判决不服的,有权申诉。

五、凡煽动敌人反对自己的国家,或把市民献给敌人的,处死刑。

六、任何人非经审判,不得处死刑。

第十表 宗教法

一、不得在市区内埋葬或焚化尸体。

二、禁止丧事铺张……火葬用的木柴,不得用斧削光。

三、埋葬或火化时,死者的丧衣,长袍和紫红色的内衣均以3件为限,奏乐的人以10名为限。

四、出丧时,妇女不得抓面毁容,也不得无节制地嚎哭。

五、不得收集死者的骸骨为之进行葬礼,但死于战场或异邦的,不在此限。

六、禁止对奴隶的尸体用香料防腐、举行丧事盛宴、奢侈地洒

---

① 亦称百人团大会,为罗马王政末叶与共和时代权力最大的会议,是贵族和平民有产者的组织,其成员须为达到从军年龄(17岁)的男子,因当时战士的武器和军装均由本人自备。表决时,以军伍为单位,其职权为通过法律,选举高级官吏和审理重大刑事上诉案件。

圣水、长行列的花环和许多香炉焚香。

七、如果死者本人或其奴隶和马，因受奖而获得的花环，则在丧礼期间，准许死者或者他的亲属佩戴。

八、不得为1人举行两次丧礼，亦不得为他备置两副棺木。

九、死者不得有金饰随葬，但如牙齿是用金镶的，准其随同火化或埋葬。

十、非经所有人同意，不得在离其房屋60尺以内进行火葬或挖造坟墓。

十一、墓地及焚尸地，不适用时效的规定。

第十一表 前五表的补充

平民和贵族不得通婚。①

第十二表 后五表的补充

一、对购买牲畜供祭神之用而不付价金，或者出租牲畜把租金供祭神之需而租用人不付租金，则债权人有权对债务人的财产实施扣押。

二、家属或奴隶因私犯而造成损害的，家长、家主应把他们委付被害人处理或赔偿所致的损失。

三、凡以不正当名义取得物件占有的，由长官委任仲裁员3人处理之；如占有人败诉，应加倍返还所得孳息的两倍。

四、系争物不得作为祭品，违者处该物价值两倍的罚金。

五、前后制定的法律有冲突时，则后法优于前法。

---

① 此项禁令于公元前445年经《卡努莱亚法》(*Lex Canuleia*)废止(参阅E.泊蒂:《罗马法原论》增订第五版，第21页)。

附录三　主要参考书目

中文部分

马克思恩格斯全集	中共中央马恩列斯著作编译局	1956—1985
马克思恩格斯选集	同上	1972
罗马法与现代	黄右昌	1930
罗马法	陈允、应时	1931
罗马法	黄俊	1935
罗马法	丘汉平	1935—1936
罗马法原理	陈朝璧	1937
罗马法要义	郑玉波	1958
罗马法	周枏、吴文翰、谢邦宇	1983
罗马法基础	江平、米健	1987
罗马法提要	周枏	1988
罗马法原理	曲可伸	1988
法学总论	〔罗马〕查士丁尼著 张企泰译	1989
罗马法	谢邦宇	1990

罗马法要论	龙斯荣	1991
罗马兴亡史	王文彝	1934
罗马史	吴绳海	1937
古代罗马史	〔苏〕С. И. 科瓦略夫 王以铸译	1957
古代世界史(罗马部分)	〔苏〕В. Н. 狄雅可夫 С. И. 科瓦略夫 吉大历史系译	1959
世界上古史	刘家和	1980
古代法	〔英〕梅因　沈景一译	1959

外文部分

Traité de Droit Romain,	F. C. de Savigny, traduit par Ch. Guenoux,	1835—1850
Cours de Droit Romain,	Ch. Maynz	1856—1874
Cours élémentaire de Droit Romain,	P. van Wetter,	1875—1876
Traité élémentaire de Droit Romain,	M. J. Cornil,	1885
Precis de Droit Romain,	C. Accarias,	1891
Cours de Droit Romain,	H. Staedtler,	1902—1903
Traité élémentaire de Droit Romain,	E. Petit,	1906
Manuel élémentaire de Droit Romain,	P. F. Girard,	1918
Droit Romain,	G. Cornil,	1921
Précis élémentaire de Droit Romain,	E. Perrot,	1926—1927
Manuel élémentaire de Droit Romain,	R. Foignet,	1927—1928

Cours élémentaire de Droit Romain,	P. Huvelin,	1927—1929
Manuel des Institutions des Romains,	Ed. Cuq,	1938
Manuel élémentaire de Droit Romain,	P. F. Girard,	
	Par Felix Senn,	1929
Precis de Droit Romain,	A. E. Giffard,	1929—1933
Ancien Droit Romain,	G. Cornil,	1930
Répéditions érites de Droit Romain,	M. Fliniaux,	1930—1931
Eléments de Droit Romain,	G. May,	1932
Cours de Droit Romain	L. Dupriez,	1933
Oeuvres Choisies,	R. von Jhering	
traduit par	O. de Meulenaere,	1893
Mélanges de Droit Romain,	P. F . Giraad,	1912—1923
Mélanges de Droit Romain,	G. Cornil,	1926
Études de Droit Romaïn,	F. de Visscher,	1931
Traité de la possession,	F. Ch. de Saviguy,	
	traduit par J. Beving,	1840
Du role de la volonté dans	R. V. Jhering, traduit,	
la possession,	par O. de Meulenaere,	1891
Possession dans le Droit Romain,	G. Cornil,	1905
Les Obligations en Droit Romain,	P. Wan Wetter,	1883—1986
Précis de Droit Romain; Les		
Obligations,	Receuil Sirey,	1926
Les Pandectes de Droit Romain:	L. Dupriez,	
Les Obligations		1933
Les Contrats		1934

La Vente		1932
Actio Iujuriarum,	R. von Jhering, traduit par O. de Meulenaere,	1888
L'Étude du Droit Romain Comparé aux autres Droit de l'antiquité,	J. Gilson,	1899
L'Ésprit du Droit Romain,	R. von Jhering, traduit par O. de Meulenaere,	1886—1888
Le Droit Public Romain,	P. Willems,	1894
Le Droit Pénal Romain,	Th. Mommsen, traduit par J. Duquesne,	1907
Textes de Droit Romain,	P. F. Girard,	1923
Textes de Droit Romain,	P. F. Girard, par Felix Senn,	1967
Institutes de Gaius, Apographum de Studemund,	E. Dubois,	1881
Institutes de Justinien,	Du Caurray,	1851
Explication Historique des Institutes de l'Empereur Justinien,	J. ortolan,	1875
Digasto de l'Empereur Justinien,	Hulot et Berthelot,	1803—1805
Textes Choisis des Pandectes,	C. Pellat,	1866
Les Novelles de l'Empereur Justinien,	Berenger,	1810—1811
Les Collections de l'Empereur Justinien,	P. Noailles,	1912
Corpus juris civilis,	Editio Stereotype,	1866

La Clef des Lois Romaines,	Fléffe-Lacroix,	1809—1810
Petit Vocabulaire de Droit Romain,	R. Monier,	1930
Dictionnaire du Digiste,	Thevenot-Dessaules,	1809
Precis des Institutions Politiques de Rome,	F. Tilman,	1928
Rome et l'Organisation du Droit,	J. Declareuil,	1924
Introduction Historique au Droit Romain,	A. Rivier,	1872
Histoire de la Legislation Romaine,	J. Ortolan,	1875
Histoire du developpement du Droit Romain,	R. von Jhering, traduite par O. de Meulenaere,	1900
Histoire Romaine,	Th. Mammsen, traduite par de Guerle,	1891
Consideration Sur les Causes de la Grandeur et de leur Décadence,	Montesquieu,	1734
Sociologie et Droit Romain,	R. Maunier et A. Giffard,	1930
La Cité Antique,	F. de Coulanges,	1895
Institutes of the Roman Law,	R. Sohm, translated by J. C. Ledlie,	1907
Outlines of Roman Law,	W. C. Morey,	1914
Roman Law in the Modern World,	C. P. Sherman,	1917
Element of Roman Law,	R. W. Lee,	1944
Textbook of Roman Law,	W. W. Buckland,	1964
Historical Introduction of the Study of Roman Law,	H. F. Jolowicz & B. Nicholas,	1972

An Introduction to Roman Law	B. Nicholas,	1984
Introduction to Roman Law	J. Thomas,	1986
The Institutes of Gaius and Justinian,	Mears,	1882
The Digest of Justiniau,	C. H. Monro,	1904
History of the Decline and Fall of the Roman Empire,	Ed. Gibbon,	1782—1788

附录四　周著《罗马法原论》评介*

陈森

罗马法是世界五大法系之一。除罗马法系外，还有中华法系、伊斯兰法系、印度法系和英国法系。作为这些法系的表现，尽管现在保存有古巴比伦国王汉穆拉比（约公元前1792年—前1750年在位）颁布的《汉穆拉比法典》、公元前2世纪至公元2世纪之间编制的《摩奴法典》以及中国的《法经》和英国一些不成文法律，但是无论就法的系统性来说，还是就法的完整性来说，它们都远远不及流传至今的罗马《国法大全》。随着时代的变迁，它们有的已成为历史陈迹，有的已被人们遗忘，唯有罗马法这部古代法的佼佼者，至今还为各国法学家所推崇，成为他们精心讲学和悉心研究的对象。

所谓罗马法，就是罗马奴隶制国家法律规范的总称。它包括从公元前6世纪罗马国家的形成到东罗马皇帝优帝一世于公元565年逝世为止1200余年间罗马国家所颁布和施行过的一切习惯

* 本文发表于《比较法研究》1994年第3、4期合刊上，作者为商务印书馆编审。

法和成文法。和其他国家的古代法律一样，罗马“私法和私有制是从自然形成的共同体形式的解体过程中同时发展起来的”①，也就是说，它是随着罗马奴隶制私有经济的产生而产生的，并且是随着这种经济的发展而发展的。这种产生和发展大致经历了四个时期：第一个时期是从罗马国家的形成到共和国初期，即从公元6世纪下半叶到公元前3世纪，是为罗马法由习惯法向成文法发展的时期；第二个时期是从共和国初期至它的解体时期，即从公元前3世纪至公元前1世纪，是为罗马法迅速发展的时期；第三个时期是帝国初期，即从公元前27年至公元284年，是为罗马法发展的鼎盛时期，这个时期出现了法学家百家争鸣的局面；第四个时期是帝国后期，即从公元284年至公元6世纪中叶，是为罗马法趋于衰落和进行编纂的时期。这后一个时期的法律编纂对于整理和保全罗马法这一世界古老的文化遗产，使之得以流传至今，具有十分重要的意义。

公元527年，优帝一世在罗马帝国登位时，正面临着帝国江河日下的严峻局面。为了维护日益衰败的奴隶制度和恢复帝国昔日的盛世，优帝就一方面征兵扩军，对外进行大规模掠夺战争，妄图通过收复失地，重建罗马帝国强盛时期的辽阔版图；另一方面对内则加强法制建设，妄图通过法律手段来巩固摇摇欲坠的奴隶制度。他继位的翌年，便任命当时著名的大法学家特立波尼亚组成十人委员会，进行法典的汇编工作。十人委员会经过两年对罗马历代国王、执政官和皇帝所颁布的“敕令”的整理、挑选和编纂，便于529年编出10卷本的《优帝一世法典》。公元534年，修订本增加

① 《马克思恩格斯全集》第3卷，第71页。

至12卷。公元530年,优帝又任命特立波尼亚领导由16名法学家组成的委员会,编纂《优帝一世学说汇编》。委员会经过四年对以往著名法学家的著作的节录和分类,于533年共编出《学说汇编》50卷。为了便于初学法律者学习《法典》,优帝又委托特立波尼亚和西奥斐里及多罗西斯两位著名法学家,就《法典》的要点编写一部私法初级教科书,教科书于同年年底写成,取名为《法学阶梯》(一译《法学总论》,商务印书馆已于1989年组译出版)。公元565年,罗马法学家又把优帝在《法典》、《学说汇编》和《法学阶梯》完成之后,为补充前者之不足,于30年内所颁布的180条新敕令汇编成集,名为《优帝新律》。公元12世纪,上述《法典》、《学说汇编》、《法学阶梯》和《新律》被合称为优帝《国法大全》,一称《民法大全》。因此,《国法大全》是集罗马帝国的法律、法制建设、法学研究和法学教育之大成,是流传下来的古代法中最珍贵的法学宝库。

自罗马法产生以来,至今已有两千余年的历史。但是它经过文艺复兴的洗礼之后,一直经久不衰,成为近代以来各国法学家教学、研究、评述古代法的主要课题。究其原因有四:第一,它作为民法大全具有民法的系统性和完整性,包括了民事法律关系的各个方面;第二,它在法律结构上具有严密的逻辑性和科学性,对人法、婚姻家庭法、物法、债法、继承法、诉讼法,做了合乎民法要求的排列;第三,尽管它是罗马奴隶制国家的法律,但是由于它是在奴隶制私有经济基础上产生的,而且是根据这种经济在各个不同历史时期的发展不断加以创制、修改和增补的,因而它最充分地反映了高度发展的罗马奴隶制的经济关系,"它差不多完满地表现了马克思称为商品生产的那个经济发展阶段的法律关系”①,能够适应保护资本主义经济发展的需要;第四,它的诉讼制度和司法制度也很完备,为资本主义诉讼法和司法提供了榜样。因此,它不但在形式上是“以私有制为基础的法律的最完备形式”②,而且在内容上包含了从农业到手工业到商业等各种法律关系。由于这个缘故,“当工业和商业进一步发展了私有制……的时候,详细拟定的罗马私法便立即得到恢复并重新取得权威。”③在法国大革命之后,在法国“民法典中把古代罗马法……巧妙地运用于现代的资本主义条件;它运用得如此巧妙,以致这部法国的革命的法典,直到现在还是包括英国在内的所有其他国家在财产法方面实行变革时所依据的范本”④。在《拿破仑法典》中是这样,在德国、瑞士等国的民法典中也是这样。所以,罗马法受到后世各国法学家,特别是资产阶级法学家的特别重视,也就不足为怪了。

在新中国成立前,我国虽未正式翻译出版罗马法,但是通过法国、德国、瑞士和日本等国的罗马法译本以及这些国家的罗马法学者的著述或教科书,国内一些罗马法学者也开展过对罗马法的研究,并且还写了一些论著。例如,1936 年,会文堂出版的丘汉平著的《罗马法》(上、下册),1934 年和 1937 年,商务印书馆分别出版的陈元、应时的《罗马法》和陈朝璧的《罗马法原理》(上、下册)。不过,由于受时代限制和研究不深,这些著作编译的成分较大,观点已嫌陈旧。新中国成立后,特别是在党的十一届三中全会以后,

① 《马克思恩格斯全集》第 3 卷,第 395 页。

② 《马克思恩格斯全集》,第 143 页。

③ 同上书,第 71 页。

④ 同上书,第 395 页。

我国在罗马法的教学和研究方面也进入了一个新的历史时期，不仅在一些政法院校开设了罗马法课程，而且有些教学单位还自编了罗马法教材。1983 年，受国家教委法学教材编辑部委托，周枏、吴文翰和谢邦宇三位教授正式编写了高等学校法学试用教材《罗马法》。1989 年，商务印书馆首次出版了优帝的《法学总论》，为我国罗马法的教学和研究提供了一部最基本的材料。

现在呈献在读者面前的《罗马法原论》，是我国现代著名的罗马法专家周枏教授撰著的。周教授系江苏溧阳人，1926 年考入上海公学大学部商科，由于刻苦学习，提前一年修满毕业所需学分。1928 年便赴比利时鲁汶大学留学，师从迪普里埃教授攻读罗马法，学习优帝的《学说汇编》。由于成绩突出，1931 年和 1934 年分别获得比利时鲁汶大学政治外交硕士和法学博士学位。回国后，即在上海持志学院讲授罗马法。其时，国内有关罗马法的参考书甚少，于是周教授乃自编讲义供同学参考。“七七事变”后，因时局动荡不定，周教授前后移教于湖南大学、苏皖政治学院、厦门大学、江苏学院、暨南大学和上海政法学院，并兼任银行科经济系、法律系主任和法学院院长。新中国成立后，周教授曾担任最高人民法院西南分院民庭房屋组组长和青海师范学院图书馆副馆长。党的十一届三中全会后，周教授重返教学岗位，在安徽大学法律系任教，讲授罗马法、中国民法、票据法、海商法、保险法、继承法和民法专题研究等课程。此外，还应邀到西南政法学院、华东政法学院和上海社会科学院法学研究所讲学，并兼任民法、经济法研究会、外国法制史研究会和上海市研究生法学协会顾问。

在科研方面，周教授参加主编的著作有《国外法学知识译丛》中的《民法和经济法》，该《译丛》曾获 1986 年上海市社会科学译著优秀成果奖。参加撰写和定稿的有《法学词典》、高等学校法学试用教材《罗马法》。参加撰写了《中国大百科全书·法学卷》中的民法和经济法条目、《法律大词典、外国法制史、外国法律思想史》中的有关罗马法条目。个人独著的有《罗马法提要》，与人合著的有《谈谈我国的保险合同》、《关于遗赠抚养协议若干问题的探讨》。此外，翻译并注释了世界著名的古代法律文献《十二表法》，现在还担任《民法词典》的副主编。

《罗马法原论》是周枏教授在我国进入社会主义建设的新的历史时期撰就的一部专著，也是他长期讲授和研究罗马法的一项丰硕成果。中国共产党第十一届三中全会之后，迎来了法学界的春风，周教授焕发了青春，率先在西南政法学院、华东政法学院和安徽大学法律系相继开设了罗马法课程，讲授罗马法，并自编讲稿《罗马法提要》，这份《提要》后由法律出版社以同名正式出版。为了给安徽大学法律系研究生和部分兄弟院校教师开设罗马法课的需要，周教授又在此基础上进一步收集材料和查阅罗马法文献资料，对《提要》做了修改和补充，将《提要》改名为《罗马法原论》。1987 年，经安徽大学申报，《原论》被正式批准列为国家教委科研项目。

在《罗马法原论》中，作者根据罗马著名法学家盖尤斯对罗马法结构所分的人法、物法和诉讼法三编分类法，将《原论》分作六编，从六个方面对罗马法做了系统而全面的论述。第一编为《总论》，对罗马法概念、研究对象和意义、罗马法的历史、罗马法的分类以及罗马法的解释，做了概括的论述，为读者了解罗马法提供了一个全貌。第二编为《人法》，详细论述了法律的主体人以及与人有关的各种法律关系，其中包括人、家和家属、家长权、婚姻、家主权和恩主权、买主权、准奴隶、监护和保佐以及法人。第三编为《物权法》,阐述了物的含义、分类、物的所有权、他物权和占有。第四编为《继承法》,论述了罗马法继承的主要原则及其演变、遗嘱继承、法定继承、遗产的继承、继承的拒绝、遗赠、遗产信托、死因赠予等。第五编为《债法》,论述了法律行为和债的关系。第六编为《诉讼法》,叙述了诉讼法和实体法的关系、法定诉讼、程式诉讼和非常诉讼等。为了便于读者了解罗马国家的诸王和历代皇帝,以及进一步研究罗马法,书后还附有《罗马七王及诸帝年表》、《十二表法》和《参考书目》三个附录。

如前所述,我国在解放前曾出版过丘汉平的《罗马法》,陈元、应时的《罗马法》以及陈朝璧的《罗马法原理》,但是由于他们当时所处的历史条件,他们不可避免地只能用资产阶级的观点对罗马法进行论述,而且由于研究条件的限制,这种论述也不可能进行得很深入,多半带有编译和转述外国有关的著作。新中国成立后,虽然 80 年代初出版了高等学校法学试用教材《罗马法》,但因成书仓促,也未能对罗马法作深入的论述。其他出版的有江平、米健的《罗马法基础》,本书作者于 80 年代初撰写的《罗马法提要》以及曲可伸的《罗马法原理》,也有类似情况。因此,与解放前所出版的罗马法论著相比,本书以马克思主义理论作指导不仅在论述的观点上更为正确,而且论述的内容也更加符合罗马法的历史事实。而与新中国成立后所出版的有关罗马法的论著相比,本书不仅在篇幅上大大扩充,材料更加充实,而且在论述上更加深入了一步。本书有以下六个主要特点:

第一,作者力图以马克思主义的辩证唯物主义和历史唯物主义作为思想指导,对罗马法进行了科学的论述。作者在本书的开头便明确指出:“罗马法,顾名思义,就是指罗马奴隶制国家施行的法律。……罗马法伴随罗马奴隶制国家的建立而产生,理应伴随着罗马奴隶制国家的灭亡而结束。”这就明确指出了罗马法的阶级属性和它的起讫时限。接着,作者就罗马法的起讫问题做了具体分析:(1)罗马国家的建立始于何时?也就是罗马法的上限从何时开始?(2)罗马法“理应伴随罗马奴隶制国家的灭亡而结束”,那么,罗马法的下限应讫于何时?对于这些问题,历来的法学家是有不同看法的,有的认为应以公元前753年罗马城的建立作为罗马国家形成的标志,因而罗马法应指从公元前753年到公元1453年东罗马帝国的灭亡这2206年间的法律;有的认为罗马法应指公元前450年《十二表法》公布之时起到东罗马帝国灭亡这1904年的法律;还有的认为罗马法应指从公元前753年至公元565年优帝一世去世为止这1318年间的法律。作者从罗马的社会经济发展过程出发,同时又考虑到以这些社会经济的发展作为基础的上层建筑的发展变化,认为上述说法均欠确切,因为自罗马建城之后,罗马社会还处在原始社会向奴隶社会的过渡时期,只是到传说中的第六王塞尔维乌斯·图利乌斯实行改革,以地域原则组织部落并按财产多少划分居民阶级,这样才形成了罗马国家。“因此,罗马法的时间起讫应以塞尔维乌斯·图利乌斯的改革作为上限。”至于罗马法的下限,作者认为从公元7世纪起,东罗马帝国已开始从奴隶制向封建社会过渡,应以代表封建贵族势力的赫拉克利乌斯取得政权为止。因为从这时起,作为奴隶制法律的罗马法已逐渐为封建法律所取代。这样,作者就从罗马经济所有制和政治制度的变化上合乎历史地说明了罗马奴隶制法律的起讫问题。

在罗马法分期问题上，各国罗马法学者同样存在着不同意见，有的以罗马法的宽严作为依据，将罗马法分为市民法和万民法；有的以罗马法本身的发展过程，把它分作古代法时期、昌明时期和帝政后期，或者分作幼年时期、少年时期、壮年时期和老年时期；还有的则以政治体制来划分，把罗马法分作贵族法时期、市民法时期、万民法时期、自然法时期和法典编纂时期等等，不一而足。但是，不管他们怎样划分，都有一个共同的特点，就是脱离罗马的具体经济发展阶段。作者认为，法律是社会经济关系的反映，它是随着经济的发展而发展的，因此应该根据罗马奴隶制经济的不同发展阶段以及与之相应的政治体制的变化来对罗马法进行分期。据此，作者把罗马法分作王政时期（公元前753—前510年）、共和国时期（公元前510年—前27年）、帝政前期（公元前27年—284年）和帝政后期（公元284年—565年）。

至于对罗马法本身的各个组成部分，作者不仅做了仔细的论述，而且注意结合各个时期的经济发展、历史事件对各个具体的法律进行了马克思主义的分析，指出情况由产生的经济原因、适用情况及其发展变化，从而使唯物主义的观点作为一条主线贯穿于对罗马法论述的始终。

第二，内容丰富，材料翔实，结构严谨，论述细致。罗马法是古代法中最系统、最完备的一部民法大全，是任何其他古代法所不可比拟的。正如恩格斯所说的："罗马法是纯私有制占统治的社会的生活条件和冲突的十分经典性的法律表现，以致一切后来的法律都不能对它作任何实质性的修改。"①可是，对于这样一个法学宝

① 《马克思恩格斯全集》第21卷，第545页。

库，我国至今用丰富的史料系统论述它的专著，实属少见。本《罗马法原论》在这一方面可以说是一突破，它不仅在篇幅上大大增加，内容上更加丰富，全书近65万字，而且在材料上力求翔实无误，在论述上尽量做到了细致严谨。全书从总论到人法、物权法、继承法、债法、诉讼法等各编，作者均在长期收集、积累材料的基础上，对有关各项法律制度的产生、发展或消亡，做了充分的论述，详细说明了它们各自的来龙去脉，从而可以使读者更好地了解罗马法的情况，把握罗马法的实质。例如关于《十二表法》，我国许多讲义和一些著作过去大多写作《十二铜表法》。作者指出，《十二表法》的原文并无“铜”字，至于雕刻《十二表法》的板子究竟是铜的、木头的、大理石的还是象牙的，各家意见不一，并无定论。后世之所以把它说成《十二铜表法》，只是根据李维说的它刻在铜板上的一家之言。所以为了求实起见，还是按原文译作《十二表法》为好。这就更正了我国法学著作中多年来关于《十二铜表法》不够确切的译法。不但如此，作者还详细论述了其他有关罗马法著作中所不足的关于《十二表法》制定的原因和经过、它的内容和阶级属性，它的特点以及后世法学家对它的评价。

又如，在人法这一部分，内容的编排和扩充也是显而易见的，同样具有它自己的特色。在现有的一些著作中，是把人、法律行为、亲属、婚姻、家长权、监护及保佐、抚养、家等分在不同的编章里加以论述的，其结果正如我们见到的，不仅在编排的结构上显得混乱、零散，而且在内容上也欠翔实。在本书中，作者则把自然人、家和家属、家长权、婚姻、家主权和恩主权、买主权、准奴隶、监护和保佐和法人全部归在人法中分章分节分目加以论述，这就不仅在结构上比较合理和集中，而且在内容上增加了许多现有有关著作中所欠缺的东西，诸如恩主权、买主权，等等。

第三，对于罗马不同法学派别或不同时代的罗马法学者关于罗马法上一些理论问题的争论或意见不一的看法，作者以求实的态度，则分别地做了客观叙述，并用历史唯物主义观点对它们一一做了评价，指出其得失，阐明自己的观点。在延续千余年的罗马法上，从对它的体系分期到它的许多具体法律制度，不但后世各国罗马法专家存在各种不同看法，即便罗马法学家也是意见不一的。就体系来说，罗马著名法学家乌尔比安和盖尤斯的看法就不一致，前者主张将罗马法分为市民法、万民法和自然法，后者则主张将罗马法分为市民法和万民法。后世各国罗马法学者有赞同二分法的，也有主张三分法的，还有主张四分法或五分法的。作者认为，法律和政治都是经济基础的上层建筑，彼此是紧密不可分的。因此，依据罗马政治体制的变革来划分罗马法的发展时期是科学的。因此，作者把罗马法分为王政、共和、帝政前期和帝政后期四个时期。

又如关于男子行为能力问题，罗马两大法学派别普罗库路斯派和萨比努斯派曾发生剧烈的争论，一派坚持应根据各人的具体情况分别加以决定，另一派则主张定出统一的标准，以利法律制度的稳定。由于前说不利于商品经济的发展，故后说得到采纳。

再如按罗马法，牛马驴骡属于要式移转物，但是它们生下后要长到多大才适用要式移转方式呢？对此罗马两大法学派别也是有意见分歧的。萨比努斯派认为，牛马驴骡在生下以后，就应当用要式移转方式转让。普罗库路斯派则认为，牛马驴骡之所以成为要式移转物，是因为他们能够驮物拉车，在他们还不能役用前就不能算是要式移转物。两派争论很久，没有结果。到帝政后期，由于要式移转制度废除，争论才无果而终。

这种把争论各方的意见摆出来的好处是：可以加深读者对罗马法的理解，同时也可以启迪读者自己去思考。

第四，为了帮助读者理解罗马法，掌握罗马法的实质，书中还举了许多实例和案例。例如关于所有权相对消灭问题。这是指所有人的所有权虽然丧失，但其原来标的物依然存在。发生这种情况的原因有二：一是由所有人的意思引起的丧失，二是非由所有人的意思引起的丧失。前者如买卖、赠予，"虽然对所有人为所有权的丧失，但受让人则为所有权的取得，标的物并未消灭。又如所有人抛弃其物，但抛弃人何时丧失其所有权？对此，罗马两大法学派意见不一。普罗库路斯派主张，必须在有人占有该抛弃物时才丧失其所有权，萨比努斯派则认为，所有人抛弃其物后即丧失其所有权，因而该物即成为无主物。"这后一说法比较合理，终为后世法学家采纳。

又如罗马法上曾有一个著名的案例。"共和国末年，市民科波尼乌斯以为他的妻子怀了孕，便立他的腹子作为他的继承人，并立M. 库里乌斯作为他将出生的孩子的未适婚人的补充继承人。不久，科波尼乌斯死亡，但他的妻子后来并未生孩子，于是，科波尼乌斯的法定继承人便出来与所立的未适婚人的补充继承人 M. 库里乌斯争夺遗产。"此案由罗马大审院处理，结果把遗产判给 M. 库里乌斯。

第五，罗马实体法的核心是物法，或叫物权法，它包括物权、继承和债三个部分。作者在书中把它们分为三编，进行了详细的论述。在这三编中，作者对物的概念、分类、物权、所有权、他物权、占有、继承的主要原则、遗嘱继承、法定继承、遗产的继承、继承的拒绝、遗赠、遗产信托、法律行为、债等等的论述,充分体现了罗马法是“商品生产者社会的第一个世界性法律”①。

第六,书中对人名和专有名词都附了拉丁原文,以便读者阅读时参考,或者进一步研究时去查找外文资料。而对于专有名词的翻译,作者没有采用音译,而以意译为主,以便读者对其含义有个大概的理解,起到顾名思义的作用。例如 mancipacio,即译为“要式买卖”,而不按国内有些罗马法著作音译为“曼兮帕蓄”,使得与其他所有权取得的方法所采取的意译相一致。

罗马法虽然是罗马奴隶制国家的法律,但是由于它是罗马奴隶制经济高度发展的产物,是集罗马奴隶制国家民法之大全,因而它的许多原理、原则和制度,如过失责任、时效制度、保护公共财产的规定等,仍为后世各国包括社会主义国家所沿用,而在立法方面,也有重大的借鉴价值。因此,本书的出版,对于进一步开展我国的罗马法教学与研究,不断改进和完善我国的民法制度,将会有一定的帮助。

① 《马克思恩格斯选集》第4卷,第248页。

附录五 《罗马法原论》给我们的启迪*

朱学山

《罗马法原论》是安徽大学周枏教授的一部法学专著，商务印书馆出版。周枏教授是我国屈指可数的法学专家，他倾毕生精力研究罗马法，并长时间在国内多所高校讲授罗马法，《罗马法原论》是他的教学和科研相结合的产物。说得具体些，周枏教授的罗马法教学，其内容，不是据别人编写的教材照本宣科，而是完全用他自己的科研成果，并随时把他研究获得的新成就充实到教学内容中去；同时又用他在教学中发现的问题，推动、发展他的研究。如此循环往复，积数十年，写出这样一部大著，确实是难得的一部罗马法的经典之作。这部书于1994年6月出版，不到两年，1996年4月，便第二次印刷，由此可见许多读者对这部大著的渴求，真是"桃李无言，下自成蹊"，用不着我们来说介绍、推荐之类的话。何况这部书出版后不久就已经有过这方面的文章了。

我们阅读《罗马法原论》，不仅觉得著者对罗马法这一"商品生

* 本文发表于《安徽大学学报(哲学社会科学版)》1999年第1期，作者为安徽大学法学院教授。

产者社会第一个世界性法律”的系统、精辟的论述吸引着我们，而且深深感到这部书从许多方面让我们得到启迪。而给读者以启迪，并不是一般书籍都能做到的。

所谓“罗马法”，指的是罗马奴隶制国家施行的全部法律，即自公元前6世纪开始到公元7世纪向封建制过渡为止这千余年间的法律，它是古代法，对我们来说，它又是外国法。虽说罗马法称得上是全人类的法律文化遗产，但今天我们来学习这一外国古代法，是不是还有必要，学习它究竟有什么意义呢？《罗马法原论》在论述了罗马当时许多法学家的关于“法”的定义之后指出：“所以当时罗马法学家的主要任务，在于运用他们的智慧，以实现正义而避免不平。法学不仅是科学，同时也是艺术，不应专重理论，还要注意实际，这正是罗马法的特征和它能够随着时代的变迁而发展的重要原因。”这“特征”，这“随着时代的变迁而发展的重要原因”，应能引起我们今天在制定、运用、研究我们自己法律时的深深思考。周枏教授明确地说，学习罗马法，有助于借鉴其法制的经验，为现实的法制建设服务。学习罗马法，有助于研究并了解各项民法制度的沿革及其实质，是从事法制史、民法学、国际私法和比较民法等法律科学研究的基础。学习罗马法，有助于把握法律与社会、法律外壳与其经济内容之间的辩证关系，培养、锻炼法学工作者和司法工作者辩证地分析、处理问题的能力。随后，《罗马法原论》论述“罗马法的解释”，一开始便再次指出：“我们若从总体上鸟瞰千余年间的罗马法，似乎可以对法都需要进行解释的原因和意义有一个更为清晰的了解。其中许多情况对我们今天的法制建设，亦不无借鉴的意义。”《罗马法原论》曾以大量篇幅详细地论述了“债法”，同样，在开始又首先指出：“债法是直接调整商品流转关系的法。罗马债法虽然是简单商品生产社会的法，但它反映了商品交换的许多一般条件，所以实际上也包含着社会主义时期的许多法权关系。”可见它对我们进行具有中国特色社会主义法制建设，确是足资借鉴的。总之，“罗马法发展时间长，内容丰富，经验宝贵，有许多地方值得我们参考和借鉴。”所以学习罗马法这部古代法、外国法非常必要，很有意义。这是《罗马法原论》给我们的第一个启迪。

《罗马法原论》在“婚姻和夫权”章有一节论述“夫妻财产”，其中有一段讲“妻子的特有产”，这是一个小问题，但对一般读者来说，也还是一个很生疏的问题。这个问题的内容有“妻子的特有产”的概念，此项制度产生的原因，它始于何时、何时有了正式规定、这项财产的管理以及优斯体尼亚努斯一世（Justinianus Ⅰ）对此所做的特别规定，还有后来的习惯，等等。一个小问题竟有这么多内容，而对这许多内容，周枏教授仅用了不到500字，就把它交待得清清楚楚，使人一目了然。为什么对一个小问题的方方面面都能看到，都能讲到，而又说得如此简明扼要、清晰易懂？倘不是掌握了大量资料，进行了深入分析研究，从中钩玄提要并以准确、精练、娴熟的语言来表述，是不可能做到这样的。从这里我们看到周枏教授研究问题时的博观约取和讲述问题时的深入浅出。在我国，前人在治学方法上对“博观约取”是很重视的，苏轼曾对一个人说过：“博观而约取，厚积而薄发，吾告子止于此矣。”[①]而对讲述问题的深入浅出，人们一向是很推崇的，袁枚在评价一个人的诗作时

① 苏轼：《杂说送张琥》。

说过:“今读其诗,从容和雅,如天衣之无缝,深入浅出,方臻此境。”①我们研读《罗马法原论》,只要留意一下,可以说,随处都能见到作者的博观约取、深入浅出,上面提到的“妻子的特有产”只不过是举一个例子而已。在这一方面,周枏教授确实给我们从事教学、科研的人以非常有益的启迪。

周枏教授的这部专著叫作《罗马法原论》,这是一个很恰当的名字。为什么叫“原论”?因为这部书不仅讲述了罗马法,而且还有作者的许多精辟见解。作者对罗马法不是“述而不作”,而是既“述”且“作”。例如关于“人格变更的效果”,周枏教授写了这么一段话:“关于委任关系是否因人格的变更而消灭,由于文献无明文记载,罗马法学者的意见不尽一致,有的认为委任关系因人格的变更而消灭,有的则主张委任并不因人格的变更而消灭。我们认为,合伙和委任都是以信任为基础,合伙既然不因人格的变更而影响其存在,委任也应作同样的处理,方合乎逻辑和当时的实际情况。”这里主要是“作”。这类“作”,这些见解,是作者的新见解,与现有的一般见解不同。再如关于所有权的消灭问题,“标的物成为不可有物,有些学者因其不再为个人的财产,将其列为绝对消灭。我们认为,因其物事实上并未消灭,且神法物、人法物是属于神或公法人,它们还有还俗和变为私权客体的可能,故列入相对消灭为宜。”一部罗马法的书,如果只是罗列了罗马古代法、《十二表法》、《国法大全》和其他一些法典、立法、谕令、决议、敕令等内容,亦即多为转述前人成说,那当然也不是全无价值;但无疑更重要的是作者能提出自己的见解,因为这样才能为这一法学领域增加新内容。这样的要求是高的,《罗马法原论》

① 袁枚:《随园诗话》卷七。

达到了这样的高度。应该说,从事科研,进行教学,必须这样。这是我们可以从《罗马法原论》得到的另一个启迪。

周枏教授提出自己的见解,总是有理有据,而且很辩证,决不武断,不绝对化。例如在"罗马法的分类"一节中讲到市民法、万民法和自然法时,他写道:"自然法的思想,是共和国末期从希腊传入的,并非罗马法所固有。罗马起初只有市民法和万民法之分,盖尤斯的《法学纲要》开始分市民法和自然法,但他没有分市民法和万民法。到乌尔披亚努斯时,他采用了三分法,即把法分为市民法、万民法和自然法。有的罗马法著作认为三分法是优帝一世的《法学纲要》才开始的,这不符合事实。因为乌尔披亚努斯提出三分法在前,优帝一世的编纂不过是引用了他的观点罢了。"随后他又写道:"自然法是理想的法,它与制定法不同,没有拘束力,不能发生实际效力。所以,自然法纯粹是一种唯心主义的虚构。但是这种法律思想对推动罗马法和后世法学的发展和进步,仍有不可磨灭的功绩。"这些地方,见解的有理有据,而且辩证,是很明显的。像这样的见解,在《罗马法原论》中几乎随处可见,它给我们的启迪是很多的。这也是这部著作不同于国内其他一些罗马法著作的地方,值得我们重视。

《罗马法原论》的另一特别值得我们重视的地方是著者对译名的反复斟酌。罗马法是外国法,它的许多法律术语该怎样翻译是一个大问题。严复当年译《天演论》,对一名之立,往往旬月踌躇,可见译名之不易。周枏教授在这方面下了很大功夫。他在把"mancipatio"译为"要式买卖"时曾说:"音译为曼西帕体奥,我国的罗马法著作采音译'曼兮拔恪'或'曼兮帕蓄',本书则尽可能采取意译而不用音译。其理由在于:第一,意译使读者在接触到事物的名称时,对该事物就可以有一个大概的了解,起到顾名思义的效果;第二,与物的分类中 resmancipi 译为要式移转物也相一致。"这里的两点理由无疑是很正当的。即使我国的罗马法著作对某一术语有意译,周枏教授也并不是一概沿用,而是反复斟酌,务求至当。例如他在把 capitis deminutio 译为"人格的变更"时,其反复斟酌的过程,从下面一段话里我们可以看到,他说:"关于 capitis deminutio 的译文,我国的罗马法著述都是将其译作'人格减等'或'人格降等'。国外对此则有四种不同的译法。由于 capitis 可以指人的头颅、人格或户口登记册中的一页,deminutio 意为取消、丧失、减少或变更,因此可以将 capitis deminutio 翻译为:(1)减少一人或减少成员,意思是国家或氏族减少了一个成员;(2)减少户口,即某个家长做了奴隶,或做了养子,因而该户原在户口簿上的一页被取消了;(3)人格减等或人格降等;(4)人格变更。对此,我们认为,译作'人格变更'较为可取。其理由为:第一,认为人格变更就是国家或氏族减少了成员,这种翻译用在自由人沦为奴隶或变为外国人的场合,不成问题;但对于收养、解放或缔结'有夫权婚姻'等来说,国家和氏族并不减少成员,因此,将 capitis deminutio 译为减少成员,显然不妥。第二,译为取消户口,也可以用在人格大、中变更的场合,但是,对于他权人缔结'有夫权婚姻'或被人收养,只是户口册上移名过户,国家的户口并不减少。第三,译作人格降等或人格减等,这是德国历史法学派人物萨维尼的主张,我国学者多从之,但此意见也不妥当。首先,自由民变为奴隶,不是人格降等,而是人格消灭。一个人从权利义务主体变为权利义务客体,人格就根本不存在了。其次,由自权人变为他权人,这是人格降等,但由他权人仍旧变为他权人,就不发生减等问题。至于他权人变为自权人,以及外国人和拉丁人取得罗马国籍时，则是人格的升等。所以，本书将capitis deminutio 译为'人格变更'，可以较好地概括罗马法规定的权利能力变化的各种情况。盖尤斯在其《法学纲要》中就是这样主张的。"再如，将 patria 译为"家长权"，而不用"家父权"的译名；将gentiles 译为"宗亲"，而不从国内一般罗马法著作的译为"同姓人"或"宗统"。这些情况在《罗马法原论》中是相当多的。周枏教授在译名问题上真是殚精竭虑，一丝不苟。我们应该从中得到启迪。

恩格斯对罗马法曾多次给予高度评价，称之为"商品生产者社会的第一个世界性法律"①。并说："罗马法是纯粹私有制占统治的社会的生活条件和冲突的十分经典性的法律表现，以致一切后来的法律，都不能对它作任何实质性的修改。"②周枏教授的研究、讲授罗马法，例如对"各项法律制度的产生、发展、变化或消亡，多结合当时奴隶社会物质生活条件的变化，阐明不同时期的不同规定，揭示其来龙去脉和规律；对理论问题的争论，则分别叙述各方的意见，并以历史唯物主义为指南，评其得失"。其具体例证如对"习惯法能否变更成文法"这一问题，《国法大全》中有两处提及，一处是《修正法典》记载，君士坦丁一世曾明文规定习惯法不得变更成文法；而《学说汇编》中则据大法学家优利亚努斯的意见，认为习惯法可以改变成文法。《修正法典》和《学说汇编》发生了矛盾。这个矛盾如何解释呢？中世纪以来研究罗马法的学者一般认为，特别的、地方性的习惯法不能改变普通的成文法，君士坦丁一世的敕令规定的是指此而言；至于全国性的普遍的习惯法则可以改变成文法，优利亚努斯讲的则是这个意思。周枏教授

① 《马克思恩格斯全集》第21卷，第346页。

② 同上书，第454页。

指出:“这种说法没有考虑到法与社会经济的关系,而是就法论法,因而是欠妥的。”他认为,“应当从社会经济的发展来解释这个问题。优利亚努斯处于法学昌明时期,他的意见正是反映了当时的情况。那时,成文法的发展远远跟不上社会经济发展的需要,既然作为上层建筑的法律不适应经济基础的发展,习惯法就来改变、补充它,这是生产力发展的实际需要。……到帝政专权时期,皇帝集中了立法、司法大权,君士坦丁一世明确规定解释法律的大权在皇帝,习惯法当然不能改变成文法了。”从这些地方,可以明显看出周枏教授在运用马克思主义理论。完全可以这样说,《罗马法原论》是用马克思主义理论研究罗马法的可贵成果。运用马克思主义的立场、观点和方法来从事科研、进行教学,这是《罗马法原论》给我们的一个更重要的启迪。

《罗马法原论》让我们看到从《十二表法》到《国法大全》的罗马法的内容的丰富和法理的精深以及它对后世各国法律(特别是民法)影响的巨大,而我们更感到难得的是这部堪以传世的法学专著给我们许多有益的启迪。从这些启迪,我们联想到周枏教授法学研究上的成就和教书育人的业绩,对他的高山景行的仰慕之情,油然而生。当然,我们完全知道,做到周枏教授那样是很不容易的,我们正是像司马迁所说的那样,“高山仰止,景行行止,虽不能至,心向往之。”①

① 司马迁:《史记·孔子世家》。

后　　记

《罗马法原论》自1994年出版到2002年，先后印刷了四次，印数累计达15000余册。第一次印刷的书中缺漏错讹时有所见，后由商务印书馆的陈森编审主持，与笔者函电磋商，悉心校对，费时数月，更正错漏印符多处。因此，第二次印刷本的质量明显提高。第二次印刷后，安徽大学朱学山教授不顾年迈体弱，长期持续不断地仔细搜索，又发现了76处问题，经我确认后更正52处。但第三次、第四次印刷时因出版社与我沟通不够，仍采用了第二次印刷的版本，使朱老找出的错处未能纠正。我因年老力衰（时年96岁），已无力提笔，不能自审，甚是遗憾。这次再印得到朋友和家人的支持与帮助，使朱老找出的错误得以纠正。

本书出版后，受到法学界广大读者的欢迎。陈森编审撰写的《周著〈罗马法原论〉评介》（载《比较法研究》1994年第3—4期）、朱学山教授撰写的《〈罗马法原论〉给我们的启迪》（载《安徽大学学报（哲学社会科学版）》1999年第1期）等文都对《罗马法原论》给予了肯定（此次修订再版，也将这两篇文章收入附录中）。1994年，在北京召开的"罗马法·中国法·民法法典"的国际研讨会上，将本书赠送给各国罗马法专家进行交流，得到了专家们的关注。2000年，本书又入选商务印书馆成立百年时推出的“商务印书馆文库”。

自本书出版以来，有些读者对罗马法中的某些问题提出了异议，借这第五次重印的机会，就此阐述本人的观点。

一、“人格变更”与“人格减等”

“人格变更”一词包括了更广泛的含义，它不仅将“人格减少”容纳其中，还涵盖了“人格增加”和“人格既不增也不减”的变化。这里可以通过几个例子来说明：第一，罗马法规定，具有完全人格的人必须享有自由权、市民权和家族权三项内容，其中部分或全部丧失，或者丧失某一项而取得另一项权利即为“人格变更”。在古罗马早期，只有家长才具有法律上的人格。而家属（妻、子、女）和在罗马的外国人则不具备任何人格。《十二表法》的第四表第三条规定：“家长如3次出卖他的儿子，该子即脱离家长权而获得解放。”儿子每一次被出卖，其人格不是减少而是增加，卖到第三次，就从他权人变成了自权人。这里如果用“人格减等”来表示儿子人格的这种变化显然是不合适的，而用“人格变更”来表示则较为准确。第二，在古罗马中期以后，到罗马的外国人越来越多，他们的法律地位也相应地得到确认与提高，获得了万民法上的人格，与最初没有任何人格相比，他们的人格变化是增加而非减少，如用“人格减等”则是不准确的。第三，子女收养及女子由娘家出嫁到夫家时，他们的人格变化只是由原有的家族权转换到新的家族权，这种情况下其人格既没有增加也没有减少。因此，古罗马法学家盖尤斯在其《法学纲要》（也译《法学阶梯》）中已将“人格减等”解释为人格的变更。以后，优帝的《国法大全》亦沿袭此说。

过去，我们的许多学者将"Capitis deminutio"译成"人格减等"，这是依照西方学者直译拉丁文的习惯，是一种字面上的直译。比较之下，采用意译的"人格变更"显然要准确得多。

二、《十二表法》中三个"hoste"之我见

《十二表法》制定于公元前450年，公示于罗马广场。公元前390年高卢人入侵罗马，《十二表法》被占领军焚毁，既无残片留存，也无抄本传世，唯其条文常为罗马的法学家、哲学家、历史学家和文学家所引用，散见于各书，不但残缺不全，而且互有出入。到16世纪中，意大利人阿尔桑德里(Alexandre Alessandr)和德国人里韦耳(Aymar du Rivail)两位学者先后收集佚文，希图重建，但所获不多。1616年，瑞士史学家戈代弗鲁瓦(Jarcques Godeffroy)又做了大量工作，约完成十之七八。后虽经德国学者迪克森(Henri Edouard Dirkson)于1824年、埃绍尔(Rudolf Shoell)于1866年、沃格特(Montz Voigt)于1883年和法国罗马法学家吉拉尔(Paul Frederic Girard)于1909年等多人进一步地搜集和整理，仍难恢复《十二表法》的原貌。可见重新问世的《十二表法》是经过许多学者长期努力而重建的，各家整理出的条文编次和内容不尽相同，对其中词语存有歧见也就在所难免了。所以，翻译时不能拘泥于一字一意，而应合情合理灵活掌握，以求尽可能准确地反映原貌。

"hoste"一词在古罗马最初是指与罗马订有友好条约的独立国家的人民，即"外国人"。以后，随着罗马与外国交往的日益增多，

它又泛指一般的外国人。在罗马与敌国交战时，由国家宣布敌国的人民和敌国的盟国为“hoste”。在交战中，有些罗马人投靠了敌国，其中有的人当时就受到了惩罚，有的却逃往国外。战争结束后，他们中有的人在诉讼时效期限届满后，以为可免受制裁，就返回罗马。但由于他们背叛过国家，出卖了罗马的利益，为罗马人深恶痛绝。因此，尽管诉讼时效期限届满，罗马人仍对他们提起诉讼，处以相应的刑罚，并被罗马人称为“hoste”。“hoste”因此就又有了“叛徒”这个意思。

“hoste”在《十二表法》中前后出现了三次。第一次在第二表第二条：“审理这天，如遇承审员、仲裁员(arbiter)或诉讼当事人患重病，或者审理外国人(hoste)时，则应延期审讯。”第二次在第三表第八条：“对叛徒(hoste)的追诉，永远有效。”第三次在第六表第五条：“外国人(hoste)永远不能因使用而取得罗马市民法的所有权。”

对于第二表第二条中的“hoste”，有的人以为应译为“内部敌人”或“叛徒”。他们认为，《十二表法》成于公元前450年，那时的古罗马尚没有什么对外交往，不可能制定出什么针对外国人的律条来。而我认为，在古罗马漫长的历史中，与外国的交往是长期的、大量的，与他们之间的诉讼自然也不会少。况且，外国人大多居住于罗马国之外，或犯罪后具有逃匿国外的便利，这就给按时开庭审理造成了困难。因此，在审理时间上做延期的规定是客观的，这里审理的“hoste”，我认为应该译为“外国人”。

对于第三表第八条中的“hoste”，历来主要有两种解释。一种认为：根据法律同一律中同一词应该严格地按照同一词义诠释的规则，把它译为“外国人”是顺理成章的。而我采纳“叛徒”这样的另一种解释，因为“hoste”一词的含义在古罗马历史的变迁中并非一成不变，它不仅指与罗马交战的敌国人，即外国人，也可指投靠敌国的“内部敌人”——罗马人中的“叛徒”。从“论理解释”的角度而言，这里理解为“叛徒”是较为合适的。叛徒出卖了罗马国家的利益，罪行严重，最为人痛恨，因此，对其罪行的追诉，“永远有效”是理所当然的。此处如作“外国人”理解就不那么妥当，因为外国人犯的罪行有轻有重，对犯轻罪的外国人实施永远追诉既不公平也不合理。所以，这里的“hoste”，我取“叛徒”之意。

对于第六表第五条中的“hoste”的译意，后来各译者无甚分歧，一般都认为应作“外国人”解释。因为这是为了保护罗马本国人财产利益而制定的专门针对外国人的条律。

三、“占有”与“所有”

一位博士生写信问我：在《罗马法原论》中，关于所有权的定义不包括“占有”是不可思议的。我回信说明：在古罗马时期，“占有”与“所有”是两种不同的制度，“占有”表示的是既成事实，无论其是否合法；“所有”表示的是保护争议人的权利，无论所有人是否占有争议物。当占有人与所有人发生争议时，裁判官为了维护社会的安定，首先会做出“无论占有是否合法，先予保护现占有人，而所有人不得反抗”的决定。然后，在合法所有人与非法占有人的诉讼中，裁判官调查情况分清是非后，再判决占有人将非法占有物返还合法所有人占有。这表明“所有”与“占有”是可以分离的。例如，房屋主人将自己的房屋出租或出借给他人时，房主虽不占有自己的房屋，但仍对其享有所有权；而租房人、借房人虽占有房屋，但对其却不享有所有权。所以，在法国、德国与日本等国早期的民法典中，其所有权的定义均不包括“占有”。但《苏俄民法典》、我国台湾地区民法典中的“所有权”是以“占有”为基础的，因此其“所有权”制度中是包括“占有”的。而按1996年7月1日生效的《越南民法典》的有关条款，则“所有权”可包括“占有”，也可不包括“占有”。因此，“所有权”中是否包括“占有”不可一概而论，各国的民法对此有不同的规定即说明了这一点。

四、“消费借贷”与“代理”

有学者在所撰一文的注释中提到“周枏在《罗马法原论》商务印书馆1994年版，第621页该书并没有阐述消费借贷与代理关系”（载《法学》1999年第4期第38页，原文如此）。实际上，本书在第620页（商务印书馆1994年版）而非第621页上对该问题做了概括性的叙述。囿于篇幅所限，本书没有提及消费借贷在古罗马早期是不得代理的，由于当时社会生产力水平不高，罗马人也无所谓消费借贷不得代理的法律规定，因为在邻居与亲朋之间发生的消费借贷无须委托他人代理，他们相互之间也不计较是否存在代理关系。但借贷时间一久，当事人之间难免发生纠纷，罗马法学家一般不是依据他们之间是否存在借贷或代理关系，而主要是依据不当得利原理去解决此类纠纷。消费借贷不得代理是罗马奴隶社会的法律残余，随着罗马社会的进步而逐渐消亡，消费借贷则发展成为可以被代理的法律行为，代理人代本人为消费借贷发生纠纷时，可以依据代理关系进行处理，这对当事人双方更为公平。

最后，我向促成本书第五次重印的史际春、王源扩、高宽众、田田、李明发、周一煊、周莉华诸君表示诚挚的谢意。

周　枏

2004年3月于安徽大学法学院

周枏先生学术年表*

1908 年（光绪三十四年）

5 月 9 日（农历四月初十），出生于江苏省溧阳县歌歧中村。祖父周仁铿已去世，祖母潘氏。父亲周济良，母亲史翠娥，育四子一女：周桐、周妍新、周梅、周枏、周榕。

1911 年（宣统三年）

9 月，就读于本村私塾，直至 1912 年 8 月。父亲周济良为启蒙业师，读《三字经》。

1912 年

9 月，就读于溧阳县歌歧期成小学，直至 1919 年 8 月。其间，学习国文、算术、修身、体操、音乐等课程。

1919 年

5 月，受五四运动影响，在溧阳城里参加游行，宣传抵制日货。

9 月，就读于溧阳县乙种商业学校，直至 1922 年 8 月。其间，学习语文、数学、英文、珠算、中国式记账、验币（银元）。

---

* 本年表由周莉华、周一煊编制，田田整理。

1922 年

10 月,就读于江苏省无锡公益工商中学商科,直至 1926 年 8 月。其间,受到严格教育,培养了良好的生活习惯与学习方法,以及吃苦耐劳的精神,学习了商业的有关课程与实践。

1926 年

夏,从无锡公益工商中学毕业,在恩师蔡虎臣先生的辅导和帮助下,考入上海中国公学大学部商学院银行系。

9 月,就读于上海中国公学大学部商学院银行系,直至 1928 年 7 月。学习了经济学、金融学、财政学、银行学、会计学、国际贸易、民法、国际公法、国文、英文等共 49 门课程,修得 128.5 学分,比规定的 120 分的毕业学分高出 8.5 分,完成学分的时间提前了一年。其间,第一次接触到罗马法的"时效制度"和"共同海损"规则。

读书之余,赴苏州、无锡等地为北伐军募捐。

1928 年

7 月 4 日,提前毕业,但因未满住校年限,拿不到毕业证书;校长胡适先生亲笔书写"已修满本校毕业所需学分,查其平日成绩均甚优良"的证明书以代之。

8 月,在中国公学田恩霈教授、江文新教授的介绍和胡适校长的担保下,从上海启程赴比利时留学。

9 月,就读于比利时北部天主教教会学校马林中学,学习法文,直至 1929 年 1 月。

12 月 31 日,致信胡适先生,敬禀其到达比利时三个月之学习与生活等概况,字里行间还透露出忧国忧民的感慨,以及自己对母校和对胡适先生的思念。

1929 年

2 月至 8 月，就读于比利时南部的比利时国立盘蒙中学，学习法文。

9 月，就读于比利时鲁汶大学法学院政治外交专业，直至 1931 年 7 月。其间，学习了议会政治、美法近代政治史、财政预算学、钱币与信用国际法庭、国际责任问题、近代欧洲外交史、各国商业政策、农业信用问题八门课程。

因"奉俄战争"导致中国到欧洲的邮路中断以及受欧洲经济危机的影响，造成生活困难，经陆徵祥先生介绍到石山绅士家任家庭教师，贴补生活。此间结识了共产党人孙涤新先生。

1931 年

7 月 24 日，获鲁汶大学政治外交硕士学位。因学习成绩优异，获得"庚子赔款"设在鲁汶大学的奖学金。

9 月，以硕士生资格，直接插入法学院法科三年级学习法律，直至 1934 年 7 月。三年级学习的课程有：宪法、罗马法纲要、民法史要、法学通论、宗教民法合论五门课程；四年级学习的课程有：罗马法判例及学说、民法、刑法、政治经济、国际公法概论、行政法六门课程；五年级学习的课程有：民法、刑事诉讼法概论、法院组织及民事诉讼法概要、商法、国际私法、财政法规六门课程。

"九一八"事变爆发后，参加了留比中国学生总会组织的抗议日寇侵略行径的各种活动。

1934 年

7 月 4 日，以最优等的成绩通过鲁汶大学法学院法学博士初试。同月 25 日，以优等的成绩通过鲁汶大学法学院法学博士复试，获法学博士学位。

11 月，从英国格拉斯哥搭乘便船返回祖国，于 12 月 24 日到达上海。

1935 年

2 月，在私立上海持志学院任教，直至 1936 年 7 月。其间，讲授罗马法、法文、经济政策，与学长路式导合作撰写“罗马法讲义”。

受东吴大学教务长孙晓楼先生的邀请到其法学院讲学，讲学题目为《比利时司法制度》、《西班牙司法制度》与《瑞士司法制度》。

是年，发表《比利时司法制度》，刊载于《法学杂志》第八卷第四期；发表《西班牙司法制度》，刊载于《法学杂志》第八卷第五期。

1936 年

8 月至 1937 年 7 月，患麻疹、恶性疟疾，治病疗养。其间，将“罗马法讲稿”修订成书，请著名法学家王宠惠博士写序后，交中华书局列入大学用书拟出版，但因抗日战争爆发，未能问世。

11 月 1 日，与路式导先生合撰《罗马法上几个问题商榷之一》，刊载于《中华法学杂志》新编第一卷第三号，就相关问题与丘汉平教授辩论。

12 月，在中共地下党员徐明诚先生被南京警备司令部逮捕后，帮助其妻潘丽华女士转移党的文件，并设法疏通营救，徐因此得以释放。

1937 年

3 月 4 日，在通读了丘汉平先生的《罗马法》上、下册后，撰写的《〈罗马法〉书评》一文，刊载于《大公报 · 图书副刊》(第 171 期)。

7 月，抗日战争爆发。接受了中央大学法律系的任教聘请，但因弟弟周榕患病，赶回溧阳家里照顾，失去了随同中央大学一起西迁重庆的机会。

8 月，任国立湖南大学教授，直至 1940 年 7 月。当时湖南大学未设法律系，在政治系讲授民法概要，在经济系讲授商事法。

1938 年

4 月，湖南大学遭日机轰炸，衣服被褥全被烧毁，部分书籍与“罗马法讲义”手稿得以幸存。

1939 年

8 月，获国民政府司法行政部颁发的律师证书。

1940 年

1 月 1 日，收到一封“三青团”的匿名恐吓信，产生了离开湖南大学的想法。

8 月，任苏皖联立临时政治学院教授兼图书馆主任，讲授民法概要，直至 1941 年 7 月。

1941 年

7 月，发表《罗马法上几个问题的研究》，刊载于《苏皖政治学院季刊》。

8 月，任苏皖联立技艺专科学校教授兼会计银行科主任，讲授法学通论，直至 1942 年 7 月。

1942 年

夏，结交了马寅初先生。时马寅初先生因抨击国民党经济政策和孔祥熙贪污而被囚禁于江西上饶，后转移至福建崇安武夷山区，受李寿雍先生之托，利用暑假时间，照顾马先生，并向他请教商事法的有关问题，历时一个月左右。

8 月，获国立厦门大学为期一年的讲席聘书，在法学院法律学系讲授罗马法、民法总论，在经济系讲授商事法，直至 1943 年 7 月。

9 月 1 日，与陈景明女士在福建南平结婚。后育二女一子。

1943 年

6 月 1 日，获国民政府教育部颁发的《教授证书》。

1944 年

8 月，获国立厦门大学为期两年的聘书，任法学院教授兼法律学系主任，讲授罗马法、民法总论。

1945 年

8 月，任省立江苏学院经济系教授兼系主任（当时江苏学院无法律系）、图书馆主任，讲授商事法，直至 1946 年 7 月。

1946 年

8 月，任国立上海暨南大学法学院教授兼法学院法律学系主任，讲授罗马法、民法、商事法。

9 月，任私立上海法政学院教授，讲授罗马法、商事法、海商法、公司法、票据法、商业登记法、法学绪论、新法学绪论，直至 1949 年 12 月。

1947 年

2 月，任上海勉中律师事务所律师，直至 1949 年 7 月。

1948 年

8 月，仍任国立上海暨南大学法学院教授兼法律学系主任，并出任法学院院长，讲授罗马法、民法、商事法，直至 1949 年 7 月。其间，邀请马寅初先生、章士钊先生到暨南大学法学院演讲。

同月，因母亲生病回溧阳歌歧探望。其间，应中共地下党员周济众校长的邀请，在溧阳私立光华中学做“法律面前人人平等”的报告。

12 月 31 日，李白在上海黄渡路亚西亚里 15 号（现上海黄渡路

107 弄 15 号)被捕后,冒着危险去黄渡路亚西亚里 6 号看望、照顾病中的中共地下党员潘丽华同志,并为她传递消息。

1949 年

4 月,上海解放前夕,国民党大肆迫害并逮捕共产党人和进步人士,上海交通大学学生、中共地下党员史维祥(表弟)和上海幼儿师范专科学校学生、中共地下党员陈善明(内妹)来家中(上海复兴中路 1195 号)隐藏躲避,得到保护。

5 月,比利时鲁汶大学同学、共产党员孙涤新来家宣传党的政策,动员其留在大陆。

9 月至 11 月,在上海高教处训练班学习。

12 月,在北京新法学研究院学习,直至 1951 年 1 月。学习党的方针、政策,听时事报告;听苏联专家讲授马列主义法学,学习苏联社会主义法律。

1951 年

2 月,在重庆最高人民法院西南分院工作,直至 1954 年 9 月。其间,任《西南法院》(季刊)主编、民庭审判员。为西南高分院张曙时院长起草题为《西南地区三年镇压反革命审判工作总结》的报告,刊载于《西南法院》。

1952 年

3 月至 5 月,被选派到西南公安部工作,去"白公馆"参加审理英、美、法等国的间谍案件。其中包括"白利寺第五世活佛格达被害案"。

6 月至 12 月,参加西南大区云南分团的清案工作,任丽江专区小组的组长,后因司法改革被调回。

1954 年

10 月，全国大区撤销后，到西南一级机关干部学校（后名四川省干部学校）学习，直至 1958 年 7 月。其间，任班级的学委会学委、组长，学习政治理论、时事，接受审查历史，等待工作分配。

1958 年

8 月，从重庆赴青海途中，因宝成铁路中断困留成都月余，领全家人拜望了原最高人民法院西南分院张曙时院长。

9 月，任青海省师范学院图书馆职员，直至 1959 年 11 月。

1959 年

9 月底，应邀赴北京参加国庆十周年庆祝活动。

12 月，任青海省师范学院图书馆副馆长，负责图书馆工作（正馆长缺位），直至 1965 年 5 月。

1963 年

4 月 2 日，在青海省师范学院加入中国民主同盟。

1964 年

上半年，青海省师范学院开展"四清"运动，因"用资产阶级思想毒害青年"、"与党争夺领导权和接班人"等问题受到批斗。

9 月 22 日，递交"辞呈"一份，要求辞去青海省师范学院图书馆副馆长一职，未接到批复；随后来了正馆长，自此不再担任图书馆的领导工作。

1965 年

9 月 27 日，夫人陈景明因患高血压突发脑溢血，病逝于西宁。

1966 年

6 月至 1972 年 5 月，在"文革"中，被青海省师范学院"造反派"批斗，挂牌子、戴高帽、关"牛棚"，进劳动队拉板车、做油漆工、养猪，后又到青海省化隆县农场种地、养马；返校后打扫厕所、看大门、分发报刊、代售电影票等。其间，遭抄家，将“罗马法手稿”藏在旧鞋堆的麻袋里，得以幸存。

1972 年

6 月 23 日，退休于青海省师范学院，时年 64 岁。

7 月至 1979 年 8 月，闲居。其间，为中国科学院高原生物研究所义务翻译法文资料；赴西安、武汉、上海等地访亲会友。

1976 年

8 月，居住于上海，与黄友瑜女士结婚。

1978 年

夏，参加由中国社会科学院法学研究所曾庆敏教授组织的编写组，撰写新中国第一部《法学词典》，任常务编委、主要撰稿人，直至 1979 年年底；《法学词典》于 1980 年由上海辞书出版社出版。后又参加了该词典 1984 年与 1989 年的第二、第三版的修订再版工作。

1980 年

1 月，接受安徽大学的聘请，任法律系教授、研究生导师。

9 月，讲授罗马法、海商法、保险法、票据法、公司法等课程，直至 1990 年 6 月。其间，指导了三届民法研究生。

1981 年

9 月至 10 月，应邀到西南政法学院讲授罗马法；编印了《罗马法提要》。

主编《国外法学知识译丛 · 民法》，该书由知识出版社出版，后获“上海市 1986 年社会科学优秀译著成果奖”。

1982 年

3 月至 6 月，应邀到华东政法学院讲授罗马法。

9 月，给安徽大学法律系 1979 级与 1980 级本科生合班讲授罗马法。

主编《国外法学知识译丛·经济法》，该书由知识出版社出版，后获“上海市 1986 年社会科学优秀译著成果奖”。

1983 年

3 月 1 日至 6 月 29 日，受司法部委托，安徽大学法律系举办罗马法进修班，任主讲。其间，突发痛风病，仍坚持工作，按计划完成了教学任务。

8 月 5 日，发表《罗马〈十二表法〉》，刊载于《安徽大学学报（哲学社会科学版）》1983 年第 3 期。

12 月，与谢邦宇先生和吴文翰先生合著《罗马法》，由群众出版社出版。

1984 年

9 月，参加张友渔先生主编的《中国大百科全书·法学卷》的编写工作，任主要撰稿人、民法学副主编；该卷由中国大百科全书出版社出版，并因此于 1993 年 12 月获中华人民共和国新闻出版署颁发的荣誉证书。

1985 年

10 月，与王源扩先生合撰发表《谈谈我国的保险合同》，刊载于陶希金主编《民法文选》（山西人民出版社出版）。

12 月 4 日至 11 日，赴北京参加《民法通则（草案）》座谈会，并做重要建言。

1986 年

10 月,参加在上海举行的“江苏学院校友会”成立大会,任会长。

1988 年

3 月,《罗马法提要》由法律出版社出版(该书后于 2008 年转由北京大学出版社出版)。

8 月,与刘书锜先生合撰发表《关于遗赠扶养协议若干问题的探讨》,刊载于《安徽大学学报(哲学社会科学版)》1988 年第 3 期。

1989 年

2 月,撰写《胡校长为我出证明》一文,刊载于颜振吾编《胡适研究丛录》(生活·读书·新知三联书店出版)。

1990 年

享受国务院特殊津贴。

6 月,向安徽大学法律系上交《罗马法原论》书稿。于安徽大学再度退休。

1991 年

5 月,发表《关于罗马法基本特征的商榷》,刊载于为纪念安徽大学法律系重建十周年所结集的《法学论文选》中(南京大学出版社出版)。

10 月,参加在上海举办的江苏学院校友会年会,并做“会长致词”的发言。

1992 年

3 月,发表《〈十二表法〉中“私犯”规定的研究》,刊载于《安徽大学学报(哲学社会科学版)》1992 年第 1 期。

1993 年

1 月，荣获 1992 年“上海市老有所为精英奖”。

5 月，撰写《罗马法原论》“前言”。《罗马法原论》各章节依序由陈炯、肖淑惠、刘书锜、龙斯荣、张和光、史际春、王源扩整理，史际春统稿，本人最后修改、定稿。

1994 年

6 月，专著《罗马法原论》一书由商务印书馆出版，该书于 1996 年、2001 年、2002 年、2004 年、2005 年、2009 年重印。其中 2004 年重印时增加“后记”，并由安徽大学法学院朱学山先生对其误处予以勘校；2005 年重印时，朱学山先生再次订正两处疏漏。

10 月，受中国政法大学罗马法研究中心主任杨振山教授的两次函邀，参加在北京举办的“罗马法·中国法·民法法典化国际研讨会”，并做简短发言。

1995 年

6 月，参加在华东师范大学举办的“胡适与中国新文化”国际研讨会。

1996 年

1 月，《罗马法原论》被评为“安徽省第三次社会科学优秀成果荣誉奖”。

1997 年

参加由徐开墅先生主编的《民商法词典》的编写工作，任副主编；该词典后由上海人民出版社出版。

3 月 3 日，汪汉卿、王源扩、韩秀桃代表安徽大学、安徽大学法学院到上海家中祝贺 90 寿辰。

5 月，《罗马法原论》被评为“1997 年度国家级教学成果二等奖”。

同月，参加薛波（齐橹）先生在上海社科院小会议室召开的《元照英美法词典》编撰会议，参与该词典的编写，任审定人，专审罗马法拉丁文（该词典主编薛波（齐橹）、总审定潘汉典）。

1998 年

参加由曾庆敏先生主编的《法学大辞典》的编写工作，任副主编、罗马法分科主编；该辞典后由上海辞书出版社出版，获“第三届国家辞书奖一等奖”、“第四届国家图书奖提名奖”。

1999 年

11 月 30 日，获中国法学会颁发的“从事法学研究和法学教学五十年”荣誉证书。

2000 年

10 月，《罗马法原论》被遴选入“商务印书馆百年文库”。

2002 年

5 月 3 日，由周一煊、周莉华陪护从上海到合肥安徽大学居住。

10 月，在周一煊、周莉华、周芝华、黄友瑜、孙秋娥的先后支持和帮助下完成《我与罗马法》，载徐国栋主编《罗马法与现代民法》第三卷（中国法制出版社出版）。

2003 年

3 月 26 日，于安徽大学加入中国共产党。

5 月 9 日，《安徽画报》摄影记者梁小平和石桂萍来家采访拍摄，恰逢 95 岁生日。

7 月 6 日，英国《每日电讯报》记者理查德·斯潘塞（Richard Spencer）先生来合肥家中采访。同月 23 日，潘汉典、薛波（齐橹）、张江涛专程从北京来合肥家中，赠送《元照英美法词典》样书及稿酬。

2004 年

1 月 9 日，薛波、吴晨光、张宏峰从北京来安徽大学家中采访。

3 月 21 日，因上呼吸道感染、咳嗽、腹泻，到安徽医科大学附属医院住院。

4 月 15 日，在合肥安徽医科大学附属医院病逝，享年九十七岁。

带走一个时代的罗马法学家

——追忆周枏先生*

米健

一段时间以来，我几乎完全被身边各种琐碎的事务性工作缠绕，以至于与外界越来越疏离。周枏先生去世，我竟然毫无所知，直到政法大学陈夏红君向我询问关于周枏先生的情况，我才知道先生已于四月十五日驾鹤西行了。哀痛之中，这些年来与周老交往的一些旧事又一一浮现于眼前。

我和周老于 1982 年在厦门相识。当时“外国法制史年会”在厦门举行，周老偕夫人同往，我当时正在厦门读书。那次会上我认识了许多法学界的前辈和后来在学界颇有建树的同辈。因为我当时的主攻方向是罗马法，所以和周老、武汉大学的卢干东先生谈得尤其多些。后来我做毕业论文调查，曾往上海周老的寓所向他求教。周老那简陋而且显得委屈的住所给我留下了至今难忘的印象，使我深深感到中国知识分子，尤其是老一辈学者的不易，不过同时也感到他们人品的伟大。周老住的那座小洋房原本是有身份

---

* 本文原载于《方圆》2004 年第 6 期。

的人才能住的，所处的地段也很好。他原有一层之宅，对一个学者来说也可谓足矣。但“文革”时期却被分割去了多半，所剩只是小部分。听说直到周老去世，始终是在这间蜗居陋室中安身，但却传大儒之道，授一代之学，解学子之惑。回想二十年前在周老家中面聆谆谆教益的情景，如同昨日，不由感慨万端，唏嘘不已。

周老和我当初报考厦门大学罗马法专业的导师、已故陈朝璧先生是同时代的法学界前辈，都曾留学于比利时鲁汶大学。后来周枏先生写《罗马法原论》，可以看出许多资料是来自法文文献。同样，细心的读者也会发现，陈朝璧先生所著的《罗马法原理》也有这个特点。我与周老在厦门相识之后，便有了学术上的往来。其间最获周老教益的是他对我论文的悉心指导。可以说，周老在罗马法方面对我的硕士毕业论文的指导以及提出的问题最为深入具体，使我颇得启发教益。我的论文初稿完成之后，曾分别寄给周老和兰州大学的吴文翰先生求教。不久，我便收到周老非常细致具体的答复，对我修改论文帮助甚大。1984 年我进行论文调研时，又专程去上海周老家中面闻教益。记得那天和周老谈了很长时间，我们很谈得来，共同的话题很多。末了，周老夫妇坚持留我吃饭（午饭或晚饭已记不清楚了）。周老夫人做饭很细致讲究，营养构成都是根据周老健康的需要配置。可以看出，她照顾周老非常用心。不过，为了我这个晚辈客人，她那天显然特地多做了几道菜。现在回想起来，这都是很珍贵的记忆。

我从厦门大学毕业到北京后，一段时间内还和周老有书信往来，可惜都没有保留下来。周老出版《罗马法原论》时曾想让我帮忙看看校样，可是由于我不久之后就去了澳门政府工作，故终未能够帮助周老。现在想起，还颇有愧疚之感。惊悉周老仙逝消息后，检阅保留的旧日信函，居然真的发现了两篇周老给我的书札。睹物生情，愈感丧师之痛。

我和周老最后一次见面是1994年秋天在北京，当时中国政法大学和意大利罗马第二大学合作举行研讨会，我正好从澳门回京参加了此次会议。我知道周老也来参会，即去拜访他，见面之后我们都十分高兴。周老特意送我他的新著《罗马法原论》，并认真地给我签名，而且签完了一册还要签第二册；周老夫人看到周老手有些发颤，便说签一本就行了吧。至今我阅读周老这部书，每每看到他颤动的笔迹，就能清楚地想起当时的情景。记得当时会后我还陪着周老去了商务印书馆编辑陈森先生家中取了稿费。只可惜当时我回京匆匆，又是在国际学术会议上，所以没有能够好好照顾周老夫妇，直到今天还有些遗憾。比起1984年他们老夫妇在上海对我的款待，我的确惭愧未能尽晚学之礼。对我来说，周老是一个曾经给我传道授业解惑的前辈师长，尽管我近些年与他疏于联系，但我从内心里尊敬他。每次看到他赠的书，都自然会想起他曾经给我的教益和帮助。

周老的《罗马法原论》凝聚着周老毕生的心血，是他留给后人的宝贵学术财富。周老想写这本书由来甚久，只是一直没有条件成就。记得我在上海拜访他时，他就谈起过这本书的事情。这本著作所以出得较晚，是因为周老想在资料、体系及立论上达到突破。事实上，他最后实现了这个目标。凡是读过《罗马法原论》的人都会发现，周老著作的文字、资料和体系都比既有的罗马法学著作进了一大步。我个人认为，像周老的《罗马法原论》这样的专著，以前没有，今后也很难再有。因为这不是一天两天的积累可以完成的，更不是什么样的学者都可以完成的，它是一个老一辈学者毕其一生所完成的不朽文化功业。后人读这本书时，都应该能够感知这中的心血与功力、寄托与期待。

周老仙逝，这虽是不可抗拒的自然规律使然，但闻此不幸消息，仍然悲从中来，哀思不已。因为不仅我本人又失去了一个前辈师长，而且还使中国法学界又失去了一个有时代烙印但却人品高尚、德高望重的学者。可以说，周老的去世带走了一个罗马法学的时代，因为与他同时代的罗马法学家们都已先他离世，而他则是最后一位，但却是颇具象征意义、颇有代表性的一位。如今他走了，这个时代也随他而去，但他和他那个时代的罗马法学家们的贡献与风范将永久地留存于历史。

2004 年 5 月 1 日

读周枏先生《罗马法原论》札记*

米健

周枏先生去世时，我曾写了《带走一个时代的罗马法学家》一文以寄追思。为什么这样说？因为他的人品、学品和命运在某种程度上浓缩了一个时代的众多法学家的个性特征、学术生涯和人生追求。无论是其人品学品，还是其生涯命运，都有时代的印痕。现今我们所处的时代，即使有人想去追求，但已经很难产生、锻造像周枏先生这样的学者了。这就是时代的不可抗力，它既可带给人们光辉与希望，也可给人造成黯淡和神伤。所幸的是，一种纯净的人品和精深的学品总能给人以激励和向往。周枏的《罗马法原论》（以下简称《原论》）就是这样一部体现了作者学品，并且给人以激励，为后来者奠基的著作，这是他留给后人的丰厚遗产。这个遗产既是一种已然的学品，又是当今学人应行仿效的楷模，也为将来的学术树立起了准衡。周枏先生去世带走了一个时代的另一层含义，是说作为老一辈学者，他其实是前一个时代的罗马法学者在

---

* 本文原载于《环球法律评论》2005 年第 6 期。为便于读者阅读，文中所引《罗马法原论》一书页码均改为本版页码。

后一个时代的仅存。从20世纪初以来至今，中国的罗马法学著作可以说并不少，除译著外，中国学者自己的著述也有十四五种之多。这些著作在不同时期、不同地区都产生过相当的影响。其中影响较为持久广泛的当属黄右昌的《罗马法与现代》、陈朝璧的《罗马法原理》，以及改革开放以后在中国内地出版的周枏、吴文翰、谢邦宇的《罗马法》（群众出版社1983年版）和江平、米健的《罗马法基础》（中国政法大学出版社1987年版）。从时间上看，虽然《原论》1994年才问世，但在此之前，像《原论》这样系统全面、深入具体、资料翔实的中文罗马法专著还不曾有过。这部著作是周枏倾其一生精力与心血的巨制大作，是他一生学术积累和造诣的集中体现。此前已有的任何一部罗马法著作，都没有像《原论》这样做了几十年的酝酿和准备，融入了几十年的学术探讨与教学积累。仅此而言，《原论》可谓对其他既有罗马法学著作的超越，是中国罗马法学近乎一个世纪的集成。正因如此，该书出版之后，受到了学界的广泛关注和欢迎。到2004年4月，该书已经五次印刷。这在同类学术著作中，无疑独享殊荣。在此意义上，完全可以说"斯人已逝而不去"，学品无声得永生。这就是一个学者的价值，无论他生存时曾否得意辉煌，或者曾有多少失意怅惘。

从《原论》中我们可以看到哪些学品呢？

一、《原论》的资料来源与学术风格

丰富的原始文献资料 周枏早年到欧洲留学，这对他的整个人生无疑有决定性的影响。1928年他到比利时留学，直到1934年以优异成绩学成归国，整整六年异域寒窗。这段求学的人生经历既是他法学之旅的开始,也是他法学生涯的奠基。观其一生的法学路径,可以说其治学方法、学术境界和风格,都深深地刻下了他留学比利时的烙印。无论是从他的自传性文字《我与罗马法》,还是从他的《原论》及其他作品中,都可以清楚地了解到这一点。留学之初,他受业于第柏里埃(Dupriey),并在其整个留学期间颇受其影响。他对罗马法的钟情与喜爱,应该发生在第柏里埃的罗马法课堂上。不仅如此,由于他在比利时的学习语言是法语,故法文的罗马法著作与资料是他主要的学习资料来源。按照他自己所说,除了第柏里埃的《罗马法讲义》外,法国罗马法学家吉拉尔(Girard)的《罗马法》一书,也对其后来的教学工作有很大影响。对此,作者在其《我与罗马法》中有较清楚的描述:"我在寓所一楼客厅里摆了一张双人大写字台,座椅前面放了第柏里埃教授的讲义和我的笔记本,左手放了吉拉尔德(即吉拉尔)的著作,右手放了库克的著作。其他学者的专著也依次放在大桌面上。……遇到问题则比较各家观点,取其所长。"《原论》所列外文参考文献计约74种,其中法文文献63种,英文文献11种。从其所列文献范围来看,应该说实际起主要作用的是法文资料。当然,这并不意味着英文资料所起的作用可以忽略。《原论》使用的文献资料,除了像《民法大全》和《法学阶梯》这样的罗马法原始文献外,几乎囊括了可见的所有法文、英文罗马法重要著作。就此而言,《原论》与黄右昌的《罗马法与现代》,陈允、应时的《罗马法》有所不同。不仅如此,也与丘汉平的《罗马法》资料来源有别。尽管丘氏著作使用了"拉丁、英、法、德、意等文种,学术之博,殊堪钦佩"①,但其资料融通和自身风格反倒欠缺。不仅如

① 周枏:《编著罗马法之缘起并告诸同学》,原载《持志学院罗马法讲义》。

此,“殆丘氏参采各家学说,忽于整理,遂致前后矛盾而不自觉也”[①]。平心而论,上述周枏对丘氏著作的评价基本是客观中肯的。大概是由于同出一师之门的缘故,《原论》在资料使用方面与陈朝璧的《罗马法原理》较为相近。如果同改革开放以后我国法学界相继出版的几部罗马法专著比较,则《原论》的文献资料积累与使用在许多方面明显丰富许多。当今法学界,著述纷繁缭乱,目不暇接,但这种著述繁荣之背后,具有相当文献资料积累和融通使用的著述并不多。有的人看过几本书,甚至一本名著,就写出了自己的一本或几本著作。这样的书纵然几十本,其学蕴和知识信息储存也无法和一本《原论》同日而语。我想,这是我们读《原论》时首先应该体会到的。

严谨的治学精神　在同类著作中,《原论》款款来迟。这其中除了历史和个人经历的原因外,最主要的还是作者精益求精、严谨认真的治学态度。事实上,早在1936年前后,作者已经写出了30万字左右的罗马法讲义,可惜因抗日战争爆发而未能如计划出版。此一搁置,竟然长达数十年。在这半个多世纪里,他生活坎坷,经历曲折,但只要有可能,他对于罗马法的钻研探求就未曾停止。从20世纪30年代回国直到70年代末改革开放,他曾在不同社会历史背景和工作环境下几度执罗马法教鞭,但却从没有满足于既成,到晚年仍然始终保持着学生时代养成的勤学好问、善于发现问题、敢于探究问题的精神,不断充实积累着自己的知识,深化自己的研究。例如,早在比利时留学之时,他就对《十二表法》中三次出现的

---

① 周枏:《编著罗马法之缘起并告诸同学》,原载《持志学院罗马法讲义》。

"hoste"一词含义进行过具体深入的探讨。[①] 以我个人的看法,现今中文罗马法著作中,甚至包括中译的外国学者著作,对于"hoste"最恰当清楚阐释的莫过于周枏的《原论》。虽然没有太多笔墨,但却关联明确,内涵清楚,文义周到。毫无疑问,这是长期积累、严谨治学的收获,非一日之功。除此之外,对于罗马法上的另一基本概念"patria potestas",《原论》也有不同的看法与译法。作者认为,"patria potestas"这个拉丁文在中文中多译为"家父权",但较为妥当的是译作"家长权"。因为:第一,"家父"是相对子女而言,家长则可相对于子女、妻、媳、孙子女等所有的家属;第二,按罗马法的规定,父亲死后,其子即可成为自权人,而在此情况下该成为家父的原家子并不一定有子女;第三,拉丁文"pater"本身不仅可作"父"解,而且还可作"长"解。总之,"家父"与为"家父"者是否为父亲没有必然联系。[②] 周枏的以上分析可以说完全正确,无疑具有很强的说服力,它反映出作者对罗马法制度有精当的理解。所以,《原论》用"长"而不用"父"有可以接受的依据。当然,若是把"patria"作为一个被赋予特定内涵的制度概念,我认为无论是"家父"还是"家长"都是可以成立的。但不管怎样,《原论》这种立足于对制度及其社会文化背景之深刻理解基础上的严谨,确实能给人以提点与教益。

语言的现代与表达的统一 《原论》的语言是现代的,也是清楚流畅的,这是与作者同时代的罗马法学家都未能做到的一点。所以单从语言来说,《原论》具有鲜明的时代特征。当然,这并不是

① 参见本书上册第125页及下册第1063—1065页。

② 参见本书上册第126页。

说其他老一辈罗马法学家不能做到，而是历史没有给他们以时间和机遇。例如，无论是黄右昌《罗马法与现代》，还是陈允、应时、丘汉平、陈朝璧的罗马法之作，其语言对于今天的读者来说，都显得有些疏远生僻，某种程度上影响了读者群的扩大和理解的效果。而作为一个从民国时代走过来的老学者，周枏所著《原论》的语言一扫民国早期许多书面语言文白相间、古板诡奇的文风，用通畅平易的现代文字表达，阐释了古老而深刻的法理与制度，述古而不复古，读之犹如聆听，拉近了作者和读者之间的距离，增进了读者的理解和领会。记得多年前周枏先生和我谈到罗马法的写作时就认为，现在写罗马法一定要用现在的语言，这样更容易让现在的读者明白。如今读其《原论》，颇能感悟其用心和努力，觉得他的确做到了这一点。当然除此之外，《原论》语言的现代化还有一个非常重要的前提，那就是作者本身对其所述理论与制度的深刻理解与融会贯通。进一步说，古老深奥的法理与制度实际上只有经过作者头脑的加工运行之后才可能转换成深入浅出的现时语言。像罗马法这样既古且洋的事物，如果没有整体把握和深入理解，就很难做到平易浅出。现今许多译作甚至著作，读起来不中不洋怪怪的，其中重要原因之一就是没有理解和把握，没有融会和贯通。从 1915 年黄右昌《罗马法与现代》印行到 1994 年周枏《原论》出版，80 年间中国先后有十多种罗马法著作问世，译著也有出自意大利文、德文和英文的多种。不用说各个著作之间的内容深浅各异，就是各个著作之间的术语表达方式也差别甚大。本义同一而表达迥异的例子举不胜举，早期的作者就有关罗马法的诸多人名、地名、规则与制度几乎均有不同的传译表达，可谓各行其是。由于翻译著作多在改革开放以后一段时间内较集中地出现,而且还有此前罗马法著作参照,故情况略好些。《原论》出版问世,可以说某种程度上起到了促进罗马法术语表达统一的作用。在这方面,他不仅仅远远超越了早期面世的黄、丘、陈之作,而且还颇有胜过改革开放以来普及甚广的周、吴、谢和江、米之作的地方。例如,罗马市民法上的"mancipatio",在以前多音译为"曼兮帕蓄",[①]而在《原论》中则意译为"要式买卖",直接清楚地传达了这一罗马法制度的意义和特征。又如,"consul"在丘氏著作中被译作"总裁",这种译法显然与本义有较大差别,尤其与今天常说之总裁有重大不同。[②] 但在《原论》中,则以"执政官"取代之,避免了不必要的误解。不仅如此,《原论》作者其实还超越了自己。熟悉其作品的读者不难发现,《原论》的许多术语、人名、地名及法律名称等,已经与其早期著述的表达不同。例如,"Justinianus"在其早期著述中表达为"优斯丁尼亚诺斯",在 1988 年出版的《罗马法提要》中作"优士体尼安努斯",简称"优帝",《原论》中进一步作"优利安努斯帝",仍简称"优帝"。这样,至少《原论》与陈朝璧《罗马法原理》中的简称已经达成一致。[③] 可以说,虽然此一译名的选择是不涉实质的事情,但却反映了我国罗马法学的资料来源。因为事实上法学界中不少人常常使用的"查士丁尼"译名是受英文翻译的影响,而"优士丁尼"或"优斯

① 有关"mancipatio"的中译五花八门,如"曼兮帕因"、"曼兮拔恪"等。

② 参见丘汉平:《罗马法》,朱俊校勘,中国方正出版社 2004 年重印版,第 19 页。

③ 在陈朝璧的《罗马法原理》中被译作"优司悌尼亚帝",亦简称"优帝";丘汉平的《罗马法》中译作"优斯丁尼诺斯",但亦简称"优帝"。

丁尼亚诺斯”译名则更多地受拉丁文影响。① 此外,像“Ulpianus”、“Gaius”、“Papinianus”以及诸多人名或法律名称,在周枏早期罗马法著述中以及与其同时代的罗马法学家笔下均有与现在很不同的各式各样翻译方法,而在《原论》中则取一般通行的或较为接近的译法。②只要将此前诸多罗马法著作和《原论》进行比较,就可以发现这方面的差别与变化。我读《原论》,可以感觉到周枏是在保持自身行文特色的基础上,尽可能地寻求术语表达的统一和书面语言的时代化。这对一个老一辈学者实在难能可贵,体现了学者大家的气度;对于罗马法学界来说,这无疑也是一种宝贵的贡献。

内容的全面与系统 在我国迄今既有的罗马法著作中,《原论》可以说是最为全面系统的一部著作。无论是黄、丘、陈的著作,还是周、吴、谢及江、米等的著作,或此或彼,多少都有不及《原论》充分之处。其实,这也是《原论》作者追求的目标。全书上下册,70余万言,分总论、人法、物权法、继承法、债法和诉讼法六编,结构上基本是以罗马法的《法学阶梯》为模式演变而成。其中,总论部分尤其体现了《原论》的独到之处。作者在这部分下了许多功夫,虽然牵涉广泛,但却能简明概括地对罗马法做了总体的描述,包括罗马法的基本认识、社会基础、历史发展、体系构成及其世界影响等,从而为此后展开的罗马法制度研究阐释铺垫了基础。对此,周

① 1983年出版的周枏、吴文翰和谢邦宇合著的《罗马法》中使用了“查士丁尼”的译法,盖因此是合著之作,故周枏并没有坚持个人意见。他在许多场合也说,此书真正的主编是谢邦宇。同样原因,张企泰所译《法学总论》(法学阶梯),商务印书馆1989年版,亦从英文译出,故也作“查士丁尼”。

② “Ulpianus”、“Gaius”、“Papinianus”在沈景一译的梅因所著《古代法》中分别作“阿尔比安”、“该雅士”、“巴平尼安”,显然有英译的影响。见梅因:《古代法》,沈景一译,商务印书馆1984年版。

枏的同事朱学山先生曾引苏轼之语予以极恰当的评价："博观而取约，厚积而薄发。"相比之下，早期罗马法著作在这方面都没有如此厚润的笔墨，而20世纪80年代以来新出现的罗马法著作即使有，也大多未能出其之上。《原论》在人法、物权法、继承法、家庭法、债法和诉讼法诸方面的内容也大大超出学界已有的著作。不仅内容的广度，而且内容的深度、材料的充分，都称得上独拔头筹。

二、《原论》对于若干问题的探讨

在罗马法学中，有不少问题至今难有定论。而在中国的罗马法学中，没有弄清的问题似乎更多。

有些问题看起来小，其实影响面很大，尤其是现今的学者们多有引古论今的倾向，故罗马法的问题实际直接影响着部门法学如民法学的问题讨论。在这方面，《原论》为了澄清一些问题进行了较细致深入的探讨。

对某些制度认识的阐释与论辩　周枏是老一辈学者，但其《原论》并没陷于古旧拘泥；相反，除了其语言运用有大家平易之风之外，其方法立场也体现了其把握制度整体、洞察事物本质的特点。这在许多方面都可以予之例证。如他认为，罗马法虽无"法律行为"这一术语，但对它的构成和效力以及代理等均有详明的规定。① 以此为出发点，周枏用了相当的笔墨发掘罗马法上表现为法律行为的具体制

① 参见本书下册第647—695页及其1996年的《罗马法原论总结报告》。我本人认为现今一般所说的"法律行为"最好应译作"法律交易"，而其起源就在罗马法。但这是需要另以专题论述的问题，故在此仅从众译。

度形式,并且用现代法律理论阐明了其原理。相对于现在有些法学家武断地以为“法律行为”只是近现代法学的产物,忽略甚至排除罗马法在这方面的贡献,周枏的认识无疑是深刻和洞察本质的。特别可贵的是,他还强调“罗马法认为市场经济是法制经济”,并且由此引出诚实信用、公平合理、信息公开、交易透明、保护交易弱者及维护交易安全等民法的一般原则。① 由此可见,周枏治学是出乎此而不拘于此、立于此而放眼于彼的,其视野和思想境界不落学究俗套。

另一个可以说明问题的例子是如何理解“capitis deminutio”。对此,周枏与其同门师兄陈朝璧先生始终有不同意见。② 他主张应将其译作“人格变更”,而陈朝璧则将其译作“人格减等”,现今较为流行的是后者。③ 前者从有些具体情况出发立论,指出了“人格减等”的内涵不周延性;后者则从拉丁文字面和当时罗马人人格内容顺位出发立论,道出了罗马法人格内容的层次特征。从学术中立的角度来看,我认为两个人的立场各有千秋,区别在于侧重或角度不同。但周枏对于“capitis deminutio”的分析阐释是严谨深刻的,应该引起重视,它至少可以提示我们对于“capitis deminutio”所产生的法律后果要全面理解。正像周枏分析的那样,父亲出卖儿子虽然使儿子丧失家族权,但另一方面却又使之获得了自权人的地位。在此意义上,“capitis deminutio”显然不只是减等。不过,相对于既定的全部罗马法人格内容而言,无论是哪一部分权利丧失,首先都

---

① 参见前引周枏:《罗马法原论总结报告》。

② 除了陈朝璧之外,丘汉平等也采用“人格减等”的表达。

③ 参见本书上册第128—134页及下册第1062—1063页。又见陈朝璧:《罗马法原理》上册,台湾商务印书馆发行,1979年12月第三版,第37页、第63—68页。江平、米健的《罗马法基础》沿用了陈朝璧《罗马法原理》的表述方法。

是一种减损无疑。在此意义上,说其减等也未尝不可。总的来说,我认为这是一个对事物分析的角度问题。但周枏对此提出了疑问,而且还做了严谨深刻且完全可以成立的分析阐释,这在国内罗马法学界只有其一人。

关于一些基本问题的探讨与澄清 对于一些罗马法具体制度,我国罗马法学者之间认识常有不一致的地方,或涉其实质,或涉其范畴。在这方面,较能集中反映周枏敏锐深刻、勇于探讨风格的,是他早年与丘汉平之间的学术论辩。20世纪30年代中,丘汉平的《罗马法》问世不久,周枏即就其中的一些问题向当时已有一定地位的学者丘汉平提出商榷。其中关于"auctorites patrum"和"responsa prudentium"的讨论,充分反映出当时他对于罗马法把握与理解已经高人一筹。首先,关于"auctorites patrum"的认识,丘氏译作"贵属之同意",实在是只反映了其中一个方面的内容。正像周枏深入分析的那样,"pater"总的说有三层含义,即"家父"、"贵属"[①]和"元老院",而"auctorites patrum"也有三种可能的情形,即"家父的同意"、"尊亲的同意"和"元老院的批准",确实的含义应视具体情况来定,但至少有两种含义,即"尊亲的同意"和"元老院的批准"不能仅仅以一代全。[②] 其次,关于"responsa prudentium"周枏与丘氏探讨了两个颇重要的问题,即法学家解答的真正作用和

---

① 作者以为译作"尊亲"可能更好。当然,这里的尊亲不以年龄大小论,而以在家庭中的地位论。

② 德国法学家卡泽尔多处提及处在家父权下的子女缔结婚姻必须要有家父的同意。见卡泽尔:《罗马私法》(*Max Kaser, Das Römisches Privatrecht*)第一部第76、314、324页,Verlag C. H. Beck,1971。黄风的《罗马法词典》中"auctorites patrum"只讲了其中的一个含义。近现代大陆国家民法,如《法国民法典》也受到这一罗马法规则的影响。

公开解答权(ius publice respondendi)的来龙去脉。《原论》对此问题用了相当的篇幅做了细致深入和层次分明的探讨,在现有罗马法著作中可谓功力独到。要了解法学家解答和公开解答权,当知《原论》提供了清晰充分的阐释。不过,关于法学家解答权产生的时间,周枏最初似乎认为是起自哈德良帝(Hadrianus)的《优利安永久敕令》(*Edictum Perpetum*),但后来改变了立场,这可从他最初同丘氏商榷的立场与现今《原论》立场的变化比较中看出。[①] 应该说,周枏现在也接受了公开解答权起自奥古斯都的观点。[②] 除此之外,特别应该指出的是,周枏早期在与丘氏的论辩中,还澄清了若干基本史实、年代和制度问题。其一,他指出优士丁尼与优士丁的关系不是丘氏所说的父子关系而是叔侄关系;其二,指出了丘氏著作中对"执政官"(consul)、"裁判官"(preator)的混淆;其三,考察说明了罗马古典法初期两大法学流派,即拉贝奥(M. Antistius Labeo)和卡比多(C. Ateius Capito)两学派产生的实际年代;其四,指出了"优氏(优利安,Salvius Julianus)在共和帝政交替时代,数居显职"说法的舛误,并且考察澄清了优利安与哈德良帝及其鼻祖卡比多的关系;其五,强调研究罗马法资料除了《民法大全》外尚有1816年发现的盖尤斯《法学大纲》(*Institutiones Gai*)以及其他文献,《乌尔比安法律规则》(*Regulae Ulpianus*)和《梵蒂冈残片》

① 周枏:《评罗马法上几个问题商榷之一》,原载《中华法学杂志》新编第一卷第三号,1925年11月出版,第134—145页。参见本书上册第56—73页。

② 江平、米健的《罗马法基础》亦认为公开解答权实际于奥古斯都帝时已经出现。见江平、米健《罗马法基础》,2004年第三版,第64页。又见前引卡泽尔《罗马私法》(Max Kaser, *Das Römisches Privatrecht*)第210页,此处也明确说公开解答权始自奥古斯都皇帝之特许。

(*Fragmenta Vaticana*),等等,尤其是盖尤斯《法学阶梯》的重要性似乎更在优士丁尼《法学大纲》之上。以上几个问题,显然都是罗马法史或罗马法研究的一些基本问题,以现今我国罗马法学的成果看,周枏早在七十年前就已经提出的大胆质疑显然多数是正确的。

三、独到的立论

关于罗马法起讫时间 关于罗马法的历史分期,国内外学者有多种不同的观点,而国内学者的划分方法事实上基本不出国外罗马法学者的划分框架。一般来说,有五分法、四分法和三分法。但是无论何种分期方法,一般都把罗马法产生发展的上限定为公元前753年。与此不同,周枏却将罗马法产生发展的上限定为公元前578年,即罗马王政时期第六王图利乌斯(S. Tullius,公元前578—前534),下限定为公元7世纪初,即东罗马帝国皇帝赫拉克利乌斯(希拉克略,Heraclus,公元610—641)。周枏对于罗马法史起讫时间的立论依据是社会形态或国家性质,即首先确定罗马社会是奴隶社会,罗马法是奴隶社会法律,进而在此基础上判断法律发展的进程。[①] 这种思路显然与众不同,但也不意味着唯此观点才正确。实际上,罗马法起讫时间的判断同样也是一个标准问题,标准不一,自然结论不一。如前所述,周枏上下限之定分主要是从社会发展形态出发,这当然是一种思路,但应该不是唯一的思路。在史学界,对于罗马帝国何时从奴隶制过渡到封建制也是颇有争

① 参见本书上册第7、8页。又见周枏在其《罗马法原论总结报告》中的相关论述。

议的。何况一个制度的变迁根本不可能一天或一年完成，故判断一个制度的转变只能找一个标志性的时间点作象征性依据。于是，分歧与不同意见也是不可避免的了。应该指出的是，虽然在罗马法起讫时间上《原论》独树一言，但在罗马法分期上，作者倒没有因此特立独行，仍然采用了以政治制度为分期标准的四分法，[①]即以王政时期（公元前752—前510）为罗马法发展的第一个阶段。不过这样一来就与其罗马法起讫时间的观点有些冲突了。

关于法律交易的原因 法律交易须以一定原因为必要，即一项法律交易的成立必须要有一定的原因，这已是罗马法以来形成的一个传统原则，至少多数人认为如此。在萨维尼创立其物权交易无因性理论之前，这似乎是一个不太成问题的基本认识。特别是研究罗马法的学者，一般都认为法律交易须以原因为必要是罗马法的规则。周枏与众不同地提出罗马法上的法律交易并不以原因为必要，而且他的这种观点早在20世纪40年代就已经提出。到了《原论》出版时，他的观点显然进一步明确。他从三个方面对其立场予以论证。第一，词源本义。他认为，拉丁文“causa”既有“原因”之解，又有“渊源”、“方式”或“动机”之谓，故罗马法上涉及“causa”者，未必就一定指的是“原因”。第二，罗马古法中诸多要式交易实际上都不以原因为必要。换言之，无原因的交易并不必然无效。他认为，古罗马法中最古之交易形式就是要式交易，后世各种法律交易形式都是循此演变发展而来。所以，要式交易所体现的交易规则在罗马法中应该具有代表性，并且能够成为后世法律交易的起点与模式。第三，在双方契约中，原因即彼此的给付；

① 参见本书上册第30页及以下。

而在赠予契约中，双方合意即原因。所以，在这些情况下其实没有什么所谓的原因，或者说有无原因都无关紧要，只是一个有无标的和合意的问题。故刻意要求一个原因，乃有画蛇添足之嫌。[①] 由此可见，在罗马法上法律交易原因理论问题上，相对于国内有些学者来说，周枏是独树一帜，立场鲜明。细细分析他的立论阐释，显然有一定的道理。这里的关键其实是究竟如何理解原因，原因在制度上的地位和它所带来的法律效力。更应该指出的是，从《原论》中的立论阐释来看，作者在论述这个问题时实际上已然进入了物权交易与债权交易两分的思路。如他在论述要因交易与不要因交易时说："债权行为原则上为要因行为，如租赁、合伙等；物权行为原则上为不要因行为，如物件的交付、所有权的抛弃等。"[②]不论这种观点正确与否，这种表达方式实际上都已经超越了罗马法本身的语言。因为在罗马法上，原没有物权交易和债权交易的概念与理论。另外，能否以上述方式来判断罗马法上的交易原因，似乎也有进一步探讨的空间。

关于诺成买卖中所有权是否移转 这个问题实际上是与法律交易是否以原因为必要有密切关联的，后来萨维尼创设"物权行为抽象原则"，即"物权行为无因性"，其原点就在于此。我国的一些罗马法学者，如丘汉平、陈朝璧等，都有意无意地在阐释诺成买卖中出卖人的义务时，谈及"移转物标的占有"（tradere rem）和"移转标的物所有权"（dare rem）的区分。并且认为在诺成买卖中，出卖

---

① 周枏：《罗马法上几个问题的研究》，原载《苏皖政治学院季刊》，1941 年 7 月，第 1—20 页。周枏所论的那个原因实际上已经非常接近英美法上的对价理论。

② 见本书下册第 650 页。

人转移的是占有权，不一定就是所有权。对此，丘、陈从不同的角度做了说明。① 与此观点截然不同，周枏在经过比较分析和充分论证之后提出了自己的看法。他认为，诺成买卖原则上亦应转移所有权，但实践中所有权是否转移应该视具体情况而定，不能一概而论。因为“诺成买卖，即为补救要式买卖之缺陷而兴。若仍规定以转移所有权为要件，则非特外国人之无财产者，仍不能利用买卖以交易，‘即市民之有裁判官法所有权’(in bonis rem habere)者，势亦无法以买卖流通其货物，而外省土地、债权、遗产、他人之物等，均将被摈于买卖范畴以外”。如此一来，就会偏失买卖的本旨。但是，契约的本质和诚信原则又要求出卖人应将其转移物上所有权利予以转移，所以只要有可能，出卖人当然应负转移之责。如果出卖人即所有人出卖财产却不转移所有权，那便构成欺诈罪。由此可见，周枏关于在诺成契约中所有权是否转移的观点与丘、陈等完全不同，且其分析理论也颇有说服力。但是，这里有一个问题，即如果将周枏关于法律交易原因理论的观点与其关于诺成买卖中所有权转移的观点相联系，就会发现这两者之间有某种程度上的不契合之处。而实际上，诺成买卖所有权是否转移与法律交易原因理论密切相关。但不管怎样，早在20世纪40年代周枏就已经对法律交易原因理论及与其相关的诺成买卖是否转移所有权的问题进行了深入探讨，并且提出了给人启发的思路与观点，这在罗马法学家中、在中国的民法学者中应属开先河者。

以上主要围绕着周枏《原论》对其学品的风格、特点、知识蕴涵

① 参见丘汉平：《罗马法》，朱俊校勘，中国方正出版社2004年重印版，第338、339页。

以及独到的立论等尝试进行说明，其实完全是个人的读书心得。掩卷之余，复生感慨：人们常以著作等身来赞叹一个学者的成就丰盛，虽有一定道理，但许多情况下也不尽然。一部《论语》传世两千多年，影响了一个民族和社会的文化传统的形成与发展，仅此已足见著作等身未必是成功与造诣的唯一指标。其实，治学有人以量取胜，有人以质取胜。以量取胜者谓之教，以质取胜者谓之学。教者，传也，普及常识之术；学者，造也，养育理性之术。当今时代技术发展，手段多样，求量容易，求质困难。所以更应以学为重，追求上品之学。周枏先生去世一年之际，再读其《原论》，感其教学并存，尤显学品之重。观其一生著述，虽未达等身之盛，但一部《原论》已足以让同仁敬佩，后学仰止，今人实难有出其上者。所以，留给后人的学品是周枏先生的贡献，也是他留给人们的永久纪念。

2005 年元月 20 日

检

中华现代学术名著丛书

罗马法原论

上册

周枏 著

商务印书馆
创于1897 The Commercial Press

2014年·北京

周　枏

(1908—2004)

期之時，債務人甚給付，而支付之損害金，謂者乃[illegible]

[illegible]

第四節 債之效力

總說　債之效力，在於給付債務人之給付義務。債務人因過失而致債務給付時須[illegible]賠償，若債務之不給付因由於事變或不可抗力之結果，而債務人即因之[illegible]債權人債權已屆清償期得請求賠償者，可聲請法院強制執行。本節[illegible]

第一款 給付

債之給付，謂債務人實現債之內容，因其行為之法律性質[illegible]言之，則給付行為之標的自其實現之[illegible]債權內容之行為，即債務人之給付或行為，或[illegible]債之標的之[illegible]至債之清償期中[illegible]之

第二款 故意過失

壹 故意 dolus

甲 故意之意義　故意者，有[illegible][illegible]即債務人明知其行為之不當而為之，是謂債務之違行[illegible]（註一）

乙 故意之責任　[illegible]

為惡意責任，且此項責任不得免除，是故[illegible]

（註一）dolus 在羅馬法上含有惡意及詐欺兩意。前者[illegible]

出版说明

百年前，张之洞尝劝学曰："世运之明晦，人才之盛衰，其表在政，其里在学。"是时，国势颓危，列强环伺，传统频遭质疑，西学新知亟亟而入。一时间，中西学并立，文史哲分家，经济、政治、社会等新学科勃兴，令国人乱花迷眼。然而，淆乱之中，自有元气淋漓之象。中华现代学术之转型正是完成于这一混沌时期，于切磋琢磨、交锋碰撞中不断前行，涌现了一大批学术名家与经典之作。而学术与思想之新变，亦带动了社会各领域的全面转型，为中华复兴奠定了坚实基础。

时至今日，中华现代学术已走过百余年，其间百家林立、论辩蜂起，沉浮消长瞬息万变，情势之复杂自不待言。温故而知新，述往事而思来者。"中华现代学术名著丛书"之编纂，其意正在于此，冀辨章学术，考镜源流，收纳各学科学派名家名作，以展现中华传统文化之新变，探求中华现代学术之根基。

"中华现代学术名著丛书"收录上自晚清下至20世纪80年代末中国大陆及港澳台地区、海外华人学者的原创学术名著（包括外文著作），以人文社会科学为主体兼及其他，涵盖文学、历史、哲学、政治、经济、法律和社会学等众多学科。

出版“中华现代学术名著丛书”，为本馆一大夙愿。自1897年始创起，本馆以“昌明教育，开启民智”为己任，有幸首刊了中华现代学术史上诸多开山之著、扛鼎之作；于中华现代学术之建立与变迁而言，既为参与者，也是见证者。作为对前人出版成绩与文化理念的承续，本馆倾力谋划，经学界通人擘画，并得国家出版基金支持，终以此丛书呈现于读者面前。唯望无论多少年，皆能傲立于书架，并希冀其能与“汉译世界学术名著丛书”共相辉映。如此宏愿，难免汲深绠短之忧，诚盼专家学者和广大读者共襄助之。

商务印书馆编辑部

2010年12月

凡　　例

一、“中华现代学术名著丛书”收录晚清以迄20世纪80年代末，为中华学人所著，成就斐然、泽被学林之学术著作。入选著作以名著为主，酌量选录名篇合集。

二、入选著作内容、编次一仍其旧，唯各书卷首冠以作者照片、手迹等。卷末附作者学术年表和题解文章，诚邀专家学者撰写而成，意在介绍作者学术成就，著作成书背景、学术价值及版本流变等情况。

三、入选著作率以原刊或作者修订、校阅本为底本，参校他本，正其讹误。前人引书，时有省略更改，倘不失原意，则不以原书文字改动引文；如确需校改，则出脚注说明版本依据，以“编者注”或“校者注”形式说明。

四、作者自有其文字风格，各时代均有其语言习惯，故不按现行用法、写法及表现手法改动原文；原书专名（人名、地名、术语）及译名与今不统一者，亦不作改动。如确系作者笔误、排印舛误、数据计算与外文拼写错误等，则予径改。

五、原书为直（横）排繁体者，除个别特殊情况，均改作横排简体。其中原书无标点或仅有简单断句者，一律改为新式标点,专名号从略。

六、除特殊情况外,原书篇后注移作脚注,双行夹注改为单行夹注。文献著录则从其原貌,稍加统一。

七、原书因年代久远而字迹模糊或纸页残缺者,据所缺字数用“□”表示;字数难以确定者,则用“(下缺)”表示。

上册目录

第二编　人法

前　　言

作者自30年代中期起，曾在国内多所高等院校教授罗马法课程，初时承蒙路式导学长的鼓励及给予各种方便，自撰讲义。解放以后，改行迁居，历经风雨，多赖吕生荣、周一煊同志的协助和收藏，除笔记外，大部分有关文献、专著和手稿，幸能保存至今。中共十一届三中全会迎来了法学界的春风，自1980年起，作者相继应邀到西南政法学院、华东政法学院、安徽大学和上海社会科学院法学研究所讲学，在全国率先恢复试讲罗马法，并铅印提要，供同学们参考和内部交流。部分内容有所扩散。1983年，安徽大学法律系举办罗马法学习班，部分兄弟院校选派中青年教师参加，由作者主讲，曾试图与同学们一起运用马克思主义的理论，对罗马法做比较全面深入的探讨，遇有疑难问题，即查对资料，共同研究，予以解决。为了使罗马法这一世界性的宝贵文化遗产能在国内重放光彩，为我所用，经同学们倡议，将讲课的录音和笔记分工整理出书，期能抛砖引玉。1987年，安徽大学将该稿报经审批，列入国家教委的科研项目，定名为《罗马法原论》。为了加速本稿的整理工作，成立了由当时法律系主任汪汉卿、民法教研室主任刘书锜（1988年由金天星同志接任）、教师史际春、王源扩等同志和作者参加的五人小组，对工作做了调整和具体部署：陈炯同志负责整理"总论"，肖淑惠同志负责整理"人法"，刘书锜同志负责整理"物权"，龙斯荣同志负责整理"继承"，张和光同志负责整理"法律行为"和"债的消灭"，史际春同志负责整理"债的发生、保全和移转"，王源扩同志负责整理"诉讼法"，并由史际春同志进行全面加工，经作者修改定稿。

罗马法从《十二表法》到《国法大全》，经过千余年的发展，对后世各国民法曾经无例外地产生并将继续产生着不同程度的影响，因此，多次受到恩格斯的高度评价，恩格斯把它誉为"商品生产者社会的第一个世界性法律"①；又说"罗马法是纯粹私有制占统治的社会的生活条件和冲突的十分经典性的法律表现，以致一切后来的法律，都不能对它作任何实质性的修改"②。其内容的丰富、法理的精深，实为世界法制史中所罕见。它的一些法学名词和术语，如公法、私法、民法、人格、住所、条件、善意、恶意、役权、不当得利、无因管理、代位利益、顺序利益等以及许多原则和制度，如对公共财产和胎儿利益的特别保护、新法优于旧法、一事不再理、行使权利不得以损害他人为目的、过失责任原则、无过失责任的规定，甚至对有意毁损抛弃他人财物而不需负责的"共同海损"以及成年、失踪宣告、信托等制度，仍为当代各国民法所沿袭。在商品流通方面，古罗马的市政官就规定上市的奴隶，须用牌子写明各奴隶的国籍、性别、年龄、技能和有无疾病等挂在胸前，事后如发现出入，允许买主请求减价或解除契约，粮政官严禁抬价、掺杂，大法官更要

① 《马克思恩格斯全集》第21卷，第346页。

② 同上卷，第454页。

求买卖公平，禁止暴利行为，当事人应讲诚实信用，如有作伪假冒等欺诈事情，除责令赔偿损失外，更可给予“名誉减损”的处分，以收打击的实效，这些，更值得参考。我国现今进一步深化改革开放，发展以公有制为主体的社会主义市场经济，学习国际上行之有效的传统做法，达到与国际市场经济的接轨，因此，研究“第一个世界性法律——罗马法”，就仍然具有理论和实践的意义。

本书是教学和科研相结合的产物。在资料方面力求翔实；对国内旧时罗马法著作中的不确切之处做了订正；有关各项法律制度的产生、发展、变化或消亡，多结合当时奴隶社会物质生活条件的变化，阐明不同时期的不同规定，揭示其来龙去脉和规律；对理论问题的争论，则分别叙述各方的意见，并以历史唯物主义为指南，评其得失；为了使读者能深刻理解罗马法的实质，进一步培养分析问题和解决问题的能力，本书列举事例和案例，相互印证，以收理论联系实际之功效；对于拉丁名词的迻译，则以意译为主，以便借此对其含义可以有大概的了解，起到顾名思义的作用。由于罗马法是古代法，其文献和著作载籍浩瀚，各家记载常互有出入，所持观点也不尽一致，取舍核实，确有一定的难度。作者虽尽了主观的努力，究因年老力衰，更限于马克思主义的水平和各种外语的程度，落笔时感到力不从心，加以受到客观的限制，未能博览国外有关近期著作，吸取其最新研究成果，引为憾事。因此，本书仅能作为一部研究罗马法的参考资料，奉献给读者，殷切希望同仁不吝指正，至所感盼！

本书的问世，历经曲折，从初稿到付梓，前后历五十余年。值兹出版之际，谨对鼓励作者撰稿，对悉心保管藏书和手稿，对参加整理、加工及多年来关心本书问世的亲友，致以诚挚的谢忱。在此次出书过程中，始终得到汪汉卿和史际春同志的大力支持，方昕同志和陈森同志的热情协助，高宽众同志拨冗参加校对，安徽大学科研处和法律系在经费紧缺的情况下拨款资助，使本书得以与读者见面，在此一并表示深深的敬意和衷心的感谢。

作　者

1993 年 5 月

第一编　总论

第一章　罗马法研究的对象和意义

第一节　罗马法的概念

罗马法,顾名思义,就是指罗马奴隶制国家施行的法律。但是,它并不是某一个立法文献的名称,而是罗马奴隶制国家整个历史时期的法律总称。罗马法伴随罗马奴隶制国家的建立而产生,理应伴随着罗马奴隶制国家的灭亡而结束。它是古代奴隶制社会最发达、最完备的法律体系,也是“商品生产者社会的第一个世界性法律”①。

罗马法既然是指罗马奴隶制国家整个历史时期的全部法律制度,因此,人们对罗马法的时间起讫范围的认识,也就因人们对罗马历史分期的看法不同而有差异。过去,有些法学著作认为,罗马法是指从公元前753年罗马建城时起②,到公元1453年东罗马帝国灭亡为止这2206年间的法律;或者是指自公元前450年《十二表法》(Lex duodecim tabularum)颁发之时起,到东罗马帝国灭亡为

① 恩格斯:《路德维希·费尔巴哈和德国古典哲学的终结》,《马克思恩格斯选集》第4卷,第248页。

② 这是罗马作家瓦罗(M. T. Varro,公元前116—前27年)的纪年。关于罗马建城的时间,目前史学界尚有争议。

止这1904年间的法律。显然,把罗马法的下限延长到1453年东罗马帝国灭亡,忽视了东罗马社会的性质所发生质的变化,即7世纪中叶东罗马帝国已开始演变为封建制国家,因而混淆了两种不同社会的性质,否认了罗马法作为奴隶制法律制度的实质。现在,法学界虽然明确了罗马法是奴隶制国家的法律,但在具体确定罗马法的起讫时期时,也未能取得一致的意见。有人认为,它应从公元前6世纪塞尔维乌斯·图利乌斯王(Rex, Servius Tullius,约公元前578—前534年在位)改革起,到公元6世纪优斯体尼亚努斯一世①(Justinianus Ⅰ,公元527—565年在位。为阅读方便,以下均称优帝一世)逝世或到7世纪东罗马帝国开始转变为封建社会时止;有的则主张从公元前450年《十二表法》颁布之时起,到优帝一世制定《国法大全》(*Corpus Juris Civilis*)时止;还有人认为这一时期应从公元前753年罗慕路斯建城至公元565年优帝去世为止。看来,要为罗马法确定一个恰当的时限,先要简略地谈一谈罗马奴隶制国家的历史。

西方谚语称:"罗马不是一天建起来的。"罗马奴隶制国家的形成,正是经历了一个历史发展的过程。很早以前,罗马人就在伸入地中海的意大利半岛中部的拉丁姆地区定居了。他们属印欧语系的一个分支——拉丁族。公元前10世纪,罗马出现了组织得相当

---

① 优斯体尼亚努斯一世,国内学者多按英语Justinian音译为查士丁尼或尤士丁尼安,公元483年生于伊里里亚(Illyria),被舅父优斯体努斯一世(Justinus Ⅰ,公元518—527年在位)收为养子,527年,接帝位,565年去世,终年82岁。好武功、法学和建筑,有大帝之称。其下令所编的《国法大全》和建筑的索菲亚大教堂,闻名于世。一些西方学者称优帝的功绩不在其辉煌的战绩、雄伟的教堂,使其名垂不朽的,乃是他的法典编纂事业。他把法制提高到治国的战略高度,这对后世不无有益的启迪。

完善的氏族公社。后来到公元前753年,它们联合组成了罗马城邦。有人即认为,应以此罗马建城的时间,作为罗马国家形成的标志。其实,当时罗马社会尚处于原始社会向奴隶社会过渡的所谓部落联盟时期,直到传说中的第六王塞尔维乌斯·图利乌斯改革,这个过渡才告完成。图利乌斯的改革,是按财产的多少把罗马居民分为五个等级,并以四个按地域原则组织起来的城区部落取代了原来按血缘原则组成的三个氏族部落。“这样,在罗马也是在所谓王政被废除之前,以个人血缘关系为基础的古代社会制度就已经被破坏了,代之而起的是一个新的、以地区划分和财产差别为基础的真正的国家制度。”①因此,罗马法的时间起讫应以塞尔维乌斯·图利乌斯的改革作为上限。这一改革以前,罗马“法”尚处于从原始公社共同遵守的习惯向作为阶级统治工具的习惯法发展的阶段,此时还不能说它已成为奴隶制的法,作为一般的行为规则,甚至不能说它已经具备了法的性质。

公元476年西罗马帝国的灭亡,标志着奴隶制在西欧基本结束,开始进入封建社会。原西罗马帝国统治的地区,罗马法已逐渐为封建法律所取代。与此同时,东罗马帝国仍然维护着奴隶制,优帝一世对罗马法的编纂,在罗马法的发展史上占有极其重要的地位。公元7世纪,东罗马帝国从奴隶制向封建制过渡,其标志就是代表封建贵族势力的赫拉克利乌斯(Heraclius,公元610—641年在位)取得政权。因此,罗马法的时间起讫应以赫拉克利乌斯执政作为下限。从这时开始,作为奴隶制法律的罗马法,才逐渐被封建制

① 恩格斯:《家庭、私有制和国家的起源》,《马克思恩格斯选集》第4卷,第126页。

的法律所取代。

综上所述，罗马法应是指公元前6世纪塞尔维乌斯·图利乌斯改革到公元7世纪中叶为止这整个历史时期罗马奴隶制国家所实施的全部法律制度。

罗马法虽然包括了罗马奴隶制国家的一切法律制度，但其中最为完备、对后世影响最大的是其私法部分。所以，我们通常所称的罗马法，以及本书所论述的，都是指罗马私法。西方也有人称之为罗马民法。

第二节　罗马法研究的对象

罗马法研究的对象，是指罗马法研究所涉及的法律制度的具体内容。尽管对罗马法的起讫期限有种种不同的意见，但是传统的研究罗马法的学者，都把公元前450年《十二表法》颁布时起，到公元565年优帝一世去世为止这1016年间罗马国家所施行的“私法”作为研究的对象，并以《国法大全》作为研究的基础。对《十二表法》以前和《国法大全》以后的法律，通常不作论述，在时间上掐头去尾。为什么不研究《十二表法》以前的罗马法？其理由有四：

第一，《十二表法》以前，无论从公元前753年罗马建城开始抑或从第六王塞尔维乌斯·图利乌斯开始，都没有留下法律方面的确凿文献资料。据传，图利乌斯等曾经制定过有关契约和侵权行为等法规，但这仅是传说，并没有真实的文献可据，就无法开展研究。

第二，《十二表法》是对罗马建城起到《十二表法》公布时止这几百年间的社会习惯和习惯法的总结。它把尚适用的旧习惯和习惯法都规定进去了。正如科瓦略夫所说的，《十二表法》“用语的古老风格，反映在其中的一般的生活条件的古老风格都说明了这一点，法律基本上是习惯法的记录。”①

第三，罗马法的特点是重实际不专尚理论，研究罗马法从《十二表法》起到《国法大全》止，正是为了遵循罗马法的这种精神。

第四，将研究的上限定为公元前753年，那么下限应为1453年才合逻辑。因为565年以后罗马还出了《巴西尔法律全书》(*Basilica*)和《法学纲要诠释》(*Glosa Institutiones*)等文献。有文献根据的阶段不去研究，却把仅仅是传说的阶段列入研究对象，这是矛盾和不切实际的。

优帝一世死后到东罗马帝国灭亡，这中间还有888年，为什么也不研究呢？

第一，从政治上讲，西罗马帝国于公元476年就已灭亡，尽管当时的政权采取属人主义的法律制度，但罗马法在西部地区的适用也随着西罗马政权的灭亡而大受限制，更谈不到有什么发展。在东罗马，优帝一世是一位有才干、有作为的皇帝，曾有大帝之称。他在位时励精图治，国势隆盛，并且十分重视法典的编纂和法律的施行。但到他死后，各行省总督不听中央命令，加上外族入侵和奴隶起义，中央法令已不能通行于全国了。7世纪中叶，东罗马社会开始向封建制过渡，进一步造成封建割据的形势。历史决定了当时的统治者不可能再进行什么有历史价值的法律制定工作。

第二，从经济上讲，优帝一世以后，封建割据，战争频繁，交通

① 〔苏〕C. И. 科瓦略夫：《古代罗马史》，三联书店1957年版，第103页。

阻塞，商品经济不但没有发展，反而倒退。法律是由经济基础决定的上层建筑，既然经济基础倒退，法律也就不会进步。

第三，从思想、学术方面看，当时由于生产倒退，战乱不止，社会动荡，人们普遍转向宗教以寻求精神寄托，从而引起基督教的盛行。这使得教会寺院法的效力超过了罗马法的作用，《圣经》在处理各种案件方面可以发生法律的效力。知识、学术界因之兴起了研究宗教神学之风，而不再注重法学。加上优帝一世编纂法规时，禁止任何人对他编定的法典进行注释和评论。这样，在他死后，就再没有法学家来推动罗马法的发展了。

基于上述各种原因，罗马法经过公元 6 世纪的系统编纂以后，就开始处于停滞、倒退状态，缺乏研究和借鉴的价值。因此，罗马法研究的对象，从时间上看，应该是从公元前 450 年的《十二表法》到优帝一世去世（公元 565 年）这段时期的罗马法律制度。

一般地说，罗马法的内容包括公法和私法。我们研究罗马法，通常只研究罗马的私法，而不研究罗马的公法。这是因为罗马私法是调整人们之间的财产关系和家庭、婚姻关系的法律规范，法学昌明时期的主要原则，就是平等二字。法律上的平等原则，来源于商品经济条件，因为商品交换必须根据商品的价值来进行，而价值则体现了一切人类劳动的“平等和同等效用”①。所以罗马法是简单商品生产高度发达的产物，若剔除其反映奴隶主统治阶级意志的外壳，它在本质上就是对商品经济一般条件的完满反映。只要有商品经济存在，就肯定有罗马私法适用的余地。可以说，罗马私法主要是客观地反映了当时社会的物质生活条件，顺应了历史发

① 恩格斯：《反杜林论》，《马克思恩格斯选集》第 3 卷，第 145 页。

展的要求，阶级性只是它的次要方面。事实上，在罗马法中也只有私法部分是精华，其体制完备，对后世影响甚大，很值得我们批判地借鉴和继承，作为我们研究的对象。至于罗马法的公法部分，包括宗教祭祀及国家的组织、机构等方面的法律制度，是罗马奴隶主统治人民的工具，其阶级性很强，现在对我们当然没有多少研究价值。即使在资本主义国家，学者们传统上也很少涉及罗马的公法。因此，通常所说研究罗马法，就是指研究罗马私法；有时，为着某种需要，譬如在研究法制史、刑法、行政法、税法时，人们也可能要研究罗马公法，但这时人们就不简单地称研究“罗马法”，而分别称为“罗马刑法”、“罗马行政法”等等。还有一点要说明的是，作为程序法的民事诉讼法在《拿破仑法典》中已把它从私法中分出来作为公法处理，但依照罗马法上的“公”、“私”法概念，民诉法属于私法范畴。民法是主法，民诉法是助法。在罗马人看来，打官司是为了保护私人的利益，属于私人的事情，自应包括于私法之中。而且，实体法和程序法有着密切的关系，所以，研究罗马私法，也包括对民诉法的研究。

第三节 罗马法的基本特征

把握罗马法的基本特征，有助于我们更好地了解罗马法的内容及其性质，从而能更好地加以借鉴。然而，罗马法上下千余年，其间社会经济和文化的发展变化很大，法律也由产生、发展而逐步趋于完善，要正确把握罗马法的基本特征，并非易事。我们认为，要做到这一点，应先找到确定罗马法基本特征的原则或方法。首先，既然是基本特征，就要能够反映罗马整个历史时期或者至少是在罗马法中占主导地位的法的本质，而不能只限于反映某一阶段、某一时期的罗马法的本质。例如，有人说罗马法重形式、主严峻，但我们认为这是一般古代法的共同特征，对罗马法只是属于早期的情况。到罗马商品经济发达、市民法和万民法逐渐融合以后，这一情况就不复存在了。至于说立法不统一、宗教与皇权相结合，则分别是罗马共和时期或帝政专权时期以前和基督教作为国教的地位确立以后的现象。在帝政时期特别在帝政专权时期，罗马法已统一于皇帝的敕令；而在共和国时期，罗马并无统一的宗教和皇帝，二者也就谈不到相互结合。何况，罗马人是信奉多神教的，即使在公元392年基督教正式成为罗马国教以后，寺院法同罗马法也是分别独立的，如基督教禁止离婚，罗马法却是允许的。当然，在某个短暂的时期，罗马也曾下令禁止协议离婚，但由于行不通，因而很快就恢复原状了。其次，罗马法的基本特征必须是罗马法所特有的，至少不能是古代国家的法制所共有的。例如，法律上的不平等和司法的不统一，就不是罗马法所特有的现象。因为法律上的不平等是阶级社会的必然表现；而司法的不统一，则是在国际贸易有了一定发展之后，人员交往频繁以及统治阶级采取属人主义原则和维护其自身利益所产生的普遍现象。还有人认为，罗马法有保守性和灵活性相结合的特征，这也是值得商榷的。我们知道，古罗马在大法官法形成以前的漫长岁月中，市民法完全是形式主义和僵化守旧的，丝毫没有什么灵活性可言。但由于法律必须适应经济发展的需要，其制定要通过总结经验和必要的立法程序，故它通常对于形势有滞后性，而社会经济总是不断发展的，特别是在简单商品经济发达以后，面对复杂多变的实际情况，它既要保持稳定和严肃,不能朝令夕改,又要在某些方面自觉或不自觉地作较为概括的或比较原则的规定,以便根据实际情况变化作出灵活的解释,这是罗马法进步时期的现象,也可以说是进步法制的普遍规律。鉴于以上认识,我们对罗马法的基本特征概括为以下三点[①]:

一、罗马法是人定法而不是神意法

这是罗马法与其他古代法律不同的第一个特征。古代科技文化发展水平低,人们把不理解的事物视为神意,法律也披上了神的外衣。如《汉穆拉比法典》中称其条文为太阳神之意,《摩奴法典》被称为摩奴神之意,《古兰经》被称为真主之意,等等。罗马法最初虽也有神话和传说,宗教与法律不分,但罗马的法律很早就从宗教中分离出来了。如罗马第一部成文法典《十二表法》,就是"十人立法委员会"(Decemviri Legibus Sacribendis)制定的,根本未称是神意,相反,法中还有调整宗教关系的规范。尽管罗马的法学家如西塞罗(Cicero,公元前82—前30年)曾说:"法必须合乎自然和上帝的意志";乌尔披亚努斯(Ulpianus)也说:"法是关于人事和神事的知识",但他们都未称法的本身是神授的。

二、罗马法重实际而不专尚理论

按照马克思主义的观点,法律是对经济关系的反映而不是立

① 并参见周枏:《关于罗马法基本特征的商榷》,载《安徽大学法律系建系十周年法学论文集》,南京大学出版社1991年版。

法者任意制定的。所以,法律必须注重实际才能有生命力。罗马法能够历时千年经久不衰,不能不认为与它注重实际的特征是分不开的。当然,我们说罗马法注重实际,并不是意味着罗马法就忽视理论。无疑,罗马法的发展受到过希腊哲学的影响,但问题在于,当理论与实际发生矛盾和冲突时,罗马法总是舍弃纯理论的要求而致力于满足实际的需要。这种例子不胜枚举。例如在确定人的行为能力是以划一的年龄还是根据具体人的智力发育程度作标准,是否要建立时效制度修正"权利胜于事实"的一般原则等问题上,罗马法都是采取从实际出发的态度,对此,我们在后面要作详细的叙述。因此,罗马法并不像有的人所认为的那样具有唯理论和抽象的特征,相反由于经济文化发展水平的限制,罗马法的实践尚不足以从理论上把包含在现象中的许多重要法律关系概括成普遍原则。如罗马法比较细致地规定了各种契约、遗嘱等行为,但没有能抽象出"法律行为"的一般概念;又如它将所有权的各种权能均作了透彻规定,唯独没有提出所有权的定义。罗马有些法学家甚至认为所有概念、定义不足以适应形势迅速发展的需要,因而提出了"一切定义,在法学上都是危险的"(Omnis definitis in jure civili periculosa est)。由此可见罗马法的求实精神之一斑。

三、罗马私法特别发达

在古代法中,罗马法是维护"以私有制为基础的法律的最完备的形式"①,同时它又体现了商品经济的一般规律,因此导致了罗马

---

① 恩格斯:《反杜林论》,《马克思恩格斯选集》第3卷,第143页。

私法的高度发达，并使之独立于公法，引起法律第一次分化为公私法两个不同部门。而世界各国古代的法律都是重刑轻民，把民事问题纳入刑事法规之中。罗马则由于简单商品经济高度发展，民事法律关系扩大到社会生活的各个方面，从而使私法得到迅速发展。公元前367年和公元前242年，罗马相继设立了内务大法官(praetor urbanus)和外务大法官(praetor peregrinus)，处理罗马市民相互间、外国人相互间以及市民和外国人间的民事纠纷；罗马的法学家们的著述和活动也致力于私法方面。大法官和法学家的这些工作，大大推动了罗马私法的发展。由此可见，私法发达是罗马法的进步所在，以致“罗马法”一词在后世成为罗马私法的同义语，并受到恩格斯的高度评价。

第四节　罗马法的巨大历史影响及其原因

依照西方学者的传统观点，世界历史上有中华法系、印度法系、阿拉伯法系、大陆法系和英美法系等五大法系，罗马法只是其中之一。但是，罗马法的巨大历史影响及其生命力却为其他各大法系所不及。在古代法中，有许多国家的法律都很著名。比罗马法早一千多年的，有古巴比伦王国的《汉穆拉比法典》(编定于公元前18世纪)，它是保存至今的人类最早的奴隶制国家的成文法典；与《十二表法》同时的，有中国李悝的《法经》(编于公元前470年)；比《十二表法》稍晚的，有印度的《摩奴法典》(公元前3世纪开始编纂)。然而，我们现在只有到史书和人们的观念中，才能找得到这些法律的踪迹了。唯有罗马法，不仅在当今世界各国现行的法律中可以见到它的原型，而且法学家还把它作为一门具有现实意义的学问加以研究。许多国家的法律院校把它列为一门必修课程或主要的选修课。

德国著名法学家耶林(Rodolf von Ihering，公元1818—1892年)在他所著《罗马法精神》一书中说："罗马帝国曾三次征服世界，第一次以武力，第二次以宗教(指基督教)，第三次以法律。武力因罗马帝国的灭亡而消失，宗教随着人民思想觉悟的提高、科学的发展而缩小了影响，唯有法律征服世界是最为持久的征服。"[①]有的学者甚至说：罗马法是世界共同的法律，也是世界性的模范法。[②] 他们的说法尽管有些夸大，但确实反映了罗马法对后世的巨大影响。现在，世界上许多国家都按照罗马私法的模式建立自己的法律制度，从而构成了所谓"罗马法系"或"大陆法系"。即使是那些主观上并未仿效罗马法模式的国家，出于对商品经济关系进行法律调整的需要，也不得不采用罗马法中调整商品经济的经典性的规定。所以，世界各国在不同程度上无不受到罗马法的影响。其中按影响程度的大小，大致可以分为四类：

(1)受影响最深的是西班牙、葡萄牙和拉丁美洲等拉丁语系国家。拉丁美洲曾是西班牙、葡萄牙的殖民地，如巴西、阿根廷、秘鲁、智利、哥伦比亚等国。南非和苏格兰也采用罗马法。

(2)受影响较深的为法、德、意、比、瑞士等欧洲大陆国家，以及曾是它们的殖民地的国家，如埃及、突尼斯、摩洛哥、阿尔及利亚、

---

① 本书是耶林的名著，于1852—1865年间写成，曾译成多种文字。

② A. 里维埃(Alphonse Rivier，比利时布鲁塞尔大学罗马法教授)1867年10月18日所作关于罗马法的学术报告。

刚果、扎伊尔、坦桑尼亚、多哥、叙利亚、土耳其、泰国、墨西哥、美国的路易斯安那州(原法国殖民地)、加拿大的魁北克省(居民为法国人)等。

(3)受影响较弱的是帝俄和瑞典、挪威等北欧诸国。

(4)受影响最弱的是英国和美国等[①],但其衡平法采用的是罗马法原则,普通法中的契约原则、信托和遗嘱等,也来源于罗马法。

20世纪初,罗马法的影响经过日本,延伸到了中国。国民党政府的民法即沿袭了罗马法。我国现行的《民法通则》、《继承法》以及其他国家如苏联、东欧国家的民法制度,也在一定程度上承受了罗马法的原则。

罗马法何以会有这样大的历史影响?究其原因,第一,正如我们上面曾经提到的,它是简单商品经济条件下十分完善的法律制度,特别是其中有关财产所有权和契约的各项规定,都是由调整商品经济关系的经典性规范构成的。罗马法在发展过程中,能够随着商品经济的发展而不断地修正、完善,因而获得了强有力的生命力。

第二,从罗马法传播的历史地理环境来看,罗马帝国地域辽阔,在其最强盛时,国土跨欧、亚、非三洲,东到叙利亚、小亚细亚;西到西班牙、不列颠;向北扩展到莱茵河和多瑙河一带;向南到非洲的北部,阿尔及利亚、摩洛哥等都在罗马的版图之内。罗马军队所至,政法随之,被征服的国家和地区都无不在一定程度上受到先进的罗马法的影响。正如恩格斯所指出的:"罗马的占领,在所有被征服的国家,首先直接破坏过去的政治秩序;其次,也间接地破

① 参见丘汉平:《罗马法》,第2、6—8页。

坏了旧有的社会生活条件……到处都由罗马法官根据罗马法进行判决，从而使地方上的社会秩序都被宣布无效”。[①] 罗马当时又是世界商业的中心，地中海为其内湖，交通方便，商业发达。各地商贾云集罗马，罗马商人也四出活动。这一方面导致了反映商品经济客观要求的罗马法的形成，一方面也促进了罗马法的传播。这样的地理环境，非常有利于各民族优秀思想文化的交流与传播，许多非罗马固有的进步法律制度，都被罗马法吸收了。例如，罗马法中的抵押制度来自希腊，消费借贷制度来自西西里，有些契约制度则来自埃及。又如，市民法是罗马固有的法律，以后逐渐吸收了许多外国的法律，最终与万民法融合起来。罗马法能吸取外国的优秀法律制度，这是它具有强大生命力的又一重要原因。中世纪文艺复兴后，欧洲各国把希腊和罗马的思想文化成就视为珍贵的遗产，罗马法当然也在其列。自从意大利法学家伊尔涅里乌斯（Irnerius，？—1125 年）在波隆那创办法学院，讲授罗马法，吸收四方学子来院学习，各国的法学家和立法者都十分重视、研究和应用罗马法的成果。这是罗马法对后世产生巨大影响的直接原因。

第三，罗马法的发达，主观上是罗马统治阶级重视法学、尊重法学家的结果。当时罗马开设法律院校，编定法典，上层人物都以学法为荣，以不懂法为耻。要想做大官，一定要先当一段时间的法官，退职的大法官，则多进入元老院，也往往被派到外地去当总督。奥古斯都（Augustus，公元前 27—公元 14 年在位）首先授予某些法学家以“公开解答权”（jus publice respondendi）[②]，使他们的解答对

① 《马克思恩格斯全集》第 19 卷，第 331 页。

② 有的学者主张从体贝里乌斯帝（Tiberius，公元 14—37 年在位）开始。

各个具体案件发生拘束力。因此,有“公开解答权”的法学家享有崇高的权威。由于统治阶级提倡法学,使罗马法及法学获得了迅速发展。显然,若无罗马法的发达,也就谈不上它对后世产生什么历史影响。

第四,由于罗马法本身的系统性、逻辑性很强,法理精深,这有利于它的发展和传播。此外,中世纪拉丁语的广泛使用,对罗马法的保存和传播,也具有较大的积极意义①。

当然,罗马法对后世有深远影响的主要原因是经济方面的。正如 1886 年恩格斯在《路德维希·费尔巴哈和德国古典哲学的终结》一文中所揭示的,现代资产阶级国家可以“把商品生产者社会的第一个世界性法律即罗马法以及它对简单商品所有者的一切本质的法律关系(如买主和卖主、债权人和债务人、契约、债务等)所作的无比明确的规定作为基础”②。所谓“世界性”,是说罗马法适用的范围不限于罗马,还包括世界其他各国;所谓“第一个”,即以前没有哪个国家的法律能称得上世界性的。恩格斯又讲“第一个”而不说“唯一的一个”,就是说还有“第二个”,这第二个世界性的法典应该是 1803—1804 年颁行的《法国民法典》③。但《法国民法典》是以罗马法为蓝本而制定的,领导制定该法典的拿破仑,就是一位罗马法爱好者。恩格斯在 1884 年《论封建制度的瓦解和民族

---

① 有人认为,天主教势力的扩大,也推动了罗马法的传播。这个观点我们不能同意。虽则教会在制定法律过程中吸收了罗马法的某些原则和规范,并起着一定程度的传播作用,但相反,从总体看,教会法的盛行影响了罗马法的发展和传播。

② 《马克思恩格斯全集》第 21 卷,第 346 页。

③ 恩格斯于 1890 年 10 月 27 日《致康施米特》一信中指出,《拿破仑法典》成为“世界各地编纂新法典时当作基础来使用的法典”,参见《马克思恩格斯全集》第 32 卷,第 488 页。

国家的产生》一文中又指出："罗马法是纯粹私有制占统治的社会的生产条件和冲突的十分经典性的法律表现，以致一切后来的法律都不能对它作任何实质性的修改"①，从而给罗马法以更高的评价。这样的评价对罗马法是当之无愧的。例如，罗马法上的损害赔偿制度，规定有损害有过失就要赔偿的民事归责原则，消灭时效制度，合同的形式和履行等原则，目前世界上还没有哪一个国家的民法不予采用。由于以上的原因，可以说，任何国家要创制调整经济关系的民法，包括英美法系、伊斯兰法系国家以及社会主义国家在内，不从罗马法吸取营养是不可能的。

第五节　学习罗马法的意义

既然罗马法如此重要，作用如此之大，学习和研究罗马法自然就有重要的意义。这可以从三个方面来看。

（1）学习罗马法，有助于借鉴其法制的经验，为现实的法制建设服务。历史的作用，不仅在于说明过去，更重要的还在于它可以作为一面镜子，为我们认识现实和创造未来，提供启发和借鉴作用。罗马法从《十二表法》到《国法大全》，历时一千多年，从时间的久长，法制的系统性、逻辑性和完整性及其所提供的经验来看，世界上迄今还没有哪一个国家的法律能够比得上它。我们前边提到过，罗马法上有"过失责任"原则，但是这一原则也并非是从罗马法一开始就确定了的。按《十二表法》的规定，就侵权行为而言，总

① 《马克思恩格斯全集》第21卷，第454页。

的来说，并不问行为人的主观状态，有损害就要负责；就法律行为而言，行为人不但对过失可以不负责任，就是故意也不须负责。因为当时罗马经济、文化都很落后，法律注重形式主义，法律行为只要手续完备、形式齐全，就可以发生效力，而不问当事人的实际情况。例如买卖，一方欺骗了另一方，但如果其形式符合法律要求，则受害方仍要履行法律上的义务。以后由于经济发展，形式主义既阻碍商品的流转，又造成社会的不公平，因此，法官在判案时才转而注重实际情况，调查当事人是否受了欺骗、胁迫或发生了误解。如果这样，就对受害人加以保护。对侵权行为，同样也探究行为人是否是故意或有无过失，以判定其责任的重轻或有无。经过这样的变化，最终才确定了过失责任主义。从这里，我们可以清楚地看到法律演进、变化的过程，明了法律一定要适应经济关系的要求这个一般原理。当然，这里只是简单地举一个例子，罗马法上还有许许多多的具体经验可供我们借鉴，在此不再一一说明，而留待下文叙述。总之，要把握法制史的逻辑发展线索，加强法制建设，学习和研究罗马法是一个不可缺少的环节。

(2)学习罗马法，有助于研究并了解各项民法制度的沿革及其实质。从民法的角度看，罗马法是它的基础。为什么这样说呢？首先，法律是一门科学，它有一些专门的名词术语，现代各国民法上的许多名词术语，正是来自罗马法。例如，“民法”一词即来源于罗马市民法。其本意是指罗马公民的法律，包括公法和私法。后来人们出于需要，在研究罗马法时厚私法，薄公法，到公元 12 世纪，民法也就成了罗马私法的同义语。而且，民法包括的范围，在历史上也与现在不同。起初它包括保证实体法实现的诉讼法，还包括一部分现代刑法的内容，譬如盗窃、伤害罪等。罗马法认为这些行为侵犯了私人的利益，属于民法调整的范畴。随着社会的进步，法律的分类越来越细。《法国民法典》把诉讼法独立出去，原有私法的范围就缩小了。更由于资本主义的发展，商法也相对于民法而独立，普通民事关系适用民法，商业活动适用商法。苏联编纂民法典时，又把家庭婚姻部分独立出来。但西欧各国的民法目前还包括亲属、家庭、婚姻的内容。可见，只有学习罗马法，才能掌握“民法”一词的来源和专门意义。其他许多民法上的名词术语，也大多如此。

其次，现代民法的基本制度都是从罗马法发展而来的，例如成年制度、法人制度、住所制度、失踪制度、时效制度、亲系和亲等制度、他物权制度、合同制度、遗嘱和特留份制度，以及民事不告不理和举证原则等等。恩格斯曾说：“没有奴隶制，就没有罗马帝国……我们永远不应该忽视我们的全部经济、政治和智慧的发展，是以奴隶制既为人所公认，同样又为人所必需这种状况为前提的，在这个意义上，我们有理由说，没有古代的奴隶制，就没有现代的社会主义。”①因此，我们同样可以说，没有罗马法，就没有今天各国的民法。了解这些制度所由产生的原因，结合考察它们现实存在的社会背景，我们就得以深刻地把握其实质，从而更好地将其用来为今天的社会主义事业服务。

最后，现代民法中的许多原理、原则，也都是来源于罗马法。前边曾提到过失责任原则，这里再举一个婚生子女推定的原则。罗马法规定，“妻子的丈夫就是子女的父亲”，这是根据夫妻互负同居和贞操的义务而来的，所以要推翻这个推定，就必须提出确凿的反证，例

---

① 恩格斯：《反杜林论》，《马克思恩格斯选集》第3卷，第220页。

如丈夫证明自己未与妻子同居，或是妻子与他人有婚外性关系。否则，妻子生的子女就是丈夫的子女，母亲的丈夫就是子女的父亲。这个原则目前还是通用的。又如新法优于旧法的原则。新法和旧法如果对同一事情都做了规定，但两者的规定不同，这时应采用旧法还是新法？《十二表法》第十二表早就明确规定后法优于前法。因为旧法或前法是根据过去的情况制定的，新法或后法是根据变化、发展了的新情况制定的，当然更合乎当前的实际。在一般情况下，统治者制定新法，就同时废除旧法，但也会产生施行新法而没有宣布废除旧法的情况，有了这个原则，在新旧两法发生抵触时，就不致无所适从。这个原则也是现在各国普遍采用的。还有胎儿的继承权问题，罗马法规定"胎儿的利益视为已经出生"，这也是一个非常著名的原则。我国民法是调整商品生产者或所有者之间的财产关系和人身关系的，当然可以批判地吸收和借鉴罗马法的原理、原则。

可见，学习罗马法，也是从事法制史、民法学、国际私法和比较民法等法律科学研究的基础。

(3)学习罗马法，有助于把握法律与社会、法律外壳与其经济内容之间的辩证关系，培养、锻炼法学工作者和司法工作者辩证地分析、处理问题的能力。在漫长的历史发展进程中，罗马的法学家和法官们针对现实的需要，使罗马法不断地适应和促进社会的发展，其中有许许多多的东西，仍是值得我们现在学习的。法律作为上层建筑的一部分，是为经济基础服务的。一方面，它有严肃性、连续性和稳定性，不能朝令夕改；另一方面，它又有适应性，必须适应变化了的社会现实。这两者是矛盾的：稳定性要求不改变，适应性则要求变。从总的情况看，法律总是落后于形势，因为一经公布它就不容易变了。要使法律适应新的形势，首先要靠立法者来修改。但立法者修改法律并不是一件容易的事情。国家立法机构经常忙于其他政务;同时,立法有一套繁杂的手续,要起草,要经议会讨论、通过;而且立法者往往比较保守。所以,一般说,社会向前发展,总要过一些时候,法律才会修改。处在革命阶段的国家,法律可能先进些,因此可以推动社会的发展。而法律一旦落后于形势,则一方面靠立法者的修改,另一方面就要靠司法人员在运用法律时,考虑如何变通法律使之适应新的形势。罗马的大法官在这方面开创了杰出的先例。我们知道,罗马法最初很注重形式,如规定正式的买卖要有 5 个以上的证人,1 个司秤(libripens),举行一定的仪式,非常麻烦。因此,罗马人就创造出一种拟诉弃权(cessio in jure)的办法,就是买卖双方伪装打官司,用假装诉讼的办法来使买方(原告)取得所有权,以避免法律的烦琐程式,利用原有的法律形式来适应新的社会变化,这何尝不是使相对稳定的上层建筑适应最活跃的生产力和不断变化的经济现实的一种办法呢?再看罗马法上的成年制度。罗马法把人按人生发育阶段分为两种:适婚人与未适婚人。适婚人即已经成熟的人,未适婚人即还未成熟。那么,一个人何时成熟?什么叫适婚?罗马法上对此有两派意见:普罗库路斯派(Proculus)主张,由于人的身体、智力发育各有不同,法律应规定统一的标准;萨比努斯派(Sabinus)则主张按各人的实际情况而定,因为有的人身体发育和智力开化得早,有的人则比较晚。[①] 按照实际情况,显然萨比努斯派的意见合理些,但如果照此

① 罗马法对成年制度的规定有一个反复:起初规定,到了适婚年龄即男满 14 岁,就有完全的行为能力;后来由于商品经济的发展,法律关系的复杂化,又规定即使人到了适婚年龄,也还不是成年人,不具有完全的行为能力;最终它则把成年年龄降低了。详见下文。

办理，就会使问题复杂化。对每一个法律行为，都要去调查当事人的成熟状况，这不仅不可能，而且显然不利于商品的流转和经济的发展。所以后来还是采取普罗库路斯派的意见，定一个统一的标准：人到了一定的年龄，就认为他具有完全的行为能力，对特殊情况如精神病患者等，则作特殊处理。这说明，有些理论虽然合理，但在实践中可能行不通。罗马法之所以能发展起来，不能不说与它的求实精神有关，这也是很值得我们重视的一点。

综上所述，罗马法发展时间长，内容丰富，经验宝贵，有许多地方值得我们参考和借鉴。我们应当正确对待这一份珍贵的文化遗产，取其精华，去其芜杂，从中吸取有益的东西。这对于加强我国的法制建设，推动民法科学研究，一定是有百利而无一弊的。

对于罗马法学，西方国家的法律院校都很重视，把它列为学习民法学和法制史等的重要科目之一。目前我国已经把《罗马法》作为高等学校法学统编教材之一，不少法律院校也开设了这门课。这说明，我国的法制建设和法学研究已经走上了一个兴旺发达的新时期。

第二章　罗马法的历史

第一节　罗马法的分期

罗马的政治制度，历经王政、共和国与帝政三个时期。帝政时期又分前期和后期；前期叫帝政分权时代，后期叫帝政专权时代。王政时代罗马的“王”（rex），不是现代意义上的君主，而是部落的首领；共和国时代由军伍大会（comitia centuriata）选举的两个执政官（consules）平等地执政来代替原来的王。公元前27年，奥克塔维乌斯（Gaius Octavius，公元前63—公元14年，亦译屋大维）取得政权后，开始了帝政时期。他不称皇帝而称元首或第一公民（Princeps），故有的史书称这一时期为“普林斯”时代。他除了拥有元首这个头衔以外，元老院还给他加上两个具有很高荣誉的称号：“奥古斯都”，即“至尊的、神圣的”（后世即以此称之）；和“祖国之父”（Pater Partriae）。他既是政治、军事的首长，又是宗教领袖，掌握罗马国家的一切大权。正如历史学家所说：“君主是隐蔽在共和国的外衣之中”①。奥克塔维乌斯在名义上是元首，实质上是皇帝，所以习惯上称之为帝国前期。到地奥克莱体亚努斯帝

① 见〔苏〕B. H. 狄雅可夫和 C. И. 科瓦略夫主编：《世界古代史》，第209页。

(Diocletianus,亦译戴克里先,公元 284—305 年在位)时,他效法东方君主专权制度,剥夺了元老院的权力,使之降至市议会的地位,自己独揽大权,改称“君主”(dominus),史称帝政专政时期。随着国土的扩大,为了便于管理,地奥克莱体亚努斯帝在公元 286 年把帝国分为东、西两部。后来又经统一和分裂,直到 395 年正式分成东、西两个帝国。西帝国称拉丁罗马,于 476 年因日耳曼人的入侵而覆亡;东帝国称希腊罗马,延至 1453 年为土耳其所灭。

关于罗马法的分期,国内外研究罗马法和罗马史的学者的观点很不一致。有的以罗马法自身的发展为标准,有的以罗马政治制度的变革为依据,有的以罗马社会不同发展阶段的经济基础为出发点,有的将罗马法和英美法作对比而分期:或主张二分法、或主张三分法、或主张四分法,也有主张五分法、六分法、七分法的。就是同一种分期,其起讫时期的标准也各不相同。现将各家主要的观点简单地介绍如下:

一、二分法

法国罗马法学家 G. 迈(G. May)在他的《罗马法基础》一书中把罗马法分为两大时期:即市民法(jus civile)时期和万民法(jus-gentium)时期。前者包括王政时期和共和国时期。这个时期的法律,狭隘严峻,注重形式,只适用于罗马市民。后者包括整个帝政时期,其时法律已失去狭隘和形式主义的特征,能够适应社会经济的发展而变得较为灵活、合理。英国罗马法学家梭姆(Sohm)也持这种观点。

二、三分法

法国罗马法教授 E. 屈克(E. Cuq)在所著《罗马的法制教程》中把罗马法分为古代法时期、法学昌明时期和帝政后期三个阶段。第一阶段约占六个世纪,即自罗马建城到罗马私法的三位奠基人 M. 马尼利乌斯(M. Manilius,公元前 149 年的执政官)、P. M. 塞沃拉(P. M. Scaevola,公元前 133 年执政官)和其同时代的 M. J. 布鲁图斯(M. J. Brutus)的出现。当时罗马法尚处于幼稚状态。第二阶段约占四个半世纪,即自罗马私法奠基人的产生到地奥克莱体亚努斯帝(公元 284—305 年在位)。在这一时期,罗马法受到希腊哲学的影响,有了高度的发展,故称“法学昌明时期”。第三阶段约为两个半世纪,即自君士坦丁一世(Constantinus Ⅰ,公元 306—337 年在位)到优帝一世逝世。这一时期罗马出现了一些实践家,从事法典的编纂,他们的工作给了后世立法者以有益的启迪和借鉴。①

三、四分法

德国罗马史学家 G. 胡果(G. Hugo)在他的《罗马法史》中将罗马法的发展比作一个人从幼年、少年、壮年到老年的自然过程,提

① 国内一些学者将 E. 屈克的“帝政后期”(La périóde du Bas-Empive)译为“法律退步时期”,实与原意不符。参见原著 *Manuel des institutions juridiques des nomains*,第 3 页。

出罗马法的第一期是从罗马建城到《十二表法》，当时罗马通行的是习惯法，犹如一个人处在幼年时期；第二期是从《十二表法》的制定到西塞罗（Cicero，公元前106—前43年），这是法律进步时期，其时已有了成文法，犹如人已发育长大；第三期是从西塞罗到A.塞威鲁斯帝（Alexander Severus，公元222—235年在位），称为法律昌明时期，其时罗马法有空前发展，法学人才辈出，盛极一时，犹如人已到了壮年。他认为《十二表法》是罗马法发展史上的一个里程碑，而从西塞罗起，在希腊文明及其哲学的影响下，罗马的文化、艺术和法学有了划时代的繁荣。第四期自A.塞威鲁斯帝到优帝一世去世，其时法律已呈衰象，但仍属成熟阶段，主要标志是进行了法典的编纂，犹如人已届老年。此说为法国罗马法学家J.奥尔托隆（J. Ortolan）等所接受。其他持四分法的有：英国历史学家吉邦（Gibbon），是以帝政开始为第二时期和第三时期的分界；德国学者G. F.普舒塔（G. F. Puchuta），是把第二期延至共和国结束，第三期延至地奥克莱体亚努斯称帝，以尽量同政治体制相等，吾师比国鲁汶大学罗马法教授L.迪普里埃（L. Dupriez）①从之；另一位比国学者霍尔体乌斯（A. C. Holtius），是把第二期的开始定在公元前367年大法官的设立，他认为专职高级司法官的出现，才能推动罗马法的跃进，从而于市民法外产生了大法官法；法国罗马法巨子P. F.吉拉尔（P. F. Girard）在其名著《罗马法基本教程》中，则把罗马法按政治制度的不同分为王政时期、共和国时期和帝政时期，后者又分元首制时期和君主专政时期。

① 陈朝壁译为“德不利也”，见《罗马法原理》，第8页。

四、五分法

德国历史学家 G. 沃格特(G. Voigt)把罗马法分为五期。除按政治体制划分外,他把共和国时代一分为二,以公元 2 世纪中叶“程式诉讼”(formula)的出现为分界。他认为,“程式诉讼”的产生,才使大法官由被动转为主动,获得指挥诉讼的权力,从而大大推动了罗马法的发展。英国罗马法学者缪尔赫德(Murhead)在其《罗马私法导论》中则把罗马法分为贵族法时期(jus quiritium)、市民法时期(jus civile)、万民法时期(jus gentium)、自然法时期(jus naturales)和法典编纂时期(codification)。美国法学家庞德(Pound)在把英美法和罗马法作比较研究时,把罗马法分为第一期:自助时期;第二期:严法时期;第三期:衡平法或自然法时期;第四期:法律成熟时期;第五期:法律社会化时期。实际上,也就是习惯法时期、市民法时期、万民法时期、法典编纂时期和罗马法在后世的传播时期。

此外,如朗日(Lange)和乔洛怀克兹(Jolowoicz)的六分法,巴希(Bach)和瓦尔泰(Walter)的七分法等,与上述划分的精神基本相同而失之过细,本书就不赘述了。

国内罗马法学者多采四分法和三分法,如黄右昌的《罗马法与现代》和陈朝璧的《罗马法原理》分别采取吉邦和普舒塔[①]的四分法,郑玉波的《罗马法要义》和高等学校法学试用教材《罗马法》也

---

① 陈著《罗马法原理》第 8 页称“仿鲁汶大学德不利也(Dupriez)教授的方法”,毋宁说是采用普舒塔的方法,因普舒塔是 19 世纪的法学家,而德不利也(迪普里埃)则为 20 世纪的法学家。

用四分法，但是以公元前3—公元1世纪罗马积极向外扩张为第二和第三时期的分界。陈允、应时的《罗马法》和丘汉平的《罗马法》倾向于采用市民法、万民法和法典编纂的三分法；江平、米健的《罗马法基础》则以公元前“242年外事裁判官的设置”和“公元212年卡拉卡拉敕令的颁布”分别作为第二时期和第三时期的开始，并把法典编纂时期称为“统一法时期”。

我们赞同法律是社会经济的反映，它的发展是随着经济的发展而变化的观点。马克思指出：“不应忘记，法也和宗教一样，是没有自己的历史的。所谓法律的历史就是与一定时期的社会经济发展水平相适应并作为它的反映物的法律发展、变化的历史。”[①]法律和政治都是经济基础的上层建筑，彼此是紧密不可分的。因此，依据古罗马政治体制的变革来划分罗马法发展的时期是科学的。当然，我们也注意到，古罗马政治体制的变革，对公法的影响是直接的、强烈的；相对而言，对私法的影响则往往是间接的、缓慢的，甚至是不显著的。本书即结合罗马政治组织的兴替，分节叙述罗马法的演进于下。

第二节　第一期——王政时期

(公元前753—前510年)

一、概况

这一时期自罗马建城到公元前510年结束，共有二百多年的历

① 《马克思恩格斯全集》第3卷，第71页。

史。罗马最初是氏族社会，由三个部落（tribus，音译“特里布斯”）组成，共戴罗慕路斯（Romulus）为王。每个部落分成十个宗联（curia，亦译“胞族”，音译“库里亚”），每个宗联分成十个宗（gens，即所谓“氏族”），每个宗又分为若干族（agnatus）[①]，族再分成许多家（f amilia）。宗联的成员为贵族（quirites 或 patricii），享有政治权利，负服兵役和纳税的义务[②]。罗马地区的其他居民——主要是平民（plebes），当时则既没有政治权利，也不要服兵役和纳税。还有一种被保护人或隶民（clientes），他们由两部分人构成，一种是外来的移民，是来寻求罗马人保护的；另一种是被解放的奴隶和他们的后裔，他们在解放以后仍依附于原奴隶主。当时，罗马的奴隶制还不发达，奴隶以从事家务劳动为主，数量甚少；其地域范围也不大，开始只有一千多平方公里，人口约五千左右，是由相互独立的氏族或宗联联合成的部落联盟；到王政末期，达到从军年龄的男子，也只有二万左右，经济上处于自给自足的农业社会，人们从事耕种，饲养家畜。原始宗教是早期罗马思想的典型主导形式，其特色是信仰多神教。例如有掌管太阳、月亮、雷电、风雨等的天神（Jupiter），有主宰打仗的战神（Mars），有管农业的农神（Saturnus），还有灶神（Vesta）、门神（Janus）等。

---

① 本书未把“curia”译为“胞族”，因为这样译与下面的“gens”（有人译为“宗统”、“同姓”），“agnatus”（有的译为“宗族”、“宗亲”）的中文译名不容易配合一致。我们依照罗马当时的社会制度，分别把“curia”、“gens”、“agnatus”译为“宗联”、“宗”、“族”。部落最大，下面是宗联，宗联下面是宗，宗以下是族，族以下是家。这样，罗马亲属法中的法亲和血亲也就容易区分了。

② 起初，只有宗联的成员称 populus romanus quiritum，在平民争得社会地位后，才泛称 populus romanus（罗马人）。

二、政治组织

1．王(rex)

音译为“勒克斯”，是由贵族大会(comitia curiata)选举的部落联盟首领，不是现代意义上的国王。他是宗教、政治、军事和司法的最高首领，其职位为终身制，但不能世袭。[①] 王死后，在贵族大会选举新的王以前，由一个“临时王”(inter rex)负责。“临时王”由元老院抽签决定由某一元老担任。他的任务很简单：指定王的候选人，并由贵族大会通过。“临时王”的任期只有5天。

2．元老院(senatus)

元老院由各氏族(宗)首长组成，最初只有100人，后增加到300人。元老终身任职。元老院在王政时代没有多大的权力，仅是一个咨询机构。但贵族大会通过的法律要由元老院批准，王如有重大事情如媾和等也一定要咨询元老院。王虽然是最高审判官，但在行使死刑时必须征求元老院的意见。传说中的第七王——塔尔奎尼乌斯·苏泊尔布斯(Tarquinius Superbus)专断暴戾，无视国法，不经元老院同意就处人死刑，因此被放逐于国外。

3．贵族大会(comitia curiata，又译“大民族会议”，音译“库利亚大会”)[②]

贵族大会由三个部落中达到从军年龄的男子(17—60岁)参

① 参见《马克思恩格斯全集》第21卷，第145页。

② 古罗马有四种议会，凡有贵族参加的都称大会(comitia)，仅有平民参加的则称议会(concilia)。

加,妇女、平民和被保护人没有资格出席。它是一个政治和军事的机构,依照规定,每一个宗联要出 100 个步兵和 10 个骑兵,组成一支 3000 步兵和 300 骑兵的军事队伍,不能当兵的就不能参加贵族大会。贵族大会的职权是选举王和高级官吏,制定和通过法案,决定宣战。司法方面它可以受理上诉的死刑案件以及确认收养、遗嘱等。开会时由王召集,以宗联为单位,每个宗联一个表决权。宗联的内部,则取决于多数。对议案只有同意或否决之权,不得加以修改,有 16 票赞同或反对,即可定案。

4. 军伍大会(comitia centuriata)[①]

军伍大会是第六王塞尔维乌斯·图利乌斯改革后成立的。原来罗马的三个部落内部以血缘关系为纽带,一个部落住一个地区;后来由于手工业商业有所发展,战争频繁,人口急剧流动、混杂、贵族与平民之间的矛盾冲突愈益尖锐化,于是不得不实行改革。该王的第一个改革是把罗马城划为 4 个区,每个区设一个征税官,专管税收、征兵、调查户口。其时每 5 年调查一次户口,每个家长要向征税官申报人口、性别、年龄、财产。呈报时家长还要宣誓,声明所报属实,如有虚假,一经查出,便罚作奴隶[②]。第二个改革是把罗马居民不分贵族和平民,一律按照财产的多少分为 5 个等级。最初完全以土地的多少作为划分标准,拥有 20 优格鲁姆(Jugerum,约合 25 公亩)以上土地者为第一等级;其 3/4 即 15 优格鲁姆以上、不

① “comitia centuriata”有译为“兵团会议”的,直译是“百人团议会”,音译“森都里亚大会”。我们认为译“兵团”外延似乎过大。译“百人团”又名实不符,因实际上每百人团并非一百人,特别是最富有等级的百人团,人数很不足。译为“军伍大会”,意味着它是一个武装团体。

② 调查户口的做法,到公元 74 年后事实上已不再进行。

到20优格鲁姆为第二等级；其2/4即10优格鲁姆以上、不到15优格鲁姆为第三等级；其1/4即5优格鲁姆以上、不到10优格鲁姆为第四等级；其1/8即2.5优格鲁姆以上、不足5优格鲁姆的为第五等级；不到2.5优格鲁姆的不列入等级。以后由于经济发展，就不完全以土地为划分标准，而将动产也包括在财产之内，即拥有10万阿司(as，一种铜币，初时每阿司含铜0.3359公斤)以上财产者为第一等级；7.5万阿司以上的为第二等级；5万阿司以上的为第三等级；2.5万阿司以上的为第四等级；1.25万阿司以上的为第五等级，不到1.25万阿司的不列入等级①。塞尔维乌斯·图利乌斯规定，按等级的高低组织若干军伍。第一等级被允许组织98个军伍，第二、三、四等级各组织20个军伍，第五等级组织30个军伍，另有专业或辅助人员组成的军乐队、工匠队、勤杂队等计5个军伍。当时打仗的武器要参战者自备，故“不列入等级”的穷人就不能去打仗。军伍是一种军事组织，但军伍大会却成了按财产组成的政治权力机关，并很快取代了贵族大会的大部分权力和职能。塞尔维乌斯·图利乌斯的改革，标志着罗马国家的正式形成。军伍大会表决议案时，以军伍为单位，每个军伍一票，按照等级排列依次投票。各等级军伍共有193个，第一等级就有98个，所以表决时，如果第一等级一致通过，就超过了半数(以过半数通过为有效)，以下各等级就不用再投票。除非第一等级表决时出现分歧，才由第

① 关于第五等级的财产标准，李维的《罗马史》说是1.1万阿司以上；另一个史学家赫利卡尔拿塞(Denys d' Halicamasse)说仍是第四等级的半数，即1.25万阿司以上。恩格斯在《家庭、私有制和国家的起源》中采用了李维的意见。依照推理，1.25万可能要比1.1万准确些，因为前面几个等级之间都是以1/4或前一等级的半数递减的。

二等级、第三等级等依次表决。因此，军伍大会实际上为富有者所操纵。它的主要任务是决定战争和纳税等事项。这时，虽然已经用财产差别来划分社会成员的政治地位，但是，罗马贵族与平民的差别依然存在。平民有了钱，可以升为第二等级、第一等级；而贵族即使破落了，却还是贵族。当时罗马社会的等级、门第观念很重，平民不能与贵族通婚，有的平民虽然经商致富，但不能担任官职；国家征服外族得来的土地，平民也无权参与分配。

三、法律渊源

王政时代的法律渊源主要是习惯法，内容是宗教方面的和自然形成的道德习惯。宗教、道德上的习惯由公共政治权力予以保障，便上升为法律。除习惯外，还有成文法。那时的贵族大会、军伍大会当然会通过一些决议即王政法（leges regiae），虽然它们没有流传下来，但可以从氏族组织变更的情况，来证明这一点。旧习惯的变更，也要经过贵族大会。据罗马帝政前期的大法学家蓬波尼乌斯（Sexlus Pomponius）说，王政时代的贵族大会曾制定了一些法律，如有关家长权、保护人和被保护人的关系，宗教仪式和历法等的法律。他还说第六王塞尔维乌斯·图利乌斯也颁行过有关契约和侵权行为的法律约五十条；第七王塔尔奎尼乌斯·苏泊尔布斯时有个名叫帕披里乌斯（Papirius）的曾编定法律，称帕披里亚努姆市民法（jus civile papirianum），恺撒（G. J. Caesar，公元前100—前44年）时G. 弗拉库斯（Granius Flaccus）曾对它加以注释。但这些文献及其内容都已失传。而且有关宗教仪式和历法，历来由大祭司掌管，并非贵族大会的职权，因此，所谓“帕披里亚努姆市民法”等，不无可疑。

第三节 第二期——共和国时期

(公元前510—前27年)

一、概况

公元前510年,第七王塔尔奎尼乌斯·苏泊尔布斯被放逐,罗马由王政时代进入共和国时代。此时,代替“王”执掌罗马政权的是每年由军伍大会选出并经元老院批准的两名“执政官”(Consules)。执政官不分正副,权力同等,以免一人独断专行。后来因国务日繁,又增设了一些官员,分理国政。这些官员也是由选举产生,多以一年为期,到期更换。因此在罗马史上首开民主之先河。但是当时执政官等官吏只能从贵族中间遴选,所以名义上是共和,其实还是贵族专政。这一时期罗马积极向外扩张。首先它统一了意大利,再经过三次布匿战争(公元前264—前146年),打败了非洲的迦太基,取得地中海的霸权,向东打到小亚细亚、叙利亚,向北打到莱茵河,向西、西北一直打到高卢(法国)、西班牙,国疆跨欧、亚、非三大洲。罗马对外扩张,引起了罗马社会经济的深刻变革:奴隶大量增加,其主要来源是战败国的俘虏。罗马的商人们跟着军队,从军队驻地成批买进俘虏,再运到罗马等地出卖。奴隶变成了主要的生产者,他们在庄园、矿山、磨坊、纺织作坊里从事繁重的劳动,受着残酷的压迫。此时罗马的生产力有了进一步发展,特别是手工业和商业日益兴盛,外国人到罗马来做生意的愈来愈多,为此公元前242年罗马又专门设立了处理外国人之间和外国人与罗马人之间事务的外务大法官。希腊文化的输入,使罗马的法律也深受影响。公元前450年《十二表法》以前,罗马已经使用铜币(阿司),以后由于经济发展,到公元前268年使用银币(称塞斯特尔体乌斯"sestertius",等于二个半阿司),有的书还记载公元前217年并有了金币。宗教方面,仍然是多神教。奴隶们由于受到残酷的压迫,不断地组织起义,其中最著名的是公元前73—前71年的斯巴达克起义。

二、政治组织

共和国时期废除了王,原有的元老院、贵族大会、军伍大会等组织继续存在。不过元老院的成员已发生变化,按《奥维尼亚法》(Lex Ovinia,约公元前312年制定)规定,其成员从原高级官吏的最优秀的人物中选出。因此,担任元老的不再是有声望的氏族首领,而是有声望的高级退职官吏(执政官、监察官、大法官等)。这些人政治经验丰富,在社会上有很高的威望,因此元老院的权力就变得大起来,加之元老院一般只有300人,较易召集,所以开会比贵族大会和军伍大会等方便。元老院的地位和权威,曾经显赫一时,其主要职权是:①管理财政和国家的财产,编制预算,规定税收等(军事预算也由它批准);②掌握外交大权,例如订立国际条约、接受外国使节等;③批准贵族大会、军伍大会所制定的法律。王政时期能够进元老院的只有罗马贵族家族的家长(patres conscripti"列入名单的家长");共和国初年,元老院中开始出现平民。随着平民获得各种高级职位,进入元老院的人数迅速增加，贵族的势力越来越小。那时贵族大会虽然存在，但由于经济上的没落，权力逐渐落到军伍大会，最后只能通过一些有关宗教方面的法律和处理有关收养、遗嘱继承方面的事务。军伍大会仍是共和国时期的重要议会，许多重要的法律均由其制定。

共和国时期除保存了原有的元老院、贵族大会和军伍大会外，还增加了以下的高级官吏和政治机构：

1. 执政官（consules）及由此分化而来的其他高级官吏（magistratus）

代替“王”掌握政权的是新设的两名执政官，由军伍大会选举产生，任期一年，一般不得连任。两位执政官是共和国的最高官吏，有平等的权力，可以互相牵制。最初是两人轮流执政，每人执政一个月，不执政的对执政的有监督权。随着罗马国家的强盛，需要处理的国事越来越多，两人便同时执政，内部分工，各分管一些部门的工作；嗣后又陆续增设了若干种高级官吏，以减轻执政官的负担。最先增设的是事务官（quaestores，公元前 449 年设），由地区大会选举协助执政官处理财务等方面的工作，作为执政官的助手；第二个增设的是监察官（censores，公元前 443—前 435 年间设），有两名，掌管调查人口和社会道德风俗，编制元老的名单（lectio senatus）。根据惯例，监察官是从过去的执政官中选出的，每5 年选举一次，但实际工作的时间不过 18 个月。第三种是公元前 367 年增设的市政官（aediles curules），由其负责维持罗马城市的交通与市场秩序，组织公共娱乐，还管理国家物资供应和受理买卖奴隶、牲畜方面的诉讼。第四种也是在公元前 367 年设立的，名曰大法官(praetor,或称“裁判官”)[1]。起初罗马国家的审判权由王和执政官掌握,以后需要审理的案件多了,便增设大法官一人,负责处理罗马市的民事纠纷,并为其设置事务官,处理刑事案件。后来由于贸易的发展,外国人来罗马的日众,公元前 242 年又增设了外务大法官(praetor peregrinus)一人,处理罗马市民和外国人之间以及外国人相互间的事件,因而称原来处理罗马市民间纠纷的大法官为内务大法官或都市大法官(praetor urbanus)。

2. 独裁官(dictator,音译“狄克推多”)

这是在非常时期设立的一种临时性官职。由于两个执政官轮流或同时执政,互相受制,不能适应非常时期国家集中权力的需要,于是就有了独裁官的设置。独裁官一般是由元老院从执政官中推选一人担任,统揽军政大权。独裁官执行职务时,权力不受限制,但任期不超过 6 个月[2]。执政官、独裁官、大法官、市政官、监察官等,是独立行使职权的高级官吏,有资格坐镶有象牙的折凳(curulis),故又称为“牙座官”(magistratus curules),退职后可任元老院中第一等级的元老。事务官、保民官等是长官中较低级的官吏,不能称“牙座官”,退职后在元老院中的地位也较低。

3. 保民官(tribunus plebis),又译“护民官”

此职由平民议会选举两个平民担任,设于公元前 494 年,任期一年。在此之前,法律完全由祭司团垄断;平民既分不到国有土地

---

① 国内有些罗马法著作把“praetor”译为“最高裁判官”。但罗马的“最高裁判官”(praetor maximus)是指执政官和独裁官而言,故“praetor”以译大法官为宜。

② 执政官的任期为一年。如果是下半年发生战争,某执政官被任命为独裁官,到执政官任期届满时为止,即使该独裁官上任不到 6 个月,也得退职。这就是说,独裁官的任期不能超过执政官本身的任期。

(ager pubicus),发生战争却要他们出力出钱。根据传统的说法,平民反对贵族的第一次大斗争是在公元前494年爆发的。当时军事形势非常紧张,罗马受到外来的侵略,平民拒绝出征打仗,并带了武器撤到罗马附近阿里奥河对岸的圣山上(离罗马五公里左右)①。经过谈判,贵族不得不让步②,允许平民选出自己的官员,即两个保民官。他们在执行职务时,人身不受侵犯,元老院不能对他们加以拘禁、判罪;同时,保民官有权否决、抵制执政官、监察官等采取的不利于平民的措施,以维护平民的利益。经过保民官领导的平民斗争,平民也逐渐获得担任执政官等高级官吏甚至大祭司的权利。

4. 平民议会(concilia plebis)

这是公元前494年共和国时期产生的一个议会组织,完全由平民组成。平民议会由保民官负责召集,其职责是选举保民官和通过一些对平民有效的法规,称"平民议会决议"(plebiscitum)。公元前449年,《瓦莱里亚·霍拉体亚法》(*Lex Valeria Horatia*)规定,凡平民议会的决议经军伍大会认可,即对全体罗马市民生效,后又改为经元老院批准。约公元前289—前286年间,平民议会通过的《霍尔滕西亚法》(*Lex Hortensia*)规定,此后平民议会通过的决议,和军伍大会、地区大会制定的法律一样对全体罗马市民发生效力,因此也称为法(Lex)。

---

① 据说,为安定平民的情绪和保持军队的战斗力,贵族曾答应改善平民的处境。但等敌人被打退时,所有的诺言便被抛到一边,于是军队中的平民发生了撤离运动。

② 有的书上分析贵族让步的原因是:平民的撤离使罗马失去了一部分军事力量,同时贵族害怕平民要建立一个独立的国家。

5. 地区大会(comitia tributa,一译部落大会,音译吹布塔大会)

由各地区的贵族和平民组成,大约产生于公元前471年。塞尔维乌斯·图利乌斯改革时,曾将罗马划分为4个地区,到公元前241年,罗马的地区已增加到35个。共和国时期,随着社会事务的增多,军伍大会难以处理,便设立了该会议。由于地区大会中平民在人数上和势力上占有优势,加之参加人员广泛,所以民主性较强。但其权力没有军伍大会大,主要职责是通过高级长官的提案,选举事务官、税务官等低级官吏,通过次要的法律,高级官吏和重要的法律则须军伍大会选举和通过①。因此"军伍大会"也就称"最高大会"(comitiatus maximus)。

三、法律渊源

1. 习惯法

《十二表法》以前,法律的渊源主要是习惯法。

2.《十二表法》

这是罗马第一部成文法典。由于它在罗马法中占有特殊重要的地位,所以本节把它单独提出来加以叙述。

(1)制定的经过。《十二表法》是平民与贵族经过反复斗争产

① 国内有的书上因地区大会和平民议会都是按地区分别投票的,便把两者混为一谈。其实它们是有区别的:第一,地区大会有贵族参加,地位比平民议会高,所以与军伍大会、贵族大会一样,称"大会"(comitia);平民议会只有平民参加,地位要低一些,只能称"议会"(concilia);第二,地区大会和军伍大会、贵族大会通过的是法律(leges,lex);而平民议会通过的只叫决议(plebiseitum),起初仅对平民发生效力。

生的。上面已经说过，罗马虽在公元前 510 年建立共和国，但实际上仍是贵族专政。执掌法律（主要是不成文的习惯法）完全被贵族祭司团所垄断。遇有讼争，法官徇情枉法，袒护贵族，平民备受欺凌；加上当时高利贷盛行，利率毫无限制，债务奴隶制迫使平民处于难以生存的境地。贵族的专制激起了平民的反抗，纷纷要求制定成文法，以限制贵族的专横和徇私。据传说，公元前 462 年，保民官盖尤斯·特任体利乌斯·阿尔萨（Gaius Terentilius Arsa）倡议由平民组成委员会起草法律。贵族认为平民不懂法律，坚决反对。后来平民提议立法委员由双方共同担任，贵族仍加以拒绝。经过八年的激烈斗争，到公元前 454 年，贵族和平民互相让步，终于达成协议，立法委员全部由贵族担任，但法律须经有平民参加的军伍大会通过才能生效。在起草法律期间，执政官和保民官暂行去职，由立法委员会行使全国的军政大权，并决定派遣一个三人考察组，赴希腊研究梭伦（Solon）法制和搜集其他法律资料。三人考察组于同年出发，公元前 451 年返国①。次年，军伍大会选出贵族 10 人，负责起草成文法律，同时兼理国政，称“十人立法会”（decemviri legibus scribendis），由阿披乌斯·克老地乌斯（Appius Claudius）任会长。经过一年的工作，“十人立法会”制定了若干法律，经军伍大会通过和元老院批准，刻在 10 块板子上，公布于罗马广场。事后觉得制定的法律还不够，这年年底，又另选出“十人立法会”（据说

---

① 梭伦是雅典的政治家，公元前 594 年任首席执政官。他对雅典的社会、政治、经济进行了重大的改革：把公民按财产多寡分为四级，以削减贵族在政治上和经济上的权力；废除债务奴隶制，禁止以人身为借债的抵押品，还田于民；改革度量衡，给手工业者以公民权，大大发展了工商业。至于三人小组是否真的到了雅典考察，有的学者曾提出质疑。

其中有平民当选)①,于次年即公元前449年补充了一些条文,又雕成2块板子,加上前边的共12块,故称《十二表法》②。关于后"十人立法会"制定的两表,有的书上说是平民对前一年公布的法律不满意,因此加以补充,但未讲根据何在。我们认为,前"十人立法会"在一年内要制定出全部法律,不容易做到十分完备。后两表主要补充了前十表没有规定的一些内容,例如第12表第2条(后五表的补充)规定:"家属或奴隶因私犯而造成损害的,家长、家主把他们委付给被害人处理,或赔偿所致的损失"。前十表中就没有考虑到家属、奴隶造成损害的问题,只规定:"牲畜使他人受损害的,由其所有人把牲畜委付被害人处理或赔偿所致的损失。"所以,有必要补充前十表的不足。又如第11表(对前五表的补充)规定了"平民与贵族不得通婚",如果说因为平民对前十表不满意,又补充公布后两表,那么怎么会作出这种显然不利于平民的规定?看来,所谓"不满意"的观点是欠妥当的。

(2)《十二表法》的内容。《十二表法》公布后的60年,即公元前390年,高卢人入侵罗马,该法连同建筑物被占领军焚毁,既未保存残片,也无抄本传世。但罗马人对《十二表法》的内容印象深刻,据说后来又公布过一次,不过没有确切历史资料佐证。现在所知的《十二表法》,是后世许多学者从各种文献中收集、整

① 关于后"十人立法会"中平民的人数,有的说是5人,有的说是3人。

② 它并不是一块板子刻一表,而是依照条文的次序一条一条地刻,上块刻不完,接着刻在下一块上,一共是12块板子。李维说板子是铜的,故称《十二铜表法》,但据优帝《学说汇编》记载,S. 蓬波尼乌斯认为板子是象牙做的。《学说汇编》是公元6世纪30年代由罗马的法学家集体编撰而成,应更具有权威性。但也有说板子是木质的或大理石的。

理而成的[①]。该法被烧毁后，罗马的法学家、历史学家和文学家们仍然经常引用其条文，所以其内容散见各书，残缺不全，并互有出入。16世纪中叶，意大利人A.阿尔桑德里（Alexandra Alessandri，公元1461—1523年）和德国人A. du.里瓦尔（Aymar du Rivarl，？—1560年）曾先后搜集佚文，企图重建，但所获不多；1616年瑞士史学家J.戈代弗鲁瓦（Jacques Godefroy，公元1587—1652年）又进行了大量的工作，约完成十分之七、八；1824年德国学者H. B.迪克森（Henri Edouard Dicksen，公元1789—1868年）、1866年R.绍埃耳（Rudolf Schoell）、1883年M.沃格特（Monty Voigt）和1909年法国罗马法专家P. F.吉拉尔等继续进行搜集和整理，但仍未能恢复原貌。

《十二表法》各表的内容如下：

第一表　传唤

第二表　审理

第三表　执行

第四表　家长权

第五表　继承和监护

第六表　所有权和占有

第七表　土地和房屋（相邻关系）

---

① 《十二表法》经过许多学者的整理和重建，其条文顺序和内容不尽相同。国内的译文主要有：a.李景禧译文，刊于《法学评论》1935年第12期和1936年第1期，李译了前五表；b.周枏译文，刊于1936年《社会科学月报》；c金兰荪所著《罗马法》一书中有十二表法译文，但未注明出处；d.陈筠、防微译文，解放后根据俄文版《世界古代史》翻译，刊登在1957年东北师大《科学集刊》上；e.周枏1983年重译全文，刊于《安徽大学学报》1983年第3期，法学试用教材《罗马法》将其收为附录。

第八表　私犯

第九表　公法

第十表　宗教法

第十一表　前五表的补充

第十二表　后五表的补充

《十二表法》以维护奴隶主私有制为核心，同时保留了氏族社会末期的父权家长制和氏族社会某些野蛮行为的残余（如同态复仇等）。它的绝大部分是固有的习惯法，其中不少规范没有法律制裁的规定，可见并不完善。但是总的来说，它是当时罗马社会的真实反映，是适合当时社会发展的实际需要的。第一，它的内容广泛，宗教法和世俗法、公法和私法、实体法和程序法兼收并蓄，诸法合一，说明当时的罗马法尚处在发展初期。第二，它突出地表现了形式主义。如前所述，当时买卖不动产和奴隶等，除当事人亲自到场外，还必须邀请5个证人和1名司秤参加，要讲规定的语言，做一定的动作才能生效。其手续之烦琐，显然是沿袭了宗教的习惯。不过罗马当时商品交易并不发达，社会经济仍是自给自足的性质，文字也未普遍使用，对重要私有财产的出让，采取隆重的形式，邀请证人参加，既可使当事人慎重考虑，也可防止错误、欺诈、胁迫或无端翻悔。实行严格的形式主义，有利于统治者按自己的需要来稳定和调整当时的社会经济关系，又可避免法官在司法中徇情偏袒。第三，它将古老的同态复仇制和罚金并存、氏族继承和遗嘱自由并列，反映了社会和法律从野蛮到文明的渐进发展过程。第四，它的律文刻板、单一而无伸缩灵活的余地，完全不考虑实际情况的复杂性。例如第八表规定："不法砍伐他人树木的，每棵处25阿司的罚金。”既不论树木的种类和质量，也不问是大树小树，一概处以相同的罚金，显然会出现惊人的不平和可笑的结果。

（3）对《十二表法》的评价。《十二表法》不是在某一个早晨创造出来的，它是古罗马早期习惯法的结晶，是历史发展的产物，是受压迫的平民经过无数次斗争的胜利成果，反映了当时的社会经济现实，所以是适合当时社会的经济文化发展需要的。尽管用今天的眼光看，其中有种种野蛮落后的规定，在法律技术上，它也不尽完善，但总的看来还是进步的，并在罗马法的发展史上具有重大的意义。第一，它把一向由贵族祭司团垄断的神秘的法律，用文字公之于大庭广众，在一定程度上限制了贵族官吏的专横。公布法律的本身，就是一个巨大的进步。第二，除禁止平民与贵族通婚（第11表后于公元前445年被废止）外，平民在该法规定的范围内已取得和贵族平等的地位。从此，国家对法律行为的有效、无效、赔偿、处罚等，都有了明确的规定，不致再因当事人的社会地位不同而加以不同的对待。第三，《十二表法》已排除了“法是神授”的宗教信条。它是由军伍大会制定的。它肯定了侵犯个人利益和公共利益都是违反国家的法律，而不是什么触犯上帝、有悖神意。就这点而论，它和其他以神权为基础的古代法相比，不能不说是一个进步①。第四，《十二表法》的文句流利，便于诵读和记忆。据西塞罗说，他那时的青少年都把它当作课本来背诵。事实上，罗马人十分珍视这个法典，把它奉为经典。自《十二表法》公布后一直到优帝编纂法典时（公元529—534年）的近千年中，罗马的历代统治者

① 其他如时效制度，婚生子女推定，新法优于旧法的原则，禁止高利贷以及丧葬从俭等，都为后世所称颂与借鉴。

从来都没有以明文直接废止它。

在结束这个问题之前，附带再谈一下关于《十二表法》的真伪问题。在17世纪以前，并没有任何人对"十人立法会"的组织和《十二表法》的制定产生过怀疑。意大利历史学家G. B.维科（Glovanni Battista Vico，公元1668—1744年）首先对此提出异议，接着意大利历史学家E.帕伊斯（Ettore Païs，公元1865—1939年）和法国法学家E.朗贝特（Edouard Lambert）更进一步主张《十二表法》是后人杜撰的作品。E.帕伊斯说，《十二表法》是古罗马法学家C.甫拉维乌斯（Cnaeus Flavius）所辑的习惯法汇编，他曾在公元前304年发表《弗拉维亚努姆法》（*Jus Flavianum*），其中的诉讼法和《十二表法》规定的审判程序完全相同，因此《十二表法》并不是公元前5世纪的产物。E.朗贝特则说，罗马的许多所谓古代著作，多系后人杜撰，《十二表法》就是其中之一，该法是公元前198年执政官S. A.泊图斯（Sextus Aelius Paetus）汇集当时的习惯法和法律成语而成。两氏之说引起欧洲罗马法学界的争论近三十年。法国罗马法专家P. F.吉拉尔，则从历史、法律和语言学三个方面，论证《十二表法》绝非虚构。他认为：第一，古罗马各家著作中都有《十二表法》的记载，而且常常引用其律文；第二，《十二表法》的内容适合于公元前5世纪农村公社解体时的自然经济社会，而不适用于公元前2世纪末手工业和商业已有相当发展的罗马共和国后期；第三，《十二表法》条文所用的文字，都是古拉丁文，与公元前2世纪所习用的拉丁文，其体裁大不相同。1903年，双方意见提交在罗马召开的国际历史学会议讨论，吉拉尔之说终于被大会和国际学术界所确认。

3．各种大会的立法

贵族大会　王政时期的贵族大会是很有权威的立法机构，但军伍大会产生后，贵族大会逐渐失去其重要性而很少立法。以后又产生了地区大会。因此，贵族大会的立法权就被军伍大会和地区大会瓜分了，它只办理少数遗嘱、收养事务。公元前2世纪，会员们已经不再到会，仅由30个侍卫（lictores）代表30个宗联和3个占卜官（augurs），象征3个部落，由他们接受高级官吏的就职宣誓，贵族大会已变成一个礼仪性的机构。随着贵族和平民在经济方面发生的变化，加之经过相互通婚、收养和认领等，到共和国末年，平民与贵族的差别终于泯灭，该会于是早于平民议会而消灭。

军伍大会　军伍大会是共和国时期的最高权力机构，《十二表法》就是由它通过的。公元前339年后，军伍大会通过的法律，不再送元老院批准，改由事前同元老院协商解决。它通过的法律是政治性的，属于公法方面的居多。军伍大会逐渐取代贵族大会的权力，但到公元前289—前286年间《霍尔滕西亚法》公布后，平民议会通过的法律也对全体罗马人发生效力，军伍大会的作用就降低了。公元前2世纪，由于战争频繁，罗马军队时常远征，一去数年，有钱的罗马人都不再愿意当兵；另一方面，军事技术进步了，军队也不断职业化，人们需要经过一定的训练，才能当兵作战。基于上述原因，罗马后来把征兵制改为募兵制，结果士兵们变成了各方统帅争权夺利的工具，军伍大会丧失了原有的民主性。奥古斯都时允许各行省的军队可用通信投票。公元74年后，罗马停止进行户口登记，军伍大会也就不复存在了。

地区大会　地区大会和军伍大会一样，贵族和平民均可参加。但它只能选举低级官吏，讨论次要的法案。这是因为军伍大会的召集和表决手续比较麻烦，故次要的法律就由地区大会通过。地区大会也有司法权，可以受理上诉案件，但只能受理罚金案件。最初，地区大会只能通过大法官的提案，后来也能通过执政官的一些不重要的提案。地区大会通过的议案，对全体罗马市民都发生效力。地区大会一直存在于帝政前期。

平民议会　自公元前3世纪通过霍尔滕西亚法以后，平民议会通过的法律（以前叫“决议”）已适用于全体市民，一般是属于私法方面的内容。一些重要的民事立法如取消平民与贵族通婚限制的《卡努列亚法》（*Lex Canuleia*，公元前445年通过）、私犯法（即《阿奎利亚法》，*Lex Aquilia*，约公元前287年通过）、限制赠予的《辛西亚法》（*Lex Cincia*，公元前204年通过）和《特留份法》（即《法尔西地亚法》，*Lex Falcidia*，公元前404年通过）等都是由平民议会制定的。从名义上说，该议会从没有被正式取消，但事实上由于平民和贵族之间的差别消灭，大约在共和国末年，它就不存在了。

4. 长官谕令（edictum magistratum）①

罗马的高级官吏或长官（magistrae）如执政官、大法官、监察官、市政官和总督等，都享有统治权（imperium），在其职权范围内有权颁布谕令。他们在上任时，一般都要颁布谕令，把任期（除监察官外都为一年）内的施政纲领告知民众。谕令颁布后，在其管辖权范围内，人民都应遵守。由这些谕令积累而形成的法规，总称长官法或荣誉法（jus honorarium）。但执政官的谕令多属政治性的，只有大法官的谕令构成罗马私法的重要渊源。市政官负责管理市场、

① 长官的“谕令”，有的书译为“告示”。我们认为汉语中的“告示”不一定具有法令的性质；而且高级官吏的谕令最初是用口头形式下达，以后才用文字形式公布，所以谕令也不完全是告示。

买卖，他们颁布的谕令，则属于商务的范畴。另外，罗马的高级官吏退职后经常被派到外省当总督，他们上任后也要颁布谕令，其中往往吸收了当地的各种优良法律制度。因此，外省总督的谕令也常包含有私法的成分。最初，大法官审理案件，完全处于被动地位，仅是机械地按照法律的规定办理。到公元前 149—前 126 年间，制定《艾布体亚法》（*Lex Aebutia*）授予大法官自行决定诉讼程式（formula）之权后，大法官就有了指挥诉讼过程的主动权力，从而在某种程度上获得了法律创制权。首先，他有了对法律的解释权。例如《十二表法》的规定比较简单，他可以加以阐明和类推。其次，法律没有规定的，他可以根据当时形势的发展和经济的需要加以补充。再次，他甚至可以纠正法律的不合理之处。《十二表法》是共和国初年公布的，共和国有五百年左右的历史，其间罗马社会的变化很大，该法公布时罗马尚属自给自足的农业社会，而共和国中叶以后，罗马的简单商品经济空前发展，该法显然已经不适用了。但当时罗马忙于战争，无暇顾及制定新的民事法律，所以全靠大法官来补救《十二表法》的不足。例如《十二表法》规定，家长如果三次出卖他的儿子，这个儿子就获得解放，脱离家族而不再受家长权的支配，但是对出卖女儿和孙子等则没有规定。大法官根据他们在家庭中的地位没有儿子重要，因而宣布只要被出卖一次，就可以对他们消灭家长权。又如在要式买卖中，某人上当受骗，要是在形式上手续完备，依市民法规定，他只能自认吃亏，此时大法官则根据公平正义原则给受骗人以“欺诈抗辩”等予以救济，使其免受经济损失。再如继承制度，按罗马市民法的规定，是以宗亲为基础，儿子被解放，女儿出嫁后，他们就不再是父亲的宗亲，因而也就丧失了对父亲的继承权。如果父亲死了，没有留下遗嘱，又没有其他的近亲属，那么按照《十二表法》规定，就要由父亲的族亲、有时甚至要由与他的血缘关系很远或是根本没有血缘关系或互不相识的宗亲来继承。为了纠正这种不合理的现象，大法官就让依法没有继承权的被解放儿子、已出嫁的女儿先把他们父亲的遗产占有、管理起来；那些族亲或宗亲要继承，大法官不予支持。这样经过一段时间，完成了取得时效的条件，这笔财产（遗产）就可归子女所有了。总之，大法官依据其职权给予或不给予诉讼当事人以诉权、抗辩权或准予恢复原状等，使合法而不合理的权利丧失其法律上的保障，而使合理而不合法的关系则获得事实上的保护，如同合法的权利一样，达到“法官造法”的效果。公元前242年，由于商业的发展和加强统治的需要，罗马增设了外务大法官，因而在市民法外，形成了最能反映商品经济客观要求的万民法。

长官谕令可以分为四类：

（1）常续谕令（edictum perpetuum）①。这是长官上任时宣布的施政纲领，说明他将保护哪些权利，不保护哪些权利，在其整个一年的任期内有效。公元前67年，《科尔涅利亚谕令法》（*Lex Cornelia de edictis perpetuis*）规定，长官应严格遵守其任职时公布的谕令，不得任意变更。

（2）临时谕令（edictum repentinum）。这是长官就临时发生而常续谕令中没有规定的问题所作的补充谕令。

（3）传袭谕令（edictum translaticium）。这是新任长官对前任

① “perpetuum”本来是“持续”、“不间断”、“永久”之意，有的书将其译为“一般告示”，似不确切。有的则译为“永久令”，好像这种谕令永远不能改变，其实其效力一般只有一年。

长官所颁布而仍可适用的谕令的承袭和沿用。新任长官多尊重前任已颁布的谕令，如果对某一问题前任长官已有规定，则后任长官一般不再另作规定，而是根据当时的需要，或沿用原谕令，或以此为蓝本，加以必要的修改补充。

（4）新谕令（edictum novum）。这是新任长官除承袭前任长官的谕令外针对新情况所颁布的谕令。

长官的谕令都是适应当前的实际需要，并在其任期内经受了实践考验和法学家评论的，其中不合用的即为后任所淘汰。由此，长官谕令得以不断完善，其精华部分世代相传。这种稳定性和灵活性相结合的办法，使罗马法既扎根于过去的经验中，又能适应形势的发展，有利于促进社会经济的发展。

在理论上，谕令的效力不及议会制定的法律。因为从时间上看，法律是永久性的，谕令是任期性的，只在长官的一年任期内有效；从适用的范围看，法律适用于全国，谕令只适用于长官所管辖的地域范围，例如内务大法官公布的谕令只能在他管辖的罗马市发生效力；从两者的关系看，法律可以改变谕令，谕令不能改变法律。然而，实际上却并不一定如此。就私法来讲；传袭谕令把一届届长官谕令中的精华部分传流下来。同时，谕令能随时代的发展和经济的变化而变化，法律则一经制定就相对地固定了，所以它落后于社会发展的形势，这样，谕令反而具有较强的生命力。虽然从范围上说，谕令的效力只限于一个地区，但由于大法官是在首都任职，他的地位高，法学造诣深，影响大，所以外地的司法官在民事方面都仿效他颁布的谕令，只是根据各地的具体情况作些变通而已。因此大法官谕令适用的范围实际上及于全国。谕令虽然不能变更法律，但大法官可以根据实际需要和“公平”、“正义”的原则，对法律进行解释、补充和纠正。从这一方面讲，谕令的效力实际超过了法律。罗马的大法官，在共和国时期按照商品经济发展的实际需要，不断纠正市民法的缺陷，补充其不足，这对促进罗马法的发展，使之后来成为世界性的法律，起了直接的决定作用。可是在哈德里安努斯帝（Hadrianus，公元117—138年在位）时，大法学家优利安努斯（Salvius Julianus）奉帝命编纂历代长官谕令，并经元老院批准，作为法官判案的准据。这样，长官法的生命历程也就从此结束了。至于确切的编纂年代和优利安努斯是以什么名义进行编纂的，如他是以皇帝助理的名义还是受皇帝的特别委任而编纂谕令的，对此问题则学者各主其说，迄无定论。

5. 法学家的解答（responsa prudentium）

《十二表法》公布后，罗马开始有了成文法。但该法内容简单，要把其条文运用到具体事实上去还是需要解释的；而且随着罗马由闭塞的城市国家变成横跨欧、亚、非三洲的大国，简单的法律规定已远远不能适应形势发展的需要，这就要求法学家对法律进行研究、解释，弥补其不足。如前所述，在《十二表法》以前，法律知识是被贵族祭司团垄断的，那时科学不发达，法律与宗教等不分，祭司团既管宗教也管法律，而且还垄断着天文、历法等方面的知识。哪天是黄道吉日，议会可以开会，法官可以开庭受理诉讼，什么日子可以结婚、收养等，局外人均不得而知。这种情况在《十二表法》公布后仍然延续了一个时期。因为法律虽已公布，但一般人并不知道它如何具体运用，不知道诉讼的程序，不知道开庭的日子等等，诉讼当事人和法官都不得不向祭司们请教，他们是罗马最早的法学家。这段时期罗马法还处在秘密时期。正如李维所说："市民法深藏于祭司团的神龛之中。"当然，那时祭司团在法律方面也做了一些有益的工作。如用“拟诉弃权”的办法，解决解放奴隶和收养的问题；用“铜块和秤”（per aes et libram）的方式，解决结婚和遗嘱等实际问题，就是祭司团的创造。直到公元前 307 年，执政官克老鸠斯·崔库斯（Appuis Claudius Caecus）的秘书甫拉维乌斯（Craeus Flavius）利用职务上的便利，相继把诉讼方面的程序和进行诉讼的日期表公布于众，称《甫拉维亚努姆法》（*Jus Flavianum*），始打破祭司团垄断法律知识的局面，受到了普遍的欢迎。法律知识公开后，不但贵族可以研究，平民也得以学习。公元前 254 年，平民科伦卡尼乌斯（Tiberius Coruncanius）担任了大祭司（祭司团的首领）①。此职过去一直由贵族垄断，他是担任该职的第一个平民。他进一步公开传授法律知识，并解答人们提出的各种法律问题。这样，法律由秘密时期进入了公开时期。随着法律知识的普及，研究法律的人日益增多，除了祭司，其他人也可以解答法律问题。而且，法学家除解释法律外，还对于他接受咨询的问题提出各种法律解决方案。他们解释法律问题，不取报酬，完全属于义务性质，故深受民众的爱戴和欢迎。法学家们则以此作为争取选民，获取官位的捷径。

当时，法学家的活动主要有四个方面②：

（1）口头解答（respondere）。即口头解答民众向他们咨询的法律问题。

---

① 王政时期，王本人即为宗教首领；共和国时期，政教分离，才由祭司团选举大祭司（pentifex maximus）一人，职掌圣典，其地位与高级官吏相等，李维认为他也享有谕令权。以后大祭司改由各地区的宗教大会（comitia tributa sacerdotum）选出，公元前约 300 年《奥古尔尼亚法》（*Lex Ogulnia*）规定平民亦得任大祭司，但直至公元前 254 年，平民才获选担任此职。

② 有的著作是将法学家的活动分为三个方面，即把“口头解答”和“书面解答”合在一起，通称法学家的“解答”。

(2)书面解答(scribere)[①]。罗马疆域不断扩大,对首都罗马以外的人提出的法律问题,法学家就不能用口头方式解答,而必须作成书面,亦称"笔复"。

(3)办案(agere)。即为当事人进行诉讼、办案子。

(4)撰约(cavere)。即为当事人拟订书面契约、遗嘱等。

法学家的解答虽无法律拘束力,但由于他们在法学上的造诣和声望,司法人员一般都要向他们请教,并采纳他们的意见。所以法学家的解答,虽然不是直接的,却是间接的法律渊源。罗马的法学家和大法官一样,都对罗马法的发展起了重大的作用。

第四节 第三期——帝政前期

(公元前27—公元284年)

一、概况

共和国末叶,罗马战乱不息,经过公元前90—前88年的社会战争、前73—前71年的斯巴达克奴隶起义,接着是前三雄[②]和后三雄[③]的争夺,最后奥克塔维乌斯夺取了政权。公元前27年,他被元

① 关于"scribere"这个词,有的书将其译为"著述",似不确切。因为虽然在共和国时期已有法学家开始写书,但这仅是极少数情况,不能看作一般法学家的活动。只是到了帝政时期,法学家的著述才大量涌现。

② 指庞培(Gnaeus Pompeius Magnus,公元前106—前48年)、克拉苏(Marcus Licinins Crassus,约公元前115—前53年)和恺撒(Gaius Julius Caesar,公元前100—前44年)。

③ 指安东尼(Marcus Antonius,公元前82—前30年)、雷比达(Marcus Aenulius Lepidus,?—约前13年)和奥克塔维乌斯。

老院奉为奥古斯都(Augustus),该称呼后成为罗马及西方帝王习用的头衔。如前所述,奥古斯都在任期间(公元前27—公元14年),废除共和制,实行元首(principe)政治,开始了帝政时期。但他考虑到共和的传统与习惯在罗马还有相当大的影响,表面上还不敢把权力集中于一身,而是和元老院一起分管国家。他把国土分为两部分,一部分直属元首,一部分归元老院管辖,在形式上和元老院分掌行政、立法和司法大权,故亦称帝政分权时期,也叫帝政前期。这一时期,国土继续扩张,罗马的商品经济空前发展,商业和手工业极为兴盛,出现了许多新兴的大城市。由于内战中止,交通发达①,许多行省从战争的蹂躏中恢复过来。东方各行省生产贵重的布料、地毯、羊皮、香料、化妆品和艺术器皿等。西方各行省的各种手工业则重新振兴,高卢的金属、纺织、陶器等产品行销中欧、不列颠和西班牙,西班牙建立了发达的采矿业。奥雷利乌斯帝(Marcus Aurelius,公元161—180年在位)时,并曾遣使与我国通商,当时为东汉桓帝延熹年间②。生产和贸易的发达,使罗马帝国出现了二百年的经济繁荣时期。商品经济的高度发展,又使各民族人民的平等权利得到了充分的体现,从而也促进了对于统一法律的要求。到212年,卡拉卡拉帝(Caracalla,公元211—217年在位)颁布了著名的"安托尼亚那敕令"(Constitutio Antoniana),正式废除了市民与臣民的区别,使罗马帝国境内的居民一般都取得了市民权。"在这种平等的基础上"③,同时受到希腊哲学中自然法

① 罗马人为了打仗,在陆地上大量修筑道路,在水面上除建造战舰外,也造了大批运输船只,大大有利于战后商业运输。

② 史载延熹九年(公元166年),大秦(即罗马)王入贡。

③ 见恩格斯:《反杜林论》,《马克思恩格斯选集》第3卷,第143页。

思想的影响，罗马法和法学得到了充分发展。此时，市民法与万民法逐渐融合起来，罗马法开始获得世界性意义。法学也得到了相应的发展，研究法学的人日益增多，对法学问题公开进行讨论，并出现了各种法学派别。统治阶级也重视法学和法学家，给予法学家以公开的法律解答权。直至A.塞威鲁斯帝逝世这二百余年中，罗马法和法学繁荣昌盛，所以一般称之为“法学昌明时期”或“古典时期”。

二、政治组织

帝政前期，奥克塔维乌斯利用人民久困内乱，望治心切，乘机创立“元首制”的国家制度。名义上“奥古斯都”由元老院选举，每任10年，实际上连任终身。他总揽政治、军事、司法、宗教等大权，在司法上他有权管辖终审案件，甚至可以直接审理重大初审案件。名义上他与元老院分管国家，实际上对元老院的决议享有原保民官所享有的否决权。依照规定，元首并非世袭，由元老院选举，但每个奥古斯都在生前有权指定权力继承人。这继承人虽不一定是他的儿子，但是选中继承人后，照例就将其收为养子，任为副帅（caesar），死后由他承袭元首职位。所以元老院的选举完全是一种形式。如果奥古斯都没有指定继承人时，则由军人推荐人选，再由元老院作出礼仪上的决议。出身为平民的，即授以贵族的资格，使其在一切方面不亚于任何人。然后再经地区大会通过，该决议称《皇权法》（*Lex de imperio*）。

奥克塔维乌斯当政后，将元老院定员增至600人，吸收他的党羽，以扩大势力；并规定只有拥有100万塞斯特尔体乌斯的财产，而且其中至少有10万塞斯特尔体乌斯是属于地产的人,才有资格进入元老院。由于新增加名额都是他的亲信,所以元老院在大权实际上集中在他的手中。高级官吏名义上由元老院选举,其实是由元首直接推荐。后来元老院也丧失了选举高级官吏的权力,而由元首直接任命。最初元老院在立法方面只有建议权,其决议要用长官谕令的形式公布;后来元老院成为元首夺取立法权的过渡机构,其决议可以直接发生法律效力,不必再用长官谕令的形式公布。

帝政是从共和制过渡而来的,元首虽有"总揽"和"不可侵犯"两特权,但他为了粉饰政制,仍把共和国时期的官吏、行政制度照搬过来,执政官、监察官、大法官、市政官等官职仍旧保留,任期还是一年。但这些官吏的选举,变为由皇帝操纵。此外,除了旧有的行政机构和官吏外,他又新设了一些高级官吏。例如军政长官(praefectus praetorio),其权力比执政官、保民官更大。他掌握军政大权,元首的许多事务实际上由他代行。又如保安司令(praefectus urbi)管辖罗马城市的一般治安;宵警官(praefectus vigilum)负责维持夜间的秩序和处理火警。那时罗马帝国向外扩张,掠夺了很多财物,使罗马市场繁荣,建了许多娱乐场所,这些市场和公共场所白天由保安司令管理,晚上则由宵警官管理。按规定,群众晚上集会而影响治安,可处以极刑。此外还设立了粮食官(praefectus annonae),负责粮食的调运和分配,防止商人囤积和掺杂。这些新设立的官吏削弱了旧有官吏的权力,并且有权审理在其职权范围内发生的案件。他们依行政程序处理案件,不再沿用旧的诉讼方式。传统的办案方法是分为两个阶段:先由大法官决定是否立案,是否需要审判,这是法律审阶段;然后由承审员或仲裁人调查事实，进行审判，这是事实审阶段。大法官一般是不直接判案的。

帝政初期的议会只有地区大会还继续起着作用。“贵族大会”和“平民议会”因贵族与平民的界限消失而不复存在。“军伍大会”也因征兵制改为募兵制而丧失了其民意机构的性质，便无形中消失了。所以只有“地区大会”还做一些立法工作。例如在奥古斯都时通过了限制解放奴隶、制裁独身、通奸以及有关嫁奁和结社等的法律；体贝里乌斯帝时通过法律，允许以遗嘱预立或预废将来出生的子女为继承人；克老地乌斯帝时还通过了关于妇女监护的法律。随着皇帝权力的巩固和扩大，帝国人口的增加，召集地区大会费时费力，这使它逐渐丧失了立法权力。至于选举一般官吏，本来也是地区大会的职权，但到第二元首体贝里乌斯接任后，就把它转归元老院办理。到哈德里安努斯帝时，该会也停止了活动。

三、法律渊源

1．习惯法

在这一时期，习惯法还是有的，但由于成文法多了，习惯法就不如从前那么重要了。

2．法律

帝政初年还保持共和国时期的制度，法律须经过地区大会通过。后来皇帝权力扩大，召集地区大会又有困难，法律就由元老院以决议形式颁行，最后皇帝自己直接制定法律，到2世纪初，议会就不再立法。

3．元老院的决议

元老院在王政时期原是咨询机构，在共和国时期逐渐变成行政机构，掌管财政和外交，批准立法。军伍大会、地区大会制定的法律，都须经过它批准才能生效。它本来并不制定法律，其立法权始于何时，学者间颇多争议。一些学者认为，由于军伍大会、地区大会的军事事务繁忙，加上人数日多，召集困难，遇有紧急情况，来不及召开大会立法时，元老院就邀请在职长官列席会议，通过临时决议，以后再由大会追认；平时也往往采用由长官提案，经元老院通过或由元老院形成决议，经由长官赞同，列入长官谕令中的办法，颁布施行。帝政以后，元老院成为皇帝夺取议会立法权的过渡机构。它正式取得立法权，大约是在哈德里安努斯帝时。应该指出，元老院的成员是由皇帝选任的，因此元老院完全成了皇帝的附属品，它所形成的决议只不过是皇帝的授意而已。到公元3世纪初，元老院就不再做立法性质的工作，而由皇帝直接颁布敕令来代替立法。元老院的决议发生法律效力的时间不长，数量不多，但优帝一世编纂《法学汇编》时也加以引用。

4. 敕令(constitutiones principium)

皇帝就位时，照例由《皇权法》授予立法权。不过在帝政初期，他们很少运用此项权力，一般法律仍由地区大会或元老院制定，表示他并不专断独行，但不久这一文饰的形式就被废弃，因而敕令就成为本时期的重要法律渊源。盖尤斯在他所著《法学纲要》中把敕令分为三种：敕谕、敕裁和敕答。以后研究罗马法的学者通常又增加第四种“敕训”，现分别说明如下：

(1)敕谕(edictum)。这是皇帝对全国居民发布的通令，具有普遍性，无论市民和非市民都应遵守。敕谕的有效期本来和大法官的谕令一样，都以任期为标准。大法官的任期是一年，皇帝的任期一般是10年(实际是终身)，皇帝死亡或让位，其继任人可以不遵从他的敕谕办事,但必须明令加以废止,否则旧的敕谕仍然有效。

(2)敕裁(decretum)。这是皇帝对他受理的初审案件和上诉案件所作的裁决。原则上其效力只及于当事人,但如果涉及新的法律上的原则性问题,又经公布,则全国法官日后遇同类案件时,就以此为判案的准绳,于是敕裁也构成法律的渊源。

(3)敕答(rescriptum)。这是皇帝对人民和官吏提出的法律问题所做的答复,如经公布,也具有法律的效力。它与敕裁的不同之处是:敕裁是皇帝对案件的判决,不一定要用书面形式;敕答则采用书信的形式,故又称"敕函"(epistulum);如果是在原呈中加以批注,则又称"敕批"(subscriptio)。在敕令中,以敕答所占的数量为最多。

(4)敕训(mandatum)。这是皇帝对其下属个别官吏(如即将上任的总督)所作的训令,指示其一定的政治方针。因为它属于行政性质,又是对个别官吏所作的训示,所以盖尤斯和乌尔披亚努斯都没有把它作为法律的渊源。但敕训也不是绝对没有涉及民事权利的,加之它和长官的谕令一样,在时间上和适用的范围上有一定的普遍性,所以后世学者通常把它作为法律的渊源。例如同一内容的训令可对几个长官下达,而第一任总督照皇帝的敕训办了,其继任者也将基本上照此办理。

敕令的制定,并不是出自皇帝之手。皇帝都设有法律顾问,一般由精通法律的元老院议员担任,顾问会议由皇帝亲自主持,皇帝缺席时由军政长官代之。所有敕令,通常都由该会制定,而用皇帝的名义发出,故敕令对当时罗马法的发展也起了重要的作用,它是帝政前期的重要法律渊源。随着敕令越来越多,后来皇帝曾把它们编集起来，叫作敕令汇编或法典(codex)，以便查阅。

5．长官的谕令

公元前27年，罗马由共和国时期进入帝政时期，其政治制度虽然变化了，但奥古斯都并未直接取消高级官吏发布谕令的权利。由于高级官吏名义上是由元老院选举，而元老院则受皇帝控制，所以他们实际上是由皇帝指派的。随着皇帝权力的日益扩大，高级官吏们就不敢像共和国时期那样随便变通法律了。他们都照章办事，遵从皇帝的敕令，所以这一时期大法官的谕令没有多大发展。到哈德里安努斯帝时，因为历年来长官的谕令积累甚多，并且名义上还多具有法律效力，适用起来很不方便，哈德里安努斯帝便令法学家优利安努斯负责把历代大法官、市政官、外省总督等的谕令整理、编纂起来，并经元老院批准通过，供法官们一体遵行，但并未因此变更谕令的性质。这样，长官们实际上就等于被剥夺了谕令权。从此，谕令便固定起来，所有法官判案，必须依照优利安努斯编纂的谕令办理，不能有所创新。遇有需要增删变通时，唯皇帝才有权为之。这一谕令编纂的名称仍叫《常续谕令》，后来罗马的法学家曾对其作过批注，但原文没有传下来。公元235年，为了管理的方便，皇帝又授予军政长官以谕令权，但仅作为例外而已。

6．法学家的解答(responsa prudencium)和活动

帝政前期，经济繁荣，法学早已公开研究，学习的人也越来越多。虽然那时还没有正式的学校，但法学家们可以招收学生，传授、研习法学，并著书立说。奥古斯都登台后，为了收买人心，授予某些有名望的法学家以“公开解答权”，使他们的法律解释具有一定的法律效力。获得公开解答权的法学家，对群众和下级官吏公开解答的法律问题，采用书面形式，并加盖私章表示负责。他们的

解答,仅对有关案件有拘束力,法官办案应加以采用。在理论上,所作解答对其他同类案件,法官并没有遵循的义务,但由于解答者对法学有较深的造诣,又是出于皇帝的授权,因而具有较高的权威性,故实际上对其他同类案件也多被引用。那些没有公开解答权的法学家,并没有失去原有供人咨询、解答法律问题之权,不过其解答没有法律拘束力。经过若干年后,有公开解答权的法学家的解答越来越多,他们的意见往往发生矛盾。据盖尤斯称,哈德里安努斯帝为此规定凡历代有公开解答权的法学家,无论是在世的或已故的,如果他们对同一问题的意见一致时,该意见就发生法律效力,于是法学家的解答,就成为罗马法的渊源了。如果他们的意见不一致,则法官可以酌情采纳何种意见,甚或另作决定。

从奥古斯都于公元前 27 年当政起到哈德里安努斯帝于公元 138 年去世止的约一个半世纪中,罗马法学家形成了两大派别。一派是以拉贝奥(M. Antistius Labeo,约公元前30—公元10 或11 年)为首,另一派以卡披托(C. Ateius Capitol,?—公元 22 年)为首。拉贝奥出身平民,倾向共和政体,当过大法官,曾拒绝接受奥古斯都推荐他为执政官。在法学上,他富有创新精神,属于萨比努斯派的蓬波尼乌斯(S. Pomponius)曾赞誉他是法学界的革新者。卡披托则拥护帝制,唯皇帝之命令是从,故生前深得奥古斯都的宠信,曾升任执政官,是第一个获得享有公开解答权荣誉的人,但他在法学方面常因循旧说,比较保守。两人各设讲坛,招收门徒,著书立说。继拉贝奥为主持人的是他的学生涅尔瓦(M. Caeccius Nerva),涅尔瓦于公元33 年自杀后,则由他的同学普罗库路斯(Sempronius Proclus)继任。继卡披托为主持人的是他的学生 M. 萨比努斯(Massurius Sabinus)。双方在体贝里乌斯帝时正式形成不同的学派，各树一帜，展开争鸣。他们的追随者即自称为普罗库路斯派或萨比努斯派，而没有用它们的创始人的姓名命名学派。有些学者认为普罗库路斯派代表中小奴隶主阶层的利益，而萨比努斯派则代表大奴隶主阶层利益，这可能是从双方的政治观点来判断的。实则他们都是维护奴隶制和私有制的，在本质上并没有什么不同。特别是在私法方面，二者都受希腊斯多葛派（Stoïk）自然法观点的影响，他们的争论，只是对一些具体问题的处理意见不同，而谈不上有什么系统的原则性的区别。例如对如何确定婴儿出生时是死产还是活产的问题，普罗库路斯派以能否啼哭为标准，萨比努斯派则以能否呼吸为标准，优帝一世的法律采后说。又如关于先取遗赠（legatum per praeceptionem），即遗赠人在遗嘱中表示某一受遗赠人享有在遗产分割开始时先行提取该遗赠的权利，萨比努斯派认为这项遗赠仅限对继承人为之，始生效力；普罗库路斯派则主张不限于继承人，即对继承人以外的第三人亦得为之；哈德里安努斯帝采后说。再如加工物的所有权问题，普罗库路斯派主张归加工人所有，萨比努斯派则主张归原料所有人所有，优帝一世的法律则采折中主义，视原料的情况而定。可见他们的法学观点并没有系统的原则性区别，从文献中看不出他们在私法上是代表哪一阶层的利益。

此一时期的著名法学家，属于普罗库路斯派的有涅尔瓦的儿子凯西乌斯·涅尔瓦（Caeccius Nerva）、泊加苏斯（Pegasus）、涅拉体乌斯（Priscus Neratius）和塞尔苏斯（Juventius Celsus）父子等。属于萨比努斯派的有隆吉努斯（Gaius Cassius Longinus）、C.萨比努斯（Caelius Sabinus）、雅沃莱努斯（Priscus Javolenus）、优利安努斯（Sulvis Julianus）和蓬波尼乌斯（Sexcus Pomponius）等。这些法学家在他们的著作中除阐明自己的观点外,也援引对方的意见,而于本派主张确信有失误时,则能够加以改正,不因门户之别而文过饰非,坚持错误,显示了他们实事求是的良好学术研究风尚。因此,二派相互促进,在160多年中,大大推动了罗马法和罗马法学的发展。哈德里安努斯帝以后,两派意见逐渐融洽。继任的安托尼努斯·披乌斯帝(Antoninus Pius,公元138—167年在位)时,著名法学家盖尤斯还自称是萨比努斯派,但有些法学家如马尔赛路斯(L. Ulpius Marcellus)、Q. C. 塞沃拉(Q. Cervidius Scaevola)等,就不再标榜自己属于哪一派了。

以后,罗马出现了帕披尼亚努斯、乌尔披亚努斯、保路斯和莫德斯体努斯等有名的法学家,他们和盖尤斯等五人的学说被东罗马皇帝特奥多西乌斯二世(Theodosius Ⅱ,公元408—450年在位)和西罗马皇帝瓦伦体尼亚努斯三世(Valentinianus Ⅲ,公元408—450年在位)联合规定为全罗马法官应遵循的准绳。这五人世称为五大法学家,他们在罗马法的发展史上产生过较大影响,优帝一世《学说汇编》采用五人的意见有6017条,占了全书内容的66%以上。下面就对他们作一简略的介绍。

(1)盖尤斯(Gaius,约公元130—180年)。他生于小亚细亚,有关他个人的生平已不可考。一般认为,他是外省的一位法学教师,并没有取得"公开解答权",所以他在世时并不出名。盖尤斯也不是全名,只是古罗马姓名组成中的第一个名字。但在他死后,由于他的著作出类拔萃,在公元426年,被罗马东西两皇帝敕定为《学说引用法》(*Lex citationis*)中的权威法学家之一,优帝《学说汇编》也引用了他的言论。其主要著作有《法学纲要》、《十二表法注释》、《日用法律知识》等,但仅有《法学纲要》一书留传到了今天

（详见后文）。

（2）帕披尼亚努斯（Aemilius Papinianus，约公元150—212年）。他生于东罗马的叙利亚，是大法学家Q. C. 塞沃拉的学生，乌尔披亚努斯和保路斯的老师，曾在贝鲁特学院任法学教师。他又是S. 塞韦鲁斯帝（公元193—212年在位）的亲戚、同学和密友，当过不列颠约克郡的总督，帝国国务委员和军政长官，是当时显赫一时的人物。公元212年，S. 塞韦鲁斯帝死后，其两个儿子争权，哥哥卡拉卡拉刺死弟弟格塔（Geta），夺取皇位，然后，便请帕披尼亚努斯在元老院为他作格塔企图叛国的辩护，遭到其拒绝。帕氏宣称“杀一个人容易，但要证明杀得对则是困难的”；又说“诬告一个无辜的被害者，就是构成新的罪行”。终于被卡拉卡拉派人暗杀掉。帕氏的主要著作有《问题集》37卷和《解答集》19卷，这两部案例汇编曾被列为其后法学院校的主要学习资料，现我们在《梵蒂冈残篇》（*Vaticana Fragmenta*）中还可找到其中的43个片段。帕披尼亚努斯的学术和品德受到人们很高的评价。君士坦丁一世为维护他的著作的权威性和准确性，曾于321年规定所有乌尔披亚努斯和保路斯对之所作的注释，不发生法律效力。公元426年，他又被罗马东西两帝敕定为《学说引用法》中最主要的法学家。优帝《学说汇编》中也引用了他的许多言论。

（3）乌尔披亚努斯（Domitius Ulpianus，约公元170—228年）。乌氏也生于叙利亚，是帕披尼亚努斯的学生，曾在贝鲁特学院讲授法学。当帕披尼亚努斯任军政长官时，他曾做过帕氏的助手。乌氏后来也当过军政长官，公元228年在兵变中被皇帝的禁卫军杀害。公元426年罗马东西两帝联合制定《学说引用法》时，把乌尔披亚努斯列为五大法学家之一。他是一位多产的作家，主要著作有《论萨比努斯派》(51 卷)和《市民法和谕令注释》(81 卷)。他的著作明确易懂,具有明朗、畅达的风格,最著名的一本叫《乌尔披亚努斯法学规范》(*Regutae Ulpiani*),现在《梵蒂冈残篇》中还留有 29 条。优帝《学说汇编》中采用了他的大量言论,是罗马法学家中被引用言论最多的人,约占该书的 27%。

(4)保路斯(Julius Paulus,?—约 222 年)。他生于意大利北部的帕多瓦,和乌尔披亚努斯是同学,又同是帕披尼亚努斯的学生和助手,后来也做过军政长官。他还是教师和作家,一生工作和著述逾 50 年,有丰富的实践经验和渊博的法学知识,研究的领域很广,对民法、刑法、行政法、诉讼法和司法制度等都有很深的造诣。他的著作很多,大的著作有 29 部,小册子有 50 种。其中著名的为《保氏案例》(*Sententiae Pauli*),大约写于公元 212 年,在《维息哥罗马法》(*Lex Romana Wisigoths*)中有其摘要。保路斯是罗马法学家中出类拔萃的人物,《法学引用法》中的五大法学家之一,其作品被优帝一世《学说汇编》援引的几乎占了整个篇幅的四分之一。

(5)莫德斯体努斯(Herennias Modestinus,?—约 244 年)。莫氏是乌尔披亚努斯的学生,做过法学教师,也当过宵警官。他于公元 220—244 年从事写作,著书 15 种,主要著作有《解答集》19 卷、《质疑集》9 卷、《规范》10 卷、《法学汇编》12 卷以及《辩解集》等,也是《学说引用法》中的五大法学家之一。但他在法学上的造诣不如其他四位法学家,所以他虽离优帝一世当政时较近,但优帝一世《学说汇编》中引用他的学说是五人中最少的。

在本时期,罗马法学家们从事广泛的研究工作,所涉及的范围相当于今天的民法、诉讼法、刑法和行政法等。他们的著作大致可以分为以下几种:

① 法学解答(quaestiones responsa)。这是把共和国时期和帝政以后一些法学家对学生所提质疑的解答和对人们咨询的法律问题的答复所收集而成的汇编。

② 谕令诠释(libri ad edictum)。共和国时期和帝政前期,大法官及各种高级官吏颁布了许多谕令,法学家们遂对这些谕令加以整理并作注释。

③ 论市民法(jus civile)。这些著作并非研究市民法的全部,而是仅将谕令中未涉及的部分加以阐明探讨,如《十二表法注释》等。

④ 法学汇编(digesta)。这是法学家们对市民法、长官的谕令和法学家的学说等所作的综合汇编,具有法律百科全书的性质。

⑤ 法学纲要或法学阶梯(institutiones)。这是法学家们对全部法律所作的提纲挈领的论述,以供初学者学习入门之用。

⑥ 其他专著。这是对某一法律问题、某项法规或某一法学家等的评述,内容颇为纷杂。

以上著作多已散佚,我们在优帝一世《学说汇编》、《梵蒂冈残篇》和《维息哥罗马法》中还可以找到原文的节录或摘要。其共同特点正如我们上面已经提到的,是重在务实。它们是针对现实的问题,提出一些法律技术性的或具体的解决措施,以适应经济发展的需要和维护统治阶级的利益;而在进行科学分析和理论研究,把各种现象概括为一般概念,把实践提升为普遍原则等方面则有不足。在此,我们对以上著作略举二三种作一介绍。

(1)《盖氏法学纲要》(*Institutiones Gai*)。该书约成于公元161年前后,载有安托尼努斯帝时的法制情况。其内容主要包括市民法和长官法,分四卷三编,即人法、物法与诉讼法。此项分类,并非盖尤斯所创，他只是承袭前人习用的体裁。四卷的划分是：第一卷包括法律渊源和人法；第二卷包括物、物权和遗嘱继承；第三卷包括法定继承和债；第四卷包括私犯、准私犯和诉讼法。这是一部关于罗马法的系统、全面而又简明扼要的教科书，便于初学法学者阅读，故又译为《法学入门》。该书失传已久，1816 年始发现于意大利的维罗纳，后经许多科学家的研究和辅以其他新的发现，几乎恢复了全貌。该书的问世，是罗马法研究史上的一个里程碑，以前一些疑问和误解，从此得到了解决和纠正①。

（2）《乌尔披亚氏法学规范》（*Regulae Ulpiani*）。这是乌尔披亚努斯在卡拉卡拉帝在位时所著，体裁与盖尤斯的《法学纲要》相同。现存最古的手抄本是公元 9 世纪末或 10 世纪初的手笔，由萨维尼在梵蒂冈克里丝蒂娜后（Reine Christine）的藏书中发现，仅存

① 盖尤斯《法学纲要》的发现和出版问世，并一再补充完善，其过程是相当曲折的。1816 年，德国历史学家尼布尔（Barlhold Georg Niebunr，公元 1776—1831 年）到意大利旅游，在维罗纳教堂的图书里发现了一部作品，所用羊皮纸虽早在公元6 世纪就经过刮涤，誊写了圣雅罗姆（St. Jeroma）的书札和评论，但许多地方原文还隐约可见。尼布尔感到它可能是重要的文献，但不知是什么著作，遂将其带回德国，请萨维尼（F. K. Von Savigny，公元 1779—1861 年，后成为历史法学派的主要代表）辨认，才确定正是公元 5 世纪盖尤斯的《法学纲要》的手抄本。抄本共 126 页，其中有三页散失，有一页后借其他文献补正. 但许多地方用了缩写。该手抄本经用化学方法消除誊写书札的字迹，重现原文，因其中有 62 页曾经两次刮涤，文字已模糊不清，致仍不能窥其原貌。后柏林科学院组织戈塞兴（Goesehen）、贝凯（Bekker）和贝特曼・霍尔韦格（Bethmann Hollweg）等从事研究，于 1820 年使其初版问世。其后布鲁姆（Brume）于 1821—1822 年，斯图代蒙德（Studemund）于 1866—1868 年又继续进行研究，于 1874 年出了增订版。1878—1883 年，斯图代蒙德又做了进一步的化验，于 1884 年出了第三版。1898 年法国学者沙泰兰（M. E. Chatelain）在欧坦（Autan）修道院再获《法学纲要》残篇 19 页，但收益不多。20 世纪 40 年代则在埃及发现该书的残篇，其手迹似较维罗纳本更古，对于共产合伙和法律诉讼的方式等均能补前本之不足。从以上情况，我们也可见科学家和历史学家的锲而不舍精神之一斑。

29 章，每章分数节，因仅为全书的一小部分，故又称《乌尔披亚氏残篇》（*Ulpiani Fragmanta*）。

（3）《保氏案例》（*Senlentiae Pauli*）。这是保路斯于公元 212 年所写，体裁仿照了《学说汇编》。该书没有手抄本传下来，人们只能从《维息哥罗马法》中见到其摘要。

第五节　第四期——帝政后期
（公元 284—565 年）

一、概况

这是罗马法衰落的时期，有人也称之为“成熟时期”或“法律编纂时期”。因为在这个时期，国家和私人编纂法律之风盛行。自 A. 塞韦鲁斯帝于公元 235 年被部下杀害后，罗马帝国陷入分崩离析的状态。内乱外患不断发生，一方面军阀割据，篡夺相继，出现了所谓 30 僭主的局面；另一方面外敌入侵，中央已无力抵御，不得不由地方各自防卫。加上奴隶、农奴和贫民的起义，海盗猖獗，鼠疫不时流行，天灾人祸，以致土地荒芜，交通阻塞，经济倒退，金融紊乱，民不聊生，基督教应运风行，法和法学已不被重视。地奥克莱体亚努斯帝夺取政权后，重整山河，实行君主专政，并对基督教徒加以迫害。由于国大难治，他把罗马分为东西两部分，公元 286 年正式各设一个皇帝。到君士坦丁一世（Constantinus Ⅰ，公元 306—337 年在位）执政时，他废弃两帝执政制，统一全国，并在公元

330 年迁都于古希腊城市拜占庭，并以自己的名字命名，改称君士坦丁堡。君帝死后，帝国为其诸子分割，至特奥多西乌斯一世时又行统一。至公元 395 年，特帝驾崩，其两子分辖东西两部，帝国乃正式分裂为二，除立法外，军政财务和司法大权都由两个皇帝分管。公元 476 年，西罗马由于日耳曼人的进攻而灭亡，东罗马则延续到 1453 年被土耳其所覆灭，故世称东罗马帝国的法律为“拜占庭法”。

3 世纪末叶时，地奥克莱体亚努斯帝为挽救危局，曾进行过一系列政治、财政、经济改革。他独揽中央军政大权，废除由选举产生行政官员的形式，改为完全由他任免，制定了人头税和土地税合一的新税制，同时改革币制，并颁布“物价敕令”，实行官定物价，将重要的商业由国家经营。他强制实行社会分工，规定每个人要有固定的职业，在农村实行农奴制，把人固定在土地上耕种，各种职业都实行世袭制。这就形成了中世纪农奴制和行会制的雏形。基督教在公元初传入罗马，起先受到抵制，以后逐渐为统治阶级所利用，变成为国家统治的新的强有力的工具。公元 313 年君士坦丁一世与其共治者李锡尼（Licinius，公元 306—324 年在位）颁布“米兰敕令”，承认基督教的合法地位，至特奥多西乌斯一世复于 392 年正式把它定为国教。

二、政治组织

地奥克莱体亚努斯在他二十多年的统治时期内，推行两帝执政制。他在西部任命了一个共同的统治者——第二奥古斯都马克西米亚努斯（Maximianus，公元 286—305 年在位）；每个奥古斯都各以其女嫁给自己的副手——恺撒(Caesar),并把他们作为自己的继承人。这实质上是四个军事长官的统治。他们按照官阶的高低,确定与地奥克莱体亚努斯的从属关系,在发生意见分歧时,后者的威望具有决定的意义。在法律方面全国仍是统一的,每个法律都用两个皇帝的名义同时公布。后来由于西罗马经常受到外族入侵,东西罗马经济发展的不平衡以及习惯的差异,东罗马的法律遂不能完全适合西罗马的需要。这样,东西罗马开始各自公布法律,东罗马的法律公布后对西罗马不再自动生效,如果某项法律可以在西罗马适用,则由西罗马重新公布,否则对西罗马就不生效力,反之亦然。

地奥克莱体亚努斯实行君主专政,他的宅邸被称为"神圣宫殿",他的最高会议由"座谈"(consilium)改成了"立议"(consistorium)①。元老院已不能再立法,降为类似罗马市议会的组织,而不再是全国性的政治机构;大法官和市政官也改为罗马市政府的公务员,保民官更仅有虚名而无实权。唯执政官尚保持一定的权力,但也唯皇帝之命是从,故史称这一时期为帝政专权时期。

三、法律渊源

在帝政后期,由于皇帝独操立法之权,其时议会的立法、元老院的决议、长官的谕令已成为历史的陈迹;至于习惯,虽保存着创造新的规范的作用,但君士坦丁帝已明令取消其变更成文法的效力;因此,皇帝的敕令几乎成为唯一的法律渊源。历代法学家的言

① 意思是"全体站立",即在皇帝面前,谁也不能坐下。

论，虽仍发生拘束力，但也是因皇帝容许而使然。

1．敕令

皇帝继续以敕谕方式，对人民和官吏颁布具有法律效力的法规。由于他审判案件均采书面形式，因之敕裁和敕答也就不再区分，敕训的名称已不通行。因议会早已废止，故此时的敕令即直接称“法”（lex）。此时所谓的“法”，也就专指敕令了。

2．先哲学说

这一时期由于内乱外患，基督教盛行，法学衰落，人们崇尚神学，法学已被视为末技。当时的法律虽以敕令为主，但共和国时期和帝政前期的法律，凡没有被明令废除的，仍继续生效，只是人们引用旧法时，为方便起见，不是根据旧法简单而僵化的条文，而是直接引用各大法学家的解答意见。由于各家学说并不一致，对同一问题往往有不同的观点，这给人们引用他们的学说带来了一定的困难，造成了混乱，给违法者以强辩、钻空子的机会，甚至发生了谋杀生母而期开脱罪责之现象。因此，皇帝们就想办法来解决这个问题。首先，君士坦丁一世规定只有皇帝才有法律解答权；又规定乌尔披亚努斯和保路斯两人对他们的老师帕披尼亚努斯的见解所加发挥的部分无效，他们本人所独立发表的意见则属有效。公元426年，特奥多西乌斯二世和瓦伦体尼亚努斯三世又公布了《学说引用法》（*Lex citationis*）①，或称《引证法》（*Lex Allegatoria*）。该法规定，五大法学家的解答都有法律效力。它主要解决了两个问题：

① 瓦伦体尼亚努斯三世是西罗马皇帝，该法颁布时，他尚属幼年，由其母普拉西蒂娅（Galla Placidia）摄政。虽然东西部都加以公布，实际上该法是东罗马皇帝制定的。

第一，限制被引用的法学家的人数。从共和国末年到特奥多西乌斯二世，这段时间内各派法学家众多，为防止混乱，该法限定只有五大法学家的意见可作为法官判案的准据，但乌尔披亚努斯和保路斯对帕披尼亚努斯观点的注释仍不在其列。其他法学家的意见则只能作为参考。如果五大法学家引用其他前辈法学家的意见，就必须找到出处，出示原文。当时经过战乱，文献资料散失，要找到原文极不容易，所以实际上几乎只有五大法学家本人的意见才可生效。

第二，规定对五大法学家意见不一致时的解决办法。一般是采取少数服从多数，即如果五大法学家对某一问题有 3 人表示了同样的主张，就照多数意见办；如果 5 人中有一人未表态，其他 4 人的意见产生了二对二的情况，则依帕披尼亚努斯的意见为准，因为帕氏是乌尔比安努斯和保路斯的老师，威望高；如果帕氏没有表态而出现二对二或一对一的情况，法官就可斟酌情况，自行处理。

《学说引用法》的颁行，统一了法律的适用，便利了司法人员解决纷争。但其后果则使此后法官办案，只要机械地计算赞成某说的多少，而不必探究哪种意见对本案更为恰当。法学衰落，于斯为甚。加以当时对五大法学家的著作并无官方定本，辗转相抄，免不了有所出入，遇到抄本不一致时，依旧无所适从。因此，《学说引用法》仍不能彻底解决问题，优帝一世遂将其废除。

四、法典的编纂

许多学者将帝政后期称为法典编纂时期，因为罗马法在这一时期的显著特点，是皇帝和法学家致力于法典的编纂。自《十二表法》以后，各种议会制定的法律、长官的谕令、元老院的决议、法学家的解答和皇帝的敕令等，名目繁杂，多如牛毛，历时既久，战乱散失，传抄失误，致使百姓和司法人员往往无所适从。帝政以后，虽曾搜集过法学家的著作，并加以评论，以后又有优利安努斯编辑的谕令和《学说引用法》的颁布，但时过境迁，即嫌陈旧，特别是作为帝政后期主要法律渊源的敕令，还没有进行过汇编。地奥克莱体亚努斯帝为了统一法制，很重视法典编纂工作。西罗马灭亡后，诸日耳曼部落各据一方，建立王国，为了适应属人主义法制的需要，也颁布了若干法典。优帝一世接任后，更进行了大规模的、全面的法规整理工作，这不仅对纠正当时适用法律的混乱，便利法律的引用查阅和学习具有重要意义，而且对罗马法得以传播后世，作出了重大的贡献。现将这一时期编纂的较重要的法典依次介绍如下。

1.《格莱哥里亚努斯法典》(*Codex Gregorianus*)

该法典约成于公元294年，它主要搜集了自哈德里安努斯帝至公元294年间的敕令，系贝鲁特法学院教授格莱哥里亚努斯奉地奥克莱体亚努斯帝之命所辑，并因此而得名。原文遗留至今的已为数不多，仅于《梵蒂冈残篇》和《维息哥罗马法》中保存其片段。

2.《赫尔摩格尼亚努斯法典》(*Codex Hermogenianus*)

该法典约成于公元314—324年间。它是《格莱哥里亚努斯法典》的续编，汇集了公元294至324年间的敕令，编辑者为赫尔摩格尼亚努斯，并因此而得名。原文留传至今的也很少，仅于《梵蒂冈残篇》和《维息哥罗马法》两书中可见其片段。

3.《特奥多西亚努斯法典》(*Codex Theodosianus*)

公元429年，东罗马皇帝特奥多西乌斯二世指派委员8人，负责编辑历代法令和先哲学说，因计划庞大而没有能完成。公元436

年，特帝又另选委员16人，专事编辑法令，并授以修改原文之权，使律文更为明确和便于施行。这一工作于公元438年初完成，同年2月15日公布法典，439年1月1日起施行。经西罗马皇帝瓦伦体尼亚努斯三世批准，该法典在其辖区也同样生效。法典共3000多条，分为16卷，卷分章，各章包括的敕令都按日期先后序次排列。第1—5卷为市民法，第6—8卷为行政法，第9卷为刑法，第10和11卷为财政法，第12—15卷为地方法，最后一卷为宗教法。流传至今的《维息哥罗马法》中有其全部摘要，《梵蒂冈残篇》中也存有原文的片段。

4.《梵蒂冈残篇》(*Fragmenta Vaticana*)

该书作者的姓氏和成书年代均不详，内容包括《格莱哥里亚努斯法典》和《赫尔摩格尼亚努斯法典》的部分敕令以及帕披尼亚努斯、乌尔披亚努斯和保路斯等人著作的节录。现仅存残篇，计80页341条，1820年由马意(Angelo Maï)主教于梵蒂冈图书馆中发现，并因此而得名。

5.《摩西法与罗马法合编》(*Collatio Legum Mosaicarum et Romanarum*)

该书约成于公元4世纪末或5世纪初，是私人的作品，作者姓氏不详。它的内容是把摩西法和罗马法对照，便于基督教徒了解教会法和罗马法的异同。关于罗马法部分系取材于五大法学家的著作以及《格莱哥里亚努斯法典》和《赫尔摩格尼亚努斯法典》。现有抄本传世。

6.《布尔共特罗马法》(*Lex Romana Burgundionum*)

西罗马灭亡后，入侵的布尔共特族(Burgondes)占领高卢东部，建立了王国。布尔共特人为调整被征服的罗马人相互间的关系而制定本法。该法颁行年代不详,分 47 章,内容取材于《格莱哥里亚努斯法典》、《赫尔摩格尼亚努斯法典》、《特奥多西亚努斯法典》以及盖尤斯和保路斯的著作,但多有修改。布尔共特王国于 534 年覆灭后,该法即为《维息哥罗马法》所取代,但因其原文常附于《维息哥罗马法》之后而得以流传至今。

7.《维息哥罗马法》(*Lex Romana Visigothorum*)

西罗马灭亡后,入侵的维息哥族(Visigoths)占领西班牙北部和高卢的西南部,建立了王国。为了调整被征服的罗马人相互间的关系,国王阿拉里克二世(Alaric Ⅱ,公元 484—507 年在位)下令编纂该法,于公元 506 年公布。16 世纪时,学者们称之为《阿拉里克要览》(*Breviarium Alaric*)。该书的目次如下:《特奥多西亚努斯法典》和新敕令的节录,《格莱哥里亚努斯法典》和《赫尔摩格尼亚努斯法典》的摘要,《盖尤斯法学纲要》和《保路斯案例》的摘要,最后为《帕披尼亚努斯解答》。其中除盖尤斯的作品外,都附有注释。其抄本流传后世的较多。

8.《特奥多里克谕令》(*Edictum Theodorici*)

西罗马灭亡后,入侵的奥斯特罗哥特族(Ostrogoths)占领罗马帝国的意大利半岛,建立了王国。该书即系国王特奥多里克(Theodoric)于 6 世纪初下令编纂的。全书共 155 节,未注明资料来源,实际上仍取材于《格莱哥里亚努斯法典》、《赫尔摩格尼亚努斯法典》、《特奥多西亚努斯法典》以及《保路斯案例》等。该法适用于王国的全体居民,不分奥斯特人或罗马人,故其中对原作修改之处很多,且注重刑法和行政法,涉及私法的较少。优帝一世收复意大利后,该法于公元 554 年失效。

9.《优帝一世法典》(*Codex Justinianus*)

优帝一世于公元527年执政后,励精图治,谋求罗马昌明时期的再现,出兵西征,收复失土,以求帝国的统一;排斥异端,独崇基督,以图宗教的统一;重视法学,编纂法典,以求法律的统一。他于即位的次年,即公元528年的2月15日,委派他的高级法律顾问特里波尼亚努斯(Tribonianus)等10人负责编辑当时有效的法令,将《格莱哥里亚努斯法典》、《赫尔摩格尼亚努斯法典》和《特奥多西亚努斯法典》合并为一,另加入以后新颁布的敕令,删除已经失效、重复或相互抵触的敕令,并对词义不明者加以修改,经过14个月而完成,全书搜集法令约4650条,于公元529年4月7日颁布,同月16日生效。为了纪念《十二表法》,全书分为12卷。五年以后,它为《修正法典》(*Codex Justinianus repetitae praelectionis*)所取代,由于失去了实际作用而致失传。

10.《五十决定》(*Quinquaginta decisiones*)

优帝一世在颁行其法典后,计划对先哲学说进行全面、系统的整理,删除失效的,调整彼此矛盾的,修改不符合实际需要的内容。而《学说引用法》的原则已远远不能胜任这一任务。为此,优帝于公元529年、530年和531年陆续颁布决定,作为整理汇编的准据,前后约计50条,因加以汇辑而得此名。《决定》现已失传,仅能于《修正法典》中见其片段。

11.《优帝一世学说汇编》(*Digesta Justinianus*)

优帝一世在《法典》编成以后,为了解决历代法学家意见的混乱与分歧,于公元530年12月15日成立了一个16人的编审委员会,由当时任帝国司法大臣的特里波尼亚努斯任主任委员,另选法学教授4名和有丰富实践经验的律师11人为委员,分成3个小组进行工作,一个是市民法小组,另一个是万民法小组,还有一个负责其他方面。优帝授予委员会按《五十决定》的规定对先哲学说加以修订之权,使之适合当时的需要,要求在10年内完成这一工作。委员们参考了2000多册前人的著作,选用了从共和国末年至君士坦丁大帝时著名法学家39人的言论9123条,其中主要的有拉贝奥的63条、普罗库路斯的37条、赛尔苏斯(子)的142条、涅拉体乌斯的64条、雅沃莱努斯的206条、优利亚努斯的457条、蓬波尼乌斯的585条、盖尤斯的535条、马尔赛路斯的159条、Q. C. 塞沃拉的307条、帕披尼亚努斯的595条、乌尔披亚努斯的2462条、保路斯的2080条、莫德斯体努斯的345条。由于委员们的努力,只用了3年时间就完成了计划10年完成的编定工作,于公元533年12月16日公布全书内容,于12月30日施行。该汇编称Digesta,意为系统的编纂;也称Pandecta(译自希腊文),为"全书"之意。

汇编分为50卷,除第30、31、32三卷外,其他各卷都分为若干章,各冠以标题,每章分录各家的学说和评论,编以号目,并注有作者姓名、书名和该书的卷数,以便查阅。这是罗马法的最重要的文献,后世研究罗马法者,大多取材于此。它的最古的抄本为《佛洛伦体那本》(*Littera Florentina*),出于公元7世纪希腊书法家的手笔。1135年左右,意大利比萨(Pisa)人攻陷亚马耳菲(Amalfi)时获得此抄本,1406年比萨人被佛洛伦丁人战败,该书遂作为战利品转归佛洛伦市。为此佛洛伦市专门建立图书馆加以珍藏,因而称之为《佛洛伦体那本》。此抄本的发现,大大推进了罗马法的研究。其后注释学派又在意大利北部发现11—12世纪的抄本多种。德国罗马法学者蒙森(Theodor Mommsen,公元1817—1903年)将几个抄本悉心校订,于1870年出版了著名的《学说汇编》,有德、法、英等多种文字的译本。

12.《优帝一世法学纲要》(*Institutiones Justinianus*)

又译《法学阶梯》或《法学入门》。公元533年,当《法学汇编》行将提前完成时,优帝又计划编一本像法学概论那样的教科书,以便初学法律的人阅读,以取代三四百年来一直沿用的盖尤斯的《法学纲要》。他于是命令特里波尼亚努斯、君士坦丁堡法学院教授特奥菲洛(Theophilo)和贝鲁特法学院教授多罗特奥(Dorotheo)三人负责这一工作,实际上是由后二人执笔。从文字的风格上看,该书的前二卷和后二卷各出自一人的手笔,但两人中谁写的前半部,谁写的后半部,已无从考证。该书的编写体裁,完全仿效盖尤斯的《法学纲要》,也分为三篇四卷,其中许多段落是逐字逐句照抄的。同时,书中加入了一些新敕令的摘录和其他法学家的意见,以适应当时的需要,但都未注明出处。《纲要》于公元533年11月21日颁布,12月30日施行。它被钦定为官方的法律教科书,并有法律的效力。《纲要》的抄本流传后世的较多,但所发现的均是公元9世纪以后的抄本,且互有出入。近代流行的以德国学者克鲁盖(Paul Krueger)校订的为最佳。

13.《优帝一世修正法典》(*Codex Justinianus' repetitae praelectionis*),简称《修正法典》

公元529年优帝颁布了第一部法典后,又陆续制定了一些新的敕令,如《五十决定》等,这些新的重要法律未能收集进法典,优帝觉得是一件憾事。他遂于534年命特里波尼亚努斯等5人对原法典进行增订。修订后于同年11月16日颁布,12月25日施行。全书仍分为12卷,卷分章。其中第1卷为法的渊源和宗教法,第2—8卷为私法,第9卷为刑法,第10—12卷为行政法,共765章,每章分列敕令，按颁行年月的先后为序。各敕令均冠以皇帝的名号并附颁布的日期和地点，以便查考。10—12世纪曾流传三种《修正法典》的抄本，但都只有前九卷，至12世纪末始发现后三卷，但与前九卷抄本各自成书。直到15世纪发现了完整的韦罗那(Verona)抄本，但此后该抄本散失，故流传至今的本子仍不完整。

优帝一世在完成了他的三部法学汇编后，认为这项工作已完美无缺，希望保持三书的完整性，并能历千年而不损。他明令废止所有未被编入的法规，规定人们引用法律时，都只能以三书和新颁布的敕令为准，而不得再援用其他条文或学说。同时又规定，人们抄誊各书，应逐句逐字誊写，不准采用摘录和缩写（包括人名、地名），以免辗转抄录，发生讹误。除允许按三书的拉丁原文译成希腊语，以供东罗马人阅读外，严禁另译其他文字或对原作加以注释和评论。有违上述禁令的，一律按刑事犯治罪。这些规定显然是不切实际的，因为从《十二表法》到修正法典，历时近千年，即使从共和国末叶开始计算，也有六七百年之久，用短短的几年去整理数百年间十分庞杂的旧法(jus vetus)，难免顾此失彼，挂一漏万而有失误。更何况社会经济在不断地发展变化，而事物则愈辩愈明，优帝一世的措施，无疑影响了法学的繁荣和进步。无怪乎一些学者批评这些编纂只是堆砌罗列，缺乏系统性，文字冗长而不简洁，内容更不乏谬误和矛盾，或者并未真正解决问题，或虽作了解决但不合理。例如《法典》误把卡拉卡拉帝关于市民权的敕令当作安托尼努斯帝所颁布；又如，对取得时效是否有效？《学说汇编》和《法典》对此作了肯定和否定两种不同的规定；再如对继承问题，优帝一世虽进行过几次改革，但还是没有彻底解决问题；至于对“加工物”的所有权归属问题，《学说汇编》和《法学纲要》虽采折中主义，但同样的加工，只是因为材料的不同而异其所有权的归属，显不合理。这些事例，我们不再一一列举。有的学者还特别指出，在这一编纂工作中，委员们利用其享有的增删修改的权力，经常不是引用原文并另附结论，而是适应当时的需要直接修改原文，致使原著失去本来的面目，不利于法学的研究，认为这是不可弥补的损失。但我们应当注意到，这项工作是在法学衰落时期完成的，编纂的目的又是为了实用，增删修改，理所当然。而且工程浩大，不足之处，也在所难免。委员们尽其所能，广为搜选，使罗马法的精华，得以保存迄今，成为法学的重要宝库，其功绩自应予以肯定。

14.《优帝一世新敕令》(*Novellae Constitutiones Justinianus*)

优帝一世于公元534年颁布《修正法典》后，曾宣布今后将不再增订。当时印刷术还没有发明，法典须用羊皮纸誊写，要耗费大量的人力和物力，所以修订法典是困难而不受欢迎的事。优帝决定对嗣后颁布的敕令另辑补编，称“新敕令”。从公元535年至565年优帝逝世的30年间，共颁布了大约200多条新敕令，其内容多属于公法和宗教法，但也有关于婚姻和继承的规定。由于特里波尼亚努斯已于545年死亡，编辑新敕令的工作一直没有实现。现今所称的《新敕令》，是在优帝死后由私人编辑的，一共有三个本子：

(1)优利亚摘抄(*Epitome Juliani*)。这是君士坦丁堡法学院教授优利亚所编，收有公元535—565年间的敕令摘录124条。

(2)正本汇编(*Authenticum*)。这是对《优利亚摘抄》而言的，收有公元535—565年间的敕令正本全文134条。

(3)168条新敕令汇编。成书于体贝里乌斯二世(Tiberius Ⅱ，公元578—582年在位)时，所收168条敕令中有7条是在优帝去世后颁布的。

优帝的《修正法典》、《学说汇编》、《法学纲要》和《新敕令》常被注释法学派合称为《法学大全》(*Corpus Juris*),16 世纪法国罗马法学家 D. 戈德弗鲁瓦(Denis Godeffroi,公元 1549—1622 年)把它们印行时也沿用此名。为了与《宗教法大全》(*Corpus Juris Canonici*)相对称,也有将此称为《国法大全》(*Corpus Juris Civilis*)的,还有的将它译为《民法大全》。《法学大全》反映了优帝一世和罗马全盛时期的法学全貌,是罗马法精华的总汇,为研究罗马法的最主要的资料。

15.《巴西尔法律全书》(*Basilica*)

这是由巴西尔一世(Basil Ⅰ,公元 867—886 年在位)倡议所编。他的儿子莱奥六世(Leo Ⅵ,公元 886—912 年在位)继承其父遗志,任命了一个法律委员会编辑了此书。书用希腊文写成,便于东罗马人阅读。全书分六个部分,共 60 卷,卷分章,各章系统地搜集了优帝一世时的《修正法典》、《新敕令》、《学说汇编》和《法学纲要》中在当时仍生效的有关条文,并由法学家综合加以注释。14 世纪中叶曾对此加以修订,其内容反映了封建制度在东罗马的形成和发展。

第六节 罗马法的复兴

优帝一世编纂法律的目的,在于使罗马法复兴,以挽救奴隶社会的衰落局面。然而他并未能如愿以偿。他去世以后,东罗马帝国战乱不已,基督教盛行,罗马法更趋衰落,寺院法的势力压倒了罗马法;加上封建割据,出现了行会制,阻止了法律的统一和施行。所以在优帝以后,东罗马帝国的法律失去了旧时的光彩。

直到12世纪初,欧洲才开始了罗马法的复兴时期。它和文艺复兴、宗教改革被合称为欧洲中世纪的三大运动。马克思主义经典作家指出:"当工业和商业进一步发展了私有制(起初在意大利,随后在其他国家)的时候,详细拟定的罗马私法便立即得到恢复并重新取得威信。后来资产阶级强大起来,国王开始保护它的利益,以便依靠它的帮助来摧毁封建贵族,这时候法便在一切国家里(法国是在16世纪)开始真正地发展起来了,除了英国以外,这种发展到处都是以罗马法典为基础的。但是即使在英国,为了私法(特别其中关于动产的那一部分)的进一步发展,也不得不参照罗马法的诸原则。"①所以,分析罗马法复兴的原因,一方面是欧洲城市国家的兴起和商品经济的进一步发展,在封建社会内部孕育着资本主义生产关系和新兴的市民阶级,它们都要求有新的法律来调整不断扩大的商业贸易关系。罗马法是一部调整私有制条件下商品生产者和所有者之间的各种关系的完善的法律,它比任何其他的法更能适应这种新的需要。另一方面,当时欧洲各国的国王和市民都希望实行集中的王权,建立统一的民族国家,因此他们把罗马法作为反对封建割据势力的理论依据。《学说汇编》第1卷就提出:"君皇决定的事具有法律效力"。各国的君主可以借此原则论证君主的绝对权威,因而都愿意采用罗马法。当时的市民阶级则渴望通过中央集权消除阻碍商品流通的各种封建关卡壁垒,当然更愿意接受有利于促进商业和手工业发展的罗马法。还有一个原因是,罗马法是与教会法相对立的。在中世纪的欧洲,教会法占有很重要的地位,罗马法成了国王反对罗马教皇以及教皇所支配的教

① 《马克思恩格斯全集》第3卷,第71页。

会的有力武器。例如，罗马法强调个人的意志，反对等级制度和等级特权，这正是和教会法相悖的。因此，在中世纪欧洲的特定历史条件下，罗马法在促使国王、市民和法学家结成联盟，共同反对封建制度和教皇势力方面，起了重要的作用。罗马法的复兴，显示了它的强大生命力，主要表现为欧洲大陆各国先后掀起了研究罗马法的运动，由此才可能在15—16世纪的欧洲各国出现普遍采用罗马法的热潮，并最终使罗马法成为现代各国制定调整商品经济关系的法律的基础，产生我们在上一章谈到过的那种巨大的世界性历史影响。在研究罗马法的过程中，曾产生过许多学术派别，其中最著名的有四大学派，他们对罗马法的研究及其提出的一些理论、原则，至今仍具有一定的影响。本节就依次对它们作简略的介绍。

一、注释法学派

罗马法的复兴，首先是从意大利开始的。早在优帝一世攻破东哥特而收复意大利后，就置总督府于拉韦那（Lavena），并下诏施行其法典。优帝死后，意大利再度沦入日耳曼人之手，但在意大利的一些城市，一直没有中断过对罗马法的学习和使用。在拉韦那从事《法学大全》研究的法律学校，维持了二百多年。巴比亚（Babya）的法律学校也一直学习罗马法。中世纪意大利商品经济发展迅速，文艺复兴，知识阶层遂加强了对罗马法的研究。12世纪初，意大利法学家伊尔涅里乌斯（Irnerius，？—约公元1125至1150年间）在意大利北部波隆那（Bologna）创办法律大学，讲授罗马法，一时学术昌明，人才辈出，使波隆那成为西欧研究罗马法的中心。当时的研究,主要是以优帝一世编纂的几部法典为根据[①]。研究的方法是,在各个法律条文后或其旁的空白处加以注释和说明,并综合有关条文纠正其矛盾,使其前后一贯,并列举事例,力图阐明其内容。所以,人们称这些研究者为注释法学派(Glossatores)或波隆那学派,后又被称为"前期注释学派"。当时,德国、法国、英国也有很多学生到波隆那法律大学学习,他们归国后,对各国法律的发展和罗马法的传播,起了重大的作用。1200年前后,波隆那法律大学号称拥有学生万余人,伊尔涅里乌斯被誉为"法学明灯"(Lucerna juris)。在他的学生中,最负盛名的是马尔体努斯(Martinus,约死于公元1157年)、雅科布斯(Jacobus,死于公元1178年)、胡戈里努斯(Hugorinus,死于公元1166—1171年间)和布尔加鲁斯(Bulgarus,死于公元1166年),有四博士之称。13世纪的阿佐(Azo,公元1150—1230年)和阿库尔西乌斯(Accursius,公元1182—1260年)也是这一学派的知名学者,特别是阿库尔西乌斯所著《标准注释书》(*Glossa Ordinaria*)把过去注释的精华汇集起来,公布于世,可谓集注释法学派之大成。

13世纪中叶,罗马法的注释工作已基本完成。西努斯(Cinus,1270—1336年)、巴尔托路斯(Bartolus,公元1314年以前—1357年)、巴尔都斯(Baldus,公元1327—1406年)等人又就前人的注释加以研究,以求适合当时社会的需要,被称为后期注释法学派(post glossatores)或实用学派。他们研究的对象,并不是《国法大全》,而

① 国内学者论及注释法学派,往往认为其研究对象只是优帝《法典》。其实注释法学派对优帝编纂的几部书均加以研究。造成认识错误的原因,是因为翻译时忽视了"法典"一词系为复数。

是以前注释学家的著作,并应用经院哲学的演绎法,从事法律体系建设,又努力使之实用化。他们注重实际,所以中古时期欧洲各国研究罗马法,采用他们学说的较多。这些学者,多是教授、贵族之流,博学多才,尤长于文学和论辩,故其著作冗长,不为后世所推崇。巴尔托路斯是后期注释法学派中最著名的人物,国际私法的始祖,他在法学各方面都有卓越的成就,所以有的书上又称后期注释法学家为巴尔托路斯学派。

二、沿革法理学派

继后期注释法学派而起的,是法国的沿革法理学派。12 世纪以后,法国从封建割据向等级代表君主制过渡,来源于日耳曼的习惯法,已经不能适应商品经济的发展,罗马法的影响逐渐由南部扩大到北部地区。为加强对罗马法的研究,法国学生纷纷到意大利的波隆那法律大学学习。路易九世(Louis Ⅸ,公元 1214—1270 年)在位期间(公元 1226—1270 年),一方面任命一些精通罗马法的法学家担任王室法院的法官,一方面创办了以学习罗马法为主的巴黎大学。此后大约有二百多年,法国的司法机关和法律学校都采用意大利注释法学派的注释。到 16 世纪,法国在此基础上开始形成自己的学派。法王弗兰西斯一世(Francis Ⅰ,公元 1494—1547 年,公元 1515—1547 年在位)聘请意大利法学家阿尔西亚都斯(A. Alciatus,公元 1492—1554 年)为布尔日(Bourges)大学教授,讲授罗马法;1555 年,又聘请库雅斯(C. Cujas,公元 1522—1590 年)和多诺(Hugues Doneau,公元 1527—1591 年)等为布尔日大学教授。这两人的名声很大,学术上很有造诣。库雅斯既是历史学家,又是哲学家和法学家,他以研究罗马法的沿革为主,譬如研究契约从要式口约发展到文书契约、要物契约,又发展到双方意见一致而无须书面的诺成契约的历史。多诺则以探讨罗马法的原理原则为主,譬如契约的要素、常素和偶素等。因此他们被称为沿革法理学派。16 世纪到 17 世纪中叶,法国研究和传播罗马法蔚然成风,在欧洲处于领先地位,达到了最盛的时代。16 世纪 70 年代,法国发生宗教战争,法学研究因此一度衰落。1572 年,圣巴托罗缪发生宗教惨案,法王勒令严禁罗马法,多诺逃往荷兰的莱顿(Leyden)。但时隔不久,随着中央集权的加强,罗马法的研究在法国又复兴起来。18 世纪波蒂埃(Pothier,公元 1699—1772 年)曾把《优帝一世学说汇编》加以整理,并发表论文。这对于后来法国民法典的制定颇有影响。

沿革法理学派的研究并不限于优帝一世编纂的法典,他们使用历史学的方法,并参阅别的文献,极力探究罗马法的思想渊源,求其真髓,这是对意大利后期注释法学派的发展。但它不问是否适合于当时的状况,而对罗马千余年间施行的法律不加选择地进行探索,为研究而研究,则不能不说是一个缺点。

三、理性法学派

继法国沿革法理学派而起的,是荷兰学派。荷兰自 17 世纪到 18 世纪,研究罗马法的著名学者 J. 沃埃特(Jean Voet,公元 1647—1713 年)、G. 霍特(G' erard Hoodt,公元 1647—1725 年)和 C. 比因卡绍克(Corneilae Bynkershoek,公元1659—1743年)等相继而出,但他们大多数承袭法国学派的学说。唯国际法的鼻祖格劳秀斯(Hugo Grotius,公元1583—1645年)在17世纪初创立理性法学派,对于罗马法的研究和以罗马法为基础的国际法学的建设,作出了杰出的贡献。理性法学派从人的理性出发,认为法律现象常因时因地而不同,但它的好坏决定于它是否合乎自然。他们把法律分为人定法和自然法。格劳秀斯给自然法下了一个定义。他说,自然法"是正确的理性的意旨,表明与理性一致的行为之高度道义性和与理性不一致的行为之缺乏道义性,显示这种行为或是遵照自然的创造主——神的意旨,或是为神所不允许"。人定法要符合自然法,譬如订约后应当遵守,这是合乎自然的;又如人有自卫权,这也是合乎自然的。法律凡不合乎自然,就是恶法,例如身体自由、信仰自由、所有权自由等都是自然法的原理,奴隶制度和时效制度违反上述原理,所以不是良法。这派的源流,来自希腊斯多葛派哲学的人性论。

四、历史法学派

荷兰学派衰微后,又兴起了德国学派。德国学派主张,研究罗马法应该结合其时代背景而探究其演变,所以被称为历史法学派。历史法学派的创始人是胡戈(Gustav Hugo,公元1764—1844年),但是使这个学派产生重大影响的是萨维尼(F. K. Von Savigny,公元1779—1861年)。1815年,萨维尼创办了《历史法学杂志》,促进了历史法学派思想的传播。他主张法律是民族精神的表现,研究罗马法应该结合当时的历史背景而探求其演变;法学家的任务,主要是研究“纯粹的罗马法”,以使它更广泛地适用于德国。显然,这种主张在某种程度上符合正在发展中的德国资产阶级的愿望,因为罗马法适合资本主义商品流通的需要。萨维尼著有《中世纪罗马法史》一书,内容涉及公元5世纪到15世纪的罗马法渊源史,还写过许多关于古代罗马法演变的专题论文。除萨维尼外,温德希德(B. Windscheid,公元1817—1892年)和代恩堡(H. Dernburg,公元1820—1907年)致力于研究罗马法的伦理体系,对德国民法典的制定有很大的影响;孟森(T. Mommsen,公元1817—1903年)研究罗马公法并搜集和订正罗马法的资料,也很有成绩。

德国学派对于罗马法发展历史的理论研究有一定的贡献,但他们维护封建秩序,反对借助新的立法来改革现存关系,主张习惯法优于制定法,反对德国编纂统一的法典,在很大程度上是对德国编纂法典以巩固资产阶级革命成果的一种民族主义的反动。

日本在明治维新以后,法学家们致力于罗马法的研究,盛极一时。他们发表了大量有关罗马法的专著和论文,并将《十二表法》、优帝《法学纲要》等译成日文,供学习、探讨之用。如原田庆吉、船田享二、暨户仓广等的著作,迄今仍有一定的影响。我国在解放前,将罗马法列为法律系的必修课程,海牙国际常设法庭法官王宠惠、北京大学教授黄右昌、上海东吴法学院教授丘汉平、厦门大学教授陈朝璧等,对罗马法的研究均有较深的造诣。他们或阐明罗马法的原理,或兼将罗马法与现代民法相比较,各具特色。

以上谈的是资产阶级学者研究罗马法的情况,他们都是从各自的立场出发,研究并解释罗马法,服务于巩固、发展资本主义生产关系的需要。十月革命以后,苏联学者开始用马克思主义的观点批判地研究罗马法,在一些方面作出了科学的解释。但是,总的来说,社会主义国家的法学家对于利用罗马法的丰富历史资料来积极地为发展社会主义商品经济和加强社会主义法制建设服务,所做的工作还是远远不够的。因此,在我国法学研究日益被重视的今天,作者付印此书,也正是希望能够在这方面添砖加瓦,尽一个法学工作者应尽的责任。

第三章　罗马法上“法”的语义及其分类

第一节　“法”的语义学意义及其制定

罗马法的外在表现形式是拉丁语。君士坦丁一世迁都拜占庭后，东罗马居民虽习用希腊语，但官方文件仍用拉丁文。在拉丁语中，“jus”一词既指法律，又指权利。法律的目的，就是为了规定和保护权利，而不受法律规定和保护的利益，则不能作为权利。因此可以说，从客观上看是法，而从主观上看则为权利，两者合二为一，以致罗马人就用一个词来表达这两个概念。在直接继承了古代希腊、罗马文明的欧洲民族的语言中，如在意大利语、法语、德语和俄语等语言中，法和权利也都是一个词①。在拉丁语中，还有一个词“lex”（复数为 leges），常与“jus”相对称。“jus”和“lex”虽然都是“法”的意思，但“jus”的意义比较广泛，是指普遍适用的一切法律规范；而“lex”的含义则较窄，是专指由立法机关制定的法律，如贵族大会、军伍大会和地区大会所通过的法律。平民议会的决议最初称“plebiscitum”；直到霍尔滕西亚法后，始改称为“lex”。

罗马立法机关制定法律（lex）的程序，分为两个阶段。第一个

① 即意大利语的 diritto，法语的 droit，德语的 recht，俄语的 право 等。

阶段是提案,第二个阶段是表决通过。提案权专属高级官吏:王政时期由王提案;共和国时期,贵族大会、军伍大会和地区大会的提案是由执政官、大法官等提出的;平民议会的提案则由保民官提出。提案在讨论前要先行公布,让民众周知,再由议会组织一个专门小组进行审查,提出意见,再提交大会通过。第二个阶段是表决,在投票时按宗联、军伍等进行,以有表决权者过半数同意为通过。但会议只能对提案加以否决或赞成通过,不能对它进行修改。最初,在大会通过后还需要送交元老院审批,后改为事前协商。提案通过以后立即发生效力,不需要再行公布,因为草案事先已经公布过。通过的法律以提案长官的名字命名,例如取消禁止平民与贵族通婚的《卡努莱亚法》(*Lex Canuleia*)就是由保民官卡努莱乌斯(Canuleius)提案,因而以他的名字命名。如果提案由两个执政官同时提出,则通过的法律就以两人的名字命名,如《帕披亚·波拜亚法》(*Lex Paria Poppaea*)。如果一个人同时或先后提出几个提案,并且都通过了,就在他的名字后面加上具体内容的标题,如《科尔涅利亚欺诈法》(*Lex Cornelia de falsis*)、《科尔涅利亚侵权法》(*Lex Cornelia de injurlis*)等,以示区别。通过的法律一般分三个部分:第一部分是弁言(序言),载明提案人的姓名、通过的日期和地点;第二部分是正文,即法律的内容;第三部分是制裁。根据制裁方面的不同,可将其分为四种类型。

第一类是最完全的法律(leges plus quam perfectae)。它不但规定违背法律的行为无效,同时还规定要对行为人加以惩罚。例如重婚,不仅法律不承认第二个婚姻的效力,而且还要对有关人判刑。

第二类是完全的法律(leges perfectae)。它规定某些违法行为无效,但对行为人不加处罚。例如订立遗嘱,若不按法律规定的形式办理,它就不能发生法律效力,但立遗嘱的人并不受处罚。

第三类是次完全的法律(leges minus quam perfectae)。它规定某种违法行为可以生效,但对行为人要加以处罚。例如法律规定妇女在丈夫死后十个月内不准再婚,即所谓禁婚期。如果某妇女违反禁婚期的规定而再婚,其婚姻虽有效,但她要受“丧廉耻”的处罚。

第四种是不完全的法律(leges imperfectae)。它对违法行为既不规定其无效,也不对行为人加以惩处,而听其受宗教或舆论的制裁。有关宗教方面的一些规定就是这样,如《十二表法》的第十表。但在公元439年,特奥多西乌斯二世规定,凡违反法律所禁止的行为,即使法律没有明确规定亦属无效。从此,罗马法上就不存在所谓不完全的法律了。

帝政后期,议会等不再制定法律,皇帝已成为唯一的立法者,故皇帝的敕令也称“lex”,作为对所有继续生效的法学家的学说、长官的谕令、元老院的决议以及其他旧法(jus vetus)的对称。

作为一般的“法”(jus),其本质的含义如何?对此,崇尚务实而不善思辨的罗马法学家并未予以深究;在当时的条件下,也不可能作出唯物主义的科学回答。法学昌明时期,普罗库路斯派的著名法学家P. J. 塞尔苏斯曾经给法下了这样的一个定义:“法是善良公平的艺术。”优帝《学说汇编》的注释则称,所谓“善良”,是指合乎道德;所谓“公平”,即合乎正义。《法学纲要》开头第一句则解释了什么是正义。它说:“正义是使人人各得其所的永恒而坚定的信念”。五大法学家的乌尔披亚努斯则说:“法的箴言不是别的,就是处世正直,不损害他人,各得其所”。他自己对法律所作的定义是:“法学是神事和人事的知识,正和不正的科学。”总之,这些学者把法与宗教、道德混在一起,尚属学术的幼稚时代。从现代的观点来看，三者的渊源与制裁各不相同，它们的区别是很明显的。宗教的渊源是假托的神意，它的制裁是在人“死”了之后；道德的准据源于哲学和信仰，它的制裁在于人的内心和舆论；至于法律，它是为统治阶级所制定或认可的，人们违反它则要受国家的制裁。但在罗马古时，本是政教不分，到了法学昌明时期，虽有“神法”（jus divinum）和“人法”（jus humanum）之分，而法律涉及宗教事务的仍时有所见。《十二表法》第十表的整个内容是宗教法，过了近一千年后的优帝《法典》等，仍旧把宗教与法合并在一起。事实上，罗马人是信奉多神教的，国家的活动，人民的生活，都和宗教有联系，所以乌尔披亚努斯关于法的定义把神事与人事并列。至于法律与道德的混合，则是受了希腊哲学的影响。罗马的法学家关于法的定义多是从希腊哲学移译而成的，认为法不过是道德的一部分。保路斯就曾经说：“凡是法所允许的，并不都是正直的”，以此说明了两者的范围和区别。所以当时罗马法学家的主要任务，在于运用他们的智慧，以实现正义而避免不平。法学不仅是科学，同时也是艺术，不应专重理论，还要注意实际，这正是罗马法的特征和它能够随着时代的变迁而发展的重要原因。所以优帝一世钦定编撰的法学教科书——《法学纲要》，就采用了乌尔披亚努斯所下的关于“法”的定义。

第二节　罗马法的分类

罗马法学家根据不同的标准，对广义的法律进行六种分类。其中有些分类如关于成文法和习惯法的划分，在今天也仍有一定的意义。下面就对这些分类作一概括的介绍。

一、公法(jus publicum)和私法(jus privatum)

公法和私法的划分始于罗马法学家乌尔披亚努斯。他的划分标准是:规定国家公务的为公法,如有关政府的组织、公共财产的管理、宗教的祭仪和官吏选任等法规;规定个人利益的为私法,如调整家庭、婚姻、物权、债权、债务和继承关系等的法规。公法的规范是强制性的,当事人必须无条件地遵守,正如优帝《学说汇编》中所说:“公法的规范不得由个人之间的协议而变更。”而私法规范则是任意性的,可以由当事人的意志而更改,它的原则是“对当事人来说‘协议就是法律’”①。最初,罗马国家对私人家庭的事不加过问,家长对家属和家务有绝对的权力,故没有划分公、私法之必要。随着经济和社会的发展,国家对家庭和个人的干预越来越多,终于需要在国家权力和私人活动之间确立一条明确的界限,这样法学上关于公法和私法的划分便应运而生,所以这种区分在当时是具有积极意义的。

罗马法中公法和私法的范围,与后来资本主义国家的情况不同。如前所述,罗马法把诉讼法放在私法中,认为民事诉讼是为了私人的利益,有关诉讼程序的规定,属于私法的一部分。同时,它

① 资产阶级学者对公法和私法的划分与罗马法比较有进一步的发展,其标准有主体说、性质说、目的说等。社会主义国家现已不再区分公法和私法。即使在资本主义国家,由于国家垄断资本主义的出现,垄断资本主义直接干预民事活动,以致公法和私法的界限变得模糊起来。但总的来说,这项划分,仍可作为理解法律分类,特别是研究资本主义法学时的参考。

把盗窃、诽谤等看作是侵犯私权的行为，属于私法的对象。公法与私法的关系，因时代的不同而有变化。随着国家管理职能的健全，一些原属私法的问题，也逐渐纳入公法的范畴；但总的来说，罗马的私法比公法发达，特别是长官法产生后，适应商品经济的发展，建立了一套完善的私法体系。但到帝政后期，由于经济的衰退和国家权力的进一步加强，私法逐渐被公法所吞噬，直到几百年以后的中世纪，方才得到复兴。

二、成文法(jus scriptum)和不成文法(jus non scriptum)

这是从形式上进行分类，标准是视法律公布时是否采用书面(文字)的形式。在古罗马，成文法是指所有以书面发表而具有法律效力的各种议会通过的法律、长官的谕令、皇帝的敕令、元老院的决议和享有公开解答权的法学家的解答等。不成文法则泛指习惯法。它是由人们反复援用并确信其具有拘束力的行为规范，例如祖先遗传下来的陈规和当世民间通行的惯例等。有的学者主张罗马的习惯法是渊源于法学家的学说、法院的判例和自然法三者，此说可供参考。

在成文法和习惯法的关系方面，后者可以补充前者的不足，习惯法如果不再适应时代的需要，当然可以用成文法加以变更。但习惯法能否变更成文法？罗马法对此没有建立一般规则。《国法大全》有两处提到这个问题：一处是优帝《修正法典》收集的历代皇帝敕令中，提到君士坦丁一世曾明文规定习惯法不得变更成文法。因为当时帝权得到加强，皇帝的意志是唯一的法律渊源，为了集中中央权力，统一帝国法制，所以他作了这样的决定。另一处是优帝

《学说汇编》中引证了帝政前期大法学家优利亚努斯的意见，他认为习惯法可以改变成文法。按照优帝一世的规定，他编纂的三本书都具有法律的效力，所以在这个问题上，《修正法典》就和《学说汇编》发生了矛盾。这个矛盾如何解释呢？中世纪以来研究罗马法的学者一般认为，特别的、地方性的习惯法不能改变普通的成文法，君士坦丁一世的敕令规定的是指此而言；至于全国性的普遍的习惯法则可以改变成文法，优利亚努斯讲的则是这个意思。这种说法没有考虑到法与社会经济的关系，而是就法论法，因而是欠妥的。我们认为，应当从社会经济的发展来解释这个问题。优利亚努斯处于法学昌明时期，他的意见正是反映了当时的情况。那时，成文法的发展远远跟不上社会经济发展的需要，既然作为上层建筑的法律不适应经济基础的发展，习惯法就来改变、补充它，这是生产力发展的实际需要。例如《十二表法》制定于自然经济时代，它强调形式主义，但商品经济发展了，再搞形式主义就会阻碍商品流转和经济发展。所以在交换、解放奴隶等方面就形成了一些简便易行的习惯法，不再注重形式主义而且得到了大法官的支持。到帝政专权时期，皇帝集中了立法、司法大权，君士坦丁一世明确规定解释法律的大权在皇帝，习惯法当然不能改变成文法了。《修正法典》引用的君帝敕令，就是指这个时期的情况。但在君帝逝世以后，帝国由其三子分割，各自为皇，以后虽曾统一，但不久又正式分裂为东西两部。由于各地经济发展的不平衡，特别是边远地区实际上并不完全执行全国统一的成文法，有些地方仍按地方习惯法办事。从这个意义上说，习惯法还是可以改变成文法的。

三、市民法(jus civile)、万民法(jus gentium)和自然法(jus naturalis)

自然法的思想,是共和国末期从希腊传入的,并非罗马所固有。罗马起初只有市民法和万民法之分,盖尤斯的《法学纲要》开始分市民法和自然法,但他没有分市民法和万民法。到乌尔披亚努斯时,他采用了三分法,即把法分为市民法、万民法和自然法。有的罗马法著作认为三分法是优帝一世的《法学纲要》才开始的,这不符合事实。因为乌尔披亚努斯提出三分法在前,优帝一世的编纂不过是引用了他的观点罢了。

所谓市民法,原意是指一个国家所固有的法律,例如"罗马市民的法律"(jus proprium civium romanorum)即专门适用于罗马市民,后来法学家们简称它为市民法。罗马的市民法最初只有习惯法、《十二表法》和罗马议会制定的法律,到公元3世纪初叶,它与万民法融合以后,才得到了广泛的发展。市民法的特征是:①狭隘,只适用于罗马市民,不适用于来罗马经商的外国人;②严峻僵化,一点灵活性也没有;③注重形式,程序烦琐,如买卖牛马,需要一定的形式,用一定的语言。万民法是和市民法相对称的。万民法的原意,是指各国共同适用的法律;具体到罗马,是指适用于罗马人与外国人以及外国人与外国人相互之间关系的法律,或专指适用于罗马国家与其他国家间关系的法律如交战、议和等。它摆脱了市民法狭隘和烦琐的形式主义,比较简易、灵活,适应了商品经济发展的要求,因而更具有生命力。公元212年,卡拉卡拉皇帝把罗马市民权授给罗马帝国境内一般居民,市民法和万民法的区别就消失了。这时罗马法便失去了狭隘、形式主义和严峻的性质。自然法是制定法的对称，罗马的法学家认为它是指合乎人性、合乎理性的法律，适用于全体人类(包括奴隶)，是永远不变的、超时间、超空间的法律，一切制定法都应以自然法为标准，因而它是最理想、最好的法律。它对罗马法的发展起着重要的影响。自然法的概念是亚里士多德提出来的，斯多葛学派作了进一步的阐述。西塞罗承袭并发扬了他们的学说，认为在自然中有真正的法律，这个法律代表理性、正义和神的意志。他们虽然认为奴隶制度是不合乎自然和反理性的，但由于受阶级的局限性，他们并不承认奴隶可享有自由平等的人权。乌尔披亚努斯则认为自然法不仅适用于人类，同时也适用于所有陆地、海洋和天空的动物，如动物有性别，要繁殖，上一代要养育下一代等，这些规则是自然的规则。当时就有学者提出不同的意见，认为自然法只是对人类的规律，可适用于奴隶和蛮族，其范围较万民法为广泛，但不能把它扩大到动物，因为只有人类才能作为权利义务的主体。可是优帝《法学纲要》仍采用了乌氏的观点。自然法是理想的法，它与制定法不同，没有拘束力，不能发生实际效力。所以，自然法纯粹是一种唯心主义的虚构。但这种法律思想对推动罗马法和后世法学的发展和进步，仍有不可磨灭的功绩。

四、市民法和长官法(jus honorarium)

长官法是高级官吏颁布的谕令。高级官吏是一种荣誉的职位，故又称“荣誉法”；长官法包括执政官、内务大法官、外务大法官、市政官和外省总督等的谕令，其中特别是大法官的谕令，在私法中占有最重要的地位。长官法是市民法的对称。从这个意义上说，长官法以外的法律都是市民法，如各种议会制定的法律、元老院的决议、法学家的解答、皇帝的敕令和习惯法等。

五、人法（jus personarum）、物法（jus rerum）和诉讼法（jus actio）

按《法学纲要》的内容，可以把法分为人法、物法和诉讼法。人法是规定人格和身份的法，包括行为能力、婚姻和亲属等。物法是财产法，包括物权、继承和债。诉讼法是规定私权保护的法，主要包括诉讼的程序和法官的职权等。

六、旧法（jus vetus）和新法（jus novum）

公元4世纪中叶，罗马的法学家们称帝政前期各法学家在其著作中所研究的法律为旧法，如《十二表法》、各种议会制定的法律、元老院决议、长官法、法学家的解答和帝政前期的敕令等；称自君士坦丁一世在位以后颁布的敕令为新法。

第三节　罗马法的编排体系

法学昌明时期，罗马法学家的著作一般都按两种方法对法律进行编排。一种是把法律分为人法和物法，叫二分法；另一种则把法律分为三部分，即人法、物法和诉讼法，叫三分法。采用第一种编排方法的法学家认为，法律是由人制定并为了人而制定的。没有人,没有社会,就不需要法律。所以法律首先应规定人,也就是权利义务的主体。有了权利义务的主体,还要有权利义务的客体,这客体就是物,因此要规定物法。至于如何来保护人及其财产?就应当有保护的办法,这就要诉讼法。但他们把诉讼法放在人法、物法各有关篇章之中,例如在继承法和债法中,就包括保护继承权和债权的办法,而不单独成篇。按此方式编排法律,缺点是容易造成重复。所以第二种方法把法律分为人法、物法和诉讼法三项。盖尤斯的《法学纲要》,就按权利的主体、客体和保护,把法律分为人法、物法和诉讼法三个部分。这是他仿照当时的传统做法,而不是他个人的创造。后来特里波尼亚努斯等编定《法学纲要》时,认为三分法比较合适,故沿用之。其体系为:第一卷,法的渊源和人法;第二、三卷和第四卷的前五章,物法,包括物、物权、继承、债、私犯、准私犯;第四卷的后十三章,诉讼法。

罗马法的三分法体系,为后世所沿用,只有诉讼法部分渐渐被排除,后来成为公法的组成部分。法国民法典的体系受罗马法体系的影响很深,除序言外,分为三编。德国民法典把人法中的婚姻亲属法和物法中的债法、继承法分别独立出来,并在各编之前另加总则,创立了五分法体系。但其总则、编的体系,仍仿照罗马法学家和法国民法典的做法,先规定人、物,再涉及有关私法的一般制度。本书的编排体系保持古罗马《法学纲要》三分法的原形,在本论的第一编是人法,包括自然人、家、家属和法人等;第二编是物法,包括物权、继承和债等;第三编是诉讼法,包括法定诉讼、程式诉讼和非常诉讼等。但在排印时做了调整。

第四章　罗马法的解释

第一节　法律解释的缘由和意义

凡是法律都需要解释，罗马法也不例外。君士坦丁一世虽规定只有皇帝才有解释法律的权力，优帝一世更进一步禁止对他组织编纂的三部法律进行任何的注释，其实这是完全不切实际的。我们若从总体上鸟瞰千余年间的罗马法，似乎可以对法都需要进行解释的原因和意义有一个更为清晰的了解。其中许多情况对我们今天的法制建设，亦不无借鉴的意义。下面我们从三方面来说明法律解释的必要性：

(1)成文法的条文和习惯法的内容，往往比较简单抽象而不够具体，有的又不十分明确。另外，有些法律名词和专用术语一般人也不可能完全理解，有些法律条文虽然用的是普通的词语，但要经过解释才能明确它的内涵，这些都需要加以解释。各种立法方法的局限性，也决定了对法律进行解释是非常必要的。立法机关制定法律多是简单扼要，但事物是千变万化的，不可能一一作具体的规定，通常无非根据不同情况采用概括主义、例示主义和列举主义三种立法方法。

① 概括主义。概括主义就是把法律的内容作概括的规定，把

法律条文写得较为笼统和原则些。例如《十二表法》第4表第1条规定:“对畸形怪状的婴儿应即杀之。”什么叫“畸形怪状”?脸面不正,或者多一个缺一个手指头,算不算畸形?又第8表第2条规定:“夜间在城市内举行扰乱治安的集会者,处死刑。”什么叫治安?要达到什么程度才算是扰乱治安?何时算“夜间”?黄昏时分究竟算白天还是夜间?立法者只能概括地讲一下。这样,遇到具体问题,在适用法律条文时就需要进行解释。

② 例示主义。例示主义就是立法者举出例子来说明应适用的情况。例如为了维持交通秩序和街道卫生,“禁止牛马通行”。该交通规则虽对驴骡猪羊等没有规定,但在适用时,当然应解释为驴骡猪羊等也要比照牛马同样处理。因为禁令不能把所有妨碍交通、影响卫生的情况都一一列出来,这里的“牛马”只是作为例子罢了。现代立法,多在举例之外再以“其他”二字概括之,从而使法律条文的适用更加明确。

③ 列举主义。列举主义就是立法者逐项列举所适用的情况,对不在律文所举情况以外的事项排除适用。例如《十二表法》第5表第4条规定:“死者未立遗嘱指定其继承人,又无当然继承人,其遗产由最近的族亲继承。”第5条又规定:“如无族亲时,由宗亲继承。”除此之外的其他人就没有继承权。又如第6表第8条规定:“凡依要式现金借贷或要式买卖的方式缔结契约的,其所用的语言,就是当事人的法律。”法律只限于这两种方式,如果采用其他方式,就不发生效力。现今各国关于物权的种类、禁止结婚的条件、继承人的范围、继承权的剥夺等都采列举主义,即是吸取罗马法的经验。

(2)立法疏漏而未规定的内容,须经解释和补充。立法者在立法时虽然尽可能把问题考虑得比较周到全面，但难免仍有挂一漏万之处。漏掉了怎么办？罗马中期，大法官对合理的申诉不能以“法无明文规定”为理由而拒绝受理。例如前文所述，《十二表法》第4表第3条只对家长出卖儿子作了规定，而没有规定出卖女儿和孙子时该如何办理，这就要靠大法官进行解释。又如第8表第15条对搜查赃物作了很具体的规定，但如果被搜查者根本不让搜查人进家门，这一规定就形同虚设了。因为当时罗马人视家为个人的城堡，家内的事全由家长处理，任何人不得擅自越其门槛，如要通知被告或证人出庭，也只能在他们的门前高声唤呼，不得直接进去（参见《十二表法》第2表第3条），否则要以侵犯住宅论罪。这是一个漏洞。所以后来大法官就创设拒绝搜查赃物诉（actio furti prohibiti），遇到这种情况，授权搜查人据此提起诉讼，进行搜查而不构成侵入住宅罪。这就是法律不完备，由大法官来补充的例子。

（3）社会总是不断向前发展的，新的法律关系也不断地产生，旧法往往不合时宜，也需要解释以补其不足，否则就会阻碍社会经济的发展。例如《十二表法》第6表第9条规定：“凡以他人的木料建筑房屋，或支搭葡萄架的，木料所有人不得擅自拆毁取回木料。”这显然是针对农业社会的情况而作的规定。若有人用他人的木料去制桌子、雕刻艺术品等等，如何办？《十二表法》即未作规定。以后罗马社会出现了各种“加工”的问题，如完全的加工（指不能恢复原状的加工，如木刻）和不完全的加工（指仍能恢复原状的加工，如金属雕塑），善意的加工和恶意的加工，这些也都要求对法律进行新的解释和补充。

第二节　法律解释的种类

罗马法对具有法律效力的解释的分类与现代不尽相同。现代只有立法解释和司法解释两种,而在罗马,法学家的解释也具有一定的法律效力。

一、法律解释

亦称有权解释或强制解释。即由军伍大会等立法机关以成文法解释早已颁布的成文法;或由大法官以谕令解释成文法或习惯法;前者叫立法解释,后者叫司法解释。法律解释均具有法律效力。立法机关有权立法,当然也有权解释法律。在古罗马,其中最多的是皇帝的敕答。司法解释主要是大法官的谕令。哈德里安努斯帝时,曾把长官的谕令汇编成书,作为判案的根据。特别是在帝政后期,皇帝掌握最高的立法权,同时也是最高的司法官,所以皇帝既可以作立法解释,也可以作司法解释。君士坦丁一世更明确规定,只有皇帝才有解释法律之权,于是法律解释乃专属于皇帝的职权了。至于法学家的解释,在现代只供司法机关参考,不具有法律效力,但罗马法学家的解释则不同,帝政以后,凡有公开解答权的法学家,其解释对被咨询的案件具有拘束力。哈德里安努斯帝并规定,如他们对某一问题的意见一致,其解释即具有法律效力。公元5世纪,《学说引用法》又对五大法学家的意见的效力作了具体规定。

二、学理解释

即依据理论和逻辑而对法律所作的解释。按解释的方法，学理解释又可分为文义解释和论理解释两种。

（1）文义解释。即根据法律的文字确定法律的含义。法律的文字是立法者即统治阶级表达意志的符号；要了解他们的意旨，首先当然是从文字上入手。但在古代罗马，一切发生法律效力的行为，都须讲规定的语句，做一定的动作，稍有差错，即不能生效。所以《十二表法》公布后，法学家一度从极端形式主义的观点出发对律文进行文字解释，咬文嚼字，达到了可笑的地步。对此盖尤斯在他的《法学纲要》中举了这样一个例子，说由于《十二表法》第 8 表第 11 条规定，“不法砍伐他人树木的，每棵处 25 阿司的罚金”，所以，当时有人的葡萄蔓被人砍了，告到法官那里，他一定要说树木（arbores）被砍；如果说葡萄蔓（vites）被砍，那他就肯定要败诉。这样的解释显然是不可取的。一般说来，对新公布的法律，人们多是偏重文义解释的。因为：第一，新法律刚公布时，与当时的社会情况总是比较吻合；第二，统治者要树立新法的权威，如果法律刚公布就离开文义进行解释，必然会影响新法的威信。但对施行年代已久，并与现实有较大脱节的法律，人们则往往偏离文义解释，以求加以变通。

（2）论理解释。即不拘泥条文的文句，而从理论上阐明法律的含义，也就是从立法的精神和立法的目的来判断立法者的意思，使法律解释能更好地为经济基础服务，更好地维护统治阶级的利益。罗马法昌明时期的一个重要标志，就是法律解释由文义解释进步到论理解释，这又大大促进了罗马法的发展。《十二表法》制定于公元前450年，到共和国中期以后，罗马商品经济发展，社会变迁，而国家忙于战争，议会已顾不上立法，因此，使旧法适应新形势的任务，就落到法学家的身上。他们不再像古代那样采用文义解释，而渐渐重视论理解释。《学说汇编》引用P. J. 塞尔苏斯的话说："罗马法学昌明时期，解释法律，不拘泥于文字，而按法律的精神为之。"例如《十二表法》第7表第10条规定："树上的果实落于邻地时，得入邻地拾取之。"假定大风把树枝吹断了，落入邻地，树枝上并无果实，是否可以到邻地去取呢？按照论理解释，比照可以入邻地拾取果实的例子，树木所有人当然可以到邻地去取。假定鸡或兔子跑到邻地去了，鸡、兔不是果实而是动物，能不能去取回呢？按照论理解释，鸡、兔所有人同样也可以去取回。又如按市民法规定，解放自由人对恩主有支付赎金的义务，即恩主如打仗被俘，解放自由人应出赎金把他赎回。但如果解放自由人生活困难，自顾不暇，是否要去借债把恩主赎回呢？依照文义解释完全应该；依照论理解释，他没有这个能力，也就可以免了。

共和国时期，罗马大法官有权解释法律，补充法律，甚至根据"公平、正义"的原则修改过时的法律，以适应时代的需要。这也就是对法律进行论理解释。特殊的历史条件，赋予了大法官以"法官造法"之权。优帝一世在完成了他的法典编纂工作后，曾认为法典已完美无缺，可以永垂千秋，并明令禁止对其进行注释和评论，当然更谈不到加以修改补充了，可是禁而不止，事实给他以否定的答复。在他死后，注释本照样流行，有的还出了修订本，如《法学纲要注释》(*Glosa institutiones*)和《巴西尔法律全书》(*Basilica*)等，个中理由已如上述，就不再赘述了。

第二编　人法

第一章　自然人

第一节　人格

一、人和人格的概念

在罗马法上，人作为法律上的权利义务主体，有一个发展的过程，反映在概念上就表现为，罗马法上有三个关于人的概念，即霍谟（homo）、卡布特（caput）和泊尔梭那（persona）。homo，是指生物学意义上的人，不一定是权利义务的主体。例如，奴隶也属于自然人（homo），但是，他们原则上不能作为权利义务主体，而只能作为自由人的权利的客体。caput，原意是指头颅或书籍的一章。罗马古时，户籍登记时每一家长在登记册中占有一章，家属则名列其下，当时只有家长才有权利能力，所以 caput 就被转借指权利义务主体，表示法律上的人格。persona 则表示某种身份，是从演员扮演角色所戴的假面具引申而来。假面具可用以表示剧中的不同角色，persona 也就用来指权利义务主体的各种身份，如一个人可以具有家长、官吏、监护人等不同的身份。

罗马古时，只有贵族家长是权利义务主体，市民中的家属以及平民则都不是。以后由于战争的需要，参军作战的家属和平民可以取得部分公权和私权，在一定程度上成为权利义务主体。到《十二表法》时，罗马至少在私法上已经承认平民是权利义务主体。随着社会的进步，商品经济的发展，到共和国末期和帝政初年，家长的男性子孙开始普遍地享有公权和财产权，妇女、拉丁人和外国人也逐渐取得了部分公私权利。公元212年，卡拉卡拉帝准予居住在罗马帝国境内的居民或臣民一般都可取得市民权，甚至奴隶也逐渐享有限制的私权，如部分的财产权。因此，随着社会的发展，权利义务主体的范围从贵族家长逐渐扩展到几乎全体自由人。罗马法上的权利义务主体在外延上与自然人不同，一方面它不包括奴隶；另一方面，它又不仅包括自由人，而且也包括法人在内。

在罗马法上，要作为完全的权利义务主体，需要具有自由权、市民权和家族权。当时，还不曾用现代的“权利能力”①一词来概括这种资格，而用人格或人格权（caput）来总称这三权。

二、人格的内容

（一）自由权（status libertatis）

自由权是作为自由人所必须具备的基本权利。因此，享有自由权的是自由人，不享有自由权的就是奴隶。罗马法上的自由人（liberi），包括生来自由人和解放自由人两种。

生来自由人（ingenus），是指自出生时就获得自由权，而且未曾丧失过自由身份的人。从ingenus的字义而言，生来自由人必须是

① 罗马法上人格的含义不完全等同于现代法中的权利能力，后者因一人的死亡而终止，但在罗马法上，被继承人的人格原来是由继承人继承的。（参见继承法）

宗族(gens)的一员,因此只能是贵族。以后贵族与平民融合,只要出生后没有当过奴隶的人都是生来自由人。作为生来自由人,可以基于两种原因,一种是出生,另一种是法律拟制。

1. 基于出生

按罗马法的血统主义,父母是自由人,出生的子女也是自由人,不论其父母为生来自由人或解放自由人,但这是法律进步以后的规定。最初,解放自由人的身份是遗传其后裔的;父母是奴隶,出生的子女就是奴隶。对父母一方不是自由人的,由于自由人和奴隶的结合,依法不能成立婚姻关系,因此,罗马法是采取“子女身份从母”的原则确定其自由身份,因从母较从父易于确定。出生时母亲是自由人(包括解放自由人)的,子女就是自由人;出生时母亲是奴隶的,子女也就是奴隶。以后由于战争对兵源的需求,以及受到希腊哲学关于人生而自由理论的影响,哈德里安努斯帝遂规定,凡胎儿自怀孕至出生,生母曾一度取得自由权的,纵使生母于分娩时仍为奴隶,出生的婴儿即为自由人。这一“关于胎儿的利益视为已经出生”的原则,为后世各国民法所遵循。

2. 基于皇恩

罗马皇帝是最高的统治者,他有权把自由权赐给有功的奴隶。按罗马习俗,只有自由人可以戴金戒指①,因此,基于皇恩享有的自由权又称“金戒指权”(jus aureorum anulorum)。不过,按这种方式取得自由权的奴隶,在一般情况下仍为解放自由人,不能摆脱原来的主人对他的恩主权(jura patronatus,详后)。皇帝必须征得恩主

① 戴金戒指权最初专属元老院议员和高级官吏,其后逐渐扩及骑士,随着经济的发达,财富的增加,到了优帝一世时终于成为罗马一切自由人通常的标志。

的同意，并发布“出生恢复令”（natalium restitutio），才能使解放的奴隶完全取得生来自由人的身份。因为在罗马法里，恩主权被认为是一种私权，所以皇帝暨国家无权干预。

关于解放自由人，由于它与市民解放奴隶的行为密切相关，故本书将其放到后面恩主权一节进行论述。

（二）市民权（status civitatis）

市民权类似于今天的公民权或国籍，是专属罗马市民享有的权利，其内容包括公权和私权。

公权，是指市民法规定的选举权（jus suffragii）和被选举权。选举权包括参与各种议会、制定法律和选举官吏的权利。被选举权指可被选举为官吏或被选任为元老院议员的权利。由于罗马的官职都是荣誉性的，所以被选举权又称为荣誉权（jus honorarium）。帝政以后，皇帝的权力愈来愈大，人民的公权日益削弱。帝政前期，除皇帝新增设的高级官吏如军政长官、京都保安司令、宵警长官、粮政长官等以外，其他共和国时期的旧有官职如执政官、大法官、监察官、市政官等以及较低级官吏还继续用选举的办法产生。至帝政后期，法律完全由皇帝以敕令的形式颁布，所有官吏也都由皇帝任命，各种议会早已先后停止活动和废止，选举权和被选举权也随之消失。元老院议员也不再立法，元老院已降为罗马市议会的组织，不再是全国性的政治机构。

私权，包括婚姻权、财产权、遗嘱能力和诉讼权。

婚姻权（jus conubii），指依照市民法有权与罗马市民结婚，并可在家庭关系中享有所有有关的权利，如夫权、家长权等。

财产权（jus commercii），指有权按照市民法取得财产方面的权利和承担其义务，如取得所有权、设定物权、缔结契约、负担债务等。

遗嘱权(testamentio factio),指依照市民法享有的订立遗嘱、接受继承或遗赠,或者为他人的遗嘱作证的资格。

诉讼权(actio),是为保护市民的权利规定的。市民在其权利被人否认或被人侵害时,即可根据诉权请求法官予以确认或者排除障碍,并获得赔偿。

以上权利专属罗马市民享有,但是,在公元212年以前,共和国时期的军伍大会和帝政以后的皇帝,也常把部分或全部的市民权赏给个人,或者集体地赏给某个地区、某个省的全体居民。同时,种族战争(公元前90—前88年)前,与罗马人联盟的拉丁人也享有限制的市民权,只有外国人才完全不享有市民权。据此,罗马法把罗马境内的居民分为市民、拉丁人和外国人三类。

1. 市民(civis)

即享有市民法规定的各项权利的自由人。市民资格的取得,有以下两种:

(1)出生。罗马对国籍采取血统主义,父母是市民的,所生子女也是市民,而不论其是否出生在国内或国外。如果父母的身份不同,根据盖尤斯《法学纲要》的记载,则按照父母之间有无合法婚姻关系来确定子女是否享有市民资格,即婚生子女的身份从父,非婚生子女的身份从母。具体地说,婚生子女的身份以受胎时其父的身份为准;非婚生子女的身份则以出生时其母的身份为准。受孕至出生前父母身份的变更,不影响子女的身份。由此可以看出,罗马法对市民身份的控制要比对自由人身份的控制为严。对自由人身份,哈帝以后,胎儿自怀孕至出生,其生母在任何时候曾取得自由权的,他出生后即为自由人;但对市民身份,则其母必须在分娩时具有市民身份,他出生后才能获得市民权。罗马法之所以有这样的规定,是因为罗马人认为他们是高贵的民族,不愿意轻易扩散市民权,但在公元前2世纪,罗马有许多妇女与有钱的殖民地拉丁人或外国人结婚,因其一方无市民权和婚姻权,根据原来非婚生子女的身份从母的原则,他们所生的子女都是罗马市民。为了保持罗马人血统的纯洁性,纠正风纪,《米尼西亚法》(*Lex Minicia*)①规定凡罗马妇女与非市民结婚,所生子女一律不能取得罗马国籍,作为对非婚生子女身份从母原则的例外。

(2)入籍。即加入罗马国籍,有三种情况:

奴隶被解放。市民的奴隶可以经过法定手续,被解放成为市民解放自由人,取得市民权。

奖赏。根据公元前123年的《阿西利亚法》(*Lex Acilia Repetundarum*),凡外国人告发罗马官吏的贪污受贿而使之定罪的,可奖赏告发者以罗马市民资格。公元前111年,《塞尔维利亚法》(*Lex Servilia*)又规定把这项奖赏扩大到拉丁人。

恩赐。军伍大会或皇帝可以个别或集体地授予居民以市民权。例如公元前90年种族战争后通过的《普洛体亚·帕披里亚法》(*Lex Plautia Papiria*,即《优利亚国籍法》),即授予居住在意大利的拉丁人和其他自由人以市民权。共和国末期,作战的长官也有权给被招募入伍的若干非市民士兵或作战有功的当地臣民授予

① 该法约在公元前2世纪颁布,具体年份现在尚不清楚。国内有的著作认为是公元前43年,但在意大利种族战争之后,意大利拉丁人都取得了市民权,不再发生其后裔的市民权问题,故该法颁行的年份应在种族战争(公元前90—前88年)之前。而且,该法作为罗马限制拉丁人权利的措施,它也是引起种族战争爆发的原因之一。

一定数量的市民权。受权建立殖民地的总督也享有此权。

公元212年,卡拉卡拉帝授予殖民地臣民以市民资格。至此,罗马境内的居民一般都取得了市民权,市民权遂失去其重要意义。然而,在此之前,外国人要取得市民权并不容易,在罗马经商和做工的外国人往往千方百计想取得市民身份。他们经常采用的办法是花一笔钱与某罗马人通谋,先做他的奴隶,经过一段时间后,再被解放。该罗马人因此取得"恩主权"的利益,该外国人也就成为市民解放自由人;若是拉丁人,他们取得市民身份就比较容易,这一点我们将在拉丁人一目中详述。

市民资格的丧失,有以下几种情况:

(1)死亡。人死亡后,其市民身份当然随之丧失。

(2)丧失自由权。丧失自由权,也就同时丧失市民权。这或是因为犯罪而受刑事宣告被剥夺自由权;或是因为被家长、债权人、官厅等卖往外国为奴而丧失自由权;或因在战争中被敌人俘虏而丧失自由权。该人在逃回罗马后,可以根据"复境权"(jus postliminii,postlimimium)而恢复市民身份。复境权最初仅仅是一种事实,凡战俘逃回罗马的,即照旧享有他原来所有的各种权利。后来罗马法学家创造一种理论,认为罗马不承认外国法对罗马公民的效力,因之,罗马士兵作战被俘而逃回罗马的,视为其从未失去自由,以恢复其原有的一切权利。故因缔结和约而回国的战俘,被卖于外国为奴而逃回罗马的,均不能享有复境权。其条件为:a.须非自动投降的;b.无再回敌国的意图。这一制度只适用于权利而不适用于占有和夫妻同居等事实。有些罗马法学家如拉贝奥,后来把复境权扩充适用于奴隶、军马、战船及意大利土地等,蓬波尼乌斯甚至主张复境权可适用于一切事物。

(3)放弃国籍。由于罗马不承认双重国籍,因而市民自愿加入外国国籍的,就不能保留罗马国籍,而要作放弃市民权对待。

(4) 驱逐出境。罗马市民因犯罪被驱逐出境的,即丧失市民资格,如遇赦回国,则仍可恢复原有身份。与第二种情况不同的是,被驱逐出境者不一定丧失自由权,而仅失去市民身份。

2. 拉丁人(latini)

指古罗马社会中介于市民和外国人之间的自由人。拉丁人在法律上的地位次于市民而优于外国人。在拉丁人中,也因享受权利的多少分为三等:

(1)古拉丁人(latini prisci 或 veteres),原指罗马附近拉丁姆地区(Latium)的居民,以后到公元前 268 年,罗马改变殖民制度,使古拉丁人的概念扩充到改制以前所有的拉丁人。古拉丁人与罗马人同种族、同宗教、同语言、同文化、同风俗习惯,并与罗马订立了攻守同盟条约,因此,他们在拉丁人中享有权利最多。除荣誉权外(即不能在罗马做官外),所有其他公权及私权他们都可享受。例如,住在罗马的古拉丁人可以享有选举权,住在自己城邦的可以在自己的城邦享有选举权。在私权方面,他们可与罗马人依法结婚,也可在罗马的法庭起诉和应诉,并享有市民法的财产权和遗嘱能力。古拉丁人取得市民权也比较方便,除前述因告发罗马官吏贪污而入籍的外,还可以通过做罗马人的养子;将住所迁至罗马而在原住所留有后裔[①];因在原城邦做过官吏或议员等而取得罗马市民身份。公元前 95 年,罗马通过《利西尼亚 · 慕西亚法》(*Lex Licinia Mucia*),废除古拉丁人将住所移至罗马而取得市民权的规定,因而

① 这样规定的目的,是为了避免影响原地的农业生产和人口过分集中于罗马。

引起了种族战争。战争结束后,罗马被迫通过了《普洛体亚·帕披里亚法》,授予所有居住在意大利的拉丁人以罗马市民权,古拉丁人这一等级就不复存在了。

(2)殖民地拉丁人(latini coloniarii),即罗马殖民地的臣民。最初他们是开发殖民地的拉丁人及其后裔,所以叫殖民地拉丁人。在罗马改革殖民地制度,增设12个新殖民地后,也包括当地的居民;后又扩大到地中海流域和西班牙等地的臣民。罗马人为了同化他们,也给他们一定的优待,以示区别于外国人,作为拉丁人看待,但因种族、宗教和文化等的不同,他们的法律地位虽优于外国人,但比古拉丁人要低。他们不享有罗马市民的公权,仅在本地区有选举权,私权也受限制,即不享有婚姻权,不能和罗马市民结婚,但有财产权、遗嘱能力和诉讼权,也不能成为市民的法定继承人,其家庭关系按其原籍国的法律处理。公元212年《安托尼亚那敕令》①(*Constitutio Antoniana*)授予罗马帝国的一般居民以市民权,因而殖民地拉丁人这一身份也从此消失。安托尼亚那敕令系卡拉卡拉帝所颁布,于20世纪初在埃及被发现,并于1910年翻译公布。在此以前,一般历史学家和法学家都认为,卡拉卡拉帝授予殖民地拉丁人以市民权,主要是出于税收方面的考虑。因为罗马市民要交5%—10%的遗产税和解放奴隶税,非市民则不交,所以普遍授予市民权可以增加国家税收。该敕令被发现后,才知道真正原因还在于宗教方面。罗马人信仰的是多神教,但卡拉卡拉时,基督教在罗马帝国有迅猛扩展之势,他授予殖

① Antoninus是卡拉卡拉帝的名字,优帝一世的新敕第78号把它误为Antoninus Pius(公元138—161年在位)所颁发。

民地拉丁人市民权，是想使他们信仰罗马教，用以抵制基督教的影响。

（3）优尼亚拉丁人（latini juniani）。他们不是拉丁种人，而是根据共和国末年制定的《优尼亚·诺尔巴那法》（*Lex Junia Norbana*）[①]的规定而取得类似殖民地拉丁人身份的解放自由人。该法规定，凡未经法定方式解放的奴隶或家主对被解放的奴隶仅享有大法官法所有权的，该奴隶不能取得解放自由人的资格，以后又包括虽经依法解放、但年龄不满30岁的奴隶和因老病被主人遗弃的奴隶。优尼亚拉丁人的法律地位更次于殖民地拉丁人。他们不但没有公权，也不享有私权中的婚姻权，其财产权也不包括被继承权。他们的财产既不能由其子女继承，也不能用遗嘱处分，而是作为特有产归恩主或其继承人所有。所以，学者称优尼亚拉丁人是"生而自由，死则为奴"。

在法律昌明时期，优尼亚拉丁人可因下述情况而取得市民权：①补办正式解放手续的；②公元4年，奥古斯都为了增殖作战人口，颁布了有关解放奴隶的《艾利亚·森体亚法》（*Lex Aelia Sentia*），其中规定凡优尼亚拉丁人与罗马市民结婚，一年内生有子女的，便可和他的子女一同取得市民资格；③服公役有显著成绩的；④取得"金戒指权"的。自优帝一世正式承认解放奴隶可以不拘任何形式后，优尼亚拉丁人的身份就消失了。

3．外国人（peregrini）

这是指罗马市民及拉丁人以外的友邦人民。外国人的含义，

---

① 关于本法制定的年代，优帝《法学纲要》的记载是公元18年，但有些学者论证应为公元前44—前27年间。

在古代是指居住在罗马附近依附于罗马的拉丁部族，意指罗马以外的人。公元前 3 世纪初，则指与罗马订有友好条约的国家的人民，或者虽未与罗马订有条约，但与罗马友好相处的国家的人民。到共和国末年帝政以后，外国人也指被罗马征服地区的不享有市民权和拉丁人身份的自由人。他们的地位比市民和拉丁人都低，他们不得享有市民法上的公权与私权。外国人参加法律关系时，同国籍的适用其本国法，异国籍的适用万民法。

在罗马法中，与罗马处于交战和不友好状态的国家的人民，被称为敌国人（hostis）。hostis 这个词，在罗马古时原指与罗马订有平等条约之外国的人民，不含有敌人的意思；到公元前 2 世纪末，才指与罗马交战国家的人民，变成了敌国人的意思。罗马法律对在罗马的敌国人的生命财产一概不予保护，听任罗马人自由处置，或杀戮，或强使为奴而掠夺其财产。

在外国人中，有一种是被罗马征服而拒不订立接受罗马统治的条约的居民，被称为降服外国人（peregrini dediticii）。他们的法律地位比与罗马订有条约的国家的人民更低。由于其国家已被灭亡，已无本国法律可以适用，他们的法律关系一般按万民法处理。卡拉卡拉帝授予帝国臣民以市民权，但不包括降服外国人，后者到优帝一世时才取得市民资格。这样，到优帝时，在罗马境内的自由人，除本人不愿意加入罗马国籍者外，均已取得了罗马市民身份。

另外，还有一种蛮民（barbari），罗马人认为他们是未开化的人，因此未给予任何法律保护。市民法、万民法对他们均不适用，即便在优帝一世时，他们也不能取得市民资格。

（三）家族权（status familiae）

家族权，指家族团体中的成员在家族关系中所处的地位和所享有的权利。由于罗马人在家庭中的地位不同，有的人享有完全的权利能力，有的则不享有。因此，罗马法根据人们在家庭中的地位不同，把人分为自权人和他权人。

1．他权人（aliana juris）

这是指处在其他市民的权力支配之下的市民。这种权力在罗马法中被分为家长权、夫权和买主权三种。

（1）家长权（patria）①。这是男性市民中的自权人在法律上对其家属所享有的支配权，也是家庭中最高和最完全的权力。家属不论年龄大小、结婚与否、社会政治地位高低，都处于男性尊长的权力之下。

（2）夫权（manus）。古罗马的适婚男女，按市民法结婚以后，丈夫即依法对妻子取得夫权，妻子必须接受丈夫的支配。

（3）买主权（mancipium）。这种权利在两种情况下产生。第一，罗马法上长期无雇佣契约，因此人们通过买卖方式出卖劳动力，家属被家长出卖后，就要处于买主的权力支配之下。第二，在罗马法上，家属无独立人格，如果家属侵害了他人的权益，家长为避免赔偿损失，往往将致害的家属委付给受害人任其处理，使之处

① 国内的罗马法教科书或专著，对此一般译为家父权。本书将其译作家长权是基于如下理由：其一，“家父”是相对于子女而言，“家长”则可相对于子女、妻、媳、孙子女等所有的家属；其二，按罗马法的规定，父亲死后，其子即可成为自权人（家长），在这种情况下，该家长不一定有妻子、子女；其三，pater 一词，在拉丁文中既可作“父”解，也可作“长”解，译作家长才更符合该词的法律含义。关于家长权，详见本编第三章。

于受害人的买主权之下。

最初，罗马的家属都因不同的身份而分别处于以上三种权力之下。以后由于国家事务增多，男性家属开始享有选举权和被选举权等公权，但他们仍不能取得完全的私权。男性家属若取得了夫权、亲权、买主权，则他们取得的这些权利就要为家长权所吸收，而由家长直接行使。至于诉讼权，男性家属可在公法方面享有，但在私法方面原则上不能享有；只有在家属的精神或身体受人侵害而家长不愿出面起诉时，才允许他权人提出有关人格或身体的侵权行为诉讼。

从共和国末期开始，家长权、夫权逐渐受到限制，雇佣契约的出现使雇佣劳动力不再用买卖方式，因侵权行为而将家属委付受害人处理的情况也日益少见，终于在优帝一世时彻底消除。在家属特有产制度产生和发展后，他权人的地位更获得改进，至优帝时，他们几乎已能享有完全的权利能力了。

2. 自权人（sui juris）

与他权人相反，不受家长权、夫权和买主权支配的人，就叫自权人。只要不受这三权的支配，一个人即使受到其他私权的支配，如妇女、未适婚人受监护权支配，精神病人、浪费人和未成年人受保佐权的支配等，他（她）也仍然被算作是自权人。男性自权人享有一切公权和私权，可拥有独立的财产。至于女性自权人，她们的权利极为有限，没有公权，没有家长权，而且除韦斯塔（Vesta）修女外，在公元 5 世纪前，按罗马法规定，对不处于家长权和夫权之下的妇女，都必须加以监护。

三、人格的变更(capitis deminutio)[①]

人格变更是罗马法的一种特有制度。罗马法规定,具有完全人格的人必须享有自由权、市民权和家族权。一个人若因某种原因,使这三种权利丧失一部分或全部,或者丧失某一种而取得另一种,这种情况就叫作人格变更。

(一)人格变更的种类

罗马最初只有家长才有法律上的人格,才能作为权利主体。对于家属和奴隶,家长可以任意出卖或者杀戮。在罗马的外国人,也不具有任何人格,而只能同奴隶一样作为权利的客体。此时,市民权与自由权不分,非市民即奴隶,所以人格变更只有两

① 关于 capitis deminutio 的译文,我国的罗马法著述都是将其译作“人格减等”或“人格降等”,国外对此则有四种不同的译法。由于拉丁文 capitis 可以指人的头颅、人格或户口登记册中的一页,deminutio 意为取消、丧失、减少或变更,因此可以将 capitis deminutio 翻译为:(1)减少一人或减少成员,意思是国家或氏族减少了一个成员;(2)减少户口,即某个家长做了奴隶,或做了养子,因而该户原在户口簿上的一页被取消了;(3)人格减等或人格降等;(4)人格变更。对此,我们认为,译作“人格变更”较为可取。其理由为:第一,认为人格变更就是国家或氏族减少了成员,这种翻译用在自由人沦为奴隶或变为外国人的场合,不成问题;但对于收养、解放或缔结“有夫权婚姻”等来说,国家和氏族并不减少成员,因此,将 capitis deminutio 译为减少成员,显然不妥。第二,译为取消户口,也可以用在人格大、中变更的场合,但是,对于他权人缔结“有夫权婚姻”或被人收养,只是在户口册上移名过户,国家的户口数并不减少。第三,译作人格降等或人格减等,这是德国历史法学派人物萨维尼的主张,我国学者多从之,但此意见也不妥当。首先,由市民变为奴隶,不是人格降等,而是人格消灭。一个人从权利义务主体变为权利义务客体,人格就根本不存在了。其次,由自权人变为他权人,这是人格降等,但由他权人仍旧变为他权人,就不发生减等问题。至于他权人变为自权人,以及外国人和拉丁人取得罗马国籍时,则是人格的升等。所以,本书将 capitis deminutio 译为“人格变更”,可以较好地概括罗马法规定的权利能力变化的各种情况。盖尤斯在其《法学纲要》中就是这样主张的。

种：一种是人格重大变更(capitis deminutio major)，即由市民沦为奴隶而丧失市民权；另一种是人格轻微变更(capitis deminutio minor)，即在保留市民权的前提下，从受一个家长权的支配转变为受另一个家长权的支配，如收养、子女缔结"有夫权婚姻"等。共和国中期以后，外国人到罗马来的愈来愈多，其法律地位也相应被确认，获得了万民法上的人格，此时便不能再将外国人与奴隶等同看待，因此，人格重大变更又分为丧失自由身份和丧失市民身份两种，以区别外国人与奴隶。盖尤斯在其《法学纲要》中，就将人格变更分为三种，即人格大变更、人格中变更和人格小变更。

1. 人格大变更(capitis deminutio maxima)

指丧失自由权而沦为奴隶，奴隶不是权利的主体，因而当然也丧失市民权和家族权。发生人格大变更的原因有三种：

(1)因犯罪被剥夺自由权的；

(2)被家长或债权人出卖到外国为奴的；

(3)降服外国人违反禁令的。

关于罗马市民因战争被俘而在外国沦为奴隶的，国内的罗马法著述有的把它列为人格大变更的原因之一，有的则对此持相反态度。实则其时各国并不当然承认外国法的效力，故按罗马法"复境权"的规定，罗马士兵在战争中被俘后又逃回罗马的，可以恢复原有的一切权利，并不作曾经丧失自由身份看待。其不幸身死异域的，亦可根据《科尔涅利亚俘虏法》(*Lex Cornelia de captivis*)的规定视同死在国内(in civitate)，或视为他在被俘之时即已死亡，以免其遗嘱失效。因此，认为罗马法不把因战争而在国外沦为奴隶作为人格大变更的观点是正确的。

人格大变更，实际是人格的消灭或法律上的死亡。

2．人格中变更（capitis deminutio media）

指罗马市民丧失市民权而成为拉丁人或外国人。由于罗马的家族权以市民权为前提，丧失市民权就当然丧失家族权，因此，人格中变更与人格大变更的区别，在于人格变更后是否仍保有自由权。这种变更介于人格大变更与人格小变更之间，所以称为人格中变更。发生人格中变更的原因有：

（1）受刑事宣告而被剥夺市民身份的，如被判流刑徙至边远地区充军，或因犯罪被驱逐出境。在这些情况下，当事人仍保有自由身份。罗马初期，驱逐出境即意味着被贬为奴，以后根据万民法，受驱逐者可以获得外国人的地位。

（2）罗马市民加入外国籍，由于罗马法不承认双重国籍，故即丧失市民权而成为外国人。

（3）拉丁人或外国人加入罗马国籍而取得市民资格的。

3．人格小变更（capitis deminutio minima）

指丧失原有的家族权而取得新的家族权，权利人原来享有的自由权和市民权不变，因而在法律上仍然具有完全的人格。

发生人格小变更的原因只限于因法律行为而发生的家族身份的改变。如果由于法律的规定，或者由于事情的自然变化而使家族身份有所改变，如他权人因担任优披特（Jupiter）神官或韦斯塔（Vesta）修女，或因家长死亡而其妻和子女成为自权人，这些都不属于人格变更，因为此时权利人仍处于原有的家族关系之中，并未加入新的家族。人格小变更可以因家族权方面的不同变化分为三种：

（1）自权人变为他权人。这是指本来不受任何家长权支配的罗马市民，变为受家长权或夫权的支配。对此，可以下述诸情况为例：

第一，自权人被他人收为养子而受养父的家长权支配；

第二，自权女子缔结有夫权婚姻而受夫权或丈夫的家长权支配；

第三，非婚生子女原为自权人，经生父认领而受生父的家长权支配；

第四，子女经家长解放成为自权人，后因家长撤销其解放又使之受家长权的支配。

（2）他权人变为他权人。这是指本来受某种家族权支配的人转而受另一家族权的支配，下述诸情况可以为例：

第一，在家长权支配之下的他权人，被他人收养而处于新的家长权支配之下。

第二，处于家长权支配之下的他权女子，在缔结有夫权婚姻后，如果丈夫是自权人，她要受丈夫夫权的支配；如果丈夫是他权人，她要受丈夫家的家长权支配。

第三，在家长权支配之下的他权人，经家长出卖给罗马市民而处于买主权的支配之下。

第四，《十二表法》规定，家长三次出卖其子，即对其丧失家长权，所以，经家长出卖一次、二次而处于买主权之下的家子，期满经买主解放，仍须回到原家长权之下而为他权人。

（3）他权人变为自权人。这是指本来处于某种家族权支配之下的人变为不受任何家族权的支配，例如下述诸情况：

第一，处在买主权之下的他权人，如果家长对他的出卖已经达到法定的丧失家长权的次数，则只要经买主解放，或者虽未达到法定的次数，但在解放时原家长已死亡，他就成为自权人。

第二，处于夫权或夫家的家长权之下的妇女，离婚时若其生父已死，虽然此时她仍须处于监护之下，但由于监护不影响受监护人的人格，所以她就成为自权人。

第三，家属经家长解放，不再处于家长权的支配之下，当然成为自权人。

（二）人格变更的效果

人格变更，使旧的人格消灭，原有之人格主体可能取得新的人格，也可能不再具有任何人格。但不具有人格的人，其肉体并未消失，故学者称丧失全部人格为法律上的死亡。它对实体存在的人在权利能力上所发生的效果，可以从对人和对物两个方面来看。

1. 对人的效果

在于使与旧的人格相关的由法律创设的亲属关系和权力支配关系如宗亲、家长权、夫权、买主权等都归消灭，但由于法律不能变更事实情况，因此，自然的关系如血缘关系、夫妻同居关系等等，并不因旧人格的消灭而消灭。此外，关于刑事和民事的责任（私犯），由于罗马法沿用复仇主义，因而只要实体的人存在，就可以对本人的身体实施报复，它们也不因人格的变更而受影响。

到优帝一世时，由于家长权、夫权、买主权早已不复存在，宗亲也被血亲所取代，因此，人格变更除严重刑事犯外，在对人方面几乎已不发生什么效果，只有恩主关系仍不因人格的变更而完全消灭。

2. 对财产的效果

据罗马古代法，自权人可享有财产权，他权人则不得拥有财产权，所以自权人经人格变更后，其原有财产即失去主体，无所依附，依法就成为无主物，即为先占者所得。例如某人被债权人、受害人出卖国外为奴的，其财产即为债权人、受害人所得；自权人被收养或缔结有夫权婚姻时，其财产即为养父或丈夫所有，受刑事处分的则为国库没收。他权人虽无财产权，但他可能对他人负有债务，这是属于自然债，并不因人格变更而消灭。

按罗马古代法，先占者在取得自权人因人格变更所遗留的无主物时，除接受的遗产部分视作一个整体（包括资产和负债），对其他财产，他可以只占其资产而不负其债务。但在当时，人们很少可能利用这种制度来逃避债务。因为在罗马古时，民俗敦厚，而人格变更只有两种，即人格重大变更和人格轻微变更。想用人格重大变更来逃避债务，就要成为奴隶；想通过人格轻微变更来逃避债务，也很不容易。当时法律注重形式主义，收养、结婚的仪式都很庄重，且人们集中居住，流动性小，宗教和舆论的制裁作用极为显著。但是，到了共和国后期和帝政时期，商业空前发展，罗马与外邦、外族的交往频繁，道德衰败，人格变更也由两种而变为三种，社会上出现了通过定居国外或者收养、结婚等办法来逃避债务的情况。据此，大法官相应地采取了补救办法，以保护债权人的利益。其做法是：在债务人的人格大变更和中变更时，允许债权人向接收其财产的人进行诉追，如接受人拒不出庭，即授权债权人扣押原债务人的财产，在其权利范围内清偿债务，接受人只能获得余额；罗马人入外国籍的，他们带走了动产，对留在罗马的不动产仍可通过扣押拍卖以抵偿债务；对于人格小变更的，由于财产和人均在罗马，大法官就授予债权人以恢复原状之诉（restitutio in integrum)，把原债务人的财产回复到未收养、未认领、未结婚等的状态。该诉可以向新的家长或丈夫提起。如果他们拒不应诉，债权人有权扣押、拍卖其财产以抵偿债务。国家如果没收罪犯所留的财产，也要负责清偿其中的债务，以资产抵偿负债，但债权人对之则无权扣押。

法学昌明时期，人格变更等于法定死亡，因此，专属本人的权益，如用益权、使用权、合伙权益与副债权等，在自然死亡时消灭的，在人格变更时亦当然消灭。帝政后期，家属特有产制度已经盛行。自权人无论是被收养或被认领，便将其原有财产带到养父、生父家而成为家属特有产，如果是家属经解放成为自权人等，其原特有产便成为普通财产，凡债权人都可以在原债务人的财产或特有产的价值范围内请求清偿。到优帝一世时，人格变更除被判重罪者外，对财产关系的效果已微乎其微，不再影响用益权、使用权以及合伙关系的继续存在。但是，关于委任关系是否因人格小变更而消灭，由于文献无明文记载，罗马法学者的意见不尽一致。有的认为委任关系因人格的变更而消灭，有的则主张委任并不因人格的变更而消灭。我们认为，合伙和委任都是以信任为基础，合伙既然不因人格的变更而影响其存在，委任当然也应作同样的处理，方合乎逻辑和当时的实际情况。

优帝彻底改革了继承制度，完全以血缘为基础，宗亲关系已不起作用，故人格变更对继承也不再有任何影响。当时还废除了自权人收养制度，而且，即使他权人被收养，他也可以保留原来在生父家享有的一切财产权益，因而也就间接地保护了其债权人的利益。

四、名誉减损(existimationis minutio)[①]

(一) 名誉减损的概念

在罗马法上,除"人格变更"外,"名誉减损"也是用来变更权利能力范围的一种制度。所谓名誉减损,就是在保全自由权、市民权和家族权的前提下,使一个人的权利能力受到某种限制。

古罗马社会很重视名誉,一个人名誉之好坏,影响他参与各种社会活动的资格。但这里所指的名誉,不是指显赫的声望,而是指名誉上一般没有什么缺陷,能够享有罗马法上的全部公权和私权。名誉减损也不意味着名誉丧失。名誉丧失是指一个人做了奴隶或外国人,丧失了罗马市民的资格,因而等于人格的消灭。名誉减损也是罗马法的特有制度,《十二表法》已有规定,后来又有所发展。

(二) 名誉减损的种类及法律效力

名誉减损有三种,下面分述其发生的原因和法律效力:

1. 不能作证(intestabilis)[②]

指丧失作证人或请他人为自己做证人的资格。其原因有:

(1) 证人事后拒作证明的。《十二表法》第8表第24条规定,要式行为中的证人或司秤,如果事后拒绝作证,即受"名誉减损"的处分,从此丧失作证的资格,他人也无须为之作证。[③]

(2) 用文字侮辱他人的。这是《十二表法》以后的规定,而这

---

① 有的罗马法著作将其翻译为"令名减少"或"资格减少"。

② 有的罗马法著作译为"无信用"。

③ 国内有的罗马法著作把"伪证"列为不能作证的原因之一,按《十二表法》的规定,作伪证的应处死刑,而不仅仅是受"名誉减损"的处分。

里指的不是诽谤，否则按《十二表法》第8表第1条的规定，“以文字诽谤他人，应处死刑”。

由于作证属于公务，罗马的女子没有作证的资格，所以不能作证的处罚实际上只适用于男子。在罗马古代，不能作证是一种极为严厉的制裁，因为当时任何重要的法律行为，如不动产、奴隶及牛马等的买卖、“要式现金借贷”、订婚、结婚、立遗嘱等，均须证人参加，故不能作证无异于剥夺一个人的行为能力。

2. 丧廉耻(infamia)

这种名誉减损比不能作证稍轻，其原因有三：

(1)由于法院的判决。凡公犯、私犯，如强盗、欺诈、合伙人或受委托人有背信行为、监护人侵吞受监护人的财产、受寄人盗用寄托物等，法院便要在判决的同时附带宣告行为人丧廉耻。

(2)法律规定的事实。指法律规定凡犯有某种罪行或者从事某种职业，不必经过法院判决即构成丧廉耻的情形。如重婚、妇女不遵守孝期或禁婚期、监护人娶未成年的被监护人为妻、被宣告破产、诬告他人偷税、逃避兵役，或者从事下贱职业，如娼妓、优伶、放高利贷者和斗兽员等等。

丧廉耻有直接与间接两种。直接丧廉耻，是由执政官或监察官根据事实，在选举或登记户口时作出决定，将丧廉耻者不列入选举名单，或在户口登记簿上作出记载，当事人对此不得申诉。直接丧廉耻具有临时性。罗马的执政官任期为一年，监察官任期为五年，他们的任期满后，任期内所作丧廉耻决定即要由新任长官重新决定是否继续有效。间接丧廉耻，是指大法官在判罪或判决当事人败诉时附加判决的处罚。

丧廉耻制裁的效果是：第一，丧失选举权和被选举权，相应的服兵役的权利也被剥夺。第二，诉讼权受到限制，不能为家庭以外的人做诉讼代理人，也不能请他人做代理人。第三，如妻子与人通奸，纵使当场拿获，也无权杀死奸夫或对之起诉。第四，《优尼亚婚姻法》禁止元老院议员及其子孙与丧廉耻的妇女结婚。这些效果实际均是针对男子的，因为罗马的女子无公权，也不能做诉讼代理人。

帝政以后，特别是帝政后期，《优尼亚婚姻法》已经失效，加之皇帝专权，公权已丧失意义，因而直接丧廉耻与间接丧廉耻的区别已不复存在。优帝一世时规定，丧廉耻的效果只是限制诉讼权和禁止做官吏。丧廉耻者可经皇帝恩准或法院判决而恢复名誉，但在大赦或服刑期满时，名誉并不自动恢复，仍须经皇帝特许或法院判决。

3．污名(turpitudo)

有污名者，是指因其行为卑劣，受人蔑视，为社会舆论所不齿。由于这种名誉减损既非由法律规定，也非由长官宣告之法律上的丧廉耻(infamia juris)，所以又称事实上的丧廉耻(infamia facti)。对有污名者的权利能力的限制，是不准他们担任需要诚实信用的职务，如监护人、保佐人、证人等。关于婚姻方面，在婚姻由家长做主的时代，通常女子无权拒绝家长包办的婚事，但如果未婚夫是有污名的人，则她可以反对。在继承方面，如果兄弟姐妹相互有法定继承权的，而被继承人立遗嘱将遗产不给兄弟姐妹而给一个有污名的人，即属逆伦遗嘱，则其兄弟姐妹有权向大法官起诉，要求撤销该遗嘱。

五、人格的始终

人格的始终,是指权利主体的权利能力何时发生,何时终了的问题。按罗马法规定,人的权利能力始于出生,终于死亡。

（一）出生

罗马法规定的出生条件为:

1. 胎儿与母体完全分离

在此之前,胎儿还是母体的一部分,不是独立的个体,所以不能作为权利义务的主体。但所谓分离,并不以脐带是否切断为标准。这样规定当然是合理的,但有时会发生不公平的现象,例如关于胎儿的继承权等问题。因此,罗马法规定,“关于胎儿的利益,视为已经出生”。根据这一原则,如果胎儿出生时完全符合出生条件,其开始享有权利能力的时间,即可上溯到受胎之时。因此,继承开始时已受孕的胎儿,不失继承的权利;女奴所生的子女,如她在怀孕到出生前曾一度取得自由权的,就是自由人;堕胎要受刑事制裁;受死刑宣告的孕妇,要在胎儿出生后才能执行;孕妇临产前死亡的,应救出婴儿后再埋葬或火化。为了保护胎儿的利益,可设置“胎儿保佐人”(curator ad ventrem)。

2. 须为活产

关于如何确定死产或活产,罗马法学家普罗库路斯派与萨比努斯派的意见不一。前者认为应以能否啼哭为标准,后者则主张以能否呼吸作标准。其理由是,体弱的婴儿哭不出声,所以应以脐带剪断后婴儿能否独立呼吸来判断其死活。优帝一世时,采纳了萨比努斯派的意见。

3. 须具有生存能力

指婴儿脱离母体后能继续生存下去的能力,因而与是否为活产不是一回事。但又不以事实上继续生存为条件,因人的生存往往受外部条件的影响。大法学家保路斯提出,怀胎不满180天而出生的为"不熟儿"(abortus),即使活产也不具有发育成长的能力。但是,罗马当时科学不发达,并无可靠的手段来确定怀胎的时间,因而萨维尼认为,具有生存能力并不是罗马法规定的出生条件之一。不过,优帝《学说汇编》援引了保路斯的这一意见。

4. 须具有一般的人形

婴儿不具备常人的形体,即视为不具备人的智能,不能作为权利义务的主体;如具有常人的形体,则纵使五官四肢有所变态或残缺,也不影响其享有权利能力。《十二表法》第4表第1条规定:"对畸形怪状的婴儿,应即杀之。"①罗马的家长,对家属本有生杀予夺之权,因而这一条是罗马法关于家长权的特别规定。之所以有此规定,是因为在罗马古时,社会上迷信观念很深,人们认为怪胎是不祥之兆,祸国殃民,不能予以保留,故由国家出面干预本属家长权范围以内的事。当然,这也与提高罗马民族的素质,维持其强盛的社会需要有关。在古代奴隶制社会,统治民族多曾实行此类制度。依据罗马法,市民出生,应于30日内向官厅呈报户口。

(二)死亡

这是人格消灭的原因,也是一个人权利能力的终了。罗马法

① 关于这一条,国内有关罗马法著作译作"奇形怪状之子孙,家父得扑杀之"。这样翻译,意思是家长对畸形婴儿可杀可不杀。但根据本条的原文是命令式语句,以及根据以下即将叙述的罗马当时的实际情况,将其译为"应即杀之"较为确切。

将死亡分为法定死亡和自然死亡。法定死亡即人格变更，这里所指的死亡是自然死亡。罗马法判断人的自然死亡是以呼吸是否停止作为标准。在一般情况下，确定自然死亡不会发生什么困难，但在互有继承关系的两人或数人同时遇难死亡时，就有一个判断谁先死、谁后死的问题，这对于确定遗产如何继承，事关重大。对此罗马法规定，同时遇难有两个要件：第一，危险的性质须完全一样，如两人或数人同时乘船，因船沉而死亡。因此，孕妇难产、母婴死亡的性质各不相同，就不属于同时遇难。第二，须无法证明他们死亡的先后。解决同时遇难问题的办法，最初是推定遇难者同时死亡，由各个遇难者的继承人分别进行继承，遇难者之间则不发生继承关系。以后考虑到维持直系血亲间的继承关系，规定两个或数个直系血亲同时遇难时，根据身体抵抗力的强弱，推定弱的先死，强的后死。并具体规定尊亲属和卑亲属同时遇难，在没有可靠证明的情况下，如卑亲属为未适婚人，则推定卑亲属先死，如卑亲属为适婚人，则推定尊亲属先死。关于夫妻同时遇难，则推定妻子抵抗力弱，即使妻子比丈夫年轻，亦推定妻子先于丈夫死亡。

在帝政初期，罗马法规定死亡应在 3 至 5 天内向官厅呈报，并将死者的遗嘱呈交税务官检验，依法纳税。

（三）失踪（absens）

这是指市民离开罗马的住所，音讯不明，又未托人代管事务的情形。失踪的现象在罗马并不多见，所以，罗马法关于失踪的规定很不完备。罗马古时是农业社会，土地、财产均不能脱离家庭，而且罗马人到外国去就会沦为奴隶，加上交通不便，故人们很少远离家门。到手工业、商业发达以后，罗马人外出经商的渐增，但一般仍留有家属在罗马。加之罗马经济、文化之繁荣及其福利待遇均为外国所不及，因此，经商不归的人也很少。罗马人外出，一般均委托他人照管其财产和家属。如果有人外出后久无音讯，又未托人代管事务，按罗马习俗，是由当事人的近亲属代为照管。如无恰当的近亲属，或近亲属在管理事务上意见有分歧，则由大法官任命管理人。在没有证明失踪人确实死亡之前，他的继承不能开始，他应接受的遗产和遗赠，也不能由他人代领，有夫权婚姻中的妻子也不能改嫁。到优帝一世时规定，失踪满五年的构成离婚的原因。

失踪人一旦回到罗马，他原有的家长权、夫权、买主权、财产权、继承权以及其他公私权利一概恢复。但无夫权婚姻的解散和占有事实的中断则不受影响。至于有夫权婚姻的妻子如果改嫁，则为重婚，其第二个婚姻无效。最初是妻子的家长，后来是妻子本人，还要受“丧廉耻”的宣告。如果失踪人是与敌国作战而被俘，则按罗马法在其逃回罗马时可享受“复境权”的优待，允许其享受未被俘时享有的一切权利。其身死异域的，则按《科尔涅利亚法》规定视为被俘时即已死亡，使其所立遗嘱仍可生效。

第二节　行为能力

行为能力，是指人们依法行使权利和承担义务的能力。罗马法中虽无行为能力一词的术语，但已有这一概念和内容。行为能力涉及本人、相对人和社会三方面的利益，十分重要，现各国民法均承袭了罗马法的这一制度。在罗马法上，并不是所有具有法律人格（权利能力）的人都享有行为能力，是否享有或是否完全享有行为能力，要根据一个人的年龄、性别和精神的健全与否等而定。

一、年龄

年龄一般是衡量一个人的知识和经验的标准。通常，一个人达到一定年龄后才能独立处理自己的事务，知道自己的行为会产生什么样的后果。罗马人把人生分成两个阶段，一是未适婚阶段，称未适婚人（impuber）；一是适婚阶段，称适婚人（puber）。早在公元前 2 世纪末，法律为了保护年轻人的利益，规定以 25 岁为界，把适婚人分成未成年人和成年人。至于未适婚人，习惯上则分为近幼儿（infantiae proximi）和将适婚人（pubertatiae proximi），但这完全是根据各人的实际智能为准而不以一定的年龄为准。优帝一世改以 7 岁为幼儿（infantiae）和儿童（infatiae major）的分界。

在罗马古代，家庭的一切事务完全由家长做主，国家概不过问，所以孩子是否达到适婚年龄完全由家长鉴定。习惯上，女孩满 12 岁为适婚人。但女子即使达到适婚年龄，她也要受家长权的支配，或者处在监护权之下，或者受制于夫权，无论如何，其行为能力都要受到限制。而男子达到适婚年龄后，如为自权人，就可享有市民法上完全的行为能力，因而意义重大。依罗马习俗，男性适婚人要穿长袍，家长给男孩穿长袍，就意味着家长承认其已达到适婚的年龄，所以适婚并不以固定的年龄为标准。帝政初期，普罗库路斯派与萨比努斯派在男子的适婚年龄问题上进行了法学争论。普罗库路斯派受希腊哲学的影响，主张定一个统一的标准，因为一个人是否适婚，不易检查确定，按当时一般青少年发育的情况，定为男子满 14 岁为适婚年龄，有利于划一实用。这虽然不能适合每一个人的情况，但至少符合法律在不能求全时，应首先照顾到绝大多数情况的要求。萨比努斯派则坚持传统的观念，认为人各不相同，一个人是否适婚及是否具有处世的能力，应实事求是地依他的身体发育和智力发展的程度而定。优帝一世采纳了普罗库路斯派的观点，规定男满 14 岁，女满 12 岁为适婚人。这在今天看来是合理的，因为萨比努斯派的意见虽不无道理，但实际上是行不通的，因为这样遇事都得审查当事人是否有合格的智能和经验，就会引起司法上的麻烦和纠纷，从而影响交易的安全，不利于社会经济秩序的稳定和发展。

（一）幼儿（infantiae）

指不满 7 岁的人。他们完全无行为能力，由家长或监护人代为取得权利、负担义务，有时也可利用奴隶为之。[①] 因为奴隶的所得，尽归主人所有。公元前 2 世纪《体体亚法》（*Lex Titia*）[②]曾允许在无遗嘱监护人和法定监护人时，会说话的幼儿可以向长官申请为

① 国内罗马法著作多认为幼儿可以有效地接受他人的赠予，这是混淆了无行为能力人和限制行为能力人的区别。在罗马法上，监护人对被监护人财产的管理，对幼儿是适用“事务管理”（gestio），对儿童则适用“能力补充”（auctoritas）。赠予是法律行为，以当事人的意思表示为基础，幼儿和精神病人一样，没有表示有效意思的能力，其财产全由其监护人代为管理，即使是接近童年而又特别懂事的幼儿也不例外。萨比努斯派的观点未为优帝法所接受。优帝《法学纲要》所称被监护人，毋须经监护人的能力补充而可接受赠予，但是拉丁原文用的是 auctoritas 而不是 gestio，显系指 7 岁以上的未适婚人而言。

② 该法通过的确切年代已无可考。

其选任监护人。

（二）儿童(infantiae major)

指7岁以上的未适婚人,他们有限制的行为能力。不经监护人同意,儿童只能为纯获法律上利益的行为,如接受不附负担的赠予,否则,他们可享受权利而不承担义务。2世纪中叶,为了维护公平,改为儿童若未经监护人同意而为法律行为的,应在他们所得利益的限度内负担义务。

（三）未成年人(minor)

原指已满适婚年龄而未满25岁的男子,故又称不满25岁的适婚人(minor xxv annis)。他们如果是自权人,按古代法就有完全的行为能力。在自然经济时期,民风敦厚,而且交易不多,人们一切重大法律关系都用要式行为,因此,未成年人为法律行为时虽然经验不多也不致发生多大问题。但在商业发达后,法律关系日益复杂,要式行为已逐渐被许多新的法律形式所代替,未成年人因缺乏经验,在为法律行为时往往吃亏上当。约在公元前191年,《普莱托里亚法》(*Lex Plaetoria*)针对这种情况便给予未成年人以法律救济,即未成年人如因对方利用其无经验而遭受损失的,可以诉请追回已交付的物件;如尚未履行给付的,他可拒不履行。其后大法官法进一步规定,纵使对方没有欺诈行为,只要未成年人确实受到很大的损失,也可申请"回复原状"。

（四）成年人(major)

指满25岁的男子,有完全的行为能力。

法律上的成年年龄是随着经济、文化的发展,人们素质的提高而降低的。这一趋势在罗马法上已有端倪可见。其初,成年以满25岁为准,克劳地乌斯二世(Claudius Ⅱ,公元268—270年在位)

改为以进入 25 岁即可。其继任奥雷利亚努斯帝(Aurelianus,公元 270—275 年在位)于公元 274 年又创“年龄优待制”(venia aetatis),未成年人得因皇帝的特许完全取得成年人之资格,当然也就丧失了“抗辩权”和“回复原状”的利益。君士坦丁一世并规定,男子满 20 岁,女子满 18 岁,如果在长官前经证人证明有管理财产和独立为法律行为的能力,就可以享受年龄的优待,只是他们在让与不动产和为赠予行为时,仍须经长官的批准,始生效力。优帝一世更限制他们为不动产的抵押。

二、妇女(mulier)

罗马妇女在法律上的地位与男子是不平等的。在古代,除修女外,未婚女子都处在家长权之下,已婚妇女则处在夫权之下。她们没有独立的财产,所有的财产都归家长或丈夫所有。妇女如果因家长、丈夫死亡而成为自权人时,仍须处于监护权之下,由近亲实施监护,她们所为一切重大法律行为都须经监护人同意。所以,妇女只有限制的行为能力。妇女监护制度最初是为了保护其法定继承人的利益,唯恐妇女缺乏经验受人欺骗,或者挥霍家产而致损害继承人的利益,因此,在一般情况下,女子的监护人就是其法定继承人。处于监护权之下的女子,即使接受遗产也要得到监护人的同意,因为遗产中可能负债很多。帝政以后,法学进步,妇女监护制度的目的逐步转为保护妇女本人的利益,这时,法律上对妇女有不少优待。例如,为法律行为时发生错误,对妇女可念其缺乏经验而加以原谅,对男子则不能;妇女做保证人时,可不履行保证义务等。对于妇女为法律行为的限制也逐渐取消。到公元 410 年,女子监护制度便被特奥多西乌斯二世和霍诺里乌斯帝(Honorius,公元395—423年在位)正式废除。但是,直到优帝一世时,妇女仍然没有公权,在私法上也不能担任监护人、保佐人、证人等兼有公益性质的职务;在特殊条件下担任自己的子女等直系卑亲属的监护人或保佐人的,也必须宣誓以后不再嫁;她们即使收养子女,也不能对养子女享有家长权。

三、精神病人(furiosus)

精神病人是指神志不清,不能理解自己行为的法律效果的人,如疯子、痴子等。不论其病情是持续性的或间歇性的,在发病期间,病人都完全不具有行为能力。《十二表法》第5表第7条规定:"精神病人无保佐人时,对其身体和财产由最近的族亲保护之;无族亲时,由宗亲保护之。"这种保佐与妇女监护一样,设置的目的都是为了保护法定继承人的利益。一个人是否是精神病人,罗马法认为这是事实问题,不须经法院宣告。他的行为能力的有无,完全是以他的神志是否清楚而定,所以,间歇性精神病人只是在他发病期间没有行为能力。帝政以后,设置保佐的目的,已从保护法定继承人的利益转为保护精神病人本人的利益,大法官就把它扩大适用于精神衰弱者(mente captus)、盲人、聋哑人和残废人等不能管理自己事务的人,以保护他们的利益。对于间歇性精神病人,他们在神志清楚时并不需要保佐人,这样便产生了有时要保佐人,有时又不要的麻烦,所以,优帝一世将间歇性精神病人清醒时其保佐"终止"的规定改为保佐"中止"。

四、浪费人（prodigus）

浪费人是指滥用、挥霍财产，使本人和法定继承人的利益受到损害的人。《十二表法》第5表第7条规定："浪费人不得管理自己的财产，应由他最近的族亲为他的保佐人。"这也是为了保护法定继承人的利益。由此，《十二表法》对设置浪费人的保佐规定了两个条件：第一，所浪费的是祖传家产；第二，浪费人有法定继承人。所以，如果某人挥霍的是他自己挣得的财物或接受他人赠予的财产而不是祖产，或虽是祖产而他没有法定继承人，就不受法律的限制。浪费人和精神病人不同，精神病人神经错乱，不能为法律行为；浪费人则神志清楚，只是他用钱无度，要使这种有行为能力的人变为无行为能力，不能由私人随便确定，而要由有关亲属申请，经官厅审查、宣告，才能生效。某人经宣告为浪费人后，就不能再管理自己的财产，更不能处分其财产，也不能立遗嘱，其财产由所设置的保佐人代管。后来，大法官为了保护浪费人自身的利益，不论其挥霍的是不是祖产和有无法定继承人，只要他滥用无度，就可宣告，并规定浪费人可以有相当于儿童的限制行为能力，他不需经保佐人同意，就可为只享权利而不负担义务的法律行为。但对此有一例外，就是浪费人可以独立地接受既有资产、也有负债的遗产而不须经保佐人同意。其原因是继承在罗马法上有人格继承的因素，不完全是经济利益问题，而且浪费人不同于未适婚人和精神病人，他是有智能的，对继承遗产是否有利是清楚的，不会去接受资不抵债的遗产。到帝政后期，对浪费人的限制更加放宽，对一般的法律行为，经保佐人同意即可由浪费人自己处理，只有重大的法律行为才须由保佐人代为进行。

第三节　住所(domicilium)

一、概述

住所一词,是由拉丁语“家屋”(domus)引申而来。在罗马,最初是以设祖先祭坛之处为住所。自然经济时代,一个家长一个家,一个人只有一个住所。它是经常居住之处,也是奴隶、牛、马等财产的集中地。以后手工业和商业发达了,住所、作坊、店铺时有分离,设祖宗牌位处与业务中心不再吻合一致,于是住所的意义变了,改为以业务中心为住所。如果业务中心有多个,并有主次之分,就以主要的业务中心为住所;在没有主次之分的情况下,则几个都可作为住所,使原来的单一住所发展为复数住所。目前各国无论是以常住地还是以业务中心作为住所,或者是像德国那样采复式住所,均是从罗马法的规定发展而来的。关于单一住所和复数住所的得失,若从住所的主要作用在于集中一个人的法律关系于一处,以利于解决问题来看,自应以单一住所为优。但由于经济发达以后,手工业者、商人的业务范围遍于各地,如一切法律关系均集中于罗马,遇有纠纷,解决起来反而浪费人力、物力,所以采复数住所反而有利。现今有些国家仍采用复数住所,就是采单一住所的国家,也多有一些变通办法,如采用约定住所来弥补单一住所的不便。

罗马实行户口登记制度，一般以户口所在地为住所。由于罗马允许以业务中心作为住所，所以住所与户籍不一定一致。所谓业务中心或活动中心，是指法律关系的中心，而不是日常生活的中心。一个人可以有两个以上的住所，但也有人可能没有住所，如流浪汉、乞丐等。

住所与居所不同，居所是指暂时逗留的地方，但所谓暂时逗留也并不是意味着时间很短，如某人为了治疗疾病，在某处停留数月，甚或更长的时间，但他并无一直住下去的意图，所以该处只能是他的居所。按罗马法规定，作为住所须具备两个要件：第一，当事人要有久住的意思；第二，要有居住的事实。因此，仅有久住的意思而没有居住的事实，或只有居住的事实而没有久住意思的就均不是住所。所以保路斯说：迁移住所，不得仅凭声明，而须有行为与意思两者具备。

二、住所的种类

罗马法上的住所有如下四种：

（一）原来住所

一般是指一个人出生时的住所，亦称原始住所，有时也指新住所以前的旧住所。罗马法规定，婚生子女以父之住所为住所，非婚生子女以母之住所为住所。

（二）任意住所

这是指本人选定的住所，而非原来住所。一个人在新住所未确定以前，仍然以旧住所为住所。

（三）法定住所

这是指由法律规定、而不是由当事人的意思所决定的住所。例如家属以家长的住所为住所；夫权下的妻子以丈夫的住所为住所，寡妇若未再婚，仍以原来丈夫的住所为住所；被判终身监禁或判处流刑的人，以服刑、发配的地方为住所。帝政后期，终身任职的官吏以任职的处所为住所；学生在修学地居住满 10 年的，即可以修学地为住所；元老院议员以罗马市为其荣誉住所。由于一个人可以同时有两个以上的住所，所以有法定住所的都可保留原来的住所，一旦产生法定住所的原因消失，如终身官吏卸任、服刑者遇赦后，当事人即可返回原来的住所。

（四）约定住所

商业发达以后，商人们可以通过订立契约，约定将来解决纠纷的诉讼地，这就是约定住所。实际上，双方均不一定住在那里，其业务中心也不在那里，所以约定住所又称假住所。

三、住所的效力

罗马法规定，确定或解决某些法律关系要以住所为标准，因此住所具有一定的法律效力。这主要有以下几点：(1) 住所是确定诉讼管辖的依据；(2) 古拉丁人在罗马有住所的，可以取得罗马市民资格；(3) 住所是公文送达和债务履行的地方；(4) 大法官法规定，关于取得时效的时间，不论动产或不动产，占有人与所有人同住一省的为 10 年，异省的为 20 年；(5) 住所是纳税、选举等公法上的权利义务的履行地；(6) 住所受法律的保护，侵犯住所的要受法律制裁。

第二章　家和亲属

第一节　家的概述

古代罗马所称的“家”(domus, familia)，初指家长权(patria potestas)之下的一切人和物。处于原始状态的法律，对人和物是不分的，随着社会的发展，从家长权中分解出了多种权利。首先是人和物分开。人是有智慧和有感情的，物则否，所以就从家长权中分解出对物的所有权(dominium, proprietas)。罗马早期，奴隶制度尚不发达，奴隶人数不多，他们与主人共同生活、参与家祭，以致奴隶的法律地位并不明确。以后典型的奴隶制度在罗马形成，法律上确定了奴隶是权利客体，但奴隶与牛马有所不同，奴隶可以参加主人的宗教活动，可以被解放成为自由人，可以被主人立为继承人继承其人格，死后其尸体和坟墓受到保护。同时奴隶和子女又有不同，奴隶没有人格，没有家族权和婚姻权，更谈不上公权。所以从家长权中又分化出了对奴隶的家主权(dominus)。妻子最初也是被视为物，市民法的三种结婚方式，时效婚、买卖婚和共食婚，就是把妻子作为取得时效、买卖和掠夺的对象。但妻虽和子女一样受家长权的支配，她作为母亲实际上却受到子女的尊敬，可以对孩子实施一定的惩戒，其社会地位从丈夫的政治地位，丈夫对妻子可以离婚，但不能真的把她出卖或解放，所以从家长权中又分解出专门针对妻子的夫权（manus）。由于经济发展，某些家庭因劳动力不足，需通过买卖方式买进劳动力，因当时还没有雇佣制度，而按照市民法罗马人又不能做罗马人的奴隶，这样，从家长权中又分出了买主权（mancipium）。除所有权外，以上其他权利（同时也是权力）以家长权为最高，这些权利同时存在时，家长权可以吸收夫权、家主权和买主权。也就是父为家长时，子对其媳的夫权，对其孙的亲权和对买入市民的买主权都归家长行使，其子不得行使之。

罗马的家庭，由家长、妻子、子女等成员构成①，如果家长死亡，这个家长权支配下的家庭就解体了。原来受其权力支配的妻子、子女都成为自权人。已婚的儿子与他自己的妻子、子女组成新家庭而成为家长。已达适婚年龄的女子（包括原家长的妻子）和未达适婚年龄的子女均要处于监护权之下，由原家庭中最近的男性亲属做监护人。奴隶则如同财物，通过继承方式转由其他家庭成员支配。

罗马法的亲属关系，分为法亲、血亲和姻亲，现分述如下，

一、法亲

法亲（agnatus），是完全依市民法规定的亲属关系，也就是父系亲属关系。这种亲属关系以男系为中心，以家长权为基础，由于不

---

① 处于家长权下的卑亲属，男的称“家子”（filius familias），如儿子和孙子；女的称“家女”（filia familias），如女儿和孙女。

考虑血缘关系，所以是拟制的亲属关系。故一旦人格变更，法亲关系也就消灭了。法亲的作用主要用以确定继承以及监护和保佐关系。例如，妇女缔结有夫权婚姻，经人格小变更，成为夫家的法亲，她就与夫家法亲间发生继承关系，而与生父家脱离法亲关系，并丧失原有的继承权。

依亲属关系的亲疏远近，可将法亲分为三种：

（一）家族（familiae）

指同一家庭中的亲属，包括家长和处于家长权下的家属，是法亲中最亲的亲属，不以有血缘关系为要件。

（二）族亲（agnatio）

指同族的亲属，更具体地说，是指和家长权相联系的亲属。包括：

（1）家庭的成员当然是族亲，如家长、有夫权婚姻的妻子及其子女等。

（2）曾经同处一个家长权之下，由于家长死亡而各自成为自权人的，他们仍是族亲关系。但因被出养或被解放等造成人格变更而消灭法亲关系的，则不再是族亲。

（3）过去虽未曾处于同一家长权之下，但是假如同源祖先还活着，就会处于同一家长权之下的人，如祖父早死，叔侄未曾同处在其家长权之下，但他们仍有族亲关系，可依次类推到可查考的同源祖先。

（三）宗亲（gentiles）

指同一姓氏并祭同一祖先的人，但因年代久远，其世系已不可考。虽然同姓,但不同祭一个祖先的,就不是宗亲。①

帝政以前,在市民法上,不论是继承或是监护,均以宗亲为基础。帝政以后,宗亲制度逐渐被血亲制度所代替,直至优帝一世时才正式被取消。

二、血亲

血亲(cognatio),指有血缘关系的亲属,包括父系和母系两个方面。血亲关系是自然关系,所以不一定由婚姻关系而产生,也不受人格变更的影响。与同一父母双方都有血缘关系的人,是全血缘亲属(bilateralis);仅与父或母一方有血缘关系的人之间,是半血缘亲属(unilateralis)。全血缘血亲和半血缘血亲的区分,有继承方面的意义。例如,优帝一世的新敕规定,全血缘血亲是第二顺序继承人,半血缘血亲则是第三顺序继承人。罗马法上的血亲分为三种:

(一) 法定自然血亲(cognatio naturalis et civilis)

指由正式婚姻所产生的血亲。如有夫权婚姻所生的子女和其父母相互之间,既是宗亲,又是血亲。在无夫权婚姻成为合法婚姻以后,由这种婚姻所生出的子女和其父母间的关系亦同。非婚生子女则只与其母亲或母系间是法定自然血亲。

---

① 关于族亲和宗亲的翻译问题,国内的罗马法著作有的把"agnatio"译为"宗族关系"、"宗族";把"gentiles"译成"同姓人"或"宗统"。按宗与族有别,宗比族大。族有族谱,世系可考;而同姓为宗,年代久远,世系不一定可考。此外,在罗马同姓人不一定是宗亲,如解放自由人,采用原来主人的姓氏,与恩主同姓,但他们并不共一个祖先,不是宗亲关系。鉴于这些原因,本书将市民法上的亲属译成家族、族亲和宗亲。

（二）纯自然血亲（cognatio naturalis per se）

指未经正式结婚所产生的血亲，只存在自然的血亲关系，不符合法律的要求，如非婚生子女和生父母虽有血缘关系，但与生父和父族则没有宗亲关系。

（三）纯法定血亲（cognatio civilis per se）

指无自然血缘关系，而是纯由法律拟制的血亲关系，如养父母与养子女的关系。在罗马法上，养子女与养父母之间既有宗亲关系，又有法律拟制的血亲关系，所以法定自然血亲和纯法定血亲在市民法上的地位是相同的。

三、姻亲

姻亲（affines），指由婚姻关系所产生的亲属，可因婚姻关系的解除而消灭。在罗马法上，姻亲指配偶的一方对于他方的血亲所发生的亲属关系：

（一）配偶的血亲

包括丈夫与妻子的血亲之间所发生的亲属关系和妻子与丈夫的血亲之间所发生的亲属关系，如丈夫与岳父母和妻子之兄弟姐妹以及妻子与公婆和丈夫的兄弟姐妹之间的关系等。另外，继父母与继子女之间也是姻亲关系。

（二）血亲的配偶

配偶的血亲是姻亲，反之血亲的配偶当然也是姻亲。

姻亲在罗马法上意义不大，仅发生以下作用：（1）公元前204年，《辛西亚法》（*Lex Cincia*）禁止赠予，但不适用于包括姻亲在内的亲属间的赠予；（2）姻亲可做诉讼代理人；（3）姻亲关系可构成婚姻的障碍。

第二节　亲系和亲等

一、亲系(linea)

这是指亲属相互间的联系,分为直系和旁系。直系亲属是与己身或配偶有上下垂直联系的亲属,往上是直系尊亲属(linea superior),如父母、祖父母、外祖父母以及岳父母、公婆等;往下是直系卑亲属(linea inferior),如子女、孙子女、外孙子女以及女婿、媳妇等。旁系亲属(collateralis),是与己身或配偶出于同源祖先的亲属,也有尊卑和同辈之分,如伯叔、舅父、姑夫、姨夫、姑婆、姨婆、兄弟姐妹、表兄弟姐妹、内兄弟姐妹以及外甥、内侄女等。

二、亲等(gradus)

这是指确定亲属间关系亲疏远近的等级。罗马法计算亲等的方法是,直系亲属的亲等,按与己身或配偶垂直上下计算,以一代(世)为一亲等。这种方法与我国用代计算亲属关系亲疏远近的方法相似,但按我国的方法,在计算时是将己身这一世也包括在内,按罗马法的方法计算则不然。例如,己身与父亲的关系,按罗马法方法计算为一亲等,按我国的方法计算则为两代。旁系亲属间的亲等,在罗马法是从己身或配偶上数至同源的祖先,再由该祖先下数至所要计算亲等的亲属,合计双方的总数即为亲等数。例如,某人与堂兄弟姐妹间的亲等,是从其自身数至祖父母,再从祖父母数至其堂兄弟姐妹,两相合计为四亲等。其余类推。按我国的方法计算则为三代。

计算亲等的方法,除了上述罗马法计算法和我国的计算法外,还有寺院法计算法。在寺院法上,直系亲属亲等的计算法与罗马法相同,但旁系亲属亲等的计算则采用以到达同源祖先的世数多的一方的世数为亲等数的方法。例如,己身与伯叔,是以己身至祖父母的世数为亲等,祖父母到伯叔这一方只有一世,便略去不计了。又如,己身与堂兄弟姐妹,从己身至祖父母是两世,从祖父母到堂兄弟姐妹也是两世,双方世数相同,即己身与堂兄弟姐妹是二亲等。所以,按寺院法,己身与伯叔,或与堂兄弟姐妹在亲等上没有区别,而按罗马法,这两种关系从亲等上是可以区别的,前者为三亲等,后者为四亲等。可见罗马法的计算方法较为精确,故为后世大多数国家的民法所采用。

姻亲之间,依罗马法不计算亲等,但在罗马的习惯上仍是计算亲等的,方法是以配偶的亲等为亲等。

第三节　亲属会议(concilium domesticnm)

亲属会议不是罗马法上的法定机构,而只是一种习惯上的组织。亲属会议的成员由丈夫的宗亲和妻子的血亲组成。因为按市民法规定,妇女缔结有夫权婚姻,即脱离了原来的宗亲关系而成为夫家的宗亲,所以亲属会议除丈夫家的宗亲参加外,还要妻子娘家的人即妻子的血亲参加,以维护妇女的利益。亲属会议是一种咨询机构，家长惩罚家属或丈夫休妻等重大事由要征求它的意见，其作用是制止家长滥用家长权及丈夫滥用夫权。由于亲属会议不是法定机构，它的意见不发生法律效力，家长或丈夫不接受其意见时只受宗教和舆论的制裁，而不受法律制裁。以后，监察官过问社会风化，亲属会议的意见始可在监察官的支持下得到贯彻。此外，亲属会议还可以选择或解除未适婚人的监护人，为未达适婚年龄的自权人的收养、自权女子结婚和未成年人出让不动产等提供意见。

第三章　家长权(patria potestas)

第一节　概述

罗马的家长权有广义、狭义之分。广义的家长权是指家长对家属、奴隶、牲畜和其他财产的支配权;狭义的则仅以家属为对象,也就是男性市民中的自权人对其家属所享有的支配权。家长是全家的无上主宰。享有家长权的条件是:第一,必须是市民。拉丁人、外国人不能享有市民法规定的家长权。最初,享有家长权的又只限于罗马贵族,当时平民在罗马是没有地位的,至《十二表法》时,平民始正式对其子女取得家长权。第二,必须是男性。自权妇女即使收养子女,她对养子女也不能享有家长权。第三,必须是自权人。即享有家长权者,上无父系直系尊亲属,在家庭内是不受任何权力支配的人。

家长权只及于私权而不及于公权。这种权力虽然是对家庭所有成员和所有财富所享有的支配权,但家属在公权方面并不受家长权的限制。家属到了一定年龄,可以行使选举权,在共和国时期可以担任执政官、大法官、监察官等,而无须经家长同意。但家属做官以后,在私权方面仍须受家长支配。

家长权具有以下特征:

第一是绝对性。家长权的依据是权力关系，而不是权利义务关系，所以它原来不受法律的限制，不负任何责任。罗马国家最初不干预家庭事务，家庭内部的事由家长全权处置，家长权仅受宗教和习惯的约束。以后国家组织逐渐健全，法律遂规定家长负有抚养和婚嫁子女的义务，从而使家长权从权力关系演变为权利义务关系。

第二是排他性。即一个家庭中唯家长一人享有家长权，除了家长以外，其他任何人都不能享有家长权。如父亲为家长的，母亲对子女无家长权；祖父为家长的，儿子对自己所生的子女没有家长权，他对自己的妻子的夫权则被祖父的家长权所吸收，家庭中的一切权力都集中于家长。以后社会及法律进步，情况才逐渐有所改变。

第三是终身性。家长权一旦取得，只要权力承担者还活着，纵使年老病衰，甚至精神错乱，不能处理家庭事务，他仍然是家长，一直要到他死亡，家长权才消灭。家属不论年龄大小、结婚与否，甚或做了大官，在家庭内也都受到家长权的支配。家长权是不可让与的，家长出卖儿子给他人做劳力时，也只是家长权的暂时停止，而不是让与对该儿子的家长权。劳动期满，儿子仍旧回到原家长权之下。《十二表法》规定，家长三次出卖儿子的，即丧失对其子的家长权，以示惩罚。此项规定后被用于解放和收养等。随着罗马社会的进步，法律、大法官和监察官对家长滥用权力不断进行干预，甚至对其权力加以剥夺。

第二节　家长权的内容

家长权的内容广泛,它表现在家属的人身、财产和行为等方面,现分别说明如次:

一、关于家属人身方面

罗马古时,家长在宗教上是家庭的祭司,每遇节日,率领家属敬神祭祖,祈福避灾,其职责在于绵延宗祀于不绝,因而他对家庭成员有选择取舍之权。家属的男婚、女嫁由其决定,不必征求子女的意见,他可以随意休妻,赶走儿媳妇。对家庭中出生的婴儿,家长有权决定留养或抛弃。他可以收养别人的子女、出养自己的子女,为未适婚人代立继承人和选择监护人等。

家长是一家的当然"法官",在国家还没有力量干预各个家庭以内的事务时,要由家长负责维持全家的秩序。他可以审判家庭成员,对他们有惩戒权,可以对家属进行体罚,把他们卖往外国为奴,或者予以解放、逐出家门,甚至杀戮。总之,家长对家属操有生杀予夺的权力(potestas vitae et mortis)。

在家务方面,家长指挥全家进行劳动。按生产需要和家庭人口的多少买入或出让劳动力。

当时的家长权虽然是绝对的,但由于宗教、习惯的约束和舆论的影响,家长一般还不至于滥用权力。如为了传宗接代,家长不得不抚育子女,按时婚嫁,以免绝后。按惯例,有子的不得收养他人为子，妻媳非不能生育或与他人私通等，不得任意离休；对出卖、解放家属或对家属进行重大的惩罚等，都应听取亲属会议的意见。

共和国末叶以后，由于社会进步，商业发达，宗教和舆论的作用明显减弱，滥用家长权的现象不断增多，因此，国家不得不采取措施予以补救，法律理论也有了转变，认为家长权是法律承认的一种特权，但同时也应负担一定的义务，家长不得滥用其权力。

首先，此时宗教观念已经淡薄，敬神祭祀，已由虔诚信奉变为一种负担，家长渐渐不再亲自主持，而委诸家属和奴隶去做。对家庭成员，家长已不得随意取舍。而且法律规定，家长不得借故否认非婚生子女，否则后者有权提起确认之诉，请求家长承认其子女身份；解放子女则须得到子女的同意。帝政以后，在婚姻方面，子女的同意已成为婚姻的成立要件，家长的同意只是婚姻的有效条件。家长的孙子结婚，收养孙子，如儿子未被解放，就须得到儿子的同意。因此，家长权受到了许多限制。

其次，在审判权方面，由于国家机构逐步健全，权力扩大，家长权也受到限制。其初受监察官的监督，家长滥用权力的，可受"丧廉耻"的宣告。其后刑事方面的制裁逐渐转归国家处理。公元前89 年，《庞泊亚法》(*Lex Pompeia*)取消祖父对孙子、丈夫对妻子、家长对媳妇的生杀权。至于家长对子女的生杀权，则一直维持到公元2 世纪初年。特拉雅努斯帝(Trajanus，公元98—117 年在位)时，禁止虐待子女，违者勒令家长将其解放，使之脱离家长权。公元2 世纪时，家长对家属已仅有一般的惩戒权，重罚必须经法院判决。君士坦丁一世更规定，杀害儿子与杀害父亲一样论罪，科刑重于一般的杀人罪。

最后，关于出卖劳动力方面，《十二表法》已规定家长出卖其子三次的就对之丧失家长权。后来大法官法进一步规定,家长出卖其女或孙一次的亦同。至卡拉卡拉帝时则宣布买卖子女是非法的,但没有规定如何制裁。君士坦丁一世时,规定除在饥荒时允许出卖初生婴儿外,一律严禁买卖子女。帝政专权时期的第一个皇帝地奥克莱体亚努斯并禁止将子女作为人质,违者对债权人处以流刑。

为了贯彻家长权不再仅仅是权力、权利,同时也负有义务的理论,帝政以后,法律规定家长有义务为出嫁的女儿设定嫁资;以血亲为基础的直系尊卑亲间的相互抚养和支付赎金的义务也成了法定义务,可由国家强制执行;法律还规定,家长在处分遗产时,要给家属留有特留份,并设有"遗嘱逆伦诉"(Querela inofficiosi testamenti),对家长的遗嘱自由予以限制。家长如无正当理由,不得任意剥夺子女应有的继承权。

二、关于家属财产方面

在罗马早期的自然经济社会,家庭成员共同劳动,共同生活,家庭财产集中于家长,一切家庭事务也都由家长做主。家属没有私产,其所得的一切财物均归家长所有。家属如果为法律行为,依照古代罗马法的原则,他们与奴隶一样,只能使家长增加利益,而不能使家长负担义务或蒙受损失,不得以家长的名义为承担义务的行为,也不能以自己的名义做市民法上的债务人。如果家属因订立契约而负有债务,这种债务只能是自然债务,不受法律保护。因此,家属在财产方面既无权利能力,又无行为能力。

以后由于手工业和商业逐渐发达,家长需要家属帮助经营管理他的作坊、店铺以及航海事业等，家属因此获得了发挥才能的机会。大法官根据社会经济的发展，使法律不断符合实际需要，家属的法律地位亦随着经济形势的发展而不断提高。这主要表现在家属可以拥有特有产和行为能力方面。特有产依其产生的先后共有四种：

（一）家长授予的特有产（peculium profecticium）

特有产（peculium）一词是由 pecus 演变而来，pecus 在拉丁文中是家畜的意思。特有产源于家长对其所宠爱的或表现好的家属的奖赏，以后则不限于家畜，也有劳动工具、装饰品、零星钱币等财物。到共和国末年，家长委托家属经营管理的财物也属于特有产，包括店铺、作坊、船只等。家长授予家属以特有产，不须采用特别的形式，只要家长有授予的意思和交付的行为即可。在法律上，特有产的所有权属于家长，使用收益权属于家属；家长可以随时收回该特有产，家长的债权人也可以扣押此项特有产，故又称用益特有产。但是，实际上，家长既已把财产授予家属，特有产就与家长的财产分开了，第三者与家属在业务上的往来可以在特有产的范围内进行追偿。同时，如果得到家长的同意，家属也可以处分特有产。在家属先于家长而死亡时，特有产仍归于家长。如果家长解放家属，这时解放家属已从对家属的惩罚变为一种奖励，特有产就变成了家属的普通财产。

家属在特有产以外获得财产，根据"家属只能为家长取得财产，增加利益"这一古老的原则，仍应归家长而不归家属所有。例如家属在特有产之外接受遗赠，发现了埋藏物或无主物，其所有权应归家长。优帝一世时，改变了上述古老原则，规定家属在特有产以外所取得的财产，原则上属于家属。例如，某人赠予家属物品，如果未作相反的特别声明，该物品就属于家属所有；只有在赠予人特别声明赠予物只归家属使用、收益时，该物品的所有权才归家长。

（二）军役特有产（peculium castrense）

共和国末年，罗马由征兵制改为募兵制。帝政初期，奥古斯都为鼓励市民从军，规定了军役特有产制度。即家子在服役中取得的财产，如饷金、奖赏、分得的战利品等均归其本人所有，可以任意使用、收益和处分，在服役期间并可用遗嘱加以处分。但在退役后能否以遗嘱处分它呢？如前所述，军役特有产的所有权既然归家属，自应持肯定说才符合享有所有权的精神，可是罗马法学家则主否定说。其原因是，军役特有产制度是对“家属所得悉归家长”这一原则的例外，按照解释法律的规则，对例外规定应作严格解释，不得任意扩张或类推，以免例外多了，导致推翻原则。因此，对军役特有产只能完全遵照皇帝敕令的明文规定来处理，敕令没有涉及的，就不得予以补充。沿至哈德里安努斯帝时，才进一步规定军人退役以后也可以用遗嘱处分其军役特有产，家子解放其特有产中的奴隶的，恩主权归家子而不归家长。公元3世纪以后，军役特有产的范围更加扩大，凡在服兵役期间所得包括亲友、伙伴的赠予和遗赠，都可作为军役特有产。

家长与军役特有产的关系，可从以下几个方面看：

（1）由于家子对军役特有产在服役期间和退伍后都有遗嘱处分权，所以家长无权干预家子对该特有产的使用、收益和处分。

（2）由于军役特有产的所有权属于家子，所以家长的债权人不得对它进行扣押。

（3）军役特有产归家子所有，家长死亡时不能把它作为家长遗产的一部分进行分配。

（4）拥有军役特有产的家子先于家长而死亡，如果其未立遗嘱，根据特有产的性质，该军役特有产即归家长所有。由此，罗马法学家认为，对于军役特有产，家长的权力并没有消灭，而只是暂时停止。所以，在上述情况下，家长不是继承家子的军役特有产，家长在接受时只限以其资产抵偿其负债，对军役特有产之资不抵债的部分，家长可不负责。

优帝一世时，已将军役特有产视同家子的一般财产，家子死后，如果没有遗嘱，即由其子女继承，家长对军役特有产只能按一般的继承顺序进行继承。

（三）准军役特有产（peculium quasi castrense）

准军役特有产是帝政后期产生的。公元330年，君士坦丁一世迁都拜占庭（Byzantium），为了鼓励朝臣随迁，规定凡东迁的高级官吏，其因公所得财物，按军役特有产办理，故称之为准军役特有产。特奥多西乌斯二世将准军役特有产扩大适用于律师，其后又扩大到一切官吏。唯除高级官吏外，一般官吏对之没有遗嘱处分权。优帝一世又规定可适用于教士，并取消关于限制遗嘱处分的规定。

（四）外来特有产（peculium adventicium）

这也是帝政后期由君士坦丁一世于公元319年创设。最初规定家属继承其母的遗产应归本人所有；霍诺里乌斯帝（Honorius，公元395—423年在位）将此扩大为家属来自母系尊亲属的一切无偿所得，包括生前的赠予和死后的遗产；瓦伦体尼亚努斯三世又扩及家属的配偶或未婚夫妻所赠予的财产。到优帝一世时则规定，凡家属所得的不属于前三种特有产的财物，都属于“外来特有产”。

外来特有产与家长授予的特有产相反，其所有权属于家属而用益权属于家长。但家长的这种用益权较之普通的用益权为优，他可以不用提供“用益担保”，而仅对管理该负“善良家长的注意”。在下述情况下，家长不享有对外来特有产的用益权：

(1)亲友赠予或遗赠财产时提出以家长不享有用益权为条件的；

(2) 家长自动放弃用益权的；

(3)家长反对家属继承的财产，经家属请求法官批准的；

(4) 家属与家长共同继承时，家长对家属继承的部分也不享有用益权；

(5) 家长不善管理外来特有产，有损家属的利益的。

由于家长对家属的外来特有产享有用益权，所以，家属生前只能处分其“虚有权”。[①] 至于遗嘱处分，纵使经家长同意，一般也不能发生效力，以维护家属的继承人关于特留份的利益。如果家长先于家属而死亡，家属则收回用益权而享有完全的所有权。为保护家属对外来特有产的利益，法律规定家属对家长的财产有法定抵押权。

家长对家属的外来特有产并无所有权，因此原则上对之没有处分权，但是在下述情况下，家长也可例外地处分这种财产：

(1)出于为家属清偿债务的需要；

(2) 保管特有产的费用过高，以致得不偿失的；

(3)经家属同意的。

家长对家属的外来特有产享有用益权，但如果家属被解放，其用益权就会因家属人格的变更而消灭。所以，家长出于自己的利

① 家属对其特有产既然无用益权，那么他的所有权就是一种“虚有权”。

益，往往不愿解放家属，以致影响家属的发展和前途。为避免这种情况，君士坦丁一世规定，在此场合，外来特有产的所有权 2/3 归家长，1/3 归家属，以弥补家长所受的损失。这项规定过分偏重家长的利益，优帝一世时改为该特有产 1/2 的用益权归家长，所有权则仍归家属。

在家属先于家长死亡时，外来特有产的虚有权归于家长，于是家长即享有该特有产的完全所有权。特奥多西乌斯二世改为凡家属因婚姻而取得的部分作为遗产处理，由家属的子女继承；莱奥一世（Leo Ⅰ，公元 457—474 年在位）又规定，如家属无子女，可由全血缘的兄弟姐妹继承，在无子女及无全血缘的兄弟姐妹时则可由半血缘的兄弟姐妹继承；到优帝一世更进一步规定，凡家属先家长而死，“外来特有产”全部作为遗产处理，家长只能按法定继承的顺序继承。

从以上四种特有产制度中可见，到优帝一世时，关于“家属所得财物全部归家长”的古老原则，在军役特有产和准军役特有产制度中已不复存在，只有在用益特有产和“外来特有产”制度中还残留着这一原则的痕迹。

三、关于家属行为方面

在这方面，可以就家属的行为能力、责任能力和诉讼能力等问题分别来谈。

（一）行为能力

在罗马古代，家属只能使家长增加利益而不能使他蒙受损失，因此，家长对家属和第三人所订的契约，只享受其利益而不须承担义务,即便契约是经家长同意所订,也是如此。在自然经济时代,商品流通不多,一切交易都由家长亲自进行,因而无须家属参与。手工业和商业有所发达后,交易逐渐频繁,家长不可能事事躬亲,常需由家属代劳。由于买卖等均是双务契约,须等价交换,在家属参与进行时,家长如果不承担相应的义务,交易就无法进行。因此,大法官根据实际情况及公平合理的原则,对家长只取其利而不负义务的原则进行修正,规定在下述情况下,家长对家属所订的契约应受其拘束并承担责任:

(1)家属与第三者订立契约,事前经过家长的同意、授权,或在事后追认的;

(2)第三者受家长的委托,与家属订立契约的;

(3)家长授予家属特有产或授权家属经营业务,航海经商,家属在此特有产或业务范围内与他人订立契约的;

(4)在上述三种情况之外,家属纵未经家长同意或授权,但只要家长因家属订立契约而获得利益的,他即应作为不当得利,在所受利益的限度内承担契约责任。

家长对家属之契约行为的责任,也完全适用于奴隶的契约行为。

(二)责任能力——私犯(delictum)

如果家属侵犯家长,家长可任意加以处罚。帝政以后,家长权力逐渐受到限制,除轻微处罚由家长自己进行外,重大处罚应通过官厅,经官厅同意后,再由家长为之。

家属对第三者有侵权行为的,家长应把家属交给受害人进行报复和处理,或者支付赎金赔偿损失。优帝一世时废除了这种委付制度。

反之,对家属的私犯,在加害人为家长时,家属无任何请求权。帝政以后,家长权受到限制,家属受虐待的,可以到官厅控告家长,获得救济。如果对家属的加害人为第三人时,应由家长出面请求赔偿。

（三）诉讼能力

最初家属没有财产,没有私权能力,当然也没有这方面的诉讼能力。到共和国末年,家属经家长同意已经可以经商或拥有特有产,因此,家属可以在特定范围内成为法律上的债务人,可因债务关系作为诉讼的被告。

家属的人身受别人侵害,或财产被窃,按原则应由家长起诉。但大法官法规定,在家长因特殊情况不能及时起诉时,为保护家属利益,视为家属已受家长的委托而给予家属以“准诉权”。按家属所得利益应归家长的原则,家属胜诉时获得的赔偿金和罚金应归家长所有。哈德里亚努斯帝规定,家子对其妻的通奸行为,纵使家长不同意,亦可起诉控告,嗣后判例又扩大适用于其他侮辱行为,家属人格受到侵害的,可以不顾家长的意见而直接起诉,并可在不损害家长利益的条件下抛弃其诉权。

至公元2世纪末,家属对一些法律行为所产生的权利亦可作为原告,如提起寄托诉和使用借贷诉等追回寄托物和出借物,但对其他契约,有无此权,法学家们的意见不一。塞沃拉认为可适用非常程序,乌尔披亚努斯则主张家属只能享有准诉权,家长仍可自行起诉,诉讼利益也应归家长。对此只有一个例外,即如果有人用遗嘱非法剥夺家属的继承权,则家属有权自行提起“遗嘱逆伦诉”(Querela inofficiosi testamenti)。这是专属于家属的诉权,如由家长提起,也必须得到被非法剥夺继承权的家属的同意,而且必须以该家属的名义提起。不过,因胜诉而取得的利益还是应适用一般的原则而归于家长,对此没有例外。

由于家属对军役特有产和准军役特有产有处分权,因而在这两种特有产范围之内家属有诉讼权。对于家长授予的特有产和外来特有产,则家属在此范围内只能享有准诉权。优帝一世时规定,只要家长不起诉,不论其出于何种原因,家属均可自己起诉。

第三节　家长权的取得

取得家长权的原因有婚生子女的出生、对他人子女的收养和对非婚生子女的认领三种,下面分别予以叙述。

一、出生(naissance)

这主要是指自权人因合法婚姻出生子女而对该子女取得家长权。所以,第一,父亲须是自权人。第二,父母须是依市民法结婚的。第三,子女须是在婚姻存续中怀胎的。如果本人不是自权人而是他权人,则他本人还在他人的家长权下,他对子女的家长权就被他的父亲或祖父的家长权所吸收,因而实际上不能行使。所谓合法婚姻,最初只限于有夫权婚姻,即市民法的婚姻。由有夫权婚姻所生子女,只要是婚姻中怀胎的,也就是结婚180天以后和婚姻解除后300天以内出生的,就推定"母亲的丈夫就是子女的父亲。"因为夫妻互负同居的义务,严守贞操、防止乱宗又是妇女的首要义务,所以,需要有充分证明,方能否定这种推定。当然,如前所述,罗马古代家长有决定出生子女之弃留的权力，因此，在那个时代，对婚生子女，家长权的发生不是纯粹由于出生的事实，还要有家长愿意接受的意思表示。以后无夫权婚姻逐步取代了有夫权婚姻，原为万民法所承认的婚姻方式，也成为罗马的合法婚姻了。

法律虽然规定只有对合法婚姻所出生的子女才能取得家长权，但在法律有特别规定的情况下，对不是合法婚姻出生的子女也可产生家长权。公元 4 年，奥古斯都为了增殖人口，制定《艾利亚·森体亚法》，规定凡拉丁人与拉丁或罗马妇女结婚，在 7 个证人前证明他们是正式婚姻，婚后所生子女已满一岁以上的，该拉丁人及其子女即可取得市民权，该拉丁人并可对其子女享有家长权。以后元老院又作出决议，规定凡罗马男性市民因误信某拉丁妇女或外国妇女为罗马市民而与之结婚，如能确证其不知该妇女为非市民，则在该妇女取得市民权时，他也可对所出生的子女取得家长权而不论其子已否满一岁。

外国人与外国人结婚后，取得市民权的，对其取得市民权以前所出生或怀孕的子女并不当然享有家长权。在这种情况下，须经皇帝特许，该取得罗马国籍的人才能对此前出生或怀孕的子女取得家长权。

二、收养（adoptio）

罗马法上的收养与现代收养含义不同。罗马法上的收养是指因收养他人为子女而取得家长权，因而是一种对他人取得家长权的制度。它也不同于旧中国的立嗣，因为它不受同族关系和辈分的限制，收养者既可以收养子女，无子女的也可以收养孙子孙女。

收养者称养父母，被收养者称养子女。这种收养按对象不同，分为对自权人的收养（adrogatio）和对他权人的收养（adoptio）两种。至于遗嘱收养（adoptio per testamentum），则为补救自权人收养的缺陷而产生。对自权人的收养仅适用于贵族，目的在于延绵宗祀。一个宗族唯一的家长年迈无子的，即可收养其他宗族的自权人，以免绝后。对他权人的收养，最初通行于平民。因为收养自权人或立遗嘱，要通过贵族大会，而战事遗嘱又不能于和平时期为之。于是无子嗣的平民就采用收养他权人的方法来立继承遗产的人。由于收养他权人的方式简单，后来贵族也乐于利用这种办法。以后，收养又发生了新的作用。例如，为纠正宗亲继承制度违反自然的缺陷，尊亲属对其卑亲属无家长权的，可因收养而取得之。为了使子女入于母系尊亲属的家长权下，或使解放了的儿子所生的子女入于其祖父的家长权下，从而能继承其遗产等，也采用收养的办法。收养还被用来达到政治上的目的，如拉丁人可通过被人收养而取得市民身份；贵族和平民也常利用被人收养而改变自己的身份，以图获得专属贵族或平民的官职，以及立皇位继承人等。帝政以后，贵族与平民的界限已不存在，遗嘱也出现了更方便的方式，市民一般都有立遗嘱权，加之宗族观念渐趋淡薄，故收养的目的，已经既不像原来那样专为延续宗祀，或纯粹为了继承遗产，而主要是在于养亲之间彼此精神上的和物质上的安慰、扶助了。

（一）自权人的收养（adrogatio）

自权人被他人收为养子，就要处于养父的家长权、包括生杀之权之下。原来在他自己的家长权下的家属及财产都须转归养父支配；而且，它还关系到国家和社会的利益，因为自权人被收养，便减少了户口，会影响以户为单位的选举、纳税、参军等国家事务，也可能因此发生土地、财富集中的问题；在收养中还可能有胁迫、欺诈等不良行径，因而自权人收养关系重大。罗马法在这种收养的程序、条件、效力方面都做了严格的规定。

1. 收养的程序

首先是由祭司进行审核。祭司要审查被收养人是否会因收养而断绝宗祀，即考虑被收养人是否有兄弟，以及其兄弟是否有或是否会有后代；还要审查收养人有无必要进行收养，如他有生育的可能，即不予批准；祭司认可后，再召开贵族大会通过。

其次是经过贵族大会的批准。贵族大会每年为收养和遗嘱事务专门召开两次特别大会（comitia calala），时间分别是从 3 月 24 日和 5 月 24 日开始，其他时间都不办理。所有的收养人和被收养人都要到会，由大会主席主持询问（ad rogare）。先问收养者有无诚意收养，再问被收养者是否愿做收养者的养子，因此，不能正确表示意见的精神病人和不能回答主席提问的聋哑人就没有进行自权人收养的可能。在双方均表示同意后，主席再询问大会是否批准收养。经大会表决通过后，收养正式成立，被收养人便脱离原有的宗族而加入收养人的宗族。

到共和国末年，贵族大会已不再正式召开，而由 30 个侍卫（lictores）象征性地代表 30 个宗联参加大会。商业发达后，人口流动频繁，土地也不再是唯一的重要财产。在此情况下，收养完全由公法关系变成了私法关系，虽然仍要大会批准，但只流于形式，实际是由祭司决定。帝政以后，人们对这种流于形式的审查、批准甚感不便，特别是外省市民必须亲自到罗马办理收养手续，更感困难。公元 2 世纪，已有用皇帝敕令直接批准代替的。帝政专权时代，地奥克莱体亚努斯帝以皇帝拥有最高的立法和宗教的权力为由，确认由其批准的收养具有贵族大会通过的效力，从此皇帝的批准即成为定制。公元543年，自权人收养终于由优帝一世第118号新敕加以废止。

2. 收养的条件

这包括收养者和被收养者两个方面。

（1）收养者的条件。第一，本人必须是家长。因此，妇女、他权人、外国人等无家长权的当然不能为自权人收养，况且他们也不得参加贵族大会。帝政后期，地奥克莱体亚努斯帝规定寡妇丧子的，可经皇帝特许，收养一个自权人以慰孤寂，但这种收养只能产生继承关系，不能产生家长权。第二，必须没有男性后裔，这是由自权人收养延续宗祀的目的所决定的。因之，已有子、孙或养子的不得再行收养。第三，必须没有生育的可能。判断有无生育能力，罗马的习惯是以60岁为标准，但对有严重疾病无生育能力的，可不受年龄限制。第四，收养者的年龄必须长于被收养者，但关于这个条件，罗马法长时间内并无规定，所以在共和国时期曾经发生贵族克洛地乌斯（Clodius）为了被选为保民官，就做平民丰特乌斯（Fonteius）的养子，而他自己的年龄则大于他的养父，因此受到舆论的非议。因为收养关系是拟制血亲，应仿自然血亲处理。在法学昌明时期，确定了养父的年龄必须长于养子的原则。优帝一世时，更确定双方必须相差18岁以上。

（2）被收养者的条件。第一，本人必须是家长，故妇女和他权人不是自权人收养的对象。有的主张外国人固然不行，但拉丁人则可。据近人考证，公元5世纪时，自权妇女也可以被收养。第二，必须达到从军年龄。因为在自权人收养时，被收养者要将生杀之权及全部财产交给收养者，对此重大事情，未达从军年龄者不能正确表示意思，而且未达到从军年龄也不能参加贵族大会。公元2世纪时，安托尼努斯·披乌斯帝规定，如果收养是为了被收养人的利益，则可不受年龄限制，但为了保护被收养人的利益仍有几项具体要求：①未适婚的自权人要得到其监护人的同意，如为解放自由人，要得到其恩主的同意等方可被人收养；②养子保留在达到适婚年龄后终止收养，恢复自己自权人地位的权利；③保证养子如在未达适婚年龄死亡时，将原有财产交其被收养前的法定继承人继承；④如果收养者中途解放被收养者，或者立遗嘱剥夺其继承权，则应归还被收养者原有的财产；如果这种解放或继承权的剥夺无正当理由，则被收养者对收养者的财产还可享有1/4的继承权。第三，必须同意收养。成年人被收养要由其自己同意；已达适婚年龄而未满25岁的未成年人，除本人同意外，还要得到保佐人的同意；解放自由人则尚需得到其恩主的同意。第四，须双方未曾有过收养关系。当时认为，收养是重大、严肃之事，故法律不允许当事人出尔反尔。但解除收养后仍可为他人的养子。最后，对被收养者还有两种限制，即未成年人不能被其原监护人或原保佐人收养，以防止收养者借收养之名而侵占受监护人或被保佐人的财产；优帝一世时还禁止姘合者收养因姘合所生的子女，目的在强制他们办理"认领"手续。

3. 收养的效力

（1）身份方面的效力。经收养，被收养人受人格小变更而成为他权人，脱离原来的宗亲，加入收养者的家族，成为他们的纯法定血亲，并从养父的姓氏和社会地位。例如，平民被贵族收养，可取得贵族家族身份；普通公民被元老院议员收养，则可取得元老院议员家族身份。由于改变了宗亲关系，因"有宗亲就有血亲"的原则，被收养人即为其养父宗亲的拟制血亲，在丧失了生父方的继承权后，即取得养亲一方的继承权。如被收养者已经结婚，并生有子女，则在夫权下的妻子和他们的子女也随同处于收养者的家长权下。

(2)财产方面的效力。被收养人经过人格小变更，他原有的财产都要并归收养人所有。在古代，收养人乃“先占”被收养人的“无主物”，所以可只占有资产而不承担债务，但对其中的继承权除外。以后大法官为了纠正这种不合理的现象，规定若收养人接受被收养人的财产，他必须以其资产偿其债务，否则被收养人的债权人可提起“恢复原状之诉”，以便扣押和拍卖被收养人的财产而清偿债务。至优帝一世时规定，被收养人带到收养人家的财产，一律作为他的“外来特有产”处理，因此，收养人对这一部分财产只享有用益权。

(二) 他权人的收养(adoptio 或 datio in adoptionem)

他权人本无独立的户口，一般也没有财产，因而收养他权人不发生减少国家户口和财产集中的问题，故这种收养在程序上较为简单，它不必经祭司的审查和贵族大会的批准。

1. 收养他权人的程序

首先要消灭生父对被收养者的家长权。但罗马法只允许转让买主权而不允许转让家长权，因为家长权是终身和排他性的，不能让与，这是他权人收养的一个法律上的障碍。法学家们便利用解放家属的规定来解决这个问题。上文已经提到，《十二表法》和大法官们规定，家长三次出卖其子或一次出卖其女或孙的，该子女等即脱离家长权而获得解放。据此，出养家属的家长便与友人串通(收养人亦可)，假装将家属出卖给友人使之取得买主权，再由友人将该家属解放。如果是儿子,则该家子又重处于原家长的家长权下。这样进行三次(子)或一次(女、孙等),在最后一次,友人(即买受人)不将该家属解放而仍将其卖给丧失了家长权的原家长,使之取得对该家属的买主权。这样,家长权便为买主权所取代。由于这一过程是当事人凭信用和友谊预先安排的,所以罗马法学家们称前一出卖和解放的过程为"解放信托"(fiducia manumissionis causa),后一买回的过程为"买回信托"(fiducia remancipationis causa)。在消灭了原家长权后,第二步是创设收养者的家长权。这是采用"拟诉弃权"的方式,即由原家长与收养者假装就被收养者的身份发生争执,诉请长官解决,由收养者为原告,主张对被收养者的家长权,原家长则表示原告的主张属实或默不抗辩,再由长官判决收养者对被收养者取得家长权。以上转换家长权的手续极为烦琐,至帝政后期,地奥克莱体亚努斯帝规定他权人收养可由生父和养父偕同被收养者至法院订立收养契约,经法院证明即可。优帝一世更简化为由三方向法院陈述同意收养的意思(被收养人以不表示反对为已足),记录于公簿,毋需再另订契约。

2. 收养他权人的条件

与自权人收养一样,也包括收养者和被收养者两方面的条件,但不如自权人收养的条件严格。

(1)收养者的条件。第一,本人必须是家长,地奥克莱体亚努斯帝允许无子女的自权妇女可收养子女,以娱晚年。第二,收养者的年龄要大于被收养者,优帝时规定为差距 18 岁以上。这点与自权人的收养相同,但在自权人的收养,规定收养者一般须达 60 岁以上,并且没有男性后裔,他权人的收养则不受此限制,不达 60 岁或已有男性后裔的均可收养。第三,须在生前收养。之所以有此规定，是因为在古代，平民不能立遗嘱，以后平民可以立遗嘱，并指定继承人。于是为了继承遗产，也就不再需要用收养的办法了。因此，用遗嘱收养他权人无效。

（2）被收养者的条件。对此限制很少，共和国时期，女子、未适婚人、拉丁人等，均可以被收养。奴隶不是自由人，不能被收养。如要收养奴隶，该奴隶须经其主人解放取得自由身份后方可。公元前3世纪，来罗马的外国人渴望获得市民权，以利其社会经济活动。其中有些人便与罗马人串通，先做罗马人的奴隶，然后被解放成为解放自由人，再被收养而成为市民。罗马古时，家属的婚姻、收养等全由家长做主，故收养他权人时，只须经被收养人的家长同意，而无须征求其本人的意见。但到以后，即使法律已规定子女结婚须经本人同意，对收养的规定却仍无改变。因为收养一般是收养的一方比被收养的一方富裕，因而收养也就符合被收养人的利益。优帝一世时规定，至少被收养人不表示异议，方得收养，但不须经其明示同意，以利儿童被收养。

在有儿子的人收养孙子时，则必须得到儿子的同意。因为按照罗马法的原则，任何人可以不让自己不喜爱的人做"当然继承人"[①]。因此，在被收养的是收养人的儿子的当然继承人时，被收养人就必须为儿子所乐于接受。如果儿子坚决不同意，只有用遗嘱剥夺他的继承权或将他解放的办法来处理。

3．收养他权人的效力

也包括身份和财产两个方面。

（1）身份方面的效力。优帝一世以前，他权人经收养后即脱

① 即家长死后可以成为自权人，当然能够取得家长继承权的人。

离原家族关系而成为收养人的宗亲和拟制血亲，并从其姓氏。但此纯为法定联系，故养子女并非养父的血亲，且此项法定联系一旦断绝，例如以后他（她）被其收养人解放，则他（她）与养父家族间的宗亲关系和拟制血亲关系即行消灭。和自权人收养不同，处于有夫权婚姻中的家子被家长出养，按收养原则，仅其本人被收养，而不涉及有夫权的妻子及其子女（包括怀孕中的子女），后者仍处在原家长权的支配之下。收养后受胎出生的子女，才处于养父的家长权下。由于家长对家属有留弃之权，所以一般由原家长和养父协商决定他们的隶属关系。以后为了照顾被收养人的利益，使夫妻、子女不致因收养而离散，法律才规定被收养者的妻子、子女在收养时应一同去收养人家。

（2）财产方面的效力。古时他权人根本没有财产，被收养后即丧失原宗亲方面的继承权而取得对收养人宗亲方面的继承权。一般情况下，收养人家的经济状况比出养人家优越，因此被收养人得到的比丧失的多些。但是，收养人方面的继承权是不可靠的，因为收养人可以解放被收养人，也可用遗嘱剥夺其继承权，这样就使他（她）丧失对原家族和养亲家两方面的继承权。为了保护被收养人的利益，大法官认为这不符合收养是为了被收养人利益的目的，乃规定养父的解放视同生父的解放，使被收养人仍保留与生父的血亲关系，这样在继承制度改以血亲关系代替宗亲关系为依据后，如收养人解放被收养人，被收养人仍然可以依血亲关系继承其生父家族的遗产。但是，如果生父死后被收养人才被解放，或被剥夺继承权，生父的遗产已由他人继承，则被收养人的利益仍然得不到保障。因此，优帝一世于公元 530 年做进一步的改革，以被收养人不丧失其对生父家族的继承权为原则，将他权人的收养分为完全收养和不完全收养两种：

所谓不完全收养(adoptio minus plena)，即法律不授予收养人对被收养人的家长权，故称不完全收养。被收养人仍处于原家长权下，并享有原家族的继承权。如果收养人未立遗嘱剥夺被收养人的继承权，亦未解放被收养人，则被收养人对收养人也享有继承权。这样，不完全收养中的被收养人可以享有双重继承权。

所谓完全收养(adoptio plena)，即被收养人脱离原家长权而处于收养人的家长权支配之下，其效力与以前的收养相同，收养人可以解放被收养人，或者剥夺其继承权。但是，敕令规定完全收养只限以下两种情况。第一种是对卑亲属没有家长权的尊亲属经收养，使该卑亲属处于其家长权下。例如，外祖父收养外孙做养子，取得对外孙的家长权，祖父收养已被解放的儿子所生的孙子女，或祖父将留在家里的孙子女出养给已被解放的儿子即他们的父亲，在这些场合，即使收养人在原家长死亡后解放被收养人，虽然二者之间的收养关系不复存在，但被收养人还可以依血亲关系继承收养人的财产，因而不会损害被收养人的利益。

第二种情况是，被收养人并非原家长的当然继承人，收养人也可对他取得家长权。优帝一世认为，被收养人不是原家长的当然继承人，即使原家长死亡，他也不可能继承原家长的财产，这种情况下的收养不会损害被收养人的继承利益，故赋予这种收养以完全收养的效力。例如，祖孙三代，孙子不是祖父的当然继承人，因而孙子被出养，可以发生完全收养的效果。但是，在这种情况下，如果父亲比祖父先死，父亲死时孙子就因出养而丧失了作为祖父的当然继承人的资格，其继承权即蒙受损害。因此，优帝又规定，被收养人一旦成为当然继承人，则完全收养便以不完全收养论。

优帝的这一考虑显然还是有不足之处的。首先,血亲的继承权不等于养子的继承权。例如,祖父收养孙子做养子,优帝规定是完全收养,如果该孙子的父亲先于祖父死亡,祖父作为养父也未解放养子,则祖父死时,该孙子以养子的身份与父亲的兄弟姐妹同时继承该祖父的遗产;但如果他作为养子被养父(祖父)解放,那么在祖父死亡时,他只能依血亲资格,以父亲的子女之一的身份代位继承祖父的遗产,继承份额必然减少。其次,完全收养在一定条件下可以成为不完全收养,此时收养人的家长权便不确定。因为收养人的家长权要依其直系血亲卑亲属即被收养人的直系血亲尊亲属是否先于收养人死亡而处于或有或无的不确定状态。这对收养人来说显然是不合理的。

(三)遗嘱收养(adoptio per testamentum)

关于遗嘱收养是不是罗马法上的一种收养形式,近代法学家仍有争论。因为共和国末年,许多罗马文学家记载罗马有遗嘱收养,但是罗马法学家的著作却都没有提到它。既然罗马文学家的记载肯定有遗嘱收养,可见它是一种客观存在。其存在的原因是:第一,收养他权人仅有继承财产的功用,收养自权人才主要是为了延续宗嗣,但自权人收养必须被收养人愿意牺牲自己的家长权而受他人支配,如果收养人找不到愿意改做他权人的被收养人,收养就无法进行。第二,收养自权人的条件之一是收养人的年龄须达到 60 岁以上,如果某人未满 60 岁,即使有一个自权人愿意被他收养,在法律上也是不可能的,而指定继承人在古代法上不得附加条件,同宗的既无一合意的,异姓的又不能从其姓氏继承其社会地位,这样,如他一旦死亡,即有绝后的可能,因之习惯上允许他可用遗嘱立一养子。遗嘱收养不发生权力支配问题,不产生家长权,所以妇女也可以采用。

遗嘱收养的典型例子是G. J. 恺撒收养G. 屋大维。共和国末年,没有儿子的G. J. 恺撒为使自己的望族宗嗣能传续下去,想收养他的外孙G. 屋大维为养子,因为后者的父亲早已去世,已经成为自权人。但是,当时恺撒只有56岁,不符合收养自权人的条件。因之他立了一个遗嘱,并在遗嘱中说,假定他生了儿子,就由G. 屋大维做儿子的监护人,如果他不生儿子,则由屋大维做他的养子。G. J. 恺撒的遗嘱经过祭司审查、贵族大会批准通过,在形式上和实质上都符合自权人收养的条件,所以有些学者认为这是遗嘱收养,只是其效力须在收养人死亡后才能发生罢了。另外一些学者则认为这不是收养,因为收养应以生前发生效力为要件。所谓遗嘱收养,只不过是遗嘱人设定继承人,并附以后者从自己的姓氏为条件而已,但在共和国末年,遗嘱收养确曾流行,则无疑问。以后由于适婚家长不论老年、壮年,不论有无子女,均可用遗嘱设定继承人,且可附加期限和条件,于是遗嘱收养不再为人们采用。公元2世纪时,就完全变为指定继承人以改变姓氏为条件的遗嘱了。

三、认领(tegitimalio)

认领制度是公元4世纪以后,由信仰基督教的皇帝制定的。该制度是对非婚生子女取得家长权的方式。非婚生子女经生父认领后,即可取得婚生子女的身份。认领有三种方式:

(一)因日后结婚的认领(legitimatio per subsequens matrimonium)

君士坦丁一世即位前已生有一个非婚生子,其后他的弟弟利西尼乌斯(Licinius)也生了一个[①],为了解决这两个非婚生子的合法地位问题,他们决定与姘居者正式结婚,但《十二表法》规定,不得为任何个人的利益制定特别的法律,为此,君帝乃于公元314年颁布敕令,规定自敕令颁布之日起一年内凡姘合的男女正式结婚的,如果他们没有婚生子女,则其婚前所生的子女即可取得婚生子女的地位。凡符合上述条件的其他罗马市民也就均沾其惠。这是一项临时性的例外规定,因此,第一,敕令的效力仅以一年为限;第二,只适用于一般的姘合而不适用于偶合、乱伦或与妓女所生的孩子;第三,须没有婚生子女;第四,只限于敕令颁布前已出生的子女而不适用此后出生的子女。一个半世纪以后,崔诺(Zeno,公元474—491年在位)做皇帝时,也有一个非婚生子,他仿照君士坦丁一世的办法颁布了一个类似内容的敕令。该敕令允许姘合者如无婚生子女,得因结婚而取得对其已出生子女的家长权。公元517年,阿那斯塔西乌斯帝一世(Anastasius Ⅰ,公元491—518年在位)规定,如果没有婚生子女的,则已出生的和怀孕中的非婚生子女都可因父母结婚而成为合法婚生子女,并使之成为定制,不再是临时措施了;但两年后即被优斯体努斯一世(Justinus Ⅰ,公元518—527年在位)废除。优帝一世即位后才正式加以恢复,并具体规定了这种认领形式的三项条件:

第一,非婚生子女受胎时,其生父母须有日后结婚的可能。据此,通奸、乱伦者不在此例;

第二,须有结婚证书(instrumentum dotale),证明双方已由姘合

① 君士坦丁一世与Minervina姘合,于公元305年生子Crispus,其弟利西尼乌斯与女奴同居,于313年生子Licinianus,两子被认领后,都被封为副帅(Cesar)。

关系改为正式婚姻关系。姘合者结婚时也须通过习俗上的正式结婚程序；

第三，对已达适婚年龄的非婚生子女，需要得到非婚生子女的同意或不表示反对。因为非婚生子女是自权人，经过认领他（她）就要变成他权人，事关重大。

经过这种因日后结婚的认领，非婚生子女便完全取得婚生子女的身份和权利。

（二）因任地方议会议员的认领（legitimatio per oblationem curiae）

地方议会是由古代贵族大会蜕变而来，帝政后期，主要任务是收税。其议员虽有一定荣誉，但由于要向国家包税，不足则要由自己垫补，当时灾乱频仍，征税困难，而新皇登基和凯旋大庆，又需另有贡献，议员不堪负担，所以人们多不愿充任，致议会常常缺员，影响国家税收。为了加强地方议会的组织，确保税收，因此将地方议会的议员改为世袭。但是，由于世袭制只适用婚生子，地方议员往往为了使后代不再做议员，便不正式结婚，用姘合来逃避国家的限制。不过其中有事后反悔的，也有富了以后图虚荣的，而君士坦丁一世结婚认领的临时措施早已失效，为此，东西两帝特奥多西乌斯二世和瓦伦体尼亚努斯三世于公元442年规定，凡无婚生子女的，其非婚生子担任地方议员或非婚生女嫁给地方议员的，即视为生父的婚生子女，以资补救，并鼓励人们出任地方议会议员。这种认领要具备三个条件：（1）认领者须无婚生子女；（2）被认领者本人不反对；（3）认领时认领者须给予非婚生子25罗亩（arpennis）以上土地，旨在使他任地方议员后有补足赋税的能力；如认领的是非婚生女，便将25罗亩以上的土地作为嫁奁给予任地方议会议员的女婿。这种认领也可以用遗嘱进行,愿意按遗嘱继承遗产的,当然成为地方议会的议员;其不愿充任地方议会议员的,则放弃继承,牺牲可继承的遗产,认领即不成立。

因任地方议会议员的认领,仅在认领者和被认领的子女之间发生家长权和继承权关系,被认领者与其生父的其他亲属不发生法律关系。

优帝一世时,对于因任地方议会议员的认领放宽了条件,改为有婚生子女的也可认领非婚生子女,但在遗产继承上,该被认领的非婚生子女所继承的份额不得超过婚生子女中所获遗产最少者的继承份额。如果生父死亡,而无遗嘱,又无婚生子女时,优帝一世也规定,只要能确证系生父所生,非婚生子等可以自行加入地方议会做议员,完成认领手续,取得婚生子女身份。

(三) 因皇帝特许的认领(legitimatio per rescriptum)

优帝即位后虽恢复了结婚认领的办法,但在实践中发现有时姘合双方因故无法结婚,如女方死亡、失踪,或女方从事"贱业",被罚为奴,依法不能结婚,或女方已与他人结婚或双方感情不合不愿结婚等,因而不能用结婚来完成认领;而任地方议会议员的认领,又可能因认领人无力拿出 25 罗亩以上的土地,或当事人不愿做议员等原因而不能实现。所以,优帝一世于公元 538 年规定,姘合的男女因故不能结婚的,生父得奏请皇帝特许而认领其非婚生子女,以弥补前两种认领存在的缺陷。如果生父生前未向皇帝请求特许,而在遗嘱中表示认领的意思的,也可由非婚生子女根据遗嘱自行奏请。

皇帝特许认领有三项条件:(1) 非婚生子女受胎时生父母有结婚的可能;(2) 认领人没有婚生子女;(3) 被认领人如已达适婚

年龄,须无反对的表示。经皇帝特许认领,其效力与“因日后结婚的认领”相同。

第四节　家长权的消灭

在罗马法的历史上,家长权是随着社会经济的发展、罗马国家权力的加强和家属地位的提高而不断削弱的,因此,家长权消灭的原因也随着时代的进步而增多。本节所述家长权消灭的原因,有的仅在一段时间内存在,也有的是至优帝一世时才规定的。

一、死亡

不论是家长或家属死亡,都可能引起家长权的消灭。因为家长权是特定人与特定人之间的关系,故一方须有行使权力的人,他方须有行使权力的对象,二者缺一,即无存在的可能。从家长权支配的对象一方来说,家属死亡,家长权必然消灭;家长死亡,一般情况下家长权随之消灭,但在某些情况下则仅发生家长权更换的效果。例如,一家祖孙三代的家长是祖父,祖父死亡时,其对孙子的家长权转归儿子,则孙子仍然处于其父亲的家长权支配之下,并不因祖父的死亡而取得自权人的身份。

二、家长或家属的人格大变更或中变更

家长权是市民法制度,因而家长或家属有一方沦为奴隶,或变

为外国人的，家长权就当然要消灭。但作战时被外国人俘虏沦为奴隶的家长或家属如果逃跑归国而不再回去的，可享受“复境权”的利益，则原有的家长权仍然恢复，以从未丧失自由论。其未逃回的，则视为被俘之日即行死亡，家长权也于是日消灭。

关于人格小变更而使家长权消灭，在人格变更及收养部分已做叙述。至于他权妇女在缔结有夫权婚姻时，对她的家长权并不绝对消灭，她脱离生父的家长权后仍要处于丈夫或丈夫家的家长权支配之下。

三、家长被依法剥夺家长权

罗马古代不发生剥夺家长权的问题，因为当时国家对家庭以内的事不加干预，以后社会进步，国家权力增强，才逐渐对家长权加以限制。帝政以后，如果家长迫使女儿为娼，或使儿子与猛兽格斗等，都要剥夺其家长权。古时家长对初生的婴儿有遗留决定权，基督教在罗马盛行后，凡家长抛弃婴儿的，就丧失对婴儿的家长权。

四、家长抛弃家长权

也就是家长解放家属，使家属脱离家庭，成为自权人。古时生产力低，家属离家，难以独立生活，故解放是对家属的惩罚。子女不肖，家长便逐其出门，与之断绝一切关系，使之丧失继承权。以后手工业和商业发达，解放家属变成了对家属的优待，由其独立生活，经营事业，发挥才能。

五、家属荣显

罗马古代，家属即使担任高官，也仍然要处于家长权的支配之下。他们只有在参加圣职，即男子为优披特神官（flamen dialis），女子为韦斯塔修女（vestalis）时，才脱离家长权，在退离圣职后①，则又要回到原家长权支配之下。帝政后期荣显的范围有所放宽，君士坦丁一世帝规定凡家属任皇帝的太师（高级顾问）、主教，即不再处于家长权之下，后更扩大至所有的高级官吏，如军政长官、保安司令、总督、执政官、大法官、市长和将军等。

① 优披特神官因其妻死亡或大祭司之命而退职，韦斯塔修女则任职至满 30 岁而退休。

第四章　婚姻(nuptiae,matrimonium)和夫权(manus)

第一节　概述

一、婚姻(nuptiae)的概念

罗马法上的婚姻概念有一个演变的过程。古代婚姻的目的是继血统、承祭祀,以宗族利益为基础,宗教色彩很浓。正如五大法学家之一的莫德斯体努斯对婚姻所下的定义称:“婚姻是一夫一妻的终身结合,神事和人事的共同关系。”从这一定义,我们可以看到:第一,罗马人历来坚持一夫一妻制,不论早期的有夫权婚姻(matrimonium cum manu),还是后来通行的无夫权婚姻(matrimonium sine manu),甚至非正式婚姻的姘合,都限于一男一女的结合①;第二,是夫妻终身的结合,而不是暂时性的“露水夫妻”,因此,也就不

① 有的学者认为这是由于古代生产力低下,人民贫苦,男子无力多养妻妾;有的认为罗马建城后,外来移民,男性居多,缺乏妇女,故男子只能以一妻为限。恩格斯从奴隶社会的实质揭示说:“正是奴隶制与一夫一妻制的并存,正是完全受男子支配的年轻、美貌的女奴隶的存在,使一夫一妻制从一开始就具有了它的特殊性质,使它成为只是对妇女而不是对男子的一夫一妻制”(《马克思恩格斯全集》第21卷,第75页)。

得附加期限和条件；第三，夫妻结婚，生男育女，继血统、承祭祀，既是世俗事务，又是宗教事务，所以婚姻是宗教与世俗关系的结合。这个定义实际上反映了罗马早期的婚姻状态，并不符合莫德斯体努斯所处的法学昌明时期的情况。罗马早期的婚姻采取有夫权婚姻的形式，婚姻与夫权结合而不分，有婚姻必有夫权。女子出嫁，完全脱离生父的宗亲关系，在夫权支配之下而处于“女儿的地位”(filia loco)。《十二表法》以后，罗马逐渐通行无夫权婚姻，出嫁女子已不像在有夫权婚姻中那样处于夫家的家长权之下，而是和未结婚一样，仍旧处在其生父的家长权之下。帝政以后，除优披特神官仍采用有夫权婚姻外，这样古老的婚姻方式在社会上已不通行。婚姻已完全变成了人事，所以优帝《法学纲要》称“婚姻是一男一女以永续共同生活为目的的结合”。这一定义与莫德斯体努斯的不同，它反映了婚姻已经不再以宗族利益和宗教为基础，而着重于婚姻当事人的利益，并尊重当事人本人的意志，妻子在家庭中的地位也得到了改善。

二、夫权(manus)[①]

夫权是指罗马的男性市民对其妻子的支配权。享有夫权的人应当是自权人。已婚的他权男子，由于自身仍处于家长权之下，他的夫权即为家长权吸收而由其家长行使。罗马法规定，在有夫权婚姻下，妻子的地位与其所生的子女一样，都处在夫权或家长权之下。

① manus 一词，在拉丁文原为“手”或掌握之意，后引申为权力。

夫权与家长权虽同属罗马的家族权，但二者的区别是显而易见的。夫权产生于婚姻行为，家长权则取决于出生的事实或收养、认领等行为；家长可以出养或解放子女，但丈夫不能将妻子出养或解放，而只能离婚；古代家长对子女有生杀之权，以后改为惩戒权，而丈夫惩罚妻子或休妻，一般要经过亲属会议的讨论，通知妻子的血亲参加。

有夫权婚姻是市民法上的制度，所以必须经过市民法规定的结婚仪式才能取得。市民法上的结婚方式，有"时效婚"（usus）、"买卖婚"（coemptio）和"共食婚"（confarreatio），只有依这三种婚姻方式结婚的才算得上合法婚姻（justae nuptiae），三者各有特定的仪式，下文将予以叙述。

夫权消灭有三种原因。首先，夫妻一方的死亡，夫权即归消灭。其次是离婚，夫妻关系一经解除，夫权也就消灭。最后无论男方或女方人格大变更或中变更，都可以使夫权消灭。自由人沦为奴隶，市民变为外国人，原有的市民法婚姻便因一方或双方丧失婚姻权而失效，夫权也就不复存在。关于人格小变更，如丈夫是自权人，被收养后其家庭已消失，夫权即由收养人的家长权所吸收。如为他权人被收养，他的妻子依法仍留在原来的家长权之下。至于丈夫被其家长解放也可以消灭夫权，如前所述，古时家长解放已婚的儿子是对他的惩罚，儿子被赶走后，儿媳妇继续处于家长权支配之下，这实际上是等于强迫离婚。如果儿子被解放，又准许夫妻一起离开家，当然就不发生夫权消灭的问题。

共和国末年，经济发达，受到希腊哲学的影响，罗马有些妇女为摆脱宗亲关系而取得遗嘱自由权，还产生了一种"信托夫权"（manus fiduciae causa）。因为古代罗马的妇女即使是已达适婚年龄的自权人，也要处于监护权之下，其监护人就是其法定继承人。有的妇女为了不使遗产为她的法定继承人继承，就利用夫权这一制度来摆脱监护及宗亲关系。其办法是与几个男朋友串通，先用"买卖婚"的方式，假装与其中之一缔结"有夫权婚姻"，使之因人格小变更而消灭原来的宗亲关系；接着由获有夫权的男朋友将她卖给另一个男朋友，通过这种买卖而离婚，以消灭夫权；最后再由取得买主权的男朋友将她解放，使之摆脱宗亲和监护关系，并获得遗嘱自由权。在此过程中产生的夫权，即为信托夫权。由于宗亲关系和女子监护的逐渐废止，以及妇女取得遗嘱权，"信托夫权"终于在公元4世纪消失了。

第二节　婚约(sponsalia)[①]

婚约是指一男一女将来互为夫妻的预约。在罗马，婚约不是结婚的必经程序，而习惯上人们在结婚前都要订立婚约。罗马法上虽未规定结婚必须有预约，但对婚约的效力则做了规定。

一、婚约的成立

(一) 婚约的形式

古代是由双方的家长或监护人合意，用要式口约的方式预先

① 由于订婚不是必经法律程序，所以有的罗马法著作不谈婚约问题。本书鉴于罗马社会习惯上有婚约，以及罗马法上规定了婚约的效力，因而列专节对此略做叙述。

约定将女子人身的所有权转移给男方；一般情况下订立婚约，男方要付聘礼（arra sponsalicia）[1]，女方也要回礼。这一过程，仪式隆重，但较烦琐。帝政以后，改为有关人同意即可，不再拘于形式。

（二）订婚的要件

（1）当事人须为一男一女，年龄在7岁以上，不得“指腹为婚”。

（2）在罗马古代，如当事人为他权人，必须由双方家长同意；如为自权人，则处在监护下的男女，须由监护人同意。除自权男子自为家长外，可以不问本人的意见。帝政以后，家长权衰微，家属的地位逐渐提高，法律遂规定家长为其子孙订婚须本人不表示反对，但女子仍不能拒绝家长或监护人为其选择的夫婿，除非所择的对象是有污名者（personae turpes）或从事贱业者，方可例外。

二、婚约的效力

（1）已订婚的不得再与他人订婚，也不得同时与两人订婚，否则主持人（本人、家长或监护人）要受“丧廉耻”的宣告。

（2）在婚约解除后，一方也不能与对方的直系亲属订婚或结婚，即与对方的直系亲属构成婚姻的障碍。

（3）罗马法规定，妻子受他人侮辱的，丈夫可以起诉。订婚后的未婚夫妻，也适用该项规定。

（4）未婚夫妻的一方与第三者发生诉讼，对方可以免除作证义务。

（5）婚约不得强制履行，任何一方可自由解除，因订婚并非婚

[1] arra是“定金”，arra sponsalicia直译为“婚约定金”。

姻的必要程序，也不能因毁约而请求赔偿损害，纵以要式口约订婚而另加罚金附约的亦同。但对订婚时收受他方的礼物，应行归还。帝政以后，聘礼在一定程度上可以发生强制履行的效力，法律视不履行婚约有无正当理由而作不同的规定：男方无正当理由而毁约的，要丧失聘礼，同时应归还女方的全部赠予；如女方无正当理由而毁约，则不得收回赠予，除返还男方的聘礼外，还要另付四倍于聘礼金额的罚金，以后改为与聘礼相等的数额。男女一方因正当理由，如担任神职、患有不能结婚的疾病或对方有污名、从事贱业等而解除婚约，则由双方互退聘礼和赠予。

三、婚约的解除

（1）一方的死亡。

（2）人格大变更或中变更。至于人格小变更后，不仅其自由权和市民权不受影响，且仍享有家族权，故对婚约可无影响。

（3）有正当理由。奥古斯都时，为了增殖人口，于公元9年颁布《帕披亚·波拜亚法》，规定订婚后两年内未婚的，其婚约失效。如果是因男方应征作战，或因男女一方伤病等正当理由而不是故意拖延结婚的，可不受两年的限制。

第三节　结婚

在古罗马，实行有夫权婚姻，所以结婚（nūptiae）是指男女依市民法规定的正式结合。结婚之后，丈夫对妻子即取得夫权，对子女则享有家长权。以后通行无夫权婚姻,婚后丈夫对妻子不再享有夫权,但也是有效婚姻。下面我们就结婚的要件和形式分别予以叙述。

一、结婚的要件

(一) 须有婚姻权(jus conubii,conubium)

婚姻权是罗马市民权中的一种,仅罗马市民和古拉丁人享有之,但罗马政府也常把婚姻权作为恩典赐给非市民。共和国时期,外国人在罗马结婚者日众,对于他们的结合,仅称婚姻(matrimonium)而不称正式婚姻(justae nuptiae)。双方国籍相同,其婚姻依本国法规定;双方国籍不同,但两国有通婚习惯的依其习惯;如双方既属不同国籍,两国间又无通婚习惯,则依万民法调整其婚姻关系,不发生市民法上的效果。随着市民权的逐渐扩大,到公元212年,婚姻权已丧失其重要意义。优帝一世时,只有蛮民和奴隶没有婚姻权。奴隶与市民的结合为"同居"(contubernium),罗马法不承认其效力,但是,因这种非法结合而产生的血缘关系,可以构成正式婚姻的障碍。

(二) 须为一夫一妻

罗马法采一夫一妻制,这一原则不仅适用于正式夫妻,也适用于姘合和订婚。重婚者的第二个婚姻无效,并受刑事制裁。

(三) 须已达适婚年龄

男女须在成熟后方可结婚,否则不仅不能达到生育和传宗接代的目的,且有损当事人的健康。罗马古时,法律对适婚年龄没有规定,当时是由家长或监护人根据当事人身体发育的状况,自行判断其是否适婚。优帝一世时正式规定为男子须达 14 岁以上，女子须达 12 岁以上。至于最高年龄，一般并无限制，因结婚既为家长权以内的事，后又以夫妻双方的利益为主，老年结偶，法律不加干预。但奥古斯都为了繁殖人口，曾于公元前 18 年颁布优利亚婚姻法，规定男子在60 岁以上，女子在50 岁以上的不得结婚，因他们已无生育能力。该项限制，后被取消。

（四）须当事人同意

古时他权人的婚姻由家长做主包办。帝政以后，子女的人格在法律上逐步得到确认，男女当事人的同意才成了婚姻成立的要件。但如前所述，女子只有在特殊情况下，才能反对家长或监护人对其婚姻所作的安排。另外，男主人解放女奴隶而以结婚为目的的，该女奴于获得自由后不得拒绝结婚；女主人则不得与解放的男奴隶成婚，此项限制后被优利亚婚姻法所废除。所谓同意，当然以有表示意思的能力为限，故痴癫者仅能于神志清醒时为之。法学昌明时期关于当事人意思表示的瑕疵，适用一般契约的规定。

（五）须家长或监护人等允诺

最初这是他权人和自权女子结婚的必要条件，到帝政以后则成了婚姻的有效条件，而不再是婚姻成立的要件。他权人结婚，不仅须其当时的家长允诺，而且须经将来可能成为其家长的人允诺。例如，祖父为家长时，孙子结婚还要经其未来的家长即父亲的同意，因为依罗马习俗，一个人不能强迫其子接受他所不乐意的当然继承人。但孙女出嫁则以有祖父的同意即可，因女子出嫁后，其所生子女，即处于夫的家长权下而不在生父的家长权下。公元前 18 年的优利亚婚姻法规定，家长无正当理由拒绝子女结婚的，子女可申请长官批准其结婚。S. 塞韦鲁斯帝和卡拉卡拉帝时规定，自权女子的监护人与其生母或最近的血亲对于择婿问题意见不一致时，也由长官裁决。帝政以后，女子监护制度已流于形式，有些男子往往利用少女缺乏理智而诱为不利于女方的婚姻，为此，公元371年，瓦伦体尼亚努斯一世规定元老院议员后裔中的自权女子在未满25岁以前，非经她父亲的同意（在该子女已被解放的情况下）不得结婚。父亡应得其母的同意，父母双亡，应得其最近血亲的同意。公元409年，霍诺里乌斯帝和特奥多西乌斯二世又把此项规定扩大适用于所有自权女子。家长被俘，子女结婚可不经家长同意，即使日后家长逃回罗马享受"复境权"，也不影响该婚姻的效力，因家长能否生还，不可逆料，不能使子女长期独身，影响人口增殖。此项规定后又运用于失踪。优帝一世规定，家长被俘或失踪须经三年以后，子女才可不经其同意而结婚。家长权是终身的，因而家长患精神病并不影响其家长身份，但由于此时家长已不能为意思表示，为了解决这个问题，优帝规定，遇到这种情况，子女结婚不须经家长同意。

（六）须无法定障碍

依罗马法，结婚不得有亲属关系和政治身份、社会风化、宗教等方面之障碍。

1. 亲属关系的障碍

（1）关于宗亲和血亲，凡直系亲之间，不论亲等远近，一律不得结婚。旁系亲之间，古代法限于六亲等以内不得结婚，但习俗通行堂兄弟姐妹和表兄弟姐妹间的结合，以后改为四亲等以内不得结婚。法律昌明时期又改为三亲等以内不得结婚，但当事人的一方与同源祖先只相差一亲等的也不得结婚。故兄与妹、伯叔与侄女，因系二亲等和三亲等，且兄妹与父，伯叔与祖父仅相差一亲等，当然不得结婚，即使叔祖父与侄孙女间已是五亲等，但由于叔祖父与双方同源祖先曾祖父只相差一亲等，因而二者仍不能结婚。这一规定至优帝时仍实行之，但其间曾有两次变更。公元49年，克洛地乌斯帝出于与侄女[1]阿格里披那结婚的私欲，曾迫使元老院作出决议，允许叔伯与侄女结婚。对此一例外规定，应采取严格解释，因此它不适用于姑母与内侄、舅父与甥女、姨母与外甥间的婚姻。由于这种结合不符合罗马人的传统，后来该决议就被君士坦都二世(Constantius Ⅱ，公元337—361年在位)和君士坦斯(Constans，公元337—350年在位)两帝于公元342年明令废止了。特奥多西乌斯一世复严禁堂兄弟姊妹与表兄弟姊妹间的婚姻，但这一限制，后又被阿卡地乌斯和霍诺里乌斯两帝所取消。

收养发生拟制血亲的效果，收养关系消灭后，虽宗亲关系已消灭，但原直系养亲间如原养父母与养子女仍不能结婚，旁系间如原养兄弟姊妹则不再受限制。

(2)关于姻亲关系，罗马法上初无构成婚姻障碍的规定，到帝政以后才规定婚姻关系消灭后直系姻亲间不得结婚。因之，任何人不得与其前配偶(指婚姻关系解除前的原配偶)的父母结婚，也不得与其前配偶同第三者再婚后所生子女联姻。在旁系姻亲方面，君士坦斯禁止原配偶的一方与原对方之兄弟姊妹的婚姻。即丈夫与前妻的姊妹或妻子与前夫的兄弟间不得结婚，此项禁令一直维持到优帝一世时仍生效力。至于和父母前配偶与他人所生的子女，既无血缘关系，又非姻亲，则不在禁止之列。

---

① 已查明是Claudius兄弟之女，而不是外甥女。

2．政治身份的障碍

(1)平民与贵族通婚的限制。罗马古代,贵族与平民两阶级,界限森严,《十二表法》第11表第1条特规定,平民与贵族不得通婚。后经平民斗争,终于在公元前445年由军伍会议通过保民官卡努莱乌斯提议的《卡努莱亚法》(*Lex Canuleia*),废止了该规定。

(2)生来自由人与解放自由人通婚的限制。古代法规定,生来自由人与解放自由人不得结婚,不过此项规定仅就男子而言。到西塞罗时,实际上已不再遵守。至于自由女子,则与解放的男奴隶仍不能结婚,这一限制后为优利亚法和帕披亚·波拜亚法所废止。但是,奥古斯都为维持元老阶层血统的纯正,仍禁止元老院议员及基三亲等内的后裔与解放自由人结婚,后被优帝一世明令取消。

(3)元老院阶层和从事贱业者通婚的限制。奥帝根据上述理由,还禁止元老院议员及其子孙与从事贱业者如娼妓、女演员、开妓院的人等联姻,君士坦丁一世甚至还禁止他们和小贩、开旅店的妇女以及这些人的女儿结婚,这些限制后为优斯体努斯一世和优帝取消。原因是优帝即位前曾和特奥多娅相恋,她是一个马戏团的女演员,她的父亲又在该戏团里做马车夫,依规定,他们是不可能正式结婚的。为此,他恳求他的舅父优斯体努斯颁布敕令,规定演员只要放弃他现在的工作,不再操旧业,就可终止其不名誉的身份而和任何高尚的人结婚,因为根据基督教的教义,上帝允许人们忏悔改过,获得宽宥。他接任以后,又以第117号新敕令扩大适用于其他贱业。

(4)职务的限制,是指因担负一定的职务而构成婚姻的障碍。罗马法规定,地方官员在职时,其本人及其子孙不得与其管辖范围内的妇女结婚,以免其滥用权势;监护和保佐在罗马被视为是一种公务，所以监护人和保佐人及其子孙，不得与被监护人或不满25岁的被保佐人结婚，以防监护人、保佐人逃避结算和归还财产，从而保护被监护人和被保佐人的利益。但在担任监护人或保佐人之前已订婚的或是由被监护人、被保佐人的家长以遗嘱安排的，则不在此限；监护、保佐任务完成以后，被监护人、被保佐人愿与原监护人、原保佐人结婚的，也不受限制。

3．社会风化方面的障碍

（1）婚约解除后，原订婚一方不能与对方的直系亲属结婚，即子与前未婚妻之母，女与前未婚夫之父，父与其子的前未婚妻，母与其女的前未婚夫，他们之间虽无亲属关系，也禁止结婚。

（2）婚姻关系解除后，原继父不能和原继子的妻子结婚；原丈夫不能与原妻子的继母结婚；父亲不能与原女婿的后妻结婚，母亲不能与原儿媳的后夫结婚。这些关系，或是涉及原来配偶的血亲的配偶，或是涉及血亲原来的配偶的配偶，并非是法律上的姻亲、血亲，但因风化原因，限制有关当事人互相结婚。

（3）通奸的双方不能结婚。

（4）拐骗者与被拐骗者不得结婚。

（5）妇女于婚姻关系消灭后非逾禁婚期，不得与他人结婚。按罗马教规，夫死后，妻应为夫守孝10个月①，在此期间，不得再婚，称“守孝期”（tempus lugendi）。后赋予守孝期以法律上的效力，违者其婚姻有效，但主婚人（家长、监护人和自权人的夫）受“丧廉耻”的宣告。帝政以后，法律思想进步，守孝期的目的变为防止血统的紊乱（turbatio sanguinis），同时为了鼓励生育，夫死后已生子女

① 罗马最古的历法，每年仅10个月，后改为每年12个月。

的寡妇，即不再需要遵守 10 个月的规定。而妇女离婚的，亦不受守孝期的限制。公元 381 年，特奥多西乌斯一世将期间改为一年。这样，如果妇女离婚后立即再婚，则在婚后 6 个月到 10 个月内所生的孩子，是前夫的孩子还是后夫的孩子，在当时的科学技术水平下，就不能确定。为此，特奥多西乌斯二世于公元 449 年复将此项限制适用于离婚的妇女。

4. 宗教方面的障碍

帝政以后，基督教逐渐盛行，法律禁止基督教徒与犹太教徒结婚；禁止教父、教母与接受其洗礼的教子、教女结婚。

5. 健康及生理状况方面的障碍

精神病人、双重性别的阴阳人或性别不明的人、石女、去势的人等，均不得结婚。

（七）结婚证书（instrumontum dotale）

原为设定嫁资的书面协议，同时也是证明婚姻成立的文书。优帝一世以前，法律上没有结婚证书的规定，只是在罗马上层社会，结婚时一般有用结婚证书的习惯。优帝时正式规定，凡高级官员结婚或社会地位悬殊的人互相通婚，必须用结婚证书以确认其效力。对其他人来说，结婚证书则不是结婚的要件。

违反上述结婚条件，按市民法规定，原则上不发生婚姻效力，甚至还要加以处罚。奥古斯都时规定，直系亲属乱伦的，对男方要处以流刑，并没收其财产的半数，对女方则没收其嫁资；旁系亲属乱伦的，女方一般可不受制裁，若不是秘密结合，对男方也可从宽处罚。至于不遵守禁婚期的，其婚姻有效，但有关人员（一般包括当事人、主持人、教唆的、帮助的）须受"丧廉耻"的宣告。对虽违反限制，但法律行为的瑕疵可以消灭或当事人善意缔结无效婚姻的，在法学昌明时期，婚姻可能有效。现将可以导致法律行为瑕疵消灭的情形列举如下：

未达适婚年龄结婚，以后达到适婚年龄时仍未离异的；

家长原来不同意当事人结婚，但以后又表示同意，或虽未表示同意但却已死亡的；

基督教徒与异教徒结婚，后来该异教徒改信基督教的，等等。

法律行为的瑕疵消灭，从瑕疵消灭时起发生正式婚姻的效力。但不发生回溯既往的效力，故瑕疵消灭前所生的子女是非婚生子女，婚姻正式成立后所生的子女，才是婚生子女。

当事人善意缔结无效婚姻，是指其结婚时不知道有不能结婚的规定。在这种情况下，法院往往承认当事人知情以前之婚姻关系有效，其间所生子女为婚生子女。但罗马法对这种出于误信而缔结的无效婚姻，即使其情节显然出于可以原宥的，也没有如寺院法那样作原则规定（参照法国民法第 201 条），而只是按具体情况作个别处理。马尔库斯·奥勒利乌斯帝（Marcus Aurelius，公元161—180 年在位）时曾有叔侄女误结夫妻，已 40 年，又生有子女，奥帝特准其作有效婚姻处理。

二、结婚的方式

罗马的婚姻有“有夫权婚姻”与“无夫权婚姻”两种，所以结婚的方式也分为有夫权婚姻的结婚方式和无夫权婚姻的结婚方式，下文即分别予以叙述。

（一）有夫权婚姻的结婚方式

有夫权婚姻是市民法上的结婚方式，据此，家长对婚嫁的女子失去家长权，而使她处于夫权或夫家的家长权之下。古时，盛行掠夺婚，这从罗马的有夫权婚姻的结婚方式中，就可以看到其痕迹。按有夫权婚姻产生的先后，共有“时效婚”、“买卖婚”和“共食婚”三种形式。

1．时效婚（usus）

时效婚原是将女子视为动产，对其“占有使用”一定时间便取得“所有权”，也就是男子对女子取得夫权。传说罗马第一个王罗慕路斯（Romulus，公元前753—前716年在位）在罗马建城后因需要劳动力，便广召青年男子前来建设罗马，为解决他们的婚姻问题，乃在举行宗教大祭的日子里邀请周围的青年女子前来参加，允许男青年把她们掠夺为妻，如经过一段时期女方家长不来追索，男女双方相安无事，即可按习惯法上的动产取得时效（一年），取得对女子的“所有权”（后称夫权），这样，便由临时性的结合变成正式的婚姻。以后，掠夺的方式被废弃，但占有使用制度仍保存下来，如女方家长在一年内不追回女儿，即视为抛弃其权利，丧失对女子的追诉权，同居男女即成为正式夫妻。但是，如果女子不愿接受夫权的支配，按《十二表法》的规定，她可以每年连续外宿三夜以中断时效的完成。有些学者认为，这是罗马无夫权婚姻的开端，因妻既可不受夫权的支配，但与夫又非姘合关系，显然是另一种合法婚姻——无夫权婚姻。所以，在时效婚，不仅妻子可以变更夫权的有无，还可以弥补其他结婚方式的缺陷。例如买卖婚、共食婚因形式不完备而无效，只要男女以结婚为目的同居满一年的，就可认为正式婚姻关系的确立。

时效婚在西塞罗时还可看到，帝政以后便衰亡了，并趋于消灭。

2．买卖婚（coemptio）

“买卖婚”是将女子视为物品，通过买卖成立婚姻关系。在罗马，买卖婚也产生夫权，因为罗马的夫权最初本属所有权的内容，所以夫可以用“要式买卖”的方式，在证人和司秤前买入妇女，和购买奴隶、牛马一样，从而取得对她的完全支配权（夫权）。从coemptio一词的文义来看，它是由“co”（为集合）与“emptio”（为买卖）组成，合之则为“集合买卖”，即买卖女子的人身和财产，最初似专对自权女子而言，因他权女子并无财产。有的学者主张，这种结婚方式也是起源于掠夺婚，丈夫向女方家长或监护人给付的财物就是避免报复的赎金。买卖婚最初是平民采用的结婚方式。由于这种方式比较简便，因而采用共食婚方式的贵族后来也多援用。自平民与贵族不得通婚的禁令解除后，“买卖婚”的适用便更为普遍。自“无夫权婚姻”出现后，“买卖婚”因其形式仍较烦琐而渐趋消失，但由于“信托夫权”的存在，形式上的“买卖婚”一直到公元3世纪末才消灭。

3．共食婚（confarreatio）①

这是一种宗教上的结婚方式，产生在罗马建城后的农业社会，为贵族所采用。

结婚时，须由占卜师选择吉日。罗马人以每年6月为吉月，故一般多在6月举行婚礼。共食婚的仪式极为隆重而烦琐，共有三个程序：送亲、迎亲和成亲。送亲，是由女方家长在祖先和优披特神像前进行祈祷，虔告其女将参加某宗族而为某某之妻，与本宗族

① 共食婚依拉丁字义是“用麦饼”的意思，指结婚时用麦饼供祭天神。我国的罗马法著作也有将其译为麦饼婚、宗教婚或合卺婚的。

脱离，而后将其女送出家门。迎亲，一般是由新郎亲自前往女家迎接新娘，新娘披面纱，由亲友伴送，众人一路唱颂歌，到男家时不直接进门，而伪装一抢婚场面，男方佯作掠夺状，女方则作防卫状，最后由新郎将新娘抱进男家。依习俗，新娘的脚不得触及门槛。成礼，是由新郎将新娘引至家中祭祀处，行水火之礼，即向她洒圣水，以示洁净其身，然后将其手触神火①，以示其成为夫家之一员。该处悬挂天神和祖先之像，供麦饼，除男方家长和亲友在场外，还必须有大祭司、优披特神官和10名证人参加，表示经由大祭司审查婚姻是否合法，神官主持，10名证人则象征10个宗族的代表。祭神时神官诵祈祷之词，众人则为新人祝福。在一片庄严欢乐声中，新郎新娘共食祭神的麦饼②，婚礼乃成。

"共食婚"方式与罗马氏族血缘制度的兴衰密切相关，到共和国末年，它已名存实亡。体贝里乌斯帝时在整个罗马已很难找到三个合格的优披特神官，因为他本人和他的父母均必须是用"共食婚"方式结婚的。由于妇女已不愿受夫权的束缚，故体帝于公元23年颁布法律，明确规定"共食婚"所产生的夫权只具有宗教意义，而不再发生法律上的效力，以免神官后继无人。于是"共食婚"仅由担任高级宗教职务的人采用，并随着基督教的盛行而自行消亡了。

（二）无夫权婚姻的结婚方式

无夫权婚姻又称略式婚姻，是万民法的结婚方式，也有译作自由婚、合意婚的。此种婚姻的当事人不须有婚姻权，夫对妻也不能

① 古代希腊和罗马，以火为灵魂的所寄，新娘接触神火，以示参加夫家的家祀。

② 麦饼（farreus panis）是用大麦粉制成的饼，也有文献称供神的麦饼最后不是吃掉，而是丢入神火。因按当时习惯，人们是不能吃供神的祭品的。

因结婚而取得“夫权”，故适用于外国人。结婚时只要双方当事人合意即可成立，法律对其形式未作规定。虽习俗也有举行宗教拜神祭祖、授新娘以水火之礼、设宴庆贺等，但不论举行与否，均不影响婚姻的法律效力。主要标志是女方改变其未婚的生活环境而移住于男家，但并不须双方有同居的事实。因此，只要女子住到男家，而不问男方是否在家，所以，在外作战或经商的男子，可以采取通信方式缔结无夫权婚姻。反之，男女双方虽有同居的事实，如无图谋永续共同生活的目的，结为夫妻的合意，也只是偶合或姘居，不得视为结婚。在基督教盛行后，信徒结婚，按教规应在教堂举行，由神父主持仪式。

如何确定无夫权婚姻的成立及成立的时间，这不仅关系到子女身份及其继承权，而且涉及当事人间赠予的效力和以当事人结婚为接受遗赠的条件等问题。按照习惯，是依当事人是否举行了一定仪式来进行判断；共和国时期，监察官的户口登记也可作为婚姻成立的依据。登记时监察官可令男方宣誓表明其曾否有娶女方为妻之意思。帝政以后，上层社会的人结婚多用结婚证书，这时一般是以有无结婚证书或当事人是否订过婚来推定是否存在正式婚姻。另一重要的标志，是看女方有无嫁奁带到男家，如有，就标志着婚姻成立。如果以上标志都没有，帝政后期特奥多西乌斯二世规定，婚姻双方社会地位相同，即推定其婚姻为正式婚姻；如前所述，优斯体努斯一世为了他尚未即位的外甥的婚事着想，进一步放宽为只要是生来自由人结婚，即使双方社会地位不同，也推定为正式婚姻；优帝一世则以明文规定，高级官吏或双方社会地位不同的人结婚应有结婚证书，以证明是正式婚姻而不是姘合。

第四节　婚姻的效力

罗马法关于婚姻的效力，因“有夫权婚姻”和“无夫权婚姻”而不同。最初，“无夫权婚姻”在市民法上视同姘合，不发生婚姻的效力，自习惯和法律相继承认“无夫权婚姻”后，才把“有夫权婚姻”中关于父子关系的部分规定适用于“无夫权婚姻”，明确子女属于父而不属于母。因之，关于父子关系，两种婚姻方式都适用同一的法规。至于夫妻相互间和母子相互间的关系，则仍适用不同的规定。

一、夫妻间的效力

婚姻在夫妻当事人之间的效力，对“有夫权婚姻”和“无夫权婚姻”各不相同。

（一）“有夫权婚姻”中的夫妻法律关系

1. 关于身份方面

如妻在未嫁前为他权人，则摆脱生父的家长权而处于夫权或夫的家长权下；如未嫁前为自权人，则摆脱监护权而处于夫权或夫的家长权下，妻受人格小变更，自权人则变为他权人，脱离原来的家族，消灭一切家祀、继承、监护等法定关系，而加入丈夫的家族，成为夫家宗亲的亲族，从丈夫的姓氏，其后虽允许妻保留原有的姓氏，但应于其姓氏下附加夫的姓氏。

妻在家庭中处于丈夫的女儿的地位，如同她自己所生子女的姐姐一样。夫对妻有惩戒权，但重大事项应咨询亲属会议的意见。丈夫虽可休妻或与她离婚，却不能把她解放或出养。

2．关于财产方面

自权女子缔结“有夫权婚姻”，她原有的财产即归丈夫或丈夫的家长所有；如为他权人，则她所携嫁奁要归丈夫或丈夫的家长所有。她们在婚姻关系存续期间所取得的财产也一样。至于自权女子婚前所负债务，则按人格变更处理。关于这点，我们在人格变更一节中已有叙述，就不再重复了。

女子缔结“有夫权婚姻”后，丧失对原宗族的继承权，而取得对丈夫宗族的继承权。妻子与子女一样，是丈夫的当然继承人。丈夫在遗嘱中如果未明确提到妻子，或准予继承，或剥夺其继承权，其遗嘱无效。因此，丈夫在婚前立有遗嘱的，婚后其遗嘱作废，应再订新的遗嘱。

夫权下的妻子，无缔结契约承担债务的能力，如为侵权行为，则按一般家属私犯的规定处理：夫或家长或者赔偿被害人的损失，或者将妻子委付给被害人处理而免责。

（二）“无夫权婚姻”中的夫妻法律关系

男女缔结“无夫权婚姻”，由于丈夫对妻子没有夫权，所以妻子的法律地位与未结婚前一样。这种婚姻对女子相当有利，因为她不仅可以继续受到家长或监护人的保护，防止夫家的虐待，如偶为侵权行为，则可仍由家长或本人赔偿，以免委付的危险。如为自权人，她的财产又不致被丈夫并吞，此点在离婚之风兴起后，尤为重要。加之结婚方式简便，到了共和国末年，无夫权婚姻已很盛行，以权力为基础的“有夫权婚姻”变为夫妻共同生活、相互协助的结合。习惯和法律也渐对此种夫妻关系进行调整。帝政时期，法律对“无夫权婚姻”中的夫妻权利义务关系的规定，越来越多。

1. 关于身份方面

妻子仍处在生父的家长权或监护权之下，家长对出嫁的女儿仍保持一切支配权，他可以强迫其离婚而重回娘家，并可申请长官发给“领回子女的令状”（interdictum de liberis decendis）。安托尼努斯·披乌斯帝始明文规定家长不得强迫其女离婚。地奥克莱体亚努斯帝进一步规定，对妻子的家长领回女儿后拒绝交还的，授予丈夫以诉权，以要求妻子的家长送还妻子。

“无夫权婚姻”中夫妻之间在身份方面的权利义务有：

（1）妻子在婚后取得丈夫的社会地位和荣誉，虽不加入夫的宗亲，但可参加夫家的祭祀。

（2）夫妻互负同居的义务。“无夫权婚姻”是以妻住夫家为结婚的主要标志，因而妻以夫的住所为住所。如妻子不愿去丈夫的住所，便构成离婚。

（3）妻子应尊敬丈夫，在外的行动应尊重丈夫的意见。

（4）夫妻互负贞操义务。妻子通奸的，古代法是由双方家长制裁，一般要处以死刑或流刑。夫也有权将现行犯奸夫奸妇杀死，以示报复。奥古斯都帝时通过《优尼亚通奸法》（*Lex Julia de adulteriis*），认为妻子通奸是伤风败俗，定为公诉，由法院判处流刑，没收其嫁奁中的意大利土地。丈夫和妻子的家长对通奸妇女的追诉期为60天，如他们徇私放纵，在60天内不起诉，则任何市民在期满后四个月以内均可起诉。至于丈夫通奸的，则法律制裁很轻，他仅丧失对妻子通奸的起诉权，以及丧失返还嫁奁的期限利益，妻子可立即请求他返还。帝政后期，对通奸的制裁有所变更，妻子通奸处以杀父之刑，丈夫通奸的不能再收回对妻子的婚前赠予。君士坦丁一世时,将妻子通奸改为私诉,只有丈夫及其近亲享有诉权。优帝一世时,妻子通奸的由官厅鞭打后关入寺院,如果丈夫不在两年内申请将其释放,则为永久囚禁。

夫妻一方重婚,按大法官法仅受"丧廉耻"处分;帝政后期改由法官酌情处以体罚;优帝一世时则改处死刑。

(5) 夫妻有互助的义务。丈夫有扶养、保护妻子的义务,妻子有操持家务、照顾子女,负责搞好家庭日常生活的义务。妻子受到侵害,丈夫有权以自己的名义起诉,这是古代法视妻子为丈夫财产的遗迹,妻子则不能以自己的名义参加诉讼。唯一例外是在有关丈夫自由身份的场合,妻子可以用自己的名义到法院起诉和辩护。

(6) 除通奸外,夫妻不能互相提起刑事和有损名誉的诉讼。夫妻一方与第三者诉讼时,法律免除另一方的作证义务。

2. 关于财产方面

夫妻双方的财产关系也和未婚时一样,如妻原为他权人,则其因劳动所获得的利益以及其他一切所得,均归原家长所有。如妻原为自权人,则她可在监护人的协助下,自己管理财产。夫妻双方可以互为各种法律行为,如买卖、互易等,如同与第三者为法律行为一样。

(1)在赠予方面,罗马于公元前204年通过《辛西亚法》(*Lex Cincia*),限制民间的赠予不得超过法定数额,以保护贫弱市民,制止豪强和律师等的敲诈勒索。但夫妻互相赠予则为例外。其时夫妻间的赠予并不常见,因在"有夫权婚姻"中,妻子无私蓄,后来"无夫权婚姻"盛行,这种赠予往往并非出于夫妻一方的真正自愿,而是由于一方利用对方一时的感情冲动或以离婚相要挟等而取得,大法官因而加以干预,规定夫妻之间的赠予,也与一般赠予一样不发生效力。但下列赠予不在此限:(1) 时节馈赠,因数额微小,不足重轻。(2) 死因赠予,因需在赠予人死亡后发生效力,不减少其现有财产。(3) 帝政后期,允许妻子为家庭的利益,可在丈夫因谋取官职或荣誉等而为的赠予。

大法官法虽然规定夫妻之间的赠予无效,但是这一规定往往不能发生实际效力。因为金钱和动产赠予,外人难以发现;不动产赠予,可用假买卖来伪装;甚至可以通过假离婚,在完成赠予以后再行复婚等。塞普体米乌斯·塞韦鲁斯帝时,元老院于公元 206 年通过决议,规定夫妻间所为的赠予,如赠予人死亡前未撤回的,其继承人不得撤回。因此,该决议虽仍维持夫妻间赠予无效的原则,但实际则承认其效力,不过赠予人生前有权撤回而已。

(2)家庭财产混合不能辨别是夫或妻的时,推定财产为夫所有。因家庭财产由夫管理,生活费由夫负担。

(3)夫妻双方除可以进行法律行为外,还可以互相起诉。但关于债权之诉,作为债务人的夫妻之一方,可享受"能力利益"(beneficium competentiae)的优待。即他(她)只限在清偿能力范围内还债,超过现有财产,债务人可免除责任。优帝一世时进一步规定,享受"能力利益"的债务人还可保留他(她)的基本生活费。

(4) 依照习惯,女子结婚要携带嫁妆。婚姻关系解除时,丈夫最初不必返还这笔财产,以后法律逐步确认丈夫负有返还嫁妆的义务。

(5) 夫妻之间既非宗亲关系,所以最初在法律上夫妻之间并无继承权。以后大法官法规定,在被继承人没有合法继承人时,由配偶继承其遗产。优帝一世时修改继承法,但对此未作变更。

二、父母子女间的效力

（一）父母与子女的关系

首先，无论"有夫权婚姻"或"无夫权婚姻"，其父母子女间均发生血亲关系。所以，子女对父母有尊敬的义务，父母对子女有惩戒的权利。对子女的惩戒权一般由父亲行使，但习惯上母亲也行使轻微的惩戒。子女非经长官允许，不得对父母起诉，因起诉意味着对父母的不敬。后大法官授予子女以事实诉(actio in factum)。同时，父母也不得对子女提起有损其名誉的诉讼。父母子女互免作证义务。

其次，父母可以用遗嘱指定子女的监护人，但是法律规定应当得到法官的批准。其由母亲以遗嘱指定的，法官在批准以前更要进行调查，如果她在死亡前曾再婚，则其指定无效。

再次，父母子女彼此互负抚养的义务。父子一方作战被俘，对方负有支付赎金的义务。

最后，双方都可享受"能力利益"。例如子女继承一项遗产，而父或母为该遗产的债务人，则父母可在自己现有财产范围内清偿所欠的债务。优帝一世时还可酌留生活费。

（二）母亲与子女的关系

这种关系因婚姻有无夫权而不同。

(1)"有夫权婚姻"中的母亲与子女既是宗亲，又是血亲，都处在家长权、夫权之下，他们的法律地位如同姐弟和姐妹，并互有继承权。父亲死后，依法即由有行为能力的儿子做母亲的监护人。如果他们有几人，则可共同监护。至于养母、继母与子女的关系，他们虽然不是自然血亲，但是宗亲关系，所以他们之间的权利义务与生母和子女的关系一样。

（2）在“无夫权婚姻”中，母亲与子女有血亲关系，但无宗亲关系，他们分别处于两个不同的家长权之下。最初，母亲和子女彼此不发生权利义务关系，子女不是母亲的法定继承人。由于母亲无遗嘱权，他们也不能作为母亲的遗嘱继承人。除嫁奁部分因夫的媒介得遗留给子女外，其余财产都由其宗亲继承。以后大法官法给母亲子女以一定的相互继承权。在母亲无继承人、子女生活陷于困难时，可酌给子女一部分遗产，反之亦然。至公元2世纪，哈德里安努斯帝时元老院通过决议，规定生母得先于宗亲而继承其子女的遗产。马尔库斯·奥勒利乌斯帝时，元老院又通过子女有优先继承其母亲遗产的决议，此外法律也确认母亲与子女间有相互抚养的义务，且生母离婚后对于在他人监护下之子女，可请求监护人交由本人抚养；母亲在一定情况下也有为女儿设定嫁奁的义务。

（三）父亲与子女的关系

不论有无夫权的婚姻，父亲对子女都有家长权，子女都是父亲的宗亲。关于婚生子女的确定，如前所述，古代法时完全由家长做主。以后确立妻子在婚姻存续中受孕之子女，适用“母亲的丈夫就是子女的父亲”的原则，除有反证外，即为婚生子女。

第五节　夫妻财产

罗马的夫妻财产因“有夫权婚姻”和“无夫权婚姻”而不同。最初，在“有夫权婚姻”中，妻子的财产完全归丈夫或丈夫的家长所有,她虽然可以取得夫家的继承权,但是离婚时不能请求返还原属自己的财产。在“无夫权婚姻”中,则夫妻财产各自独立,夫妻之间没有继承权,家庭生活费用由丈夫负担。由于这两种财产制均有流弊,所以习惯上和法律上采取一些办法,主要是通过嫁奁和婚娶赠予(donatio propter nuptias)予以弥补。下面我们分别加以说明。

一、嫁奁(dos)

(一)嫁奁概述

嫁奁是妇女因结婚而带到丈夫家去的财产。在罗马,有无嫁奁是区分正式婚姻与姘合的重要标志。

嫁奁在古代法上是女方对男方的婚姻赠予,这种赠予以结婚为条件。如果嫁奁设定后婚姻未成,如一方死亡,则所附解除条件成立,已设定的嫁奁便自始无效,须退还女方或女方家长。嫁奁既是赠予,嫁奁的所有权要移转给丈夫或丈夫的家长,所以婚后丈夫或丈夫的家长不再负返还的义务。在“有夫权婚姻”中,自权女子有财产的,可以经监护人赞同而自行设立嫁奁;他权女子的嫁奁,则由家长按习俗视其财产能力和婿的身份而拨出一定的财产设定,主要是用以补偿女子因结婚而丧失的继承权。因为她到夫家后便与父族脱离宗亲关系。至于“无夫权婚姻”,妻与自己的子女不是宗亲,也就不发生继承关系。自权女子经监护人同意结婚,可以将自己的财产全部设定为嫁奁,使之不留给宗亲而通过丈夫传给自己的子女,纠正宗亲继承之悖情;他权女子习惯上也由家长设定嫁奁,以补助女子婚后的生活和抚育子女的费用,但不是弥补继承权的丧失，因为她仍是生父的宗亲，依法享有父方的继承权。夫死，妻对嫁奁无继承权，嫁奁属夫的遗产，由子女或夫的其他法亲继承。共和国末年，“无夫权婚姻”盛行，妇女离婚后就会丧失全部嫁奁，于是家长和监护人有的在设定嫁奁时，便与男方约定，如日后离婚，应返还嫁奁，这种做法渐渐成为通行的习惯。因而嫁奁的返还，以有无约定为准，如订明返还的，从其约定；要是没有返还约定或是漏订因而发生纠纷的，大法官从保护女方的利益出发，便裁决除有明确的不返还约定外，离婚一律要返还嫁奁。帝政初年，奥古斯都因奖励增加人口，为了有利于离婚的妇女再婚，进一步从法律上规定，不论有无约定和怎样约定，离婚时一律要返还嫁奁。因此，嫁奁不再具有赠予的性质。

（二）嫁奁的种类

1. 祖赠嫁奁（dos profecticia）①

这是指父系尊亲属为出嫁女子设定的嫁奁，其来源与家长授予特有产类似，不同之处就是后者都是由家长设定的。共和国时期，虽习惯上结婚都设定嫁奁，但法律上并未规定家长有此义务。至奥古斯都时的《优利亚婚姻法》才作了这样的要求。出嫁女子据此可以请求家长履行其义务，但男方没有请求女方家长设定嫁资的权利。

2. 外来嫁奁（dos adventitia）

这是指祖赠嫁奁以外的嫁奁，如由妻子本人、生母或其他亲属设定的，甚至妻的债务人设定的等。帝政以后，按皇帝的敕令，在

① 国内罗马法著作有用音译“多斯·普洛费克体治”的，有意译为“完全嫁奁”、“内来嫁奁”的，也有直接用原文而不另译的。我们根据拉丁文原文移译如上。

几种特殊的情况下，出嫁女子的母亲也负有设定嫁奁的义务。例如，“无夫权婚姻”实行夫妻分别财产制，如果父亲很穷，而母亲富有一些，或者父亲死亡，则母亲就有设定嫁资的义务。

3．约还嫁奁（dos receptitia）

这是附有返还条件的、即女子的家长与男方用“要式口约”约定在婚姻关系存续期间归丈夫所有，婚姻关系解除后则必须返还的嫁奁。

（三）嫁奁的标的

凡是能作为财产的东西都可作为嫁奁，如有体物或无体物，特定物或种类物，动产或不动产，包括债权、债务在内的整个财产，债务的免除，役权的设定或放弃等。依罗马习惯，对嫁奁的估价和返还通常有两种办法：一是像买卖那样，对嫁奁估值后，将其所有权移转给丈夫，日后若须返还，仅返还相当的价值，而不是返还原物。故实际上嫁奁的标的是货币而不是财物。按此办法，婚姻存续期间，嫁奁标的物的毁坏、灭失的风险或其孳息、添附等损益都要归于丈夫。二是估价仅供将来返还嫁奁时参考之用，交付嫁奁而不移转所有权，婚姻关系解除时须返还原来的实物而非估价。若因丈夫的过失而使实物损坏或灭失，则按估价之比例赔偿。当然，当事人也可采取对嫁奁的标的部分移转所有权（如动产），部分则须归还原物的折中办法。

（四）嫁奁设定的方式

嫁奁设定的方式有嫁奁让与、嫁奁约定和嫁奁宣许三种。

1．嫁奁让与（dotis datio）

即由设定嫁奁的人把嫁奁标的的所有权移转给男方。其移转的方式视标的物性质而定。最初，嫁奁是赠予性质，所以在一般情况下,设定人不负标的物的追夺担保和瑕疵担保的责任。后来法律进步,在当事人有特约,或嫁奁设定人有欺诈行为时,他须负这种责任。但是,如果是按买卖方式对嫁奁估价而转移所有权的,嫁奁设定人仍应负出卖人的责任,也就是要负追夺担保和瑕疵担保的责任。对嫁奁标的物的估价仅供日后返还原物时参考,因为嫁奁的所有权并不移转,一般就不存在这样的担保问题。

2. 嫁奁约定(dotis promissio)

罗马共和国后期,"要式口约"(stipulatio)逐渐在社会上通行,因而在设定嫁奁时也采用这种方式,即设定人以要式口约允诺将来结婚时给予男方一笔财产,结婚后男方有按契约请求设定人给付嫁奁的权利。

3. 嫁奁宣许(dotis dictio)

嫁奁约定是双方用一问一答方式订立的契约,嫁奁宣许则是嫁奁设定人在证人面前片面地作出的许诺。既然是片面许诺,那么就需要新郎接受才能发生效力。这种方式使得自权妇女可以方便地用通讯办法与他人订婚,为自己设定嫁奁。而且法律规定,嫁奁宣许只限自权女子本人为之,家长、债务人和其他亲属均不得宣许嫁奁,这点也与嫁奁约定不同。

到特奥多西乌斯二世时,规定设定嫁奁不再拘于形式,而可用任何略式行为进行。嫁奁设定原来须在婚前进行,公元3世纪取消了这一限制,嫁奁也可于婚后设定。这样,设定嫁奁的形式和时间均不受限制了。

(五)丈夫和妻子对于嫁奁的权利

1. 丈夫对嫁奁的权利

嫁奁最初是女方对男方的赠予,其所有权属于丈夫,他可以自由处分，也不负返还义务。由于古代离婚情况很少，这种制度并不会造成多少社会问题。共和国末叶，“无夫权婚姻”盛行，离婚渐多，离婚时嫁奁不返还必然使女方遭受损失，由此产生了约还嫁奁。但法律并无其他限制的规定，男方对嫁奁既是所有人，就有权任意处分，到了离婚时，如无返还能力，则“约定”就形同虚设。因此，奥古斯都时的《优利亚嫁奁法》(*Lex Julia de eundo dotali*)规定，丈夫未经妻子同意，不得处分嫁奁中的意大利土地，也包括房屋、树木等土地的附属物。这样，女方嫁奁的返还就有了一定的保证。但这主要是维护元老阶层的利益，因为他们的财产大部分是意大利的土地。上述限制违背所有权的一般原则，是一种例外的规定，因而仅适用意大利的不动产，而不适用以下三项财产：

(1) 动产；

(2) 外省土地；

(3) 已按买卖方式估价并转移了所有权的意大利土地。因在此种情况，嫁奁的标的已为估价的金额而非土地，丈夫仅为价金的债务人，将来只须归还这项不动产的价值即可。

罗马法学家为了保护女方的利益，对《优利亚嫁奁法》的规定作了全面深入的解释，使之充分发挥效力，禁止丈夫对此项不动产作一切直接的、间接的、全部的或部分的让与。首先，不动产不能由时效而取得为前提，否则丈夫只要让他人占有之，经二年而时效完成，以代替直接的让与。但《优利亚嫁奁法》仅阻止时效的开始而不阻止时效的进行，如时效开始在嫁奁设定之前，其时效的进行不因嫁奁的设定而停止。其次，凡足以减损所有权的，如设定各种役权或放任役权因不行使而消灭等，均在禁止之列。再次，对嫁奁中意大利不动产设定抵押权的[1]，丈夫即使得到妻子之同意，也不能为之。以后大法官又作了进一步解释，禁止婚前和婚后的让与，即丈夫在订婚之后结婚之前，以及在婚姻解除之后嫁奁返还之前，除已将其他财产抵还嫁奁外，都不能处分嫁奁中的意大利不动产。对此只有两项例外，一是概括让与，如丈夫死亡或被出养，嫁奁中意大利不动产要随丈夫的全部财产由丈夫的继承人继承或转归养父所有，其返还责任也同时转归继承人或养父。二是不可避免的让与，指非因丈夫的主观意志而将嫁奁中的意大利不动产让与他人，如该不动产的共有人要求分割共有物，丈夫即无法加以拒绝。如经拍卖，则让与完全有效。

丈夫违反以上规定，未经妻子同意而作让与，或者虽得到了妻子同意，但超过了妻子同意的范围，其行为均属无效。但是，这种无效并不是绝对无效，而是相对无效，不得作为时效取得的合法原因。丈夫所为有瑕疵的让与行为，可因妻子事后的追认而消除，但妻子只能在有权请求返还嫁奁时为之，也就是必须在婚姻关系解除以后追认。所以，婚姻关系存续中丈夫让与行为的效力实际上处于不确定状态。如果嫁奁设定时有返还的约定，丈夫未经妻子同意的让与就可以撤销。如果双方当时并无约定，则妻子先于丈夫而死时，丈夫即无返还的义务，让与行为就确定生效。如果丈夫先妻子而死或双方离婚，则丈夫原来的让与可以撤销。对于嫁奁中的意大利土地，丈夫是该土地的所有人，离婚后应即将其“物件

---

① 因抵押权在设定时并不发生移转不动产所有权的问题，妇女往往看不到将来被执行的危险，容易同意丈夫的要求，故法律特加禁止。但这究竟是《优利亚嫁奁法》规定的，还是后来韦雷亚努姆(S. C. Velleianum)元老院决议补充的？对此史书记载不明。

返还诉”(rei vindicatio)转让给妻子,使她可以追回原物。在丈夫死亡时,则由大法官授予妻子以准诉权。如妻子在丈夫死后自己也死了,而在死之前她并未提出撤销问题,则妻子的继承人对让与就不得主张撤销。至于丈夫在婚姻存续期间能否主张让与无效而追回土地,或土地尚未交出而拒不履行,因文献记载不明,后世学者解释不一。一种是否定意见,理由是有偿契约的让与人应负追夺担保的责任,他的诉讼必因受让人的欺诈抗辩或反辩而失败;再则,一人不能基于他所为的违法行为而提起有利于己的诉讼,因此他不能撤销。另一种是多数学者主张的肯定意见,认为为了维护社会经济秩序,契约一经订立,一般自不得任意撤销,但《优利亚嫁奁法》是为了保护妇女利益的特别规定,按“特别法优于普通法”的原则,自应准予主张无效,以符此项特别规定的目的,并可使丈夫的让与行为早日结束不确定状态。

2. 妻子对嫁奁的权利

妻子对嫁奁的权利也就是丈夫对嫁奁的义务。下面我们仍从权利的角度进行论述。

帝政以前,除设定嫁奁时约定返还外,妻子对嫁奁没有任何权利,嫁奁的所有权属于丈夫。自《优利亚嫁奁法》以后,妻子对嫁奁开始享有以下几种权利:

第一,对丈夫出让嫁奁中的意大利土地的否决权;

第二,丈夫滥用嫁奁时,可以向法院申请允许移转,或将嫁奁委托第三者管理或自行管理;

第三,如有正当理由,可以请求丈夫先归还嫁奁的全部或一部。如妻因父母生活困难须负赡养义务、她的债务到期、购买适当的不动产等,都属正当理由;

第四,优帝一世规定,夫因濒临破产、丧失支付能力而影响嫁奁返还的,妻子有权立即请求返还嫁奁。

(六)嫁奁的返还

根据罗马古代法,嫁奁是妻对夫的赠予,婚姻解除后,夫并无返还之义务,已如前述。共和国初期,丈夫或其家长虽可片面休妻,但并不多见。偶有发生,依习惯、宗教戒规、亲属会议的意见或具体的情况,丈夫要付给一笔生活费,以维持妻子离婚后的生计,后来又有监察官的干预。所以,当时嫁奁虽不返还,但并不构成社会问题。共和国末年,传统宗教和宗亲制度的作用瓦解,教规已非祭司所能保证履行,舆论也因人们随时迁居而失其约束力;丈夫休妻,每每不顾亲属会议的意见而徇个人的私欲,仅允妻携带日常衣鞋和用具,不再另给生活费,此种行为,自受监察官的干预,但最多只限于"丧廉耻"的宣告,且其职务每5年只行使一次,其期间仅18个月。在监察职务停止期间,妇女仍多受任意休妻之苦,且自经济发达,财富增加以后,嫁奁数额每有多至数万阿司的,一些人甚至借婚姻骗取妇女财物。为了纠正上述流弊,习惯上遂将嫁奁争端提交仲裁,视离婚是否因妻之过失或过失大小,由仲裁人决定是否返还或返还数额的多少。但当时的仲裁仅有道义上的效力,并不当然发生法律上的效力,故女方在设定嫁奁时常用要式口约订明男方在夫妻离婚时应返还女方一定数额的嫁奁,是谓"妻财保证"(cautio rei uxoriae)。但其缺点是返还与否和返还数额的多少不能按日后的具体情况来决定。此外,大法官也常同意双方在选任仲裁人时由其授予仲裁人以审判员(judex)的权力,使仲裁发生法律上的拘束力。经采用此两种办法,妻子对嫁奁的权利乃受市民法和大法官法的保护。

此种嫁奁返还的仲裁，初仅适用于夫妻离婚的情况，因在夫妻双方有一方死亡时，一般并不发生仲裁问题。如妻子先死亡，已不需仲裁人解决生活费问题，嫁奁归丈夫所有，并通过丈夫转给自己的子女。如丈夫先死亡，在“有夫权婚姻”情况下，妻子可和子女一样继承丈夫的遗产，不发生生活困难问题；在“无夫权婚姻”时，妻子除有自己的财产外，丈夫一般也会视子女之有无，按习俗遗赠给妻子以嫁奁的用益权或所有权，使其终身用益，可以维持生活，故也不需要仲裁。仲裁的目的是为了保障女子离婚后生活能有着落。但是，仲裁如因仲裁人死亡或推辞，或当事人对仲裁的人选不能取得一致意见，则嫁奁返还纠纷仍无法及时解决。因此，大法官创造了一些办法来处理这方面的问题。

在保护丈夫利益方面，大法官创造了“妇德诉”（judicium de moribus mulieris）和“窃占诉”（actio rerum amotarum）。所谓“妇德诉”，即妻子如果不守道德，不“贞洁”，丈夫可提起诉讼，请求法官立即确定妻子的过错，并根据其过错程度剥夺妻子对嫁奁的部分或全部，以防妻子为销毁证据而故意拖延确定仲裁的人选。“妇德诉”具有刑事性质，不得移转给双方的继承人。所谓“窃占诉”，即妻子如果在离婚前隐藏财产的以便离婚后带走，在丈夫发现后拒不交出的，则丈夫可起诉追回。但按市民法规定，夫妻之间不能提起刑事性质的“窃盗诉”（actio furti），故妻有私自处分的意图时，尚不构成窃盗行为，所以需要有这项变通，是为了强制妻在不归还原物时偿还所窃物件的价值。

在保护妻子利益方面，共和国末年，有“要式口约诉”（actio exstipulatu）和仲裁，但前者须事先已订有要式口约，后者则对仲裁人裁决的效力又须经双方协商同意。如事前未订要式口约，事后夫对仲裁的裁决又不愿执行，则妻子的利益仍得不到保障。大法官为了补救这一缺陷，乃创造了“妻财诉”（actio rai uxoriae），规定在没有要式口约约定返还嫁妆的情况下，妻子可提起该诉，以追索嫁妆。如夫有隐匿行为，也不排除妻对之提起“窃占诉”。法律昌明时期，“要式口约诉”和“妻财诉”同时并存，但二者在性质和效力等方面有所不同。

1. 关于诉讼的性质

（1）“要式口约诉”是市民法上的诉讼，是严法诉讼（judicia stricta），因此必须遵循以下条件：

① 当事人事先必须订有“要式口约”；

② 承审员只能按口约所约定的内容判决，如已约定金额，则判给丈夫所承诺的数额，即使货币贬值，造成显失公平的情况，他也没有斟酌、权衡的权力；

③ 由于要式口约之债是两个人格之间的“法锁”（juris vinculum），所以要式口约诉因人格变更而消灭。

（2）“妻财诉”则是大法官法上的诉讼，是诚信诉讼（judicta bonae fidei），其特点是：

① 当事人之间不必事前订有约定；

② 承审员可以按照诚实信用和公平合理的原则，参照夫妻之有无过失与过失之轻重，酌情处理。如估价失当，得以职权变更之，不受原约定的限制；

③ 基于公平原则，当事人一方人格变更后，其原人格虽已消灭，但其实体依然存在，所以诉讼不受人格变更的影响。

2. 关于嫁奁返还的时间

按“要式口约诉”，婚姻解除后，除有特别约定外，嫁奁应立即返还。“妻财诉”则不同，根据该诉，特定物要立即归还，种类物可在3年以内分期归还，每年还1/3。但是，离婚的原因如由于丈夫通奸，他就要丧失该项期限利益，嫁妆中的种类物也应即时返还。至于犯有其他轻微过失，则种类物返还的期限可缩短一半，即每半年还一次，限一年半还清。

3．关于嫁妆返还的原因

在“要式口约诉”中是依当事人自己的约定，不论离婚和死亡都可成为返还的原因。丈夫死亡，嫁妆由丈夫的继承人负责返还。但返还给谁呢？依原则应返还给设定人。所以如嫁妆非妻子本人所设定，纵使设定的目的是专为妻子的利益，在罗马法没有认为契约的利益可以直接归属没有参加订约的第三者以前，嫁妆仍当交还给设定人。“妻财诉”最初仅适用于离婚，以后奥古斯都为鼓励寡妇再婚，将其扩大适用于丈夫死亡的情形。由于它是诚信诉讼，不论设立嫁妆的是什么人，妻子本人都可提起诉讼。家长为他权女子设立嫁妆的，家长也可提起该诉，但必须以女子的名义，并经女子同意方可这样做。如果女子于离婚后即行死亡，家长在此之前未起诉的，他的诉权便归于丧失。

如婚姻解除是由于妻子死亡，嫁妆即归夫所有，以便于抚养子女，并传给儿孙，不再返还。但如果是祖赠嫁妆，则妻子的尊亲属有仅提起“妻财诉”要求返还。至于罗马法为什么有这样的规定，据公元2世纪时蓬波尼乌斯的解释，说这主要是抚慰女方家长，以免其人财两空。这个理由并不是充分的，因家长不仅在其女死亡时可以起诉，而且在她离婚时也可请求返还，唯一可以说明的原因是祖赠嫁妆与外来嫁妆不同，后者出于设定者的自愿，前者则为法律规定的义务，不问父系尊亲属是否乐意，因此，女儿死后给他以收回嫁奁的权利。

丈夫对妻子有遗赠的,如为约还嫁奁,则丈夫的继承人于返还嫁奁外并须交付遗赠,因“要式口约诉”为严法诉讼,嫁奁与遗赠互不相干;而“妻财诉”为诚信诉讼,故妻子只能在嫁奁与遗赠中选择其一,因两者的目的同为使妻子得以维持其生活,妻子不能因同一目的而兼有两项财产。

4. 关于嫁奁返还的标的

按“要式口约诉”,夫须按契约返还确定数额之金钱或物品,一般须返还嫁奁的全部。纵使对妻有合法债权,也不得主张抵销和扣还,应另行起诉追索。又如妻有隐匿嫁奁的行为;或因妻的过失而离婚,夫依法得扣留嫁奁的一部或全部;或在婚姻关系存续中,夫曾对妻为法律所禁止的赠予等,夫只能按具体情况另行提起“窃占诉”、“妇德诉”、“物件返还诉”等。要是妻子的负债超过资产,无力清偿,夫势必蒙受损失,马尔库斯·奥勒利乌斯帝(Marcus Aurelius,公元161—180年在位)时规定,严法诉讼中的当事人得于诉讼程式中列入欺诈抗辩,以达到抵销和扣除的目的,避免另案起诉之麻烦和可能遭受的损失。

在“妻财诉”中,审判人员应秉公酌情处理,照顾到当事人之间的关系和实际情况。因此,他的判决首先仅限于丈夫财力范围之内,即丈夫享受“能力利益”,但丈夫的继承人不能享受这种权利;其次,丈夫可享有各种“扣除权”,可请求从返还的嫁奁中扣减其应得之数,因此一般只限于返还的嫁奁为金钱或种类物时适用之。丈夫可作扣除的原因有:

(1)“因隐匿财产的扣除”(retentio propter res amotas),以此代替“窃占诉”;

（2）“因赠予的扣除”（retentio propter donatas），以此代替“物件返还诉”；

（3）“因费用的扣除”（retentio propter impensas），以此代替“委任诉”或“无因管理诉”。夫对为嫁奁所支付的必需费及得到妻的同意而支出的有益费有扣除权，至于未得妻之同意所支付之有益费及奢侈费，则仅有“拆除权”（jus tollandi），但以不损坏原物为限。但是，关于有益费的规定较之一般债务关系的规定为严。在后者，对有益费用，无论债务人愿否负担，债权人均可在债务人所受利益的范围内予以扣除。对嫁奁则由于夫妻朝夕相处的特殊关系，保路斯认为，如未征得妻之同意而支付的，即视同为奢侈费；

（4）“因风化的扣除”（retentio propter mores），以此代替“妇德诉”。如因妻子通奸而离婚，丈夫可扣除嫁奁的1/6；因其他较轻的过错，丈夫可扣除嫁奁的1/8。如因丈夫通奸的，则丈夫丧失可分3年归还嫁奁的期限利益，其他过失则期限减半，即每6个月偿还1/3；

（5）“因子女的扣除”（retentio propter liberos）。在由于妻或妻之家长等的过失而离婚的情况下，丈夫为了抚育子女，可为他们每人扣除1/6的嫁奁，但最多不得超过嫁奁的1/2。如由于妻子的死亡，为其设定嫁奁的家长等追索嫁奁时，则丈夫可为每个子女扣除1/5的嫁奁，直至嫁奁扣完为止。因为此时已不存在妻子的生活费问题了。

以上五种扣除权，前三种属于经济性质，因而可以移转于丈夫的继承人；后二种属于道义性质，只有丈夫能够行使，其继承人则无此权利。

5. 关于嫁奁返还的担保

在“要式口约诉”中，由于嫁奁的返还是一种普通债权，如需担保,必须在订立要式口约之外由夫另行提供担保物或保证人。而在“妻财诉”中,按大法官法规定,返还嫁奁的权利属于优先债权,它优于普通债权,但后于抵押债权。对嫁奁中的意大利土地,因其不能为抵押权的标的,故丈夫即使得到妻子的同意而设定抵押,由于其设定是无效的,故妻子可不受其约束而主张优先权。

（七）优帝一世对嫁奁返还的改革

“要式口约诉”和“妻财诉”一直通行至帝政后期。但其时历史上设定嫁奁的原因,如抵偿妻子丧失的宗亲继承权,间接地传给子女和便于妇女再嫁等,由于宗亲继承已被血亲继承所取代,基督教反对离婚和再婚等而不复存在,唯一的目的仅在补助家庭的费用。如婚姻关系因离婚或夫妻一方的死亡而解除,则家庭解体,作为补助家庭费用的嫁奁,自应返还于女方。为此,优帝一世对嫁奁返还制度又相继进行了改革,以确保妻子在婚姻解除后能够收回嫁奁,这些改革主要的有:

（1）所有嫁奁无论设定时有无归还约定和由谁设定,婚姻关系解除时,除因妻子的过失而离婚外,都应归还给妻子,妻子死亡,则归还给她的继承人。但嫁奁设定时约定日后须返还给设定人的,不在此限。对于“祖赠嫁奁”,除女子已死亡外,家长等非得到女子的协助,不得独自起诉。家长死亡,则嫁奁返还请求权即归女子;

（2）原则上嫁奁的所有权仍属于夫,但对嫁奁中的土地不论是在意大利或在外省的,丈夫即使得到妻子的同意也不得出让或抵押,否则,妻子对受让人可行使追诉权,这样,该项土地实际上已成为不融通物,丈夫对它只享有用益权而已;

（3）“妻财诉”与“口约诉”合并成立新的口约诉。新的“口约诉”吸收了“妻财诉”中公平合理的原则，成为诚信诉讼。这样，审判员在审理嫁奁案件时便取得了权衡斟酌之权；

（4）丈夫的扣除权已被取消，但丈夫为嫁奁所支出的必需费用仍可扣除，不必另案起诉。对于有益费用，如系丈夫得到妻子的同意而支出的，他可另行提起“委任诉”，未经同意的则可提起“无因管理诉”。至于奢侈费用，非妻子拒绝偿还丈夫的损失，丈夫不得拆除，如妻子有隐匿财产的，丈夫可提起“窃占诉”；

（5）关于丈夫返还嫁奁时所享受的“能力利益”，原限于丈夫的清偿能力，此时改为丈夫可保留适当的生活费。但只有丈夫本人能享受，如果丈夫死了，其继承人则不能享受这种优待；

（6）关于嫁奁返还时间，不动产依然是立即返还，动产的返还期由过去的三年改为一年。但是，不再区分种类物与特定物，对女子反而不利。如果丈夫失去支付能力，濒于破产，妻子本人可不受时间的限制，而即时请求返还；

（7）丈夫在遗嘱中对妻有遗赠的，不再视为是代替嫁奁的返还。因此，妻子于接受遗赠后，仍有权要求返还嫁奁；

（8）在保证嫁奁的返还方面，优帝一世在公元529至531年又连续采取措施。先是在公元529年规定，妻在请求返还嫁奁时，可以提起“物件返还诉”和享有对现存嫁奁的优先抵押权。丈夫的其他财产，只能按一般债务清偿顺序用于偿还嫁奁。这是不是说妻子在返还诉和优先抵押权二者中可以任意选择呢？由于规定不够明确，因此引起一些争议。后世学者认为较合理的解释是：“物件返还诉”是使妻子用以追回未经她同意而被丈夫出让的不动产，而现存嫁奁则指未被丈夫处分而仍留在丈夫财产中的嫁奁。妻子对这一部分有优先抵押权，其顺序是在一般抵押债权人之先，而对丈夫的其他财产，其顺序仍在一般抵押权之后。如果嫁奁已经毁灭或被消费，则虽有“物件返还诉”和优先抵押权，也不能充分保护妻子的利益。因此，优帝又在公元530年规定，妻子对丈夫在嫁奁以外的全部财产有法定抵押权；嫁奁无论是婚前还是婚后设定，都视为是结婚之日设定的。这一规定破坏了担保债权不能先于被担保债权而成立以及抵押债权的受偿顺序以其成立的先后为准的原则，同时也破坏了已婚男子的信用。因为妻子的抵押权不仅优先于婚后丈夫所设定的抵押权，而且可对抗婚后受让丈夫财产的人，这样，第三者当然要考虑是否值得和丈夫成立信贷或买卖关系。公元531年，优帝进一步规定，妻子的法定抵押权为优先抵押权，其顺序在丈夫所有抵押权之先，即丈夫在婚前对其财产所设定的抵押权，也须在妻子收回嫁奁之后才能获得清偿。这样，只有在结婚前受让丈夫财产的人才能安心而不受影响。这种对妻子过分的保护，在破坏已婚男子信用之后，又破坏未婚男子的信用，因债务人一经结婚，债权人已设定的抵押权即可能因债务人之妻的优先抵押权而致落空。

二、婚娶赠予(donatio propter nuptias)

(一) 婚娶赠予概述

婚娶赠予原称“婚前赠予”(donatio ante nuptias)，是丈夫或其家长等对妻子的赠予，这种制度盛行于帝政后期，是从买卖婚中的价金、男方于订婚时的聘礼发展而来，因“无夫权婚姻”的通行而日见重要。按市民法规定，因无夫权婚姻，夫妻间不发生继承关系，如妻子先丈夫而死，或婚姻因妻子的过失而解除，则丈夫可取得妻子的全部嫁奁；反之，如丈夫先死或婚姻因丈夫的过失而解除，则妻子并无相应的权利。婚娶赠予的目的就是在于平衡夫妻财产关系，以弥补妻子交付嫁奁而对丈夫却没有继承权的不公平状态。又因基督教严禁离婚，维护家庭组织的稳定，婚娶赠予也和嫁奁一样，发生补助家庭费用的作用。因此，最初只是社会上的一种惯例，后来逐渐成为法律制度。

（二）婚娶赠予的设定

婚娶赠予由丈夫或丈夫的家长设定，丈夫的其他亲友也可用丈夫的名义予以设定。优帝一世明确规定，父母有为儿子设定"婚娶赠予"的义务，如同为女儿设定嫁奁的义务一样。即使儿子已被解放，脱离了宗亲关系，但由于血亲关系，父母仍不能免除该项责任。除非儿子自己设定方可例外。

婚娶赠予的数额，习惯上在东罗马为嫁奁的一半，在西罗马则与嫁奁相同。优帝一世时明确规定，婚娶赠予必须与嫁奁等额。如果妻子追加嫁奁，丈夫也要相应地增加婚娶赠予。

关于设立婚娶赠予的时间，由于公元前3世纪初的《辛西亚法》禁止夫妻之间的赠予，因而最初必须在结婚前设定，以避免赠予无效，故称"婚前赠予"。优斯体努斯一世时，允许丈夫在结婚以后增加婚娶赠予的数额，但应特别声明并非一般的赠予，以免违反夫妻间不得互为赠予的禁令而致无效。优帝一世进一步规定，即使结婚以后设定也同样生效，所以将"婚前赠予"改称为"婚娶赠予"，使之名实相符。

婚娶赠予的设定方式，习惯上与嫁奁设定载入同一个文书，一面写嫁奁设定事宜，另一面写婚娶赠予设定事宜，以作凭证。婚娶赠予虽由丈夫等为之，但妻子婚后到丈夫家生活，财产由丈夫管理，故财产实际上一般并不转移，而仅由双方约定，如丈夫将来先死或者离婚不是由于女方的过失，就将赠予财产转移给妻子。

（三）婚娶赠予的效力

婚娶赠予的财产在婚姻存续期间由丈夫管理。对于财产的所有权是属于丈夫还是属于妻子，法学家们意见不一。一种意见认为，既是赠予，所有权应属于妻子。另一种意见认为，这是附停止条件的赠予，在条件成就即婚姻解除时才发生效力，条件成就以前所有权并不转移。一般认为，后一种意见比较符合实际，因为如果妻先死亡或者离婚是由于妻子的过失，婚娶赠予的财产仍然是归丈夫所有。优帝一世规定，如果丈夫濒临破产，丧失支付能力，妻子本人如同对嫁奁一样，也可立即请求交付所赠财产。对婚娶赠予中的不动产，丈夫即使得到妻子的同意，也不得出让和抵押。如果丈夫得到妻子的同意让与不动产，妻子在两年内未予反悔，没有行使撤销权，而丈夫又有足够的偿还能力，则该让与对妻子也发生效力。既然是婚娶赠予，妻子对丈夫的财产有法定抵押权，但与嫁奁不同，不是优先抵押权。

三、妻在嫁奁外的财产（妻子的特有产 paraphernа）

妻子的特有产，是自权女子缔结“无夫权婚姻”时除了设定嫁奁以外所保留的财产。她们由于考虑离婚后的生活问题，往往还保有一部分财产，包括“外来嫁奁”，归自己掌握。此项财产在因女方过失而离婚时尤为必要。此制始于公元前 2 世纪，但正式规定则见诸公元 450 年特奥多西乌斯二世和瓦伦体尼亚努斯三世的敕令。这种妻子的特有产，可以由女方自行管理，但习惯上多由妻子委托丈夫管理，丈夫开列清单给妻子作为凭据，在夫妻之间形成委任关系。优帝对此有两项特别规定：第一，妻子因丈夫受委托管理其财产而对丈夫的财产有法定抵押权，但不是优先抵押权。第二，丈夫管理妻子的特有产，适用关于委任的一般原则，但是丈夫应负的责任较之一般受委任人的责任为轻，他只要尽到与管理自己的财产相同的注意，而不像一般受委任人那样须尽善良家长的义务。

帝政后期，习惯上是妻子将其特有产交丈夫管理和用益，以其孳息补助家庭的生活费用，在这种情况，如果丈夫死亡，妻子只能要求归还原特有产，而不能请求归还特有产的孳息。对此有特别约定的，则按约定办理。婚姻存续期间妻子所得的财产，如果日后不能证明为其所有时，法律上推定为丈夫所有。

除了嫁资、婚娶赠予和妻之特有产制度外，在罗马也可找到夫妻共同财产制的例子，即双方财产合并，归双方共有，一般由丈夫管理，婚姻解除时由双方平分。但在当时，这种情况不很多见，并未形成法律上的制度。

第六节　婚姻的消灭

一、婚姻关系消灭的原因

婚姻因具备成立要件而成立，自因其要件的欠缺而消灭。罗马法关于婚姻消灭的原因有四，下面分别加以说明：

（一）配偶死亡

婚姻是一夫一妻谋共同生活的结合，夫妻一方自然死亡，共同生活的目的就无从达到，婚姻关系当然消灭。罗马法上没有死亡宣告的制度，但是有失踪的规定。优帝一世时规定，失踪满5年的，可以构成离婚的原因。优帝以前的情况，史书记载不详，且互有出入。一人长期生死不明，是否构成婚姻关系消灭的原因，优帝《学说汇编》有否定的记载，但据近代莱维（Ernst Levy）考证，在王政时代和共和国时期，夫妻失散无音讯时，即可以离婚。

（二）配偶的一方丧失婚姻权

正式婚姻以当事人享有婚姻权为要件。所以，当事人一方人格大变更或中变更，沦为奴隶或成为外国人致自由身份或市民身份丧失的，也当然丧失婚姻权，正式婚姻关系就随之消灭。如果是因被敌国俘虏而丧失婚姻权，在重回罗马后其婚姻关系是否因"复境权"而恢复？这应根据"复境权"只适用于权利而不适用于事实的原则来解决。在"有夫权婚姻"制度下，婚姻关系可因夫权的恢复而恢复。在"无夫权婚姻"制度下，则以同居的事实为前提，一方或双方被俘后，除非夫妻一起被俘，其共同生活关系没有中断，否则即使以后取得复境权，也不当然恢复婚姻关系。优帝一世时，配偶被俘，对方非经五年不得再婚。配偶成为外国人，正式婚姻因而解除，但双方自愿，可根据万民法维持婚姻关系。公元212年，帝国居民一般均享有市民权，这一问题便失去重要性。

至于人格小变更，在"有夫权婚姻"，其夫权即行消灭，婚姻关系依法也就解除。但实际上不论收养或解放，家长会作适当的安排（惩罚性的解放除外），一般可因时效婚的完成而解决。在"无夫权婚姻"，则不论收养、认领或解放，除下述的婚姻障碍外，并不发生影响。

（三）婚后发生法定婚姻障碍

夫妻结婚时并无法定的障碍，但婚后可能发生。例如，岳父收女婿为养子，女婿便与岳父和妻子发生了宗亲关系，这样，原来是夫妻的，在被收养后便成为兄妹，因而成为婚姻的障碍，依法须解除婚姻关系。在这种情况，只有岳父先解放自己的女儿，使父女脱离宗亲关系，其女婿和女儿才不致发生婚姻的障碍。又如，优帝一世以前，从事贱业者不能与元老院阶层的人结婚，因而在当时若有女演员的丈夫荣任元老院议员，也会产生婚姻的障碍。

（四）离婚（divortium）

罗马法上的离婚，因夫权的有无而不同。

1．“有夫权婚姻”的离婚

“有夫权婚姻”建立在权力支配之上，故享有夫权的丈夫或他的家长可以片面地休妻和媳。《十二表法》第4表第4条规定：“夫得向妻索回钥匙，令其随带自身物件，把她逐出。”但是，习惯上只有在她们不能生育或者有重大过失时，夫家才能这样做。最初是夫可以休妻，妻不能离夫。盖尤斯说，在法律昌明时期，妻子也可强使丈夫“再卖”（remancipatio）自己，以达到片面离婚的目的。公元2世纪，安托尼努斯·披乌斯帝颁发敕令，禁止家长片面休妻，夫权下妻子的地位得到了改善。

“有夫权婚姻”的离婚，一般必须用和结婚相反的方式。在共食婚，则用拒食（diffarreatio）的仪式。离婚时，仍由夫妻在大祭司、神官和十证人前，用麦饼祭天神，但拒绝共食麦饼，并作离婚的声明，使妻子脱离丈夫家的宗祀。在时效婚与买卖婚，则用再卖和解放的程序，由丈夫以妻子的所有人的资格，将其所有权转移给第三者，再由第三者予以解放，从而达到离婚的目的。因为由时效婚而产生的夫权，不能因不使用而丧失，如同所有权不因不使用而消灭一样[①]。“无夫权婚姻”在罗马取得合法地位后，“有夫权婚姻”的夫妻，也可先用消灭夫权的办法，然后再由双方协议或由一方提出离婚，而完成离婚的手续。

2. “无夫权婚姻”的离婚

“无夫权婚姻”是以双方合意为基础，自可因合意的欠缺而解除。但对解放自由人与恩主的婚姻，解放自由人则没有要求离婚的权利。因此，双方仅可协议离婚，或因解放自由人的忘恩负义行为而解除。自“无夫权婚姻”取代“有夫权婚姻”后，为了保证结婚和离婚的自由，一切限制离婚自由的约定一律不发生法律效力。当事人既不得预先抛弃离婚的权利，也不得对离婚订立罚金附约。“无夫权婚姻”有两种不同的离婚方式：

（1）协议离婚（divortium communi consensu）。这是双方意思表示一致的离婚，不需举行任何仪式，甚至可以默示离婚，如返还嫁奁等，法律对此也不加限制。这种离婚只需双方停止共同生活，女子离开丈夫的住所即可。如果只停止共同生活而没有离婚的意思，则婚姻并不解除。

优帝一世时受基督教的影响，曾于公元543年以第117号新敕对离婚自由加以限制，规定除一方入寺院修道或誓愿守节，或不能性生活并已结婚满3年的不得离婚。违者终身幽禁寺院，其财产除酌给收归他或她所在的寺院外，都归子女所有，无子女的归双方直系血亲亲属。这是罗马历史上第一次限制离婚自由，因不符合罗马社会

① 《十二表法》规定：“妻不愿依一年占有时效而缔结有夫权婚姻的，则应每年连续外宿三夜以中断时效的完成。”据此，妻在时效未完成前离婚，可不用再卖的方式。

的传统习惯，受到舆论的非议，所以在优帝死后，其继任优斯体努斯二世（Justinus Ⅱ，公元565—578）接位后即以第140号新敕废除之，于是离婚自由又行恢复。

（2）片面离婚（repudium）。这是依配偶一方的意思而离婚。最初在“有夫权婚姻”，古代法只许丈夫片面休妻，已如前述。在“无夫权婚姻”，夫妻虽各有提出离婚的权利，但最初任意离婚被视为不道德的行为，因此并不常见。共和国末叶，世风日衰，男女成婚往往朝秦暮楚，离婚之风日盛，又仅凭一方的意见，使婚姻关系处于不明确不稳定之状态，造成严重的社会问题。奥古斯都执政后，制定《优利亚法》以整顿之。该法规定，片面离婚必须由提出离婚的一方于七个证人前声明，否则无效。习惯上并作成离婚书（libellus repudii），通知对方，确定离婚的日期，用以计算丈夫控告妻子通奸的期限，妻子应守的禁婚期，以及决定子女的身份及各种限制独身的规定是否适用，等等。此项手续，称为片面离婚。在安托尼努斯·披乌斯帝时，家长对已婚的他权女子仍得随时令其离婚，后即加以限制。帝政后期，受基督教的影响，严格限制离婚。君士坦丁一世首先规定了离婚要有正当理由。他在公元331年对丈夫和妻子分别规定了三项离婚理由。丈夫可以要求离婚的理由是：第一，妻子和人通奸；第二，妻子谋杀丈夫；第三，妻子堕胎。妻子可以要求离婚的理由是：第一，丈夫犯谋杀罪；第二，丈夫谋杀妻子；第三，丈夫毁坏坟墓等。丈夫无正当原因离婚，要立即返还嫁奁，再婚时后妻的嫁奁全部归前妻所有。妻子无正当原因离婚，除不能收回嫁奁外，还要受流刑的制裁。公元421年，西罗马的霍诺里乌斯帝和东罗马的特奥多西乌斯二世共同颁布的敕令，以及后者和西罗马的瓦伦体尼亚努斯三世（Valentinianus Ⅲ，公元425—455年在位）于公元449年颁布的敕令，对离婚的原因和制裁又有更改。如离婚的原因，对丈夫增加了妻子犯叛逆罪或知他人犯叛逆罪而不告知其夫的，或犯杀人罪及其他重罪的，瞒着丈夫或违背丈夫的意愿与非亲属的男子在外吃吃喝喝的，无正当理由在外夜宿的，经常出入戏院、歌舞场经夫禁止而不改的等。至于妻子提出离婚的理由，则增加了丈夫犯叛逆罪或知他人犯叛逆罪而不向官厅告发的，犯杀人或其他重罪的，经常并公然与娼妓来往或带着不正当的妇女来家的，经常殴打、虐待妻子的等。在制裁方面，按公元 449 年东西两帝的敕令规定，丈夫没有正当理由而离其妻的，应返还嫁奁并交出婚娶赠予；反之，妻子没有正当理由离婚的，嫁奁由丈夫没收，丈夫免予履行婚娶赠予的义务，妻子在 5 年内不得再婚。

优帝一世接位后基本上仍援用旧制，嗣以第 117 号新敕重新规定，一方面废除协议离婚，一方面将片面离婚分为三类：

第一，友好离婚（divortium bona gratia），指由一方提出，但双方均无过失的离婚。如一方入院修道或誓愿终身守节，或不能人道且已经结婚满 3 年的，或有重大不治之病或失踪满 5 年等。由于离婚有正当原因，因而对当事人不加制裁；

第二，有正当原因的片面离婚（repudium ex justa causa），指因对方有过失而提出的离婚。如对方叛国、谋杀、妻通奸或夫在家中通奸①或犯有其他重大罪行等，则有过失的一方应受法律的制裁；

第三，无正当原因的片面离婚（repudium sime ulla causa），指不属于前两种原因的离婚。在这种情况下，有过失的一方仍按旧制处理。

① 罗马社会，明显地歧视妇女。妻在任何情况下与第三人有性关系，即构成通奸；而丈夫只要不是将妇女带到家里奸淫，就不算通奸。公元 449 年有法律明定之。法国在大革命后于 1804 年颁行的民法典第 230 条，就承袭了这一不公正的法律制度，直到 1975 年始予修正。

如过失在夫，他则丧失对嫁奁的权利，婚娶赠予归妻；如过失在妻，夫得扣留嫁奁的全部，妻子于5年内不得再婚，但离婚可发生效力。

二、婚姻解除的效力

婚姻解除，导致夫妻间的权利义务关系消灭，但在双方财产以及子女的身份和抚养方面仍发生某些效力。关于夫妻财产关系的效力，已如前述，现仅就子女方面说明如下。

（一）关于子女身份方面的效力

婚姻解除时已出生的子女，其身份已经确定，解除对其不发生影响。对解除时已受胎但尚未出生的子女，为避免血统的混乱和伪造，有利于身份的确定，古代法规定妇女在丈夫死亡后要经过10个月的守孝期才能再婚，后改为一年的禁婚期，也适用于离婚。如果女子等违反守孝期、禁婚期的规定而再婚的，其婚姻虽非无效，但主婚人须受“丧廉耻”的制裁。为了防止妇女制造假孕生子，继承原丈夫家的财产，哈德里亚努斯帝时元老院作出决议，规定离婚女子有孕的，须在离婚后30天之内通知原夫，让他进行检查，以防假冒。后来，大法官将这一规定类推适用于丈夫死亡的情形，但寡妇没有主动告知有孕的义务，丈夫的继承人则有权对她进行检查。以后马尔库斯·奥勒利乌斯帝时，为避免妻子因不满离婚而堕胎杀婴以泄私愤，更进一步规定，丈夫或其继承人有权监视怀孕女子分娩，以对其后裔或血亲进行保护。

（二）关于子女抚养、监护方面的效力

婚姻解除后，无论是“有夫权婚姻”还是“无夫权婚姻”，子女都处在丈夫或夫的家长的家长权之下，由男方抚养教育。如果离婚是由丈夫的过失所致，则子女由丈夫管教，显然不符合妻的利益。所以，从地奥克莱体亚努斯帝开始，规定夫妻离婚后，由法官酌定子女是归父或归母抚养。优帝一世第117号新敕更明确地规定，因丈夫的过失而离婚的，如妻子不再嫁，则子女由妻子抚养而由丈夫负担所需的费用；如因妻子的过失而离婚的，则子女归丈夫抚养，夫贫妻富的，妻子应承担抚养费用。

第七节　姘合

一、姘合概述

姘合（concubinatus），又译姘度，在罗马法上是指没有配偶的男女以永续共同生活为目的的结合。由于市民法对正式婚姻设有种种限制，使有些有真正爱情的男女因受条件限制而不能成婚，他们不得不采取事实结合的方式。于是在正式婚姻之外又形成了姘合制度。所以姘合不是随意的偶合（stuprum）或一般的姘居，它应具备万民法规定的结婚条件，遵守一男一女相结合的原则。在共和国时期，姘合只是事实关系，它在法律上的效力是后来逐步取得和提高的。帝政后期，始承认姘合关系是“次等婚姻”（inaequale conjugium）。

二、姘合制度产生的原因

在“无夫权婚姻”，男女可自由结合，男子并不对女子取得夫权。为什么还会出现姘合制度呢？这里有以下几点原因：

（1）依市民法规定，缔结合法婚姻要有婚姻权。共和国末年，外国人大量来到罗马，许多罗马人与外国人结婚，但外国人一般没有婚姻权，不能成立合法婚姻，因而只能姘合。

（2）在罗马奴隶制社会，一直有限制不同社会地位的人结婚的规定。如最初限制贵族与平民结婚；后来又规定生来自由人与解放自由人不能结婚；以后又限制元老院议员及其子孙与从事贱业者结婚，等等。被限制通婚的双方即使永久同居，也不能成为合法婚姻。

（3）在古罗马，女子结婚要有嫁资，帝政后期，又盛行男子娶妻要有婚娶赠予。经济拮据无能力结婚的，就常采取姘合的办法。

（4）帝政后期，地方议会议员苦于沉重的征税任务，为了避免子孙再世袭地方议员，便逃避正式婚姻而行姘合生活。

三、姘合的法律效力

（一）对于姘合当事人间的效力

帝政以前，姘合没有任何法律效力。自《优利亚通奸法》开始，姘合获得了一定的法律效果。该法严惩妇女偶合和通奸行为，但不制裁具有永久性的姘合。在大法官法上，承认姘合所产生的父母子女间的血亲关系，这种关系可构成婚姻障碍。帝政后期，姘合作为次等婚姻，开始由万民法调整，从而必须符合万民法规定的婚姻条件，须一夫一妻，因此，有配偶的不得姘合，已姘合的不得与他人再婚或再姘，并受近亲不得姘合的限制。与“无夫权婚姻”一样，姘合双方可以随时离异，但解放自由人与恩主之间的姘合除外。

由于姘合不是正式婚姻，女方不能取得男方的社会地位和荣誉称号；最初只有解放自由人要负贞操义务，对其他姘合者则不作此要求。帝政后期，受基督教影响，姘合双方应互负贞操义务。优帝一世新敕第89号还规定，男方对女方有一定的遗赠权，但有婚生子女的，其对女方的遗赠不得超过遗产总额的1/24。

（二）对于母亲与子女的效力

母亲与因姘合所生的子女发生血亲关系。子女从母姓，对母亲负有尊敬与服从的义务，母亲子女间互有抚养义务。依大法官法，继承以血亲为基础，因而母亲与子女也互有继承权。但由于父母是姘合关系，子女不属法定继承人。哈德里亚努斯帝和马尔库斯·奥勒利乌斯帝时，提高了这种继承权的规格，当时元老院相继规定，母亲对子女、子女对母亲有优先继承权，从而使这种继承权与直系尊卑血亲之间的继承权相同。

（三）对于父亲与子女的效力

父亲与因姘合所生的子女间虽然发生血亲关系，但这种关系仅产生婚姻障碍方面的效力，子女不在生父的家长权之下，不能继承父亲的身份和财产。但子女对生父也有尊敬的义务，未经法官允许不得对生父起诉。

由于姘合所生子女不是法律上的子女，所以生父要避免独身法的制裁，一般须通过收养使之成为养子女，这样，子女与其生父间也可发生继承关系。优帝一世时，规定生父和子女间有互相抚养的义务，并享有限制的继承权，其第89号新敕并规定子女在生父有婚生子女时，他们所得的继承额和遗赠合起来不得超过其生父遗产总额的1/12。子女对生父也有请求确认其子女身份的权利。

第五章　家主权和恩主权

奴隶制是人类历史上最野蛮的剥削制度。同时，奴隶社会又是人类社会发展所不可逾越的一个阶段。它使人类从原始蒙昧阶段跨入了文明的门槛，曾为人类文明的发展奠定了基础。罗马曾经有过发达的、典型的奴隶制度，奴隶主与奴隶之间的关系也就成为罗马法的重要内容之一。有关的法律制度，为我们加深了解奴隶制及民事主体、客体法律制度的历史沿革，提供了一本生动的教科书。

第一节　家主权(dominia potestas)

家主权是奴隶主对奴隶的支配权。这种支配权的客体就是奴隶的人身及其劳动创造活动。下面我们从奴隶及其法律地位的角度，来说明奴隶主的家主权。

一、奴隶的来源

奴隶(servus)[①]早在罗马建国前就已出现，以后随着罗马的侵

① servus 一词，来源于 servo，意为保存，即未被杀掉而保留下来的俘虏。

略扩张,大量的战俘沦为罗马的奴隶,使得罗马的奴隶制度盛极一时。从奴隶制产生之初到公元 6 世纪优帝一世时,其间随着奴隶的斗争和社会的进步,奴隶的地位虽有所变化,但是,奴隶在法律上不是权利主体而是权利客体这一原则,则一直没有改变过。

奴隶的来源,可分为两大类,即出生和出生后因某种原因成为奴隶的,兹分别说明如次:

（一）出生

这是奴隶的自然增殖。罗马法明确规定,奴隶的身份,以他出生时生母的身份为标准,凡出生时生母为奴隶的,其子女就是奴隶。因此,第一,婴儿未出生前仍为母体的一部,并无独立的存在,自不发生身份问题;第二,生母怀孕中是奴隶还是自由人,可以不问。哈德里安努斯帝为了维护儿童的利益,规定胎儿自受孕至出生期间,若生母一度为自由人的,所生的子女就可以取得自由人身份;第三,生父的身份如何,则可不问,因为奴隶无婚姻权,女奴隶在法律上并无确定的"丈夫",故子女易知其母而难知其父。依此原则,"父"为奴隶而母为自由人的,所生的子女为自由人。

（二）出生后变为奴隶的

一人出生时原为自由人,后因某种原因沦为奴隶。这种原因有由万民法规定的,有由市民法规定的。前者不论市民与非市民均适用,后者仅适用于市民,兹分述如下:

1. 万民法规定的原因——俘虏

战争中捕获的俘虏没有杀掉而保留下来的,属于国家所有。罗马的奴隶贩子随军出征,收购军队的战俘,运到罗马出售,转卖给私人作为奴隶,这是罗马奴隶的最主要来源。外国人在罗马的,如他的国家与罗马宣战,即成为敌人,罗马人可把他们抓起来,作为自己的奴隶。

2. 市民法规定的原因

这种原因因时代的变迁而不同，下面分古代法、帝政时期和优帝一世时期三个时期叙述。

（1）古代法时期的原因。当《十二表法》制定的时候，奴隶的来源计有下列几种：

① 逃避兵役或户口登记，被官厅出卖为奴隶的；

② 无力偿债的债务人被债权人出卖到外国为奴隶的；

③ 现行盗窃，当场被捕，经长官裁定交给被害人出卖到外国为奴隶的；

④ 家属被家长出卖到外国为奴隶的；

⑤ 市民妨碍邦交，被国家引渡给被害国家处理的。

按罗马人的自尊观念，认为只有外国人才做奴隶，因此在罗马享有自由权的市民，不致在本国沦为奴隶。所以，使市民沦为奴隶，必须把他们卖到梯伯河以外非拉丁地区的外国。当时拉丁联盟并不被视为外国。关于现行盗窃，是否可直接将行为人罚为被害人的奴隶，或者仍需卖到外国，罗马的法学家对此曾有争议。近代学者则认为，直接罚为奴隶的情况应发生在共和国末年，其时罗马国土已大大扩张，旧时梯伯河以外的限制已失去意义，而真正出卖到国外又不切实际，故其时已不分国内国外了。

（2）帝政时期的原因。共和国时期沦为奴隶的原因，因情况变化有的已自行废止，有的已明令取消，故此时期市民法规定的原因为：

① 因犯罪被判处死刑或被罚与猛兽格斗、或被罚终身在矿山做苦役的，都被剥夺自由权，称为“刑事奴隶”（servi paenae）；

② 成年人为分享卖身价金，与他人通谋伪装非自由人而出卖其身，事后提起自由身份之诉。如买受人并不知情而行骗人又不返还价金，该成年人即被罚为买受人的奴隶；

③ 克洛地乌斯帝时，元老院于公元52年通过决议，规定自由妇女与奴隶私通，经奴隶的主人三次制止而不改的，该奴隶的主人即可把她收为奴隶。如该妇女为他权人或解放自由人，则应经家长或恩主的同意；

④ 解放自由人对恩主有重大忘恩负义行为，经恩主撤销解放使之再变为奴隶的。后为避免恩主的任意撤销，大法官法规定，撤销须经判决；

⑤ 因罪被剥夺市民权的"降服人"，如违反"不得住留在罗马城周围百里以内"的禁令，即被罚做奴隶。

（3）优帝一世时期的原因。其时帝政时期市民法规定的沦为奴隶的原因多已废弃，仅余成年人与人串通自卖其身，以及解放自由人对恩主有重大忘恩行为这两项原因。当然，出生和俘虏仍为罗马奴隶的主要来源。

二、奴隶的法律地位

在奴隶社会，奴隶被视同牛马，不是权利义务的主体。但是，奴隶毕竟是自然人，会说话，有思维，能工作，有的甚至有较高的文化和专业技术，因而在习惯和法律上受到不同于牛马的对待。如《十二表法》中对牲畜致他人损害和奴隶致他人损害就是分别规定的，后者是和家属的侵权行为规定在同一条文里，而不是与牲畜规定在一起；又如，打断自由人一根骨头的罚300阿司，打断奴隶一根骨头的，罚 150 阿司，而对打断牛马骨头的则未作特别规定；罗马法的编制是采人法、物法和诉讼法的三分法，有关奴隶的规定是在人法而不在物法中；奴隶可以为主人办事、经商，可以有特有产，可以被立为继承人，公家的奴隶还可以立遗嘱；奴隶有权提起自由身份之诉，乃至被解放为自由人；奴隶可以在每年举行一次祭天神的大庆时和自由人一起共同欢乐，可以参加宗教团体，死后其尸体和坟墓同自由人一样，受到法律保护。以上这些，都说明奴隶和牛马有一些区别。帝政以后，法律禁止主人虐待和杀戮奴隶，有的奴隶如医师、教师等，在罗马还受到比较好的待遇。但就整个奴隶阶级来说，他们受到压迫和剥削，在法律上没有自由权，更谈不到市民权和家族权。不过在历史的长河中，他们的境遇在不同的时期也有所不同。

在罗马王政时代及共和国初期，奴隶的数量很少，并且多与罗马人同种族、同语言、同宗教、同习俗，是罗马人的邻邦，一般从事家务劳动。这时，奴隶是家庭成员，与主人共同生活，参加主人的家祀，并受其保护。

共和国末期及帝政初期，罗马在对外扩张中掠夺了大量奴隶。这些奴隶的人种、语言、文化、宗教的背景复杂，大多被做苦役，遭到虐待、杀戮。而奴隶主的财富日益剧增，他们不再和奴隶共同劳动、共同食宿。这时，罗马的奴隶制度发展到鼎盛时期。

由于奴隶进行反抗，奴隶起义不断发生，奴隶主阶级出于维护自己的统治和经济发展的需要，以及受了自然法学和基督教的影响，逐渐通过法律限制虐待奴隶。例如，公元 19 年，体贝里乌斯帝制定《优利亚·泊特罗尼亚法》(*Lex Junia Petronia*)，规定除非作为惩罚并经长官批准，禁止将奴隶与猛兽格斗；克洛地乌斯帝规定，主人抛弃老病奴隶的，该奴隶即获得自由，并禁止任意杀害奴隶，否则按杀人罪论；哈德里亚努斯帝时规定，女主人虐待女奴的，处流刑5年，元老院并决议关于奴隶所犯的重罪，一律由官厅处罚；安托尼努斯·披乌斯帝规定，凡奴隶不堪主人虐待的，官厅得强迫主人出卖之，并重申无故杀戮奴隶的，按杀人罪处理。这些保护奴隶的规定，有如现代各国保护动物的措施一样，并非承认奴隶享有人格。下面从人身、财产、私犯和宗教四个方面加以具体说明。

（一）关于人身方面

首先，奴隶没有自己的人格。他们没有姓名，只称某某的奴隶或某某的奴隶某某等，以示为某某所有。他们不得穿戴自由人的衣帽。最主要的是，他们没有人身自由，一切活动须受主人支配。最初主人对奴隶有生杀之权，后来才受到限制。其次，奴隶没有婚姻权。男女奴隶结合，繁殖后代，只是单纯的事实，法律不承认他们的亲属关系。但是，这种同居关系为习惯所承认，主人出卖他们时不得把他们分开转让。法律上并且承认他们被解放后与其子女间的血亲关系，因而构成婚姻的障碍和发生继承关系。其他有关给养、保护，不是他们相互之间的问题，而只是奴隶主的事。只有一些从事脑力劳动的奴隶，如教师、医生、建筑师等，他们的境遇较好，得到一定的照顾，往往做一段时间的奴隶后即可获得解放。

（二）关于财产方面

奴隶不是法律上的权利主体，没有财产权，因而奴隶所得到的财物和债权都归主人所有，像动植物等的孳息、产物及其他附属物都属原物所有人一样。依照市民法："奴隶和家属都只能为家主家长增加利益，而不能使他们承担损失。"所以，奴隶与第三者订立的契约，纵事前经主人同意，主人对其债务亦不需负责。这种规定，不利于经济的进一步发展，也不利于奴隶主充分利用奴隶，以扩大其营业范围。为此，大法官法规定，如果奴隶受主人之命与第三人订立契约（包括经事后追认的契约），或者航海经商，或者经营某项业务，则主人对奴隶所订立的契约和在业务范围以内所为之一切法律行为应承担责任。帝政以后，奴隶因立功或从事手工业、商业而有成就的，主人常赏赐财物作为奴隶的“特有产”，归其自行处理。但是在法律上，特有产的所有权仍然属于主人，主人可以随时收回，主人的债权人也可以用它来抵债；主人出卖奴隶时，也可以保留“特有产”。以后大法官法允许主人利用“特有产”的方式限制其在营业上所承担的风险，即主人划出一定的财产交由奴隶经营管理，而声明自负有限责任，这样特有产在法律上仍是主人财产的一部，事实上则与主人的其他财产分离而独立；主人也往往与奴隶约定，如其赢利超过一定数额，即予以解放，以调动其主动性和积极性。在一般情况下，如果主人对奴隶享有债权，这种债权原则上为优先债权，只有在主人允许奴隶以特有产从事营业时，主人才与其他债权人一样，按比例在特有产范围内受偿。

（三）关于诉讼方面

奴隶不得为诉讼行为，既不得为原告，亦不得为被告。如奴隶遭人伤害，他不能起诉，应由其主人以财物被侵害而起诉。相反，奴隶致人损害时，亦应由主人应诉，或由他负赔偿之责，或将奴隶交给受害人处理。帝政以后，奴隶在受到主人的残酷虐待或重大不法行为时，得直接向长官申告，由长官以非常程序审理。有关奴隶自由身份之诉[①]，最初应由另一市民或拉丁人为"自由辩护人"(adsertor libertatis)[②]，由"十人法院"(decemviri stlitibus judicandis)审理。在诉讼进行中，奴隶可享有暂时的自由，败诉后还可申请再议。公元3世纪初，此诉改由"自由身份大法官"(praetor de liberalibus causis)以非常程序审理。优帝一世取消自由辩护人的制度，允许主张自己是自由人的奴隶可直接起诉，不必另请辩护人。

(四) 关于宗教方面

依照宗教和习惯，与罗马人信仰相同宗教的奴隶，可以随主人参加家祀和宗教活动，在祭天神大典时，可和市民一样参与盛会，也可以参加宗教团体。罗马人信仰亡灵，认为不尊重亡灵便会遭致灾祸，因此，奴隶的墓葬与自由人的一样受法律保护。

在罗马，奴隶分属于公家和私人两种，前者称公奴(servus publicus)，后者称私奴(servus privatus)。公奴在皇室、官厅和寺院等服役，他们各有一定的职务，比较受优待，有补贴，常获赏赐，被解放的机会也较多，并可就其特有产的半数订立遗嘱。私奴如有文化和专长，在奴隶主家中担任教师、医师或其他技术工作，以及做乳母的女奴隶，也受到较好的待遇，但绝大多数奴隶则在大庄园里从事集体农业劳动，受着非人的待遇。另外还有一种"无主奴

① 自由身份之诉包括奴隶主张自己为自由人之诉(vindicatio in libertatem)与自由人被他人主张为奴隶之诉(vindicatio in servitutem)两种。该二诉用宣誓程序进行，主张自由身份的奴隶因身份有问题而败诉，可申请再议，一般可继续三次，但诉讼已延续5年或其人死亡已逾5年的，不得再行起诉。

② 自由辩护人的制度对奴隶或被主张为奴隶者极为不利，因为要找一个愿冒败诉风险而牺牲自己利益的辩护人并不很容易，再者也可能由于辩护人不够了解情况，不善辩护而不能胜诉，故法律作为例外，允许身份有疑问者在诉讼终了前享有暂时的自由，以便其本人参加诉讼。

隶"(scrvus sine domino),这是被主人抛弃或者因罪被剥夺自由权的奴隶。在古代法上,奴隶并不因被主人抛弃而获得自由,他们和无主物一样,为先占者所有。无主奴隶因不能借用主人的人格,所以在法律上不能拥有任何财物,不能为任何人获得利益,不能被解放,不能被立为继承人等。其境遇较之私奴更糟,帝政以后才有所改善。

第二节　恩主权(jura patronatus,patronatus)

恩主权原指保护人(patron)对被保护人(clientes)所享有的权利,后主要指奴隶主对其解放的奴隶所享有的一切权利的总称。解放奴隶的主人称恩主(patron,patrona),被解放的奴隶称解放自由人(affranchi,libertus)。奴隶经过解放即成为自由人,下面我们对奴隶的解放,解放自由人的法律地位和解放自由人与恩主的关系等加以叙述。

一、解放奴隶

罗马法上解放奴隶的方式有主人解放和法定解放两种。在优帝一世时,所有被解放的奴隶,一律享有市民资格。

(一)主人解放

主人解放,是指根据主人的意思解放奴隶。解放奴隶的主人称解放人(manumissor)。在形式上,有依照法律规定的形式进行的要式解放,以及不拘任何形式的略式解放两种。

1. 要式解放(manumissi solemnes)

要式解放又称合法解放(manumissio legitimae)。解放奴隶原属公法的范围,因为它不仅使奴隶获得自由,而且使他们取得市民资格,事关重大,因之必须有长官参加或者贵族大会的批准。罗马最初并没有解放奴隶的方法,由于其时奴隶的数量较少,又与主人共同生活,在当时的经济条件下,还没有发生解放奴隶的需要。共和国以后,才逐渐出现了解放奴隶的现象,但只是利用现成的形式,并没有创造专用于解放奴隶的特定方式。从共和国时期到帝政前期,在罗马通行的解放奴隶的有效形式有三种:

(1) 执杖解放(manumissio vindicta)。这是借用拟诉弃权(cessio in jure)的方式,由主人和他的朋友假装诉讼,解放奴隶。由于奴隶没有独立的诉讼能力,所以主人请一个朋友担任自由辩护人,他们带着奴隶来到长官前,由自由辩护人作为原告,主人作为被告,双方各拿一根棍棒触奴隶之身作争斗状,由原告声称这个人是自由人,主人则作肯定回答或不作抗辩,予以默认。长官在双方对事实并无争议的情况下,即宣布此奴隶为自由人,使该奴隶成为解放自由人。此种虚拟的形式,后来趋于简略,凡要解放奴隶的,只要亲自带着奴隶到长官处,由长官的侍卫(lictor)充任原告,即可办妥手续。此时,执杖解放已成非讼事件。即使在有了大法官后,其他长官也可受理,且不限于在诉讼日进行。帝政后期,手续更简,仅需主人去官厅为解放的宣告,经登记在案即可。

(2) 登记解放(manumissio censu)。罗马于王政末期建立了户口登记制度,作为纳税和征兵的根据。进行户口调查时,只要主人把要解放的奴隶登记为自由人,该奴隶就可取得自由人和市民的身份。此种方式较执杖解放简便,所以在登记户口时期,解放奴隶就不需采拟诉弃权的方法。但由于户口调查只在罗马本土进行，而且是五年一次，所以不能在外省和不进行户口调查时采用。女奴和幼奴也不适用登记解决的方式，因为女子和儿童均不单独列入登记名册。公元 74 年，罗马举行了最后一次户口调查，登记解放方式也就随之消失。

（3）遗嘱解放（manumissio testamento）。这是主人在遗嘱中表示解放奴隶的意思，使奴隶在其死后获得自由的行为。这样，主人既不致减少他生前的财富，也不影响对奴隶的用益，所以罗马人多乐于采用这种方式。最初的遗嘱，要经贵族大会通过，后来陆续出现了不需大会批准的遗嘱，帝政后期，即使以遗嘱补充书（codicilli）解放奴隶，亦生效力。主人在遗嘱中任命其奴隶为子女的监护人的，即推定遗嘱人有解放奴隶的意思；如以遗嘱任命他人的奴隶为子女的监护人的，则按“信托解放”办理。遗嘱解放有直接解放和间接解放。直接解放是遗嘱人在遗嘱中声明解放某奴隶，在遗嘱生效时，该奴隶就取得自由人身份。间接解放是遗嘱人在遗嘱中委托其继承人或受遗赠人解放某奴隶，也称“信托解放”，须在继承人或受遗赠人接受继承或遗赠并办理解放手续后，该奴隶才获得自由。在直接解放，恩主是遗嘱人，即被继承人。在间接解放，则恩主为继承人或受遗赠人。如遗嘱中声明要解放的奴隶为他人所有时，则受托人应向奴隶的主人购买而解放之。如主人拒绝出卖，信托解放并不当然无效，根据信托关系，受托人仍有义务于有机会时买回该奴隶解放之。

遗嘱解放与执杖解放、登记解放不同，因为拟诉弃权和户口登记在性质上是不允许附加条件的，遗嘱解放则不受此种限制。《十二表法》第 5 表第 11 条规定：“以遗嘱解放奴隶而以支付一定金额给继承人为条件的，则在付足金额后，该奴隶即取得自由；如该奴隶已被转让，则在付给受让人以该金额后亦即取得自由。”为了贯彻遗嘱人的意志，使奴隶早日获得自由，法律并允许奴隶得处理其自遗嘱人死亡后所获得的财物，继承人不得把它视为特有产的一部分而收回之，否则以条件完成论，奴隶即获得解放。帝政后期，在基督教徒中通行一种“寺院解放”（manumissio in ecclesia）的方式。这是由主人将奴隶带到教堂去，在神父和信徒面前宣布其解放的意志。君士坦都二世（Constantius Ⅱ，公元337—361年在位）并于公元361年正式确认其效力，被解放的奴隶可以取得市民的资格。至于教士解放奴隶，更可免除一切仪式，也不需要证人，仅需表示其解放的意思，即可生效。

2．略式解放（manumissio minus solemnes）

由于执杖解放须履行一定的仪式，登记解放受户口登记时间的限制，遗嘱解放又不能及时生效，极易引起纠纷，故从共和国末年开始，逐渐出现了略式解放奴隶的方法。但是，略式解放不为市民法所承认，因此，在市民法上他们依然是奴隶，奴隶主也可随时撤销其解放。大法官为了保护这些被解放奴隶的利益，制止奴隶主出尔反尔，就给被解放的奴隶以抗辩权。在奥古斯都执政以前，罗马通过了《优尼亚·诺尔巴那法》（*Lex Junia Norbana*），该法规定，凡略式解放的奴隶，取得殖民地拉丁人的身份，称优尼亚拉丁人（latini juniani），其法律地位次于一般市民解放自由人。到优帝一世时，才取消了这种差别。

略式解放分明示的和默示的解放两种。明示解放是奴隶主明白地表示要解放奴隶，如在友人面前宣布解放奴隶意思的“友前解放”（manumissio inter amicas）；或者设宴请客，当众声明某奴隶已为自由人的“设宴解放”(manumissio per mensam);或者发给奴隶以解放证书的“书面解放”(manumissio per epistolam),这些都有利于主人解放在异地的奴隶。帝政后期,口头解放须于5个证人前为之,若以书面解放,如非主人亲笔,则须有5人签名证明。默示解放则是根据主人对于奴隶的特定行为,推定他有解放该奴隶的意思。例如,在罗马人的阶级和门第观念很深的情况下,主人邀奴隶共席进餐,在信件中直接写某奴隶的名字而不加奴隶的称谓,在遗嘱中特许奴隶戴自由人的帽子参加其葬礼,令女奴与自由人结婚并给与嫁奁,在遗嘱中指定某奴隶为他的继承人,等等,根据主人以上之默示的意思,奴隶便可获得解放。

(二)法定解放

法定解放是指根据法律的规定解放奴隶,而不问奴隶主的意思如何。只要出现法律规定的解放原因,有关奴隶就可当然取得自由人的身份。法定解放的原因在各个历史时期曾有如下的规定:

(1)罗马人被敌人俘虏在国外沦为奴隶而后逃回罗马的,依法可享有“复境权”,从而恢复自由及市民身份。享受“复境权”要具备两个条件,一是当事人必须是作战被俘,而不是自动投降;二是逃回后不再回敌国。

(2)衰老残病的奴隶被主人遗弃的,依古代法即成为无主奴隶,任何人可像占有无主物一样地加以占有。帝政初期规定,被主人遗弃是构成奴隶解放的法定原因。

(3)买卖奴隶附有解放的期限或条件,而买主到期或者在条件成就时不履行诺言的。

(4)自由人自卖为奴而返还价金的。

（5）因受刑被罚为奴隶而经赦免的。

（6）发现杀害主人的凶手，使主人得以脱险的。

（7）告发士兵逃亡、伪造货币等而立功的。

（8）主人命女奴为娼以图利的。

（9）奴隶信奉基督教而主人为犹太人的。

（10）奴隶享有自由人身份已满 30 年的。

（11）在军队或寺院担任高级职务的。

（12）优帝一世并规定，奴隶经主人命令而受阉割的，可以取得自由权。

奴隶的解放，初时一般以酬偿其服务的勤劳，故解放时多为无偿，但也有由奴隶酌付相当的代价或约定解放后提供一定的劳务而获解放的。西塞罗时，奴隶一般积资 6 年即足以自赎。凡有上述原因之一的奴隶，毋须办理任何手续，即可获得解放。

二、对解放奴隶的限制

罗马法最初对解放奴隶并没有什么限制，但奴隶是奴隶主财产的一部分，对奴隶滥行解放，就会影响债权人和继承人的利益。到了共和国末年，罗马社会铺张、奢侈之风盛行，许多奴隶主不顾《十二表法》关于丧事从俭的规定和传统，在遗嘱中大量解放奴隶，使之参加自己死后的葬礼，并相互攀比，以示仁慈而图虚荣。也有的以解放为由对奴隶进行无理的勒索。这样，众多与罗马人的种族、文化、宗教等背景不同的奴隶取得市民权，使市民构成的比例形成解放自由人超过生来自由人的趋势。市民权本专属罗马市民，公元前 1 世纪 80 年代曾因限制意大利人取得市民权而引起种族战争，此时将市民权大量授予来自亚非文化落后地区的奴隶，这对罗马社会的稳定和安全显然会造成威胁。因此，为了维护奴隶主阶级的利益，奥古斯都掌权后，即制定法律，对解放奴隶加以限制。

（一）对解放奴隶的数目之限制

公元前2年，罗马颁布了《夫非亚·卡尼尼亚法》（*Lex Fufia Caninia*），限制遗嘱解放奴隶的数目。该法规定，奴隶主只有一名奴隶的，该奴隶可予以解放；有奴隶2—3名的，最多可解放2名；有4—10名的，最多解放1/2；有11—30名的，最多解放1/3；有31—100名的，得解放1/4；有101—500名的，得解放1/5[①]。但一个奴隶主解放奴隶的数目最多不得超过100人。

奴隶主于遗嘱中须逐一注明被解放奴隶的名字，以便识别，凡解放奴隶的数目超过法定限额，则按遗嘱上奴隶名字排列的顺序取舍，序次在前的获得解放，排列在限额以后的即作废。有的奴隶主为了逃避法律限制，在超额解放奴隶时，故意将奴隶的名字排列成圆圈，使得无法确定排名的先后，企图将名单上的奴隶全部解放。为此，大法官遂决定，在这种情况下，所有奴隶的解放一律无效。此项对解放奴隶的数目的限制，后被优帝一世所取消。

（二）有关年龄的限制

有关年龄的限制，是指对解放奴隶的奴隶主的年龄和被解放

① 按此规定，拥有奴隶较多的奴隶主依法可以解放奴隶的数目，并不一定比拥有较少奴隶的为多。例如，某人拥有奴隶10名，他最多可以解放5名，而拥有奴隶12名的人，反而最多只能解放4名。同样，拥有奴隶32名的或101名的奴隶主，他们最多可以解放奴隶的数目，反而较之拥有30名或100名奴隶的奴隶主得以解放奴隶的数目为少。

的奴隶的年龄进行限制。

依公元4年颁布的《艾利亚·森体亚法》(*Lex Aelia Sentia*),主人解放奴隶时必须年满20岁。其立法意图除限制增加解放自由人的数额外,也恐年幼主人经验不足,解放奴隶可能损害自己的利益,且其时习俗多将儿童交由奴隶照顾,这就更易增加奴隶促使幼主将其解放的压力。该法又规定,以间接的方法规避法律而达其目的的,如将拟解放的奴隶转让给20岁以上的人而附以解放的条件,其解放也应无效。但不分情节,一律严禁,又有失当,故该法规定,凡符合下面三项条件的,则可不受20岁年龄的限制:第一,有正当理由的,如被解放的奴隶是主人的老师、乳母或对主人有救命之恩,或主人解放自己的生父母、私生子、兄弟姐妹,或以婚姻为目的而解放女奴,等等。第二,经解放委员会(consilium manumissionis)批准的。该委员会在罗马由5名元老院议员和5名骑士组成,以大法官为委员长;在外省则由20名外事仲裁人(recuperatores)组成,由省长任主席,负责审查和批准。第三,必须用执杖解放的方式,否则被解放的奴隶只能取得拉丁解放自由人的资格。

上述关于20岁的限制,对生前解放,直到优帝一世接位时,仍维持未变。唯对遗嘱解放,盖尤斯曾提出,一个市民在满14岁时即享有遗嘱权,可以任意处置他身后的遗产,可将其奴隶移转于所立的继承人或遗赠给受遗赠人,但不得把他解放。对于这一矛盾,盖尤斯未加说明。优帝一世为了解决这个问题,采取折中办法,把介于14至20岁之间的从军和诉讼年龄17岁,作为遗嘱解放奴隶的最低年龄。由于该法并未能消除矛盾,优帝接着又以第119号新敕废除了17岁的限制。这样,市民一满14岁,便可以遗嘱解放奴隶了。因其时市民权已扩及帝国的一般居民,而奴隶解放的效力，又发生于遗嘱人死亡之后，不致影响其生前的利益，因此，限制解放奴隶的社会政治原因及保护幼主的原因已不复存在了。

《艾利亚·森体亚法》还规定，被解放奴隶的年龄须在30岁以上。因为来自殖民地的奴隶，一般知识较低，不满30岁的往往没有独立生活的能力。如果要解放不满30岁的奴隶，也要符合上述有正当理由、经解放委员会批准和用执杖解放方式等三项条件之一。

优帝一世时，对奴隶年龄的限制也已取消，而且，即使不按正式方式解放奴隶，被解放的奴隶也可以取得市民权。

（三）为保护债权人利益的限制

《艾利亚·森体亚法》规定，债务人意图损害债权人利益而解放奴隶的，其解放视为自始无效。对于本项的适用，罗马法学家的意见曾出现分歧。普罗库路斯派主张，其适用条件，第一须解放行为客观上造成了实际的损失（eventus damni），即须因奴隶的解放而使债务人陷于无力清偿或加剧无力清偿的程度，例如债务人的资产与负债本属平衡，因解放奴隶而致资产少于负债，即为侵害债权人的利益；第二须主观上债务人有侵害债权人利益的意图，但并不限于恶意为之，因为罗马的每一个善良家长应了解其家庭财产的状况，在资产等于或少于负债时，他们的一切处分行为，即推定是意图侵害债权人的利益。自称为属于萨比努斯派的盖尤斯，则力主以有客观条件为已足，主观条件并无实际意义，因而并非必要。由于原则上的差异，适用结果自亦不同。例如某甲经营航海事业，其商船不幸在海洋中遇飓风沉没，本人远在罗马，并不知悉，仍以善意解放其奴隶而不明其已陷于破产境地，这样，按盖尤斯的意见,此项解放应属无效;而依普罗库路斯派的主张,则应承认其有效。优帝一世时的法律从后者。

受本法保护的债权,仅限于成立在奴隶解放之前的,至于在解放之后成立的债权则不受保护。因唯有在解放之前成立的债权,对被解放的奴隶才享有担保权。至于解放人自己能否在事后反悔而主张撤销?依理当然不能,一则他不能出尔反尔,同时任何人不得因其违法行为而提起有利于己的诉讼。但罗马法对解放人的继承人则作例外的处理。按继承规则,继承人是继承被继承人的权利与义务,故被继承人不能撤销其对奴隶的解放时,继承人自亦无权为之。然而为了鼓励继承人接受继承,免死者家祀的中断,特允继承人可援用本法,在这种情况下,被继承人的债权债务亦将由其负责清理,也不致因此而有损债权人的利益。

解放自由人意图侵害恩主的继承利益而解放奴隶,亦适用本法,其解放因此无效。至于债务人在没有当然继承人时,以遗嘱解放奴隶,同时又立其为继承人的,其解放则属有效。因被解放的这个奴隶是必然继承人,他无权拒绝继承,这样使主人的家祀得以绵续,并免受破产和遗嘱无效的耻辱。该奴隶将承担主人应尽的义务,因而不致损害债权人和恩主的利益。但此仅以解放一个奴隶为限;如果立了几个奴隶为继承人,则以名次在前的有效;如于被立奴隶之外另有共同继承人或补充继承人,而他们又接受继承的,则例外规定便失其依据,其解放仍受本法的限制。为维护债权人利益所作的这项限制,在优帝一世时仍然具有效力,并被规定于他的法典中。

三、解放自由人的法律地位

解放自由人(libertinus 或 libertus),是指奴隶经主人解放而取得自由权的人。他们从恩主的姓氏,最初其身份遗传于后裔,但法律很早就确认其遗传仅限于一亲等,即祖父为解放自由人的,孙子女可取得生来自由人的身份,但不得加入元老院。此项限制至公元前 312 年被取消。至于解放自由人之子的地位,虽也逐渐有所提高,如公元前 189 年的《特任体亚法》(*Lex Terentia*)规定,监察官须按他们的财产登记于户口册,并且不得把他们和解放自由人一样强行编入四个市区之一,但在共和国时期,他们仍不能进入元老院和担任有荣誉的职务。解放自由人虽都享有自由身份,但由于其主人身份等的不同,他们的公私权利均要受到不同程度的限制,不能与生来自由人具有同样的地位。

优帝一世以前,因主人的国籍和解放方式的不同,解放自由人分为三等,即市民解放自由人、拉丁人解放自由人和外国人解放自由人。

(一) 市民解放自由人(libertinus civilis)

作为市民解放自由人有两项条件,一是其原来的主人是罗马市民,二是其获得解放的方式符合市民法规定的形式。市民解放自由人享有限制的市民权,在公权方面没有完全的选举权,只能参加地方选举,没有被选举权,不能担任高级官吏和元老院议员等荣誉职务。共和国末年前,且不能参军入伍。公元 24 年的《维塞利亚法》(*Lex Visellia*)对冒用生来自由人名义的解放自由人规定了处罚,并禁止他们担任地方官吏。在私权方面,市民解放自由人不能与生来自由人结婚，到公元前 18 年，《优利亚婚姻法》始取消这一限制，但他们仍不能与元老院议员及其子孙结婚。帝政以后，市民解放自由人中有钱有才者，得因皇帝授予"金戒指权"或颁布"出生恢复令"，而取得与生来自由人相仿或同等的权利。

（二）拉丁人解放自由人（libertinus latini）

除了由拉丁人解放的奴隶外，以后又把市民未完全按照市民法规定所解放的奴隶也归入这一类。如主人用略式方式解放奴隶的，或者主人、奴隶未达到解放所需要的年龄的，或者主人对奴隶仅有大法官法上的所有权而解放该奴隶的，等等。

拉丁人解放自由人的地位与殖民地拉丁人相同，他们在罗马没有公权，在私权方面，没有婚姻权，不能和市民正式结婚，也没有遗嘱权，生前所有的财产死后全归恩主。由于解放不合于市民法的规定而归于拉丁人解放自由人的，可以补行法定形式或经皇帝特许而升为市民解放自由人。在帝政时代，拉丁人解放自由人也可因特殊原因而取得市民资格，这些原因计有：

（1）被准许参军作战的；

（2）对国家有功的；

（3）经皇帝特许的。

（三）外国人解放自由人（libertinus peregrinus）

这是指由外国人解放的奴隶，因为外国人本身没有市民权，他们所解放的奴隶当然更没有市民权，也没有公权和私权。其解放所用的方式和所产生的效力，悉依解放者的本国法。《艾利亚·森体亚法》后又把曾经犯过重罪而后得到解放的奴隶归入这一类，他们的地位与降服外国人同，比外国人或拉丁人解放自由人更为低劣。他们不能在罗马城及其周围 100 里以内居住，违者没收其财产，永远罚为奴隶，不得再被解放；永远不能取得市民或拉丁人资格；也不能立遗嘱或者取得别人遗嘱的利益。

优帝一世时，废除了以上三类解放自由人在法律地位上的差别，奴隶一经解放，便可成为自由人，除受恩主权限制外，享受与生来自由人相同的权利。

四、解放自由人与恩主的关系

凡奴隶被解放，该解放自由人与其原来的主人之间仍然存在着一种权利义务关系，原奴隶主对解放自由人享有恩主权。最初，奴隶虽经解放，仍须服从原主，几乎和未解放前一样，恩主对解放自由人操生杀之权，但同时也负保护与抚养的责任。后来法律逐渐限制恩主对解放自由人的权利，并禁止恩主的过分苛求。

（一）恩主权的内容

（1）解放自由人对恩主有尊敬的义务，不得对恩主提起通奸、欺诈等有损其名誉的诉讼。对一般的诉讼，也须经长官许可，违者得处以一万银币以下的罚金。

（2）恩主陷于贫困时，解放自由人有供养恩主的义务；恩主作战被俘或因罪入狱时，解放自由人有支付赎金的义务；恩主嫁女，解放自由人也有设定嫁奁的义务。

（3）恩主对解放自由人的遗产有继承权。《十二表法》规定，解放自由人未立遗嘱而死亡时，如无当然继承人，其遗产归恩主所有。大法官法复扩大恩主的继承权，规定解放自由人如果没有婚生子女，或虽有婚生子女却立他人为继承人时，恩主有继承遗产之半数之权。

（4）恩主对未达适婚年龄的或女性的解放自由人享有法定监护权。

（5）解放自由人应履行被解放时允诺承担的义务，如节日送礼的义务，提供日常劳务的义务等。如果恩主解放女奴的条件是与之结婚，那么该女奴被解放后不得拒绝与恩主结婚。恩主为了使奴隶能切实履行这些义务，常于解放前命奴隶以“解放宣誓”（jusjurandum liberti）承诺所约定的义务，在奴隶经解放取得人格后，再用要式口约重申解放前的誓言，使原仅受宗教和道义制裁的义务获得法律上的保障。要是恩主要求过分的，大法官得酌减甚至免除之。

（6）恩主对解放自由人有惩戒权，但重大处罚应由长官决定。

（7）解放自由人对恩主有重大忘恩负义行为的，恩主有权撤销解放。最初，这种撤销不受限制，以后则要经大法官审查同意。同时，恩主在解放奴隶时，有义务给予其必要的生活资料，在解放自由人生活困难或进行诉讼时，他也有义务给予帮助。《十二表法》第 8 表第 23 条规定，恩主诈骗被保护人的，要受宗教上的严厉处罚。在古时，恩主权移转于恩主的男性当然继承人，无男性当然继承人时，移转于最近的族亲，无族亲时移转于宗亲，但不因遗嘱而移转于他人。解放自由人的子女在共和国末年时已享有生来自由人的资格，但恩主权并不完全消灭。解放自由人的子女对其父的恩主仍须负尊敬的义务，非经长官同意，不得向其起诉；若其死后无遗嘱，又无近亲的，则恩主有对其财产的继承权。

（二）恩主权的取得

取得恩主权有三种情况：

（1）解放。一般情况是主人生前解放奴隶而对其取得恩主权。恩主权属于奴隶的解放人，故主人生前解放奴隶的，恩主权即归该主人；如主人用遗嘱委托其继承人或受遗赠人解放的，则恩主权属于该解放奴隶的继承人或受遗赠人。

(2) 继承。恩主对解放自由人的权利移转于其男性当然继承人，已如前述。

(3) 判决。如果恩主有数名男性当然继承人，克洛地乌斯一世时，元老院决议，如遗嘱中未指定由谁继承恩主权时，即由法院指定之。主人如果是用遗嘱直接解放奴隶的，则在遗嘱生效时，主人已不存在，被解放的奴隶也就摆脱了恩主权。

(三) 恩主权的消灭

(1) 解放自由人死亡的，按共和国末年的规定，其身份已不移转于其子，但恩主关系并不完全消灭。解放自由人之子对其父的恩主仍须尊敬，非得长官的允许，不得对之起诉。

(2) 恩主或解放自由人的人格变更的，后者对前者的尊敬义务继续存在。按大法官法规定，恩主对解放自由人的继承权也不因人格变更而受影响。

(3) 恩主权被剥夺。恩主对解放自由人有重大不义行为的，如拒绝履行抚养义务，对解放自由人提起可以判处死刑的诉讼而败诉的，等等，则由长官剥夺其恩主权。

(4) 恩主放弃恩主权。奴隶因有功而获皇帝恩准其享有戴金戒指权的，即享有与生来自由人相同的权利，但如前述，他因被解放所负的义务，仍须经恩主同意，才能免除。

(5) 解放自由人义务的免除。帝政初，为了奖励增殖人口，凡女性解放自由人结婚并生有子女的、得恩主同意而结婚的、年满50岁或有高尚职业的，均可免除对恩主的劳役。

第六章　买主权(mancipium)

第一节　买主权的产生

买主权与家主权相似,唯后者乃对奴隶而言,前者则对他权人而言。买主权也是罗马私权之一种,它的产生原因如下:

一、劳动力买卖

罗马古时法律幼稚,还没有产生雇佣契约,缺乏劳动力的家庭的家长要补充劳动力,是通过向劳动力充裕的家庭的家长用"要式买卖"的方式购买其家属来解决的。这样,买主即对买进的家属取得买主权。共和国末年,新的劳务租赁契约出现,买卖劳动力的办法也就随之消灭了。

二、私犯之委付

家长须对家属的侵权行为(私犯)负责,如果家长一时无力赔偿损失,他就把该家属委付给受害人,用他的劳动来抵偿他所造成的损害。委付家属也是采用"要式买卖"的方式,被移转所有权的家属即处于买主权之下。优帝一世正式废除以家属抵偿私犯损失的办法。

三、以人为质

债务人借债，没有财产作抵押，而以家属为质，也是用“要式买卖”方式转移家属的所有权于债权人。此种以人身作抵押的办法很早就被禁止。

四、信托

这是指由信托方式而临时产生买主权，如他权人收养是用“要式买卖”方式先消灭生父的家长权，而后再产生收养人对养子的家长权，在消灭生父家长权的过程中，家属要暂时处于“买主权”之下；又如家长解放家属，也要用“要式买卖”方式先消灭家长权，在买卖的过程中使家属暂时处于买主的买主权之下。在时效婚和买卖婚的离婚，以及信托监护等过程中，情形也都类似。但在公元3世纪时，信托买卖已不再被使用。

第二节　处于买主权下的家属之法律地位

一、古代的情况

在政治上，买主权下的家属是自由人，有市民权，经买主解放后，仍为生来自由人，故与奴隶不同。奴隶无自由权和市民权，解放后则是解放自由人。

在民事上，买主权下的家属暂时处于半自由人的状态，罗马的法律文献中亦称为“准奴隶”（servi loco）。他们在买主的指挥下进行劳动，所得均归买主所有，买主对其有惩戒处罚权，也可将其解放或转让给第三者。买主解放处于买主权之下的家属，则二者之间也要产生类似恩主权的关系，买主享有监护和继承权。与奴隶不同的是，买主权下的家属处于半自由人的地位是暂时性的，而不是永久性的。在劳动期满，债已清偿或其劳动足以补偿私犯造成的损失时，买主应即予以解放。又在每5年一次的户口登记时，该家属也可请求监察官解除买主权关系，监察官视其劳动年限是否已满或其劳动能否补偿私犯的损失等酌情予以批准。

处于买主权下的家属原则上仍处于原家长的家长权下，不过因买主权的关系，家长权暂时停止行使而已。故买主权消灭后，家属仍须处于原家长权之下。因此，处在买主权下的男子所生的子女地位如何，应视他被出卖的次数而定。他第一、二次被出卖后受孕的子女应当处在祖父的家长权之下；第三次被出卖后受孕的子女，因他们的祖父对他们的父亲的家长权已经丧失，所以要在父亲被解放后处于父亲的家长权之下，如果子女出生时父亲已经死亡，则子女即为自权人。买主对被解放者虽有继承权，但依大法官法的规定，其继承顺序不独在被解放者的直系卑亲属之后，且在其直系尊亲属和兄弟姐妹之后。

二、帝政以后的情况

帝政以后，处于买主权下的家属的地位有所提高，主要是买主的惩戒权受到了限制，如果买主的处罚过当，允许被卖家属提起"人身侵害诉"（actio injuriarum）。哈德里亚努斯帝时，法律禁止买主将所买家属囚禁在私牢中。盖尤斯时，对虐待买入的家属的，大法官可以勒令买主解放。

买主权下的家属所进行的法律行为，视同家长权下的家属所进行的法律行为，买主应按具体情况承担责任。

第七章　准奴隶(quasi servus)

在罗马,除了典型的奴隶外,还存在一类人身自由受到极大限制的自由人,被称为“准奴隶”或半自由人。从罗马建国到优帝一世时止,前后共出现过下面几种准奴隶:

1. 债务奴隶(nexus)

《十二表法》第3表规定,“要式现金借贷”(nexum)的债务人逾期不能清偿债务的,债权人有权把他拘押于私牢,他便失去了行动自由,但在法律上仍是自由人。在拘押期间,债务人可以和债权人订立还债协定。公元前325年,罗马通过《波特利亚·帕披里亚法》,规定除私犯和经判决的外,债务人不再因契约而以人身对债权人负责。

2. 被裁定者(addictus)

这是指一般无力清偿的债务人和当场被抓获的现行盗窃者,事实明确,并无争执,由长官直接裁定将他们交给债权人或被窃人处理的,其地位和债务奴隶相同。

3. 被判决者(judicatus)

这是指债权人与债务人双方对问题有争议,经判决而债务人不履行给付,胜诉的债权人即可对他实行对人执行,这样他的地位就与债务奴隶一样。

以上三种对人执行的制度,在帝政后期被废止。

4. 处于买主权下的人(personae in mancipio)

详见第六章买主权。

5. 赎回的俘虏(redemptus ab hoste)

指在战争中被俘,由无义务支付赎身金的人赎回罗马,在赎金未获清偿前,支付赎金者对被赎回的俘虏的人身享有法定的抵押权。最初,支付赎金只是被保护人对恩主的义务,对于赎金是否要归还,仅是个良心问题。到公元3世纪初,S. 塞韦鲁斯帝始规定,凡没有义务支付赎金者,其对赎回的俘虏有法定抵押关系,有权令其劳动,并收取其所得的赠予等,以抵偿赎金。因此,赎回的俘虏处于自由人和奴隶的中间状态,他不得参军,不享受复境权,但一旦自由了,即回复原有的地位,而不作为解放自由人处理。帝政后期,支付赎金已成为直系血亲间的义务。公元409年,霍诺里乌斯帝又规定,只要欠赎身金者为支付赎金者劳动五年,就可以取消法定的抵押关系。

6. 自由人误信自己为奴隶者(liber homo bona fide serviens)

指自由人误以为自己是奴隶,主人也误认为他是奴隶的人。如不知自己虽曾是奴隶,但已被原主人以遗嘱解放,或者不知道自己出生时母亲虽是奴隶,但她在妊娠中曾经得到过自由,则该自由人在法律上并不丧失自由权,但又因主人善意的误会而像奴隶一样对待他,使他不享有公私权利,所得也都归主人所有,所以实际上他并没有自由。

7. 被雇斗兽者(auctoratus)

与猛兽格斗是一种有生命危险的表演,在古罗马被视为一种下贱的职业。从事这项活动的人应在保民官前作情况陈述,以便核实报酬和其他条件是否适当。表演者被斗兽场的主人雇用后，在法律上虽仍保留自由人及市民资格，但是为防止他们畏险毁约逃跑，使雇主蒙受损失，他们的人身自由、行动要受严格限制，因而处于半自由的状态，并不得担任公职。如跟人逃跑，雇主可提起盗窃诉（actio furti）追回。君士坦丁一世禁止在东罗马斗兽，后来霍诺里乌斯帝又禁止在西罗马斗兽，于是斗兽在帝国便成为非法活动。

8．农奴（colonus）

指附着于土地上的农民。罗马的农奴制度产生于帝政前期，盛行于帝政后期。农奴因其附着于土地，所以又称为土地奴隶或隶农。农奴制度的产生，标志着新的生产方式已在奴隶社会内部孕育起来，奴隶制度即将寿终正寝。由于奴隶所得尽归奴隶主，其待遇又恶劣，故他们不愿尽力劳动，致经济效益日益下降，奴隶主无利可图，遂把土地分给被解放的奴隶或小农耕种，按期收租，以提高他们的劳动积极性和增加自己的收益。在人口稀少的地区不易更换佃农，故土地易主而佃农则继续耕种，甚至世代相袭。帝政后期，又把战败的敌人降为农奴，禁止其脱离土地，称为登记农奴（colonus aascripticius）。农奴制度，也就逐渐形成起来。

（1）农奴的来源：

① 被解放的奴隶。由于奴隶的斗争、反抗、怠工和破坏农具，奴隶制大庄园已无经济效益可言，奴隶主乃改变剥削方式，一面解放奴隶，一面把庄园土地分成小块，让被解放的奴隶耕种而收取租金，使之定着于土地，世代耕种。

② 自然繁殖。农奴的身份是世袭的，父母是农奴，所生的子女

就是农奴。如父母一方为农奴,另一方为自由人的,其子女的身份从母,所以母为农奴,父为自由人的,子女为农奴,反之,子女为自由人。优帝一世改为父母一方为农奴的,子女即为农奴。

③ 订立契约。贫困的市民和外来移民为了取得土地谋生,与地主订立契约,成为农奴。

④ 被征服的居民降为农奴,免其沦为奴隶或被杀死。

⑤ 因犯罪或壮年行乞而被罚为农奴的。

⑥ 因时效而成为农奴的。自由人以农奴地位持续附着于土地满 30 年的,即成为该土地所有人的农奴。

(2) 农奴的法律地位。农奴与奴隶相比,其法律地位有了质的变化,这些变化主要有:

① 农奴附着于所耕种的土地,随土地的转移而转移,故与地主可分而与土地则不可分。因之农奴无迁徙自由。

② 农奴有婚姻权,优帝一世规定,农奴与自由人婚姻的,不论是男农奴或女农奴,所生的子女均为农奴,于是农奴便完全成为世袭。

③ 农奴有财产权,对土地的收益,除缴纳佃租和税金外,均归自己所有,得为债权人和债务人。但由于其财产为地租和赋税的担保,故非得地主的同意,不得处分之。

④ 农奴有诉讼权,唯原则上不得对地主起诉,但地主增加地租,侵占其财产或犯重罪的,不在此限。

⑤ 农奴为土地奴隶,对地主有一定的人身依附关系,地主对农奴有相当的惩戒权。农奴逃亡的,地主可以追回。但地主于耕种外不得令农奴服其他劳务,也不得将其单独出卖或者只出卖土地而保留农奴。

（3）农奴身份的终止。其原因有下面三种：

① 农奴取得其耕种土地的所有权的；

② 农奴中的基督教徒升任神父以上之圣职的；

③ 农奴脱离土地，完成30年之时效。这一原因后为优帝一世所废止。

第八章　监护和保佐(tutela et cura)

第一节　监护和保佐概述

一、监护和保佐制度的历史沿革

罗马古时,设置监护和保佐的目的是为了保护家族的财产利益。随着私有制的发展,家族财产逐步由家族共有过渡为个人私有,财产所有人可以全权处置自己的财产。但是,从家族的利益出发,如果个人无能,又不会或不善于管理财产,就会影响法定继承人的利益,甚或死后无人继承,断绝家祀。于是在旧的家族共有制向新的个人所有制过渡时期,罗马产生了折中的监护和保佐制度,以免使家族的财产遭受浪费或被他人侵占。执行监护和保佐职务的人,就是家族中已达适婚年龄的男性法定继承人。由于当时罗马社会认为女子识浅,宜永久处于监护之下,所以女子不能担任监护和保佐职务。由于最初监护和保佐是为了保护家族的利益,因而它们与家长权一样,是属于权力的范畴,是片面的。

到了共和国末叶,罗马的经济有了很大的发展,家族制度崩溃,财产共有的观念早已消失,家长以遗嘱为子女指定监护人和保佐人时,已不以家族的利益为重,而以子女的利益为前提。这样,监护和保佐制度便由保护家族利益和法定继承人的利益而变为保护被监护人和被保佐人的利益了。同时,由于受希腊哲学的影响,认为法律应当保护弱者,特别要保护妇女和儿童的利益,因而监护和保佐成了一种社会公益性质的职务,不再完全是私人的事情,而受公诉保护。监护人和保佐人无正当理由也不能随意辞职,女子不能担任此职的原则这时也有了例外。

二、监护和保佐的对象

监护和保佐均是对自权人而设的。他权人处于家长权或夫权之下,受其保护,而且在古时,他权人没有财产,所以没有设置监护和保佐的必要。不处于家长权之下的未适婚人和自权妇女,则需要为其设监护人。监护是一种经常性的职务。按照《十二表法》,保佐是对精神病人和浪费人设置的,以后大法官法又将保佐的对象扩充到精神衰弱人、聋、哑人以及老弱不能处理自己事务的人。共和国末叶,又为未成年人设置了保佐人。由于精神病人只是在发病时须设保佐,浪费人在改正其不良习惯后就不再设保佐,而未成年人的保佐则可设可不设,所以保佐一般是临时性的职务。

最初,监护的作用主要在于补充受监护人的能力,保佐则是代理被保佐人管理财产。这种区别到帝政后期便逐渐消失。

第二节　监护(tutela)

一、未适婚人的监护(tutela impuperum)

在罗马,一般地说,男未满14岁,女未满12岁,如果其家长死亡,家长丧失自由权、市民权或家长权,或其被家长或家主解放,或者出生后即无家长的非婚生子女等,由于他们年幼无能,均应为其设置监护人。

(一)未适婚人监护的种类

监护最初即以保护继承人的权利为目的,依法自应由享有继承权者充任,是为法定监护;其后法律承认家长有以遗嘱处分其财产的自由,因而亦承认对其所指定的未达适婚年龄之继承人有为之指定监护人之权,是为遗嘱监护;自从监护制度变为保护受监护人的利益后,在无法定监护人和遗嘱监护人,或原监护人不尽其职而由长官选任监护人的,是为官选监护;因解放他人的家属等而获得的监护权,则为信托监护。下面分别予以说明:

1. 法定监护(tutela legitima)

这是指依法律的规定设置的监护。由于这种监护与继承发生直接的联系,故原则上是由被监护的法定继承人担任。法定监护有以下三种:

(1)法亲监护。即宗亲监护,是由族亲中亲等最近者承担,要是最近的族亲本人也在监护权下,如未达适婚年龄或为女子时,则由次一亲等的亲属为之。无族亲时由宗亲担任监护人。无继承权的血亲,即使是父和兄等也不得为监护人。共和国末年,虽然在法律上血亲关系逐渐取代宗亲关系的地位,但仍无任法定监护人的资格。优帝一世以第 18 号新敕正式规定继承以血亲和感情为基础,于是血亲始代替宗亲而为法定监护。由于监护是为了保护法定继承人的利益,如果有同亲等的几个继承人,那么他们可以共同行使监护的职权。

(2) 恩主监护。是指恩主及其子对被解放的未达适婚年龄的奴隶及其子女的监护。《十二表法》对解放自由人的监护问题并无明文规定,但该法第 5 表第 8 条规定:"解放自由人未立遗嘱而死亡的,如无当然继承人,其遗产归恩主所有。"因而罗马的法学家解释道,监护是为保护继承人的利益而设,因此,恩主对解放自由人应有监护权。

(3) 家长监护。是指家长对被解放的子女的监护。家长解放子女,如消灭家长权而取得买主权的,则在实行解放程序后,其所处地位即等于恩主。如果被解放的子女未达适婚年龄,就由原家长作为他们的监护人。

2. 遗嘱监护(tutela testamentaria)

即家长在他的遗嘱中为其未适婚的子女指定监护人,但不得为其孙子、孙女指定,除非在指定人死亡后,他们不处于自己父亲(即指定人之子)的家长权下。最初,监护与继承发生直接的联系,家长只能为其继承人指定监护人,而不能为未指定为继承人的家属指定监护人。共和国末叶开始,改为从子女的利益出发,为他们指定监护人。法学家们认为,家长对情况最了解,知道谁担任未适婚子女的监护人最符合子女的利益,因而主张家长为家属指定监护人是家长权的延伸,这与继承并无必然联系,所以家长在遗嘱中可以为被剥夺了继承权的家属指定监护人。

《十二表法》规定,遗嘱监护优于法定监护,有遗嘱监护人的,法定监护人就不再任职。由于经遗嘱个别选定的监护人较法律硬性规定的为优,故帝政后允许无家长权的生母或生父对非婚生子女指定监护人的或家长未按法定方式指定监护人的,可经长官批准而生效。此项批准,有的须进行调查,如生母或遗赠人指定的监护人以及未依法指定的监护人等;有的不经调查即直接批准,如父亲或祖父对被解放的子孙所指定的监护人等,此种监护人虽经长官批准,但不失为遗嘱监护人,其顺序在法定监护人之前。

关于家长在遗嘱中能否为胎儿指定监护人的问题,最初罗马法认为这种为胎儿指定的监护不能发生效力。因为遗嘱监护是以家长权为基础,胎儿出生时即为自权人,而作为父亲的家长已经死亡,他不是婴儿的家长,故没有为婴儿指定监护人的权力。以后设定监护人的目的变为保护被监护人的利益,罗马法学家应用有关"胎儿的利益视为胎儿既已出生"的原则,承认家长在遗嘱中为胎儿指定监护人为有效。

3. 官选监护①,或称阿体利亚努斯监护人(tutor Atilianus)

在无遗嘱监护人或法定监护人时,由大法官等选定监护人。罗马古代,如果未适婚的自权人无法定监护人和遗嘱监护人时,他们即不在监护之下。此种情况,最初固不多见,因为那时人们聚族而居,宗族关系极为密切,未适婚人如果需要找个监护人并非难事。共和国末叶,战乱时起,人们四处打工、经商、离散迁移,往往

① 国内有的罗马法著作把 tutela dativa 称为"官选监护",把 tutor dativus 称为"官选监护人",其实这是指遗嘱监护中的选任监护和选任监护人,并无官选性质。

不知族亲宗亲在何处，加以道德败坏，孤儿和私生子大量增多，但当时的监护是为继承人的利益而设，没有继承人，就不需要监护人，国家也认为监护是家族私事，不加过问。但至监护的作用变为保护受监护人，成为社会公务时，则在没有法定监护人和遗嘱监护人时，国家自不得不选任监护人以保护未适婚人。因此，罗马制定了《阿体利亚法》(*Lex Atilia*)①，规定在罗马和意大利的自权未适婚人和妇女如果没有法定监护人和遗嘱监护人的，由内务大法官在过半数以上的保民官协助下选任一适当的监护人。以后法学家又将其扩充适用于下述情况：

（1）遗嘱监护附有解除条件或终期，则于条件完成或期限届至的；

（2）监护人死亡、失踪、被俘的；

（3）监护人辞职、被撤职或不能就职的；

（4）监护人与受监护人遇有利害冲突或无力管理受监护人的全部财产时，也都选任官选监护人。但本法仅适用于罗马及意大利，公元前2世纪的《体体亚法》(*Lex Titia*)授权外省总督为住居外省的妇女和未适婚人选任这种监护人，并规定任何人、甚至无行为能力人本人都可以申请。

帝政以后，官选监护人的选任，几经变革，至克洛地乌斯帝时，由大法官改归执政官管辖，马尔库斯·奥勒利乌斯帝复特设监护大法官(praetor tutelaris)，专司罗马及其附近的监护人的任命，唯对

① 该法制定的年代不详。据吉拉尔(P. F. Girard)考证，该法应制定于公元前367年罗马设置大法官之后、公元前186年之前，因李维记载该年罗马有官选监护人。

名门望族的监护人，则由京都保安司令任命，以昭郑重。至于意大利境内其他地区，则由区法官(juridici)负责，在外省则归总督选任。公元3世纪后，因各省土地辽阔，监护事务增多，遂由地方官协助办理。凡被监护人财产不多的，就由地方官直接选任，如果是富有的，则由地方官荐请总督委任。

官选监护的设置，须由利害关系人申请，而不是由长官以职权任命。所谓利害关系人，包括未适婚人本人，其亲属甚至朋友。塞普体米乌斯·塞韦鲁斯帝时进一步规定，生母和解放自由人有申请的义务，此项规定后亦适用于未适婚人的直接继承人。生母不为其子女申请选任监护人的，丧失法定继承权；解放自由人不为幼主申请的，由长官处以体刑。长官对利害关系人推荐的候选人，有取舍之权，如认为不当，可谕令推荐他人，在外省也可委托地方官推荐。

优帝一世时，在罗马和君士坦丁堡仍由大法官和京都保安司令选任，在外省，凡受监护人的财产在500金币以上的，由省长、总督调查候选人的财产、人品和能力，再行任命；其财产不满500金币的，由地方官直接选任，不需经过调查，但候选人应提供保人。

官选监护人一般为一人，但如被监护人的财产较多或分散在外省的，则可根据需要增加人数。

4. 信托监护(tutela fiduciaria)

这是指与家长通谋的解放家属的买主对被解放的家属的监护。按照一般原则，买主解放家属后，买主处于恩主的地位，应属法定监护的一种。但因该买主参加解放活动，仅仅是一种形式，因而它与法定监护不同。法定监护，可免提供担保的义务，且在任女子的永久监护人时，可转让其监护权于第三者，信托监护则不享受这些利益。如家长于家长权消灭后买回家属而自行解放的，他仍可保留法定监护人的资格，但家长解放家属后自己死亡的，则其未被解放的适婚家子对被解放家属的监护，既非恩主监护，又非家长监护，故属信托监护。优帝一世时，信托解放制度已经废除，唯解放人之子对被解放者仍保留信托监护人的名义。

（二）监护人的资格

监护是市民法上的制度，外国人和妇女不能做监护人。奴隶没有人格，如果某人需要自己的奴隶做子女的监护人时，必须在遗嘱上写明解放该奴隶。以后法律的限制放松，凡指定奴隶为监护人的，即视为默示解放该奴隶。如果指定他人的奴隶为子女的监护人的，亦以该奴隶获得自由为前提。外国人也不能担任监护人，但是罗马很早就对与之同盟的拉丁人予以优待，他们可以被指定为监护人，不过优尼亚拉丁人除外。妇女虽是市民，但由于她本人亦处于家长权、夫权之下，或处于监护权之下，因而也不能担任监护人。帝政以后，子女丧父者，其母或祖母如经皇帝特许，也可以担任其子女或孙子女的监护人。帝政后期，受东罗马风俗的影响，妇女的监护权遂由法律明文规定。公元 390 年，瓦伦体尼亚努斯二世和特奥多西乌斯一世两帝首先规定，寡妇年满 25 岁，在子女无遗嘱监护人或法定监护人时，经宣誓不再结婚即可担任其子女的监护人。如事后违誓改嫁，则被监护人对其继父的财产有法定抵押权。优帝一世接位后，允许生母对非婚生子女请求监护权，但除上述条件外，应将其全部财产作为抵押，新敕第 18 号又将这一规定同样适用于祖母，并规定此后生母、祖母为监护人时，只要声明不再嫁，就不必另行宣誓，其违约的亦仅取消其监护权。

罗马古时，监护是法定继承人的一种权力，因而除上述三种人外，只要有继承资格，不管是痴、聋、哑或未适婚人，都享有担任监护人的权利，只是因他们实际上无法进行监护，才由亲属会议或长官指定他人代为监护。共和国末叶以后，监护制度的目的转为保护被监护人的利益，故要求监护人有行为能力，凡没有管理财产的能力或其行为可能不利于管理受监护人财产的人，都次第失去了担任监护人的资格。因此，下列各种人都不得为监护人：

（1）聋子和哑子，但瞎子不在排除之列。

（2）精神病人。

（3）未适婚人。但适婚的他权人并不失去做监护人的资格，因监护已为社会公务，而家长权仅适用于私法关系。优帝一世并规定未成年人不得为监护人。

（4）经被监护人的父母明示不得为其子女的监护人的。

（5）和被监护人有利害冲突的，如诉讼中的对方，债权人、债务人等，但生母和祖母则不在此限。

（6）显然与被监护人或其父有怨仇的。

（7）犹太人不得为基督徒的监护人。

（8）行贿谋为监护人的。

（9）教士和士兵等。

（三）监护人的辞职和撤职

共和国末叶以后，监护成为公共职务，监护人没有法定理由不得拒绝任职或中途辞职。所谓法定理由，如年龄在 70 以上的，子女众多的①，已担任了三个监护人或保佐人职务的，担任官职的，为

① 认定子女人数是否众多，因地而异。在罗马为 3 人，意大利为 4 人，外省为 5 人，不论其是否解放，但仅以生存者为限。

医师、作家的，贫穷的，有病的，文盲不懂经营管理的等等。但有下列原因之一的，丧失拒绝或辞职之权：

（1）事前放弃辞职权利的；

（2）超过法定推辞期限的。此项期限，以知悉被任命为监护人起50日为原则，但监护人距任命地在100里以上的，则每20里增加一日，以增至30日为限。逾期视为默示接受；

（3）事前曾承诺家长为其家属的监护人，或指定监护人的遗嘱是他缮写的；

（4）接受监护时可以提出的法定原因而没有提出，接受后不得再以这些原因申请辞职；

（5）遗嘱指定受遗赠人为监护人的，受遗赠人不得接受遗赠而拒绝监护职务。

生母与祖母担任监护人，完全听其自愿，不需提出任何理由；至于解放自由人，纵有法定理由，也不得拒绝。官选监护人除可援引法定原因拒绝监护外，原来还可推荐他人代替，推荐时应用书面详述理由，如被推荐人与被监护人的关系更密切，能力比自己更强，空余的时间更多等，送呈主管长官审核。被推荐者也可再推荐他人，纵所推荐的人被驳回，也可再推荐第三者，但一经行使推荐权，就不得再援用法定理由以拒绝监护。提出拒绝监护的理由被驳回的，则并不丧失推荐他人之权。凡推荐他人为监护人的，须对被推荐人的管理行为负保证之责，该推荐监护人的办法使推荐人既不能完全摆脱责任，对被监护人来说又因监护人不能及时到任，拖延时间，蒙受不利，故塞普体米乌斯·塞韦鲁斯帝于公元194年即加以限制，4世纪时，终行废止。因为监护是公职，所以如果监护人不忠于职守，任何罗马市民均可以提起要求撤销其职务的公诉，以后对于不善管理的也可以照此办理。渎职的监护人要受“丧廉耻”的处分。

（四）监护人的职责

监护人的职责仅限于管理被监护人的财产，至于被监护人的身体、教育、抚养等事，则由家长用遗嘱或由长官选定其生母或其他的亲友负责照管，其费用由监护人在被监护人的财产中开支。

关于对被监护人人身的保护和其财产的管理分开的原因，主要有二点：第一，罗马的监护制度起源于保护被监护人的财产，而不包括照顾、教育被监护人的内容；第二，更重要的是，监护人与被监护人之间是有利害冲突的，因为监护人就是被监护人的继承人，监护人为了及早取得被监护人的财产，往往会危及被监护人的生命，所以将被监护人的身体交给他的生母或其他可靠的亲友照顾，更为妥善。

监护人最初是以家族代表的资格行使监护权，将被监护人的财产转归自己所有，监护终了时算账移交。因为在当时，法律还很幼稚，不承认所有权的权能同所有权分离的现象，所有借用、寄托、质押甚至雇用等均得移转所有权于对方，并没有代管、委托、代理的制度。以后法律进步，承认被监护人保留对自己财产的所有权，监护人仅是代监护人管理财产。公元2世纪初，罗马开始有代理制度，到3世纪初，监护人已经可以用被监护人的名义为管理行为，这种行为对被监护人直接生效。

监护人管理被监护人的财产有两种方式，一种是能力补充（auctoritas），一种是事务管理（gestio）。

1. 能力补充

是指监护人对被监护人为法律行为时，依一定方式补充其行为能力的不足。采用这种方式时，被监护人须有一定的行为能力，即在7岁以上，其条件是：

（1）须监护人直接参加为法律行为，不得委托他人代理或用书面代替，其同意亦须于为法律行为时为之，事前准许或事后追认，均不发生效力。

（2）须监护人的同意与被监护人所为法律行为采同一形式。

（3）不得附加条件和期限。自法律行为通用书面后，只要以书面注明监护人同意即可。所有的被监护人经能力补充而为的法律行为，即对被监护人直接发生效力。

2. 事务管理

是指监护人代被监护人为法律行为而无需被监护人参加，所有管理行为都是以监护人的名义进行。由监护人为所有人、债权人或债务人，一切都和被监护人不发生直接关系，监护结束后，监护人再将有关资产负债转让给被监护人。这样不仅多费周折，且使监护人和被监护人相互承担对方破产的风险。公元2世纪初，罗马法学家运用代理占有的原则，以“交付”方法，使物品的转让、抵押等直接对被监护人生效。3世纪初，法学家更进一步承认，在被监护人满适婚年龄时，监护人以善意和合法手续代为的所有法律行为，即对被监护人直接生效，被监护人与相对人同受准诉权的保护。

以上两种方式，原则上由监护人根据情况自行选择，法律对此未作规定。但也有一些法律行为，按实际情况或其性质只能用某一方式而不能用另一方式的，如被监护人为婴儿、痴癫、病重者或去了远方时，由于他不能作意思表示和参与法律行为，就无法用能力补充而只能用事务管理的方式。由于罗马的监护人不负责被监护人的身体,故为法律行为时,被监护人不能亲自参加的情况是常见的。有的法律行为必须由本人为之,而不得由监护人代为,如接受和拒绝继承,这是具有人身性质的法律行为,他人不能代行,且遗产包括资产与负债,未适婚人不能独自为负担义务的行为,故应用能力补充的方式。在被监护人继承其家长的遗产时,因其是当然继承人,依法可直接取得遗产,不需为意思表示,但在继承他人的遗产,如被监护人为幼孩、痴癫等,不能表示接受或拒绝的意思,怎样解决这个问题呢?在古代法上,如监护人认为继承对被监护人有利,就让被监护人的奴隶去接受继承,因为奴隶获得的财产是属于主人的。自大法官法创造"遗产占有"制后,由于占有已被允许可以代理,这样凡被监护人享有大法官法上的继承权的,就可由监护人代为申请和占有。帝政后期,代理制度又有所发展,即市民法的继承亦可由监护人代办,并且允许会说话的幼孩,可由监护人协同接受继承。

在罗马,执行监护权的人往往有数人,这种情况在法定继承中更为常见。此时,常由一人为"执行监护人"(tutor gerens),其他监护人为"名誉监护人"(tutor honorarius)。前者有补充能力和单独管理财产之权,后者仅有补充能力,但对执行监护人负监督和保证的责任。执行监护人或由遗嘱指定,或彼此互选,互选不成,则由长官指定。如果被监护人的财产较多,种类也不同,又分散在各地,则各监护人可以分管财产,分担职务,各在其经管的范围内为执行监护人,而对其共同监护人处于名誉监护人的地位。如果各监护人没有划分权限,则每一监护人对被监护人的财产都有管理的权利和义务,对其共同监护人的行为得提出异议,彼此互负连带责任。

帝政时代,凡被监护人的法律行为,以得一遗嘱监护人或官选监护人的同意,即可生效。至于法定监护人,因他们不如遗嘱和官选监护人可靠,故应得全体法定监护人的同意才能为法律行为,一人不得单独进行。此项限制,对管理常多不便,故公元 531 年,优帝一世规定,除因被监护人被收养或其他终止监护的原因,须经全体监护人同意外,对被监护人的其他法律行为,不论是何种监护人,有其中一个监护人同意即可。

监护人在开始管理被监护人的财产前,应编造被监护人的财产目录,宣布其对被监护人的债权债务,作为监护终了时办理移交的根据;如果监护人怠于编造,则日后财产内容发生疑问时,被监护人得以宣誓确定之。对被监护人的债权未预行声明的,即丧失追偿之权,债务在监护存续期中清偿的,原则上亦视为无效。监护终了时,监护人应办理清算和移交,习俗上多由仲裁人秉公处理。此项办法至共和国末期已成惯例,后演变成为监护诉(actio tutelae),由承审员审理。

关于监护人的法律责任,罗马法规定得很周详。责任首先应由执行监护人承担,他无力负全部责任时,由名誉监护人补充负责;如果没有执行监护人或执行监护人不能负责时,就由各监护人连带负责。所有监护人都不能负责时,则由推荐的人负责。官选监护人不能负责时,由选任失当和疏于监督的官吏负责。《十二表法》规定对不忠实的监护人作私犯处理,所有市民都有权诉求撤换。其侵吞被监护人财产的,处以双倍于该财产的罚金,败诉的监护人并受"丧廉耻"的宣告。帝政后,为了防止监护终了时,监护人无力清偿,致被监护人须与普通债权人按比例受偿,由于普通债权人可随时了解债务人的情况,及时采取适当的措施,而被监护人则因年幼不可能办到,又因清算须在监护终了时为之,使被监护人显然处于不利的地位，为此法律规定，被监护人对监护人的财产享有优先受偿权，唯其顺序在抵押债权人之后。君士坦丁一世时，将此项优先权改为法定抵押权，其顺序以监护开始之日为准。大法官法并规定监护人就职时，应以要式口约承诺，妥善保管被监护人的财产，同时提供保证人。如果被监护人尚在襁褓中，或因故不能亲自为口约的询问，则由其奴隶为之，无奴隶的则由公奴代之，因公奴乃市民的公仆。要是监护人不为尽责之诺言以及提供保证人，则扣押其财产的一部供抵押。特拉雅努斯帝（Trajanus，公元98—117年在位）时，元老院决议，凡地方官员疏于要求监护人提供保人或接受了无清偿能力的保人的，被监护人对该官员有权诉追监护人和保证人未能偿还的余额。

监护人对因其过失所致被监护人的损害赔偿责任，在优帝一世以前，法律规定监护人应尽善良家长的注意，即对抽象轻过失，亦须负责。由于许多人因监护责任过重而不愿担任，优帝乃将监护人的责任减轻为仅尽与处理自己事务相同的注意，故只负具体轻过失责任。

3．对于监护人职权的限制

关于监护人的职权，最初法律并无限制。因为被监护人的财产既移归监护人所有，则监护人自然享有所有人的一切权利。以后为保护被监护人的利益，保证在监护终了时能够返还被监护人的财产，法律对监护人的权利渐加限制。按市民法规定，监护人不得以被监护人的财产作为赠予。除符合《艾利亚·森体亚法》的规定外，监护人亦不得解放奴隶，更不准奴隶在解放时带走其特有产。法律行为虽非绝对无偿性质，但其有等于赠予行为之可能的，如撤回诉讼与和解等，若损害被监护人的利益，都是不允许的。违反上述规定而为之赠予，对被监护人不生效力，被监护人于达适婚年龄后得起诉追回原物。但是无限制地拖延，不利于经济秩序的稳定，优帝一世乃规定，此项诉权的行使，被监护人须于达适婚年龄后五年内为之，逾期不得再行诉追。关于有偿行为，亦须出诸监护人的善意，并为被监护人的利益而为的，才生效力。大法官法还进一步规定，凡监护人的行为有损被监护人利益的，后者有申请"恢复原状"的权利，以撤销监护人所为的法律行为。公元195年，元老院的决议规定，监护人非在法定条件下，不得出卖被监护人在外省和罗马附近的不动产，因为此项不动产遭受火灾的危险远较罗马市的房屋为小。如监护人为与被监护人有利害关系的行为，监护人本人不得独自为之。最初，须另设特别监护人辅助之，后改为可设一临时保佐人；如有共同监护人时，则可由其他监护人参加，以保护被监护人的利益。君士坦丁一世复规定，一切不动产和其他贵重物品可保存而不致损害其价值的，监护人也不得出卖，但下列情况不在此限：

（1）遗赠人在遗嘱中明示准予出让的物品。此项规定初仅适用于出卖，其后大法官扩充及役权和抵押权的设定。

（2）强制让与，如被监护人的财产原设有质权或抵押权，经质权人、抵押权人执行拍卖的，或财产与他人共有，经共有人要求分割而导致出让的。

（3）为清偿被监护人的债务而出卖财产的一部，以免债权人扣押全部财产，或出卖过于老旧不宜保留的房屋，但此类出卖仍须经长官批准。日常收益扣除开支后的余款，应代为存放生息，否则应赔偿所失利息。优帝一世时甚至还规定，监护人代收款项，须事先申请法官许可，并报明其用途，以防止监护人的滥支乱用。

(五) 监护的终止

监护的终止有绝对终止和相对终止两种原因。

1. 被监护人方面发生的是绝对的终止原因:

(1) 被监护人已达适婚年龄;

(2) 死亡;

(3) 人格变更,因而不再需要监护人。

2. 监护人方面发生的是相对的终止原因,仅是监护人的变更:

(1) 监护人死亡;

(2) 遗嘱监护人和官选监护人人格大变更和中变更,沦为奴隶,做了外国人。至于人格小变更,例如家子担任监护人,后经家长解放,并不丧失其监护人的资格;如果是法定监护人和信托监护人,即使人格小变更也要终止监护,因为法定监护和信托监护是以宗亲和恩主关系为基础的,人格小变更使原来的宗亲和恩主关系不复存在;

(3) 监护职务附有解除条件或终止期限,条件成就或期限届满的;

(4) 发生不能继续监护职务的事由,如监护人患精神病,成了聋哑人,当了祭司、神父、士兵和受了刑事制裁等;

(5) 监护人因不尽职而被撤职。

以上都会使原监护人的监护终止,而须另由新的监护人代替。

二、女子监护(tutela mulierum)

(一) 女子监护概述

自权女子终身处于监护权之下,12 岁以前适用未适婚人的监护，除韦斯塔修女外，满12岁则须脱离未适婚人的监护而处于女子的监护之下。女子的监护，最初也是以保护宗亲的财产为目的的，由于女子当时对内操持家务，对于法律关系缺乏经验，而罗马的要式行为，烦琐苛严，稍有出入，便致无效，故设监护人以辅助之，以免不善管财产而遭受损失。但是，女子的监护与未适婚人监护又有不同：

第一，在未适婚人监护，监护人无正当理由不得辞职，而在女子监护则否，有的监护人且可转让其监护权的行使于第三人；

第二，女子监护是终身的，不论女子的年龄多大，能力多强，在帝政前均处于监护下，不若男子的一满适婚年龄，即脱离监护；

第三，女子监护的对象均是适婚人，所以监护的方式只适用能力补充，监护人并不管理其财产。因此，监护人毋须提供保人，在监护终止时，也不发生清算移交的问题；

第四，在女子监护中，女子有较大的自由，她在遗嘱监护时可以选择监护人，又可申请长官裁定监护人同意她进行她欲进行的法律行为（在恩主监护和家长监护则须有重大原因）；还可以用“信托夫权”的方法更换监护人。

（二）女子监护的种类

1．法定监护

是由宗亲、恩主或原家长、买主担任监护人。由于女子监护以女子的终身为期，期间很长，故法律允许监护人可用“拟诉弃权”的方式，把监护权的行使转让给第三人，但其监护权则不因此而受变更。如果让与人死亡或受人格变更时，则让受人即丧失行使监护之权。反之，如果让受人死亡或受人格变更，则监护权仍归让与人行使。

2．遗嘱监护

是由家长或丈夫在遗嘱中指定监护人，并可指定数人由女子选择一人为自己的监护人，甚至授权给她自己选择或中途更换监护人。

3．官选监护

即在无其他监护人时，由长官指定监护人。此种女子监护人曾流行于埃及，但未通行于帝国的其他地区。据盖尤斯和乌尔披亚努斯称，仅在其他监护人因故不能履行职务时，由长官临时指定一人代为而已。

4．信托监护

就是被监护的女子与友人通谋，按“买卖婚”的方式伪装缔结有夫权婚姻，以达到摆脱原有宗亲关系的目的，再由该友人将她出卖给另一友人而离婚，经后者将她解放而作为其（信托）监护人。

（三）女子监护人的职权

女子监护人的职权仅在能力补充，已如前述。共和国末期，凡重要的法律行为，女子均不能独自为之。但哪些行为是重要的，法律并无概括的标准。乌尔披亚努斯的《法学规范》采取列举方式，认为下述法律行为，女子非经监护人的同意，不得为之：

（1）为法律诉讼当事人，因此，女子亦不能利用诉讼方式为拟诉弃权或执杖解放；

（2）有损于本人利益的行为，如免除债务、解放奴隶、设定嫁奁等承担债务的契约以及接受继承；

（3）出让要式移转物；

（4）缔结“有夫权婚姻”的行为，“无夫权婚姻”也不能因时效的完成而变为“有夫权婚姻”，以防发生避法行为；

（5）订立遗嘱。公元前2世纪，女子即使得到监护人的同意也不得立遗嘱。因最初的遗嘱须经贵族大会通过，后来出现了“出征遗嘱”，但女子无出席贵族大会和参军的资格，同时遗嘱可以剥夺宗亲的继承权，所以即使出现了“要式买卖遗嘱”后，法律仍禁止有宗亲的女子以遗嘱处分其财产。但女子可用信托夫权的办法消灭宗亲关系而取得遗嘱权，此种情况在帝政后已习以为常，故哈德里安努斯帝时遂规定自权女子可以立遗嘱，但须经监护人同意。

除上述以外的法律行为，如转让略式移转物、赠予、受领清偿、缔结“无夫权婚姻”等，女子均可独自为之，毋须监护人的辅助。

（四）女子监护的消灭

共和国末叶，宗族制度日趋解体，“无夫权婚姻”盛行，女子对外活动增多，因而知识和经验也丰富起来；加以要式行为因经济的发展而不再被人们所乐用，新兴的略式行为则以当事人的诚实信用为基础，给女子在法律关系中以一定的保障。在这种情况下，女子监护对被监护人成了一种行动的限制，对监护人则为额外的负担。其趋于消灭，实为势所必然。初则遗嘱授权女子以选择监护人的自由，继而女子又可申请长官裁定监护人同意她进行她希望进行的行为，甚至还可利用信托夫权以更换其监护人。由于这种情况，女子监护已名存实亡。奥古斯都时，为了奖励生育，通过《帕披亚·波拜亚法》，规定生来自由的妇女生有子女3人以上的，解放自由的妇女生有子女4人以上的，不论是婚生与非婚生子女，都享有“子女特权”（jus liberorum）①，在她们的丈夫死亡

① 国内有些学者译为“自由权”，但拉丁文的liberorum或liberi为子女之意，它与libero（自由、解放）的含义并不相同。

后,即可免除监护。以后皇帝也常把这项特权,授予子女不足此数的妇女。克洛地乌斯一世又制定《监护法》(*Lex Claudia de tutela*),取消生来自由的适婚女子的法定监护。公元410年,特奥多西乌斯二世和霍诺里乌斯帝复将子女特权扩大适用于所有的适婚女子,而不论其有无子女,于是女子监护制度便在罗马历史上正式废止了①。

第三节　保佐(cura或curatio)

一、保佐概述

保佐制度与监护制度一样,最初是为了保护家族和法定继承人的利益。早在《十二表法》中,就有对精神病人和浪费人设置保佐的规定。自保佐成为保护被保佐人的利益后,约在公元前191年,罗马又设立了未成年人保佐制度。此外,为保护胎儿和不能管理自己事务的人,也为他们设置保佐人,并在监护人辞职,或监护人与被监护人有利害冲突行为,法定监护人不能胜任监护任务,或为了管理被俘者、破产者的财产,或无人继承的遗产等场合,习惯上设立临时保佐人,有关规定也是保佐制度的组成部分。

① 此为P. F. 吉拉尔等一般学者的意见,E. 屈克则认为此是对《特奥多西乌斯法典》律文的误解。他认为,女子监护在帝政后期并未消灭,即使在优帝一世以后也仍可见其残迹。

二、精神病人的保佐(cura furiosi)

罗马法将有精神病态的人分为 furiosus 和 mente captus 两种。后世学者对两者的区别意见不一,有的认为前者为精神病人,后者为精神衰弱的人。有的谓前者指精神有时错乱有时清醒的痴癫,后者则指精神完全错乱、绝无清醒的痴癫。《十二表法》第 5 表第 7 条第 1 款仅规定对精神病人设置保佐,以后大法官法对精神衰弱者、聋哑人以及老残不能处理自己事务的人,也都予以保佐的保护。精神病是事实问题,如病人病情发作,精神错乱,不能辨认自己的行为时,其所为的法律行为应属无效;反之,其清醒时所为法律行为,则应有效。罗马法与现代法不同,并不取消精神病人的行为能力,其行为的有效与否,要观其是在清醒时所为抑在精神错乱中所为。在古代,法律行为须履烦琐的、法定的方式,故极易辨认,但在出现了略式行为后,仍沿袭旧制,就显属不当了。

(一)精神病人保佐的设定

为保护宗亲的利益,《十二表法》规定,精神病人的保佐人由最近的族亲担任,无族亲时由宗亲担任。其顺序也和监护一样,以继承权的先后为准。以后保佐制度渐以保护精神病人的利益为目的,大法官法又规定,精神病人等无法亲或法亲不能担任保佐时,由长官选任一非法亲为保佐人,家长也可以用遗嘱为家属指定保佐人,但须经长官批准。因此,精神病人的保佐也有宗亲、官选和遗嘱三种。自保佐成为公职后,关于保佐人的辞职或撤职,适用有关监护的规定。

（二）保佐人的职责及终止

根据精神病人的特点，保佐人的职责有两项：一是保护精神病人的身体，如精神病人的病情尚可医治的，应视其财产状况，延医治疗，如已为不治之症，也应将其关闭家中，以防损害他人。二是管理精神病人的财产。罗马法上的监护人和其他的保佐人，仅负保护被监护人或被保佐人的财产的职责，所以，人身保护是精神病人保佐的特点之一。同时，保佐人管理精神病人的财产，仅限在被保佐人的精神病发作时进行，因精神病人在病态发作时，全无智能，而在清醒时则可自行处理一切事务，故不若对未适婚人应适用能力补充的方法。凡属个人行为非他人可代为的，则由精神病人的奴隶为之。他如必须以要式买卖或拟诉弃权方式出让其要式移转物时，在古代，保佐人基于保佐是一种权力关系，自有直接处理之权，以后大法官对此参照监护办理。优帝一世并规定精神病人的保佐人有权申请遗产占有，编造清单，暂时保管，俟被保佐人恢复清醒时再行移交。如届时精神病人不愿接受继承或至死亡时还没有清醒，则该项遗产即按遗嘱由补充继承人或其他法定继承人继承。

有关监护人权力限制、监护人职责和监护终止的规定，一般也适用于保佐。唯精神病人在回复清醒时，保佐是否即行终止，俟精神病人神志错乱时再行设置？法学家们对此意见不一。优帝一世时明确规定，间歇性精神病人在神志清醒时，保佐权暂时中止，以便保佐人在精神病人旧病复发时随时履行职责，而免去不必要的法律程序。

三、浪费人保佐(cura prodigi)

(一)浪费人保佐的意义

《十二表法》第5表第7条第2款所指的浪费人(prodigus),是指那些挥霍滥用其由法定继承所得的祖产,以致损害其法定继承人利益的男性自权人。所以浪费人保佐的目的,亦在于保护其法定继承人的利益,是家产为家族共有的遗制。因此,如果浪费人无法定继承人,即无设置保佐的必要,或他所浪费的不是祖产,而是自己的劳动所得或是其他人所赠予或遗赠,也不受保佐的限制。以后浪费人保佐变为以保护浪费人本人的利益为目的,到共和国末叶,浪费人的意义不再像过去那样狭隘,只要是滥用财产的人,不问其财产的来源如何和有无宗亲,都要设置保佐。因为如果市民滥用资财,这对国家也是一种损失,而浪费人最终必成赤贫,影响社会安宁;在浪费人来说,无知妄用,害及家属,最终会累及自己,也应加以限制,自不应限于祖产和有无宗亲。

(二)浪费人保佐的设定

《十二表法》规定,由最近的族亲担任保佐人。关于浪费人无族亲时,是否由宗亲担任保佐人的问题,学者间有两种不同的解释。一种主肯定说,认为应按当时对精神病人设置保佐的办法,在无族亲时,由宗亲担任保佐人,因为当时的保佐和监护一样,都是以保护法定继承人的利益为目的,所以《十二表法》对此未作明文规定,显然是它的疏漏。另一种则主否定说,认为浪费人和精神病人不同,前者有意思能力,后者则没有;又宗亲与族亲不同,不仅其世系已无可考,且人数众多,故《十二表法》规定仅限于族亲。何况

《十二表法》是由“十人立法委员会”经过近一年的时间制定，并经“军伍大会通过”的，其措辞严谨，显然是立法者有意对两种不同的被保佐人作相异的处置，否则在同一条文的两款中，不可能出现这样的疏漏。即使退一步说，纵有疏漏，按当时对律文的解释，完全采用绝对的文义解释，也不能作任何补充的阐明。自浪费人保佐的性质改变后，凡无族亲或族亲不能担任保佐人时，由长官指定保佐人；最终法亲保佐随着家族的解体而消灭，完全改由官选保佐人担任。关于浪费人保佐的设置和终止，最初由亲属会议决定，后改为由长官宣告①。

（三）保佐人的职责

在《十二表法》时，浪费人的财产由保佐人代为管理。但是，浪费人与精神病人不同，他并非没有识别能力，因而在法学昌明时期大法官承认浪费人具备准适婚人即相当于儿童的行为能力，可以独自进行对自己有利的、即不负义务而纯获法律上利益的行为，如接受不附负担的赠予，甚至接受继承，更新债务等。至于其他行为，如财产的处分、债务的设定等，则均须由保佐人代为进行。有的学者认为，帝政后期，浪费人的行为能力又有所扩大，地奥克莱体亚努斯帝曾规定，浪费人对让与和缔结契约等行为，若得保佐人的同意亦可生效。因此，保佐人的职务除财产管理外，还有能力补充，已和未适婚人的监护一样。但此项意见并未为所有学者赞同。至于保佐人的责任，则与精神病人保佐人的责任相同。

① 《保路斯案例》载有大法官宣告的程式，其内容如次：“因汝懵懂地滥用汝的祖产，势将置汝的子孙陷于赤贫，故余禁止汝管理汝的财产及为一切处分行为”。

四、未成年人的保佐(cura minoris)

(一)未成年人保佐产生的背景

罗马法以25岁为成年,盖人生以百岁为上寿,25岁乃人生的1/4。但在罗马古时,男性自权人达适婚年龄即取得完全的行为能力,不存在未成年人保佐的制度。因为在自然经济条件下,人们聚族而居,民风朴实,交易很少,法律行为均须用庄严的方式,经五六个证人或长官参加,有的还需贵族大会通过,所以对适婚者就不需设监护和保佐。但到了共和国末叶,罗马商品经济大大发展,法律关系愈益复杂,而法律行为的形式则日趋简化,宗教和舆论的制裁又已失效力,社会上投机欺诈、奢侈享乐之风盛行,一些人利用年轻的适婚人缺乏经验,通过法律行为行骗图利。年轻的适婚人也不善于管理财产,往往挥霍浪费,借高利贷。在这种情况下,公元前2世纪末,罗马制定了《普雷托里亚法》(*Lex Plaetoria*),对未成年人加以保护。其后大法官和敕令又加以补充和改进,设置保佐人以辅助之,对未成年人的保护,渐趋完备。未成年人保佐在产生之初,就是为了保护被保佐人的利益,这与精神病人的保佐和浪费人的保佐不同。

(二)未成年人保佐的沿革

1.《普雷托里亚法》的规定

该法约在公元前191年通过,它并不限制未成年的适婚人的行为能力,而是对其加以间接的保护。依古代习俗,凡男子已着适婚长袍的,即有完全的行为能力。罗马人不愿骤然改变其观念而立即直接保护年轻的适婚人,故间接地对利用未成年人缺乏经验的对方，加以《普雷托里亚法》之诉(actio legis plaetoriae)的严厉制裁，以达保护的目的。唯关于制裁的内容，由于历史文献记载不详，后世研究罗马法的学者意见不一。

一种说法认为，该法允许撤销对未成年人不利的法律行为，追回已交付的财物，是一个次完全的法律。另一种说法认为，该法并不否认未成年人所为法律行为的效力，而只对行骗的对方处以罚金。还有人认为，该法的内容包括公诉和私诉两个方面，对利用未成年人缺乏经验而使之受损失的人科以罚金并给予“丧廉耻”处分是公诉，未成年人请求赔偿损失或追回已交付的财物则是私诉。也有的人认为，该法只有一个诉权，即损害赔偿之诉，不过罗马市民均可提起而已。没有异议的是，适用这个法律的前提是存在对未成年人的欺诈行为，否则即使未成年人在民事活动中受到损失，例如以高价买入或低价卖出，对方也不承担任何责任。但适用该法的副作用是既妨碍交易的安全，又破坏未成年人的信用，结果人们不愿冒被认为是行骗而受该法制裁的风险，不敢与未成年人发生法律关系。习惯上的补救办法是，未成年人为法律行为时，申请长官为其指定一临时保佐人协助其进行，但临时保佐人的辅助行为在法律上并不直接发生作用，未成年人仍可向对方提起诉讼，保佐人则可对他人是否善意、交易是否公平等提供证明。这样，未成年人便很少有胜诉的机会。

2. 大法官法的补充

以后大法官进一步保护未成年人，允许他们享有：(1)《普雷托里亚法》之抗辩(exceptio legis plaetoriae)。在程式诉讼时代，如未成年人因受欺诈而为法律行为，要是还没有履行，在对方诉追时，可以提出抗辩，拒绝给付；(2)“恢复原状”之诉。上述《普雷托里亚法》

之诉只适用于未成年人在民事关系中曾受欺诈的情形，否则即使因缺乏经验而遭受损失，仍无法补救。共和国末叶，大法官遇到这种情况，乃予未成年人以回复原状的利益，取消该法律行为的效力，使双方回复到法律行为未成立前的状态。

该法对未成年人的保护固然更为周到，但同时破坏其信用的程度也更深一层，并使他们所为的法律行为从 14 岁至 25 岁（再加一年或四年起诉期间），长期不能确定，影响经济的发展，虽可申请设置临时保佐人，但仍不能彻底解决问题，故对于未成年人的保护仍有待改进。

3．帝政时期的改革

设临时保佐人在一定程度上是解决未成年人进行民事活动的一种可行的办法，但有时未成年人不愿设置保佐人，而有些法律行为又非进行不可，如监护期满清算账目、进行诉讼和清偿债务等，这时未成年人的对方既不能强迫未成年人设置保佐人，又不能拒绝为这些法律行为，势必坐待"普雷托里亚诉"和"回复原状诉"的困扰。法学家为补救此项缺陷，同意对方也可申请长官为未成年人指定保佐人以解决之。马尔库斯·奥勒利乌斯帝时规定，25 岁以下的男女均可以申请长官委派一名普通保佐人为其管理财产。因其时女子监护早已有名无实，女子于 12 岁后即可自行处置其财产，按此项规定所设保佐不再是临时性的，但其性质仍与临时保佐人无异，未成年人还是有完全的行为能力，即使经保佐人同意而为的法律行为，事后仍可诉请赔偿或回复原状。

帝政后期又进行了改革，规定保佐的设置仍属任意性，但有保佐人的未成年人，其地位即与准适婚人同，除纯获法律上利益的行为外，他们为承担义务的行为时，必须得到保佐人的同意才能生效。不过此项同意可不拘形式，事前事后，口头、书面以及传达，均无不可。这样，有保佐人的未成年人事实上与被监护人的地位相等，所以未成年人的保佐亦成为公务，保佐人非有正当理由，不得辞职。其由家长以遗嘱指定的，须经长官核准，其他如关于不动产和贵重物品转让的限制，保证人的提供，责任的范围，对保佐人财产的法定抵押权等，均适用有关监护的规定。至于不设保佐的未成年人，则仍然有完全的行为能力。但不论未成年人有无保佐人，如因所为的法律行为而蒙受重大损失时，均可以提起回复原状之诉。此项利益，旋亦普及于被监护人。未成年人不论有无保佐人，在一定条件下均有申请回复原状之权。因之实践中他们常不能找到交易的对手。特别是有些未成年人，精明干练，完全有能力独自经营，设置保佐限制了其自由行动，保护未成年人的制度反而妨碍了他们的才能和事业的发展。为此，公元 274 年，奥雷利亚努斯帝为了纠正流弊、提高未成年人的信用起见，创造了“年龄优待制”(venia aetatis)[①]，未成年人可经皇帝特许而完全取得成年人的资格，同时也丧失“回复原状”的利益。但这并不是普遍的规定，而必须个别申请。因而君士坦丁一世复规定，男子年满 20 岁，女子年满 18 岁，在长官面前经证人证明确有管理财产的能力，即可享有年龄优待。享有年龄优待的人，不需设保佐人，已设的则当然终止，嗣后也不得再设。此后所为之法律行为，也不得再申请回复原状，对于以前所为之法律行为，其申请回复原状的时效，即行开始。

① 有些罗马法著作根据优帝《法学汇编》的误抄，将“年龄优待制”视为塞普体米乌斯·塞韦鲁斯和卡拉卡拉两帝所创设。本书的依据系为《特奥多西乌斯法典》和《优帝法典》的记载。

未成年人受到年龄优待的,原则上虽已享有成年的行为能力,但对不动产的让与和赠予行为,还是需要得到长官的批准才能生效。优帝一世更限制享有年龄优待的人为不动产的抵押行为。

经过帝政后期的改革,使得保佐与监护趋于一致,成年年龄实际上已成为男 20 岁,女 18 岁。

第九章　法人

第一节　法人概述

法人是法律所认可的自然人以外的权利义务主体。罗马法上并无法人的名称，该名称是注释法学派在总结概括罗马法的基础上，作为自然人的对称而提出来的。本书为了便于叙述起见，权使用“法人”的名称。罗马法上只有 universitas 一词，具有团体的含义，可指宗教团体、士兵团体、丧葬团体等，但都不享有人格。共和国末叶，法学进步，始承认国家和地方政府具有独立的人格，与其成员相分立，是为社团的起源。公元 3 世纪以后，法律上承认神庙也可享受财产权，可以自己的名义订立契约，取得债权，承担债务，其构成的基础为财产而非人，是为财团的萌芽。帝政后期，受基督教的影响，教堂、寺院和慈善团体也都可享有人格。至于营利法人，则是在奴隶制经济高度发展以后产生的。尤其是航海经商，需要大量资金，利润大风险也大，个人根本无力经营而须采取合伙的方式。但是，按照市民法的严格的形式主义，许多人共同经营一项事业，这在代理制度发展以前困难很大。因为，第一，进行任何具体的法律行为，例如购买奴隶，都须全体合伙成员到场，虽然可以找奴隶、家属代替，但合伙成员中有一人表示反对，就可导致交易不能进行。第二，合伙的财产为合伙人所共有，随时可能因某一合伙人的破产而被债权人扣押拍卖，影响合伙事业的进行。第三，一旦发生诉讼，合伙成员如为原告，因可利用家属和奴隶，问题尚较易解决，如果作为被告，则须全体到场，有一人缺席，诉讼就不能进行。以上说明拟制法人的必要。因此，罗马法学家比照公法人创造了民事的权利义务主体，使各种私法人陆续产生。法人具有独立的人格，其财产与各成员的财产各自独立，凡是以法人名义进行法律行为，由少数代表负责为之，而与法人各个成员的权利义务不相混淆。

共和国末叶，罗马法学家阿尔费努斯·瓦鲁斯（Alfenus Varus，公元前39年的执政官）就对团体人格和其成员人格的不同作了分析。他指出：船舶的船员经常更换，有时甚至全部船员都换了，但船舶则依然存在。军团也是如此，其成员走了一批，又来了一批，但军团照旧存在。五大法学家之一乌尔披亚努斯也说：在一个团体中，其成员的变更并不影响团体的存在，因为团体的债务并不是其各个成员的债务，团体的权利也不是其各个成员的权利。他们虽未提出“法人”这一术语，在当时的历史条件下，也不可能对法人制度作出全面的论述，但从客观需要出发，提出抽象人格的理论，扩大了人格的概念，把权利直接赋予法律所拟制的人（persona ficta），从而简化了自然人的法律关系，适应了社会经济发展的需要，这是罗马法的一大创造，尽管罗马的法人制度很不完备，但其基本内容和理论则为近代法人制度的发展奠定了基础。

第二节　法人的种类

法人因其构成的基础不同,可分为下面两大类:

一、社团(universitatis personarum)

这是以自然人的集合为基础成立的民事主体,是以共同利益为目的,由多数人组成的集合体,它能独立作为权利义务的主体。社团主要有以下几种:

1. 国家

国家是全体人民的集合体,是首先被承认具有独立人格的。共和国时期,国家的财产被视为公有物,为全体市民所有。在民事关系中则用"国库"(aerarium)的名义代表之,由它订立契约,享受权利,承担义务,继承无人继承的遗产等。国家的财产受特别的保护,其以法人资格为法律行为时,不需经过一般的严格形式。

2. 地方政府

指国家下属的地方行政区域或自治集团,如省或殖民地、市或自治市等。共和国末叶,开始将地方政府视为法人,主要是指省、市,其次是殖民地。

3. 一般社团

是为国家及地方政府以外的社团,有以公共利益为目的和以社员私人利益为目的之分,前者如祭司团、承审团(decuriae)、士兵会等,后者如田赋征收团(societas publicanorum)、丧葬互助会、联谊会(sodalitas)以及采矿、盐业、航运等各种营利团体。

二、财团

这是以财产的集合为基础成立的民事主体,是以特定财产作为独立的权利义务主体。财团有对特定人的利益而设的,有对不特定人的利益而设的。如果捐助财产于特定的机关而附以使用的条件,例如救济孤儿,奖励发明,则为附条件的赠予,而不构成独立的人格。罗马的财团主要有:

1. 寺院(ecclesia)

罗马长期信奉多神教,诸神的寺庙具有人格,在基督教盛行后,其修道院和教堂也取得了独立人格。

2. 慈善团体(piae causae)

帝政初年,皇帝设立财团,救济贫困孤儿,费用由国家负担,视为国家财产的一部分,享有人格,为世俗最初的财团法人。至于私人设立的慈善机关,在当时则不享有人格。至公元5世纪,凡以慈善事业为目的而捐助财产的,该财产即可以取得人格,具有负担义务取得权利的能力。

3. 待继承的遗产(hereditas jacens)

罗马法学家从实际需要出发,将待继承的遗产视为死者的代表,为其生命的继续,但财产须有依附之主体,此主体实为遗产的本身,即虚拟的法人①,使之承担权利和义务,其应收应付的,即由遗产收入和支出。此制之目的在于保护继承人的利益,以避免在

---

①　日本民法第951条即承袭这一观点,其他大多数国家则未采之。

继承人未表示接受以前，遗产被作为“无主物”而被他人据为己有。但对遗产在未确定继承人前是否应有独立人格，后世学者是有争议的①。

第三节　法人的能力

罗马法关于法人的本质是采拟制说，故认为法人有权义能力而无行为能力，兹分别说明如下：

1. 权义能力

法人不是市民，只能在完成其目的事业的范围内具有享受权利负担义务的能力。凡专属于自然人的权利义务，如婚姻权、受抚养的权利、家长权和抚养义务等，不在法人的权义能力范围之内。故法人无婚姻权、家长权和法定继承权等而有财产权与诉讼权，但其财产权及诉讼权也仅于履行其目的事业所必需的为限，例如矿业公司仅能购买矿地以供开采或建设职工所必需的房舍，而不能买地造屋，出租营利。至于法人无偿取得财产，历代法律多加以限制。最初仅限于市府和寺院可以收受赠予及遗赠，其被立为继承人仍视为例外，须经皇帝的特许。因法人的生命多属无限，国家不愿它们积聚巨额财富，使之排除于流通领域之外，影响国家税收和经济发展，加以法人形成巨大的经济力量后，还可能危及政权。帝政后期，限制渐宽，对基督教的寺院尤为优待。法人有奴隶的也可把他们解放，对它们享有恩主权和继承其遗产的权利，唯营利法人

① 参见陈朝璧：《罗马法原理》，第79—80页。

则至马尔库斯·奥勒利乌斯帝时始获解放奴隶之权。社团成员的遗产,社团也可继承。

2. 行为能力

罗马法既认为法人是法律拟制的,所以它自身并无意思表示的能力,如同婴儿、痴癫人一样,不能为法律行为,须由自由人或奴隶代为进行。他们在职权范围内所为的法律行为,即为法人的法律行为,在职权范围内所为的一般侵权行为,即属法人的侵权行为;但罗马法不承认法人的犯罪行为,认为这不属于职权范围内的活动,应由行为人自行负责。这一理论,为后世各国法律所沿用,但在近代也有变化。

第四节　法人的成立和消灭

罗马法上没有关于法人成立的程序和消灭方式的严格规定,而仅规定有法人成立的条件。

一、法人成立的条件

1. 须有物质基础

社团的成立须有三人以上,最多人数没有限制。三人是社团成立的要件,而不是存续要件,所以即使减少到只有一人,社团还是可以存在。如丧葬互助会,其最后一人仍需办理其前一个死者的丧事。财团的成立须有一定的财产,数额一般没有上限或下限,但有的则须其财产能够维持其目的事业。

2．须经政府承认

在罗马法上，仅有人或财产的集合，仍不能成为权利义务的主体，该集合体欲享有独立的人格，还须经国家的承认。《十二表法》对结社自由的规定是很宽的，只以不违背法律为限。共和国末叶，人民团体每多被利用从事政治斗争，给政府造成威胁，故奥古斯都于执政以后即制定《优利亚结社法》（*Lex Julia de collegiis*），规定除宗教团体外，设立其他团体，须经皇帝或元老院的批准。一经批准，即享有人格。批准分个别批准和概括批准。个别批准，是每设立一个法人，就要得到皇帝的许可，概括批准是元老院规定了设立法人的条件，凡符合条件的组织，都可以成为法人，后世民法学所称的特许主义和准则主义即源于此。

二、法人的消灭

法人因成立条件的欠缺而消灭，其原因有：

（1）社团的社员全部死亡或退社，财团的财产消灭；

（2）政府撤销允许或勒令解散；

（3）法人章程所订的解散事由发生，如目的事业已完成或不能完成，期限的届满，条件的成就等；

（4）社团社员的决议。

第三编　物权法

罗马法注重实际，建立了完备的私法制度，对当时的经济关系和有关法律关系进行调整，相对来说理论上的概括则薄弱一些，可以说法学仍处于不成熟的发展阶段。例如，在罗马法上，权利与权利客体界限不明，二者是混为一谈的。所以，在物法上，物与物权并不分开。盖尤斯和优帝一世的《法学纲要》，都是在物的部分囊括了物权、继承权和债权等一切有关财产和财产权的内容。这种情况，到近代的《法国民法典》仍无实质改变。直到《德国民法典》，才把物作为权利客体移到总则部分，并将物权、债权和继承作为三种不同性质的财产权，分别成编加以规定。

第一章　物(res)

第一节　物的概念

在古代罗马，人们所称的物，是指除自由人外而存在于自然界的一切东西，不管是对人有用的，无用的，甚至是有害的，均属于广义的物。至于奴隶，在罗马奴隶社会，它不是权利义务的主体，而被法律规定为权利义务的客体，也是一种物。后来，法律和法学思想不断发展，罗马法逐渐把物限定为一切人力可以支配、对人有用，并能构成人们财产组成部分的事物，在优帝《学说汇编》中，它包括有体物、权利和诉权，又称"财物"(bona)，这是狭义的物。

在罗马法上，物具有以下特征：

(1) 物不仅指自然人以外的东西，也包括奴隶在内。在奴隶社会，奴隶和牛马一样，是奴隶主的财产。在生物学和哲学上，奴隶虽然是人，但它不是法律上的人；

(2) 物须能够为人所支配。不能够被人支配的东西(这是随人们生产力的发展而变化的)，如太阳、海洋，虽然对人有用，但不是法律上的物；

(3) 物是自由人和神灵的财产的组成部分。不能作为财产或财富的东西，便没有法律上的意义，即使能够满足人们的需要，也不是法律上的物，如空气、流水等；

（4）物不限于有体物，无体物或权利也包括在内。罗马法既以财富作为物的主要标准，原则上必然将物视为可用金钱估价的东西。但具有金钱价值的东西，不一定是有体物，如地役权、用益权、债权等权利，在罗马法上被称为无体物，它们也是财产的组成部分。至于家长权、夫权、买主权、选举权和被选举权等权利，则不属于物。因为前三者是以权力为基础，后二者则属政治权利，它们都不是财产的组成部分。

由上面的分析，可见罗马法上物的概念是泛指财物，它包括现代民法的物权、继承权和债权等，含义广泛。罗马的法学家，都是从法律的意义上来研究物，即仅以构成财物的组成部分为限，而不是研究自由人以外的一切东西。

第二节　物的分类

罗马法按不同的标准，将物分为许多类。了解这些分类，可以使我们更清晰地把握罗马法上的物的概念。

一、非财产物或不可有物与财产物或可有物

这是以物能否为个人所有作为区分的标准。非财产物（res extra nostrum patrimonium），是指不可作为个人财产所有权的客体的物。财产物（res in nostro patrimonio），是指可以作为个人财产构成部分的物。现对两者分别论述如下：

（一）非财产物或不可有物

非财产物包括神法物（res divini juris）与人法物（res humani juris）两种。

1．神法物

远古时，民智未开，日月星辰，雷电风雨，山岳河川，土地界疆，或为神灵，或为神的所有，或为神所保护，几乎凡不是人们所有的物，都属神法物。随着知识的渐开，经济有所发展，神法物的意义逐渐缩小。《十二表法》时，神法物分为神用物、安魂物和神护物三种：

（1）神用物（res sacrae）。这是经法定程序供奉给神灵所用的物，包括土地等不动产，以及教堂和庙宇内的偶像、器皿和用具等动产。但这里的神灵是指高级的神（this superis），而不是指低级的神（this inferis）。至于供奉亡魂等低级神的物，不属神用物。土地、房屋等不动产成为神用物，须经贵族大会、元老院以立法程序设置或皇帝批准；动产只要由大祭司经一定的仪式，即可确定为神用物。神用物不得为个人财产权的客体。即使寺庙倒毁，其基地依旧是神用物。除非经过与设置供奉相反的程序，即“还俗式”，才能变更神用物的性质。但在帝政以后，因受基督教影响，这一制度有3个例外：①准许用寺院的动产赎回战俘；②寺院陷于经济困难时可以变卖神用物还债；③遇到灾年也可以用神用物救济灾民。但第③项后被优帝一世所取消。

（2）安魂物或宗教物（res religiosae）。这是为安葬亡魂所用的物，即用以供神安息的物。罗马人认为人（包括奴隶）死后的亡魂是低级的神。安魂物是灵魂或下级神所安息、寄托和使用的东西，如棺材、坟墓、墓碑、骨灰盒、殉葬物等。古罗马的丧葬，有火葬和土葬两种。罗马人很迷信,对死人有敬畏感,所以对有关丧葬的物品都加以法律保护。公元4世纪以前,被雷击的土地也属安魂物。对安魂物任何人不得加以破坏或毁损,也禁止交易或流转。

依罗马法,作为安魂物应符合三个条件:①尸体与骨灰须已埋葬。如虽挖了墓坑而尚未下葬,墓碑虽已做好但尚未在墓前树立,则该墓坑和墓碑均不属安魂物;②须有埋葬之权。首先,行为人须有处置尸体之权,而尸体和骨灰须由死者的继承人处理。其次,行为人须对墓地有所有权,共有的须经其他共有人同意才可以安葬。否则,土地所有人可以拒绝他人在其土地上擅自安葬尸体。如为共同的墓地,自当别论。所有权人已将用益权让与他人的,则非经用益权人的同意,也不能将自己的土地改变为宗教物,以免影响其用益。但是,如果尸体已经错埋在他人的土地上,由于罗马人信仰宗教迷信,为尊敬死人及其亡魂,可依法强令埋葬者搬走尸体,赔偿损失;必要时也可申请大祭司或皇帝颁发挖掘令,否则,土地所有人擅自将尸体和安葬物挖走,就构成了侮辱罪。在这种情况下,通常是事后请求土地所有人追认埋葬地为安魂物;同时,土地所有人则可请求丧葬者赔偿损失;③行为人须有确定的埋葬意思。因而,暂供放置尸体、骨灰的场所或物品不是安魂物。坟墓迁移以后,原来的墓地也即不再属于安魂物。公元4世纪以前,迁葬须得大祭司的批准;帝政后期,批准权改属皇帝。

(3)神护物(res sanctae)。这是罗马人认为受神灵保护的物。如城市的城墙、城门,土地的界址等。

神法物一旦落入敌人之手,就失去其神圣性,即使重归罗马,因“复境权”而恢复其占有,也须经过宗教的“去污”(profanatio)仪式,才能回复原有的法律地位。神法物受到法律的特别保护。侵犯神法物的要受徒刑，情节严重的要受死刑的处分。

2. 人法物（res humani juris）

即供公众使用的物。自宗教与法律分离后，人法物也脱离神法物而独立。人法物又分共用物、公有物和公法人物。

（1）共用物（res communes）。这是指供人类共同享用的东西。对此，任何人、包括市民和外国人等都可以享用，如空气、阳光和海洋等，另外海岸也是共用物。如果渔民在海岸上建造渔棚，该渔棚为渔民私有，但渔民不能对其渔棚下的土地即海岸享有所有权。渔民使用海岸需经官署许可，所取得的权利类似“地上权”。这里，依罗马法“从物附属于主物”的原则，土地是主物，渔棚是从物，主物为共用物，从物也应为共用物，但罗马法根据实际需要，对此作了例外的规定，即海岸上的渔棚可以为渔民私有。共用物是没有主体的物，不是严格意义上的物，不能作为所有权的客体，因而与公有物不同。

（2）公有物（res publicae）。这是指罗马全体市民公共享有的物。其所有权一般属于国家，不得为私人所有。但如公用的目的消失，则仍可为私权的标的。公有物中，一种是全体罗马人都可以使用的，如公共土地、牧场、公路、河川等。另有一类特殊的财产，则不是任何人都可以使用的，如监狱只能由有关国家机关使用，关押犯人；军事堡垒只有军人有权使用。公有物的所有权虽属于国家，但有广狭二义，狭义的公有物不包括那些属于国家的财产，如公奴、国家对工程承揽人的债权、金钱等。奥古斯都时，将国家的土地分成两部分，一部分由元老院管理，一部分则为帝皇的私产。帝皇有权将其私产卖给私人，从而成为私权的客体。

（3）公法人物（res universitatis）。这类物主要是指市府等的财产。如罗马市的斗兽场、剧场、浴场等，供本市的人共同享用。公法人物的性质与公有物一样，只是范围较狭小而已，也有公产与私产之分。

人法物为供公共使用的物。如有妨碍他人使用的，被认为是侵犯他人的人格，致害人受侮辱诉的制裁。

（二）财产物或可有物

如前所述，财产物是指一切可以为个人所有的物，包括一切个人的财产和无主物。它们与非财产物不同，得为权利的客体，故财产物与非财产物的划分，是以人对物的权利能力为标准的，不能把它与流通物和非流通物混淆起来。非财产物不能买卖和让与，因而有些学者称之为非融通物（res extra commercium），并将可以买卖和让与的财产物称为融通物（res in commercium），这是不恰当的。因为流通物与非流通物的划分是以物的“行为能力”为标准的，能够买卖流通的是流通物，反之，不能买卖流通的则是非流通物。流通物固然都是财产物，但财产物不等于流通物，因为其中也有非流通物。有一些物法律允许个人拥有，但是禁止交换买卖。例如世袭住宅、系争物、优帝一世时嫁奁中的不动产等。

二、有体物（res corporales）与无体物（res incorporales）

这是以物是否有实体存在进行的分类。盖尤斯认为，有体物是具有实体存在，可以由触觉而认知的物体。无体物则指没有实体存在，仅由人们拟制的物，即权利。有体物如土地、奴隶、金钱、衣服等；无体物如债权、用益权、地役权等。如前所述，物以可以用金钱评价者为限，有体物与无体物都是如此。故人法中的自由权、家长权、监护权等，虽也是权利，因其不能以金钱评价，所以就不是物。盖尤斯和优帝一世的《法学纲要》虽都作了这种分类，粗看一下，此项区别似极简单，但实际上并不是这样，因为它是由于历史的演进而来，有的并不尽合乎理论。如罗马法不仅将发生权利的事实“先占”（ocupatio）列为无体物，相反，将无体物的所有权作为有体物，这显然不合乎有体物与无体物的划分标准。但为什么把无体物的所有权作为有体物呢？这是因为，所有权是最完全的物权，作为物权的所有权有绝对排他的性质，事实上易与物的本体混合为一，人们对所有权与所有物就不加区别。例如依习惯，大家都说我有这个奴隶，但按法律理论讲则应说我对这个奴隶拥有所有权。既然习惯上讲所有权就是讲所有权的标的，加上罗马的法学理论尚处于具体阐明阶段，并未达到高度概括抽象的水平，权利与权利客体往往不分，因而就将无体物的所有权作为有体物了。

有体物与无体物的区别，在罗马法上是很重要的。有体物可以占有，无体物不能占有，因此对经占有而取得财产的方式如交付、先占和时效等，就不适用无体物。直到帝政以后，法学进步了，大法官法才创造出一种“准占有”的办法，可以适用于地上权、人役权、田野役权和部分都市地役权，使这些权利可因时效而取得，并受占有令状的保护。

三、要式移转物（res mancipi）与略式移转物（res nec mancipi）

这是罗马法对物的一种特殊分类，是以物的重要性及其所有权的转移是否需要履行法定形式为分类的标准。罗马古时，进行法律行为非常注重形式。要式移转是指法律规定其所有权转移一定要采用法律规定的形式的物。不履行法定的方式而移转的,其移转不发生法律效力。略式移转物是指其所有权移转毋需履行一定法律形式的物,当事人可以自由地转让。乌尔披亚努斯将要式移转物分为四种:第一,意大利的土地,包括意大利土地上的房屋,因为房屋是土地的附属物;第二,意大利耕地的地役权;第三,奴隶;第四,能驮物与拉车的家畜,即牛、马、驴、骡。

以上四种都是古罗马农业自然经济社会的重要财富,所以法律规定其移转一定要用法律特定的方式。至于外省土地等其他的财物,对于社会经济的价值较小,因而可以自由移转,毋需经过隆重的仪式。然而,存在的一个问题是,牛马驴骡生下后要长到多大才适用要式移转方式?对此罗马的两大法学派别间是有分歧的。萨比努斯派认为,只要是牛马驴骡,从它们生下后,就应当用要式移转方式转让。普罗库路斯派则认为,牛马驴骡之所以成为要式移转物,是因为它们能驮物拉车,在它们还不能役用前就不能算是要式移转物。两派争执不下,没有结果。以后商品经济有了发展,交易方式渐趋简化,到帝政后期,要式移转的制度已废,故优帝一世编纂法典时,就不再区分要式移转物和略式移转物,自然也毋需对两派的这一争论再作定论。罗马的役畜,除了牛马驴骡外,还有大象,法律为什么不将其列入要式移转物呢?原因是大象是被用于打仗而不是用于农业生产,民间一般没有大象。至于骆驼,则罗马最初并没有,所以法律没有作出有关规定。

区分要式移转物与略式移转物的意义是:要式移转物最初必须用要式买卖(mancipatio)的方式移转。《十二表法》时已可采用拟诉弃权(cessio in jure)方式代替。只有用这两种方式,其所有权的移转才发生法律效力。至于略式移转物,则没有这样的要求。

罗马法还规定，处于监护权下的女子，非经监护人同意，不能处分要式移转物。本来，区分要式移转物与略式移转物是依据其在经济上重要与否而定，以后随着商品经济的发展，文化的进步，原来认为重要的财物变得不那么贵重了，而有些东西如船舶、珠宝、艺术品等，其交换价值已远远超过了意大利土地和牛马等，因而此项区别已无实际意义。到了帝政后期，社会上拟诉弃权早经废弃，要式买卖也已消失，不再区分要式移转物与略式移转物，但直到优帝一世时才明文废止这种区分。

四、动产（res mobiles）与不动产（res immobiles）

这是以物能否移动和移动后是否变更其性质、损害其价值进行分类。

（一）动产

动产是指能够自行移动或用外力移动而不改变其性质和价值的有体物。能自行移动的如奴隶、家畜，可用外力移动的如用具和衣服等。

（二）不动产

不动产是指不能自行移动，也不能用外力移动，否则就会改变其性质或减损其价值的有体物。如土地、房屋、树木等。

不动产在罗马法上可以分作三类：

（1）土地。包括耕作地、住宅地、意大利土地、外省土地、公地和私地等，这是最基本的不动产。

（2）动产附着于不动产而成为不动产。如草木附着于土地、木材砖瓦附着于房屋而成为不动产等。

(3) 在罗马法上,动产和不动产的区别,也反映在地上权、永租权、地役权和不移转占有的不动产抵押权等无体物上。除所有权外,对其他各种物权的性质,亦按其标的性质而区分为动产或不动产,故法律对不动产的特别规定,对地上权等也同样适用。

罗马法对不动产的保护比动产严密得多。区分动产与不动产具有以下法律意义:

(1) 二者取得时效期间的长短不同。如《十二表法》规定,动产的取得时效为 1 年,不动产则为 2 年。优帝一世时则改为动产的取得时效为 3 年,不动产的取得时效视当事人是否住在同一省份,分别规定为 10 年或 20 年。

(2) 二者受"占有保持令状"保护的法律规定不同。"占有保持令状"是大法官发布的禁止当事人变更占有现状的禁令。在保持不动产占有的令状中,大法官裁决现占有人保持物件的占有。而在保持动产占有的令状中,则裁决由在最近一年中占有物件时间最长的争议当事人占有物件。直到优帝一世时,才废止动产与不动产占有保持令状的区别,而均以保护现占有者的占有为目的。

(3) 二者可能被侵犯的形式不同。盗窃的对象只能是动产,而不能是不动产。对不动产的侵犯一般只能是以暴力和恐吓强占。

(4) 对二者的处分和返还的要求不同。共和国时期,受监护的女子,非经监护人的同意,不得处分其不动产。优帝一世时规定,对妻子嫁妆中的不动产,丈夫即使得到妻子的同意,也不能出让和抵押。他还规定,嫁妆返还时,其中的不动产要即时返还,动产则可以在一年内返还。S. 塞韦鲁斯皇帝时,还禁止监护人处分被监护人的不动产,即使被监护人同意也不能生效。公元3世纪以后,罗马法上设立了未成年人“年龄优待制”,未成年人经皇帝特许或长官批准的,可取得成年人的资格,但法律对享有年龄优待的未成年人处分不动产仍有限制,他们所为让与和抵押不动产的行为,须经长官批准始生效力。对动产则无此限制。

(5) 二者在能否在其上设立他物权不同。许多他物权如地役权、永租权、地上权等,只能在不动产上设立,而不能在动产上设立。

五、消费物(res quae usu consumuntur)与不消费物(res quae non usu consumuntur)

这是以物是否经使用一次就耗尽为标准进行分类。消费物是指依通常方法非消耗即不能使用的物,如酒类、食物等。不消费物是指不因使用而消灭的物,如衣帽、桌椅,虽经穿用有所磨损,但并不因此而消灭。有的物经使用后事实上并不消灭,但对于使用者来说,使用后该物即转让给他人。如货币,虽使用者使用后货币本身仍然存在,但使用者已失其所有,对他来说,这与食品经使用而消灭并无两样。因此,法学家也将货币列入消费物之列,称之为法定消费物,而把普通消费物称为自然消费物。

区分消费物与不消费物的法律意义是:在借贷契约中,消费借贷的标的物是消费物,使用借贷的标的物是不消费物;寄托契约的标的物是不消费物,而变例寄托(depositun irregulare)的标的物是消费物;用益权的标的物则不能是消费物,而只能是不消费物。

六、代替物(res fungibiles)与不代替物(res non fungibiles)

这是以在交易中能否以同种类同品质之物相互代替为标准进行分类。代替物是指依物的性质和交易的习惯,在交易中能以同种类、同品质、同数量之物相替换的动产,如小麦、酒、布等。不代替物是指依物的性质和交易的习惯,在交易中不能以同品质、同种类、同数量之物相替换的动产,如牛马、艺术品、奴隶等。当然,代替物与非代替物的区别,在交易中并不是绝对的,有时要根据标的物的具体情况和当事人的意思来确定。如买米百担,通常是代替物的买卖,但当事人如约定标的物是某店内特定的百担米,则该百担米即成为不代替物。又如买马一匹,通常为不代替物,但如果买主只说明要买一匹某地区、年龄若干岁、身高若干的母马,则该马也就成了代替物了。

区分代替物与不代替物的法律意义是:在借贷契约中,消费借贷的标的物只能是代替物,使用借贷的标的物只能是不代替物;寄托契约的标的物只能是不代替物,变例寄托的标的物只能是代替物。关于嫁奁,共和国末年,夫对其中的动产只享有用益权,因而作为嫁奁的动产只能是不代替物。

七、特定物(res in species)与不特定物(res in genere)

这是按物在交易中是否经过具体指定进行分类。特定物是当事人在交易中具体指定的物,如某女奴、某白马等。不特定物亦称种类物,是指当事人在交易中仅以种类、品质、数量等标准而为抽象指定的物，如会做面包的女奴一名，能乘骑的白马一匹等。特定物和不特定物的区别与代替物和不代替物的区别似同而实异，因前者是由当事人的主观意志所决定，后者则依客观的交易习惯为标准。故当事人可约定以代替物为特定物，如寄存密封的葡萄酒等；也可约定不代替物为不特定物，如甲委托乙购牛一头，泛指约五六岁的黄牛，价 20000 阿司左右等。然黄牛决不因当事人不注重其个性而失其客观上之不代替物的性质，因当事人的主观意志并不足以影响物的性质和交易习惯。

这种区分的意义是，在给付中，如给付标的为特定物，则债务人应交付当事人所约定的特定物，故对于交付前的风险，原则上由债权人承担；如给付为不特定物，则债务人仅须交付种类、品质、数量相同的物，根据“种类物不灭”（genera non pereunt）的原则，对其交付前的风险，原则上由债务人承担。

八、可分物（res divisibiles）与不可分物（res indivisibiles）

这是按物分割后是否损害其性质和价值进行分类。可分物是指经分割而不损其本质和价值的物。即物经分割后，第一，须各部分成为与原物保持相同性质的较小单位；第二，须其价值的总和不小于原物的价值，在有体物，如土地、饮料等；在无体物，如所有权、债权等。通常所有人或债权人既可行使其权利的全部，也可与人分享其一部。不可分物则是指非损其本质或价值即不能分割的物。在有体物，如牛马、图画等；在无体物，如通行地役权，需役人通过供役地，即行使通行权的全部，否则只能全部不行使。抵押权亦同。所以可分物与不可分物是从法律上的意义而说的，并不是指物在事实上是否可以分割。

这一区别的法律意义是:共有物如为可分物,得依自然分割分配;如为不可分物,则按其价值进行计算。在多数当事人之债,如其给付为可分物,则由各人按比例分享或分担;如其给付为不可分物,则各债权人有权请求全部的给付,各债务人亦须为全部的清偿,又不可分物的性质,在地役权和抵押权中尤为重要。

九、单一物(res simplus)、合成物(universitatis rerum cohaerentium)与聚合物(universitatis rerum distantium)

这是按物的存在或组成方式进行分类,是受到希腊哲学影响的结果。单一物指独立成为个体而存在的物,如一匹马、一块宝石等。合成物指由数个或许多个物组成的独立物。各独立物合成后,原来的各物便不再独立存在。如房屋、船舶等。房屋在建成后,砖、瓦、木、钉等便不再单独存在。故合成物又称联合组合物。聚合物是指多数物的集合,而各物仍保持其独立的存在。如一群羊、一座图书馆等,其中包括多只单个的羊和多册不同的图书。故聚合物又称分离组合物。聚合物由于其内容的不同,又分为事实上的聚合物(universitatis facti)和法律上的聚合物(universitatis juris)。事实上的聚合物是由多数有体物组成的聚合物,如上述的羊群、图书馆等。法律上的聚合物是由有体物与无体物组成,在法律上被视为一物,在罗马法上这种聚合物包括三类,即遗产、嫁奁和家属等的特有产。这三者都是包括有体物和无体物在内的概括的财产,各受同一法律关系的支配。

区分单一物、合成物和聚合物的法律意义是:合成物和聚合物同单一物一样,可以作为权利义务的标的。如果组成合成物的某一物属第三人所有时,该第三人不得直接向合成物的占有者请求返还原物;而在聚合物,第三人则可以请求返还属于他所有的组成该聚合物的某一个别的物。

十、主物(res principales)与从物(res accessoriales)

罗马法称主物和原物为 res principales,称从物、孳息、费用和损害等为 accessio 或 causa rei。狭义的主物是从物的对称;作为孳息的对称则称原物。本章为便于叙述,照顾内容编排,分主物与从物、原物与孳息、费用与损害三项加以说明。从物和孳息,通常又称为附属物。

主物和从物,是按物在相互关系中所起的作用进行分类。这里,主物作为从物的对称是从狭义上理解的,不包括原物在内。在某一法律关系中相互关连而同属于一人的两物,其中独立存在、并起主导作用的是主物;而附属于主物,辅助主物的效用,并通常随主物的转移而转移的则为从物。这种区分,对有体物和无体物均可适用。如锁是主物,钥匙是从物;债权是主物,抵押权、质权和保证则是从物。

在有体物方面,形成主物与从物的原因有两种:

1. 附合

在合成物中,构成合成物的基础为主物,附加的则为从物,而不论两物价值的高低。如土地与房屋,土地是基础,房屋是附着的,所以土地为主物,房屋为从物。又如宝石戒指,托架是戒指的基础,所以托架是主物,宝石是从物,即使宝石的价值远远高于托架的价值,主物仍然是戒指的托架,而不是宝石。羊皮纸与手书文字,则前者为主物,后者为从物,即使文字是名家用金水写的,也不例外。但画家在一块木板上画了一幅画,究竟木板是主物抑或画是主物?按上述原理,当然木板是主物,所画的画是从物。保路斯持的就是这种观点,他认为,画不能离开所依附的木板而独立存在。但是盖尤斯则认为,在这种特殊情况下不应适用一般原则,而应作例外的处理。因为艺术家作画所付出的劳动的价值要比木板的价值高得多,应认为画是主物,木板是从物,这涉及所有权的归属问题。优帝一世编纂法典时,为了发展艺术,保护艺术家的利益,就采纳了盖尤斯的意见。但对于纸和手书文字,则未作同样的处理。

2. 使用目的

二物合起来被人使用,二者共同发挥效用时,有独立效用,可以直接满足人们需要的是主物,常助主物而发挥其效用的则为从物。但是这种区分不是绝对的,而是相对的。同一物在甲关系下可能为主物,在乙关系下或则变成从物。如在土地上建筑房屋,则土地为主物,房屋为从物;在房屋上安装门窗,则房屋为主物,门为从物;门上加锁,锁是从物,门是主物;而锁相对于钥匙又变成主物,钥匙则为从物。因此,某物作为主物或从物,只是从一定的法律关系来决定的,而不能抽象地判断。如房屋和锁究竟是主物还是从物,须依它们与土地、门和钥匙等的关系来确定。依使用目的来区分主物和从物,是以三个条件为前提的:

(1) 须以专助主物的效用为目的的,才是从物,否则二物不发生主从关系。如马鞍是马的从物,而用被褥暂时充当马鞍,该被褥就不是马的从物;

（2）须依所有人的意思，使某物帮助主物的效用。例如，钥匙是为锁奴隶的锁配备的，如其所有人把它临时借给邻居开锁，则该钥匙并不因此成为邻居的锁的从物；

（3）须该物实际上已经用于帮助主物发挥它的效用。优帝《学说汇编》中引用了雅沃莱努斯(Javolenus)举的一个例子，某人为了修理房屋买了一部分新瓦堆在地上备用，此时，这些瓦是否是这座房屋的从物呢？应该说不是的，因为它们还没有辅助房屋发挥其效用。要是把房屋上部分旧瓦取下，准备修理时再盖上去，则这些旧瓦就是房屋的从物了。法学昌明时期，已不再按严格的意义来理解主物和从物，而是按交易习惯决定之，所以，只要一物专助另一物的效用，它就是后一物的从物，而不论其是否已经帮助主物发挥作用。

区分主物与从物的法律意义，在于处分主物时具有及于从物之法律效果：

（1）除法律另有规定当事人有特殊的约定或者当地在交易方面有特别的习惯外，处分主物的效力均及于从物。例如，在没有地上权、没有当事人特约或相反的习惯时，建筑物应随土地的转移而转移，锅盖应连同锅、灯罩应连灯一起买卖；

（2）主物和从物不属于同一人而因附合成为合成物时，主物的所有人取得从物的所有权。如某人误在他人土地上建造了房屋，房屋的所有权就应属于土地所有人。至于房屋建筑人的损失问题，我们将在后面叙述“添附”时予以说明。

十一、原物(res originaria)与孳息(fructus)

这是按物在相互关系中是否具有派生关系进行分类。原物是指能够产生收益或产物的物。孳息，在罗马古代，是指由土地按期产生供人畜食用之物。法学昌明时期，孳息的含义渐广，是指依原物的用途而按期产生的收益。此外，不是依原物的用途产生，或从原物不定期产生的物，则被称为产物。

由上可见，孳息与产物是有区别的：第一，权利人使用一物的目的，是决定孳息与产物的主观条件。山地树木按时采伐的为孳息。花园的树木为了点缀观赏，即使偶尔因为调整布局而采伐，亦为产物而非孳息。又如土地所藏的矿产，如供开采的，则矿物也是孳息；第二，收益须有相当的定期性，此乃决定孳息与产物的客观条件，故被大风偶尔吹断的树枝，是产物而不是孳息。至于牛马所生的小犊小驹，法学家一般也认为与小猪小羊等一样，除当事人订有特约或另有习惯外，应视为牛马的孳息。最初，对奴隶生育的子女，亦与孳息同论；共和国末叶，因受希腊哲学的影响，开始认识到奴隶本与自由人没有两样，不应把他们和牛马相等同。因此，法学家遂有主张把奴隶列为例外的。盖尤斯和乌尔披亚努斯则认为，这是因为奴隶的子女，非因奴隶之用途而能按期产生的收益。这项理由显然并不充分，果如两位法学家的意见，则小犊小驹，也应为产物而不是孳息了。故优帝《法学纲要》指出："女奴所生的子女不是女奴的孳息……把人视为孳息是不合乎人道的。"

区分原物和孳息的法律意义是：孳息与原物分离后，应属于有权收取孳息的人所有，有权收取孳息的人不一定是原物的所有人。如土地出租后，孳息应由承租人收取，设定用益权的财产所生的孳息则由用益权人收取。而产物则不同，它一般应归原物的所有人所有，如母牛所生小犊，被风吹断的果树树枝，除当事人订有特约或另有习惯外，依法应归该母牛和果树所有人所有。

孳息在罗马法上又分为以下若干种：

（1）天然孳息（fructus naturales）。这是指依物的性质自然生长，不需加工的孳息。如土地自然长出的牧草、山中自然生长的树木等；

（2）加工孳息（fructus industriales）。这是指加以人工而获得的孳息。如经播种、浇水、施肥等而产生的谷物、水果等；

（3）法定孳息（fructus civiles）。这是指原物被他人使用时，根据法律关系或法律规定而产生的孳息，是使用人所给付的代价。如房屋的租金和借款的利息等；

（4）未分离孳息（fructus perdentes）。这是指尚未与原物分离的孳息。如葡萄还长在葡萄藤上，麦子尚结在麦秆上，这时的葡萄与麦子为未分离孳息，仍属原物的组成部分。从法律上说，它们是土地的附着物，不能独立成为所有权的标的，应与原物受同一法则的调整。它们在未分离前，应属于同一所有人；

（5）已分离孳息（fructus separti）。这是指已经与原物分开的孳息。如被风雨打下的葡萄、已割下的麦子，这种孳息已经可以作为独立的权利义务客体，已属于动产而不再是土地的附着物，可以为第三人占有而不论其分离的原因如何；

（6）实收孳息（fructus percepti）。这是指实际收到而占有的孳息。如某葡萄园按一般情况可收葡萄2000斤，但因管理不善或气候等原因，实际只收到1000斤；

（7）应收孳息（fructus percipiendi）。这是指权利人应收得的孳息。如葡萄园在正常管理的情况下，原应收得2000斤葡萄，因占有人不善管理而未能达到此数。应收孳息应以孳息享有人的具体能力为标准，而不以一般抽象的能力为判断。故“实收孳息”根据实际情况，可能多于“应收孳息”，也可能少于“应收孳息”；

（8）现存孳息（fructus existantes）。这是指现时仍存在于收获者财产中的孳息。如收取了600斤葡萄，出售和消费掉了400斤，现存的葡萄（孳息）还剩200斤；

（9）已消费孳息（fructus consumpti）。这是指不再存在于收获者财产中而已经消费掉的孳息，包括吃用掉的、赠予或出售掉的孳息。如收取了600斤葡萄，自己消费200斤，赠予他人100斤，出售200斤，即已消费孳息为500斤。

以上各项孳息的区别，对于占有人的善意或恶意以及计算损害赔偿的数额时都有实际的意义，下文将在有关事项中予以说明。

十二、费用（impensae）与损害（damnum 或 noxa）

费用与损害同从物和孳息一样，都是相对于主物而言的。然而不同的是，从物与孳息增加主物的价值，费用与损害则减少主物的价值，是主物的负担。主物的所有人有享受从物与孳息的权利，但也应负返还费用和赔偿损害的义务。费用，是为他人的物所付出的开支，为自己的物所作的开支则不是罗马法所指的费用。损害，对主物而言，是专指奴隶、家畜等给他人造成的损害，奴隶、家畜的所有人或管理人对此应负赔偿的义务。

1. 费用在罗马法上分必需费（impensae neccessariae）、有益费（impensae utiles）和奢侈费（impensae voluptuosae）三种

（1）必须费是指为保存、维持一物，免其灭失、毁损或减少价值所不可缺少的费用。如维持奴隶和牛马的生存、工作的饲料开支，修理屋漏的开支等，这种费用应全部由该物的所有人承担。

（2）有益费是指并非保存、维护一物所必需，但可以增加该物的价值，对所有人有好处的开支。如改旱地为水浇地、对房屋进行翻造等所支出的费用，这种费用只能由所有人在其物所增加的价值的范围内承担。

（3）奢侈费则是指既非必需，又不能增加物的价值，仅因个人爱好供个人欣赏而支付的费用，如室内的壁画或特殊装饰，为奴隶治病超出一般标准的医药费等，这种费用由支出者自行承担，所有人可不负责。

2. 损害又可分为所受损失（damnum emergens）和所失利益（lucrum cessans）

（1）所受损失是指现有财产的减少，如物件的毁损。

（2）所失利益是指应收到而未收到的利益。所失利益的确定，应以通常的客观标准，而不能主观随意推算。例如，一匹母马受了一般伤害，误工 5 天，如这匹马一天能耕 10 亩地，价值 200 阿司，则所失利益共为 1000 阿司，而不能提出该马失去一次生小马的机会，小马长大又可生小马，不能以这样的推算作为计算所失利益的依据。

十三、有主物（res cum domino）与无主物（res sine domino 或 res mullius）

这是按物是否已有归属进行分类。有主物是指已作为所有权的标的物，即物已归属于某个所有权人，通常的财产均属有主物。无主物则是指尚无所有权归属，未成为所有权的标的物。无主物中，有的可以作为财产一部分，即可以作为权利的客体。有的则不能作为所有权的客体，如海岸、星星等。自法人的观念确定后，公有物有了所有权的主体，即不得说它是无主物。依罗马法，可以作为权利客体的无主物共有五种：

1．从未为人所有的物（res quae nullius in bonis sunt）

如海中自然生出的岛屿为无主的不动产，但土地因原属部落公有，故不视为无主物。自然界中的飞禽走兽和鱼虾等则为无主的动产。对于被击伤的野生动物的所有权归属，罗马的法学家有不同的意见。共和国末年、帝政初年的法学家特勒巴体乌斯（C. Trebatius Testa）认为，动物被击中之后，在追捕中，它即属于猎人，如果猎人停止追捕，它就依旧成为无主物或为先占者所有。相反，后起之秀普罗库路斯则认为，动物被击中之后尚不为任何人支配，只有实际捕获该动物的人，才是其所有权人。优帝一世采后说，认为它更为合理。

2．敌人物（res hostiles）

依罗马法，凡与罗马未订立友好条约的国家，其人民的生命财产即不受罗马法律的保护。一旦战争开始，凡敌国人及其财产，都变成无主物，罗马市民均可将敌国人掳为奴隶，将其财产占归己有。但士兵所获的战利品则应属于国库所有，士兵只能因政府的犒赏而享有。至于士兵不在作战时单独获得敌人的物件，则不在此限。另外，不享受“复境权”的动产，如耕牛、猎犬等，落入敌人之手后，即使仍回罗马，原物主也不能因此而享有所有权，它们只能成为无主物。

3．无人继承的遗产（hereditas jacens）

这在罗马古代法上亦属无主物，任何人可以占有之，经过一年的“继承人时效”（usucapio pro herede）而取得所有权。

4. 舍弃物(res derelictae)

这是指原为人所有而被所有人抛弃的东西。构成舍弃物有两个条件:一是所有人有抛弃的意思;二是有抛弃的事实。有抛弃意思但还未抛弃,或某物虽已脱离所有人的控制,但所有人并无放弃的意思,则均不成为舍弃物。例如遗失物,乃所有人不小心丢失的物,他虽然不再占有,但并未放弃所有权的意思。漂流物、沉没物的性质与遗失物类似,它们不是以所有人的意志而丧失,有机会有可能时所有人仍要寻回这些物件。又航海遇险时,船长有意抛弃的物品属于海损,也不属于舍弃物,因为所有人以后还可能捞起它们。

5. 埋藏物(thesaurus)

这是指埋藏在他物之中而不能确定其所有人的物。埋藏物过去曾属于某人所有,因而对其是否属于无主物,在罗马法中曾有争议。但埋藏于地下的宝石,则为无主物,因其从未为任何人所有。对此下文当予申述。

区分有主物与无主物的法律意义是:无主物原则上归先占者所有,因而不发生侵占、盗窃等问题。

十四、现在物与未来物(res futura)

这是按物是否已经存在进行分类。现在物,是指现在已经存在并已成为所有权客体的物。未来物,则是指现时不存在,将来才能存在的物,如向葡萄生产者定购的明年生产的100斤葡萄。未来物有时也指事实上已存在,不过订约时还不属于当事人所有的物,如与渔夫预订之明天捕到的鱼,虽然鱼已经存在,但这时鱼尚属无主物，还不属于渔夫所有，因而习惯上也作未来物论。未来物不限于有体物，也适用于无体物，如当事人约定某事发生时即赠以某物，即产生附停止条件的债等。

区分现在物与未来物的法律意义，是在未来物的给付中，标的物的风险一般由债务人承担；而现在物给付的风险则因特定物和不特定物而不同。

第二章　物权(jus in re)

第一节　物权概述

物权是指权利人可以直接对物行使并排除他人干涉的权利，即直接支配客体的绝对权利。因此，罗马的法学家从这一现象出发，认为物权是人与物之间的关系，而忽视了它是人与人之间的物质资料占有关系的实质。罗马法把物权分为自物权(jus in re propria)和他物权(jus in re aliena)。自物权是指物权的标的物属于权利人本人的物权，即所有权。他物权是指物权的标的物属于他人所有的物权。由于他物权是派生和依附于自物权的，因此自物权与他物权的关系是一种完全权与不完全权的关系。物权的一个特点是：它的内容只能由法律规定和创设，不像债权那样一般可由当事人自由约定。罗马法上的物权共有六种，即所有权、役权、地上权、永租权、典质权和抵押权①，后面五种属他物权。占有在罗马法上不认为是权利，但它是物权的主要构成因素之一，是“私有财

① 罗马法上还有留置权(jus retentionis)。如出租人得留置承租人的财物作为交付租金和损害赔偿的担保，但这不被视为独立的物权。

产的真正基础"[①]。它对于物权的设定、取得和丧失都有重大的关系,故本章即分所有权、他物权和占有三节分别叙述。

物权与债权都是财产权,但两者是不同的,其主要区别是物权的标的为物,债权的标的为债务人的行为。

(1)物权的标的须为特定物。种类物未具体指定的,只能为债权的标的,不得为物权的客体。但集合物在交易习惯上视为有经济上的特定性时,如特有产,则不妨碍其内容的变更。债权的标的,则为对债务人的特定行为或不行为,债权人必须通过债务人的行为或不行为才能实现其给付。

(2)物权为支配权,债权为请求权。物权的权利人可以对其权利的标的物直接行使权利,此种直接支配可分事实上的直接支配和法律上的直接支配。前者如所有人出卖其物品,后者如经法院拍卖抵押物。债权则债权人必须向债务人主张权利,请求履行其给付的义务,故债的关系只能是间接的支配。

(3)物权为绝对权,债权为相对权[②]。即物权的义务主体为不特定人,而债权的义务主体是特定人。物权的权利人有权禁止任何人妨害其权利的行使,所以物权是对物权(jus in rem)、对世权、绝对权。债权是对特定人请求为特定行为或不行为的权利,必须通过债务人的行为才能使物件达到债权人支配管领的范围,故债权只能对特定人行使,是对人权(jus in personem)、相对权。

(4)物权有排他性,债权则无。在同一物上不能同时有两个完

① 《马克思恩格斯全集》第1卷,第382页。

② 有的学者主张债权也具有绝对的性质,任何人都不得加以侵害,与任何人不得妨碍物权人行使其权利相同,否则即负侵权行为的责任。

全所有权或成立两个以上性质不相容的物权。如数人就同一物件不能各自独立地享有完全的所有权。共有就必须受量的限制。由于物权具有排他性,因而后成立的物权只能在不妨碍先成立的物权的条件下存在,这又称物权的优先性。但是,数人对于同一债务,可行使以同一给付为内容的债权,这是因为债权无排他性。由于债权无排他性,因而对同一债务的几个债权原则上也不因成立的先后而分优劣。例如在债务人破产时,不分债权成立的先后,一般都按各个债权的比例受偿。

(5)物权有追及效力,债权则无此效力。物权的标的物无论辗转落入何人手中,权利人都可以追随其物品,对占有人主张其权利。债权则无追及权。债的给付标的一旦脱离债务人而被第三人占有,债权人就不得向占有该物的第三人主张其原来的债权。

第二节　所有权(dominium)

一、所有权概述

(一) 所有权的概念

在罗马法的文献中没有所有权的定义。仅有所谓“对所有物的完全支配权”(plena in re potestas)。因此,后世注释家们将所有权概括为从积极方面对其物有为各种行为的权利,如使用、收益和处分等;在消极方面有禁止他人对其物为任何行为的权利,并进而对所有权作如下的定义:“所有权是以所有人的资格支配自己的物的权利”或“所有权是所有人除了受自身实力和法律的限制外,就其标的物可以为他所想为的任何行为的能力。”尽管他们认为所有人可以在其所有的物上为他所想为的任何行为，但并没有把占有概括为所有权的一种权能，这是为什么？原因在于罗马法不认为占有是一种权利，而把它作为一种事实。占有是对物的实际控制。通常占有人就是所有人，当然也可能不是所有人。罗马法根据实际情况，对占有的事实或是肯定，或是否定，以此来达到维持一定的社会经济关系的目的。这样，占有在罗马法上就成了相对独立于所有权的一种法律制度。

注释法学家并对所有权总结出绝对性、排他性和永续性三大特征。所有权的绝对性、排他性和永续性是由于人口繁殖，对利用有限的财富，避免争夺，由公有制而蜕变为私有制，以利提高生产力而发展起来的。关于绝对性和排他性，我们已在前面有所叙述，现仅对永续性再加以说明。所有权的永续性是指它和所有权的标的相始终，不因所有人是否行使其权利或权利主体的变更而永续存在，直至标的物的消灭。所有权的让与和继承，所有权即由受让人或继承人继续行使。故在古代法，附终期和附解除条件的处分行为，都为法律所不许，不能发生效力。

（二）所有权的权能

如前所述，占有在罗马法上不是所有权的权能，因而所有权的权能只包括使用权（jus utendi）、收益权（jus fruendi）和处分权（jus abutendi）这三项。

（1）使用权。这是指不变更物的性质而按物的用途对物加以利用的权利。通常是所有人自己使用，也可以是非所有人使用。如以书籍供自己或借给朋友阅读。

（2）收益权。是指收取所有物的天然孳息、加工孳息或法定孳息的权利。如收取果园的果子、贷款的利息。该权利在罗马法上很重要,因为在私有制条件下,收取租金、利息等,是富有者获取收入的一种重要途径。

（3）处分权。这是指处理所有权标的的权利。它是所有权的最根本的权能。包括消费、毁损、抛弃、转让、变更(如把葡萄酿成酒)、惩罚(鞭打奴隶)等。处分可分为绝对处分(指不从他人处取得利益的处分,如拆毁旧房等)与相对处分(指为了交换一定的利益而处分其所有物,如买卖、互易;全部处分即将所有权全部移转他人;部分处分如在所有物上设定用益权、地役权或出让部分房屋所有权等)。处分一般归所有人行使,但是也可由非所有人行使,如质权人、抵押权人虽不是所有人,但在一定条件下也可以处分质物或抵押物以偿债。

以上三种权利,是对所有权包含的权能的高度抽象,在实际生活中,则往往由几种权能结合在一起构成一种具体的权利。如他人对于所有权人的财产的经营管理权。在罗马法上,家长、家主可以将一些财产交给家属或奴隶经营某项事业,家属或奴隶则在授权的范围内有使用、收益和处分的权利。这种权利的大小和范围依授权而定,可以包括处分权,也可以不包括处分权。但对于改良行为(改变某物,使之提高价值的行为)、保存行为(即管理行为,也包括对物的追夺行为)和紧急处分行为,家属和奴隶一般不经家长、家主同意即可进行。

（三）对所有权的限制

所有权是最完全最典型的物权,它具有物权的绝对性、排他性和永续性的特点。但是,所有权的绝对性不是指所有人可以不受任何限制地行使权利。因为权利是法律规定和确认的,所有权的行使也必须限制在法律所允许的范围内。对此,早期的《十二表法》即有明文规定,到帝政以后又有改进。罗马法对所有权的限制主要表现在以下几个方面:

（1）因相邻利益的限制。罗马法上的所有权首先受到相邻关系的限制。《十二表法》第7表即作了具体的规定:相邻田地之间,应留空地五尺(pes)①,以便通行和犁地。在他人土地上有通行权的,其道路的宽度,直向为8尺,拐弯处为16尺,建筑物的周围应留2.5尺宽的空地以利通行②。树枝越界的,其下垂的枝叶应修剪至离地15尺,使它不致影响邻地。树木所有人不于相当期间内修剪的,邻地所有人得自行剪除。如树木因风吹倾斜于邻地时,邻地所有人也可诉请处理。树上的果实落入邻地时,果树的所有人有权进入邻地去拾取③。用人为的方法变更自然水流以致他人财产遭受损害的,受害人得诉请赔偿等。以后大法官法又规定房屋有倾倒可能的,邻居得申请法律救济,以预防不测的损害(damnum infectum);建造或拆毁房屋,若邻居认为有损其利益的,得暂时阻止其建筑或拆毁,至双方明确其权益时为止。

（2）因公共或社会利益的限制。如罗马法规定,河流两岸土地的所有人,应在必要的范围内使其土地供公众使用,如行路、拉纤、停泊、系缆、曝晒渔网等。街道和公路两旁的土地所有人应对道路为适当的维护;如果道路因水灾或其他事变而毁坏时,邻近土地的所有人,在道路未修复前应任他人在自己的土地上通行;奥古

① pes,古罗马长度单位,原意为步,今译为尺,约合3/10公尺。

② 公元前390年,罗马遭高卢人入侵,罗马市被焚。重建时由于人口日增,地价高涨,新筑房屋不再遵守旧法,多毗连而建,以墙分界。

③ 此项规定,后被大法官法所废止。

斯都时还规定房屋最高不得超过 70 尺，以防倒塌对邻居造成损害或影响邻居的阳光，特拉雅努斯帝又降为 60 尺，并规定房屋所有人对房屋有修理的义务，毁坏的应重新建造。哈德里亚努斯帝时，元老院通过决议，禁止市民拆毁房屋出卖材料，如必须拆除的，应事前经官厅批准；用他人的材料建造房屋的，非在该屋毁坏时，材料所有人不得请求原材料的返还。公元 2—3 世纪时，罗马经常发生住房和粮食短缺，因而对土地和房屋所有人的权利作了进一步的限制。当时规定，土地荒芜而不耕种，如由别人耕种了，经两年后，土地所有权就属于耕种的人；房屋拆除后，应建筑而不建筑的，则由在其上建筑房屋的人取得该土地的所有权，这是房屋为土地从物的例外。当时公家贷款给私人造房，到期不能偿还的，由公家将其房屋收回出卖。格拉体亚努斯（Gratianus，公元 367—383 年在位）和瓦伦体尼亚努斯二世（Valentinianus Ⅱ，公元 375—392 年在位）两帝规定，在他人地界内发现矿藏的，不论土地所有人同意与否，只要交付国库和土地所有人各以 1/10 的所得，即可进行开采。此外，罗马法还规定打麦场邻地的所有人不得在其土地上建筑房屋，致挡阻阳光和扬麦时所需要的风。在一定情况下，公家也可征用或征收私人的财产。例如傍河的公路被洪水冲毁或因其他原因崩坍时，则傍河修筑新公路的土地即可无偿地被征用。在修筑水渠时，得征购所通过的土地，并就地以合理价格征用修渠所必需的材料。如土地所有人有意刁难，则由公家征购其全部土地，再将不需要的部分卖给他人。凡此种种，都是罗马奴隶制国家为了维护其根本利益而对所有权所作的限制。

（3）为宗教方面利益的限制。在古代社会，宗教在社会政治中占有重要地位，所有权也要受到它的限制。如前所述，某人未经同意将尸体或骨灰埋在别人的土地上，虽然侵犯了土地所有人的权利，但因为死者属于低级的神，所以不经大祭司或皇帝发布挖掘令，土地所有人不得擅自将尸体或骨灰掘走。又土地所有人不得阻碍他人经由其土地前往墓地，墓主在没有适当的道路通往墓地时可提出通行的请求，如果土地所有人无正当理由而拒绝的，墓主可申请大法官判给通行权，并给土地所有人以适当的补偿。

（4）人道主义和道德方面的限制。奴隶在法律上原为物件，可听任所有人随意处理。帝政以后，人道观念兴起，法律逐渐限制奴隶主虐待和私自杀戮奴隶。法律昌明时期，禁止滥用权利的学说逐渐兴起，即所有人"不得专以损害他人为目的而行使其权利"（malitiis non est indulgendum）。即使在日常情况下，所有人使用其物，也应维持在一般的合理状态，如在居民区，允许冬天在室内生火取暖而排烟于室外，允许倾倒生活污水等，但不得开设排出过度的烟雾或流出大量废水的作坊。这一原则，一直延续到今天，成为各国民法中通行的原则。

（5）其他原因的限制。除了以上几个方面外，罗马法对所有权还有其他一些法律上的限制。如为了保护弱者的利益，罗马历史上曾对赠予加以种种限制；被监护的女子和被保佐人，不经监护人、保佐人的同意不得出让其要式移转物；帝政初对奴隶主解放奴隶在数额上加以限制；优帝一世时，丈夫对妻子嫁妆中的不动产，即使征得妻子的同意也不得出让或抵押等等。此外，大法官也可对所有权加以限制，如某人不负抚养义务，大法官可以下令扣压其一部分财产，经出卖而取得抚养费用。所有权人允许在所有物上设定各种役权、抵押权等，则是所有人对自己所有权的限制。

二、所有权的沿革

罗马法上所有权的演变，可以从主体、客体和转移方式三个方面进行考察。

（1）从所有权主体方面看，最初只有贵族即三部落的后裔、宗贵族大会（curia）的成员（quirites①）才享有所有权，至于平民则仅有事实上的占有，在法律上并没有所有权。故罗马法的所有权最初称 dominium ex jure quiritum，直译即“宗联成员之支配权”。到《十二表法》才明文规定，平民和贵族享有平等的所有权，一般外国人则不能享有市民法上的所有权。外国人中与罗马人种族文化相同的一部分拉丁人，自罗马建国以来，就由同盟条约赋予其财产权（commercium）。此外，少数外国人也有获得此项特权的。随着罗马向外扩张，与外国的经济文化交流渐多，来罗马的外国人也日增，大法官乃承认一般外国人享有万民法上的所有权（dominium ex jure gentium）。公元 212 年，卡拉卡拉帝把市民权授予罗马帝国境内的一般居民，因此，所有权主体方面的差别已基本消失。优帝一世时，降服外国人也有了享有所有权的能力。至此，在所有权主体方面市民资格已无足轻重了。

（2）从所有权客体方面看，最初并不是所有的东西都可作为市民法所有权的标的，仅人们视为家庭中的贵重财产如妻、子女、

① quirites 一词是由 quiris（长枪）演变而来。王政初期，只有贵族大会的成员即达从军年龄的家长才有资格参军，持长枪，他们是罗马最早的市民，也是当时法律上之权利义务主体，后来扩及贵族中的自权人。

奴隶和能驮物拉车的牲畜以及“世袭住宅”(heredium)等“罗马物”(res romanus),可以作为所有权客体,受市民法保护。文化、手工业和商业发达以后,家属已不再被视为权利义务的客体,动产的范围也不断扩大,就土地来说,最初先后属于氏族、部落和宗联公有,后来分公私两部分,每个宗族(gens)受地一片,分配于各家长,每家各得约两罗亩(“犹格”,jugerum,复数为jugera,每犹格约合25公亩)土地,供建筑住宅和菜圃之用,称“世袭住宅”,此为私地。此外,每宗族又各有其“公地”或“宗族土地”(ager gentilicius),以供全宗族共同种植。住宅区位于市中,公地则在市郊。“世袭住宅”是世代相传,父死传子,子死传孙,不得出卖,此制后有改变。但在西塞罗时,罗马人仍以出卖“世袭住宅”为不光彩的事。公地初由同宗族的人集体所有,共同耕种,共同享用。公元前6世纪中叶,人口日增,公有制不足以奖勤罚懒,阻碍生产力的发展,方改归每个家长独自用益其所耕种的土地,于是土地遂由公有变为私有,故罗马的土地私有制最初实以占有和劳动为基础,且仅限于罗马土地。由于土地不若牛马等能自然繁殖,故其作为买卖的标的,远在动产之后。公元前3世纪末叶,罗马人统一了意大利半岛,种族战争后,所有意大利土地已享有与罗马土地同等的地位。至于被罗马征服而设置的行省土地或贡赋地(ager vectiglis),则仍不能与意大利土地并论,它须向国家缴纳赋税,且不受市民法的保护。但皇帝也常将“意大利权”(jus italicum)作为恩典授予个别市乃至整个行省。凡享有此项特权的行省,其土地就和意大利土地一样,即归于要式移转物之列。起初,得到“意大利权”的殖民地为数有限,公元3世纪初还不超过40个;到了3世纪末叶,马克西米亚努斯帝(Maximianus,公元286—305年在位)广授“意大利权”于各地,于是外省土地享有意大利权的便比较普遍了。被征服的土地，一般仍由原来耕种的农民继续耕种，其统治阶级所有的土地被没收后则由骑士、大奴隶主承包，建立大庄园，用奴隶耕种，这些土地只是略式移转物，必须纳税①，以示土地所有权属于国家。其租期甚长，甚至是永久的，承租人实际上等于所有人，其权利可以转让和继承，受大法官法的保护，后来国家也把这些土地出卖给私人。帝政后期之初，罗马财政困难，进行税制改革，以增加税收，遂规定所有意大利土地也一律纳税，这样，要式移转物和略式移转物的差异便随着税制的改革和经济的发展而失其重要意义，优帝一世时明令废止意大利土地和外省土地在法律上的区别。

关于动产，则与土地不同，如奴隶、牲畜，每因孳生而超过一家的需要，故家长早就有权把它们出让。但市民法所保护的，初仅限于动产中的要式移转物。随着经济的发展，到公元前 2 世纪中叶，过去在经济上视为无足轻重的动产，有些逐渐占有重要的地位，而牛马驴骡等过去认为是重要的财富反被视为普通的东西，因此，市民法对动产所有权的范围，不得不不断扩大。更由于特有产制度的建立，家产共有中出现了个人私有，即使妻再醮、女出嫁，也可以把她们的财产带往夫家。至于掠夺而来的战利品，则部分归国家，部分犒将士，有时甚至市民也可分享。

（3）从所有权移转的方式看，罗马古时，凡要式移转物最初必须用“要式买卖”的方式、后来也可用“拟诉弃权”的方式转移，仅有当事人的合意和物件的交付，不能发生法律效力。因烦琐的形

① 由皇帝管辖的土地所纳的田赋称“贡税”（tributum），由元老院管辖的土地所纳的田赋称“赋税”（stipendium）。

式妨碍商品的流转，大法官遂对未履行法定方式之要式移转物的受让人加以保护，形成了事实上的所有权（in bonis rem habere）。帝政后期，要式买卖和拟诉弃权实际上均已被交付所代替，优帝一世时则将二者正式取消。

从所有权的移转方式看所有权的沿革，必然要涉及罗马法上所有权的种类问题，所以，这种沿革的历史和逻辑线索，还可以从下面的论述中进一步反映出来。

三、所有权的种类

（一）市民法所有权（dominium ex jure quiritium）

这是由早期的市民法认可和保护的所有权，具有狭隘和形式主义的特征。其主体只能是市民，客体只能是罗马物，也就是要式移转物。其移转必须用要式买卖和拟诉弃权的方式才能发生移转所有权的效力。

（二）大法官法所有权（dominium bonitarium）

用“要式买卖”和“拟诉弃权”方式转移所有权，拘泥于形式，严格烦琐，在履行时稍有瑕疵，如证人不是已婚的男性市民，或者当事人所讲的语言和规定的有出入，或者所做手势不合规定等，都会使所有权的移转无效。随着商品交换的发展，交易者在互相信任的基础上，往往采用一手交钱一手交货的简单方式来转移所有权，即万民法的“交付”（traditio）。但市民法不承认“交付”能发生移转要式移转物所有权的效力，故凡要式移转物而以“交付”转让的，在成交后该物的所有权依法仍属于出卖人，买受人仅能于持续占有1年（动产）或2年（不动产）后，才能依时效取得市民法的所有权。

但在时效未完成前，出卖人仍可以所有人的资格起诉，追回该物或将其用法定方式出卖给第三者。大法官为了维护公平、正义，保护买受人的利益，遂创造了大法官法所有权。一方面并不公然否认市民法的效力，但另一方面又承认要式移转物因“交付”即进入买受人财产之中（in bonis），在出卖人或次让受人起诉追物时，授予买受人以“物已出卖和交付的抗辩”（excaptio rei venditae et traditae），以驳回原告之诉。这是在“欺诈抗辩”外另创的新抗辩。因为“欺诈抗辩”以行为人有欺诈为要件，不能对抗善意的次让受人；且在“欺诈抗辩”中，买受人必须证明对方有欺诈的行为，而在新抗辩中，被告只需证明买卖和交付的事实，加以欺诈抗辩具有刑事性质，最初并不能对抗出卖人等的继承人，后来虽然允许对他们提出要求，也仅限于其实际所获的利益，而新抗辩则可移转于双方的继承人。但这些都以买受人占有标的物为限，如果买受人一旦丧失对标的物的占有，则仍无救济的办法。因此，大法官又创设“菩布利西亚那诉”（actio publiciana），使买受人可以收回原物和孳息。这样，要式移转物以交付方式转让的，在市民法方面看，它依旧是让与人的财产；而自大法官法方面看，它已构成让受人财产的组成部分。按大法官法，让受人在诉讼中既有防御（抗辩权）的方法，又有攻击（诉权）的方法，受到充分的法律保护，因之，实际上享有了市民法所有权的种种实益而成为真正的所有人。只是如果他再转移该物时，不得用要式移转的方式；遗赠时也不能用“指物遗赠”（legatum per vindicationem）形式；对奴隶只有大法官法所有权的，如把他解放，该奴隶在被解放后只能取得优尼亚拉丁人的资格。让与人在名义上虽仍是市民法上的合法所有人，但已名存实亡，成为“虚有权人”（nudum jus quiritium）了。

此项二元的所有权,在帝政前期仍并行不悖。但大法官法的规定,既简便易行,又有相当的保障,所以人们都乐于采用。后来要式移转物与略式移转物的区别,在经济发展的情况下已不符合实际,人们也就相继抛弃了拟诉弃权和要式买卖。到了优帝一世时,二元所有权已正式统一起来。

（三）外国人所有权（万民法所有权,dominium ex jure gentium）

随着罗马版图的扩大,各民族的交往日益频繁,到罗马来的外国商人、工匠和其他外国人愈来愈多。于是罗马设立了外务大法官,专门处理外国人与外国人以及罗马人与外国人之间的民事纠纷。对于外国人在交易中取得的财产,按万民法给予保护,因而就产生了外国人所有权。到公元 212 年,帝国境内的各族居民一般都取得了市民权,外国人所有权与市民法所有权的区别也就没有存在的意义了。

（四）行省土地所有权

如前所述,这是指罗马帝国在所征服的国家设置的行省的土地,它的所有权属于国家或皇帝。国家或皇帝在法律上虽有随时收回土地的权力,但实际上很少这样做。它与意大利土地的区别是:第一,意大利土地主要属于私人所有,在税制改革以前,不向国家交税;行省土地则属于国家或皇帝,占有人必须依法纳税;第二,行省土地是略式移转物,不受市民法的保护;意大利土地则是要式移转物,受市民法保护;第三,行省土地的所有权属于国家或皇帝,不适用取得时效的规定。后来由于对全国土地不分意大利土地和非意大利土地,一律课税,流通中的财物也不再分要式与非要式,行省土地也有由国家或皇帝转让给私人的,终于导致意大利土地与行省土地的区别在优帝一世时正式消失。

四、共有(codominium)

(一) 共有的概念

共有是指数人共享一物的所有权。所有权有排他性,但并不妨碍共有人在他应有的权利范围内对共有物行使所有权。这并不损害所有权的本质。因为一个共有人不是对全部共有物享有所有权,而是只享有部分所有权。罗马法对共有不分按份共有和共同共有,认为实际上都是按份共有。份额可依契约等确定,契约等未确定的,法律就推定各共有人份额相等。

罗马法认为共有是纷争之源(mater rixarum),故尽量避免发生共有或使之消灭,并规定各共有人可自由处分其应有部分,可随时请求共有物的分割,因此约定共有关系永续的无效。

共有与公有不同。共有属私人财产,故共有人对共有物的应有部分在生前可以转让给他人,也可用遗嘱作身后的处分,并可随时要求分割,终止共有关系;公有物则系宗族、国家或市府所有,其成员虽可享用,但无权作任何处分或要求分割。

(二) 共有的产生

共有关系产生的原因主要有:第一,依当事人的合意而产生。如当事人订立合伙契约而建立共有关系;第二,由于第三人的意思而发生。如甲赠送一幢房子给乙和丙二人;或用遗嘱将该房屋遗赠给他们,因而使乙和丙成为该房屋的共有人或共同受遗赠人;第三,由于法律规定而产生。如几个法定继承人对被继承人的财产所产生的共有关系;第四,由于偶然发生的事件而产生。如将分属于乙和丙的小麦混合在一起,从而形成为二人共有财产等。

（三）共有人的权利义务

共有人对全部共有财产享有平等的权利和承担相应的义务。也就是说各共有人对共有物均享有使用、收益和处分的权利，同时也承担因共有物而产生的支付管理费用、纳税等义务。

如前所述，所有权的本质并不因共有而分割。罗马法认为各共有人行使其权利时，就和共有物是他一个人所有的一样，不过其行使权利的范围彼此互受限制罢了。因此，一共有人不行使其权利时，他共有人即可行使其全部。例如甲乙两人共有一车，各有1/2的所有权，议定轮流使用，若甲因故不使用时，乙即可一人使用；但也应独自承担对车的管理和一般的修理。同样，一共有人的权利因人格变更或无人承继而消灭时，他共有人的权利即因而增加扩大。因此，各共有人在不侵害其他共有人权利的范围内，可以独自行使其权利，如出让、抵押其共有部分或对之设定嫁奁或用益权等，但不得对之设立地役权如通行权，因地役权是不可分割的，这样做会损害其他共有人的权利。

帝政时期，共有人对共有物的物质行为，如房屋的翻造、修理，均需经全体共有人的同意。如果其中有一人反对现状的变更，即使是对共有物所为的必要修缮或有利的改良行为，也只能停止进行，除非其他共有人请求分割以终止共有关系外，别无他法制止该共有人的不合理固执。此项办法不利于物尽其用，故民间多订协议变更之。优帝一世时，总结是项经验，根据集体利益和行为的性质，分别作了具体的规定，或由多数决定，或由法院解决，或由各人自行处理。对处分行为或改良行为，不再需要全体共有人同意，有过半数以上即可，但这不是以共有人的人数为准，而是由共有权的过半数决定，因为这是一种以财产多寡为基础的权利，而不是一般的民主权利。如当事人另有特约,自当按规定处理。半数以上的共有权决议以后,反对该决议的共有人必须服从,否则可申请法院谕令暂停该项工作的进行,以待判决;如一共有人不在场,其他共有人不征求其意见而擅作决定的,对此造成的损失,该不在场的共有人有权诉请赔偿。

改良行为在客观上虽然是有利的行为,但另方面需要投资,这就有一个是否值得的问题,当然要经过一番考虑,因有利害冲突关系,所以必须过半数共有权的同意。至于保存行为,它是维持物的使用价值或保存其交换价值的行为,对此每个共有人均可单独进行。如房屋坏了,各共有人均有权利义务予以修理;他人强占房屋,则每个共有人都可以单独提起诉讼。其因此支出的费用,可向其他共有人按其共有份额的比例追偿。此外,不能按照字面来理解保存行为,这种行为也可包括紧急情况下的处分行为。如有一批共有物是易腐的水果,突然遇到反常的炎热天气,则有关共有人可紧急处分,将其变卖而保存其价值。

(四)共有财产的分割

共有容易发生纠纷,因当事人的意见往往发生分歧。在共有关系终止时,涉及共有财产的分割问题,当事人对此可以协商解决;不能达成协议的,可以请仲裁人仲裁,也可以诉请法院解决。

共有物的分割有四种办法:第一,实物分割。这种方法适用于可分割的实物,分割方法可以按当事人权利义务大小的比例或者均等分割;第二,实物不可分割,则将共有物所有权归于一方,而由其对其他人作适当的补偿;第三,变卖实物分配价金,如对贵重物品,各共有人均无力或不愿单独接受的,即可采取这种办法;第四,分割实物并作价补偿。实物不能完全按照份额分割时,多分得实物的共有人应对少分得实物的共有人补偿一定的金额。

五、所有权取得的方式

（一）所有权取得方式的分类

所有权可以通过多种方式取得。按不同的标准，这些方式可以分成以下几类：

（1）市民法取得方式、万民法取得方式和大法官法取得方式。这是罗马法最早的分类。如前所述，市民法取得方式，仅适用于罗马市民和要式移转物，如要式买卖、拟诉弃权和时效取得；万民法取得方式，不论市民或外国人，也不论要式移转物或略式移转物，都可适用，如先占、交付、添附、加工等；大法官法取得方式，则为纠正市民法形式主义的缺陷而产生，但最初受让人仅能保持占有而无所有权，如“遗产占有”、“财产趸卖”等。此项区别，在古代法中极为重要，因市民法的所有权非用市民法所规定的方式不能取得。至于用万民法和大法官法方式的，其初仅有拒绝他人追索的抗辩权以保持其占有，按市民法并不享有所有权。

（2）原始取得和传来取得。原始取得，指不基于既存所有权而直接取得所有权的方式，因而不发生所有权转移的关系。传来取得又称继受取得，则是基于既存的所有权而取得所有权的方式，故取得者的权利之有无，以及权利的完全或不完全，均以让与人的权利为准。前者如先占、加工、添附等，后者如要式买卖、交付等。两者区别的重要性表现在：传来取得的原则是“后手的权利不得优于前手”（nemo plus juris transferre potest quam ipse habet）。如买主从卖主处买得物品，他取得的所有权的权利不得超过卖主原有的权利，而只能等于或小于卖主的权利。如卖主的土地设有抵押权或役权，则买主买得后，抵押权和役权也仍然存在，并不取消，因为任何人不能出卖自己所不享有的权利。至于原始取得，当事人是根据直接控制某物而取得所有权的，所以不发生后手前手的问题。

按照这种分类，时效取得究竟是原始取得还是传来取得？对此罗马法学家们意见不一。有的认为，时效取得是传来取得，因为如果某人通过时效取得土地的所有权，而该土地上设有役权、抵押权的，则他原则上仍须负担这种役权或抵押权，并不因时效取得而消灭其负担。另一种意见则认为，时效取得是原始取得，因为时效取得者，不是从原来的所有人处取得所有权。中世纪的注释法学家和近代多数学者，均持后一种观点。

（3）协议取得和非协议取得。协议取得是当事人经协商同意，由一方从另一方取得所有权，如要式买卖、交付等。非协议取得是依照法律或裁判而取得，如先占、时效取得、加工、添附和分析裁判等。“拟诉弃权”表面上是依法院判决而取得，但是由于诉讼是假的，是当事人为转移所有权伪装进行的，所以实质上是协议取得。

（4）有偿取得和无偿取得。有偿取得是一方给付一定对价而从他方取得所有权，是有对价的行为，如要式买卖、交付、互易等。无偿取得则是不付出任何对价而取得所有权，属于一种无对价的行为，如赠予、先占、时效取得等。

所有权取得方式有以上几种分类，但其基本的分类是按所有权取得的法律依据，分市民法取得方式、万民法取得方式和大法官法取得方式，现依次论述如下。

（二）市民法的取得方式

1．要式买卖（mancipatio）[①]

（1）要式买卖概述。要式买卖是市民法上移转所有权的最古老的方式。mancipatio 一词是合 manu（即手）和 capere（即攫取）二词而成，意谓以手取之或以手攫取，反映了原始社会末期渔猎民族确定所有权的方式，即谁最先用手拿到渔猎物，其所有权便属于谁。当时权利和强力的界限并未划清，人们认为一切权利非有实力为后盾，即不足以证明其存在。其后法律思想进步，要式买卖遂演变为移转所有权的要式行为。可见在要式买卖中受让人须以手触及标的物，因此最初只适用于动产。原因是古时土地公有，不是买卖的标的物；而"世袭住宅"又是不流通物，经济发展后，土地可以私有，这种方式的标的，才由动产扩充到不动产。

（2）要式买卖的方式。据盖尤斯和乌尔披亚努斯记载，采用"要式买卖"时，当事人必须亲自到场（但买受人可由家子或奴隶代替，出卖人则不允许这样做），另要有 5 个证人和 1 个司秤参加，这些人必须是罗马市民中已达适婚年龄的男子，且没有被剥夺作证的资格。5 个证人以 1 人为首，称"首席证人"（antestatus），负召集其他证人和司秤之责。通说认为，这是因为在罗马第六王 S. 图利乌斯时，把罗马市民按财产多少分成 5 个等级，由于要式买卖的标的是重要的财产，所以要从 5 个等级中各选 1 名代表参加作证，以示郑重。买卖不动产或不易搬运的动产，则亲临其地或以其标志

① 音译为曼西帕体奥，我国的罗马法著作采音译"曼兮拔恪"或"曼兮帕蓄"，本书则尽可能采取意译而不用音译。其理由在于：第一，意译使读者在接触到事物的名称时，对该事物就可以有一个大概的了解，起到顾名思义的效果；第二，与物的分类中 res mancipi 译为要式移转物也相一致。

代之（如一撮泥土象征土地，一片瓦象征房屋等）。最初，罗马人的买卖是以羊作媒介①，到了第六王 S. 图利乌斯时，开始用铜块代羊，便有“铜块和秤式”（per aes et libram）的出现。买卖时，由司秤持秤，买受人则一手持标的物或其象征物，一手持铜块说：“按罗马法律，此物为我所有，我以此铜块与秤买得之”，说完就以铜块击秤，将铜块交与出卖人，买卖就完成了。用秤是衡量铜块的重量，由于当时铜块的成色，未经国家检验，所以以铜块击秤，使之发出声音，以检验其成色，故称“铜块和秤式”。王政末年，国家开始检验铜块成色，验过的加以标记，称“标记阿司”（aes signatum），于是敲击验成色已成为一种形式。到了《十二表法》前后，罗马便有了铸币，交易时只要计算货币的数量，习惯上买受人的言辞也改用“价金若干”的陈述。这样，秤重和击声，完全是一种象征性的仪式，而没有什么实际意义了。

（3）要式买卖成立的条件和适用的范围：

① 须用铜块和秤的方式；

② 当事人必须是罗马市民，外国人除非享有罗马的财产权，否则不能用要式买卖的方式有效地进行交易；

③ 买卖的标的最初只限于要式移转物，即意大利土地和耕地的地役权、奴隶和能驮物拉车的牲畜，公元 2 世纪以后，也扩充适用于珠宝、行省土地等价值较高的物品，以表示当事人对交易的郑重严肃，加强契约的效力。

---

① 当时的要式买卖本为单个行为，交易时当事人双方各以其手触羊和交易的标的物，声称：“依罗马法律此羊或物当属于我……”用两次这样的程序，构成移转所有权的双方行为。

要式买卖是钱货即时结清的现金交易，后来“铜块和秤式”成为虚构形式，也就被利用进行赊欠或期货交易，甚至赠予、设定嫁资、质押、结婚、收养、解放子女和立遗嘱等也用此方式。

（4）要式买卖的效力：

① 移转买卖标的物的所有权。但所有权在什么时候才由出卖人移转于买受人，学者尚有争论。一说须在交付价金之后，因《十二表法》第6表第8条明定“出卖物品纵经交付，非在买受人付清价款，或提供担保满足出卖人的要求后，其所有权并不转移”。一说要式买卖是现买现卖，在完成法定手续后，所有权即归受买人，因为不论实际上价金是否已付，买受人已声明此物归他所有，铜块即代替了价金。罗马法当时重形式，只要手续无欠缺，契约即生效力，并不问实际情况如何。我们认为后说较符合罗马法的精神，所举《十二表法》的律文，一般认为系针对“拟诉弃权”的转让而言。至于要式买卖的效力，则第6表第1条已明白确认，这是无可置疑的。

② 买卖的附属条款同时生效。如土地出卖人对面积的声明。在要式买卖只能是即时结清的交易时，法律不允许附加条件、期限和负担，因为这不符合该契约法定用语的含义。但后来形式已变为虚拟，不再限于即时结清，这项限制也就不复存在了。如在移转土地所有权的同时，可保留出卖人对该土地的通行权等。

③ 出让人须负所有权追夺担保的责任。如他并非标的物的合法所有人，又不能有效地协助受让人防御第三人的“所有物返还诉”，如他人取得时效已完成、被他人合法继承等，致标的物被他人追回时，则受让人可提起担保诉（actio auctoritatis），请求出让人付给标的物价金加倍的金额。出让人担保责任的期限，以取得时效

完成为限,即不动产为2年,动产为1年。因逾期即使所有权有瑕疵,受让人也可依时效为抗辩的依据。但这项担保责任在赠予和信托(datio fiduciae causa)中显属失当,因此罗马人乃以“一银币[①]买卖”(mancipatio nummo uno)解决之。即当事人于要式买卖中约定以一个银币为价金,掩盖实际上的赠予或信托,万一标的物的所有权发生问题而被追索,赠予人和信托人只需付给对方两个银币就行了。

④ 买卖的标的为土地时,如事后买受人经测量其面积小于出卖人所声明的面积时,则可提起“土地面积诉”(actio de modo agri),视出卖人为故意或疏忽,而对虚报面积支付双倍于该面积地价的金额或退回其差额。

(5) 要式买卖的消失。共和国末叶,当事人为了便于提供证据,常把要式买卖的内容用书面记载之。帝政以后,相沿成习,以致有此项书面即推定其已履行了要式买卖的仪式。帝政后期,铜块和秤式不再为人们所采用,一般的“交付”即可以移转任何物件的所有权。优帝一世时,更以明令废止之。

2. 拟诉弃权(cessio in jure)

又称“法庭让与”。这是用模拟确认所有权的诉讼而取得所有权的方式。它始于法定诉讼时代,故保持着法定诉讼的特征。当事人必须为罗马市民,外国人即使有财产权,亦无为原、被告之资格,双方均需亲自到场,即使受让人也不能由奴隶或家子代替,标的物须为罗马物,其要求比要式买卖更为严格。方法是买卖双方

---

① 罗马银币(sestertius),当时合2.5阿司。

假装对标的物的所有权发生争执，携带标的物或其标志到长官[①]处争讼，长官发问时，受让人（原告）以手触该物，主张“依罗马法律，此物为我所有”，出让人（被告）则表示同意或默认，于是长官就把该物判归原告，从而完成交易。因为事实上是非讼事件，故拟诉弃权在非诉讼日或法庭以外也可进行，但由于它采用判决形式，严肃庄重，因而除让与人得保留役权外，不能附加条件和期限，受让人也不享有“担保诉”和“土地面积诉”的利益。拟诉弃权的产生较要式买卖为晚，最初可能是用以解放奴隶，后来则让与继承权、收养、设定役权等都适用这种方式。自略式移转物得为所有权的标的后，拟诉弃权也扩及略式移转物，但仍不适用于行省的土地。拟诉弃权方式完成后，在受让人给付价金或提供担保之前，其所有权并不转移。拟诉弃权方式比要式买卖方式简单、方便，只要长官办公就可进行，长官不收受报酬，也不像要式买卖那样，对证人和当事人所用语言和形式有严格要求，这些都比要式买卖优越。但是，在对买受人的保护方面，拟诉弃权则不如要式买卖。由于原告自认为是系争物的所有人，因此，在土地转让时，并无追夺担保和面积保证，受让人为了自己的利益当然要求采用“要式买卖”；至于价值不太高的物件，当事人为避免法定诉讼之交保、纳讼金并至少亲至长官处等麻烦，自可采用简捷的“交付”手续，故其淘汰更早于要式买卖。据文献记载，在公元 3 世纪末前后，地奥克莱体亚努斯时还偶有采用拟诉弃权的，以后就不再见了。

3. 取得时效（usucapio）

按拉丁文，“usus”是使用的意思，“capere”则为取得，两者合起

① 拟诉弃权是非讼事件，大法官外的其他长官也可受理。

来就是因使用而取得之意。它在法律上的含义，指持续占有使用他人之物，经过法定期间而取得对该物的所有权。取得时效是罗马法上的一项古老制度，它反映了社会经济客观的要求，是生产力不断发展的产物。尽管法国大革命提出了私有财产神圣不可侵犯，但法国民法典依然采用了罗马法上的这一制度，并为当代绝大多数国家的民法所承袭。但法律规定使用他人之物，经过一定时间后即成为该物的所有人，这样是不是等于鼓励人们进行盗窃呢？其实不是这样的。

如上文所述，罗马所有权的产生，是适应经济发展的需要。由于从公有制进入私有制后，每个家庭需要土地以供种植，需要奴隶、牲畜以助耕种，所以法律首先保护其所有，以利生活的安定和经济的发展。如果有人让土地荒芜而不垦，让奴隶、牲畜游散而不用，法律就没有必要去保护那些因财物过多而废弃不用的人，不必去禁止另一些因需要而利用这些东西的人。要是所有人没有抛弃其物的意思，则尽可在一定期间内提出异议，收回原物。所以，时效制度最初是在公有制过渡到私有制时，为了调节财产所有人和需要人间的矛盾，平衡有余与不足，鼓励人们使用他人废置之物，以使物尽其用。

到《十二表法》时，取得时效进一步被用来补救形式主义造成的所有权取得方面的缺陷。例如要式买卖的方式有瑕疵，或者亲友间用略式移转要式移转物，在市民法上就不发生移转所有权的效力，但可因持续占有标的物，不动产满 2 年，动产满 1 年，而使买受人受到法律的保护。至共和国末叶，商品经济有了发展，交易及迁徙频繁，取证问题相应突出，于是取得时效又发展为一种便利证明所有权之不可缺少的手段。因为如前所述，在所有权纠纷中，按罗马法的原则,任何人不能把自己所没有的或超过自己所有的权利让与他人,因此欲证明自己所有权的合法,就必须证明前手所有权的正当;但前手还有前手,依次递进,直至原始取得为止,这在当时事实上是不可能的,且对经济流转极不利。为此,大法官法规定,出卖人只要证明自己在1年或2年中曾持续占有某物,即认为他为该物的合法所有人,而不论其前手的权利是否正当。这样就避免了现所有人举证的困难。

进入帝政后期,战乱频仍,田园荒芜,为了安定人民生活,取得时效更演变成了一种尊重持续的事实状态,保护现有社会经济秩序,以利发展生产力的制度。众所周知,法律上的原则是"权利胜于事实"。如甲占有一物,说是他自己所有,但是乙如能提出确凿的证据,证明该物的所有权是属于他的,法院当然会判乙胜诉;法律在事实与权利相冲突时,是优先保护权利,所以权利可以推翻事实。而时效制度恰恰相反,它的实质是"事实胜于权利",其目的在于保护现存的持续状态,以免法律关系和经济关系处于不确定、不稳定的状态。因一人既在很长时间内占有和使用一物,他人在此期间也从未提出异议,一旦忽然被夺去占有,丧失用益,不仅掀起纷争,且使占有人可能失去生活的依据。同时,如果法律不保护这种永续持久而和平的状态,允许有朝一日任意予以推翻,则人人将顾虑其物有被人追夺的危险,从而影响其对物的爱护、改良与流通,不利于生产力的发展。再则,法律保护现占有人,主要也就是保护真正的权利人,因为非所有人于长期间内占有他人之物,实不多见,当然不排除其中有极少数人是不应该予以保护的,但从另方面也可促使权利人积极行使其权利,避免社会财富的损失与浪费,从而有利于社会经济的发展。事物不可能是绝对的,所以法律只能保护绝大多数人的利益，而牺牲少数人的利益，或另采可能的补救办法，何况这些未受到保护的极少数人是由于他们在长时间怠于行使自己的权利，因此是咎由自取。但在商业社会，人员流动增多，1 年、2 年的时效期间，毕竟失之过短，所以又有长期时效和最长时效的创设。

取得时效制度，在罗马法上经历了一个产生和发展的过程，已略如前述，其条件和期限也相应地几经变革。现分古代法时期、帝政时期和优帝时期三个典型阶段分别予以叙述。

（1）古代法时期。《十二表法》第 6 表第 3 条规定，使用土地的取得时效是 2 年，其他物件为 1 年，但这一规定没有明确为保护所有权，只是占有人在使用满 1 年或 2 年以后，如有人提出要收回占有物，使用者可以提出时效已经完成而拒绝交还。古时人们在观念上对于占有和所有的区别并不是十分明确的，因此一些著作称时效期满取得所有权是可以理解的，但在理论上和史实上似欠严谨。当时法律规定的时效期间仅 1 年、2 年，从现代的眼光来看似乎太短，但若把它放到当时的背景下考察，则可以得出相反的结论。因为那时罗马是自然经济社会，人们聚族而居，在狭小的土地上生活，一人的东西被他人公然占有使用，人们互相之间很快都能知道，所有人在 1 年或 2 年的期间，已有充分的机会行使其权利。因而时效规定的时间虽短，也不至于发生流弊，相反还有利于经济关系的稳定。

罗马法对取得时效适用的条件是：

① 使用人必须是罗马市民，外国人不能适用；

② 标的物仅限于罗马的土地和要式移转的动产，但包括夫权和未经继承的遗产。凡男女同居满 1 年，女方的家长未在 1 年中追

索的，即视为抛弃对该女子的家长权，男方即取得对女子的夫权。此外，一人死亡后，如无当然继承人或必然继承人，而在任意继承人接受继承前，其遗产就成为无主物，任何市民均可以继承人的地位自居“先占”管理（pro herede gestio）之，经过一年以后，其占有即受法律的保护，死者的合法继承人不得提出异议，这是“继承人时效”（usucapio pro herede）。据盖尤斯解释，此项规定的目的，在促使任意继承人及时接受继承，避免死者的家祀中断而使其债务不至拖延不清。《十二表法》第5表第2条还规定，受监护女子的“要式移转物”未经其监护人的同意而出让的，不得以时效取得之。此一规定影响产权的稳定，公元前2世纪初，根据鲁体利乌斯（Rutilius）[①]的谕令，改为如受让人明知被监护女子未经监护人的同意而移转的，受让人亦得因时效的完成而受法律的保护，唯女子得于时效完成前返还原价而赎回，称为鲁体利亚那取得时效（usucapio ex Rutiliana constitutione）。依照历史记载，罗马古时房屋建筑的能力和水平有限，房屋都是世代相传，且在自然经济时期，人们老死其舍，社会上不发生废弃房屋任人占用的事情；加以房屋是土地的附属物，所以立法者没有规定房屋可依时效取得。到共和国末叶，取得时效的适用才扩充到房屋和其他略式移转的动产。为了保护公共利益，《十二表法》更明定，失窃物（第8表第17条）、土地或房屋之间的空地（第7表第1条、第4条）都不适用时效的规定。至于墓前的空地和焚尸之地，也排斥于取得时效之外（第10表第11条），因所有人听任该地荒芜不垦，乃是对死者表示敬意。公元前2世纪中叶，《阿体尼亚法》（*Lex Atinia*）重申盗窃物不适用

① 鲁体利乌斯是公元前118年罗马的大法官，公元前105年的执政官。

时效的规定。失窃的物，除非重入失主之手并经其确认为被窃之物，才能除去窃物的污点，否则该失窃物就永远没有适用时效的可能。这一规定，失之过严，后大法官改为只要所有人已处于可以追回被窃物的状态下，即视为该失窃物已重入原所有人的权力以内，若原所有人怠于追索，时效即从此开始。约在公元前 77 年，《普洛体亚暴力法》（*Lex Plautia de vi*）又规定，以暴力占有的不动产，不得因时效而取得。神法物和人法物是不可有物，自然也不发生时效问题。

③ 使用人必须持续使用标的物 2 年或 1 年，因为仅占有而不使用不符合当时时效制度的目的，但使用不问是否有正当名义和是否出于善意，期满即可不受原所有人的追诉，所以占有人实际上与所有人无异，不过法律上未明确地赋予其所有人的资格。

（2）帝政时期。古代人聚族而居，民风敦厚，时效制度尚少流弊。共和国末叶，商人、手工业者迁徙无定，略式移转物已构成财产的客体，于是往往发生有人利用他人的疏忽或远行，侵占其财物，致过去便民的制度变成了害民的规定。大法官针对这种情况，采取了一些改革措施，将取得时效的基础由使用改为占有。因为实际生活中使用的情况千变万化，规定为占有更为简单明确，在通常情况下，占有即为了使用。同时，对其他条件也加以修正，其后皇帝又有所改进，使取得时效制度日趋完备。其条件是：

① 须在法定期间内持续占有。第一，占有人对物件须有事实上的占有，否则不具有时效取得的基础；第二，占有的时间须视动产或不动产持续 1 年或 2 年而未中断（usurpatio）。其期间的计算，始日虽不满 24 小时，亦作一日计算，终了则到末日的届至。时效取得人只要证明时效开始和时效终了时占有标的物，中间这段时

间的情况，则应由表示异议的当事人提出反证。时效进行期间，可以发生中断或中止。所谓时效中断，是指法定期间未完成前，占有人丧失占有，中断其使用。时效中断后，占有人重新占有的，自重新占有之日起重新计算时效期间，且新的时效期间开始时，仍须具备善意和正当名义等条件。最初罗马法上的时效中断分自然中断和法定中断。自然中断指占有人丧失了对物件的占有，如标的物事实上已被他人侵占。法定中断指原所有人以适当的行为表示他仍在管理其物件。如甲占有乙的土地，但乙仍按时整修该地树木的树枝或割除杂草等，以示其仍享有所有权。但法定中断不够明确，容易发生纠纷，后就不再通行。到了帝政时期，只有自然中断，而无法定中断，所以即使起诉也不发生中断时效的效力。不过法官判决是依"证讼期"为标准，如果在证讼时，时效尚未完成，承审员即判令现占有人支付价金或返还原物。至于中断的原因，不论由于主动或被动，即使占有人因战争被俘，其占有的利益，也因而丧失。如其日后重回罗马而恢复占有，应作为新占有的开始，不能因"复境权"而回复原状，因复境权仅适用于权利而不适用于事实。但罗马法对自然中断，也有下述例外，即如果债务人以时效进行中的物件出质于债权人，虽债权人对质物取得占有，也并不中断债务人对质物的时效的完成。又如讼争物的管理和容假占有①，也都不影响原占有人的时效利益，但当事人有相反的声明时，则当别论。

时效中止，指时效期间因法定原因的发生而停止计算，在中止原因消灭而占有人继续占有时，前后时效期间合并计算。时效中止的原因大致有两种：一种是占有物易主，如受法律特殊保护的未

① 容假占有是罗马法上特有的制度，详见"债编"。

适婚人在监护人未确定前所继承的遗产；另一种是发生重大的障碍，如天灾、出征等，致原所有人不能主张其权利的，大法官规定时效期间暂停进行，其诉权不因时效期间届满而消灭。

另外，时效也可以合并计算。即时效期间不必由同一占有人完成，占有人可将其占有转由他人继续占有，现占有人连同原占有人已经过的期间合并起来计算时效期间。合并计算分为两种：一种是概括的，一种是个别的，两者发生不同的效力。占有人以概括的名义移转其财产于他人时，他人得继续其已经过的时效期间，称为占有的继承(successio in possessionem)。无论现占有人为善意或恶意，均以原占有开始时的状态为准。由于在继承中，继承人继承被继承人的人格，故在转移占有时，继承人无须具备善意的条件，只要被继承人开始占有时具有善意，即可自其占有时开始计算时效期间。个别的合并，则是占有人以个别的名义将财产移转给他人另行占有。如在买卖中，由于买受人不继承出卖人的人格，故其占有各自独立。这种情况称为占有的合并(accessio possessionis)，必须出卖人和买受人均属善意，才能将双方的占有时间合并计算为统一的时效期间。如果出卖人是善意的，买受人是恶意的，就意味着合法占有的中断，买受人不得继续出卖人的时效期间，两者就不能合并计算。反之，如果出卖人是恶意的，买受人是善意的，则时效可以从买受人开始占有时起算。合并计算最初只适用于概括的财产移转，到卡拉卡拉帝时始适用于买卖，优帝一世时又扩充到赠予和遗赠等。

② 占有须有“合法原因”(justa causa)或“正当名义”(justus titulus)。古代的时效取得，是以使用为基础，占有人的意思即因使用而表示出来。帝政时，时效取得既以占有为要件，但控制一物的

事实，并不足以说明占有人的意图，故欲知占有人的真意，必须探求其占有的原因，此项原因更须合法。所谓合法原因，通常以物件移转前的法律行为或法律事实为准，如通过买卖、赠予、互易等法律行为，通过法定继承、先占等法律事实，也可由于大法官的谕令或承审员的判决，如遗产占有、分割裁判等而取得占有。反之，如借用、寄托则不得作为时效取得的正当名义。合法原因一般是以法律行为为依据，如果法律行为的效力发生问题，例如设定嫁奁的婚姻无效，或代理人向第三人借一物而对本人则说是买的，本人信以为真而占有之等，这些是否影响原因的合法性？帝政初期，合法原因以法律行为正式成立为必要条件，故上述二例，不得为时效取得的基础；但以后的判例，并不完全遵循此项严格的原则，因此成为法学家争论不决的问题。公元 2 世纪，不少法学家主张，只要占有人自信其法律行为有效，而错误又显然是可以原谅的，这种法律行为就可以作为取得时效的合法原因。如买方由于可以原宥的情形而不知对方是无行为能力的人，就可以通过占有，完成时效而取得。但自地奥克莱体亚努斯帝以后，有好几任皇帝都否定这种主张，强调必须有有效的法律行为。因此，优帝一世在编纂他的《法典》和《学说汇编》时，前者依据历代皇帝的敕令，后者则采取法学家的意见，以致造成相互矛盾。而《法学纲要》对此又表述得不够明确。因之人们也就无法确定罗马法对这一问题究竟是采何种意见了。

③ 占有人必须为善意（bona fides），其占有需无瑕疵，即既不是通过暴力强占，也不是隐匿占有或容假占有。一般地说，就是占有人确信自己是合法的占有。如果让与人本非让与物的所有人，或本无出让其所有物的能力，受让人明知这些情况而受让其物，即不

得视为善意占有。反之,如误信让与人为真实的所有人,或误信其有出让其物的能力,这是指对事实的认识发生错误。至于对法律上的错误,原则上是不能原谅的。善意与合法原因在举证责任上是不同的,原因是否合法,应由占有人举证;善意、恶意则应由对方证明,因法律推定一切占有人都是善意的。

善意的条件,原为限制转让非让与人所有的物,嗣后又适用于让与人无让与能力的情况。但由大法官法所有权变成市民法所有权的取得时效中,善意的条件并非必要,因此在这种情况下,时效的作用仅在补救所有权移转方式上的缺陷。

善意只要存在于占有开始时就行了,即使以后发现让与人非真正的所有人或并无让与的能力,也不影响时效的完成。这样处理,好像并不公平合理。例如甲买乙一样东西,第二天发觉这样东西是丙所有的,理应将此事通知丙,并将该物归还原主。但罗马法没有这样规定,是为了适应商品流转的安全和敏捷的需要。因为如果不是这样,甲占有后一旦发觉错误,就得中断时效的进行,并交还原物给丙,则让受人甲显然处于极不利的地位,他唯一补救的办法就是向让与人乙要求赔偿损失。但出卖他人的东西的人,往往是无力清偿的人,因此让受人甲的追偿必然少有成果。大法官考虑甲是完全没有过失的,而丙至少是怠于注意,没有管好自己的东西,更从交易的安全方面看,权衡利弊,所以在无过失的让受人和有疏忽的所有人之间,宁可首先保护甲的利益而牺牲丙的权利,让丙去向乙诉追。故"菩布利西亚那诉"仅保护那些订约时为善意者。在买卖中,买受人的善意,不仅应存在于接受物品而占有之时,也应存在于成交之际。至于无偿行为如赠予,则让受人的善意应存在于整个时效期间。因为无偿行为是没有对价的,所以大法官在权衡让受人和所有人的利益方面，就侧重保护所有人了。

若由代理人或家属占有，则取得时效的开始，应从本人知悉占有时起算，所以在知悉的时候，本人应具有善意。但在概括委任，如船东委托船长全权管理航海贸易事务，无意思能力的幼孩或精神病人由监护人、保佐人代管家产，则代理人的行为即等于本人的行为，因而占有之有无善意，应以代理人有无善意为标准。但在这种情况，虽不要求本人具备善意，但他至少也应没有恶意，因为法律的原则是不保护恶人。

④ 标的物须可因时效而取得。凡可以作为财产的有体物，原则上均可适用取得时效的规定，但也有因特殊原因，有些物不得适用时效制度，已如前述。帝政时期对此又有发展，现列举如次：

第一，不能为私权标的的不可有物，其规定如旧；

第二，不能为市民法所有权标的之物。取得时效是市民法的制度，因此，不能为市民法客体之物，如外省土地，就不能适用取得时效，下述长期时效即为补救这一缺陷而设；

第三，无体物。无体物不能作为占有的标的，所以不能适用时效的规定。但由于历史上的习俗，夫权可以例外，可因“时效婚”而取得。自准占有制度产生后，役权等也可以因时效而取得；

第四，法律禁止转让的财产。这项规定完全是为了保护所有人的利益，例如《优利亚嫁奁法》对于嫁奁中的不动产的规定。S.塞韦鲁斯训词(oratio severi)宣称，对于未适婚人的“耕地和郊区的土地”(praedia rustica vel suburbana)，一般都不得转让，也就不能以时效取得。特奥多西乌斯二世时决定，凡属于国库、皇帝、寺院和慈善团体的财产，都不适用取得时效的规定；

第五，失窃物和以暴力占领的不动产。关于前者，已如上述，后者则在奥古斯都时制定的《优利亚暴力法》中作了进一步规定，凡以暴力占有的不动产，都不能用时效而取得所有权，即使是善意让受人也不例外。

由于上述各种的限制，时效取得适用的范围，便大受限制，特别是失窃物和暴力占有两项，实际上排除了取得时效的大部分作用。因为物体如果由所有人自行转让，受让人即直接取得所有权，如果由第三人擅自让与，或占有人以强力侵占，则构成盗窃和暴力行为，就不能以时效取得了。但这并不是说取得时效就不再发生作用。例如，甲向人租借了某奴隶，甲死亡后，其继承人乙以为该奴隶是被继承人甲所有，因而让与丙，奴隶的使用权人误以为奴隶所生的子女为孳息而出卖之，由于让与人无行窃的意图，故受让人即不妨以时效而取得；又如不动产因所有人远出、疏忽、死亡等原因，第三者都不需要以暴力即可占有之。法学昌明时期，时效取得虽有上述四项要件，但仍有下列例外：

① 继承人时效。如前所述，无人继承的遗产，任何市民可以继承人的地位而占有之，不需要合法原因和善意。后宗法观念日渐淡薄，大法官允许在无人继承时，死者的债权人可以拍卖死者的财产，以抵偿其债务，而不需代祭家祀和代偿其他债务，故继承人时效也就失去其存在的理由。哈德里亚努斯帝时，元老院通过决议，规定占有他人遗产的，即使经过1年以后，死者的合法继承人仍可起诉追还，但该决议并没有宣布"继承人时效"之无效。如果合法继承人不提起遗产之诉，占有人仍不妨继续占有，这样，反使遗产的产权处于不确定的状态，所以数十年后，马尔库斯·奥勒利乌斯帝就把恶意侵占他人遗产作为刑事犯罪，以"盗窃遗产罪"（crimen expilatae hereditatis）论处，于是"继承人时效"也就正式废止了。

② 收回时效(usureceptio)。此项时效也不需合法原因和善意。例如古代设定质权,出质人须将质物的所有权移转于质权人,即债权人;债权人则根据信托契约,承诺在债务清偿后将质物归还出质人。但也有债权人背信违约,在债务清偿后不将质物归还的。法律为便于出质人收回质物,故规定凡以信托契约转让一物于他人,而他人违约未将原物归还的,让与人得因占有该物1年或2年后回复其所有权,称"信托物收回时效"(usureceptio fiduciae)。又如国家的债务人,其财产经政府拍卖的,事后该债务人得因占有原物1年或2年后而重新取得其所有权,称"被国家出卖的财产的收回时效"(usureceptio ex praediatura)。后来收回时效被优帝一世废止。

凡按照上述规定完成取得时效后,让受人即取得占有物的市民法所有权。但原已存在于占有物上的役权、抵押权等负担,并不因此当然消灭。

由于市民法的时效制度不适用于外国人和行省土地,总督和外务大法官遂借鉴希腊法制,创设了长期时效(longi temporis praescriptio),与市民法时效并行,以补救市民法的缺陷。公元3世纪,更由帝皇以敕令正式通行于全国。只是其目的非如取得时效为弥补所有权之瑕疵或为解决所有人举证的困难,而是保护经久的占有人,以稳定社会经济秩序。因原物主既长期不行使其权利,即可推定他已抛弃其权利甚或其权利根本不存在。除期间外,这种时效的条件与上述相同。其期间为,不论动产或不动产,当事人同住一省的为10年,异省的为20年,期满后占有人即有权拒绝所有人的诉追。之所以这样规定,是考虑到当事人同住一个地区,所有人容易照管自己的财产,也容易发现自己的财产被侵占;反之则相反。依长期时效取得的,不是市民法的所有权,而是事实上的所有权或大法官法的所有权。根据长期时效的规定,同省为 10 年,异省为 20 年,这也意味着,同省的时效期间 1 年等于异省的 2 年。如甲乙两人在同省住了 8 年,以后一方搬迁到外省,则所剩的同省期间 2 年要换算为异省期间 4 年,总共要经过 12 年才能完成时效。但也可由数人合并完成。如未适婚人的监护人未选定或有其他正当原因等,时效也可停止进行,只是起诉可构成时效中断的原因。因长期时效最初并非取得所有权的方法,它在程式诉讼时期,只是前书的一种,被告应申请大法官将其防御主张列入程式之中,而承审员的判决,即以申请时的时效已否完成为标准,这与普通取得时效之以"证讼期"为中断的标准不同。长期时效原仅适用于外省土地和外国人对罗马物,罗马帝国的一般居民都取得市民权后遂扩及于动产,地奥克莱体尼亚努斯帝又将其适用于意大利土地,但它仅产生抗辩的效力,效力也涉及他物权,即在时效完成后,一切存在于物件上的负担,均可免于被追诉。但对他物权,亦以具备时效完成所需的条件为必要,例如占有人明知所占有的物设有抵押权时,则由于其非善意,虽经过 10 年或 20 年的时效而享有抗辩权,也不得以之对抗抵押权人;也可能所有人和抵押权人不在同一个省,其各人的时效期间不同。因此,所有权与他物权的时效各自独立,中断、中止的事由,亦可互异;其开始及完成的时间,可先后不同。由于长期时效并非所有权取得的方法,而以现实占有物件为要件,故在时效期间内占有人丧失其占有的,并无起诉收回物件之权,时效完成后,则可受大法官法的保护。但长期时效也不是消灭时效,因此即使在 10 年、20 年以后,如果占有人一旦丧失其占有,原所有人仍可对新占有人提起"物件返还诉",以追回原物,其诉权并不因经过 10 年或 20 年而消灭。

如前所述，长期时效之占有以有合法原因和善意为必要，否则由于所有权的永续性，即使经过30年、50年后，所有人仍可进行追索，这就使所有权久延不定，影响物件的改进，而对懈怠的物主作了过分的保护。为此，君士坦丁一世进一步规定，凡所有人放弃其占有达40年的，不论是动产还是不动产，法律即不再保护其所有权，占有人即使没有合法原因，或出于恶意、盗窃或暴力，也可拒绝所有权人的追诉，被称为最长时效（longissimi temporis praescriptio）或非常时效，与包括市民法时效与长期时效的普通时效（ordentliche usucapio）相对称。公元424年，特奥多西乌斯帝二世又把40年的时效缩短为30年。唯最长时效也仅消灭所有人对占有人的诉权，并非所有权取得的方法，故在占有人丧失其占有后，既无诉权可以恢复其占有，又不能阻止所有人对新占有人诉追其物。因此，占有人的权利仍无可靠的保障。

（3）优帝时期。优帝一世继位时，市民权早已普及于全罗马的一般居民，外省土地与意大利土地因统一征税，在法律地位上已无所区别；市民法所有权与大法官法所有权的差异也已消失，普通时效与长期时效的区分已无存在的必要。所以，优帝一世于公元531年把这两种时效合并为一：凡两者条件相同的，则保存之；不同的，则择其最合适者。其具体规定是：动产的取得时效改为3年，称“取得时效”（usucapio）；不动产视当事人是否同住一省，为10年或20年，仍称“长期时效”，但以善意和有合法原因为必要。时效完成后，占有人即取得该物的所有权。如他物权人怠于行使其权利而占有人并不知道其存在的，占有人就可豁免标的物上原有的一切负担，如抵押权、役权等；但占有人为恶意的，不能享有豁免权。

对于最长时效,优帝一世于公元528年规定,除被监护人、被保佐人和嫁奁中的不动产等禁止流通的财物以外,如果占有人是善意且其前手非用暴力强占物件的,如遗失物、失窃物,可不须有正当原因,不论动产或不动产,经过30年即可取得所有权。如果是恶意又无正当原因的,则不能取得所有权。对于受到法律特别保护的财产,如讼争物以及国库、皇帝、寺院和慈善团体的财产等,则其时效期间为40年。

4. 分割裁判(adjudicatio,又称分析判决)

这是承审员根据大法官授予的权力,通过判决分割共有物,终止共有关系,而使有关当事人各自独立取得所有权的方式。数人共有一物,往往因利害不同而意见分歧,致权利不能行使,如彼此不能达成分割协议,只得诉请司法解决。在通常情况下,裁判只能确认权利,而不能创设、移转或消灭权利。但分割裁判则属例外,对此承审员享有较大的权衡之权,它包括以下三种情况:(1)共有物分割诉(actio communi dividundo);(2)遗产分割诉(actio familiae erciscundae);(3)确定疆界诉(actio finium ragundorum)。在前两种诉中,承审员终止原有的共有权而代之以数个独立的所有权。有关共有物分配的具体办法,我们已在"共有"中予以叙述,兹不赘述。毗连土地的所有人因疆界不明,发生争议的,承审员的任务是确认两地原有的疆界,但是为了疆界分明或有利于生产起见,有时也可予以适当的调整,将一方的部分土地判给另一方,另一方则给受损失的一方以适当的补偿。分割裁判的效力,有市民法诉讼(judicium legitimum)和大法官法诉讼(judieium imperio continens)的区别。市民法诉讼须完全按照市民法的规定进行,当事人应为市民,标的物应为罗马物,审判地点应在罗马,承审员则应是罗马市民。符合这些规定,才能取得市民法的所有权。因为市民法的程序烦琐,要求严格,极不方便,因而大法官简化条件,对不符合市民法诉讼程序要求的,按公平合理的原则,给有关当事人以司法保护,但这只能产生大法官所有权。无论市民法诉讼或大法官法诉讼,共有物分割后,共有物上原有的负担或分割中新设定的负担,如抵押权、役权等,都应由有关所有人独自承担。

5. 公卖(bonorum sectio)

罗马古时,凡战利品、没收的财产、政府和皇帝的私产,其出卖均用拍卖的方式。公卖时在地上树一矛(sub hasta)作为标志,故也称 sub hasta。采用这种方式,就是要式移转物也毋须用要式买卖或拟诉弃权的方式移转,即可发生市民法上移转所有权的效力。后来,国家分配公地给人民,称为 publicatio,但与公卖不同的是,它是无偿的。随着经济的发展,公卖简化手续,采用民间的“交付”方式,这样就失去了其原有的特性。但是为了维护公卖的效力,即使政府和皇帝对标的物没有转让的权利,受让人仍可因公卖而取得对该物的市民法所有权,原所有人只能请求政府或皇帝给予赔偿。因而“后手的权利不能优于前手”的原则,在公卖方面是不适用的。

6. 法定取得(leges)

各种所有权取得的方式,实际上都是依据法律而产生,但此处专指纯因法律的特别规定而直接取得所有权的方法,不以所有人的同意为要件,也不须另办所有权移转的手续,因此标的物上原有的负担,如役权、抵押权等亦随同移转。这种情况在罗马法上主要有以下几种:

(1) 指物遗赠(legatum per vindicationem)。《十二表法》规定,

“指物遗赠”(见遗赠)的物件,一经继承人接受继承,受遗赠人即直接取得该遗赠物的所有权。

(2) 奥古斯都为鼓励结婚,繁衍人口,制定了《帕披亚·波拜亚法》(*Lex Papia Poppaea*),剥夺不结婚或已婚而无子女的人的继承权与受遗赠权,将遗产分配给那些有子女的共同继承人和共同受遗赠人。如无合格的共同继承人或共同受遗赠人,则将这些遗产上交国库。

(3) 埋藏物(thesaurus)的分配。这是指埋藏在他物之中,因时隔多年,不能确定其所有人的动产①。因此,严格地讲,埋藏物不是无主物。它曾为人所有,而所有人也没有抛弃它的意思。罗马法是将它作为土地的附属物对待,法律上作了特殊的处理,规定其不适用先占的原则,所以本书没有像一般著作那样,将它作为无主物处理。罗马法最初规定埋藏物归土地所有人所有。因为古时财产为家族共有,买卖流通的情况很少,地下埋藏物被认为是祖先埋藏的,所以这样的规定是切合实际的。到共和国末叶帝政初期,土地买卖多了起来,一地往往数易其主,埋藏物就不能认为是最后的土地所有人的祖先埋的了。同时,不给发现者以适当的利益,也不利于发掘宝藏。故哈德里亚努斯帝时正式规定:在自己土地上发现的埋藏物完全归自己所有;在他人土地上发现的,发现人只能得 1/2,另外 1/2 归土地所有人;在公有土地上发现,或土地所有人又不明的,则全部归发现人;后来马尔库斯·奥勒利乌斯帝改为半数归国库。埋藏物只能是无意中偶然发现的,除

① 罗马法的文献对埋藏物的含义不很明确,它认为凡隐藏在他物之中,不能明确其所有人的就是埋藏物,但实际上是指埋在土地中的动产。

永租人、地上权人、用益权人外，非经所有人同意，不能任意在他人土地上挖掘搜索，否则就是侵犯他人的所有权。君士坦丁一世时规定，不论在自己或他人土地上发现埋藏物，发现者均应向国库申报，由国库以埋藏物的1/2作为奖励。如隐匿不报，一经查出，便没收归公。特奥多西乌斯一世将发现者的奖励改为1/4。崔诺帝（Zeno，公元474—491年在位）又恢复了哈帝的规定。优帝一世时，继续遵行。

（4）关卡没收。帝政时，凡关卡没收的走私品、违禁品，即直接收归国库所有，不需办理任何转移手续。

（5）房屋共有人修理房屋后取得的权利。公元2世纪，马尔库斯·奥勒利乌斯帝时，元老院作出决议，凡房屋共有人的一方，出资修理共有房屋后，其他共有人应在4个月内付清应负担的修理费用和利息；期满未付，出资修理的共有人就直接取得未付修理费用者的共有份额。

（6）对自行夺回所有物的人进行制裁。公元389年，东西罗马的特奥多西乌斯一世和瓦伦体尼亚努斯二世两帝，为了维持社会的安定和秩序，规定凡不经司法程序而以强力向持有人如承租人、借用人等自行夺回其所有物的，即丧失对该物的所有权，该物即无偿归持有人所有。至于所有人为防止所有物被他人非法强占，而以强力防御的，则属正当防卫，不适用此规定。

（7）耕种闲置土地。罗马历史上多次发生粮食短缺情形，故特瓦两帝又规定，耕种他人闲置的土地、依法纳税满2年的，就可无偿取得该土地的所有权，但所有人于2年中得偿还垦殖的一切费用，并补交未交的税款而赎回所有权。

（三）万民法的取得方式

1．交付（traditio）[①]

这是指当事人以移转所有权的意思，由一方移交物件于他方的行为。它不需办理任何仪式，是转移万民法所有权最通常最主要的方法。从市民法和要式移转物的角度看，它只能移转占有或持有。到优帝一世时，这种差别才在法律上消失。交付的要件是：

（1）让与人（tradens）须为物件的所有人并有让与的能力。如不是所有人则不能让与所有权。因为交付是传来取得，依据“后手的权利不能优于前手”的原则，他自己没有所有权，当然就不能让与他自己所没有的权利，否则，让受人仅能取得事实上的占有。虽有权利而没有让与的能力，其所有权也不能有效地移转，如未成年人或处在监护权下的妇女即不得移转不动产的所有权。以上原则也有例外，如抵押权人、精神病人的保佐人等虽不是所有人，但可以出让其债务人或被保佐人的财产所有权。有时依法律规定虽是所有人，却也不能移转其所有物。如奥古斯都时规定，丈夫未经妻子同意，不能出让嫁奁中的不动产。优帝一世时进一步规定，丈夫即使得到妻子的同意，也不得出让此项财产。在代理制度确立后，双方当事人均可由代理人代理，不必亲自为之。

（2）双方须有移转所有权的意思。即让与人有授予所有权的意思，受让人则有承受所有权的意思。因为一物的授受，在法律昌明时期，可为各种推定，或为出租，或为寄存，或为出质，或为出卖，或为赠予等。其所产生的效果，或仅给予持有，或为占有的让与，

① 我国有些罗马法著作将其译为“引渡”，与国际法上的“引渡”同名，易生歧义，故本书采通俗译法。

或为所有权的转移,所以交付要有合法的原因,以证明所有权因交付而转移,否则,当事人没有移转所有权的意思,则只能发生占有或持有的效果。最初,交付的合法原因为足以证明所有权是因交付而转移的法律行为,如买卖、赠予、设定嫁奁等。以后法律进步,不受市民法保护的约定,如无名契约等,也可作为合法原因。到帝政时期,合法原因又产生了变化,不再以法律行为为要件,只需当事人有转移所有权的意思,交付即可生效。即使借以交付的法律行为因违法、错误等而无效或有瑕疵时,也不影响所有权移转的效力。如果让与人有出让的意思,受让人有接受的同意,所有权即因交付而转移。例如甲赠某物给乙,要求乙去杀丙,该法律行为虽因违法而无效,但赠予物的所有权已为乙所取得;又如甲继承了一笔遗产,误以为乙是被继承人的债权人,因而还了债,乙也误认被继承人生前是他的债务人而接受了,这样双方都出于误会,事实上被继承人并未欠乙的债,债权债务并不存在,但给付的所有权则已由甲移转于乙,即使甲事后发觉,也仅享有"不负债的收回诉"(condictio indebiti),而不能提起"物件返还诉"。再看法律行为性质的错误,如甲交付给乙一样东西,甲的意思是卖给乙,乙接受时弄错了,以为甲是送给他的,一方认为出卖,一方认为赠予,契约当然不能成立,因为双方的意见并未一致,但是东西已由甲交给了乙,双方又都有移转所有权的意思,因而法律行为无效,交付则属有效。因此,交付中的合法原因与取得时效中的合法原因是不同的,前者是指移转所有权的行为,后者则为取得占有的行为或事实。后世注释法学家常称前者为"合法的交付原因"(justa causa traditionis),后者为"合法的占有原因"(justa causa possessionis),以示区别。

（3）须有物件的授受。即让与人须将物件的占有移交给让受人。如为一般动产可直接授受；如为笨重的动产，难于搬动的，可由让与人指明标的物及其所在地，由让受人派人暂时看守；如为土地，则由让与人引导让受人亲临其地察看疆界。后来交易日繁，交付的手续也逐渐简化，已不需要实际的授受，不再交付标的物的本身，而是交付控制标的物的手段等。这在罗马法上曾有多种简化形式，以下行为都具有交付的效力：如买卖房屋，出卖人将房屋的钥匙和契据交与买受人，就可视为房屋的交付，称"象征交付"、"虚拟交付"（traditio symbolica 或 traditio ficta）或简易交付；如买卖土地，出卖人只要站在高处向买受人遥指土地的位置和界疆，不再亲临其地，称长手交付（longua manu traditio）；如承租人买下出租的房屋，房屋本已由其居住使用，所需交付只是权利的改变和确定，故称为"在手交付"（brevi manu traditio）或"易位交付"[①]；又如讼争物经大法官裁定，由当事人中的一人暂时保管，则该保管人即为共同讼争物占有人，后经判决应归该保管人所有，由于讼争物已在其占有之下，不需另行交付，只要从名义上改定占有，故也是"在手交付"，该例也可称"占有改定"（constitutum possessiorium）。

（4）标的物须为有体物。因为无体物属于权利，不能占有。但以后占有的客体也扩大到无体物，称为准占有（quasi-traditio）。

交付为略式行为，可附条件与期限。凡交付附有条件或期限的，所有权需待条件完成或期限到来时才移转。如当事人可以约定，买卖中所有权并不因交付而移转，应等到交付卖价，所有权才属于买受人。在程式诉讼出现以前，交付仅适用于略式移转物，但

① 《法国民法典》第1919条则称"虚拟交付"。

当时略式移转物不得为市民法所有权的标的,故只能发生事实上的占有,不能取得市民法的所有权。直到西塞罗时,交付略式移转物,才可取得市民法所有权。在程式诉讼时期,交付不仅适用于略式移转物(包括行省土地),也可以适用于要式移转物,但后者的受让人只能取得大法官法所有权。到了优帝一世时,要式移转物与略式移转物的区别已经消失,故交付成为唯一通行的移转所有权的方式。

2. 先占(occupatio)

这是指以所有的意思而占有可以作为财产的无主物,从而取得对该物的所有权的行为[①]。故先占有三个条件:第一,标的物须为可有物中的无主物;第二,先占者须对标的物有事实上的占有;第三,先占者须有将无主物归其所有的意思。符合这三项条件,先占者才能取得万民法的所有权。野生的动物如鹿、蜜蜂等,被驯养以后就不再是无主物,不适用先占的原则;但在未驯养成功以前,该动物逃跑了,则仍属无主物。未经所有人同意,侵入他人土地上打猎的,土地所有人得提起侵权之诉。但因野生动物是流动的无主物,故猎物仍应归打猎者所有,土地所有人对之仅有留置权而无所有权。

3. 添附(accessio,又称附合)

这是指属于不同所有人的物合成一体的法律事实。按罗马法的原则,主物的所有人取得从物的所有权;如果物没有主从之分,则合成物由各方共有。因此,罗马的法学家并不认为添附是取得

① 罗马与敌国宣战后,罗马市民对敌国人民及其在罗马财产的攫取,称“战时先占”(occupatio bellica)。

所有权的方法，而认为是主物所有权的扩大和增加。但后世的注释法学家则将添附作为取得所有权的方式之一。在罗马法上，添附分为以下三种：

(1) 不动产与不动产的添附。这种添附主要发生在河川的两岸，因水流的冲泻或沙土的淤积，致地面变更其形态时发生。通常可见到的情况如：

① 淤涨(alluvio)。即河川沿岸土地面积的渐增。原因是上游的水土流失，淤积到下游而形成，新形成的土地无偿地归沿岸的土地所有人所有。

② 冲断(avulsio)。指被急流冲走的上游整块土壤与下游沿岸土地的附合。由于被冲走的土地是可识别的，该塌方土地的所有人必须及时声明自己的所有权，才能保持其原来的所有权，否则等到该塌方土地上的植物须根长入所附合的土地，或所附合土地上的植物须根长入塌方的土地，该塌方土地即无偿地归其所附合的土地的所有人所有。

③ 沙洲(insula in flumine nata)。即上游水流冲下的泥沙淤积在河流中形成的沙洲，所形成的土地无偿地归沿岸的或两岸土地所有人所有。其分配的方法是，在左右两岸的土地所有人之间，以河流的中心线为准确定其所有权归属，在中心线左边的归左岸土地所有人所有；反之，为右边土地人所有；同岸土地所有人之间，则由地界向沙洲划一垂直线，其相对应的部分，即归沿岸各土地所有人所有。

④ 河床改道(alvei mutatio)。原河床因干涸或改道变成土地时，其分配办法与沙洲相同，干涸的河床土地无偿地归两岸的土地

所有人所有[1]。成为新河道的土地的原所有人，不能因丧失土地而要求原河床土地的新所有人予以补偿。河流改道中分为两支，至下游又合在一起的，则中间的土地仍归原土地所有人所有。如河流改道后又改道回来时，原丧失土地的所有人能否恢复其原所有权呢？如他在沿岸仍有土地时，则可按比例恢复所失土地的一部或全部。若河流变更时曾浸没其土地的全部，则河流复原后，原土地所有人是否可收回其土地，还是应由两岸的土地所有人分配？罗马法学家对此有不同意见。庞波尼乌斯从公平观点出发，主张恢复原来的所有权，原所有人可以收回；阿尔费努斯（Alfenus Varus）则主张仍应按法律所确定的河流改道的原则，原所有人不得收回。这个问题由于在实践中不常发生，所以直到优帝一世编纂法典时仍未解决。从罗马法的精神看，当时的立法者或法官如果采用时效原则来处理这个问题，当较为合理，因为单纯说应恢复或应重新确定所有权，是没有客观依据的。

（2）动产与动产的添附。这种添附因附合的情形和性质的不同，可分为四种，即：结合（connexio），如宝石与戒指结合，构成宝石戒指；融合（confusio），如金和银融化在一起，形成合金；混合（mergere），如两种酒掺在一起，不能再回复原状；混杂（commixtio），如小麦与大麦混在一起，尚可辨认和分开，但分开的代价太大。

在结合、融合、混合和混杂中，各所有人对合成物的权利，要视他们是否出于同意、善意或恶意以及合成物间有无主从关系、能否

---

① 有一种意见认为，河川是公有物，因此河床不得作为私权的客体。但这个意见未为罗马一般法学家所接受。

分离和是否易于分离等而定。如果合成是当事人同意的，则形成的合成物归他们共有，共有人应按合成前各自物的价值而不是按数量来确定共有的份额。如果一方向对方为赠予行为，则合成物归另一方所有。如果当事人不同意共有，原各自所有的物仍能分割的，则可进行分割，仍由当事人分别所有。但两物有主从之分的，从物所有人在其所有物与他物分离以前，不得直接收回其物，而必须于各物分离后，始得请求返还原物。主物所有人如不解除附合关系，从物所有人在不影响社会利益的情况下，可以诉请求解除附合关系，收回原物。如合成物不能或不易分离，当事人又不同意共有的，则有两种解决办法：

① 物有主物与从物之分的，按照罗马法原则，合成物应归主物的所有人所有。对此有一例外，如前所述，图画与画图的纸、木板等附合后，其所有权归画家。如果附合是从物所有人的行为造成的，不论其为善意或恶意，均不能请求返还从物的价值，但从物所有人若是善意的，并占有合成物，则在主物所有人未支付因从物而使主物所增加的价值前，从物所有人对合成物享有留置权；如属恶意，则其即使占有该物，也无此权利。反之，如果附合是主物所有人的行为造成的，他若是善意的，从物所有人可以请求返还从物的价值；如果他是恶意的，从物所有人还可请求赔偿一切损失；如果是骗得或窃得从物，则要被罚四倍于从物价值的金额。

② 如各物没有主从关系而又不能或不易分离的，则由当事人按共有办理；但如果一方是恶意的，对方可请求赔偿损失，恶意一方则不能请求对方补偿。在这种附合中，不适用不当得利的原则。这是因为，对恶意者应进行惩罚，而且附合不发生给付的问题，而不当得利是债权债务问题。

（3）动产与不动产的附合。这种附合分种植（satio plantatio 或 implantatio）与建筑（inaedificatio）两种，是某人的植物或建筑同他人土地的结合。由于罗马法认为土地是主物，植物或建筑物是从物，因而植物和建筑物归土地所有人所有。关于双方的权利义务，首先依当事人约定，可以归双方共有，或植物与建筑同土地未达不可分离状态的，则在分离后仍各归原所有人所有。在当事人没有约定时，则按以下法律规定解决：

① 种植。在土地上进行种植，依罗马法，所种作物于种子入土发芽或生出新的须根后，即视为其与土地相结合而成为土地的一部分，该植物就归土地所有人所有。如为植物所有人种植，他主观上是出于善意，并且实际占有土地，则虽植物归土地所有人所有，但土地所有人索还土地时，种植者可享有对土地的所有人追索植物的价值或因种植而使土地所增加的价值的抗辩权。如果种植者为恶意，明知土地属于他人而为种植；或者虽为善意但并不实际占有土地，在这种情况下所种植的植物，应视为赠予土地所有人，种植者不享有任何权利。反之，土地所有人将他人的植物栽种在自己的土地上，如为善意，植物所有人仅可要求返还原物的价值；如是恶意的，则植物所有人有权要求赔偿一切损失。

② 建筑。建筑物不论为何人所建，均归土地所有人所有，其材料则视为建筑物之不同部分，仍属原主所有。但在《十二表法》时代，罗马的建筑水平低，造屋不易，故禁止材料所有人拆毁建筑物而取回材料，借以保护建筑物而免造成社会损失。如果建筑物与土地的附合是由于材料所有人在他人土地上进行建筑造成的，在材料所有人为善意，并且未失去对建筑的占有的情况下，可享有要求土地所有人偿还材料的价值、建筑费或土地因此所增加价值的

抗辩权；在他不实际占有建筑物的情况下，他只能在建筑物毁损后收回原材料。公元3世纪初，罗马的建筑水平提高，始允许材料所有人有拆除权(jus tollendi)，但他须恢复土地的原状，不能使土地所有人遭受任何损失。如果材料所有人是恶意的，则与种植一样，建筑人只能牺牲材料和建筑费，视为将建筑物赠予土地所有人。优帝《法典》甚至记载，卡拉卡拉帝时曾规定，恶意的材料所有人在建筑物毁坏后，只要证明他并没有赠予的意思，就可收回原材料，恢复土地的原状。土地所有人用他人的材料在自己的土地上建筑时，依《十二表法》和大法官的解释，如他为善意，材料所有人可以请求加倍返还材料的价金，但不得提起“交出原物诉”(actio ad exhibendum)，不得要求返还材料；一经加倍赔偿，即使日后材料与建筑物分离，材料所有人也不得再行要求收回；如果是恶意的，则在加倍返还材料价金外，在房屋毁损后，材料所有人还有权取回自己的材料。如果材料是盗窃来的，对土地所有人还要按盗窃处理。

4．加工(specificatio)

这是指未经同意，用他人的原料，而以所有的意思“制成新物品”(speciem novam facere)的行为。其要件是：第一，加工者没有经过材料所有人的同意而为加工。如对方同意赠予或成立消费借贷，也就不会发生因加工引起的所有权争执；第二，材料属于加工人以外的他人所有，如行为人用自己的材料制作物品，当然归自己所有；第三，加工人有将加工物据为己有的意思。如果是为材料所有人加工，可能是无名契约、雇佣或无因管理，也不发生所有权问题；第四，须制成新物品，即变更了原物通常的用途。如将一段布染成色布，没有变更布的用途，就不算加工。若用布制成衣服，那就变更了用途，衣服可视为加工制成的新物品。可见，这里的加工不是现代“加工承揽”意义上的加工，而是罗马法上一种取得所有权的一种方式。

对于加工后的新物品应属材料所有人所有？还是属加工人所有？这在罗马法上曾有争议。法学昌明时期，罗马的两大法学派别在这个问题上各执一说，相持不下。普罗库路斯派注重加工人的劳动，主张新物品归加工人所有；萨比努斯派则注重保护原材料所有人的利益，主张归材料所有人所有。两派的这一争论，深受当时哲学思潮的影响。因为从哲学的观点看，一物的构成，不外原料与形式，亚里士多德学派以形式为一物的主要原素，因为无定型的原料在客观上无从认定其是否独立存在，故有形式始能使之成为特定的物品。而斯多葛学派则以原料为一物的主要元素，是物品的基础，而形式只是附属元素。普派采亚里士多德学派的学说，重形式而轻原料，认为原材料经加工后改变了形式，成为新物品，原料的所有权在法律上因原料的消失而消灭，新物品成为无主物，应为先占者（即加工人）所有。萨派则采斯多葛派的观点，重原料而轻形式，认为加工只不过赋予原料以新的形式，原料并未消失，依然存在，新物品以原材料为基础，形式只是新物品的一个附属因素而不是基本因素，所以不应当因他人加工而剥夺原材料所有人的所有权。古代生产力低下，一般的说，材料的价值高于劳动力的价值。随着社会的进步，人们智力的提高，劳动，特别是脑力劳动的价值渐受重视。普派注重保护加工者的劳动成果，实际上维护了工匠、艺人等劳动者的利益，符合社会进步的趋势。萨派主张保护原材料所有人，在当时的效果，就是保护奴隶主私有制。公元2世纪，为了法律实际适用的需要，逐渐将两派意见折中为一，将加工分为不完全加工和完全加工两种，并为优帝一世所采纳。

不完全加工,是指加工以后仍可恢复原状的加工。例如将铜雕塑成铜像,仍可融化还原为铜,则采萨派意见,加工的物品归材料所有人所有。完全加工,是指加工后原材料不能再恢复原状的加工。如葡萄加工成葡萄酒后,即无法再恢复成葡萄,则采普派的主张,加工的物品归加工人所有。判断能否恢复原状,则是以能否恢复原材料的普通用途为标准,而不是仅仅从形态上判断。例如,将麦粒从麦秆上打下,虽不能再还原,但这并不影响麦子的通常用途,因而属于不完全加工。如果把麦子磨成面粉,甚至制成面包,那就是完全加工了。按此划分,在完全加工,加工后的物品归加工人所有。加工人善意的,应向材料所有人补偿加工时原材料的市价;如为恶意,则他除偿付材料价值外,还应当赔偿材料所有人的一切损失;原材料为盗窃所得的,则按盗窃罪论处,罚付四倍于材料价值的罚金。在不完全加工,加工的物品则归材料所有人所有。加工人善意的,可向材料所有人请求补偿因加工所增加的价值,恶意的不能请求任何补偿,被视为对其恶意的制裁。作了这种划分以后,仍然存在一个问题,即加工人在加工中添加了自己的材料,应属完全加工还是不完全加工?当时的做法是,所增加的材料价值高的,加工物归加工人;所增加的材料价值低的,则加工物归原材料所有人。例如加工金属雕像并包了金,雕像应归加工人;在铜像外涂漆或在金像底座上镀银,则雕像应归铜或金的所有人所有。关于不完全加工的所有权归属原则和优帝一世保护艺术品的精神是不相符的,这个矛盾,在罗马法上没有得到解决。

5. 孳息的取得(fructus perceptio)

孳息与原物分离前,属于原物的一部分,分离后即为独立的动产,一般仍归原物所有人所有。故原物所有人并非因"收获"

(percepere)而取得孳息的所有权。但也有孳息因法律行为或法律事实而归其他人所有的，这通常有四种情况：

（1）由承租人取得承租物的孳息。依租赁契约，承租人对租赁物有使用收益的权利，故所有人（一般就是出租人）根据债的关系，应听其“收获”孳息，也就是承租人根据所有人的同意收获和占有孳息时，即取得孳息的所有权。因为孳息虽为原物所有人所有，但他已以租约将收取孳息的权利移转给了承租人。如果在承租人收获孳息之前，出租人改变了意见，不允许承租人收获，承租人就因缺乏对方的同意而丧失收获孳息的权利，而只能根据债的关系，请求出租人赔偿损失。在一般情况下，孳息与原物的分离与孳息的收取是同时的，如收摘葡萄、收割小麦等。但有的时候，孳息与原物的分离往往早于收获，譬如果实成熟后自动落地，在承租人拾取（即收获）之前，果实所有权仍属所有人。如果孳息在收获前被人盗窃，因为承租人不是孳息的所有人，所以他不得对行窃人提起“窃物返还诉”(conditio ex causa furtiva)，而只能请求所有人出面协助追索。这在罗马古时是不成问题的，因为当时是自然经济社会，人们聚居一地，联系方便。

（2）用益权人取得用益物的孳息。用益权为物权，但须用益权人行使其权利时才能获得原物的孳息。注释法学家认为，用益权人因收获而取得孳息的所有权，适用的是先占原则，这和承租人基于原物所有人同意之收获不同。但孳息收获以前被盗，也同承租人一样，用益权人无权直接起诉追索。在孳息收获以后，用益权人则可自行向非法占有者追索。

（3）永租权人取得土地的孳息。由于永租权人对土地有长期甚或永久使用收益的权利，实际上其权利与所有权相仿，所以对于孳息也自其与原物分离时，而不是自收获时取得其所有权。因此，如孳息被盗，永租权人有权直接起诉追索。永租权的标的原为外省土地，地主与永租权人的居住地相隔甚远，孳息被盗就极难由地主去追索。

（4）善意占有人取得占有物的孳息。共和国时期和帝政初期，原物所有人对自信为合法占有人所取得的孳息，在时效未完成前有权追还。公元2世纪时，国家鼓励人们耕种没有人耕种的土地，因而保护其通过劳动获得的利益；同时，受到普罗库路斯派主张加工后的新物品归加工人所有的理论影响，认为孳息是占有人经营的结果，自应照加工的原则而由占有人取得。善意占有人取得孳息的所有权，也是自孳息分离时开始，但这是指加工的孳息。如果是自然孳息，则仍归土地所有人所有。公元2世纪后，关于孳息取得的观念发生了变化，即不再为奖励占有人的劳动，作为耕种的补偿，而是以保护占有者的利益为目的，占有人就和所有人一样，在孳息分离时即取得其所有权，故因善意占有而取得孳息，就不再分加工孳息和自然孳息，也不需有正当的原因。即使不能以时效取得的物件，仍不失收取孳息的权利。但善意是要件，即占有人自信为原物的合法占有人，一旦失去善意，就不能再享有孳息，这是保路士所提出的主张。而在公元2世纪初，优利亚努斯的主张是，善意占有人对其占有物在未被追索前的孳息仍享有所有权。关于如何认定占有人是否为善意，罗马法是以"证讼期"为标准。诉讼中经过法律审理阶段和"证讼"，占有人明知其占有已发生争执，即不可能再为善意。所以帝政后期规定，善意占有人不仅应返还证讼以后的孳息，即使证讼以前收获而未消费的孳息也应返还。但已消费的孳息，则不负赔偿之责，这是因为孳息是收益的一种，一般都是用作日常的开支，占有人既自信为所有人，已将所得孳息作为收益而消费，若责令返还，就等于对他加以制裁，而所有人也因自己对财产保护不周，以至失去收取孳息的利益，他自己也有一定的责任。但这样就使孳息的取得取决于其分离后的偶然事实（吃了、用了或出让等），且使未消费孳息的所有权处于不稳定状态。返还孳息后，善意占有人可以请求所有人偿还因生产孳息所支付的必需费用和有益费用。恶意占有人则必须返还证讼前后的全部实收孳息，且需负担应收而未收孳息的责任，并且只能请求偿付必需费用。

（四）大法官法的取得方式

市民法拘泥于形式，又不能适用于外国人和行省土地，所以大法官从经济发展的实际需要出发，按公平合理的原则，对市民法不予保护的某些财产而给予保护，依职权而使关系人实际上享有与市民法所有人相仿的利益。大法官采取的措施主要有以下五种：

（1）要式移转物以交付方式转让的，市民法当然不予保护，但经济发展以后，大法官根据实际需要，使受让人享有所有权的利益，即大法官法所有权（rem in bonis habere）。大法官虽不公然否认市民法所有人的资格，但授予受让人以抗辩权，以驳回市民法所有人的诉求。

（2）遗产占有。这是为了避免市民法遗嘱方式的缺陷，在共和国末叶由大法官法规定，凡呈示有7人印章的密封遗嘱，遗嘱中的继承人就可享有占有遗产的权利，并于安托尼努斯·披乌斯帝（Antoninus pius，公元138—161年在位）时取得对法定继承人的抗辩权。

（3）无力清偿的债务人经大法官裁定将其财产交由债权人占

有变卖。该项财产的出卖，仿照国家财产拍卖的方式，通过竞买，由愿以最高比率清偿债务的人买得，买得后即以所购买的价金清偿该债务。

（4）家属、奴隶和牲畜给他人财产或人身造成损害，如家长、家主不愿赔偿损失，又不肯把家属、奴隶或牲畜委付给受害人，则由大法官裁定将该家属、奴隶或牲畜交给受害人处理。

（5）危险房屋可能损害邻居的，邻居有权要求房屋所有人修理或提供担保，如房屋所有人拒绝，即可起诉由大法官将房屋裁交邻居占有。

除上述五种外，大法官因执行元老院的决议或皇帝的敕令而将财产所有权授予市民，也属大法官法的所有权取得方式。

自罗马法逐渐放弃形式主义后，拟诉弃权和要式买卖相继消失，要式移转物与略式移转物的区别渐被废除，于是市民法所有权取得的方式和大法官法所有权的取得方式遂趋于一致。

六、所有权的保护

所有权的保护，有市民法和大法官法的多种方法。对外国人所有权的保护，则没有特殊的诉讼方式，而采用拟制诉讼（actiones ficticiae），即依市民法的诉讼程序进行，但在诉讼中不表明当事人的身份，如不称“市民法所有人”，而仅称所有人，也不表明所有权的性质，实际上与保护市民法的所有权相同。此外，还有预防或制裁侵害所有权的诉讼和令状，或对行为人处以罚金，或责令赔偿损失，对此将在有关事项中予以叙述。现将主要的三种保护方法说明如下：

（一）物件返还诉（vei vindicatio）

这是所有人要求非法占有其物的人返还原物之诉，是市民法保护所有权的诉权。它与占有回复令状不同，因为前者是基于所有权而提出，后者为基于占有的事实而申请。物件返还诉的条件是：

1．关于标的物

标的物最初须为罗马物，古代法且只限于要式移转物，以后才逐渐扩充适用于其他财物。其次，标的物须为有体物，故役权和债权等均不得适用，自准占有制度出现后，方可适用于物权中的无体物。最后，标的物须独立存在。例如，所有人的木料被他人拿去做了屋梁，就因附合而成为房屋的一部分，不再独立存在；在这种情况下，所有人不能提起物件返还诉，而只能请求损害赔偿；如果被他人侵占的物件能够与他物分离，则必须先提起"交出物件之诉"，然后再提起"物件返还诉"。而且在最初，一个诉讼只限追还一个物件，不得请求返还数物，这给当事人以极大的不便。自"聚合物"的概念形成后，大法官允许以一诉可请求追还一群家畜，但承审员并不宣判原告为全体家畜的所有人，仅承认他是一群家畜的所有人，因而并不阻止第三者要求返还该群家畜中的某一只或某些只。

2．关于原告

对原告的要求是：（1）须为市民法所有人，故外国人、大法官法所有人都不能适用；帝政后期，只要是所有人即可。（2）须为失去对其所有物的占有，否则所有人受占有保持令状的保护，自不须援用诉讼的繁复程序；但在"宣誓决讼"（sacramentum）中，双方互为原告与被告，故有时原告即为占有人。

3．关于被告

可以作为被告的包括以下几种人：

（1）实际占有标的物者。帝政初，尚仅能对在证讼时占有标的物者提起诉讼，原告于大法官前须确认被告占有其物，否则诉讼就不能成立。被告也可交还原物，以息讼争。若被告坚持主张自己是该物的所有人，并在诉讼进行中继续保持对该物的占有，则应提供保人，保证被告随传随到，不为任何欺诈行为和败诉时支付审判员所判的罚金。若被告不能提供适当的保人，则原告可提出保人而请求占有标的物。如双方都不能提供合格的保人，则大法官就维持原状，裁定将标的物仍由被告占有，也可将标的物交由讼争物管理人管理。

（2）持有标的物的人。持有与占有不同，占有人有将标的物据为己有的意思，持有人则没有这种意思。乌尔披亚努斯时，对占有人采广义的解释，即持有标的物的承租人、受寄人等也可为本诉的被告。但这样流弊较多，因持有人对物件常无切身的利益，却往往要受诉讼之累，且他不熟悉所有权的来龙去脉，当然不会在诉讼中做好防御工作。君士坦丁一世允许持有不动产者指出占有人而脱离诉讼。若所指出的占有人出面应诉，诉讼即由原告与该占有人继续进行。如果该占有人经传唤而仍缺席，大法官就将标的物裁交原告占有。此后该被告如要收回该标的物，即须由他提出物件返还诉，并负证明其享有所有权的责任。优帝一世时，这项规定对持有动产的人也同样适用。

本诉如果只能以占有人或持有人作为被告，在遇到恶意占有人将标的物转移他人时，则原告的利益仍不能获得保障，故在优帝一世时，规定对假占有人或前占有人也可起诉，但诉讼的性质则由民事而变为带有刑事。

（3）假占有人（fictus possessor）。这是一种帮助真正占有他人所有物的人进行缠讼的人（qui liti se obtulit）。他假充占有人与原告进行诉讼，拖延时间，以便真占有人能完成时效，取得标的物的所有权。如果被告的欺诈行为继续到证讼期，就判罚其因此而致原告所受的损失，否则被告应使真正的占有人交还原物。

（4）前占有人。这是指原是占有人，但在"证讼"前恶意地将所占有的他人的物毁灭、抛弃、隐匿或转移的人，在法律上仍被视为是占有人。在帝政以后，对实际上没有占有标的物的人，一经查明属实，只能把他们释放，如果被告曾以要式口约保证其没有任何欺诈行为，则原告可另行提起要式口约诉或欺诈诉，以资救济。优帝一世时，将假占有人和前占有人列为被告，免除了原告另案起诉的麻烦。

4．物件返还诉的程序

在"法定诉讼"时期，当事人是用宣誓来解决讼争物所有权的归属问题，这将在"法定诉讼"中进一步论述。在"程式诉讼"时期，宣誓决讼的办法仅在大审院审理案件时仍旧沿用。至于一般案件，则由原告于"协议程序"（formula per sponsionem）和"申请程序"（formula per petitoriam）中择一进行。在协议程序中，原告向大法官提出申请，要求其在诉讼程式中明确了原告为讼争物的所有人时，首先列入被告应支付的讼金，其次列入原告胜诉后被告应交还的讼争物和孳息的价值，并提供适当的保证，然后由承审员审查被告应否支付上述金额，从而间接地解决所有权问题。申请程序原为市民和外国人间的诉讼而设，由大法官拟定书面程式，交由承审员进行事实审理，按公平原则，直接宣判何方为所有人。帝政后期，非常程序已成为通行的程序，优帝一世时且可判令被告直接交还原物。承审员首先审查原告的所有人资格，原告提供的证据是否可靠；其次审查被告于"证讼"和"判决"时是否占有讼争物，如在此期间，讼争物因不可归责于被告的事由而消灭，则被告应即开释。依照原则，承审员的判决应以证讼时为标准，因此被告如于证讼后取得讼争物的占有，原告即不能胜诉。优帝一世时才规定以判决时占有为已足。再次，承审员审查被告提出的抗辩能否成立，例如对讼争物享有抵押权、用益权或留置权等，然后宣判原告的主张能否成立，被告应否支付价金或交还讼争物等。在协议程序中，所有判决都为一定金额，故不能使原告达到收回原物的目的。申请程序可以纠正此项弊端，即由大法官在程式中加进“仲裁条款”(clausula arbitraria)，承审员据此即可判决被告，交付物价(一般较高)否则即返还原物，故申请程序又称“仲裁程式”(formulam per arbitrariam)。在非常程序时期，如果讼争物仍为被告所占有，承审员即可判令其直接交还，付诸执行。若因被告故意毁灭、转移等致不能交还时，可由原告以宣誓决定物的价值，而由被告负责支付。

5. 物件返还诉的效力

(1) 关于被告的责任。被告败诉后应将原物和孳息一并返还原告。对于原物，帝政时被告的责任仅从证讼时起算，在证讼前讼争物如有损坏灭失，他不需负责，只要交还该物或因此而得到的利益就行了。在证讼后，被告由于已知或应知自己是占有他人之物，所以就应负过失责任，对即使由于不可抗力造成的损失也要承担责任，除非他能够证明该物在原告支配下也会遭受同样的损失，方可免责。到了优帝一世时，恶意的被告，即使在证讼前也应尽“善良家长”的注意，从而对标的物的毁坏灭失等承担过失责任。被告如为善意，则仅负返还证讼时的现存孳息，对于讼证前已消费的孳息不负返还责任。但如前所述，一经证讼，即视其为恶意。

(2) 关于原告的责任。被告既负返还原物和附属物(包括孳息)的责任,原告理应返还被告在占有期中因物件而支出的费用,但被告的权利,亦因费用的性质和他的善意或恶意而不同。对于必需费,善意的被告有权请求全部偿还;恶意的被告则否。至哥尔地亚努斯帝(Gordianus,公元238年在位)时,始予恶意占有人以是项请求权,但物件如系盗窃的,仍排除在外。对于有益费,善意的被告也有权追偿,但数额不得超过该物件所增加的价值或被告实际支付的费用,也就是原告只需偿还两项金额中较低的一项;恶意的被告则不得请求。对于奢侈费,即使善意的被告,也无权要求偿还。优帝一世时允许所有被告享有"拆除权"(jus tollendi),即使盗窃犯也不例外,但拆除以不损坏原物为限。同时,被告在原告未清偿费用前,对占有物享有留置权,并可提出欺诈之抗辩。

根据上述情况,"物件返还诉"已不仅是物权诉,而且是债权诉,具有混合诉的性质。

(二)所有权保全诉(actio negatoria)

所有权保全诉又称禁止妨害诉或排除侵害诉。这是所有人在他人侵害其所有权时请求排除行为人妨害之诉,主要用于他人对不动产主张存在役权时采用。例如甲主张对乙的土地享有通行权,因而经常通过乙地,乙即提起该诉,否认其通行权,故该诉的目的在保全所有权的完整,是"物件返还诉"的辅助诉,其条件和程序与"物件返还诉"相同。现仅对本诉原告和效力加以说明。

1. 本诉的原告

最初只有市民法所有人可以提起,以后其他所有人也可援用,大法官法并把它扩大于同其他物权有关的人,如用益权人、永租权人、地上权人、抵押权人等,称为"准所有权保全诉"(actio negatoria utilis)。凡妨碍物权行使的,都可作为被告,其程序最初为宣誓式,后用协议式、仲裁式等。只是关于举证问题,因文献记载不明,学者间颇多争执。法国学者多主张应按一般举证原则,由原告证明其所有权的存在和受侵害的事实。德国学者则认为,根据所有权以无役权为原则,关于所有权的问题应由所有权人举证,但对于役权之存在与否,则应由役权享有人举证;也有采折中说的,主张若一方对所争的役权有准占有并提出占有要求的,应由他方举证;反之则由主张有役权的一方举证。

2. 本诉的效力

(1) 判决被告无权,恢复未侵害前的原状;

(2) 赔偿所有权人的损失;

(3) 禁止嗣后再为侵害的行为,并责令被告提供"不为侵害的保证"(cautio de non amplius turbando)。

(三) 菩布利西亚那诉(actio publiciana)[①]

菩布利西亚那诉又称"回复占有诉",是指取得时效完成之前,善意而有合法原因的受让人丧失对其物的占有时所提起回复占有之诉。共和国末叶,取得时效的作用在于便利解决所有权问题,已如前述。但还有一些人,仅因时效期间没有完成而不能享受所有权人的利益。例如要式移转物以"交付"方式移转时,受让人仅取得大法官法所有权,要是其一旦丧失占有,就不能依市民法收回该物,大法官菩布利西乌斯(Publicius)有鉴于此,乃仿"物件返还诉",创设一拟制诉,即"回复占有诉",假设该所有人的时效已经完成,准其起诉,追回原物。其程式与"所有物返还诉"中的申请程序

① 创设的确切年代已不可考。由于萨比努斯的著作中提到该诉,故可推断创设年代为共和国末叶或帝政初期。

一样，所不同的仅大法官于程式书中加入取得时效已经完成的假定。后世学者以创设此诉的大法官的名字为该诉命名。

1. 本诉的要件

回复占有诉既是假设取得时效已完成，故除期间外，其他取得时效的要件均须具备，如：须为市民、须为善意、须有适法原因以及标的物须可适用时效取得等。下面专就本诉的原告和被告作进一步的说明。

（1）原告。最初仅有大法官法所有人才有资格起诉；不久，善意受让非所有人之物的人也可提起该诉。善意占有人虽受占有令状的保护，但占有令状仅能解决占有问题，而本诉可以解决所有权问题，故善意占有人也愿意提起本诉；后来，甚至市民法上丧失占有之所有权人也乐于援用本诉，这不仅因为本诉的程序比较简单，其最大的优点还在于没有证明所有权的必要，而这种证明往往是十分困难的。所以本诉比"物件返还诉"更为简便。

（2）被告。本诉可以对一切占有人提起，唯一的条件是被告的地位须不及原告，也就是原告的地位应优于被告，原告才能胜诉。所以，本诉的被告如果是讼争物的市民法所有人，被告就可以用"合法所有人的抗辩"（exceptio justi dominii）驳回原告的起诉；但是如果原告能提出"欺诈的反辩"（replicatio doli）或"物已出卖并交付的反辩"（replicatio rei venditae et traditae），则被告仍可胜诉。又若被告也是能依时效取得市民法所有权的人，例如二人先后受让同一物件时，则两人处于同等的地位，解决的办法应视双方是否为同一的出让人而定。如果双方的出让人同为一人的，则最先受领交付者胜诉，因为他可用"物件最先出卖并交付之抗辩"或反辩（exceptio vel replicatio rei primus venditae et traditae），以驳回对方的主张；要是双方的出让人不同，如其中一个是所有人，另一个是非所有人，则和所有人订立转让契约的一方胜诉，也就是大法官法所有人的地位优于善意占有人；如果双方的出让人都不是所有人，则在罗马法是按“在同等情况下占有人的地位优于他方”（in pari causa melior est causa possidentis）的原则，由现占有人胜诉；他可用“同为善意占有人之抗辩”或反辩（exceptio vel replicatio paris bonae fidei possessionis）来驳回对方的诉讼。

2. 本诉的效力

（1）确认原告的权利；

（2）归还原物和附属物以及孳息；

（3）赔偿原告遭受的损失。

本诉是基于取得时效的事实，故与“物件返还诉”是基于所有权这一点不同，但其目的又在于解决所有权问题，故又与“占有回复令状”之仅为了解决占有问题有别。

如前所述，在优帝一世时，要式移转物与略式移转物的区别早已消失，交付已成为移转所有权的通常方法，故本诉保护大法官法所有人的主要作用也就不再存在。加之取得时效期间延长，非常诉讼程序之实行，使得所有权人更不愿援用此诉，所以在优帝《法学纲要》中，就不再详述该诉了。

七、所有权的消灭

所有权在性质上是永续的权利，原则上永不消灭，故在帝政时期，所有权的移转仍不得附加终期和解除条件，地奥克莱体亚努斯帝且曾明令禁止之。优帝一世时，始承认所有权转移之附终期和解除条件的效力。

（一）所有权消灭的种类

1. 相对消灭，又称主观上的消灭

这是指所有人的所有权虽然丧失了，但其原来的标的物依然存在。例如所有人将其物移转他人，或标的物成为无主物或不可有物，因而使所有人丧失所有权等，其中有两种情况：

（1）由所有人的意思引起的丧失。如依法律行为移转所有权的。在买卖、赠予等，虽对原所有人为所有权的丧失，但对受让人则为所有权的取得，标的物并未消灭。又如所有人抛弃其物，但抛弃人何时始丧失其所有权？对此，罗马两大法学派各执一见。普罗库路斯派主张，抛弃人必须在有人占有该抛弃物时才丧失其所有权，否则抛弃人在改变意见后，仍可将其取回。萨比努斯派则认为，所有人抛弃其物后即丧失所有权，因而该物成为无主物，任何人（包括抛弃人）均可以“先占”而取得。此说较为合理，终为后世法学家所采纳。

（2）非由于所有人的意思引起的。例如已捕获的鸟兽逃逸恢复自然生活、奴隶出逃而无再归来的意思、违法标的物被没收等。至于标的物成为不可有物，有些学者因其不再为个人的财产，将其列为绝对消灭，我们认为，因其物事实上并未消灭，且神法物、人法物是属于神灵或公法人，它们还有还俗和变为私权客体的可能，故列入相对消灭为宜。

2. 绝对消灭

又称客观上的消灭。这是指所有权与标的物同时消灭。这种消灭是标的物本身的消灭，如房屋被拆毁，米麦被消费，牛马被宰杀，或是动产因他人的加工而成为新物品。

(二)所有权消灭后的恢复

(1) 依复境权而恢复。凡罗马人的所有物,被敌人掠夺而致罗马人丧失其所有权者,该物再回到罗马时,其所有权视为恢复。适用复境权的物件之条件和范围,在罗马不同历史时期曾有不同的规定。

(2) 附合物因分离而恢复独立。《十二表法》第6表第11条规定,建筑材料与建筑物因附合致丧失其所有权的,在建筑物毁坏、材料与建筑物分离时,原材料所有人有权取回其材料。

(3) 神法物经过还俗程序,公有物、公法人物经有权机构出卖的,均可以成为私权的客体。

(4) 附终期或解除条件的法律行为在期限届满或条件成就时,根据优帝一世的规定,原所有人即恢复其对已经处分之物的所有权,这在法律昌明时期是不可能的。

第三节 他物权(jus in re aliena)

一、他物权概述

他物权是指对他人之物所享有的物权。所有权具有物权的一切权能,是最完全的物权,可据以全面支配所有物。但是,随着罗马奴隶制经济的发展,仅有所有权已不能满足人们日益复杂的社会需要。人们除对自己的物享有权利外,往往还需要利用他人之物。如为了便利土地的耕种而有地役权;为了维持一人的生活而有人役权;为了获得借款而又可不出让担保物,乃有典质权和抵押权;为了充分利用土地,增加收益,而有地上权和永租权。由此可见,在他人的所有权上设定一定的物权以满足自己的需要是必要的和可能的。这些权利都是对他人之物所享有的直接支配权,即他物权。如果需要所有人的积极行为才能实现对他人之物享受利益,而不是本人直接支配其物,则属于债权而不是物权。

他物权与所有权虽然都是物权、绝对权,可以对抗任何第三人,但他物权是所有权派生的,并受设立时规定的特定目的所限制,因而又称为派生物权或限定物权。这种物权可分为两大类,即用益物权和担保物权。前者包括役权、地上权和永租权,后者包括典质权和抵押权。役权和典质权是市民法上的他物权,地上权和抵押权则为大法官法所创设,永租权为皇帝的敕令所规定。

二、役权(servitutes)

(一)役权概述

役权是为特定的土地或特定人的便利和收益而利用他人之物的权利,故为所有权的一种负担。有役权负担的所有人对其物的所有权受到一定的限制,但役权并不是所有权的部分权能。有役权负担的财物,其经济价值受到了一定的损害。所有人在尊重役权人权利的范围内仍可自由行使其权利,役权一旦消灭后,即可恢复其完全的权利。

罗马最早产生的役权是耕作地役。它是由土地公有制之土地使用规则演变而来。罗马古时,土地属于村社公有,分给各个父权制大家庭耕作后,各个土地使用者为了耕种的便利和其他需要,对已分割的土地,在使用时仍保持未分割前的状态。《十二表法》第

7 条已有关于通行、导水等的规定，只是尚未形成地役权的观念，认为役权即为所有权。例如对通行的道路，流水的水沟，利用者可享有共有权。故耕作地役很早便被列为要式移转物。这些役权及其行使都有特定的地域，理解上尚无困难。但嗣后也有对无确定地域的使用权，如牧畜权。牧场属公有，享有牧畜权的人就不能说他对牧场有共有权，于是役权遂成为无体物，通行权等就脱离所通行的土地而成为独立的权利了。最初，罗马城镇中建造房屋，按传统相互间应空出 5 尺距离，因而在城镇不发生役权问题。公元前 390 年罗马受到高卢人的入侵，城市被毁，高卢人被打退后，罗马人重建家园，由于人口增多，土地有限，新建房屋多毗连栉比，相邻而居，不再遵守建筑间空出 5 尺通行道的传统，于是产生了支撑地役、禁止妨碍光线地役等各种建筑地役权。

随着社会的发展，到了共和国末叶，无夫权婚姻和奴隶的解放日多，每遇家长亡故，那些没有继承权又缺乏或丧失劳动能力的人的生活就成了问题。因此，丈夫和家主就把一部分家产的使用权、收益权、居住权等遗赠给妻或被解放的奴隶，使他们生有所靠，老有所养。这些权利，优帝一世时统称为人役权。役权的性质主要表现为：

（1）役权属于物权，具有物权的全部特征。役权人得对供役物直接行使其权利，从而限制供役物的效用，但供役物所有人并无为积极行为的义务。如导水地役，如果因特约供役地所有人有修理水渠，保持水流畅通的义务，则为债的关系而不得视为役权的内容。役权既为物权，即含有追及权，供役物易主时，不影响役权的存在，役权人均可追及其物的所在而行使其权利。役权具有排他性，役权人依法可排除他人对其行使权利的妨碍。供役物的所有人在不妨害已设立役权的限度内,并可设定其他役权。如在已为甲设定取水地役的条件下,又为乙设定通行地役。役权仅能就有体物设立,故“役权上不得再设役权”(servitus servitutis esse non potest)。例如甲在乙的土地上享有用益权,甲不得在用益权上再为邻地所有人丙设定通行权,即使甲得到乙的同意,这在罗马法上也是不允许的。但罗马法并不禁止所有人乙在不妨碍甲的用益权的前提下为丙设立通行权。

(2) 役权属于他物权,仅可在他人所有物上设定,而不能在自己的所有物上成立。如役权和所有权归属于一人时,役权即因混同而消灭。

(3) 役权是为了特定的土地或特定人的便益而设立,不能和需役地或享用人相分离。故需役地或供役地出让时,地役权也随之转移;享用人死亡,人役权即随之消灭。

(二) 地役权(servitutes praediorum)

地役权是为自己特定土地的便利而利用他人特定土地的权利。房屋等建筑物在罗马法视为土地的附属物,故地役权关于土地的含义,应包括房屋等在内。承担地役权的土地称为供役地(praedium serviens),利用地役权的土地称为需役地(praedium dominus)。

1. 地役权的特征

(1) 地役权是行使于他人土地上的权利,是他物权,其存在以供役地和需役地属于不同的所有人为要件。

(2) 地役权是直接供需役地的利用(fundo utilis)而设,不是以需役地所有人的娱乐等为目的,如导水权为地役权,而狩猎权则否。因此,它不因供役地或需役地所有人的变更而受影响。所谓直接，即需役地的利用，不需供役地的所有人为任何积极的行为。

（3）地役权的行使以需役地的需要为限。因为地役权是一项负担，足以妨碍供役地所有权的行使，为防止役权人滥用其权利，故法律规定其以必需为限。例如仅有步行地役的，就不许畜群、货车等通行，致损害供役地的利益。役权人于供役地上得为种种行使役权所需要的设施，如开沟以利导水，筑路以供车辆通行等，但都以必需为限，关于役权行使的范围和方式，可由双方当事人以契约订定之。

（4）罗马法学家从直观出发，认为地役权是供役地与需役地间的关系，是物与物的关系，实际上是人与人之间的关系，不过是通过物而表现出来。最初供役地与需役地须相毗连，后来此项原则不复严格遵守，只要两者距离不影响地役权的实施即可。例如禁止建筑物加高地役，两地就不限于贴邻。

（5）地役权具有永久性（perpetua causa）。它随土地而始终，不因土地所有人的变更而受影响。故市民法不允许设定地役权时附加期限与条件，否则期限与条件无效。帝政初，大法官法尊重当事人的意志，授予供役地人以欺诈抗辩权，从而承认附加期限和条件的效力，但此纯为对人权，故仅以需役地人仍为地役权设定人或其继承人为限。地役权既具有永久性，给邻地以临时性便利的，便不构成地役权。例如洪水淹没甲地，乙地所有人允许甲地所有人暂时通行其土地，则甲地所有人不得谓对乙地享有通行权。

（6）地役权具有不可分性。即地役权供全部需役地以便益，供役地也全部负供役的义务；其取得与丧失也是全部的而不能是部分的。若需役地分为数块，则每块的所有人对供役地均有行使地役的权利；反之，若供役地分为数块，则每块的所有人也都负有原地役权所规定的义务。在两种情况下，都不因供役地或需役地的所有权的分割，而改变供役或需役权利义务的范围和条件。

2. 地役权的分类

近代民法按地役权是否需要一定的外部工作物为标准，将其分为表见地役与不表见地役。如普通通行权的行使不依赖土地以外的其他工作物，所以属不表见地役；利用他人的土地修渠导水的地役则为表见地役。罗马法则按地役权的行使是否需要地役权人就供役地为积极行为为标准，分为积极地役与消极地役。如通行地役为积极地役，禁止建筑地役则为消极地役。因此，积极地役供役地的所有人有承受役权人的行为的义务，故积极地役亦称"承受地役"（servitus in patiendo consistentes）；消极地役的供役地所有人应以某种不作为而供需役地之便利，故消极地役亦称"不作为地役"（servitues in non faciendo consistentes）。特别是按需役地是否为土地或房屋为标准，可以分为田野地役（servitutas praediorum rusticorum，又称耕作地役）与城市地役（servitutas praediorum urbanorum，又称建筑地役）。如前所述，从地役权制度的起源看，田野地役先于城市地役而产生，其目的是便用于农村的耕作。而罗马毁于兵灾后，在重建时才有建筑地役的产生，故建筑地役即称为城市地役。因而田野地役适用于农村耕作，城市地役适用于城市的建筑，二者界限分明。但此后经济进一步发展，农村房屋也有毗邻而居的，城镇空地也被利用于耕种，于是旧有分界便被打乱，不论农村与城镇，凡供田地耕作便利的都称田野地役，凡供房屋便利的都称城市地役。这样，城市里既有城市地役也有田野地役，农村既有田野地役也有城市地役，以致名不副实，与罗马法文献中所载的也不尽吻合，所以，还是把两者分别称作耕作地役和建筑地役较为确切。但这一分类也并非绝对的，人们可因房屋的便利而设定通行地役等，为土地的利益而设定建筑地役等，从而使田野地役成为城市地役，使城市地役变为田野地役。

田野地役与城市地役是罗马法关于地役权的根本分类。其区别在罗马法上曾长期占有重要的位置。因前者为要式移转物，可作为抵押权的标的，而后者为略式移转物，不视为重要的财富，故其设定、移转和消灭的方式也不尽相同。下面我们就对两者分别加以说明：

（1）田野地役。其中除导水地役外，均为积极地役。又分：

① 通行地役。包括：a. 步行地役（iter 或 servitus itineris）。一般允许役权人享有步行、乘车、坐轿、骑马等通行的权利。b. 兽畜通行地役（actus 或 servitus actus）。即允许役权人的羊群及牛马等家畜通行的权利，通常也包括小车的通行权在内。c. 货车通行地役（via 或 servitus viae）。即允许装载木材、石料等载重货车通行的权利。按《十二表法》第 7 表第 6 条的规定，这种通行道路的宽度应为 8 尺，转弯处为 16 尺，以便来往车辆可以交叉通行。通常货车通行权包括步行权和兽畜通行权，兽畜通行权则包括步行权，但当事人有特约的不在此限。d. 水上通行地役（servitus navigandi）。即通过邻地的池塘、湖泊等的航渡权利。

② 取水地役。包括：a. 导水地役（servitus aquae ductus）。即用管道将供役地的水导入或从他处经过供役地将水导入需役地的权利。此项权利包括在供役地设置水管和修缮水管的权利，但不得开掘沟渠。b. 汲水地役（servitus aquae haustus）。即需役地所有人得于供役地上取水的权利。这种权利不同于为了特定人利益的用水权，如到他人池塘游泳的权利。因为汲水地役是为了需役地的

利益而设定，不因供役地或需役地的所有人的变更而受影响，凡该需役地的所有人就有权到供役地去取水。而游泳的权利属于特定人的人役权，不能转让和继承，权利人死亡，其权利即消灭。c. 饮畜地役（servitus pecoris ad aquam appulsus）。即役权人的牲畜有在供役地饮水的权利。这种权利包括通行权在内。d. 平水地役（jus tibi non esse sic fundo tuo aquam quaerere minuendae meas aquae gratia）。即供役地的所有人负有蓄水和排水的义务，以保持供役地的自然流水与需役地的通常水位相平衡。因此，为利于需役地的灌溉和种植，供役地所有人不得过量排泄其蓄水，致其水位低于需役地的自然水面；也不得阻碍其排泄，致其水位高于需役地的自然水面。这是罗马法田野地役中唯一的消极地役。因为役权人不需为任何的积极行为。

③ 畜牧地役（servitus pascendi 或 pascui）。即役权人得于供役地上放牧的权利。由于各地气候不同，牧草的种类与生产的季节相异，罗马牧主常互约提供牧地。有关放牧的期限、家畜的种类、头数以及供役地所有人的家畜可否在供役地上放牧等，均从当事人约定。

④ 采掘地役。包括：a. 石灰烧制地役（servitus calcis coquendae）。即役权人得于供役地上烧制石灰。此项地役包括就地掘取所必需的原料的权利。b. 砂土采掘地役（servitus arendae fadiendae）。c. 陶土采掘地役（servitus cretae eximendae）。d. 石料采掘地役（servitus lapidi eximendi）。e. 木材采伐地役（servitus silvae craduae）。

此外，为了适应实际需要，还有寄存材料或产物于邻近房舍等地役。

(2) 城市地役。

①其中的积极地役主要有：a. 架梁地役（servitus tigni immittendi）。是指役权人建筑房屋时得以栋梁穿架于邻居（供役地）的墙壁的权利。b. 支撑地役（servitus oneris ferendi）。是指役权人利用供役地的墙壁搭建毗屋的权利。这种地役权与其他地役权不同，供役地的所有人有按役权设定时的规定，对供役的墙壁为必要的修缮，以维持其原状的义务。这是役权不得使供役地人为任何积极行为的原则的例外。此项义务初为习惯所确认，故在古代法，需役地所有人的权利本不视为役权。共和国末叶，役权不包括供役地人的积极行为的理论被确认后，罗马法学界遂对这一原则是否适用于建筑地役的问题发生了争论。由于古老习惯已成传统，且供役地人修缮其墙，一方面是为了役权人的利益，同时也是为了自己的利益，故否定说终占优势。但供役地所有人也可随时抛弃其供役建筑物，以免除维修的义务。c. 建筑物突出地役（servitus projiciendi 或 protegendi）。是指需役地所有人建筑阳台、屋檐等伸入邻地（供役地）上空的权利。d. 承溜地役（servitus stilicidii vel fluminis recipiendi）。是指供役地承受邻屋（需役地）檐水的地役。又分为雨水由屋檐顺流而下的地役和雨水经隔溜汇合流下的地役。这是因为需役地建筑房屋变更了天然水的流势，如一般高地自然流至低地的水，低地所有人有承受的义务，就不需设定地役了。e. 阴沟地役（servitus cloacae immittendi）。是指在供役地或房屋下设置阴沟以排泄生活污水或作坊废水的权利。f. 排烟地役（servitus fumi immittendi）。是指供役地承受邻居（需役地）的炉灶排烟的地役。g. 采光地役（servitus luminis immittendi）。是指役权人得在共有墙或邻人的墙上开窗通光的地役。h. 建筑物加高

地役(servitus altius tollendi)。依原则土地所有人在自己的土地上建筑房屋,或高或低,可以任意为之,不受任何限制,故不应有所谓建筑物加高地役。罗马学者对此项地役存在的原因,解释为罗马当时建筑技术不高,城镇向有限制建筑房屋超过一定高度的规定,以免造成危险,又阻碍邻居的光线和通风,所以建筑房屋逾限的,应取得邻居的同意,即设定地役权。奥古斯都和特拉雅努斯帝规定的限度为 70 和 60 尺,对逾限者,邻居可以提起所有权保全诉以制止之。

② 消极地役主要有:a. 禁止建筑地役(servitus altius non tollendi)。是指在供役地上不得建筑房舍,也包括建筑物不得超过一定高度的地役。b. 禁止妨碍光线地役(servitus ne luminibus officiantur)。是指供役地所有人不得在邻近需役地上建筑房屋、种植树木等,以致影响需役地光照的地役。c. 禁止妨碍瞭望地役(servitus ne prospectus officiantur)。这是避免妨碍景观的地役。

(三) 人役权(servitutes personarum)

人役权是为特定人的利益而利用他人所有之物的权利,即以他人的物供自己使用和收益的权利。

人役权在罗马历史上的出现较地役权为晚。与地役权相比,它是为了特定人的利益而设的,故罗马人认为其是人与物间的关系,与地役权为土地与土地间的关系不同。它又具有暂时性的特点,以期限届满或以权利人的终身为限。人役权是无偿地将所有权的权能分属于两方,其流弊在妨碍标的物的改良,不利于经济的发展,从社会的利益看,这种状态不应任其永续。但此项原则,也不无例外,因罗马法承认用益权的遗赠可因遗赠人的意愿而于受遗赠人死亡后移转于其继承人。人役权是不能让与的权利,但权利的行使则可以转让,如转让某年对某土地的收获权。就人役权的性质而言,它不能与权利人相分离,故权利人死亡,其权利即行消灭。人役权通常由遗嘱设定,由契约设定的并不多见;至于由法律规定的,在罗马法上仅有家长对家属的"外来特有产"享有用益权的例子。人役权分用益权、使用权、居住权和奴畜使用权四种,现分别予以说明。

1. 用益权(usus fructus)

指无偿使用收益他人的物而不损坏或变更其物本质的权利。享有权利的人为用益权人,所有权人则被称为虚有权人。因为所有权的效用即在使用与收益,所有人将使用收益权转让给他人,仅余处分权,而此项处分权也因用益权的关系而大受限制,因此盖尤斯称这种所有权为"虚有权"(nuda proprietas)。从罗马古时起,用益权就是人役权中最重要的一种,它被家长用作处分其遗产的一种手段。因为罗马人经常以遗嘱将某项遗产的使用收益权遗赠给他需要照顾的人,使其生活获得保障,而保留虚有权给其继承人。在受照顾的人死亡后,继承人再恢复其完全的所有权。下面我们把用益权的有关事项作进一步叙述。

(1) 用益权的标的物。作为用益权的标的物须具备一定的条件,其条件是:

① 须为他人所有物。因用益权为他物权,所以必须建立在用益权人以外的其他人的所有物之上。由于用益权的目的既在维持用益权人日常生活的需要,故不论动产与不动产,都可以作为用益权的标的。这不仅限于日常的必需品,即使文娱用品,如书画、雕塑、花园、鱼塘等亦可;即使其维持费用远远超过其收益的,也不在排除之列,因遗赠人遗赠给受遗赠人的用益权,除满足用益权人之

衣食住的需要外，还可由其按自身社会地位、文化程度等予以适当的享受。

② 须为不消费物。这是基于用益权人不得损坏标的物的本质，以保证日后可以返还原物，而消费物一经使用即行消耗，故标的物应以不消费物为限。但习俗往往以使用收益财产的一部分作为遗赠，依市民法的原则，凡财产中消费物的用益权部分应属无效，这显然不符合遗嘱人的意愿，故帝政初期，元老院作出决议，规定用益权可适用于消费物，与消费寄托一样，用益权人即享有所有人的权利，可以将这一部分消费物处分掉，而在用益权终止时，用同种类、同品质、同数量的物品返还，称准用益权（quasi-ususfructus）。又经过长期使用就会破旧、毁损、丧失或减少使用价值及交换价值的物品，如毛毯和名贵瓷器等，通常在设定用益权时要估计其价值，亦作为准用益权论，于用益权终止时，如不能返还原物，则返还其估价。

③ 须为有体物。奥古斯都时，大法官法规定，用益权既适用于消费物，也可适用于无体物。以债权为准用益权的标的时，则准用益权人享有债权人的权利。如为分期给付的债权，准用益权人可按期存本用息。如债权是一次清偿的，则准用益权人可留存利用，直至用益权终止时返还原本。

（2）用益权人的权利。如用益权的标的物为消费物或无体物的，须按准用益权办理，准用益权人即处于所有人或债权人的地位，已如前述。如标的物为不消费物和有体物，则用益权人的权利包括以下两项：

① 使用权（jus utendi）。即设定用益权时标的物上原有的或约定的使用该标的物及其从物的权利。但用益权中的使用权含义较

广,即在收取孳息之外和不损害物件的本质以及不变更其用途的范围内,得为各种利用。例如用益权的标的物为房屋,通常用益权人可以和家属住居,并可行使附属于房屋的役权,只是不得灭损标的物或改变其用途,改良行为原则上也是不允许的。

② 收益权(jus fruendi)。用益权人对用益物有收取一切孳息的权利。不论是自然孳息、加工孳息或法定孳息,其范围和多少,由设定时决定。用益权人对于孳息有完全处置权,既可以自行消费,也可以让与他人,且可将其收取孳息权利的行使转让给第三者。但用益权不得与用益权人相分离,已如前述。用益权人对于孳息,须于行使其用益权时才能享有,也就是须经其本人或使人收获,方取得其所有权。故未收获的孳息,其所有权属于虚有权人,如果被窃,应由虚有权人行使追索权。若用益权设立于收获之前,即使种子、肥料及其他耕作费用都是由虚有权人所支付,孳息也归用益权人无偿收获,因用益权的目的在于维持用益权人的生活,这与有偿的租赁不同。反之,同样道理,如用益权人已雇工定明日收获孳息,忽于当日暴病身亡,孳息即归虚有权人所有,用益权人的继承人不能请求任何补偿。关于畜群所生的孳息,如羊毛、羊羔等,应先补充死亡的小畜,若有多余,则归用益权人所有,故在用益期内所生的小畜,在用益权人未将其补充损失前,其所有权实处于不确定的状态。用益的标的物如为树木,则采伐的时期与标准,若设定时未具体规定,应按习惯办理。在采伐期前,用益权人仅有权采剪支架葡萄的树枝,或采伐修理房屋的树木。对于奴隶,用益权人则可利用其劳动力及其产品,或出租于人收取报酬,对于其所得的赠予和遗产,以及女奴所生的子女,则不作孳息处理,而应归虚有权人所有。关于女奴子女的归属问题,法学昌明时期,罗马法学

界曾有争执，已如前述。但在优帝一世时则明定作例外处理，不归用益权人所有。

以上是就天然孳息和加工孳息而论的。至于法定孳息，过去注释法学家都认为，房租作的孳息，是按其权利的存续期间来计算的，这实际上是租赁契约的理论而不是用益权的原则。例如所有人甲以其房屋赠予乙用益，用益权人乙将其出租与丙，订定每年租金为 365 银币，则乙丙之间的租约为债的关系，承租人丙有按使用房屋的日数支付租金的义务。假定用益权人乙于租约生效后 300 日死亡，则不仅其余 65 天的租金应由虚有权人收取，且甲对房屋有所有权，可以因他没有参加乙丙间的租约而将丙逐出，收回房屋。但是承租人为了保证在租期未满前不致失去对房屋的使用，故多在与用益权人订约时，明确以取得虚有权人的同意为条件，通常是由虚有权人以要式口约承担遵守该项租约的义务。这样，即使用益权人先于租期届满而死亡，承租人也不致被停止使用房屋的权利。同样，所有人对订有租约的房屋设定用益权时，也可要求用益权人以口约保证遵守其与承租人所订立的租约。这种口约相沿成习，后来大法官即使在当事人没有特约时，也承认用益权人在用益期内所订的租约可以拘束虚有权人，而所有人在用益权开始前所订的租约，用益权人也有遵守的义务，因此，租赁契约关于孳息分配的规定，也就转用于用益权人与虚有权人之间的关系了。

（3）用益权人与虚有权人的关系。所有权人的权利除处分权（jus abutendi）外，均为用益权所吸收，故所有权成为空虚所有权。但在这种情况下，双方各为独立的物权享有人，两者之间并无债的关系，仅互负不侵害对方利益的义务。一方面，所有人就用益物不负为积极行为的义务，仅负有供用益权人使用收益其物的义务，不得有妨碍用益权的行为。他虽保留处分权,可出卖其虚有权或设定抵押权,但非经用益权人的同意,不得设定地上权或其他可能限制用益权的地役权等。同时,虚有权人仍是所有权人,对其物仍然占有,故可申请占有令状以阻止一切侵害其占有的行为。另一方面,用益权人也应尊重虚有权人的利益,不得毁损用益物,否则即构成私犯,虚有权人可按情况提起盗窃诉(actio furti)或阿奎利亚法之诉(actio legis Aquiliae),以及申请"暴力或隐匿之令状"(intardictum quod vi aut clam)等。

按古代法的规定,用益权人仅能要求虚有权人消极地任其使用和收益用益物,而不能要求其为任何便利使用与收益的积极行为。虚有权人亦仅能要求用益权人对用益物不为任何侵害及毁损,但不能要求用益权人对用益物加以积极的保护和注意;在用益权终了时,用益权人或其继承人按照法律也不负将用益物返还虚有权人的义务,而须虚有权人起诉收回,这对虚有权人的权利并无适当的保障。因此,虚有权人为保护其利益起见,常于用益权开始前,要求用益权人以要式口约保证对用益物加以善良家长的注意,于用益权终止时负责返还原物,并由保证人担保该义务的履行。其后大法官也在谕令中规定以遗嘱设定用益权的,受遗赠的用益权人应以要式口约承担上述的义务,称"用益保证"(cautio usufructuaria),否则大法官即拒绝受理受遗赠人请求交付遗赠物之诉,即使受遗赠人已占有用益物,继承人也可提起物件返还诉,以迫使受遗赠人提供"用益保证"。公元2世纪时,"用益保证"已成为惯例,被视为用益权人当然的义务,即使事前无特别约定,用益权人也不能免除此项义务,且设定人也不得以遗嘱豁免之,以免损害继承人的利益。因此,虚有权人除有物件返还诉和因私犯所生的诉权外，更受要式口约诉的保护，这样，在用益权终止时，虚有权人就不再有证明其所有权的麻烦，他只需证明口约的存在和内容，不仅对用益权人因故意或疏忽所致用益物的损害有权请求赔偿，且在用益权人无力清偿时，可由保证人代为负责。

（4）用益权人的义务。用益权人与虚有权人的关系已如上述，现综述法学昌明时期用益权人的义务如次：

① 在用益权开始前，应提供有清偿能力的保证人，否则虚有权人可拒绝用益物的交付，甚或收回用益权人所管理的用益物而自行管理，但用益权人并不因此丧失对用益物的孳息的权利。不过为了维护用益权人的尊严，为了表示对用益权人的敬意和信任，下列用益权人可免予提供担保：第一，用益权人为国家或市府的；第二，家长就其家属的外来特有产所享有的用益权[①]；第三，赠予人就其赠予物保留用益权的；第四，夫就妻的嫁妆所享有的用益权；第五，当事人以特约免除用益权人的担保责任的。

② 在用益权存续期间应尽善良家长的注意。如防止用益物上的役权的消灭、防止他人取得时效的完成等，即对抽象轻过失也不能免责。

③ 不得变更用益物原有的或约定的用途，如改住宅为商店、改耕地为牧场、将供乘骑的马用于拉车或耕地等。至于对商号收益的用益权，除特定的经营范围和有特定顾客的不得变更外，用益权人得酌量予以调整。

---

① 家长对家属特有产的用益权仅限于外来特有产，而不及于其他特有产。关于奴隶的特有产，其所有权和孳息都属于家主。国内有些罗马法著作对此似有误解。

④ 应承担用益物的日常负担，包括必要的维持费、修缮费与赋税，但不包括大修费（如翻修房屋或更换梁柱的费用）。由于用益权为物权而非债的关系，故用益权人可抛弃其权利而免除修理和纳税等义务，但因用益权人的过失而产生的修理费，则属损害赔偿性质，自当别论。如用益权系就某人的全部或部分财产而设定时，用益人应给付该用益财产中所有债务的利息。

⑤ 用益权终了时返还原物和附属物。返还原物的义务由用益权人承担，如用益权是以用益权人终身为期的，则由其继承人负责返还。

2．使用权（usus）

这是权利人在个人需要的范围内，对他人的物按其性质加以使用的权利。如标的物为房屋，则可供住居；如为奴隶，则可供使役等。此项役权大多由遗嘱设定，以便使用人可保留其日常生活中使用的物。使用权与用益权不同，用益权包括使用和收益两种权能，而使用权则无收益的权能。而且使用权人不得将其权利的行使完全让与他人，而用益权人则可以。作为物权的使用权，又与承租人、借用人等所享有的使用权有别，后者属于债权。两者的区别在于：虚有权人对标的物不负任何责任，出租人则负有担保和维持出租物合于使用收益的状态等义务；作为物权的使用权期限长，一般以使用人终身为限，作为债权的使用权期限短。

帝政以后，使用权由遗嘱设定的，往往因不符合法律的要求而无效。罗马的法学家和判例认为，遗嘱人并不一定都熟悉法律，因此应分析和探求其真意，予以适当补救，遂逐渐对使用权作较为宽泛的解释，以使其合情合理。故拉贝奥和萨比努斯等都主张，如果使用人对标的物不能收取孳息，则其使用权将等于虚设，在这种情况下，使用人得于其需要范围内收取孳息以供食用。涅尔瓦曾举例，如使用标的物为菜圃或果园，使用人可采取蔬菜、瓜果以供消费；乌尔披亚努斯则说，使用标的物为羊群的，使用人有权挤取羊乳以供饮用。使用权原来只限于个人的需要，以后扩大到对家属及宾客的供应。这样，使用权不仅可使用其物，有时还包括收取孳息，但只限于本人和家属的需要，且不得将其出卖或赠予，故仍与用益权不同。拉贝奥和普罗库路斯甚至主张，房屋使用人可以出租其多余的房屋收取租金，但不得如用益权人那样将全部房屋出租，因为这就违背了法律关系的性质。

关于使用权人的其他权利和义务，则与用益权人相同。使用权人应妥善保全使用的标的物，不得变更其用途，使用权终了时应返还原物，并对上述义务提供适当的保证等。

3. 居住权(habitatio)和奴畜使用权(operae servi vel animalis)

优帝一世时，前者是指居住他人的房屋的权利，后者则为利用他人的奴隶或家畜的权利，二者都属于“使用权”，但其权利又大于一般的使用权。据考证，由遗嘱授予居住和奴畜使用权远在其他人役权产生之前，最初仅作为受遗赠人享受某种利益的事实，优帝一世始把它们正式列入人役权。判例上为了维护遗嘱自由的原则，尊重遗赠人的意志，在人役权的规则形成以后，对旧有习惯未加改变，遂致与上述使用权有所不同，表现为：第一，作为一种事实，其利益不因使用者不行使或人格变更而消灭。关于居住权人能否把标的物出租给第三人，罗马法学家曾有争议，优帝一世时作了肯定的规定。第二，享受此项利益的人可以把标的物出租给他人，但不得作无偿的使用借贷。第三，对奴畜的使用如定有期限的，在期限届满以前，如受遗赠人死亡，其利益可由继承人继续享受，居住权则仍和其他人役权一样，因受益人的死亡而消灭。居住权人和奴畜使用权人应妥善维持标的物的性质和原有的用途，故对标的物的所有人也有提供担保的义务。

（四）役权的设定

役权的设定在罗马法的各个时期有不同的要求。古代法时期，役权和所有权一样，其权利和标的物结合不分。如前所述，对供役地有通行权的，即对其通行的土地有所有权，故役权亦被视为有体物，其取得的条件也和所有权取得的条件一样，仅限于罗马市民和罗马物。至于取得的方法，须用要式买卖、拟诉弃权、时效取得、遗嘱和分割裁判等。其以法律行为设定物权的，则采“役权的移转”（translatio servitutis）和“役权的保留”（deductio servitutis）两种办法。役权的移转即所有人为了特定土地或特定人的利益，在其物上直接设定役权，如用遗赠、拟诉弃权和要式买卖（仅限于田野地役）等方式设定役权。“役权的保留”是指所有人于出让其物时保留所需要的役权。例如甲将其财产的一部分赠予乙而保留其用益权，或甲有土地两块，将一块让给乙，但对出让的土地保留通行权等。这种方式不仅可用遗赠和拟诉弃权来设定要式移转的役权和略式移转的役权，且可用要式买卖间接地设定各种役权，包括城市地役和人役权。例如甲欲出让建筑物支撑地役于乙，由于要式买卖只适用于田野地役，甲可先将其房屋通过要式买卖出售给乙，由乙保留所需的支撑地役后，再将原屋卖给甲，这样，经过两个要式买卖，即可达到双方所企求的目的。至于交付，在市民法不仅不适用于要式移转的役权，即对略式移转的役权，也因役权为无体物而不能适用。

到了共和国末叶，役权被认为是无体物，故其取得的方法，已和所有权取得的方法不复完全一致。公元前1世纪末,《斯克里薄尼亚法》(*Lex Scribonia*)以役权不能占有,且取得时效很短,易滋纠纷,从而废除了时效作为取得役权的方式。自准占有概念确立后,至公元3世纪,敕令规定长期时效可适用于役权的取得,其条件为:第一,须有行使役权的事实,即准占有,且其行使非由于供役地所有人一时的宽恕;第二,准占有的期限视当事人同住一省或异省须继续10年或20年,若为继续地役,例如导水地役,则准占有人如能证明在时效开始和完成时曾行使其役权的,即推定其曾行使于整个所经过的时间;若为不继续地役,例如汲水地役,则准占有人须证明在经过的期间内曾经常行使其役权,具体情况由承审员酌定,但通行地役则须在最近一年内有30日以上的通行;第三,准占有须无强暴、隐匿和容假的瑕疵,但准占有人仅须证明其开始占有时无上述的瑕疵即可,此外并不需具备善意及适法原因的条件。S.塞韦鲁斯和卡拉卡拉帝又规定坟墓无通道的,所有人得申请通行权而给供役地所有人以适当的补偿。其后敕令又规定家长对家属的外来特有产享有用益权。

由于要式买卖和拟诉弃权手续烦琐,因此人们在移转所有权时,已多利用简便的交付方式。自准占有产生后,以准交付设定役权也就继之而起。公元1世纪末,雅沃莱努斯(Javolennus)认为行使役权即等于所有权的交付。乌尔披亚努斯更主张以准交付设定役权须符合两个条件:一为使用(usus),即让受人须有行使役权的事实;二为容许(patientia),即让与人须有容许让受人行使役权的意思。但准交付设定的役权仅受大法官法的保护。

又依市民法的规定,外国人和外省土地不能用市民法的方式设定役权,但实际上外国人和外省土地也有设定役权的需要,自不得不采取其他的方法。在盖尤斯时，人们均以简约和要式口约的方法，间接地达到设定役权的目的。即由当事人先以简约为役权的设定，但简约不受法律的保护，故双方又以要式口约订定违约金，以防日后反悔，从而保证简约的履行。不过简约和要式口约纯属债的关系，不能对抗第三人；又供役地所有人破产时，则此项役权势将消灭。大法官为了实际的需要，乃改此项契约为物权性质，而授予外省土地所有人和外国人以“准物权诉”。于是以普通契约设定的役权，也受大法官法的保护。

在优帝一世时，市民法与大法官法设定役权的区别已不复存在。这时役权设定的最主要的方式为契约。设定时，让与人须为所有人并有让与的能力。由于役权具有不可分性，故供役物如为数人所共有，就须经全体共有人同意，各共有人不得按其所有部分单独设定役权，但用益权则属例外。役权如由永租权人或地上权人设定的，则以永租权或地上权的存续期间为其有效期间。至于役权人如为人役权，则他须有取得财产的能力；如为地役权，则他对需役地须有改良的权利。所以，只有所有权人、善意占有人、永租权人、地上权人等得各就其权利的标的物取得地役权，而承租人、使用权人与用益权人则无此权利。如需役地为数人所共有，非经全体共有人的同意，就不得设定地役权。优帝一世时，改为以有过半数以上共有权的人同意即可，以利发展生产。但役权的设定除契约外，是否须另有准交付？罗马的法学家对此曾有争议，但一般都认为有当事人的合意即可。因为在以拟诉弃权、简约和要式口约设定役权时，都不需准交付，且在非表见地役中，很难设想实施准交付的可能；加以在采取“役权的保留”方式设定役权时，可以用默示为之。例如甲有 A、B 两地，在 A 地上设有导水的水沟，以供

B地灌溉之用，若甲将A地卖给乙，而双方都不将该水沟填塞，即可推知为B地的利益设定导水地役而无疑，这当然也谈不上什么准交付。其他如遗嘱、分割裁判、法律和时效，都继续是设定役权的方式。

（五）役权的保护

保护役权的方法有诉权与令状。本书将后者放在占有一节中叙述。至于诉权，在法学昌明时期，分市民法的诉讼和大法官法的诉讼两种。分述如下：

1．役权确认诉（actio confessoria）

原称"役权返还诉"（vindicatio servitutis），优帝一世时改称此名。这是市民法的诉讼，是由于原告人的役权遭到所有人的否认或其行使受到侵害而提起的诉讼，因而和所有权保全诉的情形相反。因后者系原告否认役权的成立，前者则为原告主张役权的存在，不论其役权的全部或部分受侵害，均可提起此诉。但并不是所有役权都受准占有令状的保护。该诉也和"物件返还诉"以丧失其物的占有为要件不同。原告提起确认诉时，应证明役权的存在和被告有否认或妨害其役权行使的事实。该诉是市民法的诉讼，故应具备市民法规定的条件：仅适用于市民，其役权须存在于罗马物件，且其取得须用罗马方式。它的目的是：第一，确认原告役权的存在；第二，禁止被告侵害役权和恢复原状；第三，赔偿原告因此遭受的损失；第四，由被告提供不再侵害役权的担保。

2．准役权确认诉（actio confessoria utilis）

这是大法官法的诉讼。由于役权确认诉只适用完全按市民法的规定设定的役权，因此，如役权让与人对供役地并无市民法所有权，或设定时仅用简约和口约等，即不受市民法的保护。这显然是不公平的。大法官为了补救此缺陷，遂创设了此诉，乌尔披亚努斯亦称之为“菩布利西亚那诉”。该诉的目的和效力与役权确认诉相同。除役权的权利人外，其他与役权标的物有物权关系的人，如永租权人、地上权人、质权人、用益权人等，在其役权受侵害时，大法官也允许他们可援用此诉，以维护其利益，因而“准物权确认诉”的适用范围逐渐扩大。优帝一世时，市民法诉讼与大法官法诉讼融合为一，准役权确认诉也就无存在的必要了。

至于所有权人对他人主张在其不动产上享有役权或滥用役权的，得提起“排除侵害之诉”或“所有权保全诉”。其他有物权关系的人对侵害则可提起“准排除侵害之诉”（actio negatoria utilis），以排除役权对其标的物所加的限制，或禁止被告对役权的滥用，并赔偿因此所造成的损失。

（六）役权的消灭

役权消灭的原因有四：即役权成立要件的欠缺，役权人对其权利的抛弃，期限的届满或条件的完成以及役权的不行使。现分述如次：

1. 役权成立要件的欠缺

役权成立条件的欠缺有如下几种情况：(1)役权标的物灭失或变为非财产物，致役权无从行使。在任何役权中，供役物灭失，役权即当然消灭。如对房屋设定用益权，房屋倒塌，用益权即消灭，用益权人不得对地基主张用益权。又如供役物变为神用物，事实上虽未灭失，但法律上已成为不可有物，致役权人对之不能行使其权利。(2)需役地灭失，用益权人、使用权人死亡或人格变更。但在优帝一世时，人格小变更已不发生消灭人役权的作用。(3)用益权人为法人的，用益权因法人的解散而消灭，否则其期限以100年为限。(4)混同,即役权因需役地所有人取得供役地的所有权,或供役地的所有人取得需役地的所有权,以及人役权的享受人取得其权利的标的物而消灭。因役权为他物权,自因同一物的所有权和他物权归属于一人而消灭。但促成混同的原因经撤销的,役权仍应恢复原状。

2. 役权人对其权利的抛弃

私权可以抛弃,故地役权中的需役地所有人和人役权中的役权人,均可以抛弃其役权。在古代,役权的抛弃须用拟诉弃权的方式,当事人单纯抛弃役权的契约,不能作为役权消灭的原因。法学昌明时期,始可兼用契约。如役权人抛弃权利后,又提起"役权确认诉"时,供役地所有人和虚有权人可以提起欺诈的抗辩而驳回。优帝一世时,拟诉弃权早已废止,故役权的抛弃,遂单纯以契约进行。抛弃役权只要是出于役权人的真意,不论明示或默示均可。

3. 役权期限的届满或条件的完成

按市民法规定,地役权具有永久性,自不得附以终期或解除条件。法学昌明时期,大法官对以契约设定地役权而附有终期或解除条件的,在期限届满或条件完成时,如役权人继续行使役权时,允许供役地所有人得提起欺诈的抗辩,以对抗失信背约的役权人。至于人役权,其性质原有时间性,如设定时附有终期或解除条件的,自因期限的届满或条件的完成而消灭。又役权标的物本身附有终期或解除条件的,役权自亦因标的物物权的消灭而消灭。

4. 役权的不行使

役权与所有权不同,除法律有特别规定外,所有权并不因不行使而消灭;役权则为他物权,是所有权的负担,故因权利人不行使而终止。但由于各种役权的行使方法不同,因而其消灭的条件也

各异,现列述如下:

(1) 田野地役、用益权和使用权因不行使其权利而消灭。其期限,供役物是动产的为1年,是不动产的为2年,后又有长期时效,均自役权人最后行使其权利之日起计算。优帝一世时,改动产为3年;不动产视当事人是否居住在一省为10年或20年,与所有权的时效相同,显与情理不符,因在所有权之取得时效,不动产所有人为了维护自己的权利,须中断占有人的时效,故住异省的自较住同省的困难,因而需要给以较长的时间,但役权则不同,役权人要防止其权利的丧失,只要行使其权利,并不因其住所与所有人的住所不在同一省而发生难易的问题。因此有的学者认为,此处的同省(inter praesentes)和异省(inter absentes),乃指役权人和供役物是否在同省或异省而言。在同省的其距离较近,行使权利也较便,故为10年;反之,则为20年。如果役权的行使不遵守规定的方式,例如规定夜间汲水的役权而役权人于日间汲水,仍应以不行使论。如果役权的不行使是由于不可抗力,例如道路被水淹没而不能通行,则役权人在洪水退后有申请回复原状之权。

(2) 住居权和奴畜使用权,由于习惯上的原因,并不因不行使而消灭。例如享有住居权者,若不住居其房屋,即使经过10年或20年,仍不丧失住居之权。

(3) 城市地役,其消灭的时限与上述田野地役等的消灭时限相同。但仅役权人不行使役权还不能消灭役权,还需有供役地所有人反对其行使的行为(usus contrarius),始能发生消灭役权的效力,也就是须供役地所有人有变更现状而企图解脱役权负担的行为。例如瞭望地役,役权人并不因中止瞭望而丧失其役权,而须供役地人种植树木或建筑房屋等以阻止其瞭望,自此时起经过法定期限，瞭望地役始行消灭。役权消灭后，土地即摆脱负担，恢复了“自由”，所以役权消灭的时效在罗马法上又被称为“自由时效”（usucapio libertatis）。

三、永租权（emphyteusis 或 jus emphyteuticarium）

（一）永租权概述

永租权是指支付租金，长期或永久地使用、收益他人的不动产的权利。永租人称 emphyteuta，所有人称 dominus emphyteuseos，租金则称 canon 或 pensio。这种权利最初仅适用于土地，称为永佃权，后来也扩大到房屋，所以统称永租权。

罗马法的永租权实由“佃租权”（jus in agro vectigali）演变而来。罗马古时，因战争而掠夺没收的土地，除留充公用、分赏将士或出卖外，其余都为“公地”（ager publicus），市民可占有而耕种之，年纳赋税，称“占耕地”（ager occupatorii）。但占耕人和政府间并没有法定的关系，政府可随时收回。最初也没有法律上的保障，其后始受占有令状的保护。帝政以后，政府正式将公地出租给市民而征收“佃租”（vertigal），因而称其地为“佃租地”（ager vectigalis），其租期很长，有些没有订定期限的通常具有永久的性质，使佃租人可以安心垦殖，提高土地的生产力。后来地方政府和寺院也以同样办法出租其土地于市民，当然这只是债的关系。但因其期限很长，佃租人又可将这种权利出让、抵押、赠予或继承，并可以设定役权等，因此，大法官乃给予佃租人以一些类似所有权的保护，如允其享有追及权和取得占有令状等，对孳息也因分离即可取得其所有权，于是佃租关系遂由公法范畴转入私法范畴，由债权关系而变为物权关系。

公元4世纪中叶，帝国财政困难，帝皇为了增加税收，充实国库，遂接收地方政府的土地和还俗寺院的财产，作为国库的私产（res privata），继续出租给市民，其租期以永久性为原则，于是佃租权改称“永佃权”（jus perpetuum），那些地方政府和寺院的佃租人也就成为政府的“永佃人”（perpetuarii）。其租金也固定起来，不受收成丰歉的影响。同时，帝皇又仿效希腊法制，将其私有地产，包括土地和农舍，租给市民垦殖利用，收取孳息的1/3。其期限如果很长或为永久的，称为永租权（jus emphyteuticarium）。公元5世纪后，蛮族入侵，边远土地常多荒芜，一般佃农也因佃租过高、租期又短，往往不愿承租大地主的土地，因此大地主不得不仿效政府的办法，减轻租金，延长租期，以满足佃农的要求。优帝一世时，合并永佃权和永租权为一，统称永租权。

（二）永租权的性质

为了明确永租权的性质，我们先把它同相类似的租赁权、所有权和地役权作一比较。

1. 永租权与租赁权

所有人对永租人和承租人虽同样负有保证他们使用、收益标的物的义务，但两者仍有下列不同：

（1）租赁权期限短，通常是1年，所以在法律上是债权关系；永租权的期间很长，甚至是永久性的，等于是所有权，所以在法律上是物权关系；

（2）承租人对标的物不能擅自加以改良或变更用途，永租权人则有权这样做，并且可以设定役权；

（3）租赁权原则上不能转让，永租权则可以转让；

（4）承租人遇荒年歉收，可以请求减少甚或免付租金；永租权因时间长，可以丰补歉，自行调剂，不得减免租金；

（5）承租人一般不负担修理费用和赋税，永租权人则要承担修理费用和纳税。如承租人租赁房屋，修理费用由出租人负担；而永租权人对永租的房屋，应自负修理之责。这是因为永租权的期限很长甚至是永久的，所有人一般和标的物相距很远，由永租人自行负担费用比较方便，而这些费用可在租金中予以调整；

（6）永佃权人享有占有人的地位，受占有令状的保护。这是由于所有人收取不变的定额租金，离永租物又相距甚远，对永租物不若永租人来得关切，故授予永租人以令状是适宜的。承租人的情况则不同，他仅有持有人的地位，不受占有令状的保护。

2. 永租权与所有权

永租权与所有权几乎相同，故有准所有权之称。但它与所有权毕竟属于两种不同的权利，因而具有以下区别：(1)永租权人须向所有人缴纳佃租；(2)永租权人虽可对土地加以改造，但不得损害其价值；(3)永租权人虽可任意处分其永租权，但不得将它抛弃；(4)永租权人转让其权利，如将权利卖给或赠予第三人时，所有人有权收取手续费。所有权人则不受这些限制。

3. 永租权与地役权

永租权与地役权虽同为他物权，但其区别在于：

（1）永租权享有土地所有权的各种权利，权利范围远较地役权为大，它接近于所有权，而地役权则以需役地所必需的便利为限；

（2）永租权可以自由转让和继承，地役权则随土地而转移，不能离开土地单独转让；

（3）永租权人对土地享有事实上的和法律上的占有，地役权人对供役地则只是有权以它来方便自己，故称为准占有。

从上述的分析比较，我们可以知道，永租权不仅发生物权关系，同时也产生债权关系。在东罗马，法学家对于设定永租权的契约的性质争论不决。有些人主张永租权契约是买卖契约的一种，有些人主张它是租赁契约。前者认为一方出卖他的他物权，另一方支付价金，故为买卖；而租赁则仅产生债权关系，不产生物权关系。后者则认为永租人支付租金，租期终了，永租人负返还原物的责任，且标的物如因事变而灭失，永租人即不再负支付租金的义务；而在买卖，则损失全由买主承担，故应为租赁。公元 5 世纪末叶，崔诺帝为了平息争端，乃规定永租权契约是一种独立的契约。

（三）永租权的设定

永租权设定的方法，一般认为有以下三种：

（1）契约设定。所有人与永租人订立契约，由前者将不动产交付后者，永租权即告设立。但也有法学家主张以当事人的合意为已足，不以交付标的物为取得永租权的必要条件。

（2）遗嘱设定。通常由所有人在遗嘱中设定永租权，作为对某人的遗赠。

（3）裁判设定。即由司法机关以分割裁判方式设立永租权。

至于时效是否为取得永租权的方法，罗马的法学家意见不一。有的主张，永租权与其他物权一样，可因时效完成而取得，但应适用长期时效。反对者则认为，永租权人占有用益他人的物件，所有人又收取租金，则永租契约已经成立，不存在时效取得的问题。又罗马法上有一项原则："任何人不得仅以自己的意思而变更占有的性质"（nemo potesti sibi ipse causam mitare possessionis），以维护所有人的利益。故在代理占有时,代理人必须公开表示有为自己占有的行动,如收取孳息占为己有,不再照常移交给被代理人等,而他方又没有争议,时效才能开始。这是所有权的取得问题,不存在永租权的时效取得问题。后说符合罗马法的精神。

(四) 永租权人的权利

永租权人的权利,几乎和所有权不相上下,主要有以下四种:

(1) 享有对永租物及其附属物的长期的或永久的使用收益权。永租权人在不减损永租物价值的前提下,可以改良永租物或变更其用途。

(2) 收取永租物的孳息。永租权人是永租物的占有人,在孳息与原物分离时,即取得其所有权。

(3) 可任意处分其永租权。处分永租权不论用无偿行为或有偿行为、生前行为或死因行为均可,但永租权人不得抛弃之,因为他有耕种土地、维护房屋的义务。

(4) 设定他物权。永租权人在永租权的范围和期限之内,可以在永租物上设定役权、抵押权等,但这种他物权因永租权的消灭而消灭,故应视为是存在于永租权上而非存在于永租物本身的役权。

(五) 永租权人的义务

除有特约外,永租权人的义务包括以下几个方面:

(1) 以善良家长的注意耕种土地、使用房屋。他虽可改良永租物或变更其用途,但不得减损其原有的价值,也不得擅自对其形态为永久性的变更,如不得所有人的同意而将耕地辟为鱼池等。

(2) 负担管理费用和一般修缮费用以及赋税。

(3) 按期交付租金。与租赁不同,即使遭遇不可抗力之事变,至收益减少或全无，永租权人也不得请求减少或免除租金，因永租权的期间很长，甚或是永久的，永租权人可以丰补歉。租金既可以用金钱支付，也可以用实物交付。

（4）出让永租权时，应预先通知所有人。所有人于接到通知后的两个月内，有以同等价格受让永租权的优先权。永租权人怠于是项通知时，其永租权即行丧失。

（5）如所有人出价低于市价，永租权人可将其权利卖给其他人，但所有人得抽取售价2%的手续费(audemium)。如永租权人将其权利赠予或遗赠给他人时，则手续费按永租权的估价计算。所有人受领手续费时，应与新永租权人另立新约。如无特约，手续费由新永租人负担。如所有人拒绝订立新约，则他无权收取该手续费。

（6）永租权定有期限或附有解除条件的，则在期限届满或条件完成时，返还原物和附属物。

（六）永租权的保护

（1）债权诉。这是一种对人诉权。即永租权人同承租人一样，基于债权关系，有权诉请所有人供给以及保证其使用收益标的物，在永租人不能行使其权利时，就可以提起此诉。

（2）物权诉。这类诉权包括：①永租权诉(actio emphyteuticaria)，其作用在于请求返还永租物；②菩布利西亚那诉，提起此诉，可以免除证明永租物所有权的困难；③所有权保全诉，永租权人在第三者就永租物非法主张役权时，可提起此诉以排除侵害；④役权确认诉，其目的在于确认役权的存在，排除行使役权的障碍。

（3）占有令状。永租权人为合法占有人，所以受占有令状的保护，以恢复占有或禁止他人侵害其占有。

(七) 永租权的消灭

永租权因下列原因而消灭：

(1) 永租权人的人格大变更；

(2) 永租物的灭失或成为不可有物；

(3) 混同,即永租权人与土地所有人同归于一人；

(4) 永租权的期限届满或所附解除条件完成；

(5) 当事人同意终止永租权的；

(6) 永租权人死亡又没有继承人,其生前又未用遗嘱将永租权赠予他人的；

(7) 永租权被剥夺,其原因包括出让永租权没有预先通知所有人;永租权人故意或因重大过失毁损标的物;永租权人积欠租金或赋税至3年以上等；

(8) 时效,包括他人因时效而取得永租物的所有权和所有人因时效而解除其不动产所负担的永租权。

四、地上权(superficies)

(一) 地上权概述

在罗马,地上权是指支付地租(solarium),利用他人的土地建筑房屋而使用的权利。后世民法在实践中有所发展。一些国家规定,地上权不仅包括在他人土地上建筑房屋,且扩及其他工作物和培植竹木等。

罗马古时,公有土地不能出卖,国家和地方政府将其出租给市民建筑房屋,以获得经济上的利益。依照市民法的原则,房屋是土地的从物,房屋的所有权应属于土地所有人。以后经济发展,土地允许私人所有，遂发展出私人之间利用他人土地建房的关系，但这种关系只是当事人间的债的关系，如房屋受到第三者的侵害，承租人只能请求土地所有人转让其对该第三者的诉权。共和国末期，大法官法适应社会生活的需要，加强对承租人的保护，规定如承租人取得出租人的同意而于租赁的土地上建筑房屋，其期限又很长，承租人对其建筑物享有使用的物权，不适用添附的原则，而受令状和物权诉的保护，这样，长期利用他人土地建筑房屋的地上权，遂与单纯租用土地以建筑房屋的债权关系区别开来。

地上权可因契约、遗嘱和判决而取得。对于地上权是否可依时效而取得，罗马的法学家有不同的见解。持肯定和否定意见的理由，与前述关于永租权是否能以时效取得的争论意见相同，兹从略。

（二）地上权人的权利和义务

地上权人对其建筑物享有使用、出租、转让、继承、抵押、设定役权等权利。在转让时，土地所有人并无优先购买权，也不能抽取手续费。罗马法上的地上权标的只限于所建的房屋，房屋在租期未满前毁灭，地上权也就不复存在，原地上权人只有与土地所有人另订新约，才能重建。在房屋倒塌后，所建房屋的材料应归土地所有人所有，而不属于地上权人。因房屋的所有权是土地所有人的，地上权人仅有使用权。

地上权人应支付土地的一切赋税，向土地所有人支付租金，承担建筑物的修缮费用，并对土地使用尽善良家长的注意。

（三）地上权的消灭

地上权消灭的原因大致与永租权相似，但也有下述的不同：如地上权人可以抛弃自己的权利；若积欠地租达二年以上，地上权即归消灭。

五、担保物权

（一）担保物权概述

担保物权是指债务人或第三人，以保证债务的履行而设定的物权。设定担保物权的目的，是在债务人不履行债务时，无须要求债务人为清偿行为，即可直接变卖担保物而受清偿。此外，担保物权还具有两项特征：

（1）担保物权是他物权，是债权人在他人所有物上取得的权利。在自己的物上设定担保物权，就没有法律上的意义。担保物权是担保物上的一种负担，在一定的条件下，其处分权属于担保权人。

（2）它是从属于债权的从权利，其效力随债权而定，即随着债权的存在、转移或消灭而存在、转移或消灭。

债权的担保可分为人保和物保。人保较为简捷，在债务到期，债务人无力清偿时，即可由保证人代为履行。物保则需变卖担保物而受偿，手续较繁。但物保较之人保稳固可靠，因保证人有可能不愿或不能代为履行。而在物保，则债权人对担保物有追及权和优先受偿权，只要该物存在，通常都可以使债权获得清偿。罗马古时，通行“连保”（satisdatio），即由数个保证人对同一债务各负代为履行的责任。因当时仅少数贵族家庭因占用公地而致富，其余农民或牧人，则受经济剥削和战争蹂躏，都贫无财产，遇有急需告贷，既无可供物保的财物，自只能恳求富有的亲友代为担保。共和末叶，此风渐变，一方面因法律次第减轻保证人的责任，例如已取消了对保证人的对人执行，遂使人保对债权人的利益不复像过去那样可靠，而物保则因叠经改革，渐臻完善，受到人们的重视。

（二）担保物权的种类

在罗马法历史上，先后产生了信托、质权和抵押权三种物保，现分述如下：

1. 信托(fiducia)

信托原为当事人一方用市民法转让的方式(要式买卖或拟诉弃权)，移转其物的所有权于他方，他方则凭信用，在约定的情况下，仍把原物归还物主。在罗马法幼稚时期，还没有产生要物契约和诺成契约等简易的法律形式，信托曾广泛应用于借用、寄托、担保，甚至扩大适用于夫权、解放和遗产继承等方面。在债务关系中，信托担保的作用尤为突出，因在借贷中，债权人往往疑虑债务人的偿还能力，要求债务人提供担保，因而由当事人订立信托简约(pactum fiduciae)，使双方有所保障。

信托简约的效力如下：

(1) 债权人因经过要式买卖或拟诉弃权而取得担保物的市民法所有权，对担保物享有一切物权。但为避免债务人对担保物失去使用和收益，故当事人常以容假占有或租赁的办法将该担保物仍由债务人保留。罗马的高利贷者也用租赁的名义，一面使债务人支付租金，一面支付利息，从而在法定最高利率的禁令下，进行重利盘剥。

(2) 债权人在受清偿后，应将担保物归还债务人。后来债务人受到“信托诉”(actio fuduciae)的保护，可以强使债权人履行其义务，同时债务人也可因“收回时效”(usureceptio)而取得原物的所有权。当然以容假占有或租赁名义保有担保物的债务人则无此权利。

（3）债权到期未清偿的，债权人可以将担保物出卖以抵偿债务，并把余款退还债务人。

（4）债权人应对担保物所致的损害包括低价出卖担保物的损失负赔偿之责；对保管担保物所支付的费用，则有权向债务人结算。

但是，这种信托担保也存在着严重的弊端。因为：

（1）债务人在偿还债务前，担保物的所有权已转移给债权人，如果债权人背信弃义，将担保物转让给第三人，则债务人最多仅有“信托诉”而无“物件返还诉”以追还原物；又或债权人丧失给付能力而破产时，该担保物即被享有担保权的债权人扣押出卖，抵充欠债，从而使债务人蒙受损失。

（2）在债权人拒绝提供担保物给债务人容假占有或租用时，债务人即丧失使用收益担保物的利益。

（3）担保物不论价值高低，只能供给一个债权人作担保，使债务人失去利用该担保物向其他人借贷的可能。

（4）信托担保因需用要式买卖或拟诉弃权的方式移转担保物，故不适用于略式移转物和外省土地，外国人亦不能援用。但由于信托契约给债权人以充分的保障，据文献记载，在阿尔卡地乌斯帝（Arcadius，东罗马皇帝，公元395—408年在位）和霍诺里乌斯帝（Honorius，西罗马皇帝，公元395—423年在位）时仍有采用的，但终因弊大于利而被质权所取代。

2．质权（pignus）

这是指为了担保债权，债权人可以在给付未履行前留置债务人或第三人交付的质物，并于债务人给付迟延时，出卖质物以清偿债务。其中，债务人不支付利息，而以质物的孳息抵充利息的，称为“典”（antichresis）；债务人支付利息的，则称为“质”。最初，法律仅承认质权人持有质物，不发生移转物权或移转占有的效力，债务人对于质物仍居于所有人和占有人的地位。而债权人仅于受清偿前得留置质物，如果债权人一旦失去质物的持有，并无司法救济，质权即等于虚设。其后大法官虽承认质权人可以受“占有令状”的保护，但占有是事实而非权利，质权人对质物仍没有物权保障。如果债务人取得质物，仍可以所有人的资格，将没有物权负担的质物转让于他人，质权人因没有追及权，就无法追回质物。如果质物是土地，因土地不能如动产那样保管起来，债务人更可直接将它出卖，因而债权人的利益没有足够的保障。自抵押制度实行以后，大法官遂承认质权人与抵押权人有同样的权利，即债权人对于质物享有物权。质权人于债权已届清偿期而未受清偿的，得追及质物而出卖之，就其卖得的价金而受清偿。开始债权人处分质物的权利，须由当事人以特约订定，后相沿成习，凡无相反约定的，大法官即认为当事人间有默契，债权人便享有此项权利。优帝一世时，质权人的处分权已发展成为质权的当然条件。

质权可适用于略式移转物、外省土地和非市民，无须烦琐的设立形式，只需交付质物即可。而且，质权只移转物件的占有，而不移转其所有权，因此，债权人不能像信托那样随便出卖质物，在质权人破产时也不致影响出质人对质物的权利，所以对出质人的利益有较好的保障，成为一种较为简便而优于担保信托的制度。但质权也有其局限性：第一，因为质权以交付质物为要件，物件一旦出质，如果债权人不同意出租质物或作容假占有处理，出质人即失去对质物的使用与收益;第二,质权既以交付物件为前提,故不能对未来的物设定质权;第三,纵使质物的价值远远超过所担保的债权,也只能为一个债权人提供担保。例如某甲因借债而将一物出质给债权人乙,甲就无法再对该物进行使用与收益。如该物的价值为5000阿司,借债则为1000阿司,以后如甲又要向丙借债,由于该物已出质给乙,就不能再利用其作担保了。为了弥补这些缺点,罗马法上又出现了抵押担保制度。

3. 抵押权(hypotheca)

抵押权是指债权人对于债务人或第三人提供担保而不移转占有的物件,在债务到期未受清偿时,享有就其出卖的价金而受清偿的物权。由于质权存在缺陷,对于地主和佃农之间的质权来说尤为突出,因而罗马引进希腊法制,形成了抵押权制度。由于罗马农民都很贫穷,除农具及家畜外,没有其他值钱的东西,而佃租例须预付,否则便要提供可靠的担保,而农民如将仅有的农具、家畜等出质,就无以耕作谋生,于是当事人采取一种变通办法,经双方约定不移转担保物的占有,仍由农民保留农具、家畜继续使用。可是这种约定,并无法律上的效力。共和国末叶和帝政初期,大法官塞尔维乌斯(Servius)规定,佃农到期不付租金,地主得申请令状,取得担保物的占有而处分之,后被称为"萨尔维亚努姆令状"(interdictum salvianum)。但这仅对佃农有效而不能对抗第三人,如供担保的农具家畜落入第三人之手,地主的权利便得不到保障。为此,大法官塞尔维乌斯(Servius)又授予地主以物权,使其可对佃农或第三人提起"塞尔维亚那诉"(actio serviana),追及该担保物而扣押之,从而兼顾到了地主和佃农双方的利益。因抵押人仍为抵押物的所有人和占有人,在不侵害抵押权的范围内,仍可利用和处分抵押物,而抵押权人则因对抵押物享有物权,不复有占有抵押物的必要。嗣后商业发展,家畜与农具以外的物件也适用于抵押,地主和农民以外的债权人债务人也援用此法,受"准塞尔维亚那诉"(actio quasi serviana)或"抵押诉"(actio hypothecaria)的保护,抵押遂通行于全国,与质权并存于罗马。因贵重而易于隐藏的物品或物品易于混淆而难辨别的,则抵押权的追及权就难于实行,故为债权人的利益考虑,在这种场合,仍以移转占有的质权为可靠。抵押制度虽对当事人的利益保护周备,但第三人则易受侵害。因罗马当时没有抵押权登记制度,由于不移转占有,故在同一物上设定数个抵押权时,债务人可与后设定抵押权的债权人串通,提前其设定的日期而损害前抵押权人的利益。此种行为虽作为欺诈罪而受严厉的制裁,但究属消极的防范。民间对土地抵押则沿用希腊的办法,在地上立碑记载抵押的事实和日期。以后莱奥一世规定,抵押契约应交存国家有关机关备案,或者至少有三个以上具有良好信用的人在契约上签名证明,依所确定的时间顺序来清偿债务,设定在先的抵押权优于后设定的抵押权。

抵押权与质权的区别,在罗马法上是视债权人是否占有提供担保的物件,占有的为质权,不占有的为抵押,而不在于担保物是动产还是不动产。但实际上,动产担保多用质权,不动产担保多用抵押。质权与抵押本属同一性质,受同一原则的支配,因而其区别并不是严格的。质权与抵押同时成立时,由于质权人占有担保物,根据"在同等情况下,占有人的地位优于对方"(in pari causa, melior est causa possidentis)的原则,其权利优于抵押权人。

（三）担保物权的成立要件

担保物权的成立须具备三项要件:

1. 所担保的债权存在

因为担保物权以担保债权为目的，所以债权的存在为其成立的必要条件之一。所担保的债权不以法定债权为限，自然债权也可。如果是附条件的债权，则于条件完成时抵押权发生效力。

2. 担保物须为流通物

至于是有体物或无体物、动产或不动产、单一物或集合物则在所不问。共有物、未来物（如收获前的庄稼）也可作为标的物。将要设定的田野地役可作为担保的标的，已设定的则不行，因后者不能与需役地相分离。至于都市地役，由于只对少数人或个别需役地有利，没有商品价值，因而一般不能作为担保的标的。用益权、地上权、永租权则不论已设定或将设定的，都可作为担保的标的。用益权人可将其用益权设定担保物权，但债权人并不因此取得用益权，而仅在用益权人的权利期间享有对用益物行使收益和使用的权利。在担保物权上也可设定担保物权，在这种情形下，则再担保物权的债权人对于担保物享有优先受偿权。各种担保物权均需特定，因物权须有确定的标的。

3. 设定必须合法

担保物权的设定须经有效的方式，包括自由设定、强制设定和法定设定。

（1）自由设定。即依当事人的意思而设定担保。设定方式可为契约或遗嘱。设定人必须具备三个条件：第一，须有处分标的物的行为能力，因设定担保，即意味着授权担保权人于债务未获清偿时变卖担保物。第二，提供担保的人须有设定担保的权利，如为担保物的所有人、用益权人、地上权人和永租人等，无权利者设定的担保，以无效为原则。例外的情况是，若善意担保权人收受非权利人的担保物，而设定担保的人事后取得该担保物的所有权的，担保可于其取得所有权时生效；若所有人事后追认，则担保可自设立时发生效力；对未来物设定担保的，在设定人取得该物的所有权时生效。第三，设定人须非债权人，因担保物权是他物权，债权人不能以自己的物品担保自己的债权，但由债权人和债务人以外的第三人提供担保的，自属有效。担保物权以协议设定的，不须任何形式，以有当事人的合意为已足。后来为了证实抵押权设定的先后顺序，解决优先受偿问题，虽有备案等的规定，但都并非成立要件。

（2）强制设定。这是指非依当事人的意思而设定的担保，即由大法官设定的担保物权，或称司法设定，其中又分为两种：

① 判决质权（pignus ex causa judicati captum），即在非常程序中败诉的债务人不履行判决时，由长官助理根据判决对债务人的某项财产发布扣押令，使债权人对扣押财产取得占有，如债务人于两个月内不能清偿，即出售该财产以偿清债务。

② 大法官质权（pignus praetorium），即为了防止债务人逃避履行债务，经债权人申请，由大法官颁布命令指定将债务人的某项财产甚或全部财产归债权人占有，以保证债权的行使而成立的质权，亦称“占有命令”（missio in pos sessionem），受事实诉或占有令状的保护。这种质权通常有：保障安全令（missio damni infacta causa），即房屋所有人担心邻居的危险房屋倒塌造成损失，可依此命令取得对邻屋的质权，作为对将来可能产生损害的担保；遗赠保全令（missio in possessionem legatorum servandorum causa），即允许受遗赠人或受益人占有继承人的财产，作为遗赠给付的担保；胎儿权利令（missio ventris nomine），即为了维护胎儿的利益，允许怀孕的母亲占有胎儿所继承的遗产；财产保存令（missio in bona reiservandae causa)，即债务人有无力清偿之虞而仍处分其财产，或其死亡后无人继承时，允许债权人占有其财产作为担保等。

（3）法定设定。即法律直接规定的担保物权均为抵押权，它在罗马法发展的过程中又分为两种情况：

① 一般抵押。即以债务人的全部财产作为法定抵押权的标的。如国库因债务人拖欠赋税或因其他契约发生的债权而对于债务人的财产；妻对于嫁奁的返还和夫管理特有产所生的债务而对于夫的财产；夫对于设定嫁奁者的财产；未适婚子女于其母再嫁时，为保证其母忠实地行使监护权而对其继父的财产；被监护人和被保佐人因监护、保佐关系发生的债权而对于监护人或保佐人的财产；家属因家长不善管理其外来特有产，造成损失，而对家长的财产；寺院因永租权人滥用土地所生的损害而对于永租权人的财产等，均享有法定抵押权。

② 特定抵押。即以债务人的特定财产作为法定抵押的标的。如房屋出租人对承租人置于租赁屋内的家具，土地出租人对佃户在土地上的收获物。转租人也有同样的抵押权，但以不妨害原出租人的权利为限。因翻造修缮房屋而贷款的，出借人对于该房屋，受遗赠人或受益人对继承人关于遗赠的财产等，均取得法定抵押权。

（四）担保物权的效力

1. 担保债权的范围

所担保债权的范围，除原债权外，还包括原债权的约定利息和迟延利息；以及因变卖担保物等所支付的执行费，此项费用，由于债务人不清偿债务而发生，自应在所担保的范围之内。但担保物仅担保特定的债权，如果担保权人对债务人另有其他债权时，不得就该担保物要求清偿。但若担保债权清偿后，担保权人仍占有担保物的，可以行使留置权，但也以不损害其他债权人的利益为限。

2．担保物的范围

依担保物的效力，除担保物本身外，及于从物和从权利。如担保物为不动产时，其因添附而增加的淤涨、冲断、建筑、种植等，或事后取得的役权，与该不动产一样，均作为同一债权的担保。至于担保物所生的孳息和产物，在与原物分离后是否属于担保物的范围，应视其与原物分离后是否属于质押人为准，如果归质押人或其继承人所有的，应视为该担保物的从属部分，共同作为债权的担保。如果为其他人（承租人、用益权人、永租权人等）所有的，则不作为债权担保的标的。由于担保权的不可分性，担保权人得就债权的全部对担保物的全部行使担保权利。具体表现为：

（1）担保权人未受全部清偿以前，仍得就担保物的全部行使其权利；即使债务人偿还一部分债务，也不得请求减除一部分担保物。

（2）担保物的债权分割，例如债权人死亡，则各继承人对担保物的全部都具有行使担保权的权利；反之，若债务人死亡，债务分割，而担保物由继承人中的一人继承时，该继承人也负有在担保物价值范围内清偿债务的义务，但于清偿后可向其他继承人要求分担。

（3）担保物如经分割、出让其一部或将担保一债权的数物之一让与他人的，对原债权的担保也不受影响。担保权人对于分割或出让的部分仍可以行使其权利，分割后的权利人之一或部分受让人，也不得仅清偿与其分割或让受部分相当的份额而免责。但当事人另有约定的，不在此限。

3．所有人对担保物的权利

担保物权的设定，原以保证债务的履行为目的，并非剥夺担保物所有人的处分权能，故在担保权未行使以前，所有人仍享有广泛的权利。如对不动产设定役权、地上权、永租权、再设定新的抵押权、甚或出让抵押物等，条件是不损害债权人的利益。如以动产为担保的，则非得债权人的同意不得出让担保物，否则与盗窃同罪。因为动产一经转让，债权人即有不能追及担保物而行使担保权的可能。质权人对于担保物如仅有时效的占有，在时效未完成前，其质权期间的时效继续进行，并不中断。

4．债权人对担保物的权利

该权利依标的是有体物、无体物或集合物而有不同。

（1）担保物为有体物时债权人的权利

① 追及权。债权人居于质权人地位时，因占有质物，受占有令状的保护，出质人如擅自处分质物，要受盗窃诉的制裁，质权人对出质人妨碍质物的其他行为更得提起对人诉讼。债权人居于抵押权人地位时，由于抵押人对抵押物仍有处分的权利，故其处分当然有效，但不论该抵押物辗转入于何人之手，抵押权人均可追及其物而行使抵押权，现所有人或现占有人非清偿全部抵押债务，不得继续保留该物。

② 出卖权。根据一般契约规定，债务人于债务到期不清偿时，质权人可将质物收为己有，或作价后归其所有，或出卖质物而受偿。对于抵押物，抵押权人则以出卖标的物受偿的为多。到了优帝一世时，出卖担保物受偿已成为质权的要件，当事人即使订有相反的约定，其约定也不生效力。但债权人要行使出卖权，必须具备下列条件：第一，所担保的债权已到清偿期；第二，债权人应作法定

催告，或已得债务应履行的判决。按市民法规定，债权人应将出卖担保物的意思通知债务人，经三次通知后，如债务人仍不履行时，他才能出卖担保物。优帝一世时改为债权人只需催告一次。债权人于通知或判决起满2年后，即可将担保物出卖。在此期间，债务人仍可设法清偿，以收回担保物。如当事人间订有特约，约定经催告或不经催告，债权人即可出卖担保物的则除外。对于出卖的方法法律并无限制，如债权人以一般方式出卖的，则他被视为债务人的受托人，应负抽象轻过失的责任。故债权人为了避免债务人的挑剔，实际上多采拍卖方式。一方面，拍卖可因买受人竞买而卖得较高的价格，使债务人得到满足；另一方面，债权人虽处于债务人代理人的地位，但对担保物的追夺和瑕疵的担保仍由债务人负责，债权人仅需证明其对该物有出卖权即可，如果无人竞买，则债权人可申请皇帝的特许，将担保物评价后归其所有。

③ 优先受偿权。质押权人就担保物出卖后的价金，有优先受偿的权利。债权人可从中扣除本金、利息以及因执行所支出的费用，如不够受偿，余债变为普通债权；如有剩余，则应将余款交给债务人或其他债权人。同一标的物上设定有多个抵押权的，则各抵押权人权利的优劣，原则上按抵押权设定的先后顺序为准，设定在先的优于设定在后的抵押权而受偿，即“期先者其权优”(prior tempore potior jure)。如数抵押权以数契约于同一日设定的，则不论设定的先后，各抵押权人对抵押物的受偿属于同一顺序，这不是违背“期先者其权优”的原则，而是罗马法上适应当时经济的发展，以日为计算日期的最小单位(日以内不再分小时等)。设定抵押权的时间先后不明的，亦按同等顺序对待。但实际上，占有抵押物者的权利优于其他未占有者，因其他抵押权人

要行使其抵押权时，必先证明其权利较优于占有抵押物者，否则就要败诉。凡同一日由同一法律行为设定数抵押权的，所担保的债权就抵押物取得同一顺序的共同抵押权，其抵押权的多少即以各债权的大小为比例。如由不同法律行为设定的，各债权就抵押物的全部取得同顺序的独立抵押权，则占有担保物的债权人可以享有优先权。

除上述以设定的先后定抵押权的顺序外，也有依债权人的资格确定抵押权的顺序的，称为优先抵押权，主要有下述三种：第一，为了保证国家的税收等，国库因纳税人拖欠赋税，或对普通债务人所取得的法定抵押权。第二，为了保护妇女的利益，妻对夫关于嫁奁的返还及特有产管理所生的债务，就夫的财产所取得的法定抵押权。第三，债权人为了帮助债务人保全或改良不动产而取得的法定抵押权，因为要是没有债权人的给付，则该不动产必致毁损或不能增加其价值，故应予优先。例如贷款于人翻修房屋，因而对该房屋享有法定抵押权等。以上三种法定抵押权如果对同一担保物行使抵押权时，其顺序如何？罗马法规定，第一种抵押权如为赋税的，它在任何情况下均处于最优先地位。如为普通债权，则其顺序在其他优先抵押权之后。第二和第三种抵押权则仍依设定的先后确定其顺序，先设定者有优先权。第三种抵押权如有多起时，则以设定在后者处于优先地位，这样的规定有可能发生不能解决的矛盾。例如甲向乙借款翻修房屋，布置就绪后，与丙女结婚，婚后丙将其特有产交甲管理，后房遭雷击，甲又向丁借款大修，则乙丙丁三个抵押权竞合时，按设定的先后则丙的顺序应在乙之后而在丁之前；但按保全的原则，后者应优于前者，则丁的顺序又应在乙之前，结果形成如下图的循环：

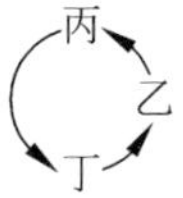

此项循环优先权，则是罗马的法学家和司法界所没有遇到也没有考虑到的。

由于顺位在先的抵押权人处分抵押物时，往往只考虑自己债权的清偿，而很少顾及顺序在后的抵押权人的利益，为了弥补这一缺陷，罗马法规定，顺位在后的抵押权人可以向第一顺序的抵押权人提供其债权的全部金额而取得其地位，称为“清偿提供权”（jus offrendi）。如果第一顺序的抵押权人拒绝受领，提供人可将该款提存于官厅，但若第一顺序抵押权人与提供人之间还有其他顺序的抵押权人时，则中间顺序的抵押权人的权益并不因此而受影响。例如，甲乙丙三人相继对于丁的不动产取得1000、1500和2000阿司的抵押权，若丙行使提供权，代偿甲的1000阿司，他的债权就增加到了3000阿司，但只有代位甲的1000阿司为第一顺序，其自己的另2000阿司仍为第三顺序。假设丙代甲行使出卖权，将该不动产拍卖得价金4000阿司，扣除已付给甲的1000阿司外，还应清偿顺序在先的乙的1500阿司，所余的1500阿司则偿还其自己的债权。

（2）担保物为无体物的，在共和国末叶和帝政初年，如果是永租权、地上权和役权，则债权人的权利与有体物作为标的时相同，即有追及权和出卖担保物及就其价金受清偿的权利，但须尊重第三人的权利。例如债权人出卖永租权时应先通知所有人，如所有人不愿购买时，应付给其价金2%的手续费等。如果是债权，担保人则无追及权。其中债权质(pignus nominis)的担保权人,既可要求债务人转让其债权,使其可以向债务人的债务人直接请求清偿,也可以出卖出质的债权,和出卖一般担保物一样,就其卖得的价金受偿,设定权利质须通知有关债务人,并由质权人占有该债权证书。此外,罗马还有以担保权为担保(pignus pignoris)的,即质权人对自己的债权人为提供担保而出质其担保权。在这种情况下,债权人仅能在其债务人和自己的债权的范围内对担保物行使其权利。例如甲以对乙的 10000 阿司的抵押权向丙质押借款 5000 阿司,则丙行使担保权时,仅能限于 5000 阿司内,且须其对甲的债权和甲对乙的债权都已到期方可。

(3) 担保物为聚合物的,例如羊群、家属的特有产,则担保物权的效力不仅及于设定时所包括的内容,即对设定后所增加的物,也享有追及、出卖和优先受偿的权利。但聚合物的内容,其性质是经常变更的,则推定当事人仅约定以行使担保权时的内容为担保的标的,例如以商店、仓库的货物为担保等,否则因债权人有追及权,客户将不敢购买或寄存货物了。

以上各项效力仅是从原则上而言,当事人在法律不禁止的范围内,可加以变通。例如当事人得约定债务人清偿债额的一部分,担保物权也按比例相应地减少;或缔结债权人得收取担保物的孳息以抵充利息的典约(paotum antichreticum),如当事人未约定利息而担保物有孳息,即视为默示典约(antichresis tacita);或当事人订立债务到期后债权人经催告未受清偿,即可将抵押物出卖,不需再经过 2 年之出卖简约(pactum de vendendo);或当事人约定债权人必须为 3 次催告后才能出卖担保物(pactum ne distrahere pignus liceret),等等。帝政前期,债权人多于契约中加入没收条款(lex commisoria),规定债务到期债务人不履行给付的,担保物即归债权人所有,后为君士坦丁一世所禁止。因设定担保的债务人多是穷困的人,若许预定此类约定,则债权人便可以之为盘剥的手段,要求债务人提供价值超过债额数倍的担保物,债务人迫于需要,又自信到期可以清偿,遂漫然同意,到期则债权人设法使债务人不能履行给付,借以取得担保物,甚至有远出以避债务人的清偿的,故君帝规定,这种约定,于法无效。但若当事人约定届期债务人不为清偿,债权人得保留担保物,而其价值由第三人评定的,则不在此限。

(五)担保物权的保护

对担保物权的保护有占有令状和抵押权诉两种方式。

1. 占有令状

这是对典质权人的保护。典质权人为保护典质物的占有,可请求大法官颁发占有保持令状(interaictum retinendae possessionis),以制止他人的侵占和妨碍。为了追索典质物的占有,可请求大法官颁发萨尔维亚努姆令状;为了恢复所丧失的占有,可请求大法官颁发占有回复令状(interdictum recuperandae possessionis)。

2. 抵押权诉(actio hypothecaria)

抵押权诉是物权诉,与"物件返还诉"相似,其目的在于使持有抵押物者交出抵押物及其附属物,使债权人得以行使抵押权。若抵押的标的为债权时,则抵押权人不得有物权诉,大法官予以准抵押权诉以资保护。抵押权人在债务人已处于迟延状态而不占有抵押物时,即可作为原告对持有、占有抵押物而拒绝交出的人提起此诉。在诉讼中,原告应证明:第一,债权和抵押权的存在;第二,债已到期,经催告而未受清偿;第三,被告持有或占有抵押物而拒绝交出。原告如胜诉,承审员即判令被告交出抵押物和附属物,并赔偿原告所受的损失。关于孳息,在“证讼”以前的,不论为善意占有或恶意占有,仅需返还其中未被消费者;“证讼”以后则应全部返还。但均限原物不足清偿全部债务为限。持有抵押物的人被诉时,除放弃抵押物以息讼外,并享有下列各种抗辩权:(1)抵押权消灭时效已完成;(2)原告曾同意抵押人自行出卖抵押物;(3)原告未返还被告对抵押物所支付的必需费用和有益费用;(4)如持有抵押物者并非债务人,则被告享有“对人顺序利益”(beneficium ordinis vel excussionis personalis),可以要求原告先控告债务人和保证人,然后再行使抵押权;(5)如抵押权人对同一债权既有特定抵押权,又有概括抵押权,则被告享有“对物顺序利益”(beneficium ordinis vel excussionis realis),可以要求原告先执行特定抵押物,后执行概括抵押物。又如抵押权人对同一债权既有债务人自己设定的抵押权,又有第三人设定的抵押权,则被告可要求原告先执行债务人设定的抵押权,后执行第三人设定的抵押权;(6)如被告并非债务人,他享有“转让诉权的抗辩”(exceptio cadendarum actionum),可以在清偿原告的债权而仍保留抵押物的条件下,要求原告转让其诉权,以便向债务人和保证人追偿。抵押权诉为永久诉,帝政后期改抵押物在第三人手中的,经过 40 年而消灭;如抵押物在债务人或其继承人手中的,经过 30 年而消灭,时效期间均自抵押权成立之日起计算。

(六)担保物权的消灭

(1)债权的消灭。担保物权为从权利,以主债的存在为前提,主债权因清偿、免除等而消灭时,作为从权利的担保物权就随之消灭。但所谓消灭是指主债权的全部消灭,如仅部分的消灭,则全部抵押权仍继续存在,因抵押权是不可分的。主债权的请求权消灭而仍留有自然债权的，抵押权仍继续存在，须在抵押权时效完成时才行消灭。

（2）混同。即债权债务合并于一人，或为担保的动产、不动产或物权、债权等和担保物权同归于一人的，担保物权即行消灭，因一个人不能对自己的财产享有抵押权。

（3）担保物全部灭失。不论是事实上的灭失或法律上的灭失均属之。

（4）担保权的抛弃。除明示抛弃外，也可以默示为之。因质权人对担保物有占有权，如果该质权人将担保物返还给债务人或设定质权的第三人而保留其债权，其对于担保物的物权即归消灭。又如抵押权人同意抵押人将抵押物不附负担地转让给他人，或将抵押书据返还抵押人等，其担保权也归消灭。但如抵押权人将抵押书据退还抵押人，使后者将抵押物再抵押于他人而未作明确表示的，则这是为抵押权的抛弃或仅为顺序的让与，不无疑问，如不能确定当事人的意思时，应推定其为顺序的让与而不是抵押权的抛弃，以维护抵押权人的利益。

（5）债权人行使出卖权。质押权人出卖担保物而受偿，质押权当然消灭。但同一物件上设有数抵押权，前位抵押权人出卖抵押物时，次位抵押权也即消灭。

（6）取得时效的完成。优帝一世之前，大法官法规定，如果抵押物的现占有人是善意且有正当名义的，不分动产不动产，占有人与抵押权人住同一省的占有 10 年，住异省的占有 20 年，抵押权即行消灭。只是善意须对所有权和抵押权兼有之，即当事人须自信为物件之不附抵押权的所有人；如其取得所有权是恶意的，则不仅不能适用时效的抗辩权，而且不能消灭抵押权；如占有人仅知道物件设有抵押权时，经过10年、20年后虽可对抗所有人，但不能对抗抵押权人。优帝一世改革“取得时效”时，将抵押权时效仍定为40年，自抵押权成立时起计算，而不是从占有时开始计算。

（7）担保物权的设定附有终期或解除条件的，则于期限届满或条件成就时消灭。

（8）担保物权由判决设定的，则在判决被撤销时消灭。

第四节　占有（possessio）

一、占有概述

占有（possessio）一词是由“posse”（权力、掌握）和“sedere”（设立、保持）二字合成，即对物件设有权力，乃指对物件的事实上的支配、管领。罗马法一般认为，占有是事实而不是权利（possessio res facti et non juris est）。无论物的所有权和其他物权归属谁，也不论是善意或恶意，只要对物实际控制就构成占有。

占有在罗马古时与所有权并无明显的区别。但占有与可据以占有的权利，尤其是与所有权发生冲突时，大法官在权利确定之前往往发布暂时维持占有现状的命令，因而占有与所有分离的观念逐渐产生。罗马古代的法学家一致认为，占有是事实，但具有一定的法律效果。帝政后期，有的学者开始主张占有是一种权利，也像物权一样，可以援用救济程序加以保障。马克思说：“私有财产的真正基础，即占有，是一个事实，是不可解释的事实，而不是权力。只是由于社会赋予实际占有以法律的规定，实际占有才具有合法占有的性质，即私有财产的性质。”①“在古代民族中，由于一个城市里同时居住着几个部落，因此部落所有制就是国家所有制的形式，而个人所有权则局限于简单的 possessio（占有），但是这种占有也和一般部落制一样，仅仅涉及地产。”②显然，罗马的法学家和后世的资产阶级法学家不可能用这种唯物史观来认识占有这种现象。因而占有就成了后世罗马法学研究中最有争议的问题之一。主张占有为事实的，认为占有取得完全是事实行为，故违法行为也可取得占有，法律行为的无效并不影响占有的转移。前者如盗窃等，后者如要式买卖之证人不适格等。如果占有是权利，则盗窃者应无占有他人物件的权利，无效的法律行为也不能发生移转占有的效力。其实，占有在罗马法上受令状的保护，其真正目的在于制止暴行，维持秩序，占有具有特殊地位不过是其间接地“沾了光”。如果真的以保护占有为目的，则占有令状早该成为对物诉权，就可以对任何持有物件的人提起了。主张占有为权利的人认为，权利的要素一为利益，一为法律的保障，占有使占有者得利用其物并受令状的保护，便已具备了权利的要件。至于令状也保护非法的占有人，作为占有非权利的佐证，论据似欠充分，因非法而取得权利之事并不少见，如恶意的加工人可成为加工物的所有人，猎人经土地所有人反对而仍在该地打猎的，对猎获物依法享有所有权等。双方各执一词。

这一分歧，也影响到后世的立法。如《德国民法典》规定占有为事实，《日本民法》则规定占有为权利。现代西方法学均重视对

① 《马克思恩格斯全集》第 1 卷，第 382 页。

② 《马克思恩格斯全集》第 3 卷，第 69—70 页。

占有的研究,因为占有是所有权的基础,没有占有就谈不上使用,也谈不上所有。因而资本主义国家的民法一般都把占有列为专门一章,有的条文多达200条以上,一般的也有几十条。新中国成立以后,我国的民法学一般都在谈所有权的权能时提到占有,而未对其作深入的研究。我国《民法通则》第71条,也仅将占有作为一种权能加以规定。

二、占有的分类

在学理上,占有可以按不同的标准进行分类。

(一)法定占有(possessio civilis)和自然占有(possessio naturalis)

这种分类始于共和国末期,是按占有人是否具有将占有物归于己有的意思进行分类。法定占有又称合法占有,占有人要有所有的意思,且有合法的原因,如买卖、赠予、设定嫁资等,其占有的物构成财产的一部分,因而这种占有受令状和物权诉的保护。如果是市民法所有权的占有,它享有"物件返还诉"的保护;如果是大法官法所有权的占有,则受"菩布利西亚那诉"的保护。自然占有又称持有或握有(detentio),则是主观上仅为他人保持之占有,这种占有不具有占有诉权,如借用、租用、寄托等。如果没有所有人的意思而管领,或者其管领不是由于移转所有权的法律行为而产生,则不是法定占有而只是自然占有。

(二)适法占有(possessio justa)和违法占有(possessio injusta)

这是以占有是否合法进行分类。适法占有是出于法律上的正当原因,或基于市民法,或基于大法官法之占有。这种占有须无

“强暴”(vi),“隐匿”(clan)和“容假”(precario)的瑕疵,又称无瑕疵的占有。无强暴是指用和平手段取得标的物,而不是用暴力强行地取得。无隐匿是指公开地占有标的,而不是隐蔽地占有,但这是相对而言,主要是对利害关系人而言。例如对标的物所有人和其他权利人隐匿,而对无利害关系的人、不知情的人公开,则仍属隐匿。“容假”原意是指暂时的、不可靠的,即当事人一方容许他方暂时占有他的财物而可以随时收回。帝政前期,暴力占有、隐匿占有和容假占有被称为“瑕疵占有”(possessio vitisosa),而暴力占有和隐匿占有则属于违法占有。到优帝一世时,已无此区分,统称违法占有。

(三) 善意占有(possessio bona fides)和恶意占有(possessio mala fides)

这是以占有人是否认为自己对标的物有占有权进行划分。善意占有是指占有人认为自己有正当权利而为占有。例如甲偷了乙的马,把它卖与丙,丙以为该马是甲所有而为其合法购买。恶意占有则是明知或应当知道而不知道自己无正当权利而为占有。例如盗窃的物件或误买显然是窃物等的占有。

(四) 直接占有和代理占有

这是以占有是否由占有人自己占有进行分类。前者是占有人自己管领其物,后者则指由他人代替本人管领其物。例如监护人代被监护人、船长代船东占有财物等。

(五) 自主占有和他主占有

这是以占有人是否具有所有的意思进行分类。前者是占有人以自己所有的意思而占有物件,例如小偷偷了别人的东西而据为己有。后者则并没有为自己所有的意思,只是在一定的法律关系的存续中,由原占有人的移转而获得占有。德国法学家萨维尼称之为传来占有。例如典质人对质物、永租人对所租的不动产的占有,讼争物保管人和容假占有人的占有等。

(六) 真占有(possessio vera)和假占有(possessio ficta)

这是按占有人是否真正占有标的物进行分类。真占有指占有人真正占有标的物,即普通占有。假占有是指实际上并不占有标的物,是伪装的占有。占有原为事实,无所谓真假。但有时法律为制裁奸诈者起见,将事实上不占有标的物者视为占有人,而令其负交还标的物的责任。例如占有人为了完成未满的时效期间,或为便于隐匿标的物而串通第三者出面缠讼,拖延时日,为此,大法官查明后即视该第三者为占有人而判令其负责。又如占有人为逃避占有所发生的不良结果,如赔偿损失、返还孳息等而抛弃标的物,原告仍可对其起诉,一如其仍占有该物一样。

(七) 有令状的占有(possessio ad interdicta)和时效取得占有(possessio ad usucapionem)

这是按占有是否符合时效取得的条件进行分类。有令状的占有是指受大法官令状保护的占有,通常即简称占有。时效取得占有则是指占有中具备时效取得的条件,可因时效的完成取得对占有物的所有权的占有。

三、占有的法律效果

罗马法虽认为占有是事实,但在法律上仍产生如下效果:第一,占有是所有权的基础,如先占、交付、时效取得等都以占有为前提;第二,占有受令状和普布利西亚那诉的保护;第三,在"物件返还诉”中,占有人处于被告的地位,故须由主张所有权的原告负举证责任,如果原告不能证明其权利,则作为占有人的被告即可胜诉,继续保持对标的物的占有;第四,善意的占有人可获得占有物的孳息,对占有物的毁损亦不负赔偿之责;第五,占有人有“留置权”;第六,占有人有权以自己的力量保护其占有。

四、占有的条件

后世学者根据罗马法的发展演变,将占有成立的条件分为客观条件和主观条件两个方面。

(一)客观条件

客观条件又称体素(corpus),即管领物件的事实。该事实须为绝对的、完全的、排他的。管领物件是指事实上能支配或管理某物。所谓完全性和绝对性,是指占有人具有为各种管理行为并使用、收益的权能。所谓排他性,则是指占有人可以排除其他人对其物为任何行为,故多数人不得对同一物件分别为全部的占有,或分别主张对占有物的全部权利,这并不排除共同占有。随着经济生活的发展,罗马法对管领的解释从严格而逐步放宽。最初只限于事实上的管领或有达到管领的可能,以后则视物件的性质、用途、价值和社会习惯等而决定。例如土地作牧场,只要按时耕种放牧,就算占有;但把金银放在自己的土地上,把工具搁在路边,就只能作为遗失而不能作为占有,因为这不合乎一般对这些东西进行占有的习惯。而且占有人既可以自己占有,也可以由他人占有,例如永租权人占有土地所有人的耕地。

（二）主观条件

主观条件又称心素（animus），是指占有人的内心意思。如果没有占有的意思，即使与物件有直接的接触，例如将手放在一块木板上而不自觉，并不发生法律上的占有效果。但什么是占有的意思，罗马法对此并无明确的规定，因此，后世的罗马法学家在解释上意见分歧，主要有下面三种学说：

1．库雅斯（J. Cujas，公元1522—1590年）的理论

16世纪，法国沿革法理学派的代表人物库雅斯认为，占有的意思因时效取得占有和有令状的占有而不同。前者占有人应有所有的意思（animus domuni）；后者只需有为自己占有的意思（animus sibi habendi），如仅有为他人占有的意思（animus alieno nomine），则为持有，例如受寄人等。

2．萨维尼的理论

萨维尼为德国历史法学派的代表人物。1803年他24岁时，写了《占有论》一文，文中根据罗马法学家保路斯对占有的论述，提出了自己的见解。他对占有下的定义是："具有所有意思的人，完全管领物件，并排斥他人干涉的事实。"他认为不论是时效取得占有，还是有令状的占有，都必须有所有的意思和管领物件的事实，如果只有管领物件的事实而没有所有的意思，那只是持有。例如房客虽占住房屋，但他承认房屋的所有权属于房东，并无为自己所有的意思，故为持有而非占有。至于小偷，由于他对窃物有为自己所有的意思，故为占有而非持有。

萨维尼是从人与物的事实关系出发来分析占有的地位及其法律规定的。他把人与物的关系归结为五种：第一，单纯的接触，如偶尔以手触摸物件而对其无任何意思；第二，握有，即除外部接触

外，还有掌握物件的意思（animus tenendi）；第三，占有，即与物件接触时是以所有的意思（animus domini），为本人的利益而管领该物；第四，善意占有，即占有人除为了本人的利益外，更自信其为占有物的所有人；第五，所有权，即符合所有权制度要求的占有关系。

根据以上分析，萨维尼认为，罗马法承认没有所有意思的讼争物保管人、典质人、永租人和容假占有人享有占有人的资格，是由于实际需要而对占有原则所作的例外。这是因为讼争物保管人不仅在保管期间须能避免他人的侵夺占有，更重要的是还须能对抗托管人之任何一方在争议未解决前索回讼争物的要求，故应承认其占有人的地位，使其顺利地完成保管任务，以在争议解决后能将标的物交给应该受领的一方。至于典质，原以担保债权为目的，如果典质权人没有令状的保护，则债务人或质物所有人可以随时取回质物，债权必致失去担保，典质也就形同虚设。关于永租人，最初在耕种公地时期，他们和国家在法律上并无租赁关系，大法官为了保护其利益，免受他人的侵害，才给以令状的保护。帝政以后，永租权虽成为租赁关系，但租期极长甚至是永久的，出租者除国家外，还有市府、寺院和大地主，他们多在罗马等城市里，和租地相距很远，因此仍维持令状的保护，使他们和所有人一样，能及时获得法律救济，免除时时请求所有人援助之烦。至于容假占有，本以移转占有为成立要件，故容假占有人享有占有，自为当然之事，债权人或所有人则因受“容假占有令状”（interdictum de praeario）的保护，可随时收回出借之物。以上四项，萨维尼称之为“传来占有”，因其占有是由托管人、出质人、所有人和保护人等转让而来。这一理论主宰了罗马法学界达60年之久，而未受到有力的非难。

3．耶林（Rudolf von Jhering，公元1818—1892年）的理论

耶林是另一德国社会法学派的代表之一，他是萨维尼的晚辈，一直很崇拜萨维尼。但在萨维尼逝世一年以后，他发表了《意思在占有中的作用》一文，将自己和萨维尼完全相反的观点提出来。他认为，除时效取得须有所有的意思外，一般占有只要有持有（animus tenendi）的意思，即握有标的物的意思就已足够了。因此，讼争物保管人、典质权人，永租人、容假占有人等当然应受占有令状的保护。由于萨维尼强调占有应有所有的意思，因此不得不把它们列为占有之例外。但法律原则应有严肃性，例外一多，原则也就不成其为原则了。但借用人、承租人、受寄人等都有持有意思，为什么罗马法不给以令状的保护呢？耶林认为这是法律适应实际的需要，取消其占有的保护。因为在罗马当时，借用人、承租人、受寄人多是出借人、出租人、寄托人的近邻，如果占有受到侵害，可以由所有人直接起诉，故借用人等实际上并不需要令状的保护，此其一。借用人等没有令状的保护，便于出借人等收回出借、出租或寄托的物件，此其二。所以大法官便不给以令状的保护。特别是心素或意思是人脑的主观活动，人的思想是经常变的，因此往往难以判断。法律不能因为当事人观念变化就使同一占有事实不断变换性质。譬如在优帝一世时，A 在路上拾到一个圣母雕像，是一件艺术品，便把它带回家里。当时基督教已是国教，其妻 B 见了爱不释手，A 便有所有的意思，因而对雕像便为占有。一天朋友 C 来，谈及同学 D 最近家里失窃，被偷了好多东西，包括一个珍贵的圣母雕像，A 便将像拿给 C 看，C 认出正是 D 失窃的东西，估计是小偷落在路上的。A 想这像既是同学 D 的，应当物归原主，不再有所有的意思，而变为代 D 保管的意思，于是占有即成为持有，A 在遇见 D 时亦表示要将像还给他。D 说这雕像既然为你夫人 B 所爱，我自己会雕刻，像就送给你们吧，这样 A 又从持有改为占有。D回家后与其妻E讲了上述情况，E听后，说这像是自己的嫁奁，是祖传珍品，不是普通的雕像，坚持不能相让。D则认为自己说话要算数，两人争吵，这事传到了A处。A觉得像本来是人家的，既然他们夫妻为此争吵，还是把像归还才是，因而A一转念间占有又变为持有。但B不同意，其哥律师来访，认为像虽是E的嫁奁，但是动产，D有权处理，故赠予有效，不需归还。A无奈，反复考虑，还乎？不还？定不下来。故一时有所有的意思，一时又有代D、E保管的意思，因此，占有、持有随思维的变化而变化。以上可以说明占有以心素为要件之荒谬。

我们可以看到，库雅斯和萨维尼是以握有为基础，因握有而有为自己或所有的意思，乃上升为占有。耶林是以占有为基础，因占有而遇到法定的障碍，乃降为握有。人们称前者为主观说，后者为客观说。这三种理论，各具相当的理由，但也各有瑕疵。例如萨维尼的主观说有讼争物保管人等四个例外，耶林的客观说则例外更多些，除前述的借用人、承租人、受寄人外，如无因管理人、各种代理人、受雇人、家属、奴隶等对物件的管理，在罗马法上也都不受令状的保护。并且这些著名学者的意见都没有文献上的根据，实际上罗马法的占有制度，是适应实际需要逐渐发展起来的，并没有一整套理论，所以要用逻辑的方法，做成有系统的学说，自不免削足适履。

五、占有的取得

（一）占有的主体

占有人必须具备的条件，从权利能力方面看，凡能作为所有权人的都可以成为占有人。外国人可以依照万民法取得所有权，所以也有占有能力。奴隶、家属、夫权下的妻子则无占有能力，只能为其家长、家主或丈夫占有，自特有产制度产生后，他们也就具有了相应的占有能力。如前所述，“复境权”不适用于占有，但家长、家主逃回罗马的，仍享受家属、奴隶所占有的利益。从行为能力方面看，占有须具备体素与心素，故占有人既要有掌握物件的能力，又要有能表示占有的意思能力。因此，精神病人和无家长的幼孩就不能占有。法人依罗马法的规定无行为能力，因而也不能占有。但是，法律为了保护这些主体的利益，允许奴隶、保佐人、监护人、管理人员等代其占有。

（二）占有的客体

占有为绝对的完全的管领物件的事实，故其标的物必须具备下列条件：

（1）须为“可有物”。因为占有的标的物要作为个人财产的一部分，不能作为财产的不可有物，不能作为所有权的标的，自也不能作为占有的标的。

（2）须为有体物。因为无体物不能发生握持的事实。但大法官准许对“地上权”、“人役权”、“田野地役”和部分“都市地役”适用“准占有”制度。

（3）须为特定物。对于种类物或物件的范围不确定的，如牛一头而未指定是哪一头牛，地一块而未确定其地点和疆界，就无法管领，必须将其特定化，才能加以实际占有。

（4）须为独立存在的物。在合成物的各个部分没有分离成各别的独立物之前，其各别部分不能作为独立的权利客体，所以房屋的一根梁，马车的一个轮子，在未和房屋、马车分开前是不能作为占有的标的。但占有聚合物之一部的，如图书馆中的某一本书，则是可以的，因聚合物原为多数独立物的集合，其各物仍保持独立的存在。

（三）占有取得的方法

占有取得的方法因自己占有和他人占有而不同。依原则，一物不得同时作为二个以上占有的标的，因占有为绝对、完全、排他的管领物件的事实，一物之上不能同时发生数个全部管领的事实。但罗马法既承认数人可以共有一物，而占有为所有权的基础，自应允许数人共同占有一物，各共同占有人的心素是各占有物件的一部，至于物件则由其中一人负责掌管，掌管的人一方面为自己占有，另一方面又代他人占有。

1. 自己占有

是指当事人直接占有标的物。如前所述，占有因体素和心素的结合而取得，即须有管领物件的事实，并有占有的意思。但依萨维尼的观点，原则上应有所有的意思。现就体素和心素申述如次：

（1）体素。体素的获得，并无一定的规则，法学昌明时期，且不以占有人与物件有直接接触为必要。例如购买商品，当事人约定由出卖人送货上门，把货卸在院子里，买受人虽没有和讲定的商品接触，但不失对该商品的占有。反之，犯人与锁镣虽有直接的接触，但因他并无占有的意思，所以就不占有锁镣。罗马法对于占有体素取得的规定，由于社会经济的不断发展而有所变更，故前后律文往往矛盾。按优帝《学说汇编》的规定，体素的取得可归纳为先占、交付和侵占三项，现分别说明如下。

① 先占（occupatio）。这是指占有他人未占有的无主物。如为动产，则应将该物置于自己权力之下；如为土地，一般只要亲临其地而确定其界址；如为鸟兽，则不仅在于击中，且须将它捕获，故设

陷阱以捕兽的，以兽入陷阱为已足；如为埋藏物，则不仅在占有土地或知道埋藏物的处所，而且须发掘并掌握以后，才算占有。

② 交付（traditio）。这是指经原占有人的同意将标的物移交给新占有人。例如土地，仅须当事人双方同至其地表示移交之意，甚或由原占有人自高处向新占有人遥指土地的界址进行所谓“长手交付”；如为房屋，则仅说明处所，交给大门锁匙即可；如为动产，当事人或直接交付，或由新占有人在标的物上加盖印记，证明移交；如物件笨重不易搬运，也可和不动产一样就地交付。唯占有的交付，在罗马法视为原始取得，故当事人以交付移转的占有，即使出让人是违法占有，受让人如属善意，仍以合法占有论，不承受原有的瑕疵。

③ 侵占（usurpatio）。是指没有经原占有人的同意而擅自占有标的物，故属瑕疵占有。由于原占有人既无失去占有的意思，所以要使原占有人丧失占有，必使其丧失对该物的管领支配。例如不动产，新占有人须以强力驱逐原占有人，使其不能实施对该物的管领；如为动产，则须使该物入于自己管领之下。

（2）心素。心素的获得可以明示或默示的各种方式表示之。如对于占有人有否占有的意思发生疑问时，则以体素的获得为标准，因体素的获得，即可推定占有人具有占有的意思。盖一人握持物件，一般是具有占有的意思。但此项推定，不适用于为他人占有（alieno nomine possessio）的情况。例如借用人、承租人和受寄人等，在借用、租赁或寄托期间内，即使中途发生为自己占有的意思，亦不因此而取得占有，因为这是罗马法的原则，已如前述。故借用人等要取得标的物的占有，必须有外部行为证明其心素的变更。如否认出借人等的支配权，拒绝借用物等的返还，或为移转所有权的行为，经出借人等赠送、出卖标的物于借用人等。但在这种情况下，标的物早在借用人等手中，毋须再行交付的手续，即所谓“在手交付”。

取得占有的体素与心素不必同时存在，即心素先于体素，或体素先于心素都是可以的。前者如购买上等小麦100斤，约定由粮食商送货上门，后者如房客收买房东的房屋等。

2. 代理占有

这是指由他人代为取得并维持的占有。即占有的心素在本人方面，占有的体素在代理人方面。罗马古时没有代理制度，只是允许家属和奴隶可以代替他们的家长、家主取得占有。公元1世纪末，法律始承认财产管理人代替本人取得占有的效力，后扩大适用于其他代理人。代理人应以握有人的名义，并为本人的利益而管领标的物。代理占有的成立有四个条件：

（1）占有人与持有人之间具有一定的法律关系。如家长与家属、奴隶主与奴隶之间的权力支配关系；如委任人与受任人等之间的契约关系；如监护人、保佐人与被监护人、被保佐人，法人与法人管理人之间的法定关系，等等。

（2）代理人须取得标的物的体素。如果标的物已经在代理人的掌握之中，如甲委托乙买房子，乙将自己的房子卖给甲，但约定仍由乙继续租住，则乙原为房子的占有人，出卖后即成为代理占有人，在此种场合，最初须由乙先将房子移交给甲，使甲得因体素与心素的结合而取得对房子的占有，之后再由甲将该房交付于乙作为租赁。此项交出交还的形式主义，徒然增添麻烦，后来终被取消。此后即以当事人的合意代替占有的移转，称“占有改定”，即由乙表示嗣后仍代甲占有或自己已处于持有人的地位。

（3）代理人须有为本人占有的意思(animus teneudi proalio)。罗马法规定，奴隶占有物时，当然是为主人占有，但因为占有是事实而不是权利，即使奴隶取得的一切权利都应归主人，如果奴隶是为他人占有而没有为主人占有的意思，主人也不能因奴隶管理某物而取得对该物占有；其他自由人受领物件，如声明系受他人的委托而受领，他人如无否认的表示，也视该他人为占有人。

（4）本人须有通过代理人取得占有的意思。但是法定代理例外，因为被监护、被保佐人等没有行为能力，不能独立表达占有的意思。为保护其利益，法律规定只要监护人和保佐人等具有占有的意思即可。依原则，代理占有取得的效力，应于本人知悉代理人取得标的物的体素时开始，但罗马法对这项原则作了很宽泛的解释，在家属、奴隶取得物件时，即使家主并不了解，也推定是家主占有。如委托他人取得占有的，占有的效力即于代理人取得物件时开始，因本人的授权即可证明其心素已经存在。至于受概括委任的受任人，为委托人的计算取得物件时，虽委托人不知情，他仍可依代理占有的规定，而享有占有人的地位。在无因管理情况下，因为本人与管理人之间原不存在法律关系，本人也没有通过他人占有的意思，所以占有取得的效力，需要由本人追认管理人的管理行为时开始。

六、占有的保护——占有令状(interdicta possessionis)

（一）概述

占有令状是大法官颁发的一种谕令，分禁令和命令，为保护占有而颁发的则为“占有令状”。关于占有令状的起源和存在的理由，德国的两大罗马法学家萨维尼和耶林各执一词。萨维尼在其所著《占有论》中认为，罗马古时，农民耕种国家土地，并无法律的调整，彼此间常因界疆、引水等问题发生纠纷，引起暴力行动，大法官为了平息争端，乃创设占有令状，以维护社会的秩序。之后又逐渐适用于市民的不动产和动产。故罗马法文献称垦殖公地为“占有”(possessio)。耶林则竭力反对这一观点，他说罗马国家的土地管理属于监察官的职权范围，有关公地的争议，理当由监察官而不是由大法官处理。又罗马保护垦殖公地的令状最初称“interdictum de loco publico fruendo”，按 fruendo，系专指对公地的使用收益而言，并未用“possessio”一词，也足证萨维尼主张的不可信。耶林认为占有令状的起源实乃所有权诉讼中的占有裁定，在所有权争议中，如当事人采用协议程序，双方都主张自己是占有人，以避免举证的责任，则大法官于解决所有权归属问题之前便须先为占有的裁定，以确定何方是原告，何方为被告，因此，乃创设“占有保持令状”(inferdicta retinendae possessionis)。此后又相继创设了“占有取得令状”(interdicta adipiscendae possessionis)和“占有回复令状”(interdicta recuperandae possessionis)，以完善对占有的保护。

关于创设占有令状的理由，萨维尼主张占有令状乃制裁那些擅自变更占有现状者，以维护社会的安宁。同时，对占有的侵害，也是对占有人人格的一种侵害，故保护占有也是保护人格。耶林则认为，其理由应在占有的本身中去探求，而不论侵害占有的是否违法，因受到暴力侵害的，法律都应给予保护。如果按照萨维尼的意见，则借用人、承租人、受寄人等，当和出借人、出租人、寄托人等一样的受到令状的保护了。在耶林看来，占有人受到令状保护，是因为他占有物件。盖占有是所有权的基础，凡占有物件的，一般即可推定其为所有人或其他合法的权利人。因此，保护占有也就是保护所有人等。在解决占有的纠纷中，不涉及所有权的问题，这就避免了举证的困难。故“占有实为所有的堡垒”。[①] 虽然这样的处理有时也不免庇护了一些不应该予以保护的人，但事情总是有利又有弊的，立法者权衡轻重，常为了绝大多数人利益，不得不牺牲少数人的利益而另谋补救之方。上述两种意见，萨维尼的观点，固然有可议之处，但耶林的主张也未见得完善无疵。如果保护占有乃以保护所有为目的，则占有令状就不能用作反对所有权的手段。但罗马法对显然没有所有权的人也给予占有令状的保护。例如共和国末叶，无夫权的妻接受夫的赠予，由于大法官法规定婚姻存续中夫妻间的赠予无效，则妻对赠予物并无所有权，但大法官法仍保护她对赠予物的占有，耶林就难以自圆其说了。故多数罗马法学者仍主张占有令状是为了维护社会秩序，禁止不经合法手续而擅自变更占有现状而设。

（二）占有令状的种类

罗马法上的占有令状相当多，因文献对这一问题的记载不清楚，故对令状的种类，萨维尼与耶林的主张又有分歧。前者分“占有保持令状”和“占有回复令状”两类，后者则仿优帝《法学纲要》分为“占有取得令状”、“占有保持令状”和“占有回复令状”三类。但占有令状原以保护占有为目的，故其前提须有占有的存在，或保护现存的占有。至于“占有取得令状”，乃在创造占有的事实，现在既不占有，过去也从没有占有，故此项令状应列入所有权的取得

① 耶林的观点发表于1865年所著《占有令状的基础》一文中，同一观点，德国学者帕里昂（Esquirou de Parien）于1849年便提出来了。

中。占有取得令状包括:“财产占有令状”(interdictum possessorium),其目的在使购买破产财产者得以占有其中的有体物;“萨尔维亚努姆令状”(interdictum salvianum),即抵押物占有令状,该令状最初仅适用于地主对欠租佃户供抵押的农具和家畜的占有,后其他抵押权人也可援用,到了优帝一世时已不仅针对债务人,即第三人管领抵押物时,也可对其申请占有;“遗产占有令状”(interdictum quorum bonorum),使大法官法继承人得占有死者的遗产……等。这些占有取得令状,本书均于有关章节中分别叙述,现仅就占有保持令状和占有回复令状说明如下:

1．占有保持令状(interdictum retinendae possessionis)

这是指以保持现实占有为目的的令状。占有保持令状分不动产占有保持令状和动产占有保持令状二种。前者的产生早于后者,原称“因你占有令状”(interdictum uti possidettis),这是由于大法官最初的令文为“因你现在占有这土地,则你可以继续占有它,我禁止一切暴力的变更”。共和国末叶,占有分适法占有和违法占有,于是大法官的令文加了一个附款,改为“因你现在占有这土地,如果你的占有没有强暴、隐匿、容假的瑕疵,则你可继续占有它,我禁止一切暴力的变更”。后者称“归谁占有令状”(interdicotum utrubi),由于大法官的令文为“因该奴隶在一年内大部分时间由某方以非强暴、非隐匿、非容假的方法而占有,我禁止一切以暴力阻止其管领该奴隶的行为”。这是大法官在所有权问题没有解决前所作的裁定,以维持现有的秩序,待判决确定后,再由胜诉者对标的物行使占有。

占有保持令状是禁止令状(interdictum prohibitoria),大法官禁止当事人对占有为任何变更现状的行为,责令双方保持现有的占有状态,所以该令状是双重令状,禁令是对双方当事人颁发的,任何一方违背禁令,他方即可提起诉讼并请求损害赔偿。占有保持令状虽以维持占有现状为目的,但占有者的占有必须是适法的,必须对他方没有强暴、隐匿或容假的瑕疵,否则他方可提起“瑕疵占有的抗辩”(exceptio vitiosae possessionis)。如抗辩成立,则占有者就要败诉,应将标的物返还他方。

关于“占有保持令状”的作用,在不动产方面:第一,在“物件返还诉”中解决谁是原告谁是被告的问题;第二,阻止对占有的侵害,即使有受侵害之虞的,也可申请令状的救济,但所谓侵害,须他人有反对其有占有的意思而不是仅有干扰的事实;第三,阻止占有人用益其物的也视为侵害占有,例如承租人阻止出租人修理房屋,邻人未取得地役权而阻止土地所有人在自己土地上建筑房屋等。在这些情况下,不动产保持令状也发生“所有权保全诉”的作用;第四,如果占有人的占有是瑕疵占有,则“占有保持令状”对他方可发生“占有回复令状”的作用。在动产方面,该令状在于保护最近一年内占有该动产时间最长的占有者,此项时期可合并计算。占有的继承人或受让人可以将自己的占有与其前占有人的占有合并,但同时也继承其瑕疵,故该令状也发生“回复令状”的作用,不仅被告占有有瑕疵时原告可以获胜,即使被告的占有是适法的,如果他在最近一年内占有的时间较短时,原告仍可胜诉。所以动产占有保持令状和不动产占有保持令状不同,不在保护占有之不受干扰,而在保护占有时间较长的占有者。动产与不动产占有的保护方法的不同,从理论上说,是因为动产可以移动,现占有人可能因偶然事故占有某物,故裁定由其占有不一定公平。例如,甲的奴隶逃亡,被乙占有,第二天甲知道后向乙追索,乙拒绝交还,故大法官在这一纠纷中裁定该奴隶归一年内占有它时间最长的甲，使决定较为合理。从历史上看，由于第二次布匿战争时期（公元前218—前201年）罗马一度被迦太基占领，光复后，被陷城市的市民多被卖为奴隶，原有的奴隶也多散失。罗马乃制定了《法比亚法》（*Lex Fabia*），恢复被卖市民的自由，并协助奴隶主追还散失的奴隶。由于所有人和占有人经常对奴隶的权利发生争执，一方主张保留，一方主张领回，大法官为解决这类纠纷，就根据在最近一年内占有该奴隶时间的长短确定占有人。最初动产占有保持令状仅适用于奴隶，帝政后始扩及其他动产。该令状的效力在于：解决占有的归属，排除侵害，使败诉一方提供今后不再侵害的担保和赔偿他方所受的损失。对于因侵害占有而获得利益的第三人，则可根据不当得利的原则，请求其返还所得的利益。

2. 占有回复令状（interdictum recuperandae possessionis）

这是以收回所丧失的占有为目的的令状。其中又分为三种：

（1）暴力占有令状（interdictum unde vi）。这是回复令状中最古老的一种。因维护社会秩序需要，首先就要禁止以武力侵占他人的财物，但暴力令状初仅适用于不动产，至于动产被人以暴力侵占时，被害人可申请占有保持令状，借对方的占有有瑕疵和占有时间较短而达回复占有的目的，后暴力占有令状亦适用于动产。帝政前暴力占有令状又分为普通暴力占有令状（interdictum mude vi cottidiana）和武装暴力占有令状（interdictum unde vi armata）。

① 普通暴力占有令状。其全文如下："因他对你既没有强暴、隐匿和容假的瑕疵而占有这土地，而你或你的奴隶竟在最近一年内用暴力侵占它，所以我命令你将该土地及原在该土地上的物件都还给他。"该令状是保护受暴力而丧失对不动产占有的人。当时

仅严格限于物质的暴力。但施行以后，往往发生不合理的结果，故不久就允许因受重大胁迫而丧失占有者，也可申请该令状的救济。后来遇到有人趁占有者远出的机会而侵占其土地，在原占有者回来后又拒绝他恢复对土地的管领时，也以暴力侵占论。暴力或胁迫不限被告亲自为之，即由被告的家属、奴隶或其他代理人奉命或经默认而实施的，亦发生同样的效果。且不论被告是否取得占有或取得后现已丧失，都受该令状的制裁。但原告须于一年内提出申请，且其占有须对被告是没有瑕疵的，否则他的请求就会被被告的“瑕疵占有的抗辩”所驳回。被告败诉后须退还所侵占的土地和其附属物以及孳息，赔偿原告因此所受的损失，只是损失的计算是从侵占时起算，不像一般情况下是从令状颁发之日开始计算，故对应收而未收的孳息，被告也须负责。由于被告的行为视同强盗，所以对于事变的责任亦不能免除。如果已经过一年，被害人就只能向侵占人提出事实诉，追还其因侵占而获得的利益。对侵占人的继承人和其他因此而受利益的亦同。

② 武装暴力占有令状。其令文为“因你或你的奴隶结伙或携带武器侵夺他对这土地的占有，所以我命令你将该土地和原在该土地上的物件都还给他”。该令状产生于公元前 1 世纪初叶，其时罗马因市民权问题爆发了内战，一些歹徒乘机结伙或持械抢劫，大法官为了加强制裁，乃规定凡结伙或以武装侵夺他人土地的，即使对方的占有是有瑕疵的，亦受令状的保护，且其申请不受时间的限制，即使对尊亲属和恩主也可提出。

（2）容假占有令状（interdictum de precario）。这是在容假占有人拒绝返还原物时，恩主或其他所有人可以申请的一种令状。它为永久性的，无时间限制，因此恩主或其他所有者对容假占有人的继承人也可以提起。该令状的效力,在于返还原物及其从物和孳息,即使容假占有人以欺诈手段移转占有于他人,也不能逃避返还的责任,其占有即变为违法,应对原告所受的损失负责。容假占有人自第一次被要求返还标的物时起,即使因抽象轻过失而造成的损失也应赔偿。但对要求返还原物前所生损害则仅承担故意或重大过失的责任。帝政后期,容假占有变为无名契约,受前书诉的保护,本令状遂失其效用而废止。有的学者认为,容假占有令状是根据当事人的容假约定,而不是以占有事实为基础,故不应列入占有回复令状之内,但毕竟其目的在收回容假物的占有,故一般著作都按传统分类处理。在古代,容假占有仅受宗教的制裁,不受法律的保护,因其并未履行法定的方式,因此遇到容假占有人拒绝返还时,恩主或其他所有人只能自行夺回。大法官为了维护社会秩序,乃创设容假占有令状,使争议通过司法途径解决,其令文为"我命令你将容假占有的财物或因你的欺诈而停止占有的容假占有物返还他方"。

(3)隐匿占有令状(interdictum de clandestina possessione)。该令状仅见于优利亚努斯的谕令中。对该谕令的解释,学者的意见不一致,故该令状在罗马法上是否存在也成疑问。萨维尼认为它存在于帝政前期而废止于帝政后期。科尔尼尔(G. Cornil)则主否定说。但一般学者都采萨维尼的意见,主张该令状在帝政前期专用于制裁乘占有人远行而侵占其不动产者。帝政后期,关于占有丧失的规定已有变更,在占有人未知悉其不动产被侵占前,其占有并不丧失,仍受保障不动产的占有令状的保护,于是隐匿占有令状遂失其效用。

（三）帝政后期对占有令状的改革

帝政后期，非常程序已成为唯一通行的诉讼程序，故占有令状也多所变更，渐至失去其本来面目。至优帝一世时，令状已成为诉权，对占有纠纷，即由法官直接审理，不再另行颁发令状，故程序简单而迅速。由于进入公元4世纪后，罗马的内乱外患迭起，社会秩序紊乱，侵占等事时有发生，旧法已不足以制止，不得不作出新的规定。申请保护者的占有须事实上已受侵害而不仅仅是有侵害之虞，否则不得起诉。对于暴力侵夺，特奥多西乌斯一世规定，所有人不经司法程序私自以暴力夺回其物的，即丧失对其物的所有权，应将该物送交占有人。如果是由第三人夺取的，则该第三人除将该物交出外，应罚付与该物价值相等的金额，作为占有人的补偿。崔诺帝并允许被害的占有人得以宣誓确定该物的价值。对于未用暴力的普通侵占，一般发生在占有人远离时。君士坦丁一世规定，趁占有人远离而占有其物的，经其管理人申请即应返还。如果管理人怠于申请，则占有人归来后，仍可要求返还，不受时间的限制。霍诺里乌斯帝更下令对因占有人远出而变更其占有的判决，一律予以撤销，以保护占有人的权益。对于持有人抛弃或移转标的物于他人的，地奥克莱体亚努斯帝时，首先规定承租人抛弃租赁地或将租赁地移转给他人的，占有人可直接要求返还。格拉体亚努斯帝（Gratianus，公元367—383年在位）复扩充适用此项规定于监护和保佐。优帝一世又普及于其他情况。当时普通暴力占有令状与武装暴力占有令状已合并为一，统称暴力占有令状。该令状应于一年有用期间内申请，但不论占有之有无瑕疵，被告不得提起瑕疵的抗辩。不过普通暴力占有和武装暴力占有在刑事制裁方面，仍有轻重的不同。至动产占有令状，也改为一律由现占有人占有。

因对一年内争议当事人谁占有的时间较长，往往不易确定，更可能发生双方占有时间相等的情况，这样修改可使动产与不动产的占有令状相一致。同时"占有回复令状"已失去其作用，因丧失占有者受其他诉权的保护，如"盗窃诉"、"强盗诉"、"请求返还占有物诉"（condictio possessionis）等，在非常诉讼程序中，就毋须另行申请"回复占有令状"了。

七、占有的丧失

占有因体素与心素的结合而取得，自因体素与心素的欠缺而丧失。占有的丧失，是指确定的丧失。从当事人的意思讲须有明确的表示，如意思仅为暂时不存在，如人处于睡眠、酒醉中，则占有并不丧失。只有占有人放弃占有的意思，并从其外部行为可以确认时，占有才丧失。从占有事实方面看，须占有人依其行为或其他事实，确定不再支配标的物时，其占有始消灭，如捕获的鸟兽又逃掉。若是因旅游而离开自己的住宅，则并不因此而丧失对该住宅的占有。占有人毁灭其占有物的，占有便因心素与体素的同时或相继丧失而丧失。

占有的丧失可从自己占有和代理占有两方面加以说明。

（一）自己占有的丧失

1. 在占有体素方面

其丧失须有确定的事实足以证明占有人失去管领标的物的能力。其原因有：

（1）由于占有人的原因。这是指非出于占有人的意思，否则即为丧失心素。例如占有人的死亡，由于占有是事实而非权利，故不移转于继承人，但在取得时效，则可合并被继承人与继承人的占有时间一起计算；或占有人丧失占有能力，如成为他权人等。

（2）由于第三人的原因。须他人的行为使占有人绝对不能再支配其物件。如为不动产，须他人用暴力使占有人无法管领其标的物，或以胁迫强使其放弃对标的物的管领。但如强占者于占有人远出时占住其房屋，则占有人并不因此而丧失对该房屋的占有。如果占有人能将强占者赶走，或对之提起诉讼，则房屋便仍在其管领之下。如为动产，则须他人非法移动其占有物，使它离开原来的场所，占有人始视为丧失其占有。在盗窃行为尚未实现时，占有体素仍视为存在。例如甲将物藏于仓库，乙虽窃得仓库钥匙，但尚未窃去所藏之物时，则甲并不丧失对该物的占有，因失去钥匙，并不等于失去对所藏之物的支配。

（3）由于物体本身的原因。占有物发生变化，致占有人无占有的可能时，即丧失其占有的体素。物件本身的原因又可分为法律上的原因和事实上的原因。法律上的原因，指物件发生的变化，致占有人依法不得继续占有，如占有物变为不可有物，或因加工致物件成为加工人所有。事实上的原因，指物件发生某种情况，致占有人在事实上不能占有。如不动产因火山的爆发、地貌变化、堤闸崩溃等而灭失。动产的丧失如野兽的逃逸、奴隶的逃亡、一般物件的毁灭遗失等。在这方面，罗马法还规定了一些具体的判断标准。关于野兽的逃逸，须该野兽逃至占有人视力所不及的地方；如为家畜，以该家畜逃出而无回归的意思为丧失体素；至于奴隶，罗马法为严防他们逃亡，须由他人抓获并收容为奴时，方视为丧失占有；物件的失落，必须落于不可复得的场所，占有人不知其物落在什么地方，或落入大海、深谷等无法取回，或即有可能取回，但要耗费巨大的人力、物力，在经济上得不偿失的。物件的遗失，必须是占有人在家宅以外所遗失，如以后又于原处寻获，其占有的体素视为未丧失；但于其他处所寻获的，则在未寻获前视为占有的体素一度丧失，嗣后虽再度占有原物，其占有时效即因体素的一度丧失而中断。

2．在占有心素方面

其丧失必须由占有人表示不再占有的意思，故无行为能力人不发生丧失占有心素的问题。如占有人托人保管物件，也不是占有心素的丧失。不再占有的意思表现为：第一，占有人通过各种法律行为，用交付的方式将占有物移转他人的，在这些情况下，心素的丧失很易证实；第二，占有人抛弃其占有的，须占有人确有抛弃的意思，如占有人的行为或不行为可解释为抛弃，也可解释为不抛弃的，仍应推定其并无抛弃占有的意思。如家中发现友人遗忘的物件，不得认为是该友人抛弃物件。

（二）代理占有的丧失

1．本人放弃占有的意思；

2．代理人丧失对标的物的管领力；

3．代理人表示今后为自己或第三人占有的意思，但此项意思须附有外部的行为，如代理人死亡或心素丧失的，据保路斯的意见，在第三人未管领该物前，本人仍不丧失对该物的占有。

八、准占有（quasi possessio）

（一）准占有概述

准占有是指对所有权以外的物权的占有。市民法的占有，以有体物为要件,因对无体物不能发生持有的事实。但市民法视所有权为有体物,而占有乃所有权行使的外部表现,其他物权的行使也可能具有外部表现的事实,例如经常通行某地或常向某地汲水,即为行使通行权和汲水权的表现,大法官乃仿照保护占有的办法保护那些物权。法学家根据上述理论和事例,遂创设了准占有,又称权利占有(juris possessio)。故财产权不因物的占有而成立的,则行使其财产权的人即为准占有人。关于准占有制度起源于什么时期,由于学者所依据的文献不同,有的说起源于公元1世纪,有的说创设于君士坦丁一世时,也有的说直到优帝一世时才有。但在帝政以后,用益权人一方面为用益物的持有人,同时又是用益权的占有人(即准占有),故也有主张准占有起源于帝政前期。准占有适用于地上权、人役权、田野地役和部分都市地役。如前所述,都市地役有积极地役和消极地役,占有的条件之一是实际支配标的物,因此,积极地役如承溜地役、支撑地役等可作为准占有的标的;消极地役则不同,它不能支配标的物,如禁止建筑地役、禁止妨碍瞭望地役等,仅以供役地人的不作为为要件,故不适用于准占有。至于永租权和典质权,罗马人从实际出发已允许权利人占有,所以不需要适用准占有的办法。关于抵押权不适用于准占有,这是因为抵押权制度产生较晚,抵押权人虽不占有抵押物,但已受专门的抵押权诉保护;另外,抵押权的设定还须向主管机关备案,或至少要有三个资信良好的人证明等等。

(二)准占有的取得和丧失

准占有的取得,如同占有一样,也具有心素与体素的条件。准占有人须有行使其权利的事实,才视为具备体素。其行使的方法因该权利的性质不同而有异:有须据有该物的,如用益权、地上权等;有须在该物上为相当的行为的,如通行地役、汲水地役等;有须于该物上设置工作物或管领该物之一部的,如导水地役、支撑地役等。据萨维尼的理论,准占有人须有为自己利益而行使某种物权的意思表示方构成心素。例如因道路被水淹没而暂时行经邻地,并未以行使通行权的意思而通行,则不得因此而获得通行地役之准占有。因此,准占有因缺乏体素和心素之一即可丧失,或因准占有人已无行使权利的意思,或因事实上已不能行使。仅准占有人怠于行使权利,不得认为其丧失准占有。

(三) 准占有的效果

准占有的效果,因标的不同而异:地上权和部分役权可因时效而取得,受占有令状的保护;人役权则受占有保持令状、暴力令状和容假占有令状的保护;田野地役中重要的通行地役、汲水地役等都没有特别的令状;都市地役则仅对水管地役设有特别的令状。没有特别令状的地役权,都受占有保持令状的保护;地上权则受"地上权令状"(interdictum de superficiebus)的保护。